ビル・クリントン
Bill Clinton
楡井浩一［訳］

My Life マイライフ
クリントンの回想
上巻
アメリカンドリーム

朝日新聞社

マイライフ　クリントンの回想（上）

人生の愛を与えてくれた母に
愛の人生を与えてくれたヒラリーに
人生の喜びと意味を与えてくれたチェルシーに
そして、祖父の思い出に、この本を捧げる。
祖父は、どんな人間もそれほど差はないのだから、
他人が見下している人を見上げるようにと教えてくれた

プロローグ

わたしがロースクールを出たばかりの若者で、これからの人生に意欲を燃やしていたころ、ちょっとした気まぐれで、好きな小説や歴史書をしばしわきに置いて、いわゆるハウツー本を一冊買ってみた。アラン・ラーキンの『ラーキンの時間管理の法則』だ。この本の主眼は、短期・中期・長期の人生の目標を書き出し、重要度にもとづいて、それをA（最も重要）、B（次に重要）、C（その他）の三グループに分類したうえで、それぞれの目標の下に、達成に向けた具体的な行動を書き込む、というものだった。三十年近く経った今でも、わたしはそのペーパーバックを持っている。そのとき作った古いリストも、書類のどこかに埋まっているはずだが、見つけることができない。しかし、Aグループに挙げた目標は、はっきりと憶えている。よい人間になりたい。よい結婚と子どもに恵まれ、よい友人を持ち、政治の世界で成功したい。そして、優れた本を書きたい。

わたしがよい人間かどうかは、もちろん、神が判断されることだ。最も熱烈なわたしの支持者が思うほど、あるいは自分がそうなりたいと望むほど、よい人間でないことはわかっている。だが、最もきびしいわたしの批判者が言うほど、悪い人間でもないだろう。わたしは、ヒラリーとチェルシーに支えられた家庭生活から、計り知れない恩恵をこうむってきた。あらゆる家族と同様、完璧とは言えなくても、わが家は常にすばらしい場所だった。周知のとおり、そこに生じた瑕《きず》のほとんどはわたしの過ちで、ふたりの愛があればこそ、この生活の継続が約束されている。そしてわたしは、自分ほど多くのよい友人に恵まれた者をほかに知らない。実際、わたしが大統領の地位にまで昇りつめたのは、個人的な友人たち、今では伝説にまでなった〝ＦＯＢ《フレンド・オブ・ビル》〟たちのおかげと断言してもいいくらいだ。

わたしの政治生活は楽しかった。選挙運動に打ち込み、政務にも熱中できた。わたしはいつでも、物事を正しい方向へ進め、より多くの人々に夢を叶える機会を与え、人々の気持ちを奮い立たせ、心をひとつに結びつけようと努めた。そうすることで、わたしは自己を評価してきた。

優れた本を書けただろうか？　それはなんとも言えない。ただ、よい話であることは保証しよう。

1

一九四六年八月十九日の早朝、激しい夏の嵐が去った晴天のもとに、わたしは生まれた。場所は、アーカンソー州南西部の町ホープのジュリア・チェスター病院。テクサーカナのテキサス州境から五十三キロ東に位置する人口約六千人の町だ。そのときすでに未亡人となっていた母は、父の名をとって、わたしをウィリアム・ジェファソン・ブライズ三世と名づけた。わたしの父、ウィリアム・ジェファソン・ブライズ・ジュニアは、テキサス州シャーマンの貧しい農家に生まれた九人きょうだいの一員で、十七歳のときに父親を亡くした。姉妹たちによると、わたしの父はいつも面倒見がよく、美男子で働き者の陽気な青年だったという。父と母は、一九四三年にルイジアナ州シュリーヴポートにあるトライステート病院で出会った。母はその病院で、看護師になるための研修を受けていた。わたしは子どものころ何度も、ふたりのなれ初めから、交際、結婚に至るまでの話を聞かせてほしいと母にせがんだ。ある日、母の働く病棟に、急病のデート相手を連れた父がやってきたそうだ。その女性が処置を受けているあいだに、ふたりはおしゃべりをしたり、ふざけ合ったりした。父は帰り際、母がボーイフレンドからもらった指輪をしていた指に触れて、結婚しているのかと尋ねた。母は口ごもってから、「いいえ」と答えた。まだ独身だった。次の日、父が入院したデート相手に花を届けてきたので、母の心は沈んだ。だがそのあと、父から電話でデートに誘われ、こう説明された。僕は、交際を終わらせるときに、いつも花を贈ることにしているんだよ。

二カ月後、ふたりは結婚し、父は戦争へ行った。そしてイタリアの占領地の軍用車待機所で働き、ジープや戦車を修理した。戦後、ホープの母のもとに戻った父は、母を連れてシカゴへ転居し、元の職場であるマンビー自動車部品会社でセールスマンとしての仕事を再開した。ふたりはフォレスト・パークの郊外に小さな家を買ったが、二カ月ほど入居を待たされた。そこで、わたしを身ごもっていた母は、新居に越すまでのあいだ、ひとりでホープの実家へ帰ることに決めた。一九四六年五月十七日、父は家具を新居に運び入れたあと、妻を迎えに行くため、シカゴからホープへ向けて車を走らせた。真夜中、ミズーリ州サイクストンにほど近い幹線道路六〇号線で、突然、一九四二年型ビュイックの制御が利かなくなった。濡れた路面で右の前輪がパンクしたのだ。父は車から投げ出され、沼沢地の開墾用に掘られた排水溝の中に落ちた。あるいは、身を引きずるうちに入り込んでしまった。排水溝には一メートルほどの水が溜まっていた。二時間の捜索ののちに発見されたとき、父の手は水面上に伸びた枝をつかんでいたという。なんとか体を引き上げようとしたが、力尽きてしまったのだ。父は溺死した。二十八歳の若さで、結婚して二年と八カ月。そのうち母と過ごした期間はたったの七カ月間だった。

以上が、父について知りえた事実のほぼすべてだ。わたしは生まれてこのかた、ひたすら空白を埋めることを切望して、あらゆる写真や逸話や紙片をかき集め、わたしに命を与えてくれた男性の細かな人物像を探し求めた。

わたしが十二歳のころ、ホープのバディ大叔父の家のポーチに坐っていると、階段をのぼってきたある男性がわたしを見て、こう言った。「きみはビル・ブライズの息子だろう。瓜ふたつだよ」。わたしは数日間、上機嫌だった。

一九七四年、わたしは連邦下院議員に立候補した。初めての選挙だったこともあって、地方紙が母に関する特集記事を掲載した。母が早朝、なじみの喫茶店でその記事について弁護士の友人と話し合っていると、顔見知りの常連客のひとりがやってきて、母に向かってこう言った。「わたしは現場にいた。わたしがあの晩の事故の第一発見者だ」。それから彼は、目撃したことを母に話した。父が死ぬ前に、なんとか意識を保ち、あるいは生存本能だけで、水を掻いて奮闘したという事実も含めて……。母はその男性に礼を言い、店を出て、車に乗り込んで泣いた。そして涙を拭き、仕事へ向かった。

一九九三年、わたしが大統領になってから初めての父の日に、《ワシントン・ポスト》がわたしの父に関する長い調査記事を特集した。その後二カ月にわたって、AP通信や多数の小さな新聞社が、ぽつぽつと追加の記事を発表した。それらの記事は、母とわたしの知識を裏づけるものだった。しかし、わたしたちの知識にはない事実も明らかになった。父は、母と出会う前におそらく三回結婚しており、少なくともあとふたり、子どもをもうけていたらしい。

わたしの腹違いの兄にあたる人物は、レオン・リッツェンターラーという名で、カリフォルニア州北部の清掃サービス会社の元経営者だった。記事のなかで彼は、一九九二年の選挙戦中にわたしに手紙を書いたのに、返事がなかったと言っていた。わたしはその手紙を見た記憶がなかった。さまざまな政敵の銃弾をかわしていた当時の状況を考えると、事務所のスタッフがわたしの目に入らないよう配慮した可能性はある。あるいは、大量の郵便物の山の中に、手紙が紛れ込んでしまったのかもしれない。とにかく、レオンに関する記事を読んでから、わたしは彼と連絡を取り、のちにカリフォルニア州北部を訪れた際、本人とその妻のジュディに会った。わたしたちは楽しく談笑し、それ以来、季節ごとに挨拶状を送り合っている。レオンとわたしはよく似ており、彼の出生証明書はふたりの父親が同一人物であることを示していた。もっと早いうちに知り合えなかったことだけが残念だ。

このころ、父の娘に関する新たな記事が現われ、その裏づけとなる情報も得た。シャロン・ペティジョンは、一九四一年、シャロン・リー・ブライズとして、カンザスシティで生まれた。この女性の母親とわたしの父は、のちに離婚した。女性は、出生証明書と両親の結婚許可証、父の写真、父から彼女の母親への「僕らの赤ちゃん」について尋ねた手紙を、当時の知事室の首席補佐官ベッツィ・ライトに送ってきた。残念ながら、この腹違いの姉とは、まだ対面を果たしていない。

一九九三年に公表されたこれらのニュースは、当時すでに長期にわたって癌と闘っていた母には衝撃だった。けれど、母はすべてを乗り越えてみせた。大恐慌と戦争の時代を生きた若者たちは、ほかの時代の人々が眉をひそめるようなことをたくさんやったものだ、と母は言った。重要なのは、父が母の人生に愛をもたらしたこと、そして、母が父の愛を少しも疑わなかったことだ。事実がどうであっても、人生の終局を迎えつつある母にとって、知っておくべきことはそれだけだった。わたしの気持ちはというと、一連の事実をどう受け止めればいいのか、よくわからなかった。しかし、自分が送ってきた人生を振り返ってみれば、ほぼ半世紀のあいだ心の中で美化してきた父親像に比べて、実際の父が複雑な人間であったとしても、驚くには当たらないだろう。

一九九四年、Dデイ（ノルマンディ上陸作戦）の五十周年記念式典に向けて準備を進めているころ、複数の新聞に父の戦歴に関する記事が、軍服を着たスナップ写真とともに公表された。その後まもなく、わたしはニュージャージー州ネットコングのウンベルト・バロン氏から、戦中戦後の経験を詳しく物語る手紙を受け取った。その手紙によると、アメリカ軍がイタリアに進駐してきたとき、少年だったバロン氏は駐留地を訪ねるのが楽しみで、そこでひとりの兵士と特に仲良くなり、お菓子をもらったり、エンジンの仕組みや修理の方法を教えてもらったりしたという。兵士の名前は、ビルとしか聞いていなかった。戦後、アメリカに渡ったバロン氏は、自分を〝小さなGIジョー〟と呼んだ兵士から学んだ技術を活かして、小さな自動車修理工場を開き、家庭を持った。その後、商売も軌道に乗って三人の子どもに恵まれ、アメリカン・ドリームを実現した。自分が人生で成功したのは、まさしくあの若い兵士のおかげなのに、当時は別れを告げる機会さえなく、兵士のその後をたびたび案じていたという。そして、手紙はこう続けられていた。「今年の戦没将兵記念日の朝、コーヒーを飲みながら《デイリーニューズ》をめくっていると、突然雷に打たれたような感覚に襲われました。新聞の左下の隅に、ビルの写真が載っているではありませんか。ビルがほかならぬアメリカ合衆国大統領の父上であると知ったわたしは、興奮に身震いしました」

一九九六年、毎年恒例となったホワイトハウスでの家族のクリスマス・パーティーに、父の甥や姪にあたる子どもたちが初めて顔を見せ、わたしにプレゼントを持ってきてくれた。父の死後、叔母が偉大なるサム・レイバーン下院議員から受け取った悔やみ状だ。短文の手紙で、当時のオートペンという機械を使って自動署名されたように見えるが、わたしはサンタクロースに初めて列車セットをもらった六歳の少年のように、大喜びでその手紙を胸に抱き締めた。そしてそれを、ホワイトハウスの二階にある個人用執務室の壁に掛けて、毎晩眺めていた。

ホワイトハウスを離れてまもなく、ワシントン発ニューヨーク行きのUSエアの定期便に乗ったとき、航空会社のある職員がわたしを呼び止めた。彼が継父から聞かされた戦時中の話によると、その人はわたしの父とともに従軍し、父をとても好いていたという。その老練兵の電話番号と住所を尋ねたのだが、その職員は、その場ではわからないのでのちほど連絡すると言った。わたしは今でも待ち続けている。父とつながりのある人が、もうひとり現われてくれることを期待しながら。

大統領の職務を去るとき、わたしはアメリカ国民に惜別と感謝の言葉を伝えるために、いくつか特別な場所を選んだ。そのひとつはシカゴだ。ヒラリーが生まれた街。一九九二年の聖パトリック・デイに開催された民主党大統領候補指名大会で、事実上の勝利を収めた場所。最も熱烈なわたしの支持者が数多く居住し、わたしの提出した犯罪・福祉・教育に関する最も重要な国内法案の多くが実効を現わした地域。そしてもちろん、わたしの両親が戦後に住むつもりだったところでもある。わたしはよくヒラリーにこんな冗談を言った。もし、わたしの父がミズーリ州の雨のハイウェイで命を落としていなかったなら、わたしはきみの家から数キロしか離れていない家で育ち、お互い一度も会うことはなかったかもしれないね、と。大統領としての最後の行事は、〈パーマー・ハウス・ホテル〉で開催された。一枚だけ手もとにある、両親が寄り添う写真は、一九四六年に母がホープへ戻る前にここで撮られたものだ。演説を終え、国民に別れを告げてから、わたしは小さな部屋で、メアリ・エッタ・リーズという女性とそのふたりの娘たちに会った。リーズ夫人は母の幼なじみで、いっしょに高校へ通い、その後インディアナ州へ移転して戦時産業で働き、その地で結婚して、子どもを育てたということだった。それから夫人は、わたしのもうひとつの宝物となる贈り物をくれた。母が、自分の二十三歳の誕生日に、友だちに宛てて書いた手紙。父の死から三週間後で、五十四年以上も前のことだ。そこには、若き日の母の姿があった。母は美しい手書きの文字で、悲嘆に暮れる心と、生き続ける決意を綴っていた。「あのときは、ただ信じられないという思いばかりでしたが、妊娠六カ月となった今、この子のことを考えると、なんとかやっていこう、目の前に広がるすべての世界を受け入れていこうという気持ちになれるのです」

母が残してくれたのは、父に贈った結婚指輪と、いくつかの心震える物語、そして、父のためにもわたしをひたすら愛したという確かな証しだ。

父が残してくれたのは、わたしも今そばにいるふたりの家族のために生きなければならない、そしてそれをうまくやり遂げれば、父が送るはずだった人生を、どうにかわたしが補えるだろうという信念だ。そして父を想うことで、おそらく誰よりも幼いころから、わたしは自分自身の死を強く意識していた。自分も若くして死ぬ可能性があるのだと知ったわたしは、駆り立てられるように、人生のあらゆる瞬間を味わい尽くし、次なる大きな難題に挑戦しようとした。自分がどこに向かっているのか定かでないときでさえ、常に心は急《せ》いていた。

2

わたしは、祖父の誕生日に生まれた。予定日より二週間ほど早かったが、体重はまずまずの二千九百五十グラム、身長は五十三センチ。母とわたしは、ホープのハーヴィ通りにある母の実家に戻った。わたしはそこで四年間を過ごすことになる。その古い家は、当時のわたしには広大で謎めいて見え、現在でも記憶の深い領域に刻み込まれている。後年、ホープの人々は、資金を集めてこの家を修復し、中に古い写真や思い出の品、時代物の家具などを飾ってくれた。そこは今、〝クリントンの生家〟と呼ばれる。確かに、その家はわたしの人生への目覚めに結びついている。田舎料理の匂い。バター攪《かく》乳器《にゅうき》とアイスクリーム・メーカー。洗濯板と物干し綱。〝ディックとジェーン〟が主役の読本。初めてのおもちゃと、なかでも特に大切にしていた飾り気のない一本の鎖。家の〝共同加入電話〟から聞こえてくる奇妙な声。初めてできた友だち。祖父母の仕事……。

一年ほど経ったころ、母は、ニューオーリンズへ発つ決意を固めた。以前に看護師研修の一部を受けた慈善病院に戻って、麻酔専門看護師としての技能を学ぶためだ。昔は、医師が手ずから麻酔を施していたので、この比較的新しい仕事には多くの人材が求められていた。母は地位の向上を見込むことができ、わたしたち家族は収入を増やすことができる。しかし、わたしと離れて暮らすのは、母にとってつらい選択だったろう。だが一方、戦後のニューオーリンズは、目をみはるほどの変貌を遂げていた。街は若者とディキシーランド・ミュージックであふれ、〈クラブ・マイ・オー・マイ〉のような派手派手しい盛り場では、女装した男たちがあでやかな婦人になりきって歌い踊った。夫の死を乗り越えようとする若く美しい未亡人にとっては、悪くない場所だったはずだ。

わたしは、二度ほど祖母に連れられてニューオーリンズ行きの列車に乗り、母を訪ねた。まだ三歳だったが、ふたつのことをはっきりと憶えている。ひとつは、カナル通りをはさんでフレンチクォーターの真向かいにある〈ユング・ホテル〉の上層階に泊まったことだ。三階建て以上の建物に入ったのはそれが初めてで、本物の都市を見たのも初めてだった。街の夜景を眺め渡したときに湧き上がった畏怖の念を、今でも想い起こすことができる。ニューオーリンズで母とどう過ごしたのかは思い出せないが、これからもけっして忘れることのない記憶がもうひとつある。帰りの列車に乗り込んだときのことだ。走り始めた列車の窓から、母が線路わきで泣きながら手を振っているのが見えた。今でも、ひざまずいて涙を流す母の姿が、まるできのうの出来事のようにはっきりと目に浮かぶ。

最初の旅から五十年以上にわたって、ニューオーリンズは常に、特別な魅力でわたしの心を惹きつけた。この街の音楽と料理、そこに住む人々とその心意気を、わたしは愛する。十五歳のころ、学校の休みに、家族でニューオーリンズとガルフコーストを訪れ、一流トランペット奏者アル・ハートの演奏を、本人所有のクラブで聴く機会に恵まれた。最初は、わたしが未成年だったため、店に入れてもらえなかった。母とわたしがあきらめて立ち去ろうとすると、ドアマンが声をかけ、ハートはあの角に停めた車の中で本を読んでいる、本人が許可すれば入れてあげられるかもしれない、と教えてくれた。わたしはベントレーに乗っているハートその人を見つけ、窓をノックして、自分の状況を訴えた。ハートは車から降りて、母とわたしをクラブへ招き入れ、最前列近くの席に着かせてくれた。ハートとそのバンドの演奏は、すばらしかった。ジャズをライブで聴くのは初めての経験だった。アル・ハートは、わたしが大統領を務めているあいだに亡くなった。わたしは彼の妻にこの逸話を書き送って、大物ミュージシャンがずっと昔、ひとりの少年に示してくれた親切に対し、感謝の気持ちを伝えた。

　高校生のとき、わたしは『三日月の街組曲《クレッセント・シティ・スイート》』というニューオーリンズを主題にした曲を、テナー・サクソフォーンで独奏した。あのとき、ふだんよりうまく吹けたのは、あの街で初めて目にした風景を思い浮かべながら演奏したからだろう。二十一歳になったとき、わたしはニューオーリンズのローズ奨学金を獲得した。面接が首尾よく進んだのは、そこを故郷のように感じていたせいもあると思う。ロースクールの若き助教授になったときには、ヒラリーとともにニューオーリンズで開催された学会に数回赴き、フレンチクォーターにある情趣に富む小さなホテル、〈コーンストーク〉に泊まって、充実した旅を楽しんだ。アーカンソー州知事時代には、ニューオーリンズで行なわれるシュガーボウルでアーカンソー大学とアラバマ大学が対戦した。アラバマが勝って、伝説の名コーチ、〝ベア〟・ブライアントが、偉大な連勝記録をまたひとつ伸ばした。わがチームは負けはしたものの、ブライアントも実はアーカンソー州の出身だ。わたしが大統領選挙に立候補した際には、ニューオーリンズの人々が二度にわたって圧倒的大差でわたしを支持し、ルイジアナ州の選挙人の票を確実にこちらのものにしてくれた。

　これまでに、わたしは世界じゅうの大都市をほとんどすべて見てきたが、ニューオーリンズはいつまでも特別な存在であり続けるだろう。ミシシッピ川沿いの店、〈モーニング・コール〉のコーヒーとベニエ（訳注　四角形の軽いドーナツ）。〈プリザヴェーション・ホール〉でのネヴィル・ブラザーズの音楽。アル・ハートの思い出。フレンチクォーターを突っ切る早朝のジョギング。ジョン・ブロウや郡保安官ハリー・リーや友人たちとともに、何軒もの極上レストランで食べた驚くべき料理の数々。そして何よりも大切な、最も古い母の記憶。これらすべてが、ミシシッピ川の流れに沿ってニューオーリンズへとわたしを引き寄せる磁石なのだ。

母がニューオーリンズにいるあいだ、わたしは祖父母に育てられた。ふたりはとてつもない愛情をわたしに注いでくれた。度を超したかわいがりようで、哀しいことだが、その愛情は、互いに対するものより、そして祖母の場合は、娘であるわたしの母に対するものよりずっと深かった。もちろん、当時無垢な子どもだったわたしは、そういう事情には気づかなかった。ただ、愛されていることはわかっていた。のちに、イェール大学児童研究センターでのヒラリーの仕事から、過酷な環境下で育つ子どもたちに興味を抱いて、子どもの発育について少し学ぶようになったとき、わたしは自分がいかに幸運だったかを悟った。祖父母と母は、それぞれの心に苦悩を抱えながらも、常にわたしを世界でいちばん大切な存在として扱ってくれた。そんなふうに感じさせてくれる人がひとりでもいれば、たいていの子どもはうまくやっていくことができるだろう。わたしには、そういう人が三人もいたのだ。

わたしの祖母のエディス・グリシャム・キャシディは、身長百五十センチ少々、体重約八十キロ。才知に富み、情熱的で気の強い〝おばあちゃん《マモー》〟で、若いころはさぞ美人だったろうと思われた。とても陽気な笑い声をあげたが、自分でもはっきりとは理解できない怒りと失望と妄執を抱え込んでいた。祖母はそれらすべてを激烈な言葉の弾丸に変えて、祖父や母に浴びせかけた。それはわたしの出生以前から以後まで続いたが、たいていわたしの目からは隠されていた。学生時代から優秀で意欲的だった祖母は、高校を卒業したあと、シカゴ看護学校の看護師の通信教育を受けた。わたしが歩き始めたころには、ハーヴィ通りのわが家の近所で、ある男性の付き添い看護師をしていた。歩道を走って、仕事から帰ってくる祖母を出迎えたことを、今でもよく憶えている。

おばあちゃんが決めたわたしの達成すべき主な目標は、たくさん食べること、たくさん学ぶこと、そしていつも身なりを整え清潔にすることだった。わたしたちはキッチンの窓際に置かれたテーブルで食事をした。祖母は子ども用の椅子を窓に向け、食事どき、木の窓枠にトランプのカードを留めて、わたしが計算を覚えられるようにした。また、祖母は食事のたびにわたしを満腹にさせた。当時の一般通念では、赤ん坊が太っているのは健康なしるしで、毎日お風呂に入れてやるだけでいいと考えられていたからだ。祖母は日に一度は必ず、小学校用国語教科書の〝ディックとジェーン〟の一節を読み聞かせてくれた。わたしが自分で読めるようになるまで、それは続いた。また、ワールド・ブックの百科事典のセットからも何か読んでくれた。そのころ百科事典は、セールスマンによる訪問販売で売られていて、勤労者の家庭では聖書以外に備えられた唯一の本である場合も多かった。おそらく早い時期に受けたこれらの教育のおかげで、わたしは今でもたくさんの本を読み、トランプゲームに興じ、体重管理に四苦八苦し、手洗いと歯磨きを絶対に忘れないのだろう。

わたしは祖父を敬愛していた。人生で最初に感化を与えてくれた男性だ。わたしは、祖父の誕生日に生まれたことをいつも誇りに思っていた。ジェイムズ・エルドリッジ・キャシディは、身長百七十三センチほどの痩身だったが、その当時でもまだ精悍で、りりしかった。わたしは常々、俳優のランドルフ・スコットに似ていると思っていた。

祖父母が人口約百人の町ボドコーから大都市ホープに移ったとき、〝おじいちゃん《パポー》〟は、氷貯蔵庫から荷馬車で氷を配達する仕事をしていた。そのころ、冷蔵庫は文字どおりアイスボックスで、器具の大きさに合わせてさまざまな大きさに切った氷で冷やしていたのだ。祖父は体重六十八キロほどだったが、大きな革のはぎれで保護した背中にフックを二本取り付けて、全部で四十五キロ以上にもなる氷の塊を背負って運んだ。

祖父は並外れて親切で気前のよい人間だった。大恐慌のあいだ、誰もがお金に困っていたころ、食べるものもなく路上にたむろする少年たちを氷の荷車に乗せ、簡単な手伝いをさせて、一日に二十五セント支払った。一九七六年、わたしがホープで州司法長官に立候補したとき、その少年たちのひとりだったジョン・ウィルソン判事と話す機会があった。彼は成長して高名な法律家として成功したが、当時のことを鮮明に記憶していた。そして、こんな話をしてくれた。一日の終わりに、祖父から二十五セント硬貨をもらうとき、お金がたくさんあるような気分を味わうため、十セント硬貨二枚と五セント硬貨一枚でくれるように頼んだ。お金を受け取って帰る道すがら、ポケットの中で小銭をじゃらじゃらと鳴らしていた。ところが、あまりに勢いよくかき混ぜたために、十セント硬貨を一枚落としてしまった。何時間もかけて硬貨を探したが、結局見つからなかった。四十年が過ぎた今も、その歩道を通りかかると、なくした十セント硬貨を探さずにはいられない……。

今の若い人たちに、大恐慌がわたしの両親や祖父母の世代に与えた衝撃を伝えるのはむずかしいが、わたしはそれを感じながら育った。子どものころ聞いた最も記憶に残る逸話のひとつは、母が語った大恐慌時代の〝復活祭前の金曜日〟の話だ。その日、祖父は仕事から帰ってくるなり泣き崩れて、母に新しい復活祭用のドレスを買ってやるつもりだったが、一ドルほどのお金を工面できなかったと話した。母はこのことをけっして忘れず、わたしが子どものころは毎年、たとえ欲しがっていなくても、新しい復活祭用の衣裳を買い与えた。一九五〇年代、わたしが太っていて自意識の強かったころの、ある復活祭を思い出す。わたしは、明るい色の半袖シャツと白い麻のズボン、ピンクと黒のハッシュパピーの靴、それに合わせたピンクのスエードのベルトという姿で教会へ行かされた。恥ずかしくてたまらなかったが、母は父親の復活祭の儀式のありかたに忠実に従い続けたのだ。

わたしといっしょに暮らしていたころ、祖父はふたつの仕事を持っていた。わたしは、そのどちらも大好きだった。小さな食料雑貨店の経営と、収入を補うための製材所での夜警の仕事だ。製材所で、おじいちゃんとともに過ごす夜はとても楽しかった。紙袋に入れたサンドイッチを夕食に持っていき、車の後部座席で眠る。澄み切った星明かりの晩には、おがくずの山に登って、切りたての材木やおがくずの不思議な匂いを吸い込んだ。祖父も、そこでの仕事が気に入っていた。家から出ることができたし、母が生まれたころの、製材所で働いていた青年時代の追憶に浸《ひた》ることもできた。暗闇でおじいちゃんがわたしの指を車のドアにはさんだときを除けば、あの製材所での夜は完璧な冒険だった。

食料雑貨店は、また別の種類の冒険だった。第一に、カウンターにはジャクソンズ・クッキーの巨大な瓶が載っている。これをつまみ食いするのが最大の楽しみだった。第二に、知らないおとなの人たちが買い物にやってくる。親戚でない成人を見るのは初めてだった。第三に、祖父の顧客には黒人が多かった。当時の南部は黒人に対して完全な隔離政策を採っていたが、小さな町ではある程度の人種間の交流は避けられなかった。しかし、教育を受けていない田舎の南部人で、人種的偏見が体に染みついていない人はまれだった。わたしの祖父は、そういうまれな人間のひとりだ。祖父が、ほかの白人たちに接するときとなんら変わりなく、黒人たちに子どものことや仕事のことを尋ねるのを眺めていたわたしは、見た目が違っても、彼らは自分たちと同じ人間なのだと思った。ときどき、黒人の子どもたちも店にやってきたので、いっしょに遊んだ。隔離政策や人種的偏見、貧困の意味を知ったのは、それから何年もあとのことだ。そして、大多数の白人が祖父や祖母とは異なる考えを持つことも知った。人種に対する見解は、祖母が夫と共有している数少ないもののひとつだった。実際、母の話によると、いちばん激しく鞭《むち》でおしおきを受けたのは、三歳か四歳のころ、黒人女性を「黒んぼ《ニガー》」と呼んだときだったという。控えめに言っても、母の言動に対するおばあちゃんの鞭打ちは、一九二〇年代の貧しい南部白人女性の反応としてはたいへん珍しい。

あるとき、母がこんな話をしてくれた。おじいちゃんが亡くなってから、食料雑貨店の古い会計帳簿を何冊か見つけたのだが、未払いのままの請求書がたくさんあり、その顧客のほとんどは黒人だった。母は、祖父がこう言っていたのを思い出した。精いっぱい働いている善良な人間には、家族を食べさせていく資格があるはずだ。だから、たとえこの店が火の車でも、つけで売るのを拒みはしない……。わたしが政治家として、生活扶助のための食料品割引切符の発行を支持してきたのは、この話が心に残っているからかもしれない。

大統領になってから、わたしは祖父の店の常連客だった人の話を新たに知ることができた。一九九七年、アフリカ系アメリカ人の女性、アーネスティーン・キャンベルが、オハイオ州トリードのタウン誌のインタビューを受けた。この女性の祖父は、おじいちゃんの店から食料雑貨を〝つけ〟で買っており、彼女をよく店に連れていったそうだ。彼女はわたしと遊んだことと、わたしが「あの界隈で黒人の子どもと遊ぶただひとりの白人の男の子」だったことを憶えていた。祖父のおかげで、わたしは自分がそれほど珍しい白人少年だとは思いもしなかった。

祖父の店のほかに、家族以外の人々と接触できる場所といえば、隣り近所だった。わたしはその狭い領域のなかでさまざまな体験をした。通りの向こう側の家が焼け落ちたのを見たときには、不運な目に見舞われるのは自分だけではないとわかった。また、奇妙な生き物を集めている少年と友だちになり、あるとき、蛇を見にこないかと誘われた。少年は、蛇がいるというクロゼットの扉をあけた。そして、わたしを暗闇の中に押し込み、扉をぴしゃりと閉めて、きみは暗闇で蛇とふたりきりだ、と言った。ありがたいことに、それは嘘だったのだが、死ぬほど怖かったのは確かだ。この経験で、強い者にはおもしろく思える行為が、弱い者には残酷で屈辱的な出来事になりうることを知った。

わが家から一ブロックほどのところに、鉄道のガード下通路があった。当時、それはタールを塗った粗削りの材木でできていた。わたしは材木に登って、頭上の列車の響きに耳を澄まし、どこへ向かっていくのだろう、いつかその街を訪れることはあるのだろうかと思いを巡らせるのが好きだった。

それから、わたしはよく裏庭で、庭続きの隣家の少年と遊んだ。少年は、わが家よりずっと大きく立派な家に、ふたりの美しい姉妹とともに住んでいた。わたしたちは芝生の上に何時間も坐り込み、彼のナイフを地面に投げて突き立てる方法を習得した。少年の名前は、ヴィンス・フォスターといった。たいがいの年上の少年は、年下の子にいばり散らしたりするものだが、ヴィンスはいつも親切で、そのような態度は一度も見せなかった。ヴィンスは、背が高く、顔も頭もよい善良な男性に成長した。立派な法律家となり、わたしが政界に入って間もない時期に強力な支持者となってくれたうえ、ローズ法律事務所ではヒラリーの親友になった。リトルロックでは家族ぐるみで付き合い、たいてい彼の家に集まって、娘のチェルシーが奥さんのリサに水泳を習ったりもした。ヴィンスはわたしたちといっしょにホワイトハウスへ来て、混乱状態の最初の数カ月間、冷静で思慮深い助言を与えてくれた。

幼少時代、家族のほかにわたしに影響を与えた人物がもうひとりいる。オデッサは、祖父母が仕事に行っているあいだ、掃除や料理やわたしの世話をするために家に来てくれる黒人女性だった。大きな前歯が突き出ていたが、そのために、むしろ笑うとさらに快活で美しく見えるような気がした。わたしがホープを去ってからも、長年にわたってオデッサとの交流は続いた。一九六六年、友人とともに父と祖父の墓参りをした際、オデッサにも会いに行った。ホープに住むたいていの黒人たちは、祖父の店があった場所から通りを隔てた墓地のそばに居を構えていた。オデッサの家のポーチで、かなり長いあいだ話し込んだことを思い出す。帰る時間となり、わたしたちは車に乗って泥道を走った。ホープで、あるいはのちに転居したホットスプリングズで見た未舗装の道路は、いずれも黒人たちの住む界隈にあった。住民の誰もが懸命に働き、その多くはわたしと同様に子どもを育て、税金を支払っている。オデッサには、もっといい生活を送る資格があるはずだった。

子ども時代の重要な人々のなかには、親族もいる。母方の曾祖父母、大叔母のオティと大叔父のカール・ラッセル夫妻、そしてとりわけ大好きな、大叔父のオレン・グリシャム――愛称はバディで、わたしの人生を導いてくれた人物のひとり――と、その妻のオリー。

グリシャム家の曾祖父母は、田舎にある、地面から浮かせて建てた小さな木造の家に住んでいた。アーカンソー州はアメリカのどの地域よりも竜巻の被害が多いので、たいていの人は、曾祖父母の家と同様の簡素な木造の家に住み、暴風避難壕として地面に穴を掘っていた。ふたりの家は、庭の中央にあり、室内には小ぢんまりとしたベッドと石油ランプの置かれた小さなテーブルがあった。今でも憶えているのは、あのささやかな空間に目を凝らしながら、曾祖父がこう言うのを聞いたことだ。「そう、ときどき蛇が降りてくることもあるが、ランプが点いているかぎり、噛みつくことはないんだよ」。それが本当なのかどうかは、定かでない。曾祖父についてあとひとつだけ記憶しているのは、わたしが五歳のとき足を折って入院した際、見舞いに来てくれたことだ。曾祖父がわたしの手を握り、ふたりでポーズをとって写真撮影した。写真の曾祖父は、質素な黒い上着に白いシャツのボタンを上まで留めて、まるであの一九三〇年代の絵画『アメリカン・ゴシック』から抜け出てきたかのように、たいへん年老いて見える。

祖母の妹のオーパル――愛称オティ――は、グリシャム一族特有の陽気な笑い声を持つ、快活な女性だった。その夫のカールは穏やかな人で、わたしが初めて知り合いになった西瓜栽培者だ。川に沿ったホープ周辺の肥沃な砂地は西瓜栽培に最適で、ホープの西瓜の大きさは、一九五〇年代初期には町のトレードマークになった。そのころ、地域の住民が、九十キロ弱もあるその年最大の西瓜を当時のトルーマン大統領に贈ったからだ。しかし、三十キロ以下の西瓜のほうが、味はよい。カール大叔父が育てていたのも、そういう西瓜だ。大叔父は洗い桶で西瓜のまわりの土に水を撒き、茎がまるで掃除機のようにその水を吸い込んでいくのを見守っていた。わたしが大統領になったころには、大叔父のいとこのカーター・ラッセルがホープで西瓜の露店を営んでおり、そこではおいしい赤い西瓜や、甘味の強い黄色い西瓜を買うことができた。

ヒラリーの話では、初めてわたしを見かけたとき、わたしはイェール大学ロースクールの談話室で、疑い深げな仲間たちに向かってホープの西瓜の大きさを自慢していたそうだ。大統領在任中、ホープの旧友たちがホワイトハウスの南庭で西瓜をどっさりふるまってくれた際、わたしは新しい世代の若者たちに西瓜の逸話を語った。ずっと昔オティ大叔母やカール大叔父に教わった西瓜作りの話に、若者たちは興味津々というふりをしていた。

祖母の弟のバディ大叔父とその妻のオリーは、わたしの親類縁者のなかの主要メンバーだった。バディとオリーには子どもが四人いて、そのうち三人はわたしが生まれるまでにホープを去っていた。ドウェインは、ニューハンプシャー州の製靴会社の重役だった。コンラッドとファルバはダラスに住んでいたが、のちにふたりともホープに戻り、現在もそこに住んでいる。末娘のマイラはロデオの花形で、プロ並みの腕前だった。のちにカウボーイと駆け落ちして、ふたりの男の子をもうけ、離婚して転居し、公共住宅関連の地方機関の長を務めた。マイラとファルバはすてきな女性たちで、いつも涙を流すほど大笑いし、家族や友人への心遣いを忘れない。ふたりが今でもわたしの人生の一部を占めていることをうれしく思う。わたしは、バディとオリーの家で多くの時間を過ごした。ホープでの生後六年間だけではなく、オリーが亡くなってバディが家を売り、ファルバとともに転居するまでの四十年以上にわたって、それは続いた。

親類縁者たちとの付き合いは、田舎のつましい暮らしのなかで育った人なら誰でも覚えがあるように、食事と談笑と物語を中心に繰り広げられた。どの家族も休暇旅行を楽しむ余裕はなかったし、映画に行くこともめったになく、一九五〇年代半ば以降になるまでテレビも持っていなかった。年に数回だけ、郡の農産物品評会や西瓜祭、たまに開催されるスクエアダンスやゴスペルを歌う会に出かけた。男たちは狩りや釣りをしたり、仕事のため町へ越しても確保しておいた田舎の小さな菜園で、野菜や西瓜を育てたりした。

　経済的なゆとりはまったくなかったが、きちんと手入れした家と清潔な服、そして玄関先にやってくる誰に対してもたっぷりとふるまえる食べ物があれば、貧しいとは感じなかった。生きるために働く。その逆はなかった。

　子どものころいちばん楽しみだった食事は、バディとオリーの家で、小さなキッチンの大きなテーブルを囲んで食べる山盛りの料理だ。〝ディナー〟と呼んでいた週末の昼食（夕食はサパー）によく並んでいたのは、ハムか焼肉、とうもろこしパン、ほうれん草かコラードの葉、マッシュポテト、さつまいも、えんどう豆、いんげん豆からい豆、果物のパイ、そして大きなゴブレットのようなグラスで際限なく飲み続ける大量のアイスティーだ。あの大きいグラスで飲むと、おとなになったような気分を味わうことができた。特別な日には、パイに自家製のアイスクリームを載せて食べた。早い時間に訪問したときは、食事の準備を手伝って、豆のさやを剥いたり、アイスクリーム・メーカーのハンドルを回したりもした。ディナーの前やその最中、そして食後も、会話が途切れることはなかった。町の噂話や家族内の事件、いろいろな物語が絶え間なく続いた。わたしの親類はみんな話しじょうずで、普通の人たちに関するありふれた出来事、偶然の出会いや災難を、ドラマや笑いを交えて活き活きと語ることができた。

　なかでも、バディは最高の話し手だ。ふたりの姉と同様、バディもとても聡明だった。わたしはよく、この人たちがわたしやわたしの娘の世代に生まれていたら、どんな人生を送っていただろうかと考えた。しかし、当時は彼らのような人々がたくさんいた。ガソリンを入れる店員が、扁桃腺の手術をする医師と同じくらい高い知能指数を持っていることもありえた。アメリカには今も、グリシャム一族のような貧しいけれど優秀な人たちがいて、その多くは新しい移民たちだ。それゆえ、わたしは大統領として、すべての新来者に大学への扉を開こうと努めてきた。

バディは限られた教育しか受けていなかったものの、立派な精神を持ち、人間性においては博士号を取得したような人だった。生まれながらに鋭い観察力を備え、みずからと家族の秘めたる苦悩に立ち向かった。結婚した当初は、飲酒の問題を抱えていた。しかしある日、家に帰って妻にこう告げた。自分の飲酒がおまえと家族を傷つけていることはわかっている。もう二度と酒は飲まない。バディはそれから五十年以上、一滴も酒を飲まなかった。

バディは八十代になってからも、五十年も六十年も前に飼っていた犬たちの個性を描写したおもしろい話をいくつも語ることができた。犬たちの名前や外見、おかしな癖、飼い始めたきっかけ、撃ち落とした鳥をくわえてくるときの細かな動作をすべて憶えていた。バディの家には絶えず多くの人が立ち寄り、ポーチに坐って雑談した。その人たちが帰ると、バディが彼らやその子どもたちの話をしてくれる。ときに愉快で、ときに悲しく、たいてい共感が込められ、いつも思いやりにあふれた物語を。

わたしは大叔父や大叔母、祖父母から聞いたいくつもの物語から、たくさんの教訓を得た。完璧な人間はいないが、ほとんどの人間は善良だとわかった。人の最も悪い面や弱い面のみを取り上げて、その人物を判断してはいけないと学んだ。きびしい批判を口にすれば、みずからが偽善者となりうることも知った。たくさんの生命が誕生し、懸命に生きているのだという現実に気づいた。そして苦境においては、笑いが、多くの場合最高の、ときには唯一の対抗手段になるのだと実感した。おそらくいちばん重要なのは、どんな人にも物語があると知ったことだろう。夢と悪夢、希望と心痛、愛と喪失、勇気と不安、犠牲と利己心。わたしはこれまでずっと、ほかの人々の物語に興味を抱いてきた。彼らの物語を知り、理解して、感じ取りたい。おとなになって政界に身を投じてからは、よりよい物語を生きる機会を人々に与えることが、自分の仕事の主眼なのだと感じていた。

バディ大叔父の物語は、最後まですばらしかった。一九七四年に肺癌を患い、片方の肺を摘出したが、その後九十一歳まで生き抜いた。わたしが政界に入ってからは、相談役にもなってくれた。もしバディの助言に従って、不評だった自動車登録税の引き上げを撤回していたら、初の再選をめざした一九八〇年の知事選で敗退することはなかったかもしれない。生きているうちにわたしが大統領になるのを目にしたバディは、たいへんな喜びようだった。オリーが亡くなってからは、娘のファルバのドーナツショップに出向いて、例の豊かな物語や人間の境遇に関する機知に富んだ発言で新しい世代のあらゆる子どもたちを喜ばせ、若々しさを保っていた。バディは生涯、ユーモアを解する心を失わなかった。八十七歳になっても車を運転して、九十一歳と九十三歳のふたりの女友だちを週一回、別々にドライブに誘っていた。〝デート〟のことを聞かされたわたしが、「それじゃあ、今はあの年上の婦人たちにご執心なんですね?」と尋ねると、バディはにやにやと笑いながら答えた。「ああ、そうさ。年上の女性は、落ち着いているからいいね」

ともに過ごした年月のなかで、一度だけ、大叔父の涙を目にしたことがある。アルツハイマー病を患った妻オリーを、養護施設に移さなければならなくなったころだ。入院後数週間にわたって、オリーは日に数分だけ自分を取り戻した。そして束の間正気に返るたび、バディに電話してきてこう言った。「オレン、五十六年も連れ添ったというのに、わたしをこんなところへ置き去りにするなんて。すぐに迎えに来てちょうだい」。バディは妻のもとへいそいそと車を走らせた。しかしバディが施設に着くころには、オリーはふたたび病の深い霧の中に迷い込んでしまい、夫のこともわからないのだった。

わたしがある午後バディの家を訪れたのは、そういう時期だった。その古い家での最後の思い出だ。わたしは、大叔父を元気づけたかった。ところが、逆にバディのほうが、みだらな冗談や時事問題へのおどけた論評でわたしを笑わせた。宵闇が迫り、リトルロックへ帰る時間がきた。戸口まで見送られ、外に出ようとすると、バディがわたしの腕をつかんだ。振り返って見た大叔父の瞳に、涙が浮かんでいた。愛と友情に満ちた約五十年の付き合いのなかで、最初で最後に目にした姿だ。「本当に、つらいことですね」と、わたしは言った。それに対するバディの返事を、わたしはけっして忘れないだろう。大叔父は微笑んでこう答えた。「ああ、そうだな。だが、人生との契約で荷物をまるごと引き受けたんだ。その大部分は、なかなかすてきだったよ」。バディ大叔父は、どんな人にも物語があると教えてくれた。あの言葉のなかに、バディの物語は語り尽くされていた。

3

　母はニューオーリンズで一年を過ごしたのち、身につけた麻酔の技術を実地に役立てようと意欲に燃えてホープに帰り、わたしとの再会で気分も高揚して、昔の陽気な女性に戻った。母の自叙伝『心のままに』によると、ニューオーリンズでは数人の男性と付き合いがあり、楽しいときを過ごしたらしい。母がまだ生きていて、あの自叙伝の宣伝をしたなら、きっとベストセラーになっただろう。

　とはいえ、ニューオーリンズ滞在の前からそのあとに至るまで、母はあるひとりの男性と特に親しく付き合っていた。ビュイックの地域販売店を経営するロジャー・クリントンだ。母は、美しくはつらつとした未亡人。ロジャーは、男前の道楽者で二度の離婚歴のある男。アーカンソー州ホットスプリングズの出身で、この〝悪徳の街〟は数年来、非合法の賭博場経営が国内で最も盛んな場所だった。ロジャーの兄レイモンドは、ホットスプリングズでビュイックの販売店を経営していた。五人きょうだいの末っ子で〝不良少年〟のロジャーは、南西部兵器実験場周囲の軍需景気に便乗してひと旗あげるため、そしておそらくは兄の陰から抜け出すため、ホープへやってきた。

　ロジャーは、ホットスプリングズ時代からの親友ふたりと飲んだり騒いだりすることが大好きだった。ひとりは、クリントン・ビュイック店の向かいの、コカコーラ瓶詰め工場を経営するヴァン・ハンプトン・ライエル。もうひとりは、ドラッグストアをホットスプリングズに数軒とホープに一軒持つゲイブ・クローフォード。彼はのちにホットスプリングズ初のショッピングセンターを建て、その後ロジャーの魅力的な姪ヴァージニアと結婚した。わたしが昔から大好きな女性で、ミス・ホットスプリングズ第一号になった人だ。ロジャーたちにとって、愉快な時間とは、賭け事をして酔っ払い、車や飛行機やオートバイに乗って常識外れの無謀な行為に及ぶことを意味した。三人が揃って若死にしなかったのは驚きだ。

母がロジャーを好いていたのは、おもしろくて気前がよく、わたしをかわいがったからだ。ロジャーは何度か、ニューオーリンズ滞在中の母がわたしに会うために帰省できるよう、旅費を払ってくれた。おそらく、おばあちゃんとわたしが母に会いに行くときの列車代も出したのだろう。

おじいちゃんがロジャーを好いていたのは、わたしと自分の両方に親切だったからだ。祖父は、深刻な気管支の病気のせいで氷貯蔵庫の仕事を辞めたあと、しばらくのあいだ酒屋を経営していた。しかし戦争末期に、ホープを首都とするヘムステッド郡は禁酒法を可決した。そういう事情から、祖父は食料雑貨店を開いたのだ。のちに知ったのだが、おじいちゃんは医師や弁護士、その他の社会的地位の高い人たちに、こっそり酒を売っていた。最も近い合法的な酒屋へ行くために、テクサーカナまで五十三キロ運転したがる人は少ない。そして、商品を供給していたのがロジャーだった。

おばあちゃんはロジャーを毛嫌いしていた。自分の娘と孫の家族となるのにふさわしい男ではないと見ていたからだ。祖母には夫と娘にはない闇の部分があったが、それゆえに、ふたりが見逃しがちな他人の闇も見抜くことができた。祖母の考えでは、ロジャー・クリントンは揉めごとの種以外の何ものでもなかった。揉めごとの種に関する判断は正しかったが、〝以外の何ものでもない〟という点は違う。ロジャーには、それ以上の何かがあった。そして、それが彼の物語をいっそう悲しいものにした。

わたしの気持ちはというと、そのとき頭にあったのは、ロジャーの優しさと、彼の連れてくる大きな焦げ茶のジャーマン・シェパード、スージーと遊べる楽しさだけだった。スージーは、わたしの幼少期に大きな位置を占め、生涯にわたる犬との熱烈な関係の始まりを飾ってくれた。

母とロジャーは、一九五〇年六月、母の二十七歳の誕生日のすぐあとに結婚し、ホットスプリングズで式を挙げた。立ち会ったのは、ゲイブとヴァージニアのクロフォード夫妻だけだった。わたしは母といっしょに継父のもとで暮らすため、祖父母の家を離れ、ホープの南端、ウォーカー通りの角の一三番通りにある小さな白い木造の家に引っ越した。そしてまもなく、継父を〝父さん《ダディ》〟と呼ぶようになり、その後すぐに自分のことをビリー・クリントンと名乗り始めた。

わたしの新しい世界は刺激的だった。隣りの住人は、ネッドとアリスのウィリアムズ夫妻。ネッド氏は引退した鉄道員で、家の裏庭に工作場を作って、中いっぱいに大きく精巧な鉄道模型一式を据え付けていた。その当時の子どもは誰でも、ライオネル社の電車セットを欲しがったものだ。わたしも父さんに買ってもらっていっしょに遊んだが、ネッド氏の大きく複雑な線路と、美しく速い電車にかなうものはない。そこにいると、時間を忘れた。隣家に自分だけのディズニーランドがあるようなものだった。

近隣は、第二次大戦後のベビーブームをみごとなまでに具現化していた。ふたり以上の子どもを持つ若い夫婦が多かった。向かいには、なかでも特別な子ども、ミツィー・ポークが住んでいた。マイナーとマーガレットのポーク夫妻の娘だ。ミツィーは、甲高い吼《ほ》えるような大声で笑った。ものすごい勢いでぶらんこをこぐので、枠組みの鉄棒が地面から浮き上がりそうになる。そして、声を限りにこう叫ぶのだ。「ビリーがおしゃぶり吸ってるよ！　ビリーがおしゃぶり吸ってるよ！」。わたしはそのたびに頭に来た。もう大きくなっていて、おしゃぶりなど吸うわけがないからだ。

その後わたしは、ミツィーに発達障害があることを知った。当時のわたしには、その言葉は何も意味していなかったが、知事そして大統領として、障害者の機会を拡大する政策を推し進めるようになってからは、たびたびミツィー・ポークのことを思った。

一三番通りに住んでいるあいだには、さまざまな出来事があった。わたしは、リトル・フォークス幼稚園のマリー・パーキンズ先生の教室に通い始めた。幼稚園に通うのは楽しかったが、ある日、縄跳びの最中に脚を折ってしまった。縄は動いてさえいなかった。運動場の縄は、一方の端を木に、もう一方の端をぶらんこの枠に結びつけてあった。子どもたちは、片側に並んで、順番に走って縄を跳ぶ。ほかの子は全員きれいに跳び越えた。

そのなかのひとりが、マック・マクラーティだ。マックはフォードの地域販売店の息子で、のちにアーカンソーの〝ボーイズステート〟（訳注　州ごとの政官界の指導者を志す青少年が集まって、選挙、議会、行政などの疑似体験をするキャンプ・プログラム）の知事、オールスターのクォーターバック、州議会議員を次々に務め、さらに実業家として成功したあと、わたしの最初の大統領首席補佐官となる。マックはいつも、あらゆるハードルを軽々と跳んだ。幸いだったのは、わたしが追いつくまで、マックが常に待っていてくれたことだ。

わたしはといえば、縄を跳び越えられなかった。少しずんぐりしていて、動作がのろかったせいだ。あまりにものろいので、復活祭の卵探しのとき、ひとりだけ、卵を一個も拾えなかったことがある。卵を見つけられないのではなく、すばやく取りに行くことができないのだ。縄を跳ぼうとした日、わたしは幼稚園にカウボーイブーツを履いていった。愚かなことに、跳ぶときにブーツを脱がなかった。かかとが縄に引っかかり、転倒したとたん、脚がボキッと鳴った。父さんがビュイックの店から大急ぎで迎えに来るあいだ、わたしは数分間地面に横たわってうめいていた。

膝の上の骨が折れていた。急速に成長しているころだったので、医師は腰のところまでギプス固定する方法を退けた。代わりに、くるぶしに穴をあけてステンレス鋼のワイヤーを通し、それにステンレス鋼の蹄鉄を取り付け、わたしの脚を持ち上げて吊るした。そんなふうにして二カ月間、病院のベッドに仰向けになり、自分の愚かさにうんざりしながら、同時に教室を休めたことを喜び、おおぜいの見舞い客の訪問を受けた。この骨折事故を乗り越えるには、長い時間がかかった。退院したあと、家族が自転車を買ってくれたのだが、恐怖心からなかなか補助輪を外して乗ることができなかった。その結果、自分は平衡感覚を欠いた鈍重な人間だという気持ちをどうしても拭い去れず、それは二十二歳になって、オックスフォード大学でようやく自転車に乗り始めるまで続いた。乗り始めてからも何度か転んだが、それについては、痛みの限界に挑戦していたのだと考えることにしよう。

脚を折ったとき、助けに駆けつけてくれた父さんには感謝している。ほかにも二度ほど、仕事先から戻ってきて、悪さをしたわたしを叩かないよう母を説得してくれたことがあった。結婚当初は、心からわたしの支えになろうとしていたはずだ。ふたりでセントルイスまで列車に乗って、当時はいちばん近くに本拠地を持つ大リーグのチームだったカージナルスの試合を見に行ったこともある。ひと晩泊まって、翌日帰ってきた。とても楽しかった。悲しいことに、ふたりで旅をしたのはそれが最初で最後だった。いっしょに釣りへ行ったことも、一度しかない。いっしょに森へクリスマスツリーを切りに行ったのも、一度だけ。一家揃って州外へ休暇旅行に出かけたのも、一度きりだ。わたしにとって大きな意味を持つ出来事はたくさんあるが、どれも二度と繰り返されることはなかった。継父ロジャー・クリントンは本当に、わたしを愛し、母を愛していた。しかし、自己不信の影と、まやかしの安心感を得るための飲酒と乱痴気騒ぎ、そして疎外感から来る妻への言葉の暴力からどうしても抜け出すことができず、本来あるべき姿の自分になれないでいた。

ある晩の母との喧嘩では、その飲酒による自己破壊的な行動が頂点に達した。そのときのことは、けっして忘れられない。母が、もう長くはないと思われる曾祖母の見舞いに行きたがった。父がそれを禁じた。ふたりは家の奥にある寝室で怒鳴り合った。どういうわけか、わたしは寝室の戸口へ続く廊下を歩いていた。そのとき、父が背後から拳銃を取り出し、母の方向へ発砲した。弾丸が、母とわたしのあいだを抜け、壁にめり込んだ。わたしは仰天してすくみあがった。銃声などそれまで聞いたことがなく、まして弾丸が発射されるのを見たことなどなかった。母はわたしを抱えて通りの向こうまで走り、近所の家に助けを求めた。警察が呼ばれた。警官たちが父に手錠を掛けて連れていく場面が、今でも目に浮かぶ。父さんは留置場でひと晩を過ごした。

母を傷つけるつもりがなかったのは、確かだと思う。もし弾丸がわたしたちのどちらかに当たるようなことがあれば、父は死んで詫びただろう。しかし、父がここまでの愚行に走ったのは、アルコールの害毒のせいだけではなかった。そのような暴力的な力が他人の、そして自分自身のなかにもあるということをわたしが理解するまでには、長い年月を要した。留置場から出ると、父はいろいろな意味ですっかり酔いから醒め、非常に恥じ入っていたので、しばらく何も悪いことは起こらなかった。

ホープでの日常生活と学校生活は、あと一年続いた。わたしはブルックウッド小学校の一年生になった。担任の教師は、メアリ・ウィルソン先生といった。先生には片腕がなかったが、そのために鞭《むち》を惜しんだりはしない。先生の場合、鞭の代わりに数カ所穴をあけて空気抵抗を減らしたへら棒を使った。わたしも一度ならず、教育的指導を受けたものだ。

このころ、近所の友だちとマック・マクラーティのほかにも、生涯にわたって付き合う友人ができた。そのなかのひとり、ジョー・パーヴィスは、わたしの生活が牧歌的に思えてしまうようなきびしい子ども時代を送った。成人してからは立派な法律家になり、わたしが州司法長官に選ばれたときには、スタッフに加わってくれた。アーカンソー州が、ある重要な事件を連邦最高裁判所で争ったときには、わたしもその場に赴いたが、ジョーに弁論を任せた。バイロン・ホワイト判事は、「ジョーはよくやった」と記したメモを判事席からわたしに回してきた。のちに、ジョーはわたしの生家を保存公開する財団の最初の委員長になる。

友人と家族に加えて、一三番通りのわたしの生活は、映画という新たな発見に彩られた。一九五一年と五二年には、十セントあればじゅうぶんだった。入場料が五セント、コーラの代金が五セントだ。二週間に一度くらいの頻度で通い詰めた。当時は、長編映画のほかに、漫画映画やシリーズもの、ニュース映画などがあった。朝鮮戦争のさなかだったため、戦況に関する知識も得た。フラッシュ・ゴードンとロケットマンは、シリーズものの二大ヒーローだ。漫画映画では、『バッグズ・バニー』や『お化けのキャスパー』、大食い家鴨《あひる》の『ベビー・ヒューイ』などが好みだった。たぶん自分と重なる部分があったからだろう。数え切れないほどの映画を見たが、特に好きなのは西部劇だった。いちばんの気に入りは、『真昼の決闘』——ホープで上映されているあいだ、おそらく五、六回は見ただろう。その後も十回以上見ている。この映画を今でも気に入っているのは、典型的な男らしい西部劇ではないからだ。ゲーリー・クーパーは、最初から最後まで死ぬほど怯《おび》えているにもかかわらず、とにかく正しいことをする。それがこの映画に惚れ込んでいる理由だ。

大統領に選出されたとき、インタビューで、いちばん好きな映画は『真昼の決闘』だと答えた。当時、監督のフレッド・ジンネマンは九十歳近くで、ロンドンに住んでいた。わたしは監督から、すばらしい手紙と、本人が注釈を付けた脚本、そして一九五一年に『真昼の決闘』の舞台セットで、私服姿のクーパーとグレース・ケリーとともに撮ったサイン入りの写真をいただいた。『真昼の決闘』を初めて見てから長い年月のあいだに、わたし自身が土壇場に立たされる事態になったとき、よく思い出す場面があった。ほぼ確実な敗北をまともに見据えたときの、ゲーリー・クーパーのまなざし。そして、みずからの恐怖のなかを歩き通し、義務を果たしたあの姿。現実の世界でも、大いに見習う価値がある。

4

わたしが小学校第一学年を終えた夏、父さん《ダディ》は故郷のホットスプリングズへ戻ることに決めた。そしてビュイック販売店を売り、街の中心部から西へ数キロ離れたワイルドキャット・ロードにある一・六平方キロの農場に、家族三人で移った。そこには、牛や羊や山羊がいた。そこになかったのは、屋内のトイレだ。そのため、農場に住んでいた一年ほどのあいだ、酷暑の夏の日中も、極寒の冬の夜間も、木造の野外トイレまで用を足しにいかなければならなかった。それはなかなかおもしろい経験だった。特に、わが家の庭を徘徊していた毒のない大蛇が、トイレの穴からわたしを見上げていたときはおかしかった。のちに政界入りしてから、野外トイレ付きの農場に住んでいたという逸話は、演説の際にたいへん役立ってくれた。丸太小屋で生まれたという某大統領のエピソードと同じくらい、受けがよかったように思う。

わたしは家畜の世話をしたり、いっしょに遊んだりして、農場暮らしを楽しんでいた。だが、ある不吉な日曜日のことだ。父さんが、兄のレイモンドとその子どもたちも含めた家族数人を、野外の昼食に誘った。わたしは、従姉のカーラといっしょに牧草地へ入った。そこでは羊たちが草を食《は》んでいた。一頭、近寄ってはならないとても凶暴な雄羊がいるのは知っていたが、わたしたちは無謀にも運試しをしてみた。これが大きな間違いだった。柵から百メートルほど中へ進んだとき、その雄羊がこちらに気づいて突進してきた。わたしたちは大あわてで柵へ戻ろうとした。わたしより大きくて俊敏なカーラは逃げ切った。わたしは大きな石につまずいてしまった。転んだとき、柵まで行かないうちに雄羊に追いつかれてしまうと悟った。そこで一メートルほど離れた小さな木のところまで戻り、助けが来るまで木のまわりを回って羊を避けようとした。これがまた、大きな間違いだった。羊はすぐにわたしをとらえ、両脚に体当たりして転倒させた。わたしは身を起こすまもなく、頭を角で突かれた。驚きと痛みのあまり、起き上がることができない。形勢を有利にした雄羊はいったん後退し、もう一度すごい勢いでわたしにぶつかってきた。頭と腹を交互に狙って、何度も何度もそれを繰り返す。わたしは血だらけになり、猛烈な痛みを覚えた。永遠にも思える時間が経ってから、ようやく伯父が現われて、大きな石を思いきり投げつけ、雄羊の額の真ん中に命中させた。羊は平然とした様子で、軽く頭を揺すって歩き去った。わたしの怪我はすぐ治り、額に残った傷も徐々に頭皮の中へ隠れてしまった。そしてわたしは、自分が手ひどい攻撃にも耐えられることを学んだ。子ども時代とその後の人生で、さらに何度か学び直すことになる教訓だ。

農場へ引っ越してから数カ月後、両親はふたりとも仕事のため街へ出るようになった。父さんは農場主になるのをあきらめ、レイモンド伯父のビュイック販売店で部品担当主任として働いた。母はホットスプリングズでも麻酔看護師の仕事に就いたが、いくら働いても追いつかないほど忙しかった。ある日の出勤途中、街へ向かうひとりの女性と知り合った。その女性と親しくなった母は相談を持ちかけ、夫婦で仕事に出ているあいだ、家で子守りをしてくれる人を誰か知らないかと尋ねた。その女性がみずから名乗りをあげたことは、わたしにとってたいへんな幸運だった。コーラ・ウォルターズは、古風な田舎の女性の美点をすべて兼ね備えたおばあさんだった。物知りで優しく、正直で几帳面なうえ、敬虔《けいけん》なキリスト教徒だった。コーラは、十一年にわたって家族の一員となった。コーラの家族もとてもよい人たちで、コーラが仕事を辞めたあとは、娘のメイ・ハイタワーがうちの母の手助けを買って出て、さらに三十年間、母が亡くなるまで付き添ってくれた。別の時代だったら、コーラ・ウォルターズはすばらしい聖職者となったかもしれない。自身を手本として示すことで、わたしをよりよい人間にしてくれた。そして当然ながら、当時やその後にわたしがいかなる過ちを犯したとしても、コーラにはなんの非もない。コーラはたくましい老婦人でもあった。ある日、家の中を走り回っている巨大な鼠を殺すのを手伝ってくれた。実のところ、見つけたのはわたしだが、殺したのはコーラで、わたしはそのあいだ声援を送っていただけだった。

郊外の農場へ転居したとき、母はわたしを小さな田舎の学校へ通わせることに不安を感じて、街の中心部にある聖ヨハネ・カトリック学校に入学させた。わたしはそこで、第二学年と第三学年を過ごした。いずれの年も、担任の教師はシスター・メアリ・アマーサ・マギーで、上品で慈悲深い先生だったが、ひ弱な人ではなかった。わたしはよく、六週間ごとの成績表でオールAを取ったが、〝社会性〟だけはCだった。〝社会性〟とは、教室での行儀のよさの婉曲《えんきょく》表現だ。わたしは本を読んだり、スペリング・コンテストで競ったりするのを得意としたが、あまりにも口数が多すぎた。これは小学校時代を通じてついてまわった問題で、わたしの批判者や多くの友だちが言うように、今になっても完全には克服できていない。また、トイレを口実に日課のロザリオの祈りを抜け出してなかなか戻らず、怒られたこともあった。カトリック教会とその儀式、修道女の敬虔さには魅力を感じたが、元気のあり余る子どもにとって、教室の席にひざまずき、ロザリオを手に背すじを伸ばし続けるのは、たいへんな苦行だった。なにしろそれまで、ホープのファースト・バプテスト教会の日曜学校と、夏休みの聖書学校でしか教会に通った経験がなかったのだ。

農場で一年ほど生活したのち、父さんはホットスプリングズの街なかへ引っ越すことにした。そして、レイモンド伯父から、街の東端のパーク通り一〇一一番地にある大きな家を借りた。母には、うまく取引をして自分たちの稼ぎで買ったのだと信じさせたが、たとえふたりの収入を合わせたとしても、そして家の値段が今より大幅に安かったとしても、あの家を買うお金を工面できたはずはない。丘の上の家は二階建てで、五つの寝室を備え、二階には小ぢんまりとした優美な舞踏室があって、その部屋のカウンターには、ふたつの巨大なさいころの入った大きな回転ケージが置かれていた。最初の家主は、賭博事業を営んでいたらしい。わたしはこの部屋で、パーティーを開いたり、ただ友だちと遊んだり、多くの楽しい時間を過ごした。

家の外観は、緑色の装飾が施された白い壁と、表玄関と左右両側に斜めに伸びた屋根が特徴的だった。前庭は三段になっていて、中央に歩道があり、二段目は石垣になっている。側庭は狭いが、母が熱中している戸外の趣味、園芸を楽しむにはじゅうぶんな大きさだった。特に薔薇を育てるのが好きで、生涯にわたって、どの家の庭にも必ず薔薇を植えていた。もともと日焼けしやすいたちの母は、タンクトップとショートパンツという姿で花のまわりの土を掘るせいで、頻繁に小麦色の肌になった。家の裏手には車四台分の車庫を備えた砂利敷きの私道があって、ぶらんこのある気持ちのよい芝生が広がり、私道の両側にはなだらかな芝生がサークル・ドライヴという大通りまで続いていた。

この家には、わたしが七、八歳のころから十五歳になるまで住んだ。とても魅力的な住まいだった。敷地には灌木《かんぼく》や藪や草花が茂り、忍冬《すいかずら》に彩られた長い生垣が連なって、無花果《いちじく》や梨、二本の野生林檎、前庭の巨大な楢《なら》の老木など、たくさんの樹木が伸びていた。

わたしはよく、父さんを助けて敷地の手入れをした。共同で行なう数少ない作業のひとつだった。しかし、成長するにつれて、わたしがひとりでやることが多くなった。家は雑木林のそばにあったので、蜘蛛や毒蜘蛛、百足《むかで》、蠍《さそり》、足長蜂、雀蜂、蜜蜂、蛇などに遭遇することもしばしばだった。それから、栗鼠《りす》や縞栗鼠、青懸巣《あおかけす》、駒鳥、啄木鳥《きつつき》などの、もっとおとなしい動物にも出会えた。ある日、芝を刈りながらふと下を見やると、がらがら蛇が芝刈り機に寄り添って身をくねらせていた。機械の振動に幻惑されているらしい。わたしは仲間入りを拒否して脱兎のごとく走り出し、なんとか無傷で逃げ切った。

その次の機会には、それほどうまくいかなかった。父さんは、燕《つばめ》がいくつもの集団で巣作りできるように、三階建ての大きな巣箱を裏の私道の奥に置いていた。ある日わたしは、そのあたりの草を刈っていて、燕のための巣作りの場所が丸花蜂のものになっていることを発見した。蜂はわたしを取り囲み、体や腕や顔など全身にまとわりついて飛び回った。不思議なことに、一匹も刺さない。わたしはいったん遠ざかって息を整え、次の行動を検討した。そして、蜂たちはこちらが危害を加えないと判断したのだろうと勝手に決め込み、数分後に草刈りを再開した。十メートルも進まないうちに、ふたたび蜂が取り囲み、今度はわたしの全身を刺し始めた。うち一匹はわたしの腹部とベルトのあいだをとらえ、何度も繰り返し刺した。丸花蜂は、蜜蜂にはできないことをやってのけるのだ。わたしは意識も朦朧《もうろう》としたありさまで医者へと急いだが、思いのほかすぐに回復して、またもや貴重な教訓を得た。すなわち、丸花蜂という種族は、侵入者に対し一度は公正な警告を与えるが、二度は与えないという教えだ。三十五年以上のちに、友人のマイケル・ロスとマーキー・ポストの五歳の娘、ケイト・ロスが手紙をくれた。そこにはただひと言、「蜂には針がある。気をつけてね」と書かれていた。もちろん、わたしにはその意味がはっきりとわかった。

ホットスプリングズへの転居で、また新たにたくさんの人生経験が得られた。これまでよりずっと大きく都会的な新しい街、新しい隣り近所、新しい学校、新しい友だち。そして、音楽への最初の目覚めと、新しい教会での初めての真摯《しんし》な宗教体験、そしていうまでもなく、クリントン一族という新しい親類縁者たちとの交流。
〃ホットスプリングズ〃という街の名前の由来となっている硫黄泉は、リトルロックから八十キロほど西のやや南寄りにそびえるウォシタ山地の峡谷の地下から湧き出している。温泉を最初に発見したヨーロッパ人はヘルナンド・デ・ソトで、一五四一年に渓谷を縫ってこの地に達し、インディアンたちが湯気を立てる温泉で入浴する姿を見た。そして、伝説によれば、〃若返りの泉〃をついに発見したと思ったそうだ。

一八三二年、アンドリュー・ジャクソン大統領は、ホットスプリングズ周辺の四つの区画を連邦の保留地として保護する法案に署名した。議会がそのような法案を成立させたのは初めてだった。国立公園局が設立されるより、イエローストーンが初の国立公園に指定されるより、ずっと前のことだ。ほどなく、観光客を受け入れるためのホテルが次々と出現した。一八八〇年代、温泉が湧く山の峡谷を二・五キロほど蛇行する目抜き通りのセントラル・アヴェニューには、優雅な浴場が軒を連ね、年に十万人以上が入浴に訪れた。その目的は、リウマチや麻痺・マラリア・性病などの治療から全身の骨休めまで、さまざまだった。二十世紀が始まって二十五年ほどのあいだには、贅《ぜい》を極めた温泉浴場が何軒も建てられ、年間に百万人以上が入浴し、温泉の街が世界じゅうに知れ渡った。連邦の保留地から国立公園へと位置付けが変わって以降、ホットスプリングズは国立公園の中にまるごと収まる唯一のアメリカの街になった。

街は、豪奢なホテルやオペラ劇場、そして十九世紀半ばに始まった賭博でさらに魅力を増した。一八八〇年代までには、合法賭博場が数軒でき、ホットスプリングズはすてきな温泉と悪しき街の両方で名を馳せていくことになる。第二次大戦の前とさなかの数十年間、この街は、いかなる大都市の長にも劣らぬ名士、レオ・マクラフリン市長に治められていた。市長は、ニューヨークから移ってきた暴力団員、オーエン・ヴィンセント・〝オーニー〟・マッデンの力を借りて賭博場を運営した。

戦後、シド・マクマスの指揮する退役軍人改革者たちの政策によって、マクラフリン市長は権力を奪われ、その後まもなく三十五歳のマクマスが国内で最年少の知事となった。しかし、退役軍人改革者たちが来てからも、一九六〇年代半ばまで賭博場の運営は続けられ、州や地方の政治家も法執行機関の職員も、袖の下を受け取っていた。オーニー・マッデンは〝尊敬すべき〟市民としてホットスプリングズで余生を送った。一度、マッデンが手術を受けたとき、母が麻酔の投与を担当したそうだ。母は帰宅してから、笑いながらこう話した。レントゲン写真を見たら、まるでプラネタリウムに行ったみたいな気分になったわ。体の中に十二個も弾丸が残っていて、流れ星みたいなの……。

皮肉にも、賭博が非合法であったがゆえに、マフィアがホットスプリングズの賭博を牛耳ることはなかった。その代わり、街には地元だけを束ねるボスがいた。ときどき利益の奪い合いで争いが起きたが、わたしの子ども時代には、暴力は常に制御されていた。例えば、二軒の家の車庫が爆破された事件でも、犯人は住人が不在の時間を狙った。

十九世紀の後半三十年と二十世紀の最初の五年で、賭博は幾多の驚くべき人々を街へと引き寄せる。無法者、暴力団員、凱旋《がいせん》の勇士、俳優、大勢の偉大な野球選手たち。伝説のビリヤード名人、ミネソタ・ファッツもよく訪れた。一九七七年、わたしは州司法長官として、ホットスプリングズの慈善事業のため、ファッツとビリヤードをした。彼はゲームでわたしを叩きのめしたが、その埋め合わせとして、かつて街を訪れたときの物語で大いに楽しませてくれた。日中競馬に興じたあと食事をし、ひと晩じゅうセントラル・アヴェニューを行ったり来たりしながら賭博にいそしみ、札入れと有名な腹まわりをさらに分厚くしたのだという。

ホットスプリングズは政治家も引き寄せた。ウィリアム・ジェニングズ・ブライアンは数回訪れた。

一九一〇年にはセオドア・ローズヴェルトが、一九二七年にはハーバート・フーヴァーが、一九三六年には州の百年祭のためにフランクリン・D・ローズヴェルトとエレノア夫人が来訪した。ヒューイ・ロングはこの地で、妻との第二の蜜月旅行を楽しんだ。ジョン・F・ケネディとリンドン・ジョンソンは、大統領就任前にやってきた。ハリー・トルーマンもしかり。賭博をした唯一の政治家——少なくとも、それを隠さなかった唯一の政治家だ。

賭博と温泉の街ホットスプリングズの魅力を高めるものは、ほかにも数々あった。明るい光の灯った大きな競売場が、温泉浴場の連なるセントラル・アヴェニューの反対側に、賭博場やレストランと混じって並んでいた。オークローン競馬場は、街で唯一の合法的な賭博施設で、毎年春の三十日間、すばらしいサラブレッドのレースを開催した。多くのレストランにはスロットマシンが備えられ、数カ所では両親の膝に坐れば子どもでも遊ぶことができた。街の近くに三つの湖があり、なかでも傑出していたハミルトン湖のほとりには、レイモンド伯父を始め、街の要人の多くが大きな家を所有していた。夏休みには、湖畔のモーテルに数千の人々が集まった。鰐《わに》園もあって、中には体長最大五・五メートルもの大鰐が住んでいた。駝鳥《だちょう》園からは、ときどき鳥たちが抜け出して、セントラル・アヴェニューを行進する。ケラー・ブレランドのＩＱ動物園では、たくさんの動物たちのほかに、怪しげな人魚の骨を呼び物にしていた。マクシーン・ハリス（のちのマクシーン・テンプル・ジョーンズ）が経営していた悪名高い娼家もあった。マクシーンは非常に個性的な人物で、地方自治体の銀行口座に公然と稼ぎを預け、一九八三年には半生を綴った興味深い本『マダムと呼んで——ホットスプリングズのマダムの人生と時代』を書いた。わたしは十歳か十一歳のころ、何度か友だちといたずらで、マクシーンの店に何時間ものあいだ電話をかけ続けて回線を独占し、本当の客からの電話を妨害したことがあった。マクシーンはかんかんに怒って、辛辣《しんらつ》かつ独創的な罵詈雑言《ばりぞうごん》をわたしたちに浴びせかけた。そのような毒舌を女性の口から、いや男性の口からも聞いたのは初めてだった。わたしたちは腹を抱えて笑った。マクシーンもおもしろがっていたのではないだろうか。少なくとも、最初の十五分間ほどは。

白人の南部バプテスト教会員と黒人が人口の大半を構成するアーカンソー州のなかで、ホットスプリングズは驚くほど多様性に満ちていた。人口たった三万五千の街なのに、かなりの数の黒人が居住し、黒人観光客用のホテル〈ピシアスの騎士〉もあった。カトリック教会がふたつと、ユダヤ教会堂がふたつある。ユダヤ人居住者が、最高級の店のいくつかを経営し、競売場を運営した。街で最高の玩具店は〈リッキーズ〉で、シルヴァーマン夫妻が息子にちなんで名づけた。リッキーとわたしは楽団仲間だった。母へのちょっとした贈り物を買った宝石店〈ローリーズ〉を営むのは、マーティ・フライシュナーと妹ローラだった。それから、ユダヤ人文化教育促進協会《ブネイ・ブリス》のレオ・N・レビ病院があり、ここでは温泉を使って関節炎の治療をしていた。また、わたしは、ホットスプリングズで初めてアラブ系アメリカ人に会った。ゾルブ家とハッサン家の人たちだ。デイヴィッド・ゾルブの両親がレバノンで殺されたとき、九歳だったデイヴィッドは叔父に引き取られ、英語をまったく話せないままこの国へやってきた。しかし、学校を卒業するときにはクラス代表に選ばれ、ボーイズ・ステートの知事にまでなった。現在、デイヴィッドはペンシルヴェニア州で神経外科医として働いている。グイード・ハッサンとその妹たちは、第二次大戦中、シリア系アメリカ人男性とイタリア人女性のあいだに芽生えたロマンスの結果誕生した。ハッサン一家は高校時代、わが家の近所に住んでいた。わたしには、日系アメリカ人の友人アルバート・ハームと、チェコ人の級友ルネ・デュチャクもいた。亡命したルネの両親はレストラン〈リトル・ボヘミア〉を経営していた。大きなギリシャ人居住区には、ギリシャ正教会や、クリントン・ビュイック販売店からほど近いレストラン〈アンジェロズ〉もあった。

古風ですてきなレストランで、フルーツパーラーのような長いカウンターがあって、並んだテーブルには赤と白のチェックのテーブルクロスが掛かっていた。お勧め料理は、チリと豆料理とスパゲティの三種類だ。

ギリシャ人の友人でいちばん仲がよかったのは、レオプーロス一家だった。ジョージは、セントラル・アヴェニューとブロードウェイのあいだのブリッジ通りで小さなカフェを営んでいた。その通りは全長が三分の一ブロックしかなく、アメリカ最短の通りではないかと言われていた。ジョージの妻のイヴリンは小柄な女性で、霊魂の再生を信じ、骨董品を集め、エンターテイナーのリベラーチェが大好きで、一度彼がホットスプリングズでピアノ演奏したときには、晩餐の招待に応じてもらって大喜びしていた。レオプーロス家の次男のポール・デイヴィッドとは、四年生のとき親友になり、以来まるで兄弟のような付き合いをしている。

そのころ、よくポール・デイヴィッドといっしょに彼の父親のカフェに行った。特に、カーニヴァルが街に来るときを楽しみにしていた。ショーの芸人たちが全員そこで食事したからだ。すべての乗り物の無料券をもらったこともある。わたしたちは券を一枚残らず使った。デイヴィッドは歓声をあげ、わたしは目が回って胸がむかむかした。それ以来、バンパーカーと観覧車にしか乗らないことに決めた。デイヴィッドとわたしは人生の浮き沈みをともに体験し、人生三回分にもなりそうなほどよく笑った。

子どものころ、これほど多様なグループの人々と友人や知り合いになれたのは、今日なら当たり前のことでも、一九五〇年代のアーカンソーでは、ホットスプリングズに住んでいたからこそだったろう。それでも、ほとんどの友人とわたしは、まずまず普通の暮らしを送っていた。時折、マクシーンの娼家に電話したり、競馬の季節に授業を抜け出したい誘惑に駆られたりするのは別にして……。わたしは競馬に行かなかったが、高校の級友の一部は、その魅力に抗しきれなかったらしい。

　第四学年から第六学年までのあいだ、わたしはほとんどの時間を、パーク通りを行き来して過ごした。近隣の地域はおもしろかった。美しい家並みが、わが家の東から森のほうまでずっと続き、裏のサークル・ドライヴにも別の家並みが連なる。デイヴィッド・レオプーロスは、数ブロック先に住んでいた。近所でいちばん仲のよい友人は、クレイン一家だった。彼らの住む謎めいた大きな古い木造家屋は、わが家の裏手、大通りをはさんだ向かい側にあった。エディ・クレインのダン伯母さんは、クレイン家の子どもたちによくわたしを交えて、街じゅう至るところへ連れていってくれた。わたしたちは映画を見たり、スノー・スプリングズ公園のひんやりした湧き水のプールで泳いだり、ホイッティントン公園でミニチュアゴルフをやったりした。長女のローズが、わたしと同い年だった。真ん中のラリーは、ふたつほど年下だ。わたしたちはふだんとても仲良しだったが、一度だけわたしが、覚えたての悪口を使ってラリーを怒らせた。ローズと家の裏庭で遊んでいるとき、わたしはラリーに、おまえの〝表皮《エピダーミス》〟は丸見えだ、と言った。ラリーが腹を立てた。わたしは続けて、おまえの母さんと父さんの表皮も丸見えだ、と言った。てきめんの効果があった。ラリーは家へ帰り、ナイフを取って戻ってくると、わたしに向かって投げつけた。当たりはしなかったが、それ以来、意味のわからない言葉には用心するようになった。末っ子のメアリ・ダンはわたしに、大きくなったら結婚しましょう、それまで待っていてね、と言った。

　わが家の正面の通りをはさんだ向かい側には、小規模な会社が集まっていた。そのなかに、ブリキ板で建てられた小さな自動車修理工場があった。デイヴィッドとわたしはよく、楢の木の後ろに隠れ、ブリキ板に木の実を投げつけて従業員を驚かせた。ときには、通りかかる車のホイールキャップに当てようと試みた。うまくいくと、大きなカーンという音がした。ある日、標的にした車が突然止まり、降りてきた運転手が藪に隠れたわたしたちを見つけて、私道のほうまで走って追いかけてきた。それ以降、車に向かって木の実を投げるのは控えめにした。しかし、とにかくおもしろくてたまらなかった。

自動車修理工場の隣りは煉瓦《れんが》造りの大きな建物で、中には食料雑貨店、コインランドリー、小さな家族経営のバーベキュー・レストラン〈スタビーズ〉が入っていた。ひとりのときに、よくそこで食事を楽しんだ。窓際の前方の席に坐って、行き交う車に乗った人々のそれぞれの人生を想像したものだ。わたしは十三歳のときに、この建物内の食料雑貨店で初めての仕事を経験した。経営者のディック・サンダーズはすでに七十代で、当時の大半の老人たちと同様、左利きを悪癖と見なして、完全な左利きだったわたしを右利きに矯正しようとした。ある日、ディックがわたしに右手でマヨネーズを並べさせた。ヘルマンズ・マヨネーズの大きな瓶で、値段は八十九セントする。わたしはひとつ積み損なって床に落とし、ガラスの破片とマヨネーズを飛び散らせてしまった。まず、わたしは掃除した。それから、ディックが、マヨネーズひと瓶分を給料から差し引かなければならないと告げた。わたしの稼ぎは一時間に一ドルだった。わたしは勇気を奮い起こして言った。「ねえ、ディック、優秀な左利きの店員を一時間一ドルで雇うほうが、不器用な右利きの店員をただで雇うよりもよくないですか?」。驚いたことに、店主は笑って同意した。またディックは、店の前に漫画の古本売り場を置くという、生涯初の自前の商売を経験させてくれた。わたしはふたつのトランクいっぱいに、漫画本をきちんと保管していた。とてもいい状態を保っていたので、よく売れた。当時わたしは得意満面だったが、今ではあれを取っておけば価値の高いコレクターズ・アイテムになっていたのではないかと少し残念だ。

わが家の西側、つまり街側の隣りには、〈ペリー・プラザ・モーテル〉があった。わたしはペリー一家と娘のタヴィアを好いていた。タヴィアはわたしよりひとつかふたつ年上だ。ある日、家を訪ねると、タヴィアは新しい空気銃を手に入れたばかりだった。わたしは九歳か十歳だっただろう。タヴィアはベルトを床に投げて、わたしがそれをまたいだら、銃で撃つと言った。もちろん、わたしはまたいだ。そしてタヴィアが撃った。当たったのは足だったので、最悪の事態というわけではなかったが、これからは他人の脅迫を軽く受け取らないようにしようと決意した。

〈ペリー・プラザ・モーテル〉については、ほかにも憶えていることがある。黄色い煉瓦造りの二階建てのモーテルは、横幅がひと部屋分で、正面のパーク通りから裏のサークル・ドライヴまで伸びていた。人々はときどき、そこに限らず、街のモーテルや下宿屋に、数週間あるいは数カ月間部屋を借りることもあった。あるとき、二階のいちばん奥の部屋を長いあいだ借りている中年の男性がいた。そしてある日、警察が来て男を連れ去った。男は、そこで堕胎手術をしていたのだ。そのときまでわたしは、堕胎とは何かを知らなかったと思う。

パーク通りのずっと先に、小さな床屋があって、ブライゼンダイン氏が散髪してくれた。床屋を過ぎて四百メートルほどのところで、パーク通りがランブル通りに行き当たる。その通りは南へと丘を登り、わたしの新しい学校、ランブル小学校まで続く。四年生のときに、わたしは楽団活動を始めた。その小学生楽団には、街じゅうの小学校から生徒が集まった。指導者のジョージ・グレイは、騒々しい小さな子どもたちにやる気を与えるみごとな技術を持っていた。わたしは一年ほどクラリネットを吹き、その後楽器をテナー・サクソフォーンに切り替えた。楽団が必要としていたからだが、後悔したことは一度もない。五年生のときの最も鮮明な思い出は、記憶に関するクラスの討論だ。そのなかで、級友のトミー・オニールが担任のカリスティアノス先生に、自分は生まれたときの記憶があるような気がすると言った。想像力がたくましいのか、少し頭がおかしいのかはわからないが、わたしはトミーが好きだった。わたしよりも記憶力がいい子どもに、ついに出会えたわけだ。

わたしは、六年生のとき担任だったキャスリーン・シェイエ先生を崇拝していた。同世代の多くの教師と同様、シェイエ先生も結婚せず、生涯を子どもたちに捧げていた。先生は八十代後半まで、志を同じくする従妹とともに暮らした。とても温厚で優しかったが、きびしい指導も忘れなかった。小学校のささやかな卒業式が催される前日、先生が放課後わたしを呼び止めた。そして、本当はわたしをドナ・スタンディフォードとともに首席で卒業させるはずだったと告げた。しかし、〝社会性〟――そのころには〝操行〟と呼んでいたかもしれない――の成績がとても悪かったので、わたしは三位に落とされた。シェイエ先生は言った。「ビリー、あなたはおとなになったら、知事になるか、たいへんな面倒を起こすかのどちらかでしょう。それは、あなたがいつ話し、いつ黙ればいいかを学ぶかどうかにかかっていますよ」。どちらの点でも、先生の言うとおりになっている。

ランブル小学校時代には、読書への興味が高まり、ガーランド・カントリー公共図書館へ通うようになった。街なかの裁判所の近くにあって、クリントン・ビュイック販売店からも遠くなかった。わたしはそこで何時間も過ごし、書棚をゆっくりと見て回って、たくさんの本を読んだ。最も惹きつけられたのは、アメリカ先住民に関する本で、子ども向けの伝記を次々と読破した。偉大なアパッチ族ジェロニモ。リトルビッグホーンでカスター将軍とその部隊を打ち破ったラコタ・スー族のクレージーホース。「今太陽の位置が指し示すこの瞬間から、もう二度と闘うことはないであろう」という力強い声明で和睦を受け入れたネズパース族のジョーゼフ首長。部族民のために文字を創り出したセミノール族の偉大な首長オセオラ。アメリカ先住民への関心は尽きることがなく、同時に彼らがひどく虐待されてきたという思いも消えることがなかった。

パーク通りを歩くとき、わたしが最後に立ち寄るのは、真の意味での初めての教会、パーク・プレイス・バプテスト教会だ。母と父さんは復活祭やたまのクリスマスにしか行かなかったが、わたしは母の勧めを受けて、ほぼ毎週日曜に通っていた。きちんと正装して出かけるのは気持ちがよかった。十一歳のころから高校を卒業するまで、日曜学校のわたしの教師は、A・B・〝サニー〟・ジェフリーズ先生だった。息子のバートが同じクラスにいて、親友になった。数年間、毎週日曜にふたりで日曜学校や礼拝に行き、いつも後ろの席に坐って、しばしば自分たちだけの世界に浸《ひた》った。一九五五年、わたしは教会の教えを深く理解するようになり、自分を罪人と認めて、イエス・キリストの救いを求めた。そこで、日曜の礼拝のあと、祭壇へと進んでキリストへの信仰を告白し、浸礼《しんれい》を授けてほしいと願い出た。フィッツジェラルド牧師は、わが家を訪れて、母とわたしに話をした。バプテスト派では、詳細な説明を受けたうえで信仰の告白をしてから、浸礼を受ける必要がある。幼いヒラリーとその弟たちを仰天させた、幼児に聖水を振りかけるメソジスト派の儀式とは違って、バプテスト派は、みずからが何をなすつもりなのか自覚することを求めるのだ。

わたしは、バート・ジェフリーズとともに、日曜の夜、数人の人に混じって浸礼を受けた。浸礼槽は聖歌隊席のすぐ上にあった。カーテンがあくと、白い聖衣を身にまとった牧師が救われし者に浸礼を施しているのが、信徒の目に入る。バートとわたしのすぐ前に並んだ女性は、見るからに水を怖がっていた。震えながら階段を下り、浸礼槽に入る。牧師が女性の鼻をつまんで頭を聖水に浸すと、女性は完全に硬直してしまった。右足がまっすぐ空中に跳ね上がり、聖歌隊席を水しぶきから保護するための細長いガラス板にぶつかって、かかとがはさまった。牧師が引き上げようとしたが、はさまったかかとがはずれず、女性の体はびくともしなかった。牧師は水に沈んだ頭ばかり見ていたので、何が起こったのかわからず、とにかく引っ張り続けた。ようやくあたりを見回して事情に気がつき、気の毒な女性が溺れる前に足を下ろしてやった。バートとわたしは腹を抱えて笑った。イエス・キリストがこれほどユーモアのセンスに長《た》けているのなら、キリスト教徒になるのもそれほど困難ではないように思えた。

新しい友だち、近隣、学校、教会に加えて、ホットスプリングズでは、クリントン家の新しい親族縁者との出会いもあった。わたしの継祖父母は、アル・クリントンとユーラ・メイ・コーンウェル・クリントンといった。みなに〝パパ・アル〟と呼ばれる祖父は、リトルロックからアーカンソー川を西へ百十キロほどさかのぼった美しい森の地、イェル郡ダーダネルの出身だった。祖母の家族が一八九〇年代にミシシッピ川から移住してきたのち、祖父母は知り合い、結婚した。わたしたちは、新しい祖母を〝ママ・クリントン〟と呼んだ。祖母は、アーカンソー州じゅうに散らばる大一族、コーンウェル家の一員だった。クリントン家と母の親族にコーンウェル家が加わったことで、アーカンソー州の七十五郡のうち十五郡に親戚ができた。政界に入って、個人的なつながりが業績や政治問題に対する立場以上にものを言うようになったとき、彼らはきわめて貴重な存在となってくれた。

パパ・アルは小柄な男性で、母方の〝おじいちゃん〟よりも背が低く痩せており、愛すべき優しい心を持っていた。最初に会ったのは、わたしたちがまだホープに住んでいるときで、パパ・アルは、息子とその新しい家族の顔を見るため、わが家へ立ち寄ってくれた。ひとりで来たのではない。そのころパパ・アルはまだ州の保護観察官として働いており、服役囚のひとりを伴っていた。おそらく一時仮出所していた男を刑務所に戻すところだったのだろう。車を降りてわが家に入る際、手錠を掛けて男と自分をつないでいた。とてもおかしな眺めだった。その囚人が巨大な男だったからだ。パパ・アルの二倍はあったにちがいない。しかし、祖父は囚人に優しく丁重に話しかけ、男も同様の態度で返答しているようだった。わかっているのは、パパ・アルが男を時間どおり安全に送り届けたということだけだ。

パパ・アルとママ・クリントンは、丘の上の小さな古い家に住んでいた。パパ・アルは裏庭に菜園を持っており、それをとても自慢にしていた。八十四歳まで生き、八十を過ぎてからもその菜園で一キロ以上もあるトマトを育てていた。片手ではとても持てないほどの大きさだ。

ママ・クリントンは、家を仕切っていた。わたしには親切だったが、自分の人生に関わる男たちをどう操作すればよいかを心得ていた。ママ・クリントンは、常に父さんを、悪いことなど何もできないかわいい末っ子として扱った。たぶんそれが、父さんがおとなになれない理由のひとつだったのだろう。継祖母は、うちの母を好いていた。ほかの家族の誰よりも親身になって、憂鬱症ぎみの泣き言に耳を傾けてくれ、思慮深く思いやりのある助言を与えてくれたからだ。ママ・クリントンは、九十三歳まで生きた。

パパ・アルとママ・クリントンには五人の子どもがいた。娘がひとりと、息子が四人。娘のイラリー伯母は二番目の子どもだった。その娘のヴァージニアは、シスターという愛称で、その後ゲイブ・クローフォードと結婚し、母のよい友人となった。イラリー伯母は歳を重ねるにつれ、その特異な性格に磨きがかかった。ある日、母が家を訪ねると、伯母は歩行に困難を感じると訴えた。そしてスカートを持ち上げ、脚の内側にできた巨大な腫瘍《しゅよう》を見せた。その後まもなく、ヒラリーに初めて会ったときにも、スカートをつまみ上げて腫瘍を見せた。幸先のいいスタートだった。イラリーは、クリントン家のなかでいちばん最初に、ヒラリーを心から好いてくれた。母はやっとのことで腫瘍を剔出《てきしゅつ》するようイラリーを説得し、伯母は生まれて初めて飛行機に乗ってメイヨー・クリニックに赴いた。腫瘍を切除するころにはその重さは四キロにもなっていたが、奇跡的にも癌細胞は脚全体へ広がってはいなかった。病院は、その驚くべき腫瘍を研究のためにしばらく保存していたそうだ。陽気な老イラリーは帰宅してから、腫瘍を切られたことより、初めて飛行機に乗ったことのほうがずっと怖かったと話した。

継祖父母の長男は、ロバートといった。彼と妻のイヴリンは、テキサス在住の穏やかな人たちで、ホットスプリングズとクリントン家の親族たちとは適度な距離を保つのがよいと考えているようだった。

次男のロイ伯父は、飼料販売店を営んでいた。妻のジャネットと母は、血縁者以外の家族のなかで最も強烈な個性を持つふたりだったので、とてもよい友人どうしになった。一九五〇年代初め、ロイは州議会に立候補して当選した。投票日、わたしは法律の許可する範囲ぎりぎりの投票所に近い場所で、近隣の人たちに伯父の宣伝ちらしを配った。政治に関わった初めての経験だ。ロイ伯父は、一期だけ議員を務めた。とても評判がよかったのだが、二期目の選挙には立候補しなかった。ジャネットが政治を嫌っていたせいだと思う。ロイとジャネットとうちの家族は、数年間、毎週のように家を交互に行き来してドミノゲームに興じた。

四番目のレイモンド伯父は、クリントン家でただひとり、いくらかお金に余裕があり、一貫して政治に携わっていた。第二次大戦後の退役軍人制度の改革にも関わったが、本人に軍歴はなかった。伯父の三人の子どもたちは、みんなわたしの支えになってくれた。息子のレイモンド・ジュニア、通称〝コーキー〟は、わたしより年下だったが、抜群に頭がよかった。コーキーは本物のロケット工学者になり、NASAで輝かしい業績をあげた。

母は、レイモンド伯父とは常に付かず離れずの関係を保っていた。その理由は、伯父がなんでも取り仕切りたがるから、そして父さんの飲酒のせいで母の望む以上に伯父の手助けを必要としたからだった。ホットスプリングズへ越した当初、わたしたちはレイモンド伯父の教会である第一長老派教会に通うことまでした。少なくとも、母は名目上バプテスト派だったにもかかわらずだ。その教会のオーヴァーホルサー牧師は非凡な人物で、同じくらい非凡なふたりの娘を持っていた。そのひとり、ナン・コヘインは、ヒラリーの母校であるウェルズリー・カレッジの学長を務め、その後デューク大学初の女性学長となった。もうひとりの娘ジェニーヴァ・オーヴァーホルサーは、《デモイン・レジスター》の編集長を務め、わたしが大統領に立候補したときには支持を表明してくれた。のちに《ワシントン・ポスト》のオンブズマンとなり、一般国民による正当な苦情を世の中に発表したが、大統領の苦情は扱ってくれなかったようだ。

母は伯父を敬遠しがちだったが、わたしはレイモンドが好きだった。その強さと、街における影響力、自分の子どもたちとわたしに対する心底からの気遣いには感銘を受けた。わたしたちは光と影ほどにも異なっていたが、伯父の利己的な部分は、わたしにはあまり気にならなかった。一九六八年、わたしがホットスプリングズで公民権拡大に賛成する講演を行なったとき、レイモンドは人種隔離主義者のジョージ・ウォーレスを大統領候補として支持した。しかし、一九七四年にわたしが見込みの薄い下院議員の選挙戦に打って出たときには、レイモンドとゲイブ・クローフォードが、選挙資金として一万ドルの手形に連署してくれた。その選挙戦でわたしが得た唯一の資金だった。四十五年以上連れ添った妻を亡くしたのち、レイモンドは高校時代に付き合いのあった女性で未亡人となっていた人とふたたび近づきになり、再婚して楽しい余生を送った。今では思い出すこともできない何かの理由で、レイモンドは晩年になってからわたしに腹を立てた。和解する前に、伯父はアルツハイマーを発病した。わたしは聖ヨセフ病院と養護施設へ一度ずつ、伯父を訪ねていった。最初に見舞ったときには、自分の気持ちを伝えた。伯父さんを大好きだし、原因がなんだったにせよ、仲たがいしたことを後悔している。わたしのためにしてくれたすべてのことに、これからも感謝し続けるだろう……。伯父は、一、二分ほどのあいだ、わたしを認識していたような気がするが、確信は持てない。二度目に見舞ったときには、もう認識できないことはわかっていたが、とにかくもう一度会いたかった。レイモンドは八十四歳で亡くなった。大叔母のオリーと同じように、痴呆状態になってからかなりの年月が過ぎていた。

レイモンドとその家族は、ハミルトン湖の湖畔にある大きな家に住んでいた。わたしたちはよくピクニックに出かけて、伯父の所有する大きな木製のクリスクラフト社製のボートに乗った。七月四日の独立記念日にはいつも、そこで盛大な花火を見てお祝いした。レイモンドの死後、子どもたちは悲しみつつも、古い家を売る必要に迫られた。幸運にも、わたしの図書館財団が別荘を必要としていたので、わたしたちはその家を買い、目的に沿って改装した。レイモンドの子どもたちや孫たちも利用できる。きっと今ではレイモンドも、空の上からわたしに微笑みかけているだろう。

一九五五年にわたしたちがパーク通りに転居して間もないころ、母の両親がホットスプリングズに引っ越してきた。その古いアパートの小さな部屋は、わが家から街なかへ向かって一・五キロほど行ったところにあった。主に健康上の懸念が、引越しの理由だった。おじいちゃんの気管支拡張症はさらに進行し、おばあちゃんは一度脳卒中を起こしていた。おじいちゃんは、ブライゼンダイン氏の床屋の真向かいにある酒屋で働き始めた。確か、父さんがその店の共同所有者だった。ホットスプリングズとはいえ、住民のほとんどは白昼酒屋に通い詰めたりしない保守的な人々だったので、祖父には自由な時間が多く、わたしはよく店に訪ねていった。おじいちゃんはトランプのひとり遊びを何種類も知っていて、やりかたを教えてくれた。わたしは今でもそのうちの三種類を、何かの問題をじっくりと考えるときや、息抜きが必要なときにやってみることがある。

おばあちゃんの脳卒中は重く、その後遺症でヒステリー性の悲鳴をあげるようになった。許せないことに、医師は祖母を落ち着かせるためにモルヒネを大量に処方した。母が祖父母をホットスプリングズに連れてきたとき、祖母はモルヒネ中毒になっていた。祖母のふるまいはますます理性を欠くようになり、切羽詰まった母は、不本意ながら祖母を五十キロほど離れた州の精神病院に入院させた。当時は薬物依存を治療する施設はなかったのだと思う。

子どもだったわたしは、祖母の抱える問題について何も知らなかった。ただ、病気だということだけはわかっていた。その後、母と車で病院へ見舞いに行った。恐ろしい場所だった。荒れ果てた精神病院。わたしたちは、大きな仕切りのない部屋に入った。そこかしこで回る扇風機は、患者たちが手を入れないように巨大な金網で覆われている。ぼんやりした目つきの人々が、緩い綿のドレスやパジャマを着て徘徊し、独り言をつぶやいたり、宙に向かって叫んだりしていた。それでも、おばあちゃんは正常な様子で、わたしたちの訪問を喜び、会話を楽しんだ。数カ月後、祖母は家に帰れるまでに平静を取り戻し、もう二度とモルヒネを手にしなかった。祖母の身に起きた問題によって、わたしは、当時ほぼアメリカ全土にあった精神病治療施設の実態を初めて目にした。オーヴァル・フォーバスは、知事になったとき、州の病院の現代化と資金の増額に着手した。別の分野での数々の失策はともかく、その業績については彼に感謝している。

5

一九五六年、わたしに待望の弟ができ、わが家に待望のテレビがやってきた。弟のロジャー・キャシディ・クリントンは父親の誕生日と同じ、七月二十五日に生まれた。わたしは大喜びだった。母と父さん《ダディ》は、かねてから子どもを欲しがっていた（二年ほど前に、母は一度流産した）。おそらく母だけでなく父さんも、子どもが結婚生活の救いになると考えたのではないだろうか。しかし父さんの反応は、よい徴候とは言えなかった。母が帝王切開での出産に臨んでいるあいだ、わたしは祖父母の家にいた。父さんは、わたしを迎えに来て母の病院に寄り、家に戻るとすぐに出ていった。数カ月前から、飲酒にふけるようになっていたのだ。そして、実の息子の誕生に幸福と責任感を覚える様子もなく、駆り立てられるようにまた酒瓶へと走った。

わたしは新たな家族が増えたことに興奮し、真新しいテレビにも胸を躍らせた。子ども向けの番組がたくさん放映されていた。アニメーションや《キャプテン・カンガルー》《ハウディ・ドゥーディとバッファロー・ボブ》が特に好きだった。それから、野球もあった。ミッキー・マントルとヤンキース、スタン・ミュージアルとカージナルス、そして永遠のひいき選手ウィリー・メイズとかつてのニューヨーク・ジャイアンツ。

しかし、十歳の子どもにしては奇妙かもしれないが、その夏わたしがいちばん熱心に見ていたのは、共和党と民主党の党大会だった。わたしはテレビの正面の床に坐り込んで、両方の党大会に釘付けになった。なぜかわからないが、政治と政治家の世界がとても身近に感じられた。アイゼンハワー大統領が好きで、再指名される様子を楽しんで見たが、わが家は民主党支持だったので、そちらの党大会には真剣にのめり込んだ。テネシー州知事フランク・クレメントが熱烈な基調演説を行なった。副大統領の指名では、若きジョン・F・ケネディ上院議員とエステス・キーフォーヴァー上院議員のあいだで激しい争いが繰り広げられた。最終的に勝者となったキーフォーヴァーは、アル・ゴアの父とともにテネシー州選出の上院議員を務めていた。一九五二年にも大統領候補に指名されたアドレー・スティーヴンソンは、再立候補を求める党の要請を受け入れたとき、「この杯がわたしの前を素通りしてくれるよう」祈っていたのだが、と言った。わたしはスティーヴンソンの才気と巧みな話術に感心したが、その当時でも、なぜ大統領という地位を得る機会を望まない人がいるのか理解できなかった。今になって思えば、スティーヴンソンが望まなかったのは、敗北の明らかな闘いをふたたび指揮することだったのだろう。それはよく理解できる。わたし自身も何度か選挙に敗れたが、最初から勝利を確信できない闘いに挑んだことは一度もなかった。

テレビばかり見て過ごしていたわけではない。そのころも可能な限り映画を見ていた。ホットスプリングズには、パラマウントとマルコの所有するふたつの古風な映画館があった。どちらにも大きなステージが備わっており、週末には巡業でやってきた西部劇のスターが登場した。わたしの目の前で、ラッシュ・ラルーが黒いカウボーイ衣裳を身にまとって、牛追い鞭《むち》で巧みな技を見せたり、テレビでアニー・オークリーを演じたゲイル・デイヴィスが射撃の腕前を披露したりした。

一九五〇年代後半には、エルヴィス・プレスリーが映画に出始めた。わたしはエルヴィスに夢中になった。彼の歌なら、ジョーダネアーズのバックコーラスまですべて歌うことができた。エルヴィスが兵役をまっとうしたことに敬服し、若く美しい妻プリシラと結婚したときには感激した。腰を回す姿を猥褻《わいせつ》だと考える一般の親たちとは違って、母も、もしかしたらわたし以上にエルヴィスが大好きだった。わたしたちはいっしょに、あの《エド・サリヴァン・ショー》での伝説的なパフォーマンスを見て、カメラがみだらな映像から視聴者を保護するために、エルヴィスの下半身の動きを避けたときには大笑いした。音楽だけではなく、エルヴィスが南部の小さな町の出身であることに心情的な共感を覚えた。それに、エルヴィスは優しい心の持ち主でもあった。わたしの知事時代に司法長官を務めた友人、スティーヴ・クラークが、かつて癌で余命いくばくもない妹を連れて、メンフィスまでエルヴィスの公演を見に行ったことがあった。エルヴィスは少女の話を聞くと、その子と兄を最前列に坐らせ、コンサートのあと少女を舞台に上げてしばらく話をした。このエピソードは忘れられない。

エルヴィスの最初の主演映画『やさしく愛して』は今でもいちばんの気に入りだが、『さまよう青春』『監獄ロック』『闇に響く声』『ブルー・ハワイ』も好きだ。これ以後、エルヴィスの映画は、甘ったるく先の読めてしまう作品が多くなる。南北戦争後の西部を舞台にする『やさしく愛して』は、ストーリー展開が意外でおもしろい。そのころすでに国のセックスシンボルになっていたエルヴィスが、デブラ・パジェットの演ずる女性と結婚するのだが、実は女性が本当に愛していたのは彼の兄で、兄が戦死したと思い込んだために、しかたなく弟と結婚するのだ。映画の終わりで、エルヴィスは撃たれ、兄に妻を託して死んでしまう。

わたしがエルヴィスを完全に卒業することはなかった。一九九二年の選挙戦では、一部のスタッフがわたしを〝エルヴィス〟と呼んでいた。数年後、わたしがロサンジェルスのキム・ウォードローを連邦判事に任命したとき、判事は心遣いから、エルヴィスがかつて身に着けていたサイン入りのスカーフをわたしに送ってくれた。一九七〇年代初期、判事が十九歳のときのコンサートで、エルヴィスから手渡されたものだという。わたしは今でも音楽室にそれを飾っている。白状すると、今でもエルヴィスが大好きだ。

この当時の気に入りの映画は、聖書を題材とした大作だった。『聖衣』『ディミトリアスと闘士』『サムソンとデリラ』『ベン・ハー』。とりわけ『十戒』は、わたしが十セント以上払って見た初めての映画だ。母と父さんが、ラスヴェガスに小旅行に出かけているあいだに、『十戒』を見た。軽いランチを持参して、一枚のチケットで二回通して観賞した。後年、チャールトン・ヘストンをケネディ・センター栄誉賞の受賞者としてホワイトハウスに迎えたとき、彼は全米ライフル協会の会長を務めており、犯罪者や子どもたちから銃を遠ざけようとするわたしの法的な取り組みに、きびしい批判を唱えていた。わたしは、現在の役割を担うヘストン氏より、モーセ役を演じるヘストン氏のほうが好きだと、本人と聴衆に向かって冗談を言った。ヘストン氏は度量の大きさを示して、愛想よく受け止めてくれた。


一九五七年、祖父の肺はついに力尽きた。祖父は、母の働く比較的新しいウォシタ病院で亡くなった。まだ五十六歳だった。人生の大半を、経済的苦境、健康問題、夫婦間の不和に奪われながら、祖父は不運のさなかにも常に楽しめる物事を見出した。そして、母とわたしを自分の命以上に愛してくれた。祖父がわたしに残した愛と数々の教訓、例えば、日々の生活の恵みに感謝し、他人の抱える問題を思いやる気持ちなど、そのほとんどを、わたしは祖父みずからが示す手本のなかから受け取った。そのおかげで、わたしは多少なりともよい人間になれたのだと思う。

一九五七年は、リトルロック・セントラル高校事件の年でもあった。九月に、リトルロックの黒人向け新聞《アーカンソー・ステート・プレス》の編集長デイジー・ベイツの支援を受けた九人の黒人の子どもたちが、リトルロック・セントラル高校の人種隔離政策を撤廃させた。フォーバス知事は、常に二期でその座を去るアーカンソー州知事の伝統を打ち破るべく、みずからの家族の進歩的な伝統を捨て去り（父親は大統領選挙で筋金入りの社会主義者ユージーン・デブズに投票した）、人種隔離政策撤廃を阻止するために州兵を出動させた。その後、ドワイト・アイゼンハワー大統領が、黒人生徒を護衛するために連邦軍を派遣し、いきり立つ白人の群衆が差別的な悪罵を浴びせるなか、黒人生徒は学校へ通った。わたしの友人のほとんどが、隔離政策撤廃に反対か、表面上無関心かのどちらかだった。わたしの家族があまり政治に関心を持たなかったせいか、わたしはこの事件について多くを語らなかったが、フォーバスの行動には反感を抱いた。フォーバスは州のイメージを大きく損なったとはいえ、三期目の任期だけでなく、その先さらに三期、計十二年にわたる知事の座を確実なものにした。のちにフォーバスは、デイル・バンパーズやデイヴィッド・プライアー、そしてわたしに対抗して知事復帰を図ったが、そのころまでにはアーカンソー州の社会情勢は大きく変化していた。

〝リトルロックの九人〟は、平等を追い求める勇気の象徴となった。一九八七年、事件の三十周年記念日に、わたしは知事として〝リトルロックの九人〟を招いた。知事公邸で歓迎会を催し、フォーバス知事が九人を学校から締め出すための作戦を練った部屋へ、当人たちを案内した。一九九七年の四十周年記念には、セントラル高校の芝生で大きな式典を執り行なった。行事が終わったあと、マイク・ハッカビー知事とわたしは、セントラル高校の入口に九人が歩み入るあいだ、両脇で扉を押さえた。エリザベス・エクフォードは、十五歳のときに、激した群衆のなかをひとりで歩き、悪意に満ちた嫌がらせで感情面に深刻な傷を負ったが、四十年前にあざけりを浴びせた女生徒のひとり、ヘイゼル・マセリーとこの場で和解することができた。二〇〇〇年には、ホワイトハウス南庭の式典で、デイル・バンパーズ上院議員が創始した栄誉章である議会金メダルを、わたしが〝リトルロックの九人〟に授与した。一九五七年の晩夏に、九人は、白人も黒人も含めたわたしたち全員を、隔離と差別役に立ち、祖父の店で五十年以上も前に学んだことが、長い年月を経て成果をあげたのだと信じたい。

一九五七年の夏と、その年のクリスマス後にもう一度、わたしはアーカンソー州外へ旅行した。ニューオーリンズに母を訪ねていったとき以来だった。二回とも、オティ大叔母に会うため、ダラス行きのトレイルウェイズのバスに乗った。当時にしては豪華なバスで、添乗員が小さなサンドイッチを配ってくれた。わたしはたくさん食べた。

ダラスは、わたしが目にした三番目の本物の都市だった。リトルロックへは、州会議事堂を訪ねる五年生の見学旅行で行ったことがあった。この見学旅行の山場は知事室訪問で、運がよければ不在の知事の椅子に坐れる。この経験は非常に印象深かったので、のちにわたしはよく、子どもたちを知事室、そして大統領執務室の椅子に坐らせて写真を撮った。

ダラスへの旅行は、おいしいメキシコ料理と動物園、見たこともないほど美しいミニチュアゴルフ場に加えて、三つの理由ですばらしかった。第一に、実父の親類数人に会うことができた。父の弟のグレン・ブライズは、ダラス郊外アーヴィングの治安官だった。大柄でりりしい顔立ちの男性で、そばにいると父を間近に感じる気がした。悲しいことに、叔父もあまりに若くして亡くなった。四十八歳、脳卒中だった。父の姪のアン・グリグズビーは、わたしの父母が結婚して以来、母の友人だった。わたしの二回の旅行で、アンは生涯の友人となり、父についての物語や、若き花嫁だった母の様子を話してくれた。アンは、今でもわたしとブライズ一家の最も密接なつなぎ役だ。

第二に、一九五八年一月一日、初めてコットンボウルで大学フットボールの試合を見た。クォーターバックのキング・ヒル率いるライス大学と海軍大学の戦い。海軍大学の偉大なランニングバック、ジョー・ベリーノは、二年後にハイズマン賞を獲得する。わたしはエンドゾーンに坐ったが、まるで王座に着いていているような気がした。試合は、海軍大学が二十対七で勝った。

第三に、クリスマスの直後、オティが仕事に行っているあいだ、ひとりで午後にいろいろな映画を見た。確か、『戦場にかける橋』を上映中だったと思う。映画は気に入ったが、まだ十二歳にもなっていなかったのに、おとな料金を払わされたのが気に入らなかった。わたしは歳の割にとても大柄だったので、切符売場の人がわたしの主張を認めようとしなかったのだ。自分の言葉を信じてもらえないのは、初めての経験だった。傷ついたが、人間味のない大都市と小さな町の決定的な違いを学んだ。これが、ワシントンでの生活に向けての、長期間にわたる準備の始まりだった。なにしろ国の首都では、言葉がなんの重みも持たないのだから。

わたしは、一九五八‐五九年度から中学校に通い始めた。学校は、ウォシタ病院の通りをはさんだ真向かいにあり、ホットスプリングズ高校に隣接していた。どちらの校舎も暗赤色の煉瓦で造られている。高校は四階建てで、一九一七年創立にふさわしく、立派な古い講堂のある古典的な様式の建築物だった。中学校はやや小さく平凡だったが、それでもわたしの人生の新しい一幕の舞台となった。しかし、その年わたしの身に起きた最大の出来事は、学校とは関係なかった。それは、日曜学校のある先生の申し出から始まった。アーカンソー大学のフットボール・チーム、レイザーバックスの本拠地、リトルロックのウォー・メモリアル・スタジアムで、ビリー・グレアム牧師の伝道集会が開かれる運びとなり、そこへ教会に属する少年たちを数人連れていくという。一九五八年には、人種間の緊張が依然として高かった。隔離政策撤廃を妨げようとする無益な努力の結果、リトルロックの学校は閉鎖され、生徒たちは近隣の町の学校に分散していた。白人市民評議会の人種隔離主義者たちと関連地区の住民たちは、現在の緊張状態を考慮して、伝道集会への入場者を白人に限定するようグレアム牧師に提案した。しかし、グレアム牧師は、イエス・キリストがすべての罪人を愛する以上、誰もがその言葉を聴く機会を与えられるべきであり、限定された人種の聴衆に向かって説教するくらいなら、集会を中止すると答えた。当時、ビリー・グレアム牧師は、南部バプテストの権威の象徴であり、南部における、おそらく国における宗教上の最重要人物だった。わたしは、牧師がきっぱりした態度を表明してから、ますますその説教を聴きたくなった。人種隔離主義者たちは引き下がり、グレアム牧師は、おなじみの二十分間の説教で、力強いメッセージを伝えた。牧師が人々に、キリスト教徒になりたいなら、あるいはキリストにふたたび命を献じたいなら、フットボール場へ下りてきなさいと誘いの言葉をかけると、何百人もの黒人と白人がともに競技場の通路を下り、ともに立ち、ともに祈った。それは、南部じゅうに広がっていた差別主義的な政治と、際立った対照をなす出来事だった。それを実現させたビリー・グレアムを、わたしは敬愛した。その後数カ月間、牧師への寄付金として、定期的に少ない小遣いの一部を送ったほどだ。

三十年後、ビリー・グレアムはふたたびウォー・メモリアル・スタジアムで伝道集会を催すため、リトルロックへやってきた。わたしは知事として、ある晩牧師と並んで舞台上に坐る栄誉にあずかり、さらには友人のマイク・クールソンとともに牧師に同行して、W・O・ヴォート牧師を尋ねた。わたしの教会の牧師であり、グレアム牧師の旧友でもある人で、癌に冒され死に瀕《ひん》していた。神に仕えるふたりが、死について、みずからの恐怖と信仰について語るのをそばで聞くのは、驚嘆すべき体験だった。グレアム牧師は帰り際、ヴォート牧師の手を握って言った。「W・O、わたしたちのどちらも、もうそれほど長くはないだろう。近いうちに、また会おう。東門のすぐ外で」。天国への入口のことだ。

わたしが大統領になってから、グレアム牧師と妻のルースが、ホワイトハウスの公邸にヒラリーとわたしを訪ねてきた。牧師は大統領執務室でわたしとともに祈り、試練のさなかにあったわたしに、教訓と激励に満ちた感動的な言葉を書いてくれた。親しく付き合うようになってからも、一九五八年のあの歴史に残る伝道集会のときと変わらず、ビリー・グレアムは揺るぎない信仰のもとに生きていた。


中学校に入学すると、わたしはまったく新しい経験と難題の数々に直面した。自分の心と体、自分の精神と小さな世界について、より深く認識し始めたからだ。自身について認識したことのほとんどには納得できたが、すべてではなかった。そして、自分の頭に浮かぶ考えや人生に介入してくる物事の一部は、わたしを震えあがらせた。そのなかには、父さんに対する怒りや、女の子に対して初めて抱いた性的な感情、自分の宗教的信念への疑いなどがあった。そのような疑いが生じたのは、神の存在さえ確信できないのに、その神がなぜ災厄にまみれた世界を創ったのか、理解できなかったからだと思う。

音楽への関心は高まっていった。毎日中学生楽団の練習に通うようになり、フットボールの試合のハーフタイムやクリスマス・パレードでの行進、演奏会、地域や州の楽団祭を心待ちにした。楽団祭では、楽団単位だけでなく、ソロやアンサンブル単位でも審査が行なわれる。中学時代、わたしはかなりの数のメダルを獲得した。あまりよい結果が出ないのは、たいてい自分にはむずかしすぎる曲に挑戦したときだった。今でも、未熟なころのソロの採点表を何枚か持っている。低い音域の制御の甘さや、楽句の区切りの悪さ、頬の膨らしすぎなどが指摘されている。成長するにつれ、点数はよくなったが、頬の膨らしすぎは完全には直せなかった。この時期にいちばん好きだった独奏曲は、『ラプソディ・イン・ブルー』の編曲作品で、演奏するのがとても楽しかった。一度、由緒ある〈マジェスティック・ホテル〉で、宿泊客のために演奏したことがある。とてつもなく緊張したが、新調の白いジャケットに赤い格子縞の蝶ネクタイ、カマーバンドといういでたちで、なんとか人々の歓心を得ようと努めた。

中学生楽団の先生たちに励まされ、わたしは上達をめざして練習に打ち込んだ。当時アーカンソー州では、多くの夏期楽団キャンプが大学構内で行なわれており、わたしも参加したいと思っていた。そして、フェイエットヴィルにあるアーカンソー大学のメインキャンパスでのキャンプに参加することにした。よい先生がたくさんいたし、いつか通うことになるかもしれない大学で数週間過ごしてみたかったからだ。わたしは、高校卒業の夏まで、七年にわたって毎年そのキャンパスを訪れた。わたしの成長過程で、最も重要な経験のひとつと言えるだろう。とにかく練習に練習を重ねた。そして上達した。十二時間休まず演奏し続けて、唇が腫《は》れあがり、動かすだけで痛い日もあった。自分より年上で演奏の巧みな人からも、耳で学び取った。

楽団キャンプは、政治的手腕や指導力を身につける理想的な場所でもあった。わたしの成長過程で、フットボール選手になる代わりに楽団員になることが、政治的に不利とならない場所はここだけだった。また、楽団員であることが、きれいな女の子たちに近づくうえでの障害にならない場所もここだけだった。わたしたちは全員、起床して大学の大食堂で朝食をとるときから寄宿舎に戻って就寝するまでのあいだじゅう、とても充実した気分を味わいながら、すばらしい時間を過ごした。

キャンパスそのものも大いに気に入っていた。アーカンソー大学は、政府から土地を無償供与されて設立された大学のなかで、ミシシッピ川以西では最も古かった。わたしは高校二年生のときに、この大学について論文を書き、知事になってから、キャンパス最古の校舎オールド・メインを修復するための歳出を支持した。一八七一年に建設されたオールド・メインは、南北戦争の名残を独自の形でとどめている。とりわけ目を惹く二基の塔は、北側が南側よりも高くそびえる特徴的な造りだ。

楽団では、中学時代の親友、ジョー・ニューマンともめぐり合えた。ジョーはドラマーで、腕もよかった。母親のレイはわたしたちの学校の教師だった。レイと夫のダブはいつも、大きな白い木造の家でわたしを温かくもてなしてくれた。ウォシタ通りにあるその家は、ロイ伯父とジャネット伯母の住まいに近かった。ジョーは頭が切れ、疑い深くて気分屋だが、愉快で誠実だった。いっしょにゲームをしたり、ただ話したりするのが楽しかった。今でもそうだ。数十年もの長きにわたって、わたしたちは親しい付き合いを続けている。

中学校の学科で特に興味があったのは数学だった。運のよいことに、通常中学三年生で習う代数を二年生で教わる、町で最初のグループに入ることができた。つまり、高校を卒業するまでに、幾何学、代数Ⅱ、三角法、微積分学を習得できる見込みがある。数学が好きだったのは、問題を解いて答えを得ると、痛快な気持ちになるからだった。大学で数学の講義を取る機会はなかったが、ずっと自分は数学が得意だと思っていた。だがそれも、高校三年になったチェルシーの宿題を手伝おうとして、匙《さじ》を投げたときまでだった。幻想がまたひとつ、崩れ去ったというわけだ。

メアリ・マタサリン先生が代数と幾何学を教えた。先生の妹のヴァーナ・ドーキーは歴史を教え、ヴァーナの夫のヴァーノンは、スポーツのコーチを引退して二年生の科学を教えていた。わたしは三人とも好きだった。科学は特に得意科目ではなかったが、ヴァーノン・ドーキー先生の授業で、印象に残っている出来事がひとつある。先生の妻と義姉はきれいな女性たちなのに、ヴァーノン・ドーキーはひいき目に見ても、美男子とは言いにくかった。大柄で少々腰まわりがたるみ、厚い眼鏡をかけて、小さな吸い口のパイプで安物の煙草を吹かし、煙を吸い込むと、頬が引きつって珍妙な顔つきになった。たいがい無愛想な態度で通したが、笑顔が晴れやかで、ユーモアを解し、人間の本性に鋭い洞察力を持っていた。ある日、先生はわたしたちを眺め渡して言った。「きみたちは、今から何年も経てば、科学についてこの授業で習ったことを何も憶えていないかもしれない。だからきょうは、人間の本性について、憶えておくべき大事なことを教えよう。わたしは毎朝目を覚ますと、洗面所で顔を洗って、髭を剃ってから髭剃りクリームを拭い、鏡を覗き込んでこう言う。『ヴァーノン、きみは魅力的だよ』。憶えておいてほしい。人間は誰でも、自分を魅力的だと感じていたいものなんだ」。そして、四十年以上過ぎた今も、わたしは憶えている。その教えは、物事を理解するうえで常に役立ってきた。自身を魅力的だと公言したヴァーノン・ドーキー先生の言葉に真実を見出すことがなかったら、おそらく見逃していたはずのたくさんの物事を。

中学時代、人間というものを理解するのに、わたしはありとあらゆる助けを必要とした。そのころ、自分が誰にでも好かれるように生まれついたわけではないという事実と頻繁に向き合わされ、たいていの場合、自分でもその理由がわからなかった。ある日の通学途中、学校まで一ブロックほどのところで、建物の狭間に立って煙草を吸っていた町の〝不良〟上級生が、吸いさしの煙草をわたしに向かってはじき飛ばした。それがわたしの鼻柱に当たり、もう少しで目を火傷《やけど》するところだった。なぜそんなことをされるのか、見当もつかなかったが、なにしろ、わたしは太った楽団員で、流行《はや》りのジーンズをはいていなかった（リーヴァイズで、後ろポケットのステッチのほつれているのがかっこいい）。

また、同じころ、確かひとつ年上でわたしよりも小柄なクリフトン・ブライアントと、何かについて言い争ったことがあった。ある日、わたしは数人の友だちとともに、学校から五キロほどの道のりを歩いて帰ることにした。すると同じ方向に住んでいるクリフトンが後ろからついてきて、ののしったり、わたしの背中や肩を繰り返し叩いたりした。そんな状態で、セントラル・アヴェニューを噴水まで歩き、右折してパーク通りに入った。二キロ近くのあいだ、わたしは相手を無視しようと努めた。しかし、ついに耐えられなくなった。わたしは振り返って、渾身《こんしん》のパンチを繰り出した。なかなかの一撃だったが、それが当たるころには、クリフトンは踵《きびす》を返して逃げる態勢にあったので、とらえたのは背中だけだった。そう、わたしの動きが鈍すぎたのだ。逃げ帰るクリフトンに向かって、わたしは戻ってきて男らしく戦えと叫んだ。相手はそのまま走り去った。帰宅したときには興奮も収まり、友だちの「でかした」という賞賛も色あせてしまった。怪我をさせたのではないかと心配になり、母にクリフトンの家に電話してもらって、無事を確かめた。それ以降、クリフトンとは一度も喧嘩していない。わたしは身を守るすべを学んだが、相手を痛めつけるのは楽しくなかったし、自分の怒りに少し当惑してもいた。怒りというものが、これからの年月でますます深く、強くなっていくのではないかと不安だった。今では、あの日のわたしの怒りが、受けた扱いに対する正常で健全な反応だったことがわかる。しかし、父さんの怒りと酔いに任せたふるまいを見てきたせいで、わたしは怒りというものを制御不能な状態と結びつけて考え、自分は制御を失うまいと決意していた。いったん失ってしまえば、心の奥にしまい込んだ出所不明の深く持続的な怒りがあふれ出すことになる。それを強く恐れたのだ。

たとえ頭に血がのぼっても、わたしは攻撃本能に完全に身を任せることはしなかった。中学時代には二度、挑発を受け流したことがある。批判的な見かたをするなら、戦わずして逃げたと言えるかもしれない。あるとき、わたしはクレイン家の子どもたちといっしょに、ホットスプリングズの西の、カドー・ギャップという小さな町の近くにあるカドー川へ泳ぎに行った。すると、地元の田舎の少年たちのひとりが、わたしが泳いでいる付近の川岸にやってきて、侮蔑の言葉を浴びせた。それで、わたしも言い返した。相手は石を拾って投げつけた。二十メートルほど離れた地点から飛んできた石が、こめかみのあたりに命中し、血が流れた。川から上がって応戦したかったが、相手はわたしより大きく、強く、頑丈そうに見えたので、わたしは泳ぎ去った。雄羊の件やタヴィア・ペリーの空気銃、そのほか今後も犯すことになる同様の間違いを考えるにつけ、このときの判断は正しかったのではないかと思う。

中学時代、挑発を受け流した二度目の出来事では、自分が正しい判断をしたと確信できる。毎週金曜の夜には、地域のＹＭＣＡの体育館でダンスパーティーがあった。わたしはロックンロールとダンスが大好きで、中学二年か三年のころには足しげく通っていた。ただ、そのころは太っていて野暮ったく、とうてい女の子に人気があるとは言えなかった。それに、いまだに流行りのジーンズをはいていなかった。

ある晩ＹＭＣＡで、体育館の隣りの玉突き場にぶらりと入っていき、自動販売機で何か飲み物を買おうとした。年上の男子高校生が数人、ビリヤードをしたり、台のまわりに立って眺めたりしていた。そのうちのひとりはヘンリー・ヒルといって、家族が街なかの古いボウリング場〈ラッキーストライク・レーンズ〉を所有していた。ヘンリーは、わたしのジーンズに文句をつけ始めた。その日はいていたものは、特に薄汚かった。大工用のジーンズで、右側にハンマーを掛ける輪が付いている。ヘンリーにやり込められるまでもなく、風采の悪さを自覚していたので、わたしは口答えした。ヘンリーは、拳で思いきりわたしの顎《あご》を殴った。当時のわたしは、身長百七十五センチ、体重八十四キロと、歳の割に大柄だった。しかしヘンリー・ヒルは、身長百九十八センチで、とてつもなく腕が長い。殴り返せるわけがなかった。そのうえ、驚いたことに、痛みはさほどひどくない。そこで、わたしはその場から一歩も動かず、相手を見据えた。ヘンリーは、わたしが倒れも逃げもしなかったことに驚いたらしく、笑いだしてわたしの背中をぽんと叩き、たいしたやつだ、と言った。それ以降ヘンリーとは、友好関係を保った。わたしはふたたび自分の打たれ強さを知り、攻撃に対抗する方法がひとつではないことを学んだ。

一九六〇年九月、中学三年生に進級するころに、大統領選挙が山場を迎えた。担任で英語教師のルース・アトキンズ先生も、わたしと同郷のホープ出身で、強力な民主党支持者だった。先生は、ディケンズの『大いなる遺産』を読ませて論じさせたが、多くの時間を政治討論に当てた。その当時、ホットスプリングズには、アーカンソー州のほかの地域よりも共和党支持者が多かった。といっても、根底にある政治的傾向は、今日の支持層に比べて保守色のかなり薄いものだった。旧家のなかには、南北戦争時代からこの地に住み、南部の連邦脱退（訳注　南北戦争直前に南部十一州が連邦から脱退した）と奴隷制度に反対するがゆえに共和党員になった家もあった。また、セオドア・ローズヴェルトの進歩主義に共和党支持の根源を持つ家もあった。そのほかは、アイゼンハワーの中道的な保守主義を支持していた。

アーカンソー州の民主党支持者は、さらに多様な集団だった。南北戦争の伝統に従う人々は、先祖が連邦脱退と奴隷制度を支持していたので、民主党を支持した。大恐慌時代には、多数の失業者や貧しい農民がフランクリン・D・ローズヴェルトを救済者と見なし、その後近隣のミズーリ州出身のハリー・トルーマンを気に入ったため、大きな支持層が民主党に加わった。一部の層は、移民の民主党支持者で、そのほとんどはヨーロッパ出身だった。たいていの黒人は、ローズヴェルトと、トルーマンの公民権に対する立場、そしてケネディがニクソンよりもその問題について積極的らしいという判断から、民主党を支持した。白人の一部の層も、同様に感じていた。わたしもそのひとりだった。

アトキンズ先生の授業では、ほとんどの生徒がニクソンを支持した。デイヴィッド・レオプーロスは、ニクソンがケネディよりも特に外交問題でずっと経験豊富である点や、公民権問題でもかなりの功績をあげている点を根拠として、ニクソンを擁護した。デイヴィッドの主張は事実だった。その点については、わたしもニクソンに反対する理由はなかった。そのころはまだ、ニクソンが赤狩りキャンペーンを張って、カリフォルニア州の下院議員選挙でジェリー・ヴーアリスを、上院議員選挙でヘレン・ガーガン・ダグラスを攻撃したとは知らなかった。ニクソンの、ニキータ・フルシチョフに立ち向かうさまを好ましく思っていた。わたしは、一九五六年にはアイゼンハワーとスティーヴンソンをどちらも尊敬していたが、一九六〇年までには熱心な民主党支持者になっていた。予備選挙では、リンドン・ジョンソンを応援した。上院議員としての指導力、特に一九五七年に公民権法案を通過させた手腕を買っていたためと、南部の貧しい家庭出身であることに親近感を抱いたためだ。わたしは、最も熱心な公民権の擁護者ヒューバート・ハンフリーと、若さと力強さと国家再生への気概にあふれるケネディも好きだった。わたしは級友たちに向けて最大限の弁舌をふるい、大統領候補に指名されたケネディを擁護した。

ケネディにはぜひとも勝利してもらいたかった。特に、キング牧師が投獄されたとき、ケネディがコレッタ・キングを訪問して気遣って以降、そして、ヒューストンの南部バプテスト教会員と話して、みずからの信仰とアメリカ人カトリック教徒にも大統領に立候補する権利があることを伝えて以降、その気持ちは強まった。級友とその両親のほとんどは賛同しなかった。そういう状況には、もう慣れっこだった。数カ月前、わたしは生徒会長の選挙に敗れていた。当選したのはマイク・トマスという善良な男だったが、その後、ヴェトナムで戦死する四人の級友のうちのひとりになる。ニクソンがわたしたちの郡を制したが、アーカンソー州ではケネディが得票率五〇・二パーセントで辛勝した。プロテスタント原理主義者たちは、ケネディが当選すればローマ教皇の言いなりだとバプテスト派の民主党支持者に吹き込もうとしたが、それも通じなかったわけだ。

もちろん、ケネディがカトリック教徒だという事実が、大統領になってほしい理由のひとつだった。聖ヨハネ学校での自分の経験や、聖ヨセフ病院で母とともに働く修道女たちとの出会いから、わたしはカトリック教徒とその価値観、敬虔さ、社会的良心に好意と敬意を抱いていた。また、一九二八年、当時国政に立候補した唯一のアーカンソー州出身者だったジョー・T・ロビンソンが、副大統領候補として、初のカトリック教徒の大統領候補、ニューヨーク州知事アル・スミスとともに戦ったことを誇りに思っていた。ケネディと同様、スミスもロビンソンの後押しでアーカンソー州を制した。

カトリック教徒に対する親近感を考えると、中学三年以降、音楽以外でわたしが主に興味を抱いていた課外活動が、フリーメーソンの後援する少年組織、デモレ少年育成会だったのは皮肉なことだ。わたしは常々、フリーメーソンとデモレは反カトリック的だと考えていた。しかし、なぜなのかはわからない。実のところ、〝デモレ〟とは、スペインの異端審問の手にかかって信者として死んだ宗教改革以前の殉教者の名前なのだ。本書のために調査を行なって初めて、カトリック教会がフリーメーソンを、十八世紀初期への回帰を目的とし、権威を脅かす危険な団体として非難していたことを知った。一方、フリーメーソンは、人々の自由な信仰を許しており、会員のなかには実際にカトリック教徒も数人いる。

デモレ少年育成会の目的は、会員のあいだに個人及び公民としての道徳心と友愛を育むことだった。わたしは、仲間との連帯感を強め、儀式の手順をすべて暗記し、昇進して地方支部の指導員になり、州大会に赴いて、積極的な政治活動と、姉妹組織レインボー・ガールズとの合同パーティーを満喫した。わたしは、デモレの州選挙に参加することで、さらに政治について学んだ。しかし、自分では立候補しなかった。州の指導員としてわたしが支持した最も怜悧《れいり》な男は、ジョーンズボロのビル・エバートだった。エバートが、年功序列の支配する古い時代に乗り込んで、市長や議会委員会の議長を務めたら、きっとすばらしい活躍をしたことだろう。愉快で頭が切れ、たくましく、リンドン・ジョンソンと同じくらい交渉を得意とした。ある日、エバートがアーカンソー・ハイウェイを時速百五十キロで飛ばしていると、州警察のパトロールカーがサイレンを鳴らして追いかけてきた。エバートは短波無線機を持っていたので、警察を呼び出して、反対方向に五キロ行ったところで大きな交通事故が起きたと報告した。その報告を受けたらしいパトロールカーは、スピード違反のエバートを見逃して、すぐに方向転換した。警察官がその後、騙《だま》されたことに気づいたかどうかは疑問だ。

デモレ少年育成会を楽しんだのは確かだが、その秘密の儀式を、生命の重要性を高める方法として重視する考えには共鳴できなかった。デモレを卒業したあと、フリーメーソンに入会することはなく、ジョージ・ワシントンやベンジャミン・フランクリン、ポール・リヴィアを始めとする著名なアメリカ人の長い系譜には加わらなかった。おそらく、二十代のわたしは団体への所属に懐疑的な時期にあり、フリーメーソンを潜在的に反カトリックだと誤解していたことや、黒人と白人を分離して異なる支部に入会させる方法が気に入らなかったせいもあるだろう（しかし、のちに知事として、黒人たちのプリンス・ホール・メーソン集会を見学した際、会員たちは、わたしが知るフリーメーソン会員より自分たちだけの集まりを楽しんでいるように見えた）。

そのうえ、わざわざ秘密の団体に加わらなくても、わたしは自前の秘密を持っていた。父さんのアルコール中毒と虐待に端を発する本物の秘密だ。わたしが中学三年生で十四歳、弟がまだ四歳のころ、それはますます激しさを増した。ある晩、父さんは寝室の扉を閉じて、母に向かって怒鳴りだし、それから殴り始めた。弟のロジャーは、九年前の発砲事件の夜のわたしと同じように、怯《おび》えていた。とうとうわたしは、母が痛めつけられロジャーが怖がっているという思いに耐えられなくなった。そして、鞄からゴルフクラブを取り出し、寝室の扉をあけ放った。母が床に倒れ、父さんがのしかかって殴りつけていた。今すぐ暴力をやめなければ、ゴルフクラブで思いきり殴ってやる、とわたしは告げた。継父はあっけなく従い、ベッドわきの椅子に坐り込んでうなだれた。うんざりさせられる姿だった。母は自叙伝に、警察を呼んで父さんをひと晩留置場に送り込んだと書いている。わたしには憶えがないが、その後かなり長いあいだ、揉めごとが起こらなかったのは事実だ。母のために立ち上がった自分を誇らしく思いはしたが、あとになると悲しみも感じた。根は善良な人間が、自身の痛みを和らげるために別の人間を傷つけるという事実を、どうしても受け入れられなかった。こういう一連の出来事について、話せる相手がいればよかったと思うが、そういう人は身近におらず、自分のなかで解決するしかなかった。

わたしは、わが家の秘密を自分の人生に付属する一部として受け入れるようになった。そのことについては誰にも話さなかった──友人にも、隣人にも、教師にも、牧師にも。何年ものち、大統領に立候補したとき、数人の友人たちも、全然知らなかったと記者に話した。もちろん、たいていの秘密がそうであるように、知っている人はいたはずだ。父さんは、努力していたものの、家族以外の人の前でいつも礼儀正しくふるまえるわけではなかった。ほかの誰が知っていたにせよ──親族か、母の親友か、数人の警察官か──わたしに向かってそのことを話す人はいなかったので、わたしは本当に秘密だと信じ、沈黙を守った。わが家の方針は、「尋ねるべからず、語るべからず」だった。

小学校時代と中学校時代にもうひとつだけ抱えていた秘密は、ビリー・グレアム牧師のリトルロックでの伝道集会のあと、牧師に小遣いの一部を寄付していることだった。両親にも友人にも、一度も話さなかった。ある日、牧師に送るお金を持って、サークル・ドライヴに面したわが家の私道寄りにある郵便ポストに向かっていると、父さんが裏庭で作業していた。姿を見られないようにするために、表玄関からパーク通りに出て右折し、隣りの〈ペリー・プラザ・モーテル〉の私道を通って裏手に引き返した。わたしの家は丘の上にあり、モーテルはその下の平地にあった。サークル・ドライヴを半分ほど行ったところで、こちらを向いた父さんに、手紙を持っているところを見られてしまった。わたしはそのまま郵便ポストまで歩き、手紙を投函して家に帰った。何をしているのか不思議に思ったはずだが、父さんは尋ねなかった。そのあとも何も言わなかった。きっと、自身の秘密を抱えるだけで、手いっぱいだったからだろう。

秘密を持つということについては、その後何年にもわたって、繰り返し考え続けた。わたしたちは誰でも秘密を持っているし、持つ権利があると思う。それはわたしたちの人生をより豊かにし、それを誰かと分かち合えば、より意義深い関係が生まれる。秘密を隠す場所が、安息の地、つまり外の世界からの避難所となることもあるだろう。その場所で、自己が形成され、再確認される。その場所でひとりきりになれば、安全と平和がもたらされる。とはいえ、秘密は、とりわけやましさを伴う場合、たとえその原因が持ち主にあるわけではないとしても、耐えがたいほどの重荷になりうる。あるいは、抱える秘密の魅力にあまりにも強く惹きつけられてしまい、それなしでは生きられない、それなしでは自分自身でなくなってしまうとまで感じることもあるかもしれない。

いうまでもなく、秘密を持つようになった当時、これらすべてを理解していたわけではなかった。そのころは、あまり深く考えていなかった。わたしは子ども時代のたくさんの出来事を鮮明に記憶しているが、これらについて何を知っていたか、いつ知るようになったかを正確に思い出すことはできない。わかっているのは、内面的豊かさを含む秘密と、不確かな恐れとやましさをはらむ秘密のあいだに、適切なバランスを見出そうと苦闘していたこと、そして、自分の私生活の最も困難な部分について誰かと話し合うのをずっと避けてきたということだ。十三歳のころに陥っていた精神上の大きな危機についても、それは同じだった。そのころ、自分が目撃し経験した物事に向き合いながら、なおかつ確信を持って神を信じ続けるには、わたしの信仰心はあまりに弱々しかった。今ではこの苦闘が、少なくとも部分的に、アルコールの問題を抱える家庭で育ったことに起因していて、それに対処する機構を自分で創り出す過程であったことがわかる。それを悟るだけでも、長い時間を要した。どの秘密を保つべきなのか、どれを手放すべきなのか、最初の段階でどれを避けておくべきなのかを学ぶのは、さらに困難だった。今でも、完全に理解できたかどうかはわからない。それは、生涯にわたる研究課題のようにも思えるのだ。

6

わたしにはうかがい知れない方法で、母はすべてを手際よくこなしていた。毎朝、前の晩に何が起ころうと、起床して生気に満ちた顔を見せた。それは、なんという顔だったろう。母がニューオーリンズから戻って以来、わたしは早起きした日、よくバスルームの床に坐って、美しい顔に化粧を施す母を眺めた。

化粧にはかなりの時間がかかった。ひとつには、眉がないせいだ。母はよく、毛抜きが必要なほど太くて濃い眉が欲しいと冗談を言っていた。例えば、当時の有名な性格俳優、エイキム・タミロフのような眉だ。しかしそうもいかず、母は化粧用ペンシルで眉を描いていた。それから顔全体の化粧をして、口紅を塗る。たいていは、マニキュアの色に合わせた深紅を選んだ。

わたしが十一歳か十二歳になるまで、母はウェーヴのかかった長い黒髪をしていた。ふさふさとして本当に美しく、わたしは母がブラシをかけて髪を整えるまで、よく眺めたものだった。母が美容院で髪をばっさりと切って帰ってきた日のことは忘れられない。美しいウェーヴが全部なくなっていた。初めての愛犬スージーを九歳で安楽死させて間もないころだったが、それと同じくらい悲しかった。母は、短い髪のほうがおしゃれだし、自分のような三十代半ばの女性にふさわしいのだと言った。わたしはそうは思わず、ずっと長い髪を惜しんでいた。ただ、数カ月後に母が、二十代のころから頭の中央にあった房状の白髪を染めるのをやめたときは、そのほうがいいと思った。

化粧を終えるころには、母はすでに一、二本の煙草を吸い、コーヒーをおかわりしていた。そして、ウォルターズ夫人が到着してから仕事へ出かけるが、わたしの登校時間とタイミングが合えば、学校まで送ってくれた。学校から帰ると、わたしは友人やロジャーと遊ぶのに忙しかった。弟と遊ぶのは楽しく、友だちもみんなロジャーがそばにいるのを喜んだ。しかし、本人は大きくなると、自分の友人と遊ぶほうを好むようになった。

母はふだん、四時か五時には帰ってきたが、競馬が開催されているときは別だった。競馬に熱中していたのだ。連勝複式で二ドル以上賭けることはめったになかったが、真剣に取り組んでおり、競馬新聞や予想屋の情報を調べ、知り合いになった騎手や調教師や馬主の話を聞き、競馬仲間と自分の選択について話し合った。母は競馬場で、生涯の親友を数人得た。ルイーズ・クレインとその夫の警察官ジョー。ジョーはのちに署長となり、父さん《ダディ》が酒に酔ったときにはよく、その怒りが静まるまでパトロールカーに乗せて、あたりを走った。それから、ディキシー・シーバとその夫の調教師マイク。看護師のマージ・ミッチェル。マージは、競馬場で健康上の問題が生じた人に対処する場内診療所のスタッフで、おそらく、ディキシー・シーバやゲイブの二度目の妻ナンシー・クローフォードとともに、誰よりも母と親しい腹心の友といえる存在になった。マージと母は互いを〝シスター〟と呼び合っていた。

ロースクールを終え、帰郷してまもなく、母とわたしのためにあれこれと奔走してくれたマージの恩に報いる機会があった。地域の精神衛生センターでの仕事を解雇されたマージが、その決定に異議を申し立てることに決め、わたしに審理での弁護を依頼してきたのだ。経験不足のわたしの尋問でも、この解雇の根拠が上司との個人的な衝突でしかないことは明らかだった。わたしは相手側の主張を粉砕した。勝利を収めたときには興奮を覚えた。マージは、仕事を取り戻すべくして取り戻したのだ。

わたしが母を政界の人間関係の輪に引き入れる前、母の友人のほとんどは、医師や看護師、病院の職員など、仕事関係の人たちだった。友だちは多かった。母は病院内の全員と知り合いで、手術前の患者を落ち着かせるために忙しく働き、同僚との付き合いを心から楽しんでいた。もちろん、誰にでも好かれたわけではない。自分を小突き回そうとしたり、立場を利用して他人を不公平に扱おうとする人間に対しては、邪険な態度に出ることがあった。わたしとは違って、母はそういう人たちを怒らせて楽しんでいる様子だった。逆にわたしは、意図せずに敵を作ってしまう傾向がある。ありのままの自分でいるだけでそうだったが、政界に入ってからは、手にした地位と、加えようとした変化がその原因となった。母は、本当に誰かを嫌った場合、故意に相手を激昂させようとした。経歴の後半で、これは母自身に痛手を与えた。数年にわたって、ある麻酔医との仕事を拒否し続けたせいで、いくつかの手術で問題が生じてしまったのだ。しかし、たいていの人々は母を好いていた。なぜなら母は、自分の好いた人を丁重に扱ったし、命への慈しみにあふれていたからだ。

母が気力と体力をどうやって維持していたのかはわからないが、常に日々を仕事と楽しみで満たし、常に弟のロジャーとわたしのそばにいて、学校の行事もひとつも逃さず、わたしたちの友人にも時間を割き、自身の悩みはすべて心の中にとどめていた。

わたしは、病院を訪ねて、看護師や医師に会い、患者の手当てを眺めるのが好きだった。中学生のとき、一度実際の手術を見たこともある。しかし、憶えているのは、たくさん切ってたくさん血が流れたことと、それをとりたてて不快に感じなかったことだけだ。わたしは外科医の仕事に魅了され、いつか自分もやってみたいと思った。

母は、患者が費用を支払えるかどうかを、いつも気遣っていた。医療保険制度と医療扶助制度が導入される前の時代には、払えない人がたくさんいたのだ。ある日、ひとりの貧しく誇り高い男性が、勘定を清算しにわが家へやってきたことを思い出す。男性は果物の摘み手で、大きな容器六個分の採りたての桃で母に支払いをした。わたしたちは、かなり長いあいだ、その桃を楽しんだ。シリアルに載せたり、パイにしたり、自家製のアイスクリームに入れたり。現金のない患者がもっといればいいのに、と思ったものだ。

母は、仕事と友人付き合いと競馬で、結婚生活の重圧から逃れ、大きな解放感を味わっていたのだろう。心の中で泣いた日はたくさんあったはずだ。肉体的な痛みを伴っていたこともあるかもしれない。だが、ほとんどの人には、そんなそぶりをまったく見せなかった。母が示してくれた手本は、わたしが大統領になってから、大いに役立った。母は自分の悩みについて、わたしにほとんど何も話さなかった。おそらく、わたしが知るべきことをすべて知っており、残りの部分を察するだけの賢さを備えているのだから、置かれた環境下でできる限り普通の子ども時代を過ごすべきだと考えていたのだろう。

わたしが十五歳のとき、沈黙という戦略では対抗できない事態が発生した。父さんがふたたび飲酒と暴力を繰り返し始めたのだ。母はわたしとロジャーを連れて家を出た。二年ほど前にもそうしたことがあり、そのときは競馬場に近いセントラル・アヴェニューの南端の、クリーヴランド・マナー・アパートメントに数週間滞在した。一九六二年春の今回は、あるモーテルに約三週間とどまり、そのあいだに母が家を探した。わたしもいっしょに数軒の家を見て回った。すべてこれまでの家よりずっと小さく、それでもいくつかは母の予算を超えていた。ようやく母は、ホットスプリングズの南部、セントラル・アヴェニューから一キロほど西の、長さ一ブロックのスカリー通りにある家に落ち着いた。その家には、寝室が三つとバスルームがふたつあった。そのころ建てられ始めた完全電化の家のひとつで、集中冷暖房装置が付いていた（パーク通りの家の冷暖房装置は、部屋の窓に据え付けられていた）。家の値段は、三万ドルだったと思う。玄関を入ってすぐ左に、小ぎれいな居間兼食堂があった。奥へ進むと、ダイニングキッチンにつながる広めの小部屋に出て、その外れの車庫の裏には洗濯部屋が見える。小部屋の向こうにはかなり広々としたポーチが続いており、のちにわたしたちはそこにガラス窓を張って、玉突き台を置いた。寝室のうちふたつは廊下の右側に位置し、左側には大きなバスルーム、その奥にはシャワー付きの独立したバスルームを備えた寝室があった。母は、シャワー付きの大きな寝室をわたしに譲ってくれた。おそらく、広い化粧室と鏡の付いた大きなバスルームを使いたかったからだろう。母は次に大きな奥の寝室を取り、ロジャーには小さな寝室をあてがった。

わたしはパーク通りの家と熱心に手入れした庭、近隣の住人や友人、いつもの遊び場を気に入っていたが、普通の家で安心感を得ることができてうれしかった。たぶん、自分よりも母とロジャーのためにそう思ったのだろう。当時は児童心理学の知識などまったくなかったが、父さんの飲酒と虐待行為が、わたしよりもロジャーに深い心の傷を負わせるのではないかと心配し始めていた。弟は生まれて以来ずっと、こういう環境で育った。しかも、ロジャー・クリントンは弟の実父なのだ。わたしは、自分の実父が別の人間だと知っており、強くて堅実で頼もしい父親像を思い描くことで、情緒的な安定を保つことができた。そして、目の前の出来事を少し離れた位置から、同情さえ感じながら見る余裕もあった。わたしはいつでも変わりなく、継父のロジャー・クリントンを愛し、再起への努力を応援し、しらふで快活なときにはともに行動するのを楽しんだ。当時から、わたしは弟が父を憎みはしないかと恐れていた。それは現実となり、弟自身を深く損なってしまった。

ずっと昔の出来事をこうして物語っていると、シェイクスピアの『ジュリアス・シーザー』でマーク・アントニーが言った例の罠に、あやうく陥りそうになる。シーザーへの賛辞のなかで、アントニーはこう述べる。「人の悪行はその死後も生き残るが、善行はしばしば骨とともに葬られてしまうものだ」。わたしの知るほとんどのアルコール中毒者や麻薬中毒者と同様、ロジャー・クリントンは根は善良な人間だった。母とわたしと弟のロジャーを愛していた。母がニューオーリンズで研修を受けているあいだ、わたしに会えるよう援助してくれた。家族にも友人にも、気前がよかった。頭が切れ、愉快だった。しかし継父は、発火しやすい危険な混合物を抱えていた。恐れと不安感、多くの中毒者の将来を奪い去る心理的な脆《もろ》さ……。そしてわたしの知る限り、継父は一度も、手の届く範囲にいる誰かに、助けを求めようとはしなかった。

アルコール中毒者との暮らしでいちばん厄介なのは、悪い状態が常に続くわけではないという点だ。数週間、ときにはまるまる数カ月が何事もなく過ぎて、わたしたちは家族団欒を楽しみ、普通の生活の静かな喜びに浸《ひた》った。そういうよい日々を全部忘れてしまわずにいられたことをありがたく思う。たとえ忘れても、今も手もとにある、父さんとやり取りした数枚の葉書や手紙が思い出させてくれるのだ。

悪い日々のなかにも、忘れてしまいがちなものがある。最近になって、母の離婚訴訟の書類から自分の証言録取書を読み直していると、そのなかでわたしは三年前の出来事として、暴力沙汰を起こした父さんを警察に連行してもらうため母の弁護士に電話した経緯を詳しく語っていた。また、当時の出来事として、母を殴る継父を止めたとき、継父から暴力的な脅しを受けたと述べていた。今考えれば、それは滑稽な話だ。そのころはすでに、継父がまったくのしらふであったとしても、わたしのほうが体も大きく力も強かったのだから。わたしはどちらの事例も憶えていなかった。あるいは、専門家の言うとおり、アルコール中毒者の家族がその当人と暮らし続ける場合、自己防衛から現実を否認してしまうせいなのかもしれない。どんな理由があるにせよ、これらの特定の記憶は、四十年経った今も遮断されたままだ。

家を出てから五日後の一九六二年四月十四日、母は離婚を申し立てた。アーカンソー州での離婚手続きは比較的容易なうえ、母の主張には明らかな根拠があった。しかし、それで終わりではなかった。父さんは、死に物狂いで母とわたしたちを取り戻そうとした。落胆のあまりやつれ果て、わたしたちの家のそばに何時間も車を停めたり、何度か玄関のコンクリートのポーチで眠ったりもした。ある日父さんに、車に乗るよう求められた。わたしたちは、サークル・ドライヴをかつての家まで走った。父さんは、裏の私道の端に車を停めた。悲惨な姿だった。三日か四日のあいだ、髭も剃っていない。だが、酒を飲んでいるようには見えなかった。父さんは、わたしたちがいなければ生きていけない、ほかに生きる望みは何もない、と言って泣いた。そしてわたしに、母と話をして、自分のもとに戻るよう説得してくれと懇願した。心を入れ替えて、もう二度と母を殴ったり、怒鳴りつけたりしない。そう言ったとき、本人は心から信じていたはずだが、わたしは違った。継父は自分の問題の原因を、けっして悟りも受け入れもしなかった。アルコールの前に無力であること、自力では断ち切れないことを認めなかった。

そうこうするうち、継父の哀願が母の心を動かし始めた。おそらく、母はふたりの子どもを養っていく経済力に、やや不安を感じていたのだろう。二年ほどのちに医療扶助制度と医療保険制度が定められるまでは、あまりよい収入を得ていなかった。それ以上に、昔かたぎの母の考えでは、とりわけ子どものいる夫婦の離婚は悪いことだった。確かに、具体的な虐待がないなら、その見解が正しい場合も多い。たぶん母は、夫婦間の問題のなかには自分が責めを負うべきものもあると感じていたのだろう。そして実際に、母の行動が継父の不安感を煽る部分もあったのだろう。なにしろ、母は見目よく朗らかな女性で、男性ともすぐに打ち解け、夫より社会的地位の高い魅力的な多くの同僚とともに働いていた。わたしの知る限り、そのなかの誰かと特別な関係があったわけではないと思う。もしあったとしても、母を咎《とが》めはしない。それに、父さんのもとを去ってからは、ハンサムな黒髪の男性と付き合っていたこともあった。その人にもらったゴルフクラブが、今も手もとにある。

スカリー通りに越して二、三カ月が過ぎ、離婚が確定したあと、母はロジャーとわたしに、家族会議を開いて父さんと話し合う必要があると告げた。母が言うには、父さんはこの新居でもう一度わたしたちと暮らしたがっており、今回はこれまでとは違う結果になるだろうということだった。そして、わたしたちの考えを尋ねた。ロジャーがなんと答えたかは憶えていない——まだ五歳だったし、きっと混乱していただろう。わたしは反対した。父さんが変われるとは思えなかったからだ。しかし、母がどういう決断を下しても、それを後押しすると答えた。母は、家にはおとなの男が必要だし、父さんにもう一度チャンスを与えなければ、いつまでも後悔することになるだろうと言った。そして、母は継父に二度目のチャンスを与え、ふたりは再婚した。継父の人生の行く末を考えると、彼にとってはよいことだった。だが、ロジャーと母にとっては、あまりよいことではなかった。それがわたしにどういう影響を及ぼしたのかはわからない。ただ、のちに継父が病に倒れたときには、継父の人生最期の数カ月をともに過ごせたことをとてもうれしく思った。

母の決断には賛成できなかったが、気持ちは理解できた。母が父さんを連れ戻す少し前に、わたしは裁判所へ赴いて、自分の名前を正式にブライズからクリントンに変更した。わたしがそれ以来使い続けている名前だ。なぜそうしたのか、今でもはっきりとはわからないが、そうすべきだと確信していたことはわかっている。ひとつには、ロジャーが小学校にあがる際、わたしと姓が違うことで面倒に巻き込まれるのを避けたかったからだ。そしてひとつには、単純に、家族のみんなと同じ姓を名乗りたかったからだ。母が離婚を決意したときほっとしたのも事実だが、あるいは、父さんを喜ばせることを何かしたいという気持ちもあったのかもしれない。母に前もって告げはしなかったが、母は許可するしかなかった。裁判所から電話があったとき、母は了承した。しかし、たぶんわたしが失策を犯したと考えただろう。人生において、わたしの決断とその時機が疑問にさらされた経験は、これが最後ではなかった。中学校生活を終えて丘の上の古い高校へ通い始め、二年生になるまで、両親の結婚生活における軋轢《あつれき》と、離婚から和解に至る紆余曲折《うよきよくせつ》が、わたしの感情面のエネルギーを大量に奪い続けた。

母が仕事に打ち込んだように、わたしは高校生活とスカリー通りの新しい界隈の探索に夢中になった。このあたりは、比較的新しくささやかな住宅ばかりが並ぶ区画だった。通りの真向かいは完全な空き地となっている正方形の区画で、その一帯は、しばらく前までずっと大きな区域に広がっていたホイートリー農場の跡地だった。毎年、ホイートリー氏は区画全体に芍薬《しやくやく》を植えていた。春には鮮やかな花が咲き乱れ、何キロも先から人々が集まってきて、ホイートリー氏が花を切って分けてくれるのを辛抱強く待っていた。

わが家は通りの二番目に位置していた。一番目の、スカリー通りとホイートリー通りの角にある家には、ウォルター・イエルデル牧師、妻のケイ、子どものキャロリン、リンダ、デボラ、ウォルターが住んでいた。父親のウォルターは、セカンド・バプテスト教会の牧師で、のちにアーカンソー・バプテスト連盟の会長になった。ウォルター牧師とケイは、初めて会った日から、とてもよくしてくれた。みんながブラザー・イエルデルと呼んだ牧師は一九八七年に亡くなったが、わたしは、彼なら、一九九〇年代の南部バプテスト連盟の辛辣な批判に満ちた環境にどう対処しただろうかと考えずにはいられなかった。そのころ、誤った考えを持つ〝リベラル派〟が神学校から追放される事件が相次ぎ、教会が人種以外のあらゆる社会問題に対し、右寄りの姿勢を強く打ち出したのだ（人種問題については、過去の罪を謝罪した）。ブラザー・イェルデルは、体重百十キロを優に越える堂々たる体軀《たいく》の男性だった。控えめな物腰に隠されてはいるが、ユーモアのセンスに優れ、陽気な笑い声をあげた。妻も同様だった。ふたりのあいだに不和はまったくなかった。牧師は、非難や嘲笑をいっさい用いず、教訓と模範を示すことで人々をキリストのもとへ導いた。たぶん、最近のバプテスト派の権威や、今日の保守的なトークショー司会者の一部にはあまり好かれないと思うが、わたしは牧師との会話を心から楽しんだ。

イェルデル家の長女キャロリンは、わたしと同い年だった。音楽が好きで、きれいな声をしており、ピアノがとてもうまかった。わたしたちは何時間も、キャロリンのピアノのまわりで歌って過ごした。またキャロリンは、ときどきわたしのサクソフォーンに伴奏をつけてくれた。伴奏者が独奏者よりもじょうずなのは、わたしの場合、珍しいことではない。キャロリンはすぐにわたしの親友になり、デイヴィッド・レオプーロスやジョー・ニューマン、ロニー・セシルらとともに、いつもの遊び仲間の一員となった。わたしたちは映画や学校の行事にいっしょに行き、わが家でトランプやゲームで遊んだり、ただのんびりくつろいだりして、多くの時間を過ごした。一九六三年、わたしがアメリカ在郷軍人会の〝ボーイズ・ネーション〟（訳注　〝ボーイズ・ステート〟（32ページ参照）の全国版。四十八州の代表が集まる）に参加し、今では有名になったケネディ大統領との写真を撮ったとき、キャロリンはガールズ・ネーションに選出された。同郷の人々のあいだでは、今のところ唯一の例だ。キャロリンはインディアナ大学に進学して、発声法を学んだ。オペラ歌手をめざしていたが、それを生活の中心に据える気はなく、腕のよい写真家ジェリー・ステイリーと結婚して、三人の子どもをもうけ、成人の識字能力向上の分野の指導者となった。わたしの知事在任中には、成人の識字能力向上プログラムの責任者を務めてもらい、キャロリンとその家族は、知事公邸から三ブロックほどの古風で立派な家に住んだ。わたしはよく、パーティーやゲームを楽しむため、あるいは昔のように歌うため、その家を訪ねた。わたしが大統領になったとき、キャロリンとその家族はワシントンへ転居した。キャロリンは、国立識字研究所で働き始め、のちにはその長を務めた。わたしがホワイトハウスを去ってからもしばらくその地位にとどまり、その後、父親にならって聖職に就いた。ステイリー一家は、今でもわたしの人生の大切な一部を占めている。すべては、スカリー通りから始まったのだ。

わが家のもう一方の隣家には、ジム・クラークと妻のエディスが住んでいた。子どもはいなかったが、わたしを自分たちの子どものようにかわいがってくれた。そのほかの隣人のなかには、フレイザー老夫妻もいた。ふたりは、わたしが政界入りしたあとも常に支援してくれた。しかし、この夫妻からのいちばんの贈り物は、思いがけない形で届けられた。一九七四年の休暇中、下院議員選挙で手痛い敗北を喫したばかりで、まだかなり落ち込んでいたとき、当時五歳か六歳だったフレイザー家の孫娘を見かけた。その子は深刻な病気にかかっていて、骨が脆く、脊椎への圧迫を減らすため両脚を広げるように調整された体幹装具を、胸の上のほうまで付けていた。松葉杖で歩く姿はいかにもぎこちなかったが、とても意志の強い女の子で、普通の子どもなら気後れしそうな場面でも、そんな様子はまったく見せなかった。わたしはその子に会ったとき、わたしが誰だか知っているかときいてみた。少女は答えた。「もちろん。今でもビル・クリントンでしょ」。その言葉が、自分に必要なことを思い出させてくれた。

先にも触れたシリア人・イタリア人家族のハッサン家は、通りの端のとても小さな家に、六人で身を寄せ合って暮らしていた。持てるお金をすべて食べ物に費やしていたにちがいない。毎年のクリスマスや、年に数回の何かの祝祭日には、この区画全体の家族に驚くほど大量のイタリア料理をふるまっていた。今でも、ママ・ジーナの声が聞こえる気がする。「ビィル、ビィル、あなた、もっと食べなけりゃだめよ」

　それから、ジョンとトニのカーバー夫妻もいた。ふたりとも読書家で、わたしの知る最も知的な人たちだった。息子のマイクは、わたしの級友だった。そして、チャーリー・ハウズリー――狩りや釣り、いろんな修理、幼い少年たちにとって重要なあれこれに詳しい、男に憧れられる男――は、ロジャーを特別にかわいがった。わたしたちの新しい家と庭は、以前の住居より狭く、周辺の景色も美しさに欠けていたが、わたしは新居とこの界隈が好きになった。高校時代を過ごすには、うってつけの場所だった。

7

高校生活は楽しみに満ちていた。学業、友だち付き合い、楽団、デモレ少年育成会、そのほかの活動に、わたしは没頭した。しかし、ひとつ気にかかるのは、ホットスプリングズの学校がまだ人種隔離政策を撤廃していないことだった。黒人の生徒は、今もラングストン高校に通っていた。最も有名な卒業生として、ワシントン・レッドスキンズの伝説のハーフバック、ボビー・ミッチェルの名を挙げている学校だ。わたしは、夕方のニュースや地元の日刊紙《ザ・センティネル・レコード》で公民権運動を追い、さらに、キューバのピッグズ湾事件やフランシス・ゲーリー・パワーズの乗ったU-2スパイ機事件など、冷戦の状況にも注目した。今でも、カストロが寄せ集めながら勝利に意気あがる軍隊を率いて、ハヴァナに乗り込んだときの様子が目に浮かぶ。しかし、たいていの子どもと同じく、政治は日常生活の脇役にすぎなかった。父さんが時折悪習に逆戻りするのを除けば、人生は上々だった。

高校時代には、本格的に音楽に熱中した。クラシック、ジャズ、楽団演奏に組み込まれたロックンロール、スウィング、そして、純粋な喜びとしてのゴスペル。なぜか二十代になって、ハンク・ウィリアムズとパッツィー・クラインが天からわたしのもとに降りてくるまでは、カントリー&ウェスタンにはあまり興味を抱かなかった。

マーチングバンドやコンサートバンドのほかに、ダンスバンドの〝スターダスターズ〟にも参加した。一年間、テナー・サックスの首席奏者の座を、ラリー・マクドゥーガルと争っていた。この競争相手は、バディ・ホリーの伴奏を務めてもおかしくないように見えた。バディ・ホリーは、一九五九年、悪天候による飛行機事故で悲劇的な死を遂げたロックスターだ。別のふたりの大スター、ビッグ・ボッパーと十七歳のリッチー・ヴァレンズもいっしょだった。わたしは大統領時代、アイオワ州のメーソンシティーで大学生に向けて演説したことがある。ホリーとその仲間たちが最後の演奏を行なった場所の近くだ。講演後、アイオワ州クリアレイク近隣にあるその〈サーフ・ボールルーム〉まで車で行ってみた。その建物は今でも存在しており、この先も、ホリーたちの音楽とともに育った世代の聖地として残るだろう。

とにかく、マクドゥーガルの外見と腕前は、彼らの一員であるかのようだった。頭頂部をクルーカットにし、両脇の髪を長く伸ばしてグリースで固め、後ろでまとめてダックテールにしている。独奏のときには、腰をくねらせ、派手な音を響かせて、ジャズやスウィングというよりハードなロックンロール調で吹いた。わたしは一九六一年にはマクドゥーガルほどうまくなかったが、もっと上達したいと思っていた。その年わたしたちは、アーカンソー州南部のキャムデンで、ほかのジャズバンドとの演奏競技会に参加した。わたしは独奏で、緩やかな美しい小曲を吹いた。そして最後の審査発表で、思いがけなく〝ベスト・スウィート・ソリスト〟を受賞することができた。翌年には、州代表楽団の首席奏者になるまでに上達した。三年生のときにもふたたびその座を獲得し、ジョー・ニューマンもドラムでその座に就いた。

最後の二年間、わたしはジャズトリオ、〝スリー・キングズ〟で演奏した。ピアノ担当のランディ・グッドラムはわたしよりひとつ年下だが、腕前は何光年分も上だった。ドラムは最初、マイク・ハードグレイヴズが担当した。マイクの母親はシングルマザーで、よくわたしやマイクの友人数人をトランプゲームに誘ってくれた。三年生のとき、ジョー・ニューマンがバンドのドラマーになった。わたしたちは、ダンスの伴奏でわずかなお金を稼ぎ、毎年恒例のバンド・ヴァラエティ・ショーを始めとするさまざまな学校行事で演奏した。わたしたちの代表曲は、『エル・シド』のテーマだった。今でも演奏のテープが手もとにある。これだけの年月を経たのちに聴いても、なかなか悪くない。ただ一カ所、締めのリフでわたしが音を外している。いつも、低音には苦労していたのだ。

楽団の指導者ヴァージル・スパーリン先生は、背の高いがっしりとした男性で、ウェーヴした黒髪と優しく人を惹きつける物腰をしていた。楽団の指導者としてもかなり優秀で、人間としては超一流だった。また、スパーリン先生は、ホットスプリングズで毎年数日間開催される州の楽団祭も企画した。スケジュールの設定では、中学校と高校の教室で行なわれるすべての楽団の演奏と、何百人もの独奏や合奏を振り分けなければならない。毎年、すべてのイベントの日程と時間割りと会場を一覧表にして、大きなポスターを作った。わたしたちは有志を集めて放課後に残り、数日間、夜まで先生を手伝って作業を終わらせた。わたしは、大規模な物事を組織立てる取り組みに初めて関わり、のちの人生に役立つことをたくさん学んだ。

州の楽団祭では、独奏と合奏でかなりの数のメダルを獲得した。特に誇りに思うのは、学生指揮者の部門でも二回ほど表彰されたことだ。わたしは、総譜を読んで、自分の思い描くとおりの音で楽団に演奏させる過程を楽しんだ。二期目の大統領時代、ワシントン・ナショナル交響楽団の指揮者レナード・スラトキンが、ケネディ・センターで開催される演奏会で、スーザの『星条旗よ永遠なれ』の指揮者を務める気はないかとわたしに尋ねてきた。テンポに合わせて適当に指揮棒を振るだけで、あとは演奏家たちに任せればいいと言う。こちらへ指揮棒を持ってきて、握りかたを教えるとまで申し出てくれた。わたしが、喜んでやらせていただきたいが、行進曲の総譜を確認したいので一部送ってほしいと言うと、相手は受話器を落としそうになった。スラトキン氏はそれでも、総譜と指揮棒を持ってやってきた。オーケストラの前に立ったときは緊張したが、わたしたちは演奏にのめり込み、やり遂げた。スーザ氏も喜んでくれたと思いたい。

高校で力を入れた芸術活動といえば、あとひとつ、二年生のときの演劇がある。『毒薬と老嬢』は愉快な笑劇で、ふたりの老嬢が人々を毒殺して、何も知らない甥のいる家に死体を隠しておくという話だ。わたしは甥の役を得た。映画ではケーリー・グラントが演じた役だ。わたしの恋人役は、すらりとした魅力的な女の子、シンディ・アーノルドが演じた。劇は大成功を収めた。主に、台本になかったふたつの展開のおかげだ。ある場面で、わたしは窓下の腰掛けの蓋《ふた》を持ち上げ、叔母たちの犠牲者のひとりを発見して恐れおののいてみせるはずだった。わたしは何度も練習して、きちんと心得ていた。ところが、上演の夜、腰掛けの蓋をあけると、そこには友人のロニー・セシルが入り込んでいて、わたしを見上げながら、吸血鬼そのものの声で「こんばんは〜」とうめいた。わたしは頭が真っ白になってしまった。だが幸い、全員同じ状態だった。それよりおもしろいことが、舞台の外で起こった。わたしが唯一のラブシーンでシンディにキスをすると、彼女のボーイフレンド――最前列に坐っていたアレン・ブロイルズという三年生のフットボール選手――が滑稽なほど大きなうめき声をあげたので、思わぬ拍手喝采が湧き起こったのだ。わたしはそれでも、キスを楽しんでいた。

わたしの高校では、微積分学、三角法、化学、物理学、スペイン語、フランス語、四年間にわたるラテン語など、アーカンソー州の多くの小規模な学校にはない多様な科目を学ぶことができた。多くの知的で有能な教師に恵まれ、すばらしい校長、ジョニー・メイ・マッケイ先生もいた。背が高く、たっぷりとした黒髪の堂々たる女性で、状況に応じて晴れやかな笑顔と険しいしかめ面を使い分けた。

ジョニー・メイは、しっかりとした舵取りを務めながら、愛校心を鼓舞する役割も担っていた。それ自体がひとつの仕事でもあった。なぜなら、わが校はアーカンソー州で最も弱いフットボール・チームを抱えていたからだ。当時、フットボールは宗教のようなもので、どのチームのコーチも、伝説の名監督クヌート・ロックニーをめざしていた。そのころの生徒なら誰でも憶えているはずだ。ジョニー・メイが決起集会の締めくくりとしてトロイ人の雄叫びを先導し、拳を振り上げ威厳を捨て去り、大声でがなる姿を。「ハラブルー、ケネック、ケネック、ハラブルー、ケネック、ケネック、ウォーヒー、ウォーハイ、勝たねば死すのみ！　チン、チャン、チャウ、チャウ！　ビン、バン、バウ、ワウ！　トロージャンズ！　トロージャンズ！　ファイト、ファイト、ファイト！」。幸いにも、これはただの応援だった。わたしが高校に在籍した三年間の六勝二十九敗一引き分けという成績を考えると、あの雄叫びを実践した場合、わが校の死亡率は深刻な数値を示していたことだろう。

わたしは、エリザベス・バック先生のラテン語を四年間履修した。先生は、フィラデルフィア出身の朗らかで都会的な女性で、授業ではシーザーの『ガリア戦記』からたくさんの文章を暗記させた。スプートニクを打ち上げたソ連に宇宙の分野で遅れをとってから、アイゼンハワー大統領に続いてケネディ大統領も、科学と数学の教育を強化すべく働きかけていたので、わたしもできるだけ多くの科目を取った。ディック・ダンカン先生の化学の授業はあまり得意ではなかったが、生物学の成績はよかった。とはいえ、わたしが憶えているのは、ある日の印象的な授業だけだ。そのときネイサン・マコーリー先生は、現代人は本来の寿命よりも早く死んでいる、なぜなら、食べ物をエネルギーに変え排泄物を処理することで体の能力を消耗し切ってしまうからだ、と教えた。二〇〇二年に発表された、ある大規模な医学研究の結論によると、高齢者は食物の摂取を大幅に減らすことで、飛躍的に寿命を延ばせる可能性があるそうだ。マコーリー先生は、四十年前からそれを知っていた。今やわたしもその高齢者のひとりとなったので、先生の忠告に従おうと努めている。

世界史の教師、ポール・ルート先生は、アーカンソー州の田舎出身のずんぐりとした男性で、鋭い知性だけでなく、素朴な人柄と型破りで毒を含んだいたずら心を持ち合わせていた。わたしが知事になったとき、先生はウォシタ大学での教職を離れて、わたしのもとで働いてくれた。一九八七年のある日、ポールが州会議事堂で三人の州議会議員と話しているところに行き合った。話題は、モデルのドナ・ライスとのスキャンダルが暴露されたゲーリー・ハート上院議員の失脚についてだった。三人の議員たちは、いかにも道徳家ぶった調子で、ゲーリーをこき下ろした。そのあいだ、信心深いバプテスト派で、教会の聖歌隊の指揮者を務める折り紙付きの正直者ポールは、じっと黙って長たらしいおしゃべりを聞いていた。彼らがひと呼吸置いたとき、ポールは何食わぬ顔で言った。「まったくそのとおりだ。彼の行為は許しがたい。だが、こういう事実を知っているかい？　ちびででぶの醜男として生きる運命が、わたしをいかに品行方正な人間にしてくれたことか」。議員たちは黙り込んでしまい、ポールはわたしとともに歩み去った。わたしはこの人物が大好きだ。

英語関連の科目はすべて楽しかった。ジョン・ウィルソン先生は、アーカンソー州の十五歳の生徒たちの目の前に、ウィリアム・シェイクスピアの『ジュリアス・シーザー』を再現してみせた。そして、戯曲の内容を現代の言葉で書かせ、人間性と人間の行動に対するシェイクスピアの見解は、今の世にも当てはまると思うかと繰り返し尋ねた。ウィルソン先生の考えでは、沙翁はおおむね正しかった。つまり、人生は喜劇であり、悲劇なのだ。

二年生の英語優等クラスでは、自伝的な作文を書かされた。わたしの作文は、そのころ理解も容認もできないでいた自己不信の念でいっぱいだった。ここに少し抜粋してみる。

わたしは、あまりにも多種多様な力に触発され、影響を受ける人間なので、ときどき自分の存在の健全性に疑いを抱いてしまう。わたしは、自己矛盾の塊だ――信心深いが、その信仰自体に必要じゅうぶんな確信を持てない。責任を望みながら、回避もしている。真実を愛するが、しばしば偽りに屈してしまう……利己心を嫌うが、毎日鏡の中にそれを見る……そういう分身たちを、とてもいとしく思うときもある。生きるすべを知らない者たち。わたしは、彼らとは違う人間になろうと必死にもがいてきたが、ふと見ると、まるで瓜ふたつだ……なんと退屈で小さな世界なのだろう――わたし！　わたしが、わたしを、わたしに、わたしの……これらの言葉を使うに値するのは、たいてい一人称と並べ置くのがためらわれる普遍的な善の性質を持つ事象だけだ――誠実、信頼、愛、責任、悔恨、理解。しかし、人生を価値あるものにするこれらの象徴的な語句には、どうしても困難がついて回るのだ。わたしは、正直であろうと試みる過程で、自分の憎む偽善者にはなるまい。そしておとなへの道のりを真摯に探るこの少年のなかの不気味な存在を、すべて率直に認めよう……。

ロニー・ワーネケ先生は、この作文に百点をつけ、「汝自身を知れ」という古来の要求を見据えて「心の奥底まで下りていく」立派で正直な試みだと賞賛した。わたしは誇らしく感じたが、それでもなお、自分の見出したことをどう判断すればいいのかわからずにいた。わたしは、悪いことはしていなかった。飲酒も喫煙もせず、女の子とも、キスはそこそこ経験していたが、ペッティング以上には進んでいない。たいてい常に幸せだったが、自分で望むほどよい人間だとはどうしても思えなかった。

ワーネケ先生は、この小さなクラスをニュートン郡の見学旅行へ連れていった。わたしは初めて、アーカンソー州のアパラチアと呼ばれる北部のオザーク山地を訪れた。当時この地方は、息を呑むほどの美しい景観と、働きづめの貧しい生活と、誰もが荒っぽい政治好きであることが特色だった。ニュートン郡には、約六千人が、五百二十平方キロ以上の丘や窪地に分散して住んでいた。郡の首都ジャスパーには三百人強が居住し、公共事業促進局が建てた郡庁舎と、カフェ二軒、雑貨屋一軒、小さな映画館が一軒あった。クラスでそこへ、古いオーディ・マーフィーの西部劇を見に行ったりもした。わたしは政界に入ってから、ニュートン郡のすべての郡区を知るようになったが、十六歳のときに山道をたどり、オザーク山地の歴史と地質学と動植物について学んで以来、この土地に恋をしていた。ある日わたしたちは、南北戦争時代に作られたライフルやピストルを集めている山地の住人の小屋を訪問し、それから南軍兵が軍需品の倉庫として使用した洞窟を探索した。銃はまだ発砲可能で、洞窟の中には兵器の残骸もあった。時間が緩やかに過ぎ、怨恨が容易に消え去らず、代々伝えられる記憶がいつまでもとどまり続ける場所では、一世紀も前の戦争がどれほど現実的なものであるかが、目の前にありありと示されていた。一九七〇年代半ばの州司法長官時代、わたしはジャスパー高校に招かれて卒業式の祝辞を述べた。その際、エイブラハム・リンカーンと、彼が克服した苦難と挫折を引き合いに出して、逆境に立ち向かって進めと卒業生たちに説いた。終了後、民主党の要人たちが、オザークの輝く星月夜のなかにわたしを連れ出してこう言った。「ビル、すばらしい演説だったよ。リトルロックでは、いつでもああいう話をしていい。だが、もう二度と、ここへ来て共和党の大統領の自慢話をしないでもらいたい。彼がそんなによい人間だったのなら、われわれは南北戦争など起こさなかったはずだからね」。わたしはなんと答えてよいかわからなかった。

ルース・スウィーニー先生の三年生の英語クラスでは、『マクベス』を読み、その一部を暗唱する授業があった。わたしは、あの有名な独白を含めた百行ほどを憶えてみせた。それはこう始まる。「あす、またあす、またあすと、時は小きざみな足取りで一日一日を歩み、ついには歴史の最後の一瞬にたどり着く」。そしてこう終わる。「人生は歩き回る影法師、哀れな役者だ、舞台の上でおおげさにみえを切っても出番が終われば消えてしまう。白痴のしゃべる物語だ、わめき立てる響きと怒りはすさまじいが、意味は何ひとつありはしない」（訳注　小田島雄志訳『マクベス』第五場第五幕を引用）。約三十年後の州知事時代、アーカンソー州ヴィロニアの学校の授業を訪れる機会があった。その日生徒たちが『マクベス』を習っていたので、わたしはこの台詞を暗唱してみせた。今でも、大きな力で迫ってくる言葉だ。自分の人生の基準にはすまいと心に決めた、恐ろしいメッセージが含まれている。

第二学年を終えた夏、わたしは毎年一週間にわたって行なわれるボーイズ・ステート・プログラムに参加した。開催場所のキャンプ・ロビンソンは、古い軍の駐留地で、千人もの十六歳の少年たちをじゅうぶん収容できる簡素な木造の兵舎を備えていた。わたしたちは、街と郡ごとに組織され、ふたつの政党に均一に分けられ、地方と郡と州の政界に、候補者及び投票者として紹介された。また、政党の綱領を作成し、さまざまな問題について投票を行なった。本物の知事を始めとする主要な政治家の講演を聴き、州会議事堂で過ごした日もあった。その際、ボーイズ・ステートの知事、選出されたその他の官僚と〝スタッフ〟、そして議員たちは、実際に州の執務室や会議場に席を占めた。

一週間の終わりには、両党がふたりの候補者をボーイズ・ネーション・プログラムに指名推薦する。そのプログラムは、七月末、首都ワシントンに近いカレッジパークのメリーランド大学で開催される予定だった。選挙が行なわれ、上位得票者ふたりがアーカンソー州の上院議員としてそこへ赴くのだ。わたしはそのうちのひとりに選ばれた。

わたしは、ボーイズ・ネーションの上院議員に立候補したくて、キャンプ・ロビンソンに行った。最も名誉ある地位は知事だったが、当時からその後長い年月のあいだ、その地位や実際の職務自体には興味を抱いていなかった。わたしは、ワシントンこそ、公民権、貧困、教育、外交などに対し行動が起こされる場所だと考えた。それに、知事の選挙には勝てなかっただろう。それは始まる前から、アーカンソー州特有の言い回しを使えば、〝すっかりお茶の準備が整った〟状態だった。ホープ時代からの長年の友人、マック・マクラーティが、勝利を確実なものにしていた。学校の生徒会長であり、クォーターバックを務めるスター選手であり、オールAの優等生であるマックは、数週間前からアーカンソー州じゅうの支持を集めていた。わたしたちの党は、誠実さと自信に満ちたすばらしい美声を持つラジオ放送員のラリー・トーントンを推薦したが、マクラーティが大差で勝利を収めた。わたしたちの誰もが、マクラーティはこの世代で最初に実際の州知事に選ばれるだろうと信じて疑わなかった。四年後、彼がアーカンソー大学で学生自治会長に選ばれ、そのわずか一年後、二十二歳で州議会の最年少議員になったとき、その印象はますます強められた。だがそれからまもなく、父親とともにフォードの事業に加わっていたマックは、当時は目新しかったフォード・トラックのリース計画を考案して大成功を収め、自分とフォード自動車に大きな富をもたらした。実業家の道を歩むため政界進出をあきらめたマックは、その後州最大の天然ガス会社、アーカンソー‐ルイジアナ・ガス会社の社長となった。しかし、政治には積極的に関わり続け、デイヴィッド・プライアーやわたしを始め、多くのアーカンソー州民主党員に党運営や資金調達について力を貸していた。わたしがホワイトハウスに入ってからも、最初は首席補佐官として、次に南北アメリカ特使として、長年協力してくれた。現在、彼はヘンリー・キッシンジャーの共同経営者としてコンサルティング・ビジネスを営んでいるほか、数々の企業を所有し、ブラジルのサンパウロにも十二軒の自動車販売店を持っている。

ラリー・トーントンは、知事選挙には敗れたものの、大きな残念賞を手にした。マクラーティと並んで全員に名を知られたラリーにとって、ボーイズ・ネーションのふたつの枠のひとつを射止めるのはたやすく、ただ立候補の登録をすればよかった。しかし、ひとつ問題が生じた。ラリーは、地元代表団のふたりの〝スター〟のひとりだった。もうひとりはビル・レイナーで、頭も顔もいいスポーツ万能の男。ふたりは、トーントンが知事に、レイナーがボーイズ・ネーションに立候補するという合意のもとに、ボーイズ・ステートへやってきた。現時点で、ふたりともボーイズ・ネーションに立候補できるわけだが、同じ町の出身者がふたりも議員に選ばれるはずはなかった。そのうえ、ふたりともわたしと同じ党に属しており、わたしは一週間熱心に選挙運動を行なっていた。そのころわたしが母に詳しく書き送った手紙によると、わたしはすでに収税官、党事務局長、地域裁判所判事の選挙で当選しており、次に郡裁判所判事に立候補するつもりだった。実際のアーカンソー州の政界でも、重要な役職だ。

土壇場の、まもなく候補者の選挙演説を聴く党の集会が開かれる段になって、トーントンが立候補した。ビル・レイナーは茫然自失状態で、演説を最後まで終えるのがやっとだった。わたしは今でも自分の演説の草稿を持っているが、出来は平凡だ。ただ、リトルロック・セントラル高校の騒動について触れた部分は悪くない。「望みもしない危機を招き、恥辱にまみれた州のなかで、わたしたちは育った」。わたしはフォーバス知事の行為に賛同しなかったし、ほかの州出身の人たちにアーカンソー州を見直してもらいたかった。得票数が集計されると、ラリー・トーントンが大差で一位になった。わたしはまずまずの票数を集めて二位だった。ビル・レイナーはかなり後れを取った。わたしはビルをとても好きになっていた。威厳を持って敗北を受け止めたその姿は忘れない。

一九九二年、コネティカット州に住んでいたビルが、わたしの選挙活動中に連絡してきて、援助を申し出てくれた。わたしたちの友情は、青年期の失意という苦しみのなかで築かれ、また新しく生まれ変わった。

ラリー・トーントンとわたしは、後日のキャンペーンでもう一方の党の対立候補を破った。一九六三年七月十九日、わたしはカレッジパークに到着して、これからほかの州の代表者に会ったり、重要な問題について投票したり、閣僚やその他の政府高官の話を聴いたり、ホワイトハウスを訪れたりするのを心待ちにした。ホワイトハウスでは、大統領に会えるという期待があった。

毎日さまざまな行事や議事に追われて、瞬く間に一週間が過ぎた。特に、労働長官ウィラード・ワーツに強い印象を受け、公民権についての議論にすっかり夢中になったことを憶えている。少年たちの多くは共和党支持者で、バリー・ゴールドウォーターの支援者だった。彼らは、一九六四年の選挙でゴールドウォーターがケネディ大統領を破ることを望んでいた。しかし、わたしを加えた南部出身の四人を含めて、公民権については進歩派が多く、関連の法案を通過させることができた。

わたしはビル・レイナーと親しく、公民権に対してリベラルな考えを持っていたため、ラリー・トーントンとはボーイズ・ネーションの期間中ずっと緊張関係にあった。しかし、うれしいことに、大統領になってから、成長したラリー・トーントンとその子どもたちに会うことができた。ラリーは、よい人生を築きあげたよい人間に見えた。

七月二十二日の月曜日、わたしたちは連邦議会議事堂を訪れて、石段の上で写真を撮ってから、自分たちの州の上院議員に面会した。ラリーとわたしは、上院外交委員長のJ・ウィリアム・フルブライトと、上院歳出委員長のジョン・マクレランと昼食をともにした。年功序列制がまだ健在で、アーカンソー州ほどそのおかげで力を与えられている州はほかになかった。また、この州の四人の下院議員も、すべて重要な地位に就いていた。ウィルバー・ミルズは歳入委員長、オレン・ハリスは通商委員長、〝トゥック〟・ゲイシングズは農務委員会の有力メンバー、そしてジム・トリンブルは、議員を務め始めたのは〝つい最近の〟一九四五年からだが、大きな勢力を持つ議事運営委員会のメンバーだった。そのときのわたしは、三年もしないうちに、外交委員会のスタッフとしてフルブライトのもとで働くことになるとは思いも寄らなかった。昼食会の数日後、母がフルブライト上院議員から手紙を受け取った。そこには、昼食を楽しんだ旨と、立派な息子を自慢に思うべきだという賛辞が書かれてあった。まだその手紙を手もとに持っている。これが、スタッフとしてのすばらしい初仕事へとつながった。

七月二十四日の水曜日、わたしたちはホワイトハウスへ赴き、ローズガーデンで大統領に面会した。ケネディ大統領は執務室から明るい陽光のなかに歩み出て、短い言葉を述べ、わたしたちの仕事、特に公民権への支援を賞賛し、定例の夏の会議であまり積極的でなかった知事たちよりも優れた働きぶりだと評価してくれた。ボーイズ・ネーションTシャツを受け取ったあと、大統領は階段を下りてきて、握手し始めた。わたしは最前列にいて、ほかの誰よりずっと強力な大統領の支持者だと自認していたので、たとえ大統領が二、三人としか握手しないとしても、必ずそのなかに入るつもりだった。それは、すばらしい瞬間だった。中学三年のクラス討論で擁護し、大統領就任から二年半のあいだ、ますます熱心に支持してきた人物が、目の前にいる。友人が写真を撮ってくれた。のちになって、ケネディ図書館に握手の録画映像があることも知った。

人々は、このひとときの出会いがわたしの人生に多大な影響を与えたと考えている。母によれば、わたしが帰宅したとき、政界へ入る決意を固めているのがわかったそうだ。一九九二年、民主党の大統領候補に指名されたときには、わたしが大統領を志す第一歩を印したのがあの映像の瞬間だと、さまざまな場所で指摘された。自分ではよくわからない。帰宅してからホットスプリングズのアメリカン・レギオンで行なった演説の草稿が手もとにあるが、握手の件をさほど大きく取り上げてはいなかった。その当時はたぶん、上院議員になりたかったのだと思う。しかし、心の底では、若かりしころのエイブラハム・リンカーンと同じ思いを抱いていたのかもしれない。「わたしは勉学に励み、準備を整えよう。そうすれば、いつか機会が訪れるだろう」

わたしは、高校の政治活動でもそれなりの成功を収めて、第二学年会長に選ばれ、次に生徒会長に立候補しようとした。しかし、学校を監査する認証機関は、ホットスプリングズの生徒があまり多くの活動に関わりすぎないよう、制限を設ける必要があると判断した。わたしは楽団員だったので、新しい規則のもとでは生徒会長や学年会長に立候補する資格がない。フットボール・チームの主将で、かなり有力な候補者だったフィル・ジャミソンもそうだった。

高校の生徒会長に立候補しなかったことで、わたしやフィル・ジャミソンがそれほど大きな損失を被ったわけではない。フィルは海軍大学へ進み、海軍で経験を積んだのちに国防総省の軍縮問題に関する重要な職務に就いた。わたしの大統領時代、フィルはロシア関係の重要な仕事のすべてに携わっており、さまざまな活動について、計画の段階から詳細に報告してくれた。彼との友情がなければ、そこまでの情報は得られなかっただろう。

高校時代に一度、これまでの生涯のうちでも愚かな部類に入る政治行動をとった。活動制限の決定に怒った友人が、わたしの名前を第三学年の書記候補に登録したのを、そのまま受けてしまったのだ。隣家のキャロリン・イェルデルがわたしを難なく打ち負かした。当然の結果だ。わたしの行為は、浅はかで身勝手だったうえ、政治に関して自分で決めたルールのひとつにはっきりと反していた。すなわち、本気で望みもせず、就任する正当な理由もない職務には絶対に立候補するなというルールだ。

さまざまな挫折も経験したが、わたしは十六歳のころ、選挙で選ばれて公職に就きたいという将来の希望をはっきりと意識した。音楽に傾倒し、優れた演奏家になる道も考えたが、自分がジョン・コルトレーンやスタン・ゲッツになれないことはわかっていた。医学に興味を持ち、立派な医者になる道も考えたが、天才心臓外科医マイケル・ドベーキーになれないことはわかっていた。しかし、公職に就けば一流になれる気がした。わたしは、国民や政界や政策に大きな関心を抱いていたし、たとえ裕福な家庭や縁故を持たず、人種やその他の問題について南部の支配層の立場をとらなくても、きっとやり遂げられるだろうと思った。確かに、途方もない望みに聞こえる。しかし、アメリカはそういう望みを抱くことが可能な国ではないだろうか?

8

一九六三年の夏、もうひとつ忘れられない出来事が起こった。八月二十八日、十七歳になった九日後に、わたしは小部屋の大きな白い安楽椅子にひとりで坐り、生涯目にしたうちで最もすばらしい演説に見入っていた。マーティン・ルーサー・キングが、リンカーン記念館の前に立ち、アメリカについての夢を語っていた。古い黒人霊歌を偲ばせるリズミカルな抑揚をつけ、とどろき震える声で、目の前の大群衆と、わたしを含めテレビの前に釘付けとなった数百万の人々に向かい、彼は語って聞かせた。「いつの日か、ジョージアの赤い丘の上で、かつての奴隷の子孫たちと、かつての奴隷の所有者の子孫たちが、きょうだいとして同じテーブルに着くときがくる」という夢を。そして、「わたしの四人の子どもたちが、いつの日か、肌の色ではなく、人格そのもので判断される、そういう国に住むときがくる」という夢を。

キング牧師の演説によってわたしの心に湧き上がった感動と希望を、四十年以上過ぎた今、伝えることはむずかしい。ましてやそれが、公民権法も、投票権法も、非差別住宅制もなく、最高裁判所に黒人判事がひとりもいない国家にとってどのような意味を持っていたか、あるいはほとんどの学校がまだ隔離政策を採り、黒人に投票させせないため、あるいは現状の体制に投票する黒人を集めるために人頭税を課し、分別のあるはずの人々が公然と〝黒んぼ《ニガー》〟という蔑称を使っているアメリカ南部でどういう意味を持っていたか、とうてい伝えることはできない。

わたしは演説を聴きながら泣きだした。キング牧師が話し終えたあとも、しばらくのあいだ涙が止まらなかった。牧師は、わたしの信じるあらゆることを、わたしにはとうていなしえない方法で語った。おそらく、祖父の示した手本の影響を除けば、人生で経験した何よりも、この演説はわたしに強い決意を固めさせた。マーティン・ルーサー・キングの夢を叶えるために、今後の人生を賭けて、できることをすべてやろうという決意だ。

二週間後、まだボーイズ・ネーションの興奮醒めやらぬころ、わたしは高校三年生になった。少年時代最後の年を、思う存分楽しむつもりだった。

わたしが高校で取った最もむずかしい科目は、微積分学だ。その年初めて設けられたクラスで、生徒は七人いた。ふたつの出来事をはっきりと憶えている。ある日、コー先生が、採点したテストを返却した。わたしの書いた答えはすべて正解だったが、点数は一問間違えたことを示していた。先生に尋ねると、わたしがその問題を解いた方法は不正確なので、正解にたどり着いたのは偶然と判断し、その分の点数を引いたと言われた。教科書によると、その問題の正しい解きかたに必要な手順は、わたしの解きかたより数段階多い。このクラスには正真正銘の天才、ジム・マクドゥーガル（ホワイトウォーター疑惑の人物とは別人）がいて、わたしのテストを見てもいいかと聞いてきた。それからコー先生に向かって、わたしに点数を与えなければならない、なぜならこの解法は教科書のものと同様有効であって、むしろ短い分、よりよい方法なのだから、と言った。そして、自分の意見の正当性を例題で説明することを申し出た。コー先生は、クラスの生徒たちと同様、ジムの頭脳に畏怖の念を抱いていたので、その申し出を受けた。ジムは、二枚の黒板を使い切って記号を用いた数式を書き連ね、問題を分析し、いかにしてわたしが教科書の解法に改善を加えたかを説明した。なんだか信じられなかった。以前からパズルを解くのは好きで、今もそうだが、いつも迷路のなかを手探りで進んでいるだけなのだ。ジムが何を言っているのか、わたしにはさっぱりわからなかった。コー先生もわかっていたのかどうか、怪しい気がする。しかし、ジムの華麗なパフォーマンスが終わったとき、わたしの点数は訂正された。この事件で、わたしはふたつの教訓を得た。問題を解決する際、ときには優れた直感によって知力の不足を克服できる場合があること。そして、高等数学の追究については、これ以上わたしの出る幕はないということだ。

このクラスは、昼食後の四時限目だった。十一月二十二日の授業中、コー先生は職員室に呼び出された。戻ってきたとき、先生の顔は蒼白で、言葉も出てこないほどだった。そして、ケネディ大統領がダラスで銃撃され、どうやら死亡したらしいと告げた。わたしは愕然《がくぜん》とした。たった四カ月前、ローズガーデンで生気と力に満ちあふれた姿を目の前にしたのだ。大統領の功績と言葉のすべて――就任演説、ラテンアメリカ諸国との〝進歩のための同盟〟、キューバ・ミサイル危機における冷静な対応、平和部隊の創設、〝わたしはベルリン市民である《イッヒ・ビン・アイン・ベルリーナー》〟演説の感動的な一節、「自由には多くの困難があり、民主主義は完全ではない。しかし、人々を閉じ込めるために壁を建てる必要が生じたことは一度もなかった」――これらすべてが、自分の国と自分の政治的信念に対して抱くわたしの希望を、具現化してくれたというのに。

授業のあと、別館の教室にいた級友たちは、揃って本館の校舎に戻った。全員が、悲しみに沈んでいた。ただひとり、同じ楽団員の魅力的な女生徒が、大統領が死んだのはこの国にとっていいことかもしれないと言った。彼女が保守的な家庭に育ったことは知っていたが、友だちだと思っていた人のそのような発言に、わたしは衝撃を受け、ひどく腹を立てた。むきだしの人種差別以外で、この種の憎悪に出会ったのは初めてだった。その後の政治生活で、わたしはそういう憎悪をたくさん目にすることになる。そしてそれは、二十世紀最後の四半世紀のあいだに、強力な政治運動となっていった。

幸いなことに、問題の女生徒は成長して考えを変えた。わたしが一九九二年にラスヴェガスでキャンペーンを行なっていると、彼女が集会のひとつにやってきた。ソーシャルワーカーとなり、今では民主党を支持しているという。わたしは再会を喜び、古傷を癒す機会を得たことに感謝した。

　テレビでケネディ大統領の葬儀を見て、厳粛な面持ちで大統領に就任したリンドン・ジョンソンの「きょう、この場に立たずにすむのであれば、わたしは持てるものすべてを喜んで差し出しただろうに」という心を打つ言葉に励まされ、わたしは少しずつ元の生活へ戻っていった。第三学年の残りの期間は、デモレ少年育成会と楽団の活動であわただしく過ぎた。フロリダのペンサコラへの上級生楽団旅行や、州代表楽団の旅行もあった。友だち付き合いも充実していた。最高においしいオランダ風アップルパイを出す〈クラブ・カフェ〉での昼食や、映画や、ＹＭＣＡのダンスパーティー、〈クックス・デイリー〉のアイスクリーム、〈マクラーズ〉のバーベキュー。この七十五年の歴史を持つ家族向けレストランは、国じゅうで、ほぼ間違いなく最高のバーベキューと、まぎれもなく最高のバーベキュー・ビーンズを食べさせてくれる店だ。

　その年の数カ月のあいだ、わたしはスーザン・スミザーズと付き合っていた。スーザンは、アーカンソー州ベントンに住んでいた。ホットスプリングズからリトルロックに向かうハイウェイを、五十キロほど東へ進んだところにある町だ。わたしはよく日曜日に、ベントンの教会へ行き、スーザンの家族と昼食をとった。食事の最後に、スーザンの母親のメアリが山盛りのフライド・ピーチパイかアップルパイを食卓に載せて、父親のリースとわたしが食べ、わたしはいつも立ち上がれないほど満腹になった。ある日曜の昼食後、スーザンとわたしは、ベントンにほど近い町ボーキサイトまでドライブした。町の名前の由来はアルミニウムの製造に使う鉱石で、この土地の露天掘り鉱山で発掘されていた。町に着いてから、鉱山を見学することに決め、道路から外れて固い粘土のような土壌の上を走り、巨大な露天掘りの採石場の縁に到着した。周囲を歩き回ったあと、車に乗って帰途についたが、ここでふたりのムードが急激に悪化する。車の車輪が柔らかく湿った地面に深く沈み込んでしまったのだ。車輪は空しく回転を繰り返したが、車はびくともしなかった。古い板を数枚見つけて、車輪の後ろを掘り、板を敷いてみた。それでもだめだった。二時間後、タイヤがすっかり摩耗し、あたりは暗くなってきたが、まだ動けなかった。ついにわたしはあきらめて、町まで歩いて助けを求め、スーザンの両親に電話した。やっとのことで助けが来て、わたしたちは巨大な轍《わだち》から引っ張り出された。タイヤはまるで赤ん坊のお尻のようにつるつるだった。スーザンを連れ帰ったときには、すでにとっぷりと日が暮れていた。たぶん、スーザンの家族はわたしの話を信じてくれたと思うが、父親は念のためにちらっとタイヤを見ていた。そのころまだ純真だったわたしは、屈辱を感じた。

高校三年も終わりに近づくと、大学への進学が気がかりになってきた。どういうわけか、わたしはアイヴィーリーグの大学への出願を一度も考えたことがなかった。行きたい大学がはっきりと決まっていたので、そこにしか出願しなかった。ジョージタウン大学外交学部だ。わたしは外交官になるつもりはなかったし、ボーイズ・ネーションに参加したときジョージタウン大学のキャンパスを見たわけでもなかったが、もう一度ワシントンに行きたかった。ジョージタウン大学は、学術面でワシントン一の評価を受けていた。イエズス会の知性の練磨に対する厳格さは伝説的で、わたしには魅力的だった。また、国際情勢をできる限り知っておく必要があると感じ、一九六〇年代半ばのワシントンにいるだけで、国内問題について学ぶべきことはじゅうぶん吸収できるだろうと思った。おそらく入学できるだろう。わたしは同期生三百二十七人中四番で、大学入学資格試験の成績もなかなかよかった。そのうえ、ジョージタウン大学は各州から少なくともひとりの学生を入学させようとしていた（差別撤廃プログラムの走りだ!)。それでも、わたしは心配だった。

もしジョージタウン大学を落ちたら、アーカンソー大学へ行くことに決めていた。この大学は、アーカンソー州の高校の卒業生に対して自由入学制を採っており、情報通の人が、野心のある政治家ならとにかく入学すべきだと言っていたからだ。四月の第二週に、ジョージタウン大学から合格通知が届いた。わたしは喜んだが、そのころには、入学が賢明な選択なのか疑問に思い始めていた。奨学金を得ているわけではないし、非常にお金がかかる。授業料が千二百ドル、部屋代と公共料金が七百ドル、それ以外に教科書代や食費、そのほかの雑費が必要だ。アーカンソー州の基準からいえば、わが家は余裕のある中流家庭だったが、家族への経済的な負担が心配だった。それに、母とロジャーを父さんのもとに残して、家を遠く離れることになる。年齢とともに父さんの力は衰えていたが、やはり不安を感じた。進路指導教官のエディス・アイアンズは、わたしに強く入学を勧め、息子の将来に投資するのは両親の義務だと主張した。母と父さんも同意した。また母は、わたしが学内で実力を示せば、金銭的な援助を獲得できると信じていた。それで、わたしは挑戦してみることにした。

一九六四年五月二十九日の夕方、フットボール場のリックス・フィールドで卒業式が行なわれ、わたしは高校を卒業した。その際、席次四番の卒業生として、祈りを捧げる役目を担った。公立学校での宗教行事に関する裁判所の決定が、当時すでに立法化されていたら、祈りの発声はプログラムから外されていたかもしれない。税金を宗教的な目的の推進のみに使うべきではないという意見には賛同するが、自分の高校時代の最後を飾る言葉を述べることができて光栄だった。

わたしの祈りは、強い宗教的信念とわずかな政治的信条を反映していた。わたしはこう祈った。

「神は、人々に力を与えてきた若々しい理想と道義の観念を、わたしたちの心に残してくださいます。無感動や無知や拒絶の光景でわたしたちを失望させることで、わたしたちの世代が、自由な人間の心から、自己満足や貧困や偏見を取り除くように仕向けてくださるのです……わたしたちを心配させることで、みじめさや無目的な人生の混乱を味わわずにすむように、死に際しても、残された人々が自由の国に暮らす機会を得られるようにしてくださるのです」

宗教を持たない人々のなかには、わたしの言葉をいや味でおめでたいと感じる人もいるかもしれないが、わたしは当時自分がこれほど理想に燃えていたことをうれしく思い、今でも自分が口にした祈りをすべて信じている。

卒業式のあと、わたしはモーリア・ジャクソンとともに、パーク通りのかつての家からさほど遠くない〈展望台クラブ〉で開催された卒業パーティーに行った。そのころモーリアにもわたしにも恋人がいなかったし、わたしたちは聖ヨハネ小学校の同級生でもあったので、これはよい考えに思えた。そして実際、とても楽しかった。

翌朝、少年時代最後の夏休みが始まった。典型的な、明るく熱いアーカンソーの夏だった。六度目で最後となる大学での楽団キャンプへ赴き、顧問としてふたたびボーイズ・ステートに参加して、あわただしく時は過ぎていった。その夏、わたしは二週間ほど、父さんの働くクリントン・ビュイックで、年次棚卸を手伝った。前にも二、三回やったことがあった。今日では、記録がコンピュータで管理され、部品を効率的な流通センターで注文できるので忘れてしまいがちだが、その当時は、十年以上前の車のさまざまな部品を在庫管理して、毎年すべて手で数えていたのだ。小さな部品を背の高い棚の細かな引き出しに収め、その棚がいくつも隙間なく並んでいたので、部品課の裏はとても暗く、前面の明るい展示室と際立った対照をなしていた。しかもその展示室は、新しいビュイックを一台飾るのがやっとの大きさだった。

仕事は単純作業だったが、わたしは好きだった。父さんといっしょにやる唯一のことだったから、というのが主な理由だ。ビュイック販売店にいるのも楽しかった。レイモンド伯父や、新車や中古車でいっぱいの車売場にいる販売員、裏にいる整備士たちとよく雑談した。裏には、特に大好きな三人がいた。そのうちふたりは黒人だった。アーリー・アーノルドはレイ・チャールズに似ていて、これまで聞いたなかでも最高の部類の笑い声を持っていた。彼はいつも、わたしによくしてくれた。ジェイムズ・ホワイトは、もっと鷹揚な性格だった。そうなる必要があったのだ。彼は、レイモンド伯父の支払う給料と、妻のアーリーンがウォルターズ夫人の後任としてわが家で働いて稼ぐお金で、八人の子どもを育てなければならなかった。わたしはジェイムズの素人哲学談議に夢中で聞き入った。あるとき、わたしが高校生活はあまりに早く過ぎ去ってしまったと話すと、ジェイムズはこう言った。「ああ、時があんまりさっさと過ぎちまうんで、自分の歳が追いつかないくらいさ」。当時、わたしはそれを冗談と受け取った。しかし、今ではあまり笑えない。

白人のエド・フォッシーは、天才的な整備士で、のちに自分の店を開いた。わたしは大学へ行く前に、エドに愛車のヘンリーJを売った。父さんがホープのビュイック販売店で修理した、破損のかなりひどい六台のうちの一台だった。油圧ブレーキの漏れなどがあったが、それでも、この車を手放したくはなかった。今もし取り戻せるなら、なんでも差し出すだろう。この車で、友人たちと多くの楽しいときを過ごしたが、一度だけそれほど楽しくないときがあった。ある晩、ホットスプリングズから幹線道路七号線に出て、滑る路面を黒い車のすぐ後ろについて走っていた。〈ジェシー・ハウのドライブイン〉のわきを通り過ぎるとき、前の車がその場で突然停止した。大きな看板に書かれた文字を見ていたらしい。その車のブレーキ灯が片方壊れていたので、停まったことに気づいたときはもう遅すぎた。不注意と反射神経の鈍さと怪しいブレーキがあいまって、そのまま黒い車に追突してしまい、顎《あご》をハンドルにぶつけた。ハンドルがまっぷたつに割れた。幸運にも、大きな怪我を負った人はなく、相手の車の損傷は保険でまかなうことができた。クリントン・ビュイックの整備士たちが、ヘンリーJを新品同様に修理してくれた。わたしは、顎ではなくハンドルが割れたことに感謝した。二、三年前にヘンリー・ヒルに殴られたときほどの痛みもなく、雄羊にあやうく突き殺されそうになったときに比べればなんともなかった。そのころまでには、こういう出来事をもっと達観した目で見られるようになっていた。ある賢人も、こう言っている。「ときどき体に蚤《のみ》がつくのは、犬にとっていいことだ。痒《かゆ》みに気を取られて、犬であることをあまり悩まずにすむ」

9

子ども時代の夏がいつもそうであるように、その夏も瞬く間に終わってしまった。九月十二日、わたしは母とともに空路ワシントンへ向かい、一週間の観光旅行を楽しんだ。このあとすぐに、新入生のオリエンテーション課程が始まる。どういう世界に飛び込むことになるのかわからないが、期待に胸が膨らんだ。

この小旅行は、わたしより母にとってつらいものだった。わたしたちはいつも互いを身近に感じていたし、母がわたしを見るとき、よく父の姿を重ねているのもわかっていた。母はこれから、わたしの手助けなしに、息子のロジャーを育て、夫のロジャーとうまくやっていけるのかどうか心配していたはずだ。それに、離れて暮らすのは寂しかった。わたしたちには適度な共通点と相違点があったので、とても気が合ったのだ。わたしの友人たちも母を好いていて、母もよく彼らを家に招いてくれた。これからもそういう機会はあるだろうが、ほとんどクリスマスや夏休みに帰郷したときだけになるだろう。

母がどれほどわたしを気遣っていたか、当時はまったく知るよしもなかった。最近になって、一九六三年十二月に母が書いた手紙を見つけた。わたしがエルクス・リーダーシップ賞を獲得したことについて書いてある。エルクス友愛会がある町で、毎年ひとりかふたりの高校三年生に送られる奨学金だ。母はこう綴っていた。「手紙を書くことで、ビルに対して感じる後ろめたさが少しだけ和らぎます。麻酔看護師という職業のせいで、これまでいつも、ビルのために使うはずだった時間を削らざるをえませんでした。だから、息子の行ないや、勝ち得た栄誉に対する賞賛は、息子本人だけに帰するものです。わたしは息子を目の前にするたび、そこに〝独立独歩〟の人間を見ています」。母はなんという誤解をしていたのだろう！　毎朝起き上がって働き続けることを教えてくれたのは、母なのだ。母を見習ってきたからこそ、人々がわたしの最悪の部分を見つけても、自分は相手の最良の部分を探そうと努め、毎日の生活を笑顔で迎えて感謝を示し、必要な努力を厭《いと》わなければ心に決めたとおりなんでもできる、なんにでもなれると信じ、いつか、愛と思いやりが無慈悲と利己主義に打ち勝つ日がくると信じることができた。母は当時、世間一般の基準から見て信心深くはなかったが、歳をとるに従って変わった。あまりに多くの人々の死を目にしたので、来世を信じるのに時間がかかったのだ。しかし、もし神を愛とするならば、母は神性を持つ女性だった。わたしが独立独歩の人間からいかにかけ離れた存在であるか、もっと母とよく話せばよかったと思わずにはいられない。

ふたりの人生に訪れる大きな変化に不安を抱きながらも、ジョージタウン大学に着くころには、母もわたしも興奮でめまいがしそうだった。メインキャンパスから二ブロックほどのところがいわゆる東キャンパスで、外交学部やその他の学部がある。女子学生もいて、他学部に比べて宗教的にも人種的にも多様な学生を受け入れていた。大学は、ジョージ・ワシントンの大統領就任一年目の一七八九年に、ジョン・キャロル大司教によって創立された。メインキャンパスの入口の広大な円形広場には、大司教の銅像が据えられている。一八一五年、ジェイムズ・マディソン大統領が、学位授与の特許状をジョージタウン大学に与える法案に署名した。この大学は、当初からあらゆる信仰を持つ人々に対して開かれており、一八七四年から八二年の期間には、歴代学長のなかでも特に偉大な人物パトリック・ヒーリー神父が、アフリカ系アメリカ人として初めて学長の地位に就いたが、構内の学生は全員男性で、ほぼ全員カトリック教徒、そして全員白人だった。外交学部は、一九一九年にエドマンド・A・ウォルシュ神父によって創立された。神父は筋金入りの反共主義者だったらしく、わたしが入学してみると、学部にはヨーロッパや中国の共産主義政権から逃れた経歴や迫害を受けた経験を持ち、ヴェトナム戦争を含むアメリカ政府のあらゆる反共活動に賛同する教授たちがたくさんいた。

外交学部で保守的なのは、その体制だけではなかった。教科課程やイエズス会の教育理念を反映した厳格さ、十六世紀後半に作成された〝イエズス会学事規則〟もそうだった。学生は最初の二学年のあいだ、一学期に六科目履修する必要があり、合計で週に十八、九単位の講義を取る。三年生の第二学期まで、選択科目はなかった。それから、服装規定がある。わたしが一年生のときにはまだ、男子学生はドレスシャツにネクタイとジャケットという姿で講義を受けなければならなかった。合成繊維の〝ノーアイロン〟シャツもあったが、ひどい着心地だったので、わたしは食費やその他の雑費の週二十五ドルの小遣いから、五枚のシャツにかかる週五ドルのドライクリーニング代を捻出しようと決意した。それから、寄宿舎には規則があった。「新入生は、平日の晩には自室にとどまって学習し、十二時までに明かりを消すこと。金曜と土曜の晩には、午前零時三十分までに部屋へ戻ること……大学の寄宿舎に異性の客人を招じ入れたり、アルコール飲料・愛玩動物・銃器を持ち込んだりすることは、いっさい禁止する」。その後、時代とともに世の中の状況はいくらか変わった。しかし、ヒラリーとわたしが一九九七年にチェルシーを連れてスタンフォード大学へ行ったとき、若い女性と男性が同じ寮内に暮らすのを目にして、やはり多少落ち着かない気分になった。銃器に関しては、全米ライフル協会の持ち込み解禁の働きかけも不発に終わっているようだが。

母とともに正門を入って初めて会った人のひとりが、新入生のオリエンテーションの責任者、ディニーン神父だった。神父は開口一番、なぜラテン語以外の外国語も知らない南部バプテスト派の信徒が外交学部へ入学したがるのか、ジョージタウンとしては理解できないと言った。つまり、なぜわたしの入学を許可したのかもよく理解できないと言いたげだった。わたしはただ笑って、一、二年でお互いにそれを理解できるようになるかもしれません、と答えた。ディニーン神父がほかの学生のところへ行ったあと、不安そうな顔をしている母に、わたしは、きっとわからせてみせると請け合った。虚勢を張っただけだが、われながら頼もしく聞こえた。

予備説明会のあと、わたしたちは寄宿舎の部屋を探し、同室者に会いに行った。ロヨラ・ホールは、外交学部のあるウォルシュ・ビルディングのすぐ裏の三五番通りとN通りの角にあった。わたしの部屋は二二五号室で、三五番通りに面した正面玄関の真上にあり、そこからロードアイランド州選出の著名な上院議員クレイボーン・ペルの邸宅と美しい庭が一望できた。ペル氏は、わたしが大統領になってからも上院議員を続けていた。のちのち議員とヌアラ夫人はヒラリーとわたしの友人となり、わたしは、三十年前に憧れた壮麗な古い邸宅の内部を見る機会を得た。

母とともに寄宿舎の部屋の前まで来て、わたしは一瞬面食らった。ちょうど一九六四年の大統領選挙戦が本格化していたのだが、よりによって、扉にゴールドウォーターのステッカーが貼り付けてあったのだ。そういう世界は、アーカンソーに捨て去ってきたはずなのに！　それは、同室のトム・キャンベルのものだった。トムは、ロングアイランドのハンティントン出身のアイルランド系カトリック教徒で、忠実な共和党保守派支持の家庭に育ち、ニューヨークのザビエル・イエズス高校ではフットボール部に所属していた。法律家である父親は、保守派の引きで地元の判事職を得た。トムはたぶんわたし以上に、自分の同室者に驚かされたのではないかと思う。アーカンソー州出身の南部バプテスト派を初めて目にしたばかりか、その人間がリンドン・ジョンソンを支持する筋金入りの民主党支持者だったのだから。

母は、生活環境の整備に、政治のような小さい物事を立ち入らせるつもりはなかった。いつものやりかたで、まるで生まれたときからトムを知っていたかのように話しかけ、すぐに相手を打ち解けさせてしまった。わたしもトムを好きになり、うまくやっていけそうな気がしてきた。そしてそのとおり、わたしたちは、ジョージタウン大学で四年間同居し、四十年近くも友情を保っている。

そのあとすぐ、母が明るく気丈な態度で別れを告げ、わたしは周囲を探索することにして、まずは寄宿舎の自分のいる階から始めた。廊下の先から音楽が聞こえた――『風と共に去りぬ』の『タラのテーマ』だ――ので、そのほうへ歩いていった。民主党支持者ではなくても、南部出身者に会えるかもしれない。音楽のかかっている部屋に入ると、そこにはどんなカテゴリーにも収めることのできない人物、トミー・カプランがいた。この階にひとつしかない揺り椅子に坐っている。トミーは、宝石商の父親を持つボルティモア出身のひとりっ子で、故ケネディ大統領の知り合いだという。貴族的にも聞こえる歯切れのよい一風変わった口調で、作家をめざしていることなどを話し始め、ケネディの逸話でも大いに楽しませてくれた。わたしはすぐにトミーを好きになったが、このときはまだ、生涯の大親友のひとりとめぐり合ったことに気づいていなかった。その後の四年間で、トミーはわたしをさまざまな場所へ案内し、数々の体験をさせてくれた。ボルティモアと、メリーランド州東岸地方にある家、そして聖公会とその礼拝。ニューヨーク旅行での、〈ピエール・ホテル〉とおいしいインドカレー、〈カーライル・ホテル〉と初めての贅沢《ぜいたく》なルームサービス、そして友人数人でトミーの二十一歳の誕生日を祝った〈21クラブ〉。マサチューセッツ州のコッド岬で泳いだときには、藤壺《ふじつぼ》に覆われた岩につかまり損ねて、手や腕や胸や脚を傷だらけにし、あやうく溺れそうになった。死に物狂いで岸へ戻る途中で、偶然細長い砂州に行き当たり、トミーの旧友でのちにアリゾナ州知事になるファイフ・サイミントンが手を貸してくれたので、命拾いした（共和党支持者であるサイミントンがもし将来を予知できたなら、救助を考え直したかもしれない）。わたしのほうは、トミーにアーカンソー州と、南部の習俗、草の根政治などを紹介した。なかなか実りの多いやり取りだったと思う。

次の数日間で、ほかの学生にも会い、講義に出席し始めた。週二十五ドルで生活する方法も見出した。五ドルはまず五枚のドレスシャツのクリーニングのために差し引かれるので、月曜から金曜までは一日一ドルで食事し、もう一ドルを週末の食事に充てることにした。そうすれば、土曜の晩に出かけるとき十四ドル手もとに残る。一九六四年には、十四ドルで女の子をディナーに誘い、ときには映画も見ることができた。先に相手に注文させて、ふたり分の注文とチップの合計額が予算内に収まるよう調整しなければならなかったが……。当時のジョージタウンには、十四ドルあればそれくらいできるよいレストランがたくさんあった。それに、最初の二、三カ月は、毎週土曜に会うような相手がいなかったので、たいてい少し予算に余裕があった。

残りの日を一日一ドルでやっていくのは、それほどむずかしくなかった。いつもお金はじゅうぶんあると感じていたし、学校のダンスパーティーやその他の特別な行事で臨時の出費があってもまかなえるほどだった。毎朝、外交学部のあるウォルシュ・ビルディングから三六番通りを渡って真向かいにある〈ワイズミラーのデリ〉で、二十セント使ってコーヒーとドーナツ二個を買った。コーヒーを飲んだのは生まれて初めてだった。その後すっかり癖になり、ときどきやめようと試みるがあまりうまくいかない。昼食には、奮発して三十セント使った。その半分で〈ホステス〉のフライド・アップルパイかチェリーパイ、もう半分で五百ミリリットルのロイヤル《R》クラウン《C》・コーラを買う。このRCコーラが大好きだったので、製造中止になってしまったときには本当に悲しかった。夕食はもっと贅沢で、五十セントだ。ふだんは、寄宿舎から二ブロックほど先にある〈ホヤ・キャリーアウト〉で食事した。店名は〝お持ち帰り《キャリーアウト》〟だが、カウンターがあって、店内でも食べることがひとつの楽しみだった。十五セントでまたラージサイズの炭酸飲料を、三十五セントで大きなライ麦パンのツナ・サンドイッチを買う。口に入れることができないくらいの大きさだった。八十五セント出せば、同じくらい大きいローストビーフ・サンドイッチを注文することもできた。たまに、土曜の晩の十四ドルを使い切っていないときには、そういう豪勢な食事を楽しんだ。

しかし、〈ホヤ・キャリーアウト〉の本当の魅力は、経営者のドンとローズだった。ドンはがっしりとした男性で、盛り上がった二の腕の片方に刺青《いれずみ》を入れていた。現在はロックスターや運動選手、おしゃれな若者も体の一部によく入れているが、その当時、刺青は非常に珍しかった。ローズは、大きなドーム型に髪を結い上げ、きれいな顔とすばらしいスタイルをした女性だった。ぴっちりとしたセーターとそれ以上にぴっちりとしたスラックスにピンヒールという姿で、体の線を効果的に見せている。ローズは、金は少ししかないが、想像力はたっぷり持ち合わせている男子学生を大いに惹きつけたものの、温厚だが油断のないドンがそこにいる以上、わたしたちにできるのは食べることのみと決まっていた。ローズが働くあいだ、わたしたちはできるだけゆっくり食べて、確実な消化吸収に努めたものだ。

最初の二年間、わたしは大学とその周辺の範囲からめったに外へ出なかった。南はM通りとポトマック川、北はQ通り、東はウィスコンシン通り、西は大学を境界とする狭い区域だ。ジョージタウンでの行きつけの場所は、〈1789レストラン〉の地下にあるビアホール〈トゥームズ〉で、学生のほとんどがビールとハンバーガーを求めてここを訪れた。また、〈ビリー・マーティンのレストラン〉では、予算内でおいしい料理と雰囲気を楽しめた。寄宿舎のある丘の上からM通りを下ったところにある〈セラー・ドア〉にもよく行った。ここでは、すばらしい生演奏が行なわれた。わたしが聴いたのは、一九六〇年代の人気フォーク歌手グレン・ヤーボロ、偉大なジャズオルガン奏者ジミー・

スミス、それから、今は忘れられてしまったマグワンプスと呼ばれるグループ。このバンドは、わたしがジョージタウンへ来たあとすぐに解散してしまった。ふたりの男性メンバーは新しく、もっと有名なバンド、ラヴィン・スプーンフルを結成した。そして、リード・シンガーのキャス・エリオットは、ママス&パパスの〝ママ・キャス〟になった。〈セラー・ドア〉はときどき、日曜の午後にもあいており、コーラをゆっくりと飲みながら、マグワンプスをたった一ドルで何時間でも聴いていることができた。

時折、ジョージタウンに閉じ込められているような気になったが、たいていはとても充実した気分で、講義や友だち付き合いに熱中した。しかし、繭《まゆ》のような世界の外へ何度か出かけたときには、やはり解放感を感じた。最初の学期に入ってから数週間後、〈リズナー・オーディトリアム〉にジュディ・コリンズの歌を聴きに行った。ジュディが、ブロンドの髪を長く伸ばして、床まで届く木綿のドレスをまとい、ギターを手にひとりステージに立つ姿を、今でも思い浮かべることができる。その日以来、わたしはジュディ・コリンズの大ファンになった。一九七八年十二月、初めて知事選挙に立候補して勝利したあと、ヒラリーとともに短い休暇旅行でロンドンへ行った。ある日、ふたりでチェルシーのキングズロード沿いのショーウィンドウを覗きながら歩いていると、通りかかった店のスピーカーから、ジュディのカヴァーしたジョニ・ミッチェルの『チェルシーの朝』が大きな音で流れてきた。わたしたちはその場で、もしいつか娘が生まれたら、チェルシーと名づけようと決めた。

ジョージタウン近郊から離れることはあまりなかったものの、第一学期にはニューヨークへ二回旅行することができた。感謝祭には、同室のトム・キャンベルにロングアイランドの家へ招待された。そのころすでにリンドン・ジョンソンが大統領選挙で勝利を収めており、わたしはトムの父親との政治論義を楽しんだ。わたしはある晩、彼に率直な質問をしてみた。この家のある立派な界隈は、〝保護契約〟のもとに整備されたのではないか。保護契約とは、特定のグループの人々（ほとんどの場合、黒人）には土地や住宅を売らないとする所有者間の協定のことだ。最高裁判所が違憲と裁定するまでは、それほど珍しくなかった。キャンベル氏は、確かに、この地区は保護契約のもとに成り立っているが、それは黒人ではなくユダヤ人を対象とするものだと答えた。わたしの暮らした南部の町には、ふたつのユダヤ教会堂があると同時に、ユダヤ人を〝キリスト殺し〟と呼ぶかなりの数の反ユダヤ主義者が住んでいたが、ニューヨークで反ユダヤ主義がいまだ健在であることには驚かされた。南部ばかりが人種差別や反ユダヤ主義を独占しているわけではないと知って、安心してもよかったはずだが、そうはならなかった。

感謝祭の旅行の数週間前、わたしはジョージタウン楽団とともにニューヨーク市へ赴き、〝ビッグアップル〟を初めて味わった。楽団はまさに寄せ集め部隊で、週に一、二回しか練習しなかったが、なかなかの腕前を見込まれ、ブルックリンにある小さなカトリック学校、聖ヨセフ女子大学のコンサートで招待演奏することになった。コンサートは成功した。その後の親睦会でひとりの女子学生と出会い、家に寄って母親といっしょにコーラを飲まないかと誘われた。それでわたしは初めて、貧しき者から富める者まで、大多数のニューヨーカーを収容している果てしないアパート群のひとつに入り込んだ。エレベーターがなかったので、彼女の部屋まで数階分の階段をのぼらなければならなかった。その部屋は、当時のわたしにはとても小さく見えた。つましい生活を送る人でも庭付き一戸建てに住むアーカンソー州の基準に慣れていたからだ。けれど、その女子学生と母親は信じられないほど親切だった。こういう限られた空間で暮らしながら、あれほど外交的な性格になれるという事実に驚嘆したことを憶えている。

いとまを告げると、わたしは大都市でひとりきりになった。タクシーを拾って、タイムズスクエアへ行った。こんなにたくさんの明るいネオンの輝きを見るのは初めてだった。その場所には、喧噪とめまぐるしさと、人生の躍動感があふれていた。そして、人生の裏側も垣間見えた。わたしは初めて売春婦を目にした。その売春婦につきまとわれているのは、不運の典型のような人物だった。黒っぽいスーツ、クルーカットの髪、分厚く黒い角縁眼鏡に、ブリーフケースといういでたちの、哀れっぽい男だ。心を惹かれながらも、同時に恐れている様子だった。恐怖のほうがまさった。男は歩み去り、女は苦笑して肩をすくめ、また仕事に戻った。わたしは劇場や店舗を見て回った。ある鮮やかな看板が目にとまった――〈タッズ・ステーキ〉、大きなステーキが一ドル五十九セント。

無視するには魅力的すぎたので、わたしは店に入ってステーキを注文し、席に着いた。そばには、怒った様子の少年と打ちひしがれた母親が坐っていた。少年は、母親に非難の言葉を浴びせていた。「安物だよ、ママ。安物だよ」。母親は何度も、店員が品質を請け合ったことを説明した。数分後には、だいたいの話がつかめた。母親は少しずつお金をためて、息子がひどく欲しがっていたレコード・プレーヤーを買った。問題は、それが標準的なハイファイ・システムで、息子の欲しかったのは、もっと音がよくて、流行に敏感な子どものあいだで格が高いらしい新しいステレオシステムだったことだ。母親は必死に家計を切り詰めたが、それを買う余裕はなかった。息子は感謝もせず、公の場で母親に怒鳴り散らした。「うちにあるものは全部安物だよ！　ぼくは高級なやつが欲しいんだ！」。気分が悪くなった。その子どもを殴って、怒鳴り返してやりたかった。これほど愛してくれる母親を持って、幸せだと思わないのか。おそらくは退屈きわまりない仕事に明け暮れ、苦労して得たわずかな賃金で、子どもに食べ物を与え、服を着せているというのに……。わたしは立ち上がり、格安ステーキを食べ残したまま、憮然《ぶぜん》として店を出た。この出来事は大きな衝撃だった。たぶん、自分の母がしてくれたこと、耐えてきたことに思いが重なったからだろう。それからは、もっと注意深く、人々のやりたがらない賃金の低い仕事に就いて日々奮闘する女性や男性の生活を見つめるようなった。また、これまで以上に忘恩を憎み、自身ももっと感謝の心を持とうと決意した。そして、自分の人生に訪れた幸運を、あまり深刻にとらえすぎず、素直に楽しむことにした。わずかな運命の変転で、すべてが振り出しに戻ったり、どん底に転げ落ちたりすることだってあるのだから。

ニューヨークから戻ってまもなく、勉強と学生自治会の活動に専念するため、楽団を辞めた。わたしは、東部出身のアイルランド系、イタリア系カトリック教徒が大半を占める有権者に向けて、首尾のよいキャンペーンを行ない、第一学年会長に選ばれた。なぜ立候補を決断したのか憶えていないが、たくさんの助力を得て、張り合いを感じた。争点はほとんどなく、支援もそれほど活発ではなかったので、選挙戦は草の根的な政治運動と一回の演説に集約された。運動員のひとりがわたしに宛てたメモには、熱心な票集めの様子が表われている。「ビルへ。ニュー・メンズ党の問題は、ハノーヴァー党が多数の票を集めている点。ロヨラの三階（パレンの階）に票獲得の見込みあり――公衆電話の方向の突き当たり。ディック・ヘイズの情報に感謝。またあす会おう。おやすみ、紳士諸君。キング」。ジョン・キングは、身長百六十五センチの精力的な男で、ジョージタウン大学ボートチームの舵手《だしゅ》を務め、級友のルーシー・ジョンソンの勉強仲間だった。ジョンは、大統領の娘であるルーシーに、一度ホワイトハウスでのディナーへ招かれ、クラスじゅうの賞賛と羨望の的になった。

選挙前の火曜日、選挙演説会が開かれ、学生が集まった。わたしは社交的なニューヨーカー、ボブ・ビリングズリーの推薦を受けた。彼の伯父シャーマンは〈ストーク・クラブ〉の所有者で、一九二〇年代から店を訪れ続ける数々のスターのすばらしい物語を話してくれた。ボブはわたしのことを、指導者としての実績があり、「物事を成し遂げる、しかもうまく成し遂げる人物」と紹介した。そして、わたしの出番になった。わたしは、問題提起を行なわず、ただ「いかなるときにいかなる能力が必要となっても」、勝利しても敗北しても任務を果たすこと、そして「この選挙戦が終わったとき、この学年全体が少しだけ自信と誇りを高められるような気運」をこの選挙に与えることを約束した。めざしたとおりの、謙虚な訴えだった。わたしは多くの面で謙虚さを必要としていた。

対立候補ふたりのうち強力なほうの候補者は、盛り上がりに乏しい選挙戦にいくらか波乱を起こそうとして、立候補したのはこの学年を「破滅という底知れぬ深淵に」落ち込ませたくないからだと述べた。なんのことかよくわからないが、まるで共産主義者との連繫をめざせと言っているかのように聞こえた。この〝底知れぬ深淵〟発言があまりに突飛だったので、わたしのほうがかなり有利になった。仲間とともにひたむきに選挙運動を続けた結果、わたしは当選した。票が集計されたあと、友人が寄付してくれたたくさんの硬貨を使って、近くの公衆電話から家族に勝利を伝えた。わたしには、電話線の向こうになんの揉めごともないことがわかったし、母には、わたしがホームシックを乗り越えたことがわかったはずだ。

学生自治会やニューヨークへの旅行、そしてジョージタウン周辺での生活を楽しんではいたものの、第一学年での主なイベントは講義だった。生まれて初めて、知識を習得するために努力を必要とした。わたしにはひとつ大きな強みがあった。履修している六つの科目を教える教授陣が全員、魅力的で有能だったことだ。外国語は必須科目だった。わたしはドイツ語を選んだ。ドイツという国に興味を抱き、その言語の明瞭さと精密さに惹かれていたからだ。ドイツ語の教授フォン・イェーリング博士は心優しい人で、ナチスが焚書《ふんしょ》を始めたあと、農家の屋根裏に隠れていたという経験の持ち主だった。焼かれた本のなかには、教授自身が書いた子ども向けの本も含まれていた。地理学の教授アーサー・カズンズ先生は、白い山羊髭を生やした風変わりな学者肌の人だった。当初わたしは講義に退屈していたが、教授が、アーカンソー州は、その地層にダイヤモンドや水晶、ボーキサイト、その他の鉱床や組成物が存在することから、地質学的に見て、地球上で最も興味深い場所のひとつだ、と話してくれた日を境に集中するようになった。

論理学の教師はオットー・ヘンツ先生で、まだ司祭に任命されていないイエズス会士だった。聡明で生気に満ち、学生のために心を砕いた。ある日、夕食にハンバーガーを食べないかと先生に誘われた。わたしは光栄に思って同意し、先生とともに車でウィスコンシン通りを走って〈ハワード・ジョンソンズ〉へ向かった。少し雑談をしたあと、急にヘンツ先生が真剣な面持ちになった。そしてわたしに、イエズス会士になろうと考えたことはないかと尋ねた。わたしは笑って答えた。「最初にカトリック教徒にならなくていいんですか?」。わたしが、バプテスト派の信徒であることを告げ、半分冗談で、もしカトリック教徒だとしても、聖職者の独身の誓いを守れそうにないと言うと、先生は首を振ってつぶやいた。「信じられない。きみの論文や試験の解答をいくつも読んだ。きみはカトリック教徒のように書くし、カトリック教徒のように考えるじゃないか」。わたしはよく、この話をアーカンソー州での選挙遊説中、カトリック系グループの人々に話し、自分が当選すればカトリック教徒の知事が誕生したようなものだと彼らに請け合った。

もうひとりのイエズス会士の教授、ジョゼフ・セベス先生は、わたしの知るなかでも屈指の非凡な人物だ。細身で猫背だが才能に恵まれた言語学者で、特にアジアに興味を抱いていた。共産主義体制が成立し始めたころに中国で働いており、しばらくのあいだ囚われの身となって、地面に掘った小さな穴倉で過ごしたこともあったそうだ。虐待によって、胃を傷め、腎臓を損ない、生涯のほとんどを病弱なまま送ることになった。先生は、比較文化と呼ばれる科目を教えていた。しかし、むしろ〝世界の宗教〟という科目名を付けるべきだっただろう。その講義で学ぶのは、ユダヤ教、イスラム教、仏教、神道、儒教、道教、ヒンドゥー教、ジャイナ教、ゾロアスター教、その他の宗教だったからだ。わたしはセベス先生が大好きで、世界じゅうの人々が神や真実や豊かな生活をどう定義するかについて、先生から多くを学んだ。かなりの数の学生が外国出身であることを知っていた先生は、最終試験を九カ国語のいずれかを使って口頭で受けられるようにした。第二学期に、わたしは、たった四人しかいないA獲得者のひとりになった。自分の学業成績のなかでも、特別誇りに思っている。

あとふたりの先生は、かなり個性的な人たちだった。ロバート・アーヴィング先生は、一年生に英語を教え、冗長で不正確になりがちな新入生の作文に、矢継ぎ早の辛辣な論評を加えた。作文の余白に、こちらが縮み上がってしまうような批評を書くのだ。ある学生のことを「気まぐれな汚水排水用ポンプ」と名づけたり、別の学生の無念を表現した文章に「頭がキャベツにでもなったのか？」と返答したり……。わたしの論文はもっと平凡な叱責を受けた。アーヴィング博士は、余白や下端に「へぼ」（拙いという意味）、「うげっ」「かなりだるい、悲惨」などと書いた。今でも取ってある論文には、ついに「巧妙で思慮に富む」と書いてくれたが、あとに続けて「次回は正々堂々」と、「もっと良質の紙」に作文を書くようにと注文をつけている。ある日、アーヴィング博士は、言葉を注意深く使用することがいかに重要かを例示するため、かつての教え子がマーヴェル（訳注　一六二一－七八。イギリスの詩人、政治家）について書いた作文を読みあげた。その学生は、マーヴェルが妻の死後も変わらぬ愛を抱き続けたことに触れ、さらに運悪く次の文を書き加えてしまった。「当然ながら、肉体的な愛の大部分は、死によって終わりを告げる」。アーヴィング先生は叫んだ。「大部分！　大部分だって！　どうやら、暑い日にはひんやりした死体が何よりだという人がいるらしい！」。この発言は、一群の十八歳のカトリック教徒たちと、ひとりの南部バプテスト派信徒には、かなり刺激が強かった。アーヴィング博士が現在どこにいるのかわからないが、この本を読むかもしれないと思うと恐ろしい。余白に手きびしい論評を書きつける姿が目に浮かぶ。

ジョージタウン大学で最も有名な講義は、キャロル・キグリー教授の「文明の発展」だった。一年生全員の必須科目で、各講義に二百名以上の学生が出席した。講義はむずかしかったが、キグリー教授の知性と見識と奇行のために、たいへんな人気だった。奇行のひとつといえる、超常現象の実在に関する講話では、降霊会でテーブルが床から浮き上がったり、女性が飛んだりするのを見たと主張した。また、講義のなかには、主観的な経験よりも絶対的な合理性を上位としたプラトンの思想に対する批判もあり、これを毎年の課程の最後に持ってくる。そして必ず、プラトンの『国家』のペーパーバックをびりびりと引き裂き、教室の後ろ側へ投げつけて、「プラトンはファシストだ！」と叫んで、講義を締めくくるのだ。

試験には、頭のおかしくなりそうな問題が並んでいた。例えば、「バルカン半島の歴史を、最終氷河期の始まりからホメロスの時代まで、簡潔に、系統立てて書け」とか、「宇宙の進化の過程と、抽象概念の次元にはどのような関係があるか」とか。

キグリー教授の洞察のうち、特に印象的だったものがふたつある。ひとつは、人間社会は、その軍事的、政治的、経済的、社会的、宗教的、知的な目標を達成するために効率のよい道具を開発しなければならないという見解だ。キグリー教授によれば、問題は、すべての道具が最終的に〝制度化〟されてしまう――つまり、創られた当初の必要性を満たす目的ではなく、その特権的な地位を保つ目的ばかりが重視される既得権益と化してしまうことだという。こうなると、変化を加えるには、制度を改革するか回避するしかない。これに失敗すれば、反動と衰退が生じるというわけだ。

教授のもうひとつの忘れがたい洞察は、なぜ西洋文明が偉大なのか、なぜ持続的な改革と再興の能力を持ちうるのかを解明する手がかりに関わるものだ。教授いわく、わたしたちの文明の成功は、特異なる宗教と哲学的な確信に根ざしている。つまり、こういう概念だ——人間は基本的に善良である。真実は存在するが、人間には命に限りがあり、真実を手にすることはできない。一致協力することによってのみ、真実に近づくことができる。信仰と勤勉によって、現世で豊かな人生を送り、来世で報いを得ることができる……。キグリー教授によると、こういう思想が、西洋文明に楽観的で実用的な特性と、肯定的な変化の可能性に対する揺るぎない信念を与えているという。教授はわたしたちの意識形態を「未来志向」という言葉に集約した。「未来は過去よりすばらしいはずであり、個々人にはそれを実現するための人格的・道義的責任がある」という信念だ。一九九二年のキャンペーンから、二期にわたる大統領の任期中、わたしはよくキグリー教授の言葉を引用し、先生の教えを実践するため、同胞の国民と自分自身を鼓舞しようと努めた。

第一学年の終わりの夏には、これまででいちばん長く付き合うことになる恋人ができて数カ月が過ぎていた。デニース・ハイランドは、すらりとしたそばかす顔のアイルランド系アメリカ人で、優しげな美しい目と、釣り込まれそうな笑顔の持ち主だった。ニュージャージー州アッパーモントクレアの出身で、六人きょうだいの二番目。父親は医師で、母親と出会う前は、司祭になる勉強をしていた。デニースとわたしは、第三学年の終わりに別れてしまったが、友情はずっと続いている。

わたしは帰省できるのがうれしかった。何はともあれ、旧友がいて、愛する熱い夏がある。それから、キャンプ・ヨークタウン・ベイでアルバイトをすることになっていた。主にテキサス州やアーカンソー州の貧しい子どもたちを対象としたネイヴィー・リーグ（訳注 海防や海事に携わる人々への支援を目的とする団体）のキャンプで、ウォシタ湖にあった。この湖は、ホットスプリングズの三つの湖のなかで最も大きく、アメリカ国内でも有数の透明度を誇る。水深十メートル近い場所でも、底がはっきりと見える。この人造湖はウォシタ国有林の中にあるため、周囲の開発は環境汚染を考慮して制限されていた。
数週間、わたしは毎朝早起きして、三十キロほど離れたキャンプまで運転していき、水泳やバスケットボールやその他のキャンプ活動を指導した。子どもたちの多くは、日常生活から抜け出せるこの一週間を必要としていた。六人きょうだいの母子家庭からやってきたある子どもは、到着したとき自分のお金を一セントも持っていなかった。母親が引っ越してしまったので、戻ってからどこに住めばいいのかもわからないという。また、わたしが話しかけたある男の子は、泳ごうとしてうまくいかず、体調を崩してしまった。しかしその子は、こんなのはなんでもない、短い人生のあいだに、自分の舌を喉に詰まらせ、毒を盛られ、ひどい自動車事故にあい、三カ月前には父親を亡くしたのだから、と答えた。

　夏はあっという間に過ぎた。友人たちとの楽しい日々が続き、フランスにいるデニースからおもしろい手紙をもらった。しかし父さん《ダディ》が、最後にまたひとつ、ぞっとするような事件を起こした。ある日、仕事から早く帰った父は、酒に酔い激昂状態だった。わたしは隣りのイェルデル家に遊びに行っていたが、幸運にも、ロジャーが家にいた。父は鋏《はさみ》を持って母に襲いかかり、キッチンの外れの洗濯室に追い詰めた。ロジャーは、正面玄関から飛び出し、イェルデル家まで走ってきて叫んだ。「兄ちゃん、助けて！　父さんがダドゥを殺しちゃう！」（ロジャーは赤ん坊のとき、〝母さん《マザー》〟より先に、〝父さん《ダディ》〟と言えるようになったので、母を呼ぶのに〝ダドゥ〟という言葉を創り出し、その後も長いあいだこの呼び名を使っていた）。わたしは家に駆け戻って、父を母から引き離し、鋏を奪い取った。母とロジャーを居間へ連れていってから、戻って父を叱りつけた。目を覗き込むと、そこには憤怒よりも恐怖が見えた。父は少し前に、口内と喉に癌があると診断されていた。医師に根治的な手術を勧められたが、大きな傷跡が残るのを嫌って拒否し、可能な範囲内での治療を受けた。この事件は、父が死へ向かっていく二年間の始まりの時期に起こった。自分のこれまでの生きかたや、こういう形で、死への恐怖が最後に醜い感情の爆発をもたらしたことを、父は恥じたようだ。その後も飲酒を続けたが、徐々に無気力で引きこもりがちになっていった。

この事件は、特に弟に深刻な影響を及ぼした。四十年近く経ってから、弟は、助けを呼びに走ったことにどれほど屈辱を感じたか、父を止められずにどれほど情けない気持ちになったか、その後の憎しみがどれほど根深かったかをわたしに語った。そのとき、わたしは自分の対応の愚かさを悟った。あの出来事の直後、家族のいつもの方針に立ち返り、何も起こらなかったふりをして、〝普通〟の生活に戻ったのだ。そうする代わりに、弟を誇りに思う気持ちをきちんと伝えるべきだった。弟の機敏さと愛と勇気が、母を救った。弟の努力は、わたしの努力よりも苦しいものだったにちがいない。弟は、憎しみを押し殺す必要があった。なぜなら父は病気で、父を憎めば自分まで病に取り憑かれそうになるからだ。わたしは家を離れているあいだ、よくロジャーに手紙を書き、何度も電話をかけた。勉強や活動について励まし、愛していると伝えたつもりだった。しかし、弟の胸に残された深い傷跡と、それが引き起こすことになる避けがたい危機を見逃していた。ロジャーが心の痛手の源にたどり着くまでには、長い年月を必要とし、みずからの手で加えたいくつもの傷を負わなければならなかった。

母とロジャーの安全についてはまだ少し心配だったが、もう二度と暴力を振るわないと誓った父の言葉を信じることにした。そのうえ、父はすでに肉体的な力を失いつつあった。そこで、わたしはジョージタウン大学で二年目の年を過ごすため、戻る準備を整えた。六月に、五百ドルの奨学金を獲得し、講義でのネクタイとシャツ着用の義務が廃止されたので、週二十五ドルで以前より裕福な生活を送れるのが楽しみだった。また、わたしは学年会長に再選されていた。今回は、構内の問題に焦点を絞った実質的なプログラムを作成し、その一環として、宗派を問わない礼拝を提案したり、卒業する四年生クラスから社会奉仕活動を引き継いだりした。そのジョージタウン大学地域社会活動プログラム（GUCAP）では、近隣の貧しい地区に学生ボランティアを送って、子どもたちの勉強を手助けした。また、学外者への公開プログラムで高校卒業資格の取得をめざす成人の学習指導も行ない、そのほかにも、生活が苦しい家族をできる限り支援した。わたしは数回奉仕活動に赴いたが、じゅうぶんといえるほどではなかった。アーカンソー州で育って学んだことに加えて、ワシントンのスラム地区を何度も目にするうち、ボランティアの慈善事業だけでは、複雑に絡み合う貧困や差別、そして多数の同胞市民たちを疎外してきた機会の欠如を打開することはできないと悟った。そのため、わたしはますます、ジョンソン大統領の公民権、選挙権、貧困撲滅などに対する政策を強く支持するようになった。

第二学年は、第一学年と同様、講義中心の生活を送ったが、そういう生活は、これが事実上最後となった。それ以降、ジョージタウン大学での残りの二年間と、オックスフォード大学留学期間、イェール大学ロースクールの期間には、正規の学習にかけるための時間が、政治や個人的な経験、私的な探究にどんどん奪われていった。

しかし、今のところまだ、講義に集中する意欲がじゅうぶんあった。まず、二年目のドイツ語、そしてメアリ・ボンド先生のイギリスの一流作家を扱った興味深いコース、さらにウルリヒ・アラーズ先生の「政治思想の歴史」を履修した。アラーズ先生は無愛想なドイツ人で、わたしが古代アテナイの法律制度について書いた論文に次のような短い批評を加えた。「緩慢な歩みだが、たいへん真摯である」。当時は、気のない褒め言葉にしょげ返った。しかし、大統領になってしばらく経ったころには、そう評されることを心から欲した。

第一学期のジョー・ホワイト先生のミクロ経済学の講義では、Cを取ってしまった。ホワイト教授は第二学期にマクロ経済学も教え、わたしはAを取った。どちらの成績も、将来の予兆だったのではないだろうか。大統領時代、わたしの国家経済に関する働きは上出来だったが、自分の個人的な経済状況に関しては不出来と言わざるをえなかったからだ。少なくとも、ホワイトハウスを去るまでは。

ヨーロッパ史のルイス・アギラール先生は、キューバの国籍離脱者で、カストロに制圧される前はバティスタに抵抗する民主派反対勢力のリーダーだった。一度先生に、将来何をするつもりかときかれた。わたしは、故郷に戻って政界に入りたいが、ほかのさまざまな分野にも興味を持ち始めたと話した。先生は哀愁を帯びた表情で答えた。「職業の選択とは、十人の恋人のなかから妻を選ぶようなものだ。最も美しく、最も聡明で、最も優しい女性を選んだとしても、やはり残りの九人を失った悲しみを味わうことになる」。教師の仕事を愛し、みごとにこなしてはいても、アギラール教授にとって、キューバはその残りの九人の女性を足し合わせたような存在だったのだろう。

二年生のときいちばん印象に残った講義は、ウォルター・ジャイルズ教授の「アメリカ合衆国憲法と政府」で、主に最高裁判所の判例を学ぶ科目だった。ジャイルズ教授は、赤毛をクルーカットにした独身主義者で、その人生を、学生と、憲法と社会正義への愛、そして、ワシントン・レッドスキンズに対する勝ち負けを問わない熱烈な応援に捧げていた。学生たちはよく教授の家へ夕食に招かれ、幸運な人は、先生とともにレッドスキンズの試合を見に行けることもあった。ジャイルズ教授は、オクラホマ州出身のリベラルな民主党支持者だった。当時では珍しく、現在でも、絶滅危機種保護法の適用を受けられるほどまれな存在だ。

教授がわたしに興味を持ったのは、わたしが隣りの州の出身だったせいもあるだろう。しかし、そのことについて教授はよくわたしをからかった。このころすでに、わたしは生涯にわたる睡眠不足との付き合いにのめり込んでおり、ときどき講義で五分から十分ほど居眠りしてしまうという困った癖がついていた。そのくらい眠れば、あとはすっきりするのだ。ジャイルズ教授の講義中、大きな教室の最前列に坐ったわたしは、先生の辛辣な揶揄《やゆ》の格好の餌食だった。ある日、わたしがうたた寝しているると、教授が大きな声で、この最高裁判所の裁定はきわめて明白なので、誰にでも理解できるだろうと言った。「もちろん、アーカンソー州の田舎町の出身でなければの話だがね」。級友たちの大爆笑にぎょっとして目が覚め、それからは二度と教授の前で居眠りをしなかった。

10

第二学年修了後に帰省したとき、手に仕事はなかったが、やりたいことははっきりと決まっていた。アーカンソー州では、一時代が終わりを告げた——六期を務めたのち、オーヴァル・フォーバスが知事選挙への再立候補を見送ったのだ。ついにこの州は、リトルロックの傷跡と、任期後半に目立った癒着人事という腐敗から脱する機会を手にできそうだった。わたしは州知事選挙に関わる仕事を望んでいた。政治について学ぶと同時に、アーカンソー州をもっと進歩的な軌道に乗せるために、できるだけのことをしたかったからだ。

長かったフォーバス時代に鬱積していた野心に駆られて、かなりの数の候補者が名乗りをあげた。七人の民主党員と、ひとりの大物共和党員、ウィンスロップ・ロックフェラーだ。ジョン・D・ロックフェラー・ジュニアの六人の子どもの五番目に生まれたウィンスロップは、ロックフェラー財団の慈善活動を監督するため父の帝国を離れ、比較的リベラルな考えを持つ母アビーとカナダ出身の偉大なリベラル派政治家マッケンジー・キングの影響を受けて、父の保守的な対労働組合政策を離れ、さらには、ハリー・エマーソン・フォズディック牧師を迎えてニューヨーク市に超宗派のリヴァーサイド教会を設立するため、父の保守的な宗教観を離れた。

ウィンスロップは、一族の厄介者となる運命にあるようだった。イェール大学から除籍され、テキサスの油田で働いた。第二次大戦で勲功を立てたのち、ニューヨーク社交界の淑女と結婚し、放蕩《ほうとう》にふける好事家《こうずか》としての評判をふたたび獲得する。一九五三年には、アーカンソー州へ移住した。ひとつには、その土地出身の戦友に誘われて牧場経営を始める気になったから、もうひとつは三十日で離婚が認められる州法を利用して、短い最初の結婚生活を終わらせたかったからだ。ロックフェラーはとても大柄な男で、身長約百九十三センチ、体重約百十五キロもあった。アーカンソー州を心から気に入り、まわりには〝ウィン〟と呼ばれて親しまれた。政治家としては悪くない名前だ。いつもカウボーイブーツを履き、白いカウボーイハットをかぶっていて、この姿は彼のトレードマークになった。ロックフェラーは、リトルロックから約八十キロ西にあるプティ・ジャン山の広大な土地を買い、サンタ・ガートルーディス種の肉牛の飼育で成功して、二番目の妻ジャネットと結婚した。

　みずから選んだ州に定住したロックフェラーは、ニューヨークで付いて回った遊び人のイメージを払拭するため懸命に働いた。小さなアーカンソー州共和党を作り上げ、貧しい州に産業をもたらした。その後フォーバス知事によってアーカンソー州産業振興委員会の委員長に任命され、たくさんの新しい雇用をもたらした。一九六四年、アーカンソー州の時代遅れなイメージに我慢できず、知事選挙でフォーバスに挑んだ。誰もがロックフェラーのこれまでの功績を賞賛していたが、フォーバスはあらゆる郡に組織を有していた。ほとんどの人々、特にアーカンソー州の田舎の人々は、公民権拡大を支持するロックフェラーの姿勢よりも、まだ人種隔離主義のフォーバスの立場を支持していたのだ。それに、アーカンソー州は今でも民主党の支配する州だった。

　また、気の毒なほど内気なロックフェラーは演説が不得手で、それをさらに悪化させる伝説的な飲酒癖があり、大幅な遅刻を頻繁に繰り返した。比較すると、わたしのような人間が几帳面に見えるくらいだ。あるとき、アーカンソー州東部、クロス郡の首都ウィンで開催された商工会議所の晩餐会に、酩酊状態で一時間以上も遅れて到着したことがあった。挨拶のため立ち上がり、「お招きありがとうございます、ここ……」、そのとき、自分がどこにいるのか知らないことに気づき、進行係に小声できいた。「ここはどこだ?」、相手が「ウィン」と耳うちする。もう一度きいたが、同じ答えを返されたので、大声で怒鳴った。「うるさい、自分の名前くらい知ってる! ここはどこだ?」。この逸話は燎原《りょうげん》の火のごとくアーカンソーじゅうに広まったが、たいていは笑い話として好意的に語られた。ロックフェラーがみずからの意思でアーカンソー州の住民となり、州の利益に心を砕いていることを、誰もが知っていたからだ。一九六六年、ロックフェラーはふたたび立候補したが、たとえフォーバスが去ったとしても、当選はおぼつかないように見えた。

それに、わたしは進歩的な民主党員を後押ししたかった。心情的に応援していたのは、ブルックス・ヘイズで、彼はリトルロック・セントラル高校の隔離政策撤廃を支持したのち、一九五八年に下院議員の議席を失っていた。人種隔離主義者の検眼士デイル・オールフォード博士の、候補者名記入投票を呼びかける選挙運動に屈したのだ。オールフォードの作戦は、自分の名前の入ったステッカーを配って、有権者がそれを投票用紙に貼れるようにするものだった。字が書けなくても、黒人と白人が同じ学校へ通うべきではないことを心得ている〝かしこい〟有権者用というわけだ。ヘイズは敬虔なキリスト教徒で、南部バプテスト教会連盟の会長を務めたこともある。同胞のバプテスト派信徒の大半が、保守的な人間でなければ連盟や国の指導者にはなれないと判断を下す以前の話だ。ヘイズはすばらしい人物で、聡明で慎み深く、愉快な冗談でまわりを笑わせ、他人の欠点に寛容で、対立候補の若い運動員に対してもその態度は変わらなかった。

皮肉なことに、オールフォード博士も今回の知事選挙に立候補していたが、彼も勝つ見込みはなかった。なぜなら、人種差別主義者たちには、はるかに強力な闘士ジム・ジョンソン判事という候補者がいたからだ。ジョンソンは、アーカンソー州南東部クロセットの貧しい家庭から身を起こして州最高裁判所判事となった。その巧みな弁舌によって、選挙では白人秘密結社クー《K》・クラックス《K》・クラン《K》（訳注　南北戦争後に「白人による支配の復活」を目標に掲げて組織され南部諸州に広がった秘密結社）の支持を得ていた。判事は、フォーバスが公民権問題に甘すぎると考えた。なにしろこの知事は、数人の黒人を、州の審議会や各種委員会のメンバーに任命しているのだ。大衆迎合の体質を持つフォーバスにとって、人種差別は政治的に避けがたい選択肢でしかなかった。本人はむしろ、人種攻撃よりも学校や養護施設を改善し、道路を建設し、州の精神病院を改革するほうを重視していた。人種差別は、知事の座にとどまるための代価にすぎなかった。ジョンソンにとって、人種差別は神学だった。憎悪が活力の源なのだ。ジョンソンは、鋭い顔立ちにぎらつく獰猛なまなざしを備え、シェイクスピアの『ジュリアス・シーザー』に登場するカッシウス顔負けの〝痩せて飢えた顔つき〟をしていた。そして、自分の支持者がどこにいるのかを知る抜け目ない政治家だった。絶え間ない選挙集会でほかの候補者に交じって演説したりはせず、客寄せのカントリーバンドを連れて、独自に州全域を旅して回った。そして、黒人や裏切り者の白人同調者を糾弾する長広舌を振るって、人々を熱狂させた。

当時のわたしは気づいていなかったが、ジョンソンはほかの候補者には手の届かない人々のあいだで力を蓄えつつあった。公民権に対する連邦政府の積極策に狼狽し、ワッツ暴動やその他の人種間の騒動に怯え、〝貧困との戦い〟は社会主義者の黒人向け福祉だと信じ、みずからの経済状態に不満を感じている人々……。わたしたちはみんな、複雑に混ざり合う希望と不安を心の中に抱えている。毎朝起きるたびに、天秤の重りがどちらか一方へ少しだけ傾く。希望の側へ傾きすぎれば、愚直で非現実的な方向へ進みかねない。不安の側へ傾きすぎれば、猜疑心と憎悪に取り憑かれかねない。南部では一貫して、天秤の暗い側のほうが大きな問題とされてきた。一九六六年のジム・ジョンソンは、まさに人々をそちらへ先導していく男だった。

勝利の見込みが高い最有力候補は、もうひとりの最高裁判所判事で、元州司法長官のフランク・ホルトだ。裁判所の大多数の同僚と金融界の要人の支持を集めていたが、人種問題に対しフォーバスより進歩的な考えを持ち、完璧なまでに誠実で律儀だった。ホルトは、彼を知るほぼすべての人（真の変化を起こすには暢気《のんき》すぎると考える人を除けば）の賞賛を集めており、これまでずっと知事就任を目標とし、また一方で、一族の遺産を取り戻したいとも考えていた。もっと旧弊な南部民衆主義者《ポピュリスト》である兄ジャックが、数年前、この州の保守派の古参上院議員ジョン・マクレランとの激しい選挙戦に敗れたのだ。

伯父のレイモンド・クリントンは、ホルトの強力な支持者だったので、わたしが選挙運動に参加できるよう計らえるかもしれないと言った。すでに、アーカンソー州にある大学の学生リーダーの多くが、ホルトを支持する姿勢を打ち出し、自分たちを〝ホルト世代〟と呼んでいた。その後まもなく、わたしは週五十ドルで雇われた。たぶん、レイモンド伯父がその給料を負担していたのだろう。ジョージタウンでは週二十五ドルで生活していたから、金持ちになった気がした。

ほかの学生たちは、わたしよりもう少し年上で、ずっとよい人脈を持っていた。マック・グラヴァーは、アーカンソー大学の学生自治会長を務めた経験があった。ディック・キングは、アーカンソー州教育大学の学生自治会長だった。ポール・フレイは、ウォシタ・バプテスト大学の〝青年民主党《ヤング・デモクラッツ》〟の党首を務めている。ビル・アレンは元アーカンソー州ボーイズ・ステートの知事で、アーカンソー州境のミシシッピ川の対岸に位置するメンフィス州立大学の学生リーダーだった。レスリー・スミスは有力な政治家一族の出身で、美人で頭がよく、アーカンソー州のジュニア・ミスに選ばれたこともあった。

キャンペーンが始まった当初、わたしはどう見ても、〝ホルト世代〟の控え要員だった。わたしの任務は、〝ホルトを知事に〟というポスターを木に留めたり、人々の車にバンパーステッカーを貼ってもらったり、州全域を巡る集会でパンフレットを配ったりすることだった。当時も、その後わたし自身が候補者となったときも、最も重要な集会のひとつは、「ネボ山のチキン・フライ」だった。ネボ山は、アーカンソー州西部のイェル郡にある、アーカンソー川を見渡す美しい観光地で、クリントン家が最初に移住した場所だ。この集会には、食べ物と、音楽と、候補者たちが次々と繰り広げる演説を求めて、人々が寄り集まってくる。地方議員の立候補者から順に演説を始め、州知事の立候補者が締めくくるのだ。

わたしが到着して群集に対応しているあいだに、対立候補者たちが顔を揃え始めた。ホルト判事は遅れていた。対立候補者たちが演説を始めても、まだ現われない。わたしは心配になってきた。逃してはならないイベントだ。公衆電話を使って、どうにか判事の居場所を突き止めた。携帯電話がまだ普及していない時代には、かなりむずかしいことだった。判事は、全員の演説が終わるまでに到着できそうもないので、代理で話してくれと言った。わたしはびっくりして、本気かどうか尋ねた。判事は、立候補の根拠を、わたしが理解しているとおり聴衆に話せばいいと言う。イベント主宰者に事情を説明して、ホルト判事の代わりに演説する許可を求めたとき、わたしは恐怖に身がすくんでいた。自分のための演説より数倍も緊張した。話し終えると、聴衆が丁重な拍手で応じてくれた。何を話したのかは憶えていない。しかし、たぶんまあまあの出来だったのだろう。その後、ポスターとバンパーステッカーの任務に加えて、ホルト判事が出席できない小さな集会で、何度か代理を務めるよう依頼された。あまりに多くの集会があるので、すべてに参加できる候補者はいなかった。アーカンソー州には七十五の郡があり、いくつかの郡では複数の集会が催された。

二、三週間後、キャンペーンも山場を迎え、判事がこなしきれない場所を、妻のメアリとふたりの娘ライダとメリッサが旅して回ることになった。メアリ・ホルトは、すらりとした知的で自立心旺盛な女性で、リトルロックに高級婦人服店を所有していた。ライダは、ウッドロー・ウィルソン元大統領が生まれた土地、ヴァージニア州ストーントンのメアリ・ボールドウィン大学の学生で、メリッサは高校生だった。この家族はみな美しく快活な人たちで、ホルト判事を敬愛し、心からキャンペーンに打ち込んでいた。ほかに必要なのは、運転手だけだった。どういうわけか、わたしが選ばれた。

わたしたちは、州全域を縦横に走った。一週間ごとにリトルロックへ戻り、服を洗濯して次のラウンドに備えた。とても楽しかった。この州を深く知るようになり、メアリや娘たちとの何時間にも及ぶ会話でたくさんのことを学んだ。ある晩わたしたちは、ホープの郡庁舎の石段で行なわれる集会へ赴いた。わたしの祖母が聴衆のなかにいたので、メアリが気遣いから、ライダに代えてわたしを郷里の人々の前に立たせてくれた。ふたりとも、わたしが自分の成長ぶりを見せたがっていることに気づいていたのだろう。聴衆は熱心に耳を傾けてくれた。地元の新聞《ホープ・スター》にも好意的に取り上げられ、父さんを大いに喜ばせた。ホープでビュイック販売店を経営していたとき、その新聞社の編集長が父さんを忌み嫌っていたからだ。その男は、醜い雑種犬に〝ロジャー〟と名づけ、しょっちゅうその犬をわざとビュイック販売店の近くで放して、通りを追いかけながらこう叫んでいた。

「こっちへ来い、ロジャー！　こっちだ、ロジャー！」

その晩、わたしはライダを連れて、わたしが生後四年間を過ごした家と、遊び場にしていた木造の陸橋へ案内した。翌日、わたしたちは墓地へ行って、メアリ・ホルトの家族の墓参りをし、わたしは実父と祖父の墓を見せた。

州内を巡るこの旅は、大切な思い出になった。わたしは女性にあれこれ命じられるのに慣れていたので、三人とよい関係を保てたし、役に立てたのではないかと思う。パンクしたタイヤを交換したり、火事になった家から家族が逃げるのを助けたり、巨大な蚊に散々食われたりもした。あまりに大きい蚊なので、皮膚を刺す瞬間がわかるくらいだった。わたしたちは車の中で何時間も、政治や人々や本のことを話して過ごした。もちろん、票集めにも貢献したと思う。

ホープの集会の少し前、キャンペーンの一環として、ホルト判事のために働く学生をメインにした十五分のテレビ番組を放送することになった。判事を、アーカンソー州の未来を担う候補者と位置付ける意図があったからだ。わたしたちのうち数人が、なぜ判事を支援するのかについて、二、三分ずつ話した。これが役に立つのかどうかはわからなかったが、わたしは初めてのテレビ出演を楽しんだ。しかし、見ることはできなかった。アーカンソー州中央北部の山岳地方にあるヴァンビューレン郡の片田舎、オルリードで別の集会があり、そこでも演説を任されていたからだ。そこまでわざわざ赴いた候補者は、たいてい票を獲得できるはずだった。そのころには、取れる票はすべて必要だということに気づき始めていた。

何週にもわたる暑い夏を過ごすうち、わたしはますます、〝古き南部〟が消え去っておらず、〝新しい南部〟がそれを追いやるにはまだ力不足だという事実をはっきりと認識するに至った。州の学校のほとんどは、相変わらず人種隔離政策を採り、撤廃反対運動も続いていた。ミシシッピ・デルタ地帯のある郡の庁舎には、いまだに公衆トイレのドアに〝白人〟と〝黒人〟を分ける表示があった。別の町では、ある黒人の老婦人にホルト判事への投票を呼びかけると、人頭税を払っていないから投票できないという答えが返ってきた。わたしは、議会が二年前に人頭税を廃止したので、登録するだけで投票できることを伝えた。その人が実行したかどうかはわからない。

それでも、夜明けを示す徴候があった。ホットスプリングズの五十五キロ南に位置するアーカデルフィアでキャンペーンを行なっているとき、わたしはアーカンソー州南部の連邦下院議員の最有力候補に会った。デイヴィッド・プライアーという若手政治家だった。見るからに進歩的な人物で、一九六六年にたくさんの人に会いさえすれば、ほぼ全員を自分に投票するよう説得できると考えていた。一九七八年の連邦上院議員選挙でもそれをやり遂げ、一九七四年にも州知事選挙でふたたびやり遂げ、一九七八年の連邦上院議員選挙でも実践してみせた。たいへん残念なことに、一九九六年に上院議員を引退したが、そのころまでにはアーカンソー州で最も信望の厚い政治家となり、進歩というすばらしい遺産を残した。わたしを含め、誰もが彼を自分たちの味方だと考えていた。

プライアーの得意とした草の根選挙運動は、アーカンソーのような田舎の州においては重要だった。この州では、半数以上の人々が人口五千人未満の町に住み、数万人が〝ど田舎〟に住んでいた。そのころはまだ、テレビでの宣伝活動が本格化する前の時代だった。特に、今では選挙に大きな役割を果たしている、相手を中傷する内容の宣伝はまったくなかった。候補者のほとんどは、テレビの時間枠を買い、まっすぐカメラを見つめて有権者に話しかけた。また、彼らはあらゆる郡の首都の庁舎と主要企業を訪れ、あらゆるカフェのキッチンに立ち寄り、競売が行なわれている家畜小屋へ出向くことを期待された。郡の農産物品評会と〝パイの夕食会〟は、実り豊かな絶好の機会だった。そしていうまでもなく、あらゆる週刊新聞やラジオ局への訪問と、ちょっとした宣伝も期待されていた。それが、わたしの学んだ政治運動だ。わたしは、そういう活動のほうが、テレビの宣伝戦争より効果的だと思っている。聴衆に語りかけると同時に、耳を傾ける必要もあった。有権者のきびしい質問に、直接答えなければならないのだ。当然、敵対者の攻撃で悪役に仕立てられる可能性もあるが、少なくとも相手は相当に骨を折らなければならない。そして、もし対立候補を狙い撃つつもりなら、正々堂々とやる必要があった。どこぞの胡散臭い委員会の陰に隠れ、相手を攻撃させ破滅させて、いざ自分が当選したとき、その委員会に甘い汁を吸わせるようなまねはできなかった。

かつての選挙運動は、今より個人に訴えかける傾向が強かったが、人柄だけの争いとはかけ離れたものだった。大きな争点が目前にある場合、意見を表明する必要があった。そして、世論の激流が押し寄せてきたとき、良心に照らしてその流れには乗れないと判断した場合には、心を強く持ってみずからを律し、すばやく流れを避けなければならなかった。

一九六六年、ジム・ジョンソン――あるいは本人の好む呼び名を使えば〝ジム判事〟――は、その流れに乗り、大きな、おぞましい波を作り出した。フランク・ホルトを〝愛すべき無能人間〟と攻撃し、ロックフェラーが複数の黒人男性と同性愛の関係にあったとほのめかした。若かりしころ彼が築いたプレイボーイとしての名声を考えれば、ばかばかしい告発だ。ジム判事のメッセージは、経済や社会が不安定な時代に白人の有権者に向けて歌われた古き南部の歌を、最新バージョンに直したものにすぎない。あなたは善良で、心正しく、神を崇拝する国民だ。〝彼ら〟は、あなたの生活様式を脅かす。あなたが変わる必要はない。すべて彼らが悪いのだ。わたしを選べば、今のままのあなたのために立ち上がり、彼らをここから放り出してみせよう……。永遠に繰り返される政治的な二分法だ。〝わたしたち対彼ら〟。卑劣で醜く、真に受けた人にとっては結局自滅的でさえある考えかただが、今日でも見られるように、人々が不満と不安を感じている場合、それはしばしば効果を発揮する。とはいえジョンソンはその弁論があまりに過激で、昔ながらの選挙遊説をほとんど行なわなかったので、たいていの政治評論家は、今回そのやりかたが功を奏するとは考えなかった。投票日が近づいてきたが、フランク・ホルトは、ジョンソンの攻撃や、ほかの候補者たちの攻撃に反論することを拒んだ。対立候補たちは、ホルトがかなりの差で先行していると推測し、〝保守派の組織票〟を集める候補者として叩き始めていたのだ。しかし、当時はあまり多くの世論調査が行なわれておらず、わずかに噂として広まったとしても、ほとんどの人はあまり重視していなかった。

ホルトの戦略は、そばで働く理想主義の若者には良策に思えた。わたしもそのひとりだ。ホルトはただ、すべての非難に対して、自分は完全に独立した候補者であり、根拠のない攻撃に反論したり、返報として対立候補を攻撃したりはしない、自分の実力で勝利を勝ち取りたいし、「さもなければ勝つ気はない」という声明を発表しただけだった。わたしはようやく最近になって、「さもなければ勝つ気はない」というような言葉は、闘いとしての政治のきびしさを忘れている候補者が使うものだと悟った。その戦略は、国民の気持ちが安定して希望に満ち、候補者が明確な政策提案の綱領を持つ場合には効果がある。しかし、一九六六年の夏、国民の気持ちは期待と不安の入り混じった状態という程度で、ホルトの綱領は一般的すぎて熱烈な感情を刺激することはなかった。また、隔離政策への反対を率直に表明する候補者を強く求める人たちは、ブルックス・ヘイズに投票する可能性があった。

おおかたの予想では、対立候補からの攻撃があるとはいえ、フランク・ホルトが第一位となり、たぶん過半数には達しないので、二週間後の決選投票で勝利するだろうと言われていた。七月二十六日、四十二万人以上の人が投票に赴いた。結果は専門家を驚かせた。ジョンソンが二五パーセントの得票で一位となったのだ。ホルトは二三パーセントで二位、ヘイズが一五パーセントで三位、オールフォードが一三パーセントを獲得し、あとの三人が残りを分け合った。

わたしたちは衝撃を受けたが、希望を失いはしなかった。ホルト判事とブルックス・ヘイズは、ジョンソンとオールフォードの人種隔離主義者コンビよりもわずかに多く得票している。それに、これより白熱した州議会議員選挙のひとつで、古参の保守派下院議員ポール・ヴァン・ダルセムが、若く進歩的なイェール大学出身の法律家ハーブ・ルールに敗れていた。二年ほど前、ヴァン・ダルセムは、女性は家で「素足のまま妊娠」しているべきだと発言して、高まりつつあった女性運動の支持者を激怒させたのだった。そのおかげで、のちにローズ法律事務所でヒラリーの共同経営者となるハーブは、

〝規律《ルール》を求める素足の女たち〟と称する大勢の女性ボランティアたちの支持を得た。

決選投票の結果は、まだまだ先行き不透明だ。決選投票は、投票者の出足と、各候補者が自身の支持者にもう一度投票させられるかどうか、リストから外れた候補者に投票した人や一回目に投票しなかった人をうまく説得できるかどうかにかかっている。ホルト判事は、決選投票を〝古き南部〟か〝新しい南部〟かの選択と位置付け、懸命に努力した。ジョンソンは、テレビに出演した際、選挙戦のそういうとらえかたに取り立てて異を唱えようとはしなかった。有権者に向かって、自分は「獅子のほら穴に放り込まれたダニエル」や「ヘロデ王の宮殿に拘束された洗礼者ヨハネ」の心持ちで、神をも恐れぬ人種統合に反対していくと述べた。確か、その話のどこかで、ジョンソンは独立革命の英雄ポール・リヴィアの馬にも乗ったような気がする。

ホルトの戦略は巧妙であり、ジョンソンのほうはあくまで新旧の争いとして戦い抜く姿勢だったが、ホルトのやりかたにはふたつの問題点があった。第一に、〝古き南部〟の有権者たちが高い意識を持って投票し、ジョンソンを自分たちの味方だと確信していたのに対して、〝新しい南部〟の有権者たちは、ホルトにそれほど確信を持っていなかった。選挙戦の後半になるまで、劣勢を認めようとしなかった姿勢が、疑念を強め、投票への意欲を削いでしまった。第二に、数は不確定だが、ロックフェラーの支持者の一部がジョンソンの応援に回った。ロックフェラーの対戦相手として、ホルトよりもジョンソンのほうが負かしやすいと考えたからだ。おまけに、共和党支持者でも民主党支持者でも、共和党の予備選挙に投票していないかぎり、民主党の決選投票に票を投じることができる。共和党から立候補したのはロックフェラーだけだったので、共和党の予備選挙に赴いたのは、一万九千六百四十六人にとどまった。決選投票の日、投票者数は、一回目の予備選挙より五千人少ないだけだった。両候補とも、初回の二倍の票を獲得した。そして、ジョンソンが一万五千票の差をつけ、五二パーセント対四八パーセントで勝利した。

わたしはこの結果に失望した。ホルト判事とその家族をとても大切に思うようになっていたし、判事は候補者ではなく知事になってこそ真価を発揮すると信じてもいた。それに、ジム・ジョンソンの立候補への姿勢にますます強い嫌悪を感じていた。唯一の明るい材料はロックフェラーだった。実際に、勝利する見込みがある。二度目の挑戦になる今回は、以前より組織立ったよい候補者になっていた。そして、金持ちはもう流行《はや》らないとでも言うかのように惜しげもなく金を使い、貧しい黒人の子どもたちに数百台の自転車を買い与えさえした。秋に、ロックフェラーは五四・五パーセントを獲得して当選した。わたしは自分の州をとても誇りに思った。そのときまでにはジョージタウン大学へ戻っていたので、キャンペーンの展開をじかに見たわけではないが、多くの人々は、ジョンソンが本選挙で覇気に欠けていたと評した。おそらく、財政的支援が限られていたせいだろう。しかし、ロックフェラー陣営から、むだな抵抗はやめるようにというある種の〝激励〟を受けたという噂もあった。本当かどうかはわからない。

カーター政権下での空白期間を除いて、ジム・ジョンソンは、わたしがアーカンソー州でカーター大統領のために尽力していたときにも、自身の息子を連邦判事に任命させようと画策したときにも、常に極端な右寄りの姿勢を保ち、わたしに対する敵意をあらわにしていった。一九八〇年、きわめて多数の南部保守派の例にならい、ジョンソンも共和党員になった。ふたたび最高裁判所判事に立候補したが、敗れた。その後、陰に隠れて姦計をめぐらし始めた。わたしが大統領に立候補した際、ジョンソンは巧妙な作り話をあからさまに、あるいは遠回しに流し、騙《だま》されやすい人々のあいだに植え付けた。そして、みずからがよく罵倒していたいわゆる東部のリベラルなメディアのなかに、意外な買い手を見出した。特に、ホワイトウォーター疑惑に関する噂ではうまく立ち回った。抜け目ない古狸だ。彼らを騙すために、相当の時間を費やしたにちがいない。もしワシントンの共和党がわたしを街から追い出すことに成功していたら、最後に勝ったのは自分だと大声で主張したことだろう。

キャンペーン終了後、わたしは西海岸へ初めて旅行して、緊張をほぐすことができた。レイモンド伯父の上得意が、在庫にない新型のビュイックを欲しいと言ってきた。レイモンド伯父は、ロサンジェルスの販売店に一台あるのを見つけた。その店で、試乗車として使われていた車だ。販売店どうしが車を交換したり、割引で売ったりするのはよくあることだった。伯父はわたしに、パット・ブレイディとふたりでロサンジェルスまで飛行機で行って、車を運転してきてくれないかと頼んだ。パットはわたしの高校の同級生で、楽団でもいっしょに活動したし、母親が伯父の秘書をしていた。ふたりで行けば、造作なく運転して帰ってこられる。わたしたちはもちろん乗り気だったし、当時学生の航空運賃はとても安かったので、伯父はごく少ない経費でふたりを派遣して、じゅうぶん車の利益をあげることができた。

わたしたちはロサンジェルス国際空港へ飛び、車を受け取って、家へ向かった。しかし、まっすぐは帰らず、少しだけ遠回りをしてラスヴェガスに寄った。もう二度と見る機会のない場所だと思ったからだ。夜中に車の窓をあけて平坦な砂漠を走りながら、暖かく渇いた空気を感じ、遠くから手招きしているラスヴェガスのまぶしい灯りを眺めたことを今でも思い出す。

当時のラスヴェガスは、今とは違っていた。〈パリス〉や〈ベネチアン〉などの大きなテーマ・ホテルはなく、ギャンブルと娯楽でにぎわうストリップ通りがあるだけだった。パットとわたしはあまりお金を持っていなかったが、スロットマシンで遊んでみたかった。そこで、店を選び、それぞれ五セント硬貨の束を一本ずつ手にして、さっそく取りかかった。十五分もしないうちに、わたしは大当たりを一回出し、パットは二回も出していた。これが、スロットマシンの虜《とりこ》たる常連客に見逃されるはずはなかった。幸運なふたり組に目をつけた彼らは、わたしたちが当たりを出さずにマシンを離れるたび、その台へと殺到し、待ち受ける大当たりを引く権利を奪い合った。わたしたちにはよく理解できなかった。その数分間で何年分もの運を使い果たしたように思えてきて、それ以上浪費するのをやめた。それで、儲けのほとんどをポケットいっぱいに詰め込んだまま、車に戻って走り去った。あれほどたくさんの五セント硬貨を持ち運ぶ人間には、もうお目にかかれないだろう。

車をレイモンド伯父のもとへ届け、寄り道をとがめ立てされることもなく、わたしはジョージタウン大学へ戻る準備を整えた。キャンペーンの終盤で、わたしはジャック・ホルトに、フルブライト上院議員のもとで働いてみたいと話していたが、実現するかどうかはわからなかった。その年の春、フルブライト議員に手紙で仕事の有無を尋ね、返事を受け取っていた。今のところ空きがないが、わたしの手紙をファイルに保存しておくということだった。それから事情が変わったとは思えなかったが、ホットスプリングズへ戻って二、三日後の早朝、フルブライト議員の管理担当補佐のリー・ウィリアムズから電話があった。ジャック・ホルトの推薦を受けて、ちょうど空きの生じた外交委員会の事務助手の仕事をわたしに持ちかけてくれたのだ。「非常勤で三千五百ドル、常勤で五千ドルの仕事ですよ」。わたしは眠かったが、これを逃すわけにはいかなかった。わたしは言った。「非常勤の仕事をふたつではどうでしょうか?」。リーは笑って、きみこそ議員が捜し求めていた人だ、月曜の朝から出勤するように、と言った。わたしは興奮ではじけ飛びそうだった。フルブライト議員のもとにある外交委員会は、外交政策に関する国民的議論の中枢を担っていた。特に、激しさを増すヴェトナム戦争をめぐる討論が盛んだった。たとえ見習いとしてでも、これからそのドラマの展開を日の当たりにできる。そして、大学の学費を、母や父の援助なしで払えるようになる。家族への経済的な負担と自分の罪の意識を取り除くことができるのだ。実は、ジョージタウン大学の学費に加えて、父さんの医療費をどうやって捻出するべきか、心配していたところだった。誰にもまだ話していなかったが、ジョージタウンを退学して故郷に帰り、費用の安い大学へ行く必要性も検討していた。ところがこうして思いがけなく、ジョージタウンにとどまる機会を得たうえ、外交委員会で働けることになった。その後のわたしの人生が開けたのは、まさに、この仕事にわたしを推薦してくれたジャック・ホルトと、それをわたしに与えてくれたリー・ウィリアムズのおかげだ。

11

リー・ウィリアムズが電話してきてから二、三日後、わたしは荷物をまとめ、手に入れた車に乗ってワシントンへ戻る準備を整えた。新しい仕事では、毎日、連邦議会議事堂まで行く必要があるので、母と父さん《ダディ》がわたしに〝古い車〟をくれた。三年前に買った白いコンヴァーティブルのビュイック・ルセイバーで、内装は白と赤の革張りだ。父さんはほぼ三年ごとに新車に買い換え、古い車を中古車店へ戻して売っていた。今回、中古車店の代わりにそれを譲り受けたわたしは、有頂天だった。美しい車だ。一ガロンで十二、三キロしか走らなかったが、〝ガソリン値下げ戦争〟のおかげでガソリンは安く、一ガロン三十セントを下回っていた。

ワシントンへ戻った最初の月曜日、わたしは言われたとおり、フルブライト上院議員のオフィスへ赴いた。当時は〈新上院議員オフィス・ビル〉、現在は〈ダークセン・ビル〉と呼ばれる建物の、入って左手最初のオフィスだった。通りの向こうの〈旧上院議員オフィス・ビル〉と同じくらい壮麗な大理石の建築物だが、ずっと明るい印象だ。わたしはリーとしばらく談笑してから、外交委員会のオフィスと聴聞会室が並ぶ四階まで上がった。委員会は、議事堂ビルにもここよりずっと壮大な空間を有し、そちらでは首席補佐官のカール・マーシーや数人の上級職員が働く。立派な会議室も備え、非公式の会合を行なえるようになっていた。

委員会のオフィスに到着して、バディ・ケンドリックに会った。文書担当事務官で、その後の二年間、わたしの上司兼気さくな話し相手、そして率直な忠告者となってくれた人だ。バディの常勤の助手バーティ・ボウマンは、親切で心の広いアフリカ系アメリカ人で、夜間はタクシー運転手として働き、ときどきフルブライト議員の運転手も務めた。それから学生の同僚がふたりいた。アーカンソー州出身のフィル・ドージアと、アラバマ州アニストン出身の法学生チャーリー・パークスだ。

わたしは、議事堂とフルブライト議員のオフィスを行き来して、さまざまな覚書やその他の資料を運ぶように言われた。なかには、取り扱いに政府の正式な許可を要する機密資料もあった。そのほかにも命じられたことはなんでもこなし、新聞を読んでスタッフや上院議員らのために重要な記事を切り抜いたり、要求に応じて演説原稿やその他の資料を揃えたり、委員会の郵送先名簿に新しい名前を加えたりした。コンピュータやEメールはなく、現代的な複写機さえなかった時代だ。わたしの働いている期間中、委員会はようやく、カーボン紙にタイプしたり書いたりする複写から卒業し、初期の〝ゼロックス〟複写機を導入した。わたしが切り抜いた新聞記事のほとんどは複写されなかった。ただ毎日、大きな紙ばさみに綴じて、委員長を始めとする委員会のスタッフの名前を書いた回覧票を付けるだけだ。おのおのが受け取って目を通し、回覧票の自分の名前にチェックを付けて、次へ回した。郵送先名簿の本体は、地階に保存されていた。ひとつひとつの名前と住所が刻印された小さな金属板が、アルファベット順に書類棚の中に収められている。郵便を送るときには、金属板を機械にはめ込み、インクをつけて封筒を通し、印字した。

わたしは、新しい名前と住所を金属板に刻印して棚に収めるため、地階へ行くのが楽しみだった。いつもくたくたに疲れていたので、よく下で居眠りした。ときには書類棚にもたれたまま寝ていることもあった。それから、新聞を読んでスタッフのために記事を切り抜く作業がとても好きだった。約二年間、わたしは毎日、《ニューヨーク・タイムズ》《ワシントン・ポスト》、今では廃刊となった

《ワシントン・スター》、それに《ウォールストリート・ジャーナル》《ボルティモア・サン》《セントルイス・ポスト‐ディスパッチ》に目を通した。セントルイスの地方紙が入っているのは、委員会は〝中核地域〟の良質な新聞を最低でも一紙読むべきだと考えられていたからだ。マクジョージ・バンディは、ケネディ大統領の国家安全保障担当補佐官だったとき、一般市民でも、一日に六紙の良質な新聞を読んでいれば、自分と同程度の知識を持てるだろうと述べた。真偽のほどはわからないが、彼の勧めに従い始めて十六カ月後には、ローズ奨学金の面接を切り抜けられるほどの知識を得ていた。その当時、雑学を競うゲーム〝トリヴィアル・パスート〟があったなら、全国チャンピオンになれたのではないだろうか。

文書の請求に応じるのも、仕事のひとつだった。委員会には、外国出張の報告書、聴聞会の専門家証言や全議事録など、たくさんの文書がある。アメリカがヴェトナムに深入りしていくにつれ、フルブライト議員とその賛同者は、聴聞会を通じて国民を教育し、南北ヴェトナムのみならず、東南アジア諸国や中国の生活と政治の複雑さを知ってもらおうと努めた。

文書室が、わたしのいつもの仕事場だった。最初の年には、午後一時から五時まで半日働いた。聴聞会やその他の仕事が長引くことも多かったので、五時過ぎまで残ることもよくあったが、苦痛には感じなかった。職場のスタッフを好いていたし、フルブライト議員の委員会での活動に共鳴してもいた。

仕事を毎日の予定に組み込むのは容易だった。ひとつには、三年生になって必要な履修科目がこれまでの六科目から五科目に減ったから、そして、いくつかの講義は朝七時に始まったからだ。必須科目のうち三科目――アメリカの歴史と外交術、現代の外国政府、共産主義の理論と実践――は、新しい仕事の補足になった。学年会長にはもう立候補しなかったので、時間の割り振りも問題なかった。

わたしは毎日、講義が終わって連邦議会議事堂に行く時間が来るのを心待ちにした。当時は、駐車場を見つけるのに苦労はなかった。そして、ワシントンにいること自体が刺激的な時代だった。一九六四年、リンドン・ジョンソンに地滑り的な勝利をもたらした圧倒的過半数の民主党体制は、今や解体しつつあった。数カ月後に控えた一九六六年の中間選挙で、民主党は、両院の議席数減少を目の当たりにすることになる。国は暴動や社会不安やインフレの加速などに反応して右寄りに動き、ジョンソン大統領は国内支出とヴェトナムへの関与を拡大していった。アメリカは〝銃とバター〟の両方をまかなうことができると大統領は主張したが、国民は疑いのまなざしを向け始めた。とはいえ、ジョンソン大統領は就任から二年半のあいだに、法律制定の分野でフランクリン・D・ローズヴェルト以来最もめざましい功績をあげていた。一九六四年の公民権法、一九六五年の投票権法、貧困撲滅法。メディケア（高齢者医療保険）とメディケイド（低所得者・障害者医療扶助）では、ついに低所得者と高齢者に対する医療保障が実現した。

今や、大統領や議会、そして国の注目はますますヴェトナムに集まるようになっていた。勝利の見えぬまま犠牲者数が増大するにつれて、高まる反戦の声が、大学での抗議運動や聖職者の説教、喫茶店での議論や議会での演説など、さまざまな形をとり始めた。外交委員会で働いているころ、わたしは強い主張を持つほどヴェトナムについてよく知らなかったが、ジョンソン大統領を心から支持していたので、とかく好意的に解釈する傾向があった。それでも、さまざまな出来事が重なり合い、大統領の圧勝によって到来した魔法のような進歩の勢いが消滅しつつあるのは明らかだった。

国は、ヴェトナム以外についても二分される傾向にあった。一九六五年のロサンジェルスのワッツ暴動と戦闘的な黒人活動家の登場によって、賛同者は左寄り、反対者は右寄りの姿勢を強めた。リンドン・ジョンソンがとりわけ誇りとしたにちがいない投票権法も、同様の効果を生じた。特に、それが施行されたときには議論を呼んだ。ジョンソン大統領は、洞察力に優れた稀有な政治家だった。投票権法案に署名するとき、これで一世代にわたる南部の民主党を絶滅させたと言ったそうだ。事実、南北戦争以降に民主党支持で結束したいわゆる〝堅固な南部〟は、もう長期にわたって堅固とはほど遠い状態にあった。保守的な民主党支持者は、一九四八年以来急速に減少していた。その年彼らは、ヒューバート・ハンフリーが民主党大会で行なった公民権擁護の衝撃的な演説に驚かされ、ストロム・サーモンドが民主党を離れて〝ディキシークラット〟を結成し、大統領選挙に打って出るのを目撃したのだ。一九六〇年の大統領選挙では、ジョンソンの後押しを受けたケネディが、必要な数の南部の州を制し勝利を収めた。しかしケネディ大統領が、南部の公立学校や大学の人種統合を決めた裁判所命令を施行すべく尽力したせいで、さらに多くの保守的な白人層が共和党支持へ流れていった。一九六四年には、結局大差で敗れはしたものの、共和党のバリー・ゴールドウォーターが南部五州を制した。

とはいえ一九六六年にはまだ、白人人種隔離主義者の多くは南部の民主党員だった。例えば、オーヴァル・フォーバスやジム・ジョンソン、アラバマ州知事ジョージ・ウォーレスなどだ。また、上院はその種の民主党員であふれていた。ジョージア州のリチャード・ラッセルやミシシッピ州のジョン・ステニスなどの堂々たる風格を備えた人物や、風格はまったくないが力だけは強いその他の面々が並ぶ。しかし、投票権法やほかの公民権拡大政策の影響に関してジョンソン大統領が示した見解は正しかった。一九六八年の大統領選挙では、リチャード・ニクソンと無所属から立ったジョージ・ウォーレスが、南部でヒューバート・ハンフリーを上回る票を獲得した。それ以来、大統領の座に就いた民主党員は、ふたりの南部人、ジミー・カーターとわたししかいない。わたしたちはいずれも、当選を確実にするだけの南部の州を制したが、それは多大な黒人の支持と、南部以外の出身者が得られるよりもわずかに多い白人の支持を得たからだった。レーガン大統領時代には、保守派の南部白人層を掌握する共和党の力が強まり、共和党員は彼らを愛想よく迎えた。

　レーガン大統領は、ミシシッピ州フィラデルフィアで、州権を擁護し、公民権への連邦の干渉に対する反発をそれとなく容認する選挙演説まで行なった。この地は、一九六四年に三人の公民権運動家、白人のアンドリュー・グッドマンとマイケル・シュワーナー、黒人のジェイムズ・チェイニーが大義に殉じて亡くなった場所だ。わたしはずっと個人的にレーガン大統領が好きだったので、そんな演説をしてほしくなかった。二〇〇二年の中間選挙では、コリン・パウエルやコンドリーサ・ライス、ほかにも数人の少数民族系の人々がブッシュ政権内で重要な地位に就いているにもかかわらず、共和党はいまだに〝白人側の巻き返し《ホワイト・バックラッシュ》〟を糧にして、ジョージア州とサウスカロライナ州の知事選挙で勝利し、民主党の現職知事を打ち破った。いずれの知事も、ジョージアの州旗やサウスカロライナ州の議事堂ビルから、南部同盟旗（訳注　南北戦争期に連邦を脱退した南部諸州を象徴する旗）を取り除いたリベラル派だった。そのちょうど二年前、ジョージ・W・ブッシュは、サウスカロライナ州の悪名高い右翼系のボブ・ジョーンズ大学へ赴き、旗の問題は州が決めることだと言って、明確な立場の表明を拒んだ。ところが、あるテキサス州の学校が毎朝南部同盟旗を揚げることを強要したとき、当時知事だったブッシュは、それは州ではなく地域の問題だと言った。そのくせ共和党の人たちは、わたしをずる賢いと批判するのだ！　ジョンソン大統領は、こういう事態を一九六五年に予見していたのだろう。しかし、いずれにせよ大統領は正しい政策を実行したのであり、わたしはそれに感謝している。

　一九六六年の夏、そしてその秋の選挙後にはますますはっきりと、あらゆる国内外の紛争が上院の審議にも表われだした。わたしが外交委員会で働き始めたころ、上院は著名な政治家と劇的な出来事に満ちあふれていた。わたしはそのすべてを吸収しようと努めた。上院議長代行であるアリゾナ州選出のカール・ヘイデンは、一九一二年に同州が合衆国に加盟して以来、ずっと議員を務め、上院には四十年間在籍していた。禿頭《とくとう》で痩せこけ、ほとんど骨と皮ばかりだった。フルブライト議員の優秀なスピーチライター、セス・ティルマンが、一度こんな冗談を飛ばした。「カール・ヘイデンは、九十歳にして、その二倍の年齢に見える世界で唯一の人間だな」。上院多数党院内総務であるモンタナ州のマイク・マンスフィールドは、十五歳のとき、第一次大戦で戦うため軍に入隊し、その後アジア問題を専門とする大学教授となった。多数党院内総務を一九七七年まで十六年間務め、その年、カーター大統領によって駐日大使に任命された。マンスフィールドは健康マニアで、九十歳をかなり過ぎてからも毎日八キロ歩いていた。また、正真正銘のリベラル派で、寡黙な表情に隠してはいるが、かなり機知に富んだ人だった。フルブライト議員より二年早い一九〇三年に生まれ、九十八歳まで生きた。わたしが大統領になった直後、マンスフィールドはフルブライトと昼食をともにした。フルブライトに年齢を尋ねて、八十七歳だと聞くと、マンスフィールドはこう漏らしたそうだ。「ああ、もう一度八十七歳に戻れたらなあ」

共和党の上院院内総務、イリノイ州選出のエヴェレット・ダークセンは、ある種の大統領の法案を通過させるために不可欠な存在だった。リベラル派の共和党員の票を集めて、人種隔離主義を掲げる南部民主党員の反対を押し切る役目を担ったからだ。ダークセンはたいへん印象的な顔をしていた。大きな口とたくさんのしわ、おまけに声はもっと印象的だった。その野太く豊かな声を活かして、簡潔な言葉を次々とまくし立てる。あるとき、民主党の財政支出策を批判してこう詠じた。「ここに十億、あそこに十億、いつの間にか、大金を失っていることに気づくのだ」。ダークセンの話は、聴く人のとらえかたの違いによって、神の声のようにも、尊大なセールスマンのたわ言のようにも響いた。

当時の上院は、現在とはかなり様子が異なっていた。一九六七年一月、民主党は、中間選挙で四議席を失ったあとにも、六十四対三十六という大差を維持していた。これほど一方的な状況は、現在ではあまり見られない。しかし、当時存在した格差は複雑でもあり、党派関係だけで線引きすることはできなかった。変わっていないこともいくつかある。ウェストヴァージニア州選出のロバート・バードは、今も上院議員だ。一九六六年、バード議員はすでに、上院の規則と歴史に関する権威だった。

〝古き南部〟のうち八州は、まだふたりずつの民主党上院議員を確保していた。一九六六年の選挙前の十州からは数を減らしてしまったものの、残った南部議員のほとんどは保守的な人種隔離主義者だった。現在では、アーカンソー、フロリダ、ルイジアナの三州のみが、ふたりの民主党上院議員を選出している。当時、南部以外では、オクラホマ州がふたりの民主党議員を送り、カリフォルニア州がふたりの共和党議員を送っていた。現在では、逆の構成だ。今は共和党の牙城となっている山間の西部では、当時ユタとアイダホ、ワイオミングの三州に、ひとりずつ進歩的な民主党上院議員がいた。保守的な州であるはずのインディアナ州では、リベラル派の民主党上院議員がふたつの席を占め、そのうちのひとり、バーチ・バイは、現在上院議員を務めるエヴァン・バイの父だ。エヴァンは、将来大統領となりうる資質を備えたリーダーだが、父親ほどリベラルな考えを持っていない。ミネソタ州は、優秀だが控えめで知的なユージーン・マッカーシーと、やがて副大統領となるウォルター・モンデールを選出していた。モンデールは、ヒューバート・ハンフリーがジョンソン大統領の副大統領となったとき、その空席を埋める形で上院議員となった。ジョンソンは検討の結果、コネティカット州上院議員トム・ドッドではなくハンフリーを選んだ。ドッドは、ニュルンベルク軍事裁判でナチスを起訴した主任検事のひとりだ。ドッドの息子のクリスが、現在コネティカット州の上院議員の座に就いている。当時、アル・ゴアの父は、最後の一期を務めていて、わたしのような南部の若者にとっての英雄だった。彼と、そのテネシー州の同僚エステス・キーフォーヴァーのふたりだけが、南部の上院議員として、一九五六年のいわゆる〝南部宣言〟への署名を拒否したからだ。この宣言は、学校の人種統合を決定した裁判所命令に反対するものだった。テキサス州は、過激な民衆主義者《ポピュリスト》ラルフ・ヤーボローを送り出していた。とはいえ、右方向へ進むこの州の将来は、一九六一年の選挙で、共和党上院議員ジョン・タワーと、ヒューストン出身の若き共和党下院議員ジョージ・H・W・ブッシュが現われたときに定まりつつあった。最も興味深い上院議員のひとりが、オレゴン州選出のウェイン・モースで、共和党員として政界に入り、それから無党派となり、一九六六年には民主党に転じた。少々くどいが怜悧で強靭なモースと、アラスカ州の民主党議員アーネスト・グリューニングのふたりだけが、上院で一九六四年のトンキン湾決議に反対した。これは、ジョンソン大統領にヴェトナム戦争を開始する権限を与えた決議だ。上院ただひとりの女性は、パイプを吹かす共和党員、メイン州選出のマーガレット・チェイス・スミスだった。二〇〇四年には、女性の上院議員は、民主党九人、共和党五人の計十四人にまで増えた。当時は、有力なリベラル派の共和党員が数多くいた。悲しいことに、今では事実上絶滅してしまったグループだ。上院ただひとりのアフリカ系アメリカ人だったマサチューセッツ州のエドワード・ブルック、オレゴン州のマーク・ハットフィールド、ニューヨーク州のジェイコブ・ジャヴィッツ、ヴァーモント州のジョージ・エイケンらだ。エイケンは気むずかしい年寄りのニューイングランド出身者で、ヴェトナム政策をばかげていると考え、そっけない態度で「勝利を宣言して撤退すればいい」と提案した。

群を抜いて有名な一期目の上院議員は、ニューヨーク州のロバート（ボビー）・ケネディだった。一九六五年に、今はヒラリーが占めている議席からケネス・キーティングを追い落として上院議員となり、弟のテッドと合流したボビー・ケネディは、魅力的な人だった。無垢のエネルギーを放っていた。猫背でうなだれて歩きながら、なおコイルばねのように空中へはじけ飛んでいきそうに見える人物を、わたしはほかに知らない。一般的な基準で優れた演説者とは言えなかったが、激情と熱意を込めて話すので、聴衆を幻惑する力を持っていた。そしてもし、万人の注意を自分の名前や容貌や演説で惹きつけられない場合には、ブラマスという味方がいた。大きな毛むくじゃらのニューファンドランド犬で、わたしがこれまで目にしたなかで最大の犬だ。ブラマスは、よくケネディ上院議員とともに仕事へやってきた。ボビー・ケネディが投票のため〈新上院議員オフィス・ビル〉のオフィスから議事堂へ歩くとき、ブラマスはその横を歩いて、議事堂の石段をひょいひょいと駆け上がり、円形大広間《ロタンダ》の入口の回転ドアまでたどり着くと、外に坐ったまま、主人が帰途につくまで辛抱強く待っていた。あの犬にこれほど尊敬される人物を、わたしが尊敬しないわけにはいくまい。

　アーカンソー州選出の古参上院議員ジョン・マクレランは、熱心な保守派というだけではなかった。おそろしく頑健で、敵対者には執念深く、並外れて勤勉なうえ、権力の獲得と行使に熟達し、連邦予算を地元のアーカンソーに持ち帰る手段や、悪人と見なした人物を追及する方策をすべて心得ていた。マクレランの人生は、野心と苦悶、そして鉄の意志と深い怨恨を培った多くの困難に満ちていた。法律家兼農場主の息子として生まれ、十七歳のとき、カンバーランド・ロースクールの巡回図書館で借り出した法律書を読破したあと、口頭試験に優等で合格し、アーカンソー州で最年少の弁護士となった。その後、第一次大戦に従軍し、戻った際に妻がほかの男と関係を持っていたことを知って離婚した。そのころのアーカンソー州では、離婚はきわめて珍しかった。そして、下院に所属していた一九三五年、二番目の妻を脊髄膜炎で亡くした。二年後に結婚した三番目の妻ノーマとは、議員本人が亡くなるまで、四十年間連れ添うことになる。しかし、降りかかる悲しみはそれで終わりではなかった。一九四三年から五八年のあいだに、息子三人をすべて亡くしてしまうのだ。ひとりめは脊髄膜炎、ふたりめは自動車事故、三人めは小型機の墜落で。

マクレランは、波瀾万丈だが困難な人生を送り、その悲しみを、ポトマック川に議事堂を流せるほど大量のウィスキーで紛らそうとした。数年後、酒浸りの生活がみずからの価値観と自己像の両方に相反すると思い至り、完全に酒を断って、鉄の意志で自身の甲冑《かっちゅう》に存在した唯一の割れ目をふさいでみせた。

わたしがワシントンへ来たころには、マクレランは大きな力を持つ歳出委員会の委員長で、この地位を利用して、莫大な予算をアーカンソー州にもたらしていた。アーカンソー州河川航行システムの整備もそのひとつだ。マクレラン議員は、さらに十二年、計六期を務め、七期目には出馬しないと宣言したあと、一九七七年に亡くなった。わたしが外交委員会で働いていたころ、マクレランは孤高の、ほとんど近寄りがたいほどの人物に思えた。本人も、たいていの人にはそうとらえられることを望んでいた。わたしは、一九七七年に州司法長官になってから、かなりの時間を議員とともに過ごした。その親切心と、わたしの前途への心配りには感動させられた。そして、わたしに示したその一面をもっと多くの人に見せ、公務にも反映させていたら、と残念でならなかった。

フルブライトは、マクレランとは光と影ほども異なっていた。彼の幼年時代はもっと気楽で安定していた。受けた教育も幅広く、独善的な心はあまり持たなかった。フルブライトは、一九〇五年にフェイエットヴィルで生まれた。アーカンソー大学の位置する、州北部のオザーク山地にある美しい町だ。母のロバータは、地方紙《ノースウェスト・アーカンソー・タイムズ》の進歩的な辛口編集者だった。フルブライトは地元の大学へ進み、図抜けて優秀な学生となり、アーカンソー・レイザーバックスのクォーターバックを務めた。二十歳のとき、ローズ奨学金を獲得してオックスフォード大学へ留学した。二年後に戻ったときには、熱心な国際主義者になっていた。ロースクールを卒業して、短い期間ワシントンで法律家として政府で働いたのち、妻ベティとともに故郷に帰って、大学で教鞭を執った。ベティは陽気で気品のある女性で、夫よりも草の根的な選挙運動に長《た》けており、一九八五年に亡くなるまで五十年以上の結婚生活のあいだ、夫の無愛想な面を補う役割を果たし続けた。一九六七年か六八年のある夜の出来事を、わたしは忘れない。ジョージタウンをひとりで歩いていると、フルブライト議員と夫人が、どこかの上流家庭の晩餐会から辞去するところを見かけた。ふたりで通りに出てから、まわりに誰もいないと思ったのか、議員が夫人を抱き寄せて、少しのあいだダンスをした。陰から見ていたわたしにも、夫人が議員の人生にとってどれほど光り輝く存在であるかがよくわかった。三十四歳のとき、フルブライトはアーカンソー大学の学長に指名された。アメリカの主要な大学で最年少の学長だった。彼とベティは、のどかなオザーク山地で末永く幸せに暮らすかと思えた。しかし、その二、三年後、やすやすと手にしたかに見える華麗な経歴が、突然の妨害にあう。フルブライトの母親の批判的な社説に腹を立てた新任のホーマー・アドキンズ知事に、学長の座を追われてしまったのだ。

一九四二年、ほかに何もすることがなく、フルブライトはアーカンソー州北西部の下院の空席に立候補した。そして当選し、一期だけ務めた下院で、〝フルブライト決議〟の発起人となった。これは、第二次大戦後の平和を維持するために、国際組織へのアメリカの参入を呼びかけ、国連結成のきっかけとなった決議だ。一九四四年、フルブライトは連邦上院議員に立候補し、同時に雪辱を果たす機会を得た。主要な対立候補が、宿敵のアドキンズ知事だったのだ。アドキンズは、敵を作る才能、政界では危険をもたらしかねない資質を備えていた。フルブライトをクビにしただけでなく、ちょうど二年前にはジョン・マクレランに刃向かうという失策を犯し、マクレランの主要な支持者の所得申告を監査させることまでした。先にも触れたように、マクレランは非礼なふるまいをけっして忘れも許しもしない。アドキンズを破るためのあらゆる秘策をフルブライトに伝授し、フルブライトはそれを成し遂げた。両者揃って、雪辱を果たしたわけだ。

三十年間ともに上院議員を務めたとはいえ、フルブライトとマクレランは特に親しかったわけではない。どちらも、あまりほかの政治家と個人的な交友関係を持たなかった。ふたりは、アーカンソー州の経済的利益を高めるためにともに働き、南部の議員連合と協力して公民権拡大に反対票を投じた。それ以外にあまり共通点はなかった。

マクレランは軍拡に積極的な反共主義の保守派で、税金を国防と公共事業と法の執行にのみ費やすことを望んでいた。聡明だったが、繊細さがなく、物事を白か黒かで判断した。単刀直入に話をし、何かに疑いを持ったとしても、臆病だと見られることを恐れて、絶対にそれを表に出さなかった。政治とは、金と力だと考えていたのだ。

フルブライトは、マクレランよりもリベラルだった。よき民主党員であり、ドミニカ共和国とヴェトナムに対する政策をめぐって反目するまでは、ジョンソン大統領を心から支持していた。累進課税や、貧困と不平等をなくすための社会政策、教育への連邦政府の財政援助に賛意を表し、貧しい国々の貧困の軽減を担う国際機関に、アメリカがさらに積極的な貢献を行なうよう奨励した。一九四六年には、国際的な教育交流を促進する〝フルブライト・プログラム〟を法案として提出し、アメリカと諸外国六十カ国の数十万人もの〝フルブライト奨学生〟を対象とする教育基金を設立した。フルブライトは、政治とは理念の力だと考えていた。

公民権については、その是非をじっくり検討して票を投じることはなかった。ただひと言、公民権問題のように、有権者が自分と同程度の知識を持つ分野の問題については、選挙区民の多数派に従って投票しなければならないと説明しただけだった。つまり、遠回しに、袋叩きにはあいたくないと言っているのだ。〝南部宣言〟には、少し表現を和らげるよう働きかけてから署名し、その後ニクソン政権下の一九七〇年になってようやく、公民権法案に賛成した。その年には、ニクソン大統領が推挙した公民権拡大反対派のG・ハロルド・カースウェルの最高裁判事就任を阻止するため、主導的な役割も果たした。

公民権に対する姿勢は曖昧だったが、フルブライトはけっして臆病者ではなかった。愛国心を誇示する殊勝ぶった煽動政治家が大嫌いだった。ウィスコンシン州のジョー・マッカーシー上院議員が、共産主義との結びつきを無差別に非難して無実の人々を脅かしたとき、ほとんどの政治家は、彼を忌み嫌っていた者でさえ、怖気《おじけ》づいて黙り込んでしまった。フルブライトは、上院でただひとり、マッカーシーの特別調査小委員会の予算増額に反対票を投じた。また、マッカーシーを譴責《けんせき》する決議案を共同で提出し、公聴会でジョゼフ・ウェルチ弁護士が国じゅうにマッカーシーの欺瞞《ぎまん》を暴いたあと、ついにその決議案を上院で可決させた。マッカーシーは、登場が早すぎたのだ――一九九五年に議会で優勢となる仲間たちに囲まれていたら、居心地よく過ごせたかもしれない。しかし、一九五〇年代初期の当時、ヒステリックな反共主義に対してあまりに無防備だった時代には、マッカーシーは強大な影響力を持つ存在だった。フルブライトは、誰よりも先んじて、マッカーシーに対する自分の見解を表明したのだ。

フルブライトは、外交問題における論争でも尻込みしなかった。公民権とは異なり、選挙区民が知りうる以上の知識を有する分野だったからだ。正しいと思うことを実行に移し、有権者にその考えを認めてもらうよう努めた。一面的な行動より多面的な協力を奨励し、ソヴィエト連邦とワルシャワ条約機構加盟国を孤立させず対話へ導くよう求め、対外援助を増やして軍事介入を減らす道を探り、軍事力ではなく模範と理念の力でアメリカの価値観と利益への転換を勝ち取る方法を提案した。

もうひとつ、わたしがフルブライトを好いていたのは、彼が政治以外のさまざまな物事にも興味を抱いていたからだ。フルブライトは、人々が持てる能力をじゅうぶんに開発して、限りある人生を楽しめるようにするのが政治の目的だと考えていた。権力自体に目的を置く考えかたは、彼には愚かで自滅的に思えた。むしろ権力を、幸福の追求に必要な防御と機会を得る手段ととらえていた。フルブライトは家族や友人と過ごす時間を大切にし、年に二、三回の長期休暇で休養して活力を蓄え、幅広い読書を趣味とした。鴨狩りや、ゴルフも楽しみ、七十八歳のときには自分の年齢と同じスコアで回った。不思議な気品を感じさせる口調で、人を惹きつける話をする。くつろいでいるときには、雄弁で説得力があった。いらだったり怒ったりしているときには、横柄で尊大に感じさせる声音で、誇張した表現を使った。

フルブライトは、一九六四年八月の、アメリカの駆逐艦への攻撃に対応する権限をジョンソン大統領に与えたトンキン湾決議を支持していた。しかし一九六六年の夏には、アメリカの対ヴェトナム政策が誤った方向へ進み、失敗に終わる運命にあると悟って、改めなければアメリカと世界に悲惨な結末をもたらす大きな過ちの連鎖を呼ぶと判断した。一九六六年、フルブライトはヴェトナムに対する自分の見解とアメリカの外交政策に対する全般的な批判を、自身の最も有名な著書『権力の傲《おご》りに抗して』で発表した。わたしは委員会のスタッフに加わって数カ月後に、サイン入りの本をもらった。

フルブライトの主要な議論によれば、強大な国家は、その権力を行使する際に〝おごって〟いると、存在すべきでない場所でとるべきでない行為に及んで苦境に陥り、長期的には衰退してしまう。フルブライトは、宣教師的な熱情に根ざした外交政策には概して疑いを抱いており、「内容的には寛大で善意に富んでいても、あまりにも大規模なためにアメリカの巨大な能力さえも超える」責務を国に背負わせかねないと感じていた。また、地域の歴史や文化や政治を理解せずに、反共主義のような抽象的な概念にもとづいて力を行使すれば、有害無益な行動をとる羽目になると考えた。それはまさに、一九六五年のドミニカ共和国の内戦に、アメリカが一方的に介入した際に起きたことだった。アメリカは、左派のファン・ボッシュ大統領がキューバ式の共産主義政権を樹立することを恐れて、ラファエル・トルヒーヨ将軍の軍事独裁政権と手を結んだ勢力を支持した。トルヒーヨ将軍の抑圧的で反動的、しばしば残虐でさえあった三十年にわたる政権は、一九六一年に将軍が暗殺されて終焉を迎えた。

フルブライトは、アメリカがヴェトナムで同じ間違いを、もっと大きな規模で犯しつつあると考えた。ジョンソン政権とその支持者は、ヴェトコンを、中国の拡張主義を東南アジアに蔓延させる道具と見なしていた。アジア全域がすべて共産主義へと〝ドミノ倒し〟になってしまう前に、阻止しなければならない。そういう考えから、アメリカは反共の、しかし民主的とはいいがたい南ヴェトナム政府を支援するようになった。南ヴェトナムが独力ではヴェトコンを打倒できないことが明らかになるにつれて、アメリカの支援は拡大していき、軍事顧問団を派遣したのち、ついにはフルブライトが「南ヴェトナム国民の忠誠心を得られない弱体化した独裁政権」と見なすものを守るために、大規模な軍隊を駐留させるに至った。フルブライトの考えによると、ホー・チ・ミンは、植民地主義への反発から、かつてフランクリン・D・ローズヴェルトを尊敬していた時期もあり、ヴェトナムをあらゆる外国の勢力から自由にすることを第一義とした。ホーは、中国の言いなりになるどころか、北の大きな隣人に対してヴェトナム人が歴史的に抱いている反感と不信感を共有していると、フルブライトは見なしていた。したがって、これほど多くの命を奪い合うに値するだけの国益が、この戦争で得られるとは考えられない。しかしそれでも、フルブライトは一方的な撤退には賛成しなかった。それより、南ヴェトナムの民族自決と、北ヴェトナムとの再統一に関する国民投票の実施を全当事者で合意するという条件のもとに、アメリカが撤退し、東南アジアを〝中立化〟させる計画を支持した。残念ながら、一九六八年にパリで和平交渉が行なわれたとき、そういう理性的な解決はもはや不可能だった。

わたしの見る限り、委員会のスタッフとして働く人はみんな、ヴェトナムについてフルブライトと同じように感じていた。また彼らは、ジョンソン政権の政治・軍事指導者たちが、一貫してアメリカの軍事行動の進捗ぶりを過大に語っていると強く感じるようになった。そして、政府や議会、国に政策の変更を求めるため、組織立った意見表明に乗り出した。本書を執筆している時点では、筋の通った率直な行動に思える。しかし、フルブライトと委員会の同僚たちとそのスタッフは、実のところ危険な岩山の上で政治的綱渡りをしようとしていた。両党のタカ派たちは委員会と、特にフルブライトを、国家の敵に〝援助と安心感〟を与え、アメリカを分裂させて、勝利に向け戦い続ける意欲を弱めていると非難した。それでも、フルブライトは屈しなかった。議員がきびしい批判に耐えていたころ、聴聞会がひとつのきっかけとなって、反戦感情が特に若者のあいだで高まりを見せ始めた。そしてますます、反戦集会や討論会《ティーチ・イン》への参加が盛んになっていった。

わたしが働いていたころ、委員会は多くの聴聞会を開いた。アメリカ人の外交政策に対する姿勢、中国とアメリカの関係、アメリカの国内目標と外交政策とのあいだの潜在的な不調和、中国とソヴィエト連邦の紛争がヴェトナム戦争に及ぼす影響、国際関係の心理的な側面など、議題はさまざまだった。委員会の政策を批判する著名な人物も現われた。《ニューヨーク・タイムズ》のハリソン・ソールズベリー、元駐ソ大使でソヴィエト連邦の〝封じ込め政策〟という構想を著したジョージ・ケナン、元駐日大使エドウィン・ライシャワー、著名な歴史家ヘンリー・スティール・コマジャー、退役将軍ジェイムズ・ギャヴィン、革命運動の専門家クレイン・ブリントン教授などの面々だ。当然、政府も委員会に証言者を送り込んできた。なかでも特に印象的な人物は、国務次官ニック・カッツェンバックだった。ケネディ政権下の司法省で公民権拡大に尽くした功績があるため、少なくともわたしにとっては、学ぶところの多い人物だった。またフルブライトは、たいてい早朝に自分のオフィスでコーヒーを飲みながら、国務長官ディーン・ラスクと非公式に会っていた。

わたしは、ラスクとフルブライトのあいだに働く力関係に興味をそそられた。フルブライト自身が、ケネディの国務長官候補の短いリストに名を連ねたことがあった。最終的に選任されなかったのは、公民権拡大に反対し、特に〝南部宣言〟に署名した経歴があるからだろうと見られた。ラスクも南部のジョージア州出身だったが、公民権拡大には好意的で、しかもフルブライトが直面するような政治的圧力を受けずにすんでいた。ラスクは議員ではなく、外交政策の専門家のひとりだったからだ。ラスクはヴェトナム戦争を、単純で硬直した見かたでとらえていた。つまり、これはアジアにおける自由対共産主義の戦いの場であり、アメリカがヴェトナムで敗戦すれば、共産主義が東南アジアじゅうに広がって、破滅的な結果をもたらすだろうという考えだ。

フルブライトとラスクがヴェトナムについて極端なほど異なる見解を持っているのは、若いころローズ奨学生としてイギリスへ赴いた時代がまったく違うせいもあるのではないかと、わたしは常々思っていた。フルブライトがオックスフォード大学へ留学した一九二五年は、第一次大戦を終結させたベルサイユ条約が実施されている時期だった。それは、ドイツにきびしい財政的・政治的負担を課し、オーストリア - ハンガリー帝国とオスマン帝国の崩壊後、ヨーロッパと中東の地図を描き替えた条約だった。ヨーロッパの戦勝国からドイツが受けた屈辱と、アメリカの戦後の孤立主義と保護主義は、上院の国際連盟への加入拒否とスムート - ホーリー関税法の通過に影を落としており、これがドイツにおける超国家主義の巻き返しを導いて、ヒットラーの出現と第二次大戦を招く結果となった。フルブライトはこの間違いを二度と繰り返したくなかった。紛争を白か黒かで単純に色分けすることはめったになく、敵対者を悪魔に見立てることは避け、常になるべく多面的な視点から、まず交渉による解決を模索した。

それに対して、ラスクは一九三〇年代初期、ナチスが台頭するころオックスフォード大学へ留学した。そしてのちに、ヒットラーと交渉しようとするイギリスのネヴィル・チェンバレン首相の無益な試みを目にした。歴史上最も辛辣な非難にさらされた宥和《ゆうわ》政策だ。ラスクは、共産主義者の全体主義とナチスの全体主義を同一視し、同じくらい忌み嫌っていた。第二次大戦後の中央ヨーロッパと東ヨーロッパを支配し共産化しようとするソヴィエト連邦の動きによって、ラスクは、共産主義が国家を冒す病であり、個人の自由に対する敵意と、制御不能な攻撃性を伴うものだと確信した。そして、自身はけっして宥和政策を採るまいと決めた。このように、ラスクとフルブライトは、理性と感情の両面で遠くかけ離れたふたつの側からヴェトナムをとらえていた。その隔たりは、ヴェトナムがアメリカのレーダースクリーンに現われる数十年前に生まれていたのだ。

戦時にありがちな、敵対者を悪魔化する傾向と、ジョンソンやラスクを始めとする政治家の、ヴェトナムを〝失う〟わけにはいかないという決意によって、心理的な隔たりは戦争賛成派の側で強化され、ついにはアメリカの威信と彼ら自身に、消えない傷を残すことになった。わたしは大統領在任中、共和党が支配する議会とその支持者とのイデオロギー対決で、平時にも同様の衝動が働くのを目にした。理解や敬意や信頼がない場合、あらゆる妥協、ましてや過ちの告白などは、弱点や不誠実、つまりは確かな敗北への道のりと見なされてしまう。

一九六〇年代後半のヴェトナム戦争タカ派から見て、フルブライトは柔弱な愚直さの典型だった。愚直さは、善意ある人間にとって警戒すべき落とし穴だ。しかし、かたくなな強硬姿勢には、また別の危険が潜んでいる。政治の世界では、自分が穴の中にいると気づいた場合、第一のルールは掘るのをやめることだ。過ちの可能性を見ようとしなかったり、認めるのを拒んだりするつもりなら、もっと大きなシャベルを探すしかない。そして、ヴェトナムでの困難が増していくにつれ、国内ではいっそう反対運動が高まり、戦地にはさらなる軍隊を送り込むことになった。アメリカが現実に気づいて方針を変える前の一九六九年には、従軍兵士の数が五十四万人以上に達した。

わたしは、これらの展開を驚きと感慨を覚えながら注視していた。手にしたものはなんでも読んだ。その一部は、ときどき運んでいた〝秘〟〝極秘〟と捺印された資料だった。それらは明らかに、この国が戦争のなかで進む道を誤っている、もしくは見失っていることを示していた。死者数は、ひとりまたひとりと増え続けた。毎日、フルブライトはヴェトナムで犠牲になったアーカンソー州出身の青年たちのリストを入手した。わたしは、議員のオフィスに立ち寄ってリストを確認するのを日課にしていた。そしてある日、友人でかつての同級生、トミー・ヤングの名前を見つけた。帰郷まであと数日というときに、乗っていたジープが地雷を踏んだのだ。たまらなく悲しかった。トミー・ヤングは、大柄で頭がよく、野暮ったいが繊細な男で、成長してよい人生を送るように思えた。トミーの名前、そしてこれから人生を豊かに送るはずだった若者たちの名前をリスト上に見たとき、わたしは初めて、学生として、ヴェトナムでの死をただ遠方から眺めていることに罪悪感を抱いた。少しのあいだ、大学を中退して軍に志願しようかと考えてみた――つまるところ、わたしは民主党員《デモクラット》であるだけでなく民主主義者《デモクラット》でもあるのだ。賛同できなくなった戦争でも、逃げ出していいとは思えなかった。わたしは、リー・ウィリアムズに相談した。リーは、大学をやめるなんてばかげている、戦争を終わらせるために自分の役割を果たし続けるべきで、もうひとりの兵士、おそらくもうひとりの犠牲者となったところで、何も証明できはしない、と言った。道理としては理解できたし、わたしは仕事に専念し続けたが、どうにも釈然としなかった。なんといっても、わたしは第二次大戦の退役軍人の息子だった。たとえ、軍部の責任者の多くが気力ばかりで見識や能力を欠いているように思えたとしても、わたしは軍を尊敬していた。こうして、わたしの個人的な罪悪感の発作が始まった。それは、国を愛しながら戦争を憎む何千もの同胞が抱えているのと同じ苦悩だった。

遠い過去のこういう日々を、体験していない人々の目の前に再現することは困難だ。体験した人には、ほとんど何も言う必要はない。戦争は、国内にも、最も確固たる反対者の身にさえ、大きな打撃を与えた。フルブライトはジョンソン大統領を敬愛していた。たとえ公民権のように協力できない分野でも、チームの一員としてアメリカを前進させることに張り合いを見出した。いつでも活気に満ちた表情で働いたが、罵倒され、孤立した異端者になるのはつらかったはずだ。ある日、わたしが朝早く仕事に行ったとき、ひとりでオフィスへ続く廊下を歩いている議員を見かけた。悲しみと落胆にわれを失い、壁に一、二度ぶつかりさえしながら、議員は重い足取りで忌まわしい仕事へと向かっていった。

外交委員会はほかにもさまざまな物事を扱う必要があったが、委員会のメンバーもわたしも、すべてを覆い尽くすヴェトナムの重苦しい影に悩まされた。ジョージタウン大学での最初の二年間、わたしはあらゆる講義のノートや論文や試験結果を保存していた。しかし、第三学年からわたしが取っておいたのは、どうということのない金融に関する論文がふたつだけだ。第二学期には、「共産主義の理論と実践」の受講を取りやめさえした。ジョージタウン大学で唯一、途中で放棄した科目だ。正当な理由があったが、それはヴェトナムとは関係なかった。

一九六七年春、父《ダディ》さんが癌を再発し、数週間の治療のため、ノースカロライナ州ダーラムにあるデユーク・メディカル・センターに入院した。毎週末、わたしはジョージタウンから四百二十八キロ運転して、父を見舞った。金曜の午後に出て、日曜の深夜に戻る。これを続けながら、共産主義の科目をこなすのは無理だったので、あきらめたのだ。青年時代で、これほど疲労困憊《こんぱい》しながらも、これほど重要だった時期はあまりない。金曜の夜中にダーラムへ入り、父さんを迎えに行って、土曜をいっしょに過ごした。それから日曜の朝と午後の早い時間をともに過ごしたあと、わたしは学校と仕事へと戻った。

一九六七年三月二十六日の復活祭の日、わたしたちは、デューク大学にあるデューク・チャペルへ行った。壮麗な、ゴシック様式の教会だ。父さんはあまり熱心に教会へ通う人間ではなかったが、この礼拝をとても楽しんだようだった。もしかすると、自分の罪もイエスの死によって償われたのだというメッセージに、心の安らぎを見出したのかもしれない。あるいは、伝統的なすばらしい賛美歌『すべての栄光の子らとともに歌え』を口ずさんだとき、ついにそのメッセージを信じたのかもしれない。「すべての栄光の子らとともに歌え、復活の歌を歌え！　死と悲しみ、この世の暗き物語、それは過ぎ去りし日々のもの。垂れ込めた雲は途切れ、嵐の時は終わりを告げん。神に生き写しなるかたが今目覚め、永遠の平和をお示しになる」。教会に行ったあと、ノースカロライナ大学のある町、チャペル・ヒルへ車で向かった。そこには花水木《はなみずき》や花蘇芳《はなずおう》が一面に咲き乱れていた。南部の春は、たいていとても美しい。だがこの春は目を見張るほどで、最も鮮やかな復活祭の思い出として残っている。

こういう週末のあいだ、父さんはこれまでとはまったく違う様子でわたしに話しかけた。ほとんどの場合、それはわたしの生活や自分の生活、母やロジャー、親族や友人に関する他愛ない話だった。まもなく去ることになる人生を回顧しているのか、そのうちのいくぶんかには深刻さが感じられた。

しかし、何気ない会話のなかにも率直さと深みが込められ、かつてのような身構えた口調は消えていた。こうして長く物憂い週末を過ごすうち、わたしたちは互いを受け入れ、父さんはわたしに愛され許されたことに気づいたようだった。死に直面したときと同じ勇気と自尊心を持って生に向き合ってさえいたなら、継父は立派な男になっていたはずだ。

12

第三学年の終わりごろ、また選挙の時期が近づいた。わたしは、一年ほど前に、学生自治会長への立候補を決意していた。キャンパスから離れていることが多かったものの、友だち付き合いや課外活動を続けていたし、以前の成功から見ても勝てるような気がした。しかしわたしは、自分で思うよりも学校から遠ざかっていた。対立候補のテリー・モッジリンは、学年副会長だった。まる一年かけて選挙に備え、支持を取り付け、戦略を練っていた。わたしは、具体的だが月並みな政策要綱を提示した。モッジリンは、アメリカじゅうの大学のキャンパスで高まりつつあった不満と、ジョージタウン大学の学位取得上の必須条件や構内の規則の厳格さに対し、多くの学生が表明していた特定の反対意見をうまく活用した。そして自分のキャンペーンを、〝モッジの反乱〟と名づけた。当時の自動車メーカーのスローガン、〝ダッジの反乱〟をもじったものだ。モッジリンとその支持者たちは、白い帽子を被って、イエズス会本部とわたしに闘いを挑むという姿勢を打ち出した。わたしは学校の本部とよい関係にあり、仕事と車を持ち、ありきたりのキャンペーンを行ない、愛想よくふるまっていたので、体制派の候補者に仕立てられてしまった。わたしも友人も懸命に努力したが、モッジリンとその運動員の熱意に押されて苦しい状況に追い込まれていることがわかった。例えば、わたしたちのポスターが恐ろしい率で消えていった。報復として、選挙が近づいたある晩、わたしの運動員数人がモッジリンのポスターを引きはがし、車の後ろに積んで運び去り、処分してしまった。彼らは捕まって、叱責された。

それが勝敗を決定づけた。モッジリンは、七百十七対五百七十で、わたしをこてんぱんにやっつけた。彼の勝利は当然だった。より深く考え、よりよく組織を整え、より熱心に活動した。それに、就任への意欲もまさっていた。振り返ってみると、最初からわたしは立候補すべきでなかったのかもしれない。わたしは、履修課程の必須条件を緩和したいと望む級友の大半の意見には反対で、そのままでいいと考えた。大学生活だけに焦点が絞られていなかったせいで、かつて学年会長の選挙で勝利したときのような気力を保てなかった。そして、日々キャンパスを留守にしていたことから、わたしを時代の混乱のなかをすり抜ける体制派の日和見候補者に仕立て上げるのは容易だった。わたしは敗北からすぐに立ち直り、学年の終わりには、夏じゅうワシントンに残って委員会で働き、夏期講座をいくつか取るのを楽しみにしていた。一九六七年の夏が、わたしにとってもアメリカにとっても、嵐の前の静けさだったことを、そのときは知るよしもなかった。

ワシントンが夏を迎えると、物事の動きは緩やかになり、議会は通常八月いっぱい休会となる。政治に興味を抱く若者で、暑さを気にしないなら、この時期そこにとどまるのも悪くない。キット・アシュビーともうひとりの級友ジム・ムーアが、ジョージタウン大学裏手の二キロほど先、マッカーサー大通りのすぐわきのポトマック通り四五一三番地に、古い家を借りていた。ふたりはわたしに、これから第四学年を終えるまで同居することを勧めた。トム・キャンベルとトミー・カプランも加わった。家からは、ポトマック川を一望できた。五つの寝室と、小さな居間と手ごろなキッチンがある。二階の寝室の外には、テラスもふたつ付いていて、昼間に日光浴したり、ときには穏やかな夏の夜気のなか、眠ったりもした。この家の持ち主は、一九五〇年代初期に、国の配管規格を書いた人だ。居間の書棚には、すばらしい装幀の規格書がずらりと並び、およそ不釣り合いな、ベートーヴェンがピアノのわきにいる図柄のブックエンドでまっすぐ揃えられていた。この家全体のなかで、興味を惹かれる工芸品はそれだけだった。同居人がわたしに遺贈してくれたので、今でも手もとにある。

キット・アシュビーは、ダラス出身の医者の息子だった。わたしがフルブライト議員のもとで働いているとき、キットはワシントン州のヘンリー・〝スクープ〟・ジャクソン議員のもとで働いていた。ジャクソン議員はリンドン・ジョンソンと同様、内政ではリベラル派、ヴェトナムについてはタカ派だった。キットが議員と同じ見解を持っていたので、わたしたちはよく熱い議論を戦わせた。ジム・ムーアは軍人の子どもで、各地を転々としながら育った。まじめな歴史研究家で、本物の知性を備え、ヴェトナムについてはキットとわたしの中間に位置する見解を持っていた。その夏と、続く第四学年のあいだに、わたしはふたりといつまでも変わらぬ友情を築きあげた。ジョージタウン大学を卒業してから、キットは海兵隊に入隊し、その後国際的な銀行家になった。大統領在任中、わたしはキットを駐ウルグアイ大使に任命した。ジム・ムーアは父親にならって軍人になり、その後、州の年金投資信託業務でたいへんな成功を収めた。一九八〇年代、多くの州が年金運用で苦境に陥っているとき、わたしは、アーカンソー州ではどうすべきかについて、ジムから無料で助言を受けることができた。

その夏、わたしたちは全員、とても充実した時間を過ごした。六月二十四日、わたしは〈コンスティテューション・ホール〉に、レイ・チャールズの歌を聴きに行った。デート相手は、カーリーン・ジャンという名のひときわ目立つ女の子だった。ジョージタウン大学の男子学生に向けて女子大学が開催する、多数の親睦会のひとつで出会った。わたしと同じくらいの背丈があり、長いブロンドの髪をしている。わたしたちはバルコニー席の後ろ近くに坐った。会場には、白人の聴衆はほんのひと握りしかいなかった。わたしは、レイ・チャールズの『ホワッド・アイ・セイ』のすばらしい歌詞を聴いてから、彼の大ファンになっていた。「ママに言いなよ、パパにも言いな、きみをアーカンソーへ送り返すよ」。コンサートが終わるころには、レイは聴衆を通路で踊らせていた。その夜、ポトマック通りの家へ戻ってからも、わたしは興奮のあまり眠れなかった。午前五時にはあきらめて、五キロほど走りに行った。その日のチケットの半券を、財布の中に入れて十年間も持ち歩いていた。

〈コンスティテューション・ホール〉は、一九三〇年代以降、大きな進歩を遂げた。当時、ホールを所有する婦人団体〝アメリカ革命の娘たち〟は、偉大な歌手マリアン・アンダーソンが黒人だという理由で、そこで歌う許可を与えなかった。しかし、多くの黒人の若者たちは、コンサートホールへの入場許可などよりはるかに大きな成果を求めていた。そして、貧困や継続する差別、公民権運動に対する暴力、ヴェトナム戦死者に占める黒人の数の不釣り合いな多さに、不満の声が高まり、特にアメリカの都市部で新たな闘争が激しさを増しつつあった。そういうなか、マーティン・ルーサー・キングは、アメリカ黒人の心と精神のありかたを訴えて、それよりはるかに戦闘的な〝ブラック・パワー〟という考えに対抗しようとしていた。

一九六〇年代半ばには、多様な規模と勢力の人種暴動が、南部以外のスラム街にも広がった。一九六四年以前に、〝ブラック・ムスリム〟の指導者マルコムXは、貧困やその他の都市問題と闘う努力は黒人独自で行なうとして、人種統合を拒絶し、「アメリカ白人たちがかつて経験したことのない、さらなる人種間の暴力」を予言していた。

一九六七年の夏、わたしがワシントン生活を楽しんでいるころ、ニューアークやデトロイトでは、深刻な暴動が起きた。夏の終わりまでには、アメリカの都市部で百六十件以上の暴動があった。ジョンソン大統領は、イリノイ州知事オットー・ケルナーを議長とする〝社会の混乱に関する諮問委員会〟を設置した。これによって、黒人の暴動の原因は、警察の人種差別と虐待、そして経済・教育の機会の不足にあることが明らかになった。将来を予見するこの不吉な結論は、以後有名になる次の文に集約された。「われわれの国家は、ふたつの社会に向かって動いている。ひとつは黒人、もうひとつは白人から成る、分裂と不平等の社会へと」

ワシントンは、その騒然とした夏もまずまず平穏だったが、〝ブラック・パワー〟の動きをわずかに感じさせられる出来事もあった。そのころ数週間にわたって毎晩、黒人活動家が、ホワイトハウスからさほど遠くない、コネティカット通りとマサチューセッツ通りの交差点のデュポン・サークルを占拠していたのだ。友人のひとりがそのうちの数人と知り合いになり、ある晩わたしを連れていって彼らの主張を聞かせた。彼らは居丈高で怒りに燃え、ときどき支離滅裂なことを言ったが、頭が悪いわけではなかった。彼らの解決法には賛同できないとしても、その不平の根にある問題は確かに存在した。

しだいに、公民権運動の戦闘性と反戦運動の戦闘性のあいだの線が不明瞭になってきた。反戦運動は、中流階級と裕福な白人の大学生、そしてそれを支援する年上の知識人や芸術家や宗教指導者の抗議運動として始まったが、その初期のリーダーたちの多くは、公民権運動にも関わっていた。一九六六年の春には、反戦運動は企画者の意図を超えて拡大し、アメリカじゅうで大規模なデモや集会が行なわれた。フルブライトの聴聞会に対する国民の反応も、その盛り上がりにひと役買っていた。一九六七年の春には、三十万の人々がニューヨーク市のセントラルパークでの反戦デモに参加した。

初めて真剣な反戦活動を目の当たりにしたのは、その夏、リベラル派の全米学生協会（ＮＳＡ）がメリーランド大学構内で大会を開いたときだった。ちょうど四年前、わたしはボーイズ・ネーションに参加するため、このキャンパスを訪れたことがあった。ＮＳＡは、民主社会学生連盟（ＳＤＳ）ほど急進的ではなかったが、反戦志向が強かった。しかし、その年の春、組織が数年来ＣＩＡから国際活動に充てる資金の提供を受けていたことが発覚し、信頼性が損なわれた。それでもなお、ＮＳＡは国じゅうの多くの学生の支持を失っていなかった。

ある晩、わたしはカレッジパークの大会へ赴き、何が行なわれているのか見ようとした。すると、リトルロック出身のブルース・リンジーにばったり出くわした。一九六六年の知事選で活動したとき、ブルックス・ヘイズのもとで働いているブルースと知り合ったのだ。同じアーカンソー州出身の、NSA南西支部代表のデビー・セイルとともに集会へやってきたという。ブルースはその後、わたしの親友兼助言者に、そして知事と大統領時代には腹心の友になってくれた。あらゆる人が必要とし、いかなる大統領にも欠かすことのできないたぐいの友人だ。デビーはのちに、わたしがニューヨークでの足がかりを得る手助けをしてくれた。しかし、一九六七年のNSA大会では、わたしたち三人はただ、戦争に反対し、仲間との交流を求めて、大会を眺めたり大会で活動したりするアーカンソーの若者にすぎなかった。

NSA大会は、わたしと同様、もっと戦闘的なSDSには違和感を持つが、それでも戦争終結をめざす人々の列に加わりたいと願う人たちであふれていた。集会で最も優れた演説を行なったのは、アラード・ローウェンスタインだった。彼は、一九六八年の大統領選挙でジョンソン大統領を打倒するための全国組織を作ろうと、学生たちに呼びかけた。当時のほとんどの人々は、それをむだな試みととらえていたが、事態は急速に変化し、ローウェンスタインの予言は現実味を帯びていく。三カ月も経たないうちに、反戦運動は、リンカーン記念館に十万人のデモ隊を集めるまでに拡大した。そのうちの三百人が徴兵カードを突き返し、ふたりの老練反戦運動家、イェール大学の牧師ウィリアム・スローン・コフィンと高名な小児科医ベンジャミン・スポック博士が、それを司法省に持ち込んだ。

興味深いことに、NSAは、以前から厳格な全体主義にも反対していたため、バルト海沿岸の〝虜囚国家〟の代表者もこの場に来ていた。わたしは、ラトヴィアを代表する女性と話をした。わたしより少し年上で、この種の会合に参加することが職業のようだった。女性は断固とした口調で、いつかソヴィエトの共産主義体制が倒れ、ラトヴィアは自由を取り戻すだろうという信念を語った。当時わたしはその女性のことを、少し頭のねじが緩んでいるのではないかと思った。ところが、ローウェンスタインと同様、彼女の予言もやがて現実となるのだ。

委員会での仕事とときどきの遠出に加えて、夏期講習で三科目を履修した。哲学、倫理学、そして「極東におけるアメリカの外交政策」だ。わたしは初めて、カントやキルケゴール、ヘーゲル、ニーチェを読んだ。倫理学の講義ではきちんとノートを取っていたので、八月のある日、とびきり頭が切れるがめったに講義に出てこない級友に、期末試験前、数時間いっしょにノートの復習をさせてくれないかと頼まれた。八月十九日の二十一歳の誕生日、わたしはその級友に四時間付き合い、彼は試験でBを取った。二十五年後、わたしが大統領になったとき、この古い勉強仲間で今は亡きサウジアラビア国王の息子、タラキ・アル・ファイサルは、サウジアラビア情報機関の長を務めていた。彼は、その地位を二十四年間保持した。倫理学の成績が、人生における成功にどれほど関わっているのかはわからないが、わたしたちはよくそのことを冗談の種にした。

「アメリカの外交政策」のジュールズ・デイヴィッズ教授は傑出した学者で、のちにエイヴレル・ハリマンの自叙伝の執筆に協力した。わたしが講義で書いた論文は、「議会と〝東南アジア決議〟について」だった。一般にはトンキン湾決議として知られるこの決議は、一九六四年八月七日にジョンソン大統領の要請によって議会を通過した。一九六四年八月二日と四日に、アメリカの二隻の駆逐艦、マドックスとターナー・ジョイが、北ヴェトナムの魚雷艇に攻撃を受けたとして、アメリカが北ヴェトナムの海軍基地と燃料補給基地を報復攻撃した直後のことだ。この決議は、「アメリカ軍に対するあらゆる武力攻撃を退け、さらなる攻撃を防ぐため、必要なすべての手段を講じ」、東南アジア条約機構（ＳＥＡＴＯ）加盟国の「自由を守る」手助けをするため、「武力攻撃の使用を含むあらゆる措置を取る」権限を大統領に与えた。

わたしの論文の要点は、ウェイン・モース上院議員のほかには誰も、この決議の合憲性や正当性すら、真剣に検討することも、疑ってみることもしなかったということだ。国と議会はただいきり立ち、愚弄されたまま東南アジアを逃げ出しはしないと誇示したがった。デイヴィッズ教授はわたしの論文を気に入って、出版の価値があると言った。わたしは確信が持てなかった。答えのない疑問があまりにも多い。合憲性の問題だけでなく、数人の著名なジャーナリストたちが、その攻撃が実際にあったのかどうかについても疑問を唱えていた。また、わたしが論文を書き終えた時期には、フルブライト議員が、あの事件に関する詳しい情報を国防総省に請求しているところだった。委員会のトンキン湾事件に関する再検討は一九六八年まで続き、調査の結果どうやら、少なくとも二度目とされる八月四日には、アメリカの駆逐艦は砲撃されなかったことが判明したらしい。実際には起こらなかった事件が、これほど途方もない事態を生み出したのは、歴史上でもめったにないことだ。

数カ月のうちに、これらの事態がリンドン・ジョンソンの頭上へ次々と崩れ落ちてくることになる。トンキン湾決議のほとんど満場一致の迅速な可決は、〝人生最大の呪いは、叶えられた祈りだ〟という古い格言の手痛い実例となってしまった。

13

第四学年は、興味深い大学生活と、個人的・政治的な重大事件の数々が奇妙に入り混じった時期だった。振り返ってみると、あれほど多くの大小さまざまな物事すべてに没頭できるものなのかと、不思議な気持ちになる。しかし人は、困難な、特異でさえある環境下でも、喜びを求め、日常生活の苦痛に耐えていくしかないのだ。

わたしは、特に興味を引かれる科目をふたつ取った。国際法のゼミとヨーロッパ史のゼミだ。ウィリアム・オブライエン博士が国際法を教え、わたしに選択的な良心的兵役拒否を主題とする論文を書かせてくれた。アメリカと他国の徴兵制度を比較検討し、良心的兵役拒否を許容する法律上及び哲学上の根拠を探ることを意図したものだ。良心的兵役拒否は、宗教上の立場からあらゆる戦争に反対を唱える人だけに限定されるべきではないと、わたしは論じた。なぜなら戦争への異議は、神学的な教義にもとづくのではなく、個人の道徳心に照らした兵役への反対にもとづいているからだ。したがって、個々の例に判断を下すのは困難だが、その申し立てが真実と断定できるなら、政府は選択的な良心的兵役拒否を許可すべきだろう。しかし、一九七〇年代に徴兵制度が廃止されたことで、この論点は未解決なままになった。

ヨーロッパ史のゼミでは、主にヨーロッパ文化史の概論を学んだ。担当教授のヒシャム・シャラビー先生は、優秀で博識なレバノン人で、パレスチナ解放運動に深く傾倒していた。確か、履修している学生は十四人いて、各学期に十四週間、週一回二時間ずつ講義があった。あらゆる種類の本を読まされただけでなく、毎週ひとりの学生が、その週の本について十分間の発表を行ない、討論を主導することになっていた。その十分間には、本の要約、中心的な思想の解説、特に興味深い面の考察など、何をしてもよかった。しかし、十分以内に収めなければならない。シャラビー教授は、できないとすれば、それは本を理解していないせいだと考えて、時間制限をきびしく守らせた。しかし一度だけ、ある哲学専攻の学生の発表を例外にした。〝存在論《オントロジカル》〟という言葉を使う人を、わたしはこのとき初めて見た。わたしの知る限り、それは医学の専門用語だ。その学生が十分の制限時間をかなり過ぎるまで話し続け、ようやく燃料切れとなったとき、シャラビー教授は大きな力強い目で学生を睨みつけ、こう言った。「ここに銃があれば、おまえを撃ってやる」。危ない、危ない。わたしは、ジョゼフ・シュンペーターの『資本主義・社会主義・民主主義』に関する発表を行なった。出来がよかったかどうかはともかく、簡潔な言葉を使い、信じようが信じまいが、九分を少し過ぎたところで終わらせた。

わたしは、一九六七年の秋の大半を、十一月の大西洋共同体会議（CONTAC）の準備に費やした。わたしの仕事は、CONTACの九つのセミナーの議長として、代表者を任命し、論文の題目を割り当て、全部で八十一回の講座を担当してくれる専門家を募ることだった。ジョージタウン大学からは、ヨーロッパ、カナダ、アメリカ出身の学生が揃って一連のセミナーと講義に赴き、大西洋共同体の直面するさまざまな問題を検討した。わたしは、二年前にもこの会議に参加したことがあった。そこで出会った最も印象的な学生は、ウェストポイント陸軍士官学校で首席となり、ローズ奨学金を獲得したアーカンソー州出身のウェズリー・クラークだった。アメリカとヨーロッパ諸国との関係は、ヨーロッパでのヴェトナム戦争反対運動によって緊張状態にあったが、冷戦下ではヨーロッパの安全にとって北大西洋条約機構が重要な意味を持つので、深刻な決裂は考えられなかった。会議は大成功を収めた。主として、質の高い学生たちのおかげだ。

晩秋に、父《ダディ》さんの病状が悪化した。癌が全身に広がり、これ以上の治療が役に立たないことは明らかだった。継父は、しばらく入院していたが、家で死を迎えることを望んだ。本人がわたしを気遣って、あまり長く学校を休ませないようにしたがったので、母もすぐには連絡してこなかった。ある日、父が言った。「時が来た」。母がわたしを呼び、わたしは大急ぎで家へ向かった。いつかはこのときがくると思っていた。ただ、帰ったときに、わたしのことをわかってくれればいい。愛していると伝えられるように。

わたしが到着したころには、父さんはずっと寝たきりで、トイレに行くときだけ起き上がり、介助がなければ歩けない状態だった。げっそりと痩せ、衰弱していた。起き上がろうとするたび、膝に力が入らず何度もくずおれてしまう。まるで、痙攣する手で糸を引かれる操り人形のようだった。ロジャーとわたしが手助けすると、うれしそうな様子を見せた。体を支えてトイレとベッドを往復することが、父さんのためにやった最後のことになった。本人はすべてを快活に受け止めて、笑いながらこう言った。こういうことがもうすぐ終わってしまうのは、ひどく恨めしいけど、ほっとするよな？

さらに衰弱して気力を失ってしまうと、介助があってももはや歩けなくなり、トイレはあきらめて便器を使わなければならなかった。しかし、手伝いに来てくれた母の友人の看護師たちの前では、用を足すのを嫌がった。

継父は見る間に体の自由を失ってしまったが、わたしが家に着いてから三日ほどのあいだ、頭と声はしっかりしていたので、かなり長い時間語り合うことができた。父さんは、自分が逝ってもおまえたち三人にはなんの心配もないと言い、わたしには、約一カ月後に控えた面接に成功してローズ奨学金を獲得するにちがいない、と請け合った。一週間後には、半分意識があるかないかという状態になったが、ほとんど最後の瞬間まで、うねりのような精神活動を維持していた。二度、目を覚まして、まだここにいる、と母とわたしに伝えた。二度、すでに病状の進行で朦朧《もうろう》としているせいで、考えたり話したりできないはずなのに（もはや癌が胸腔にまで達していたので、アスピリンを与えて苦しめても意味がなかった。このときまでに使った薬はそれだけだった）、突然わたしにこうきいて、周囲の人を驚かせた。こんなに長いあいだ学校を離れていてだいじょうぶなのか。もし不都合なら、無理して残っている必要はない。もうそれほど多くのことは起こらないし、最後にじっくり語り合うこともできたのだから……。もうまったく話せなくなってからも、目を覚まして誰かをじっと見つめ、声を発して、寝返りなどの簡単な要求を伝えた。父の心には、ほかにどんなことが去来しているのだろうと、考えずにはいられなかった。

意思を伝える試みが尽きたあと、父さんは一日半のあいだすさまじい苦しみに耐えた。激しく荒い息遣いを聞き、体が見たこともないほど醜く膨れあがっていくのを眺めているのは恐ろしかった。末期《まつご》が近づいたあるとき、母が入ってきて夫の姿を見つめ、泣き崩れて、愛していると告げた。これまでに継父が母に味わわせたことを考え、わたしは母の言葉が真実であることを願った。継父のためというより、母自身のために。

父さんの最後の日々は、伝統的な田舎の慣習に従って看取られた。親族や友人が哀しみを伝えるため、訪れては去っていった。ほとんどの人が、わたしたちが料理をしなくてすみ、ほかの訪問客にもふるまえるように、食べ物を持ってきてくれた。わたしはほとんど眠れず、立ち寄る人々全員といっしょに食事をしたので、家にいた二週間で五キロも太ってしまった。しかし、何もすることがないまま、死が最後通牒を突きつけるのを待つあいだ、そういう食べ物があり、友人たちがいてくれることは安らぎとなった。

葬式の日は、雨模様だった。わたしが子どものとき、父さんはよく窓から外の嵐に目を凝らしてこう言った。「おれを雨のなかで埋めないでくれよ」。南部では会話の常套句のような古い言い習わしのひとつなので、耳にしたときにはほとんど気にしていなかった。しかしどういうわけか、わたしの心には、それが父さんにとって重要なことで、雨のなかで埋葬されることに何か深い恐怖を抱いていたのだという印象が刻まれていた。それが現実になってしまう。長い闘病生活における立派な態度を考えれば、そんな仕打ちを受けなくてもいいはずだった。

車で礼拝堂へ向かうときも、葬式で牧師が物憂げに、事実と違う継父への褒め言葉を述べているあいだも、わたしたちはずっと雨のことを気にしていた。牧師の言葉を父さんが聞いていたら、きっと鼻で笑ったにちがいない。わたしと違って、葬式一般をあまり重視していなかったし、みずから選んだ賛美歌以外、自分の葬式を気に入ることもなかっただろう。葬式が終わると、わたしたちは外へ走り出るようにして、雨が降り続いているのかどうか確かめた。まだ降っていた。車でゆっくりと墓地へ向かうときも、天候のことばかり心配して悲しむことさえできなかった。

それから、通りを曲がって墓地へ続く狭い道に入り、新しく掘られた墓までそろそろと進んでいるとき、ロジャーが最初に雨がやんでいることに気づいて、ほとんど叫ぶような声で母とわたしに伝えた。わたしたちは理屈で考えれば少し奇妙なほど大喜びし、安堵した。しかし、その逸話を家族だけの秘密にして、ただ心得顔で小さく微笑み合った。その笑みは、父さんが自身の心と折り合いをつけてから、よく浮かべるようになった表情に似ていた。あらゆる人間を待ち受ける最後の長い旅路の果てに、継父は寛大な神に出会った。継父が雨のなかで埋められることはなかった。

葬式から一カ月後、わたしはふたたび帰郷して、ローズ奨学金の面接を受けた。高校時代から、ずっと興味を抱いていたのだ。毎年、アメリカからは三十二名のローズ奨学生が選ばれ、セシル・ローズの遺言で一九〇三年に設立された信託基金から、オックスフォード大学へ二年間留学するための奨学金が授与される。ローズは、南アフリカのダイヤモンド鉱山で富を築いたのち、イギリスの新旧すべての植民地の出身者のなかから、傑出した知力、運動能力、指導力を併せ持つ男子学生に奨学金を与えた。ローズの希望は、学問の枠を超えた興味と実績を持つ人々をオックスフォード大学へ送り込むことだった。そういう学生のほうが、純粋な私的探究よりも「公共の責務の遂行を重んじる」傾向が強いだろうと考えたからだ。長い年月のあいだに、選考委員会は、候補者が学問以外のいずれかの分野で秀でた能力を示せば、運動能力が欠如していても大目に見るようになった。さらに数年経つと、女性の参加を許可するよう制度が改められた。学生は居住している州、もしくは出身大学のある州で出願することができた。毎年十二月、各州がふたりの候補者を推薦し、次にその候補者が八カ所で行なわれる地域選考会のいずれかに赴き、そこで来学年度の奨学生が選ばれる。選考過程で、候補者は五通から八通の推薦状を提出し、オックスフォード大学への進学を希望する理由について作文を書き、州と地域の両段階で、かつてのローズ奨学生から成る審査委員団と、奨学生ではない委員長による面接を受けなければならなかった。わたしは、セベス教授とジャイルズ教授、デイヴィッズ教授、そして二年生のときの英語の教授メアリー・ボンド先生に推薦状を依頼し、郷里ではベネット医師とフランク・ホルト、それからフルブライト議員のスピーチライター、セス・ティルマンにも書いてもらった。セスはジョンズ・ホプキンズ大学高等国際問題研究大学院で教鞭を執っており、わたしにとっては友人でありよき師でもあった。リー・ウィリアムズの助言で、フルブライト議員にも依頼した。戦争関連の問題に忙殺され、苦悩の色を濃くしている議員に、煩わしい思いをさせたくはなかった。しかし、リーは議員自身が望んでいることだと言った。そして、議員は心のこもった推薦状を書いてくれた。

　ローズ選考委員会は、推薦者に、わたしの長所だけでなく短所についても触れるよう求めた。ジョージタウン大学の人たちは、思いやりを込めて、わたしがあまり運動を得意としない、と書いた。セスの推薦状にはこうあった。わたしは奨学金を受けるにふさわしい能力を持っているが、「委員会のための日常業務では、特に有能というわけではない。この仕事は彼の知的能力に値しないものなので、しばしば別のことに心を奪われているように見える」。これは初耳だった。自分では、委員会でよい仕事をしていると思っていたからだ。しかし、セスが言うように、わたしは別のことに心を奪われていた。あるいはそのせいで、なかなか作文に集中できなかったのかもしれない。ついにわたしは家で書くのをあきらめて、〈新上院議員オフィス・ビル〉から一ブロックほどのところにあるキャピトルヒルのホテルにチェックインし、完全な静寂を手に入れた。この短い人生を語り、わたしをオックスフォード大学へ送り出す意義を納得してもらえるように説明する作業は、自分で思っていたよりむずかしかった。

　わたしはまず、ワシントンへ来たのは、「政治家としての人生に備える」ためである、と書いた。それから委員会に向かって、オックスフォード大学へ留学し、「まだ探究を始めたばかりの主題について深く学び」、できれば「政治生活の重圧に耐えうる知力を身につけること」を希望している、と訴えた。当時、この作文はなかなかの力作だと思った。しかし、今ではやや不自然で度を超しているように感じられる。まるで、教養あるローズ奨学生が語るべきたぐいの言葉を、無理に探しているかのようだ。おそらく、それは若さゆえのひたむきさと、あまりに多くの物事が度を超している時代に生きていたせいだろう。

アーカンソー州で出願できることは、大きな強みだった。この州の規模と大学へ通う人口からいって、競争相手が少ないのだ。もしわたしがニューヨークやカリフォルニアや、そのほか規模の大きい州の出身で、ローズ奨学生の選考に備えて最優等の学生を採用・養成する効率的な制度を持つアイヴィーリーグ大学の学生と競うことになっていたら、地域段階まで到達できなかっただろう。一九六八年に選ばれた三十二名の奨学生のうち、イェール大学とハーヴァード大学が六人ずつ、ダートマス大学が三人、プリンストン大学と海軍兵学校がふたりずつを輩出した。今日では、何百もの優れた教育機関が存在する国としては当然ながら、獲得者は全国に分散する傾向にあるが、一流校と士官学校の健闘も続いている。

アーカンソー州の委員会を運営するのは、ビル・ナッシュだった。背が高く痩せた男性で、フリーメーソン会員として積極的に活動し、リトルロックにあるローズ法律事務所のシニア・パートナーを務めていた。ミシシッピ川西部最古の法律事務所で、その起源は一八二〇年にまでさかのぼる。ナッシュ氏は古風で高潔な人物で、晴雨を問わず、毎日職場まで数キロ歩いた。委員会には、もうひとりのローズ法律事務所のパートナー、ガストン・ウィリアムソンがいて、彼は地域委員会のアーカンソー州代表委員でもあった。ガストンは、大柄でたくましく、頭脳明晰で、野太く力強い声と威厳ある物腰を備えていた。フォーバス知事がリトルロック・セントラル高校に対してとった行動に反対し、保守勢力の撃退に尽力した経験を持つ。ガストンは選考の全過程においてわたしを支え、力を貸してくれただけでなく、のちにわたしが州司法長官、そして知事を務めたときには、いつも賢明な忠告を与えてくれた。ヒラリーが一九七七年にローズ法律事務所で働き始めてからは、彼女にも支援と助言を惜しまなかった。ガストンはヒラリーを気に入っていた。わたしを政治的に後押ししてじゅうぶん好いてくれたものの、たぶんずっと、ヒラリーにふさわしいほどよい人間ではないと思っていたような気がする。

わたしは、アーカンソーでの面接を切り抜け、最終選考に向けてニューオーリンズへ発った。わたしたちは、フレンチクォーターの〈ロイヤル・オーリンズ・ホテル〉に滞在した。そこで、アーカンソー、オクラホマ、テキサス、ルイジアアナ、ミシシッピ、アラバマの各州から最終選考に残った者たちの面接が行なわれる。前夜の備えとしては、自分の作文を読み返し、《タイム》《ニューズウィーク》《USニュース&ワールドレポート》を通読しただけで、あとはしっかり睡眠をとった。予期しない質問を受けることはわかっていたので、機敏な状態で挑みたかった。それに、あまり感情を高ぶらせたくない。ニューオーリンズは過去の旅を想い起こさせた。幼いころ、祖母と列車に乗って街を去っていくとき、線路わきにひざまずいて泣いていた母の姿。ニューオーリンズとミシシッピ州のガルフコーストへ、ただ一度だけ家族揃って出かけた州外の休暇旅行……。それから、わたしの奨学金獲得を、死の床で自信を持って予言した父さんの言葉が頭から離れなかった。父さんのためにも、どうにか成し遂げたい。

委員長であるオクラホマ州のディーン・マギーは、石油会社カーマギーの社長で、オクラホマの実業界と政界に大きな力を持っていた。最も印象に残った委員はバーニー・モナハンで、アラバマ州バーミングハムにある鉄鋼会社ヴァルカンの会長だった。三つ揃いのスーツを完璧に着こなし、南部の実業家というより大学教授のように見えた。

わたしが受けたいちばんむずかしい質問は、貿易についてだった。まず、自由貿易か保護貿易か、それともその中間を支持するのかときかれた。わたしが、特に先進経済諸国の場合、自由貿易が望ましいと答えると、質問者が切り返した。「では、アーカンソー州の鶏肉を保護しようとするフルブライト議員の努力をどう評価しますか?」。よく練られた巧妙な質問だった。貿易に関して矛盾した答えを出すか、フルブライト議員に対する不忠を示すかを、とっさに選ばなくてはならない。わたしは、鶏肉問題については何も知らないと認めたうえで、議員のもとで働くことを誇りにしていても、あらゆる点で議員に同意する必要はないと思う、と答えた。ガストン・ウィリアムソンが割って入ってわたしに助け船を出し、その問題は、質問者の意図するほど単純ではないことを説明した。実のところ、フルブライトは、州の鶏肉市場に外国企業を参入させる道を探ってきたのだという。鶏肉についてあまり知らなかったせいで、面接にしくじりそうになるとは考えてもみなかった。わたしは、このような失態を二度と演じなかった。知事時代、そして大統領時代、わたしが国内外での鶏の飼養、畜肉処理、売買の方法にとても詳しいことに、みんな驚いたものだ。

十二人全員の面接が終わって、短い審議に時間が割かれたあと、わたしたちは応接室に戻された。委員会は、ニューオーリンズからひとり、ミシシッピからふたり、そしてわたしを選んだ。報道関係者から手短な取材を受けたあと、わたしは受話器のそばでずっと不安げに待っていたはずの母に電話して、わたしにイギリス製のツイードスーツは似合うかな、と尋ねた。ああ、わたしは本当にうれしかった。苦労しながらわたしをこの日まで育ててくれた母のために、そして、父さんの最期の予言が真実となったことに、さらには、この先二年間に待ち受ける栄誉と前途を思って、わたしは大喜びした。しばしのあいだ、世界は動きを止めた。ヴェトナムもなく、人種間の騒動もなく、家庭の心配事も消え、自分自身や将来への不安も飛んでいった。ニューオーリンズではあと数時間余裕があったので、誰もが土地っ子のように〝ビッグ・イージー〟と呼ぶこの街の雰囲気を、解放的な気分で味わった。

父さんの墓参りをして家に戻ったあとは、年末の休暇を楽しむことができた。地元の新聞には、好意的な記事や賞賛の社説まで載った。わたしは、市民クラブで講演したり、友人たちと出かけたり、数え切れないほどの祝い状や電話をもらったりした。クリスマスは楽しかったが、寂しくもあった。弟が生まれて以来初めて、家族が三人になってしまったからだ。

ジョージタウンへ戻ってから、もうひとつ悲しいニュースを受け取った。一月十七日に、祖母が亡くなったのだ。数年前、二度目の脳卒中を起こしたあと、祖母はホープへ戻りたがり、町なかの、懐かしいジュリア・チェスター病院内の養護施設へ移ることを求めた。そして、わたしを生むときに母が使った部屋を希望して、そこに入居した。継父の死と同様、祖母の死は、母の心に相反する感情を呼び起こした。おばあちゃん《マーモ》は、母にはいつもつらく当たった。おじいちゃん《パーポ》がひとり娘をあまりにもかわいがったので嫉妬していたせいか、絶えず娘に激しい怒りをぶつけた。しかし、祖父が亡くなってから、癇癪《かんしゃく》を起こすことは少なくなった。ある善良な婦人に看護人として雇われて、ともにウィスコンシン州やアリゾナ州へ旅行し、先の見えた老寡婦という身の上をしばし忘れて、心に抱える飢餓感をいくらか満たすことができたらしい。わたしが四歳になるまで、祖母は読み書きと計算を教え、食事の世話をし、身なりを整えさせ、大切に育ててくれた。継父とともにホットスプリングズへ越してからは、学校でオールAを取るたびに、五ドルを送ってくれた。わたしが二十一歳になってからも、祖母はまだ、「坊やがちゃんとハンカチを持っているかどうか」知りたがった。祖母が自身をもっとよく理解し、自身と家族をもっといたわっていたら、と残念に思う。それでも、祖母は心からわたしを愛し、わたしが人生のよいスタートを切れるよう、最善を尽くしてくれた。

わたしは、とてもよいスタートを切ったつもりだったが、これから起ころうとしていることについて、何ひとつ知るすべはなかった。一九六八年は、アメリカの歴史上で最も騒乱に満ちた、最も痛ましい年のひとつに数えられるだろう。リンドン・ジョンソンは、ヴェトナムでの従来の方針を保ち、失業や貧困や飢餓を解消するための〝偉大な社会〟プログラムを維持し、再選を狙う心づもりで新しい年を開始した。しかし、国は大統領から離れつつあった。わたしはその時代精神には共鳴したが、生活様式や過激な弁論を受け入れる気にはなれなかった。髪を伸ばしも酒を飲みもしなかったし、一部の音楽はわたしの趣味にはやかましすぎ、どぎつすぎた。リンドン・ジョンソンを嫌いなわけでもない。ただ、戦争が終わってほしいだけだ。それに、文化的な衝突が、目的の推進よりも阻害を招くのではないかと危惧した。若者の抗議運動と対抗文化《カウンターカルチャー》の生活様式に対する反発から、共和党支持者や多くの労働者階級の民主党支持者が右寄りに動き、保守派の主張に耳を傾けだしていた。例えば、復活したリチャード・ニクソンや、かつてローズヴェルト大統領のもとで民主党員だった新任のカリフォルニア州知事ロナルド・レーガンなどがその中心だった。

民主党員も、ジョンソンから離れつつあった。右派では、ジョージ・ウォーレス知事が無所属候補として大統領選を戦うと宣言した。左派では、アラード・ローウェンスタインなどの若い活動家が、民主党予備選挙でジョンソン大統領に挑むよう、反戦派の民主党員を促した。彼らの第一の選択は、ロバート(ボビー)・ケネディ上院議員だった。ケネディは、交渉によるヴェトナム戦争の解決を力説していた。しかし、彼は辞退した。ケネディのジョンソン大統領に対する嫌悪は有名だったので、立候補すれば、主義にもとづいた神聖な戦いではなく、意趣返しを狙っているように見えてしまうからだ。サウスダコタ州のジョージ・マクガヴァン上院議員も、みずからの保守的な州で再選をめざしていたので辞退した。ミネソタ州のユージーン・マッカーシー上院議員は、断らなかった。アドレー・スティーヴンソンの知的リベラリズムという遺産の相続人として、マッカーシーは、胸の内では怒りと悪意に燃えていたとしても、気高ささえ漂わせて野心のなさを示していた。しかし、ジョンソンと対決するだけの気概を見せ、年が明けるころには、反戦の闘士たちが乗ることのできるただ一頭の馬になっていた。一月にマッカーシーは、全州の先頭を切って行なわれるニューハンプシャー州の予備選挙に臨むと宣言した。

二月にヴェトナムで起きたふたつの事件が、反戦感情をさらに強固なものにした。ひとつめは、南ヴェトナム国家警察総監ロアン将軍が、ヴェトコンと疑われる人物を誰何《すいか》もなく即刻処刑した事件だ。ロアンは、白昼のサイゴンの通りで、男の頭を撃ち抜いた。この殺人の瞬間を、偉大な写真家エディ・アダムズがとらえていた。彼の写真によって、さらに多くのアメリカ人が、同盟国であるはずの〝南〟も残虐さにおいて敵である〝北〟と変わりないのではないかという疑問を抱き始めた。

ふたつめのずっと重大な事件は、テト攻勢だ。ヴェトナムの正月である〝テト〟の祭日中に発生したので、そう呼ばれる。北ヴェトナムとヴェトコンの軍隊が、南ヴェトナムじゅうのアメリカ軍の陣地に一連の組織的な攻撃を仕掛けた。サイゴンを始めとする拠点にも攻め込まれ、アメリカ大使館までもが砲火を浴びた。攻撃は退けられ、北ヴェトナムとヴェトコンは多数の死傷者を出して、ジョンソン大統領と軍首脳部は勝利を宣言したが、テト攻勢は、アメリカにとって大きな心理的・政治的敗北にほかならなかった。なぜなら、アメリカ国民は初の〝テレビ放映された戦争〟を目の当たりにして、自国の軍隊が管理下に置いている場所でさえ無防備であることに気づいてしまったからだ。こうしていっそう多くの国民が、南ヴェトナム人が自力で勝てなかった戦争にアメリカが勝てるのだろうか、勝ち目がないとすれば、このうえさらにヴェトナムに兵士を送り込む意味があるのだろうか、と疑念を募らせ始めた。

国内では、上院多数党院内総務のマイク・マンスフィールドが、空爆の中止を求めた。また、ジョンソン大統領の国防長官ロバート・マクナマラとその側近の顧問クラーク・クリフォード、そして元国務長官ディーン・アチソンが、軍事的勝利の達成へ向けた継続的な拡大政策の〝見直し〟をすべき時機だ、と大統領に告げた。ディーン・ラスクは、その政策を支持し続け、軍部は政策遂行のため、さらに二十万人の派兵を要請していた。人種間の事件は国じゅうで継続的に発生し、その一部はかなり暴力的だった。リチャード・ニクソンとジョージ・ウォーレスは、正式に大統領選挙への立候補を表明した。ニューハンプシャー州では、マッカーシーのキャンペーンが勢いを増して、反戦を唱える数百人の学生たちが州外からなだれ込み、戸別訪問でマッカーシーへの支持を訴えた。髪を切ったり髭を剃ったりしたくない者たちは、選挙運動本部の奥の部屋で封筒に広告ちらしを詰めた。そのころボビー・ケネディは、選挙戦に加わるべきか否か、ずっと思い悩んでいた。

三月十二日、マッカーシーは、ニューハンプシャー州で四二パーセントの票を獲得し、リンドン・ジョンソンの四九パーセントに肉薄した。ジョンソンは記入投票候補者（訳注 候補者リストに載っておらず、投票者が名前を書き込む必要のある候補者）で、ニューハンプシャー州へ遊説に行くこともしなかったとはいえ、これはマッカーシーと反戦運動家たちにとって心理的に大きな勝利だった。四日後、ケネディが選挙戦に加わり、一九六〇年に兄のジョンがキャンペーンを始めたのと同じ上院総会室で立候補を宣言した。ケネディは、怨恨による個人的野望が参戦の動機だという非難を和らげようとして、マッカーシーのキャンペーンがすでに、民主党内の根深い分裂を露呈している今、自分はこの国に新たな方向性を与えたいと述べた。しかし、いうまでもなく、新たな〝怨恨〟の問題を抱えることになった。ジョンソン大統領への挑戦を最初に避けておきながら、マッカーシーが名乗りをあげたあとで、それを台なしにしようというのだから。

わたしは一連の展開を特異な視点から眺めていた。同居人のトミー・カプランがケネディのオフィスで働いていたので、そこで何が行なわれているのか知ることができたのだ。また、わたしはワシントンにあるマッカーシーの全国本部でボランティア活動をしている級友と付き合い始めていた。アン・マークーゼンは経済学専攻の優等生で、ジョージタウン大学女子ヨット・チームの主将を務め、マッカーシーと同じミネソタ州出身の熱烈な反戦リベラル派だった。マッカーシーを敬愛し、彼のもとで働く多くの若者と同様、大統領指名候補者の座を奪おうとするケネディを嫌っていた。わたしはケネディの立候補を歓迎していたので、何度かアンと激しい口論をした。司法長官、そして上院議員としてのケネディの働きを見る限り、マッカーシーよりも国内問題を重視していると思えたし、ずっと有能な大統領になるだろうと確信できた。マッカーシーは、白髪でハンサムで長身の魅力的な人物で、明晰な頭脳と鋭い機知を備えたアイルランド系カトリック教徒の知識人だった。しかし、外交委員会でわたしが目にした印象では、あまりにも超然と構えているような気がした。ニューハンプシャー州の予備選挙に立候補するまでは、世の中の動きに対して奇妙なほど受動的に見え、正しい側に投票し、正しいことを言うだけで満足している様子だった。

それにひきかえ、ボビー・ケネディは、大統領への立候補を表明する直前、リンドン・ジョンソンがヴェトナムへさらに二十万人の派兵を行なう前に上院の発言権を確保するため、フルブライトの提案した決議を通過させようと懸命に努力していた。また、アパラチア地方へ赴いて、アメリカの辺地の貧困がいかに深刻であるかを訴えたり、南アフリカを訪問して、アパルトヘイトと闘う若者を激励するというすばらしい活動を行なったりした。マッカーシーは、好感は持てるものの、どちらかといえば、タール紙ぶきの小屋に入っていって貧しい人々の暮らしを視察したり、地球の裏側まで飛んで人種差別を糾弾したりするよりも、家でトマス・アクィナス（訳注　十三世紀のイタリアの神学者、スコラ派哲学者）を読んでいるほうが似合っている気がした。こういう議論をアンに持ちかけようとするたびに、アンは真っ向から反論して、ボビー・ケネディがもう少し原則に忠実で政治的な野心を控えたなら、マッカーシーと同じことをしているはずだと言った。もちろんそこには、わたしの考えかたも政治的すぎるという隠れたメッセージが込められている。当時わたしは本当に彼女に夢中だったので、機嫌を損ねるようなことはしたくなかったのだが、自分の言い分を通したかったし、よい大統領になるはずのよい人物を選びたいとも思った。

ケネディが立候補を表明してから四日後の三月二十日には、選挙戦への興味が個人的な領域のほうに大きく傾いた。ジョンソン大統領が、医学部以外の大学院生に対する徴兵猶予をすべて廃止したため、わたしのオックスフォード大学への留学があやうくなったのだ。大統領の決断によって、ヴェトナム戦争への罪の意識にまた胸がうずいた。ジョンソンと同様、わたしも大学院生の徴兵猶予には賛同できなかった。しかし同時に、政府のヴェトナム政策にも賛同できなかった。

三月三十一日の日曜の夜、ジョンソン大統領が、国民に向けてヴェトナムに関する演説を行なう予定だった。戦争を拡大するつもりなのか、少し鎮静化させて交渉開始をめざすつもりなのか、さまざまな憶測が流れた。しかし、実際にどのような話があるのかは誰にもわからなかった。わたしはマサチューセッツ通りを車で移動しながら、カーラジオで演説を聴いていた。ジョンソンはひとしきり話したあと、この戦争の解決策を見出すため、北ヴェトナムへの空爆を大幅に制限することを決意した、と述べた。それから、わたしがデュポン・サークルの北西にある〈コスモス・クラブ〉を通り過ぎようとしたとき、大統領の口から爆弾発言が飛び出した。「遠くの戦場にいるアメリカの息子たちのこと、そして世界的な平和への願いが叶わないままの現状について考えれば、もはやこれ以上、個人的な党派の大義のために、時間と日々を費やすわけにはいきません……したがって、わたしは今後、次期大統領候補としての党の指名を求めず、受け入れもしないことを、ここに表明します」。わたしは驚きに打たれて、道路わきに車を停めた。アメリカ国内ですばらしい功績をあげたジョンソンを思うと悲しかったが、この国と新たな旅立ちへの希望を思うとうれしくもあった。

その感覚は長続きしなかった。その四日後の四月四日の夜、マーティン・ルーサー・キングが、メンフィスにある〈ロレイン・モーテル〉の部屋のバルコニーで殺されたのだ。師は、ごみ収集作業員のストライキを支持するために、メンフィスを訪れていた。ここ数年間、師は公民権運動の目標を拡大して、都市における貧困の撲滅や、戦争への率直な反対を唱えていた。これは、彼の指導力に対する若く戦闘的な黒人たちからの挑戦をかわすため、政治的に必要な戦略だったが、貧困とヴェトナム戦争に対峙しなければ、黒人の公民権に進歩は得られないとキング牧師が言うとき、それは誰の目にも明らかな真実と映った。

殺される前の晩、キング牧師はメーソン・テンプル教会を埋め尽くす聴衆に向かって、気味の悪いほど予言的な説教を行なった。自分の命を狙った多くの脅しをはっきりと示唆して、師は言った。「あらゆる人と同じように、わたしも長生きしたい。長寿にはそれなりの意味がある。しかし、今はそのことに執着していない。ただ、神の意志を実現したいのだ。神はわたしに、山の頂へ登ることをお許しになった。そしてわたしは、山の向こうを見渡し、約束の地を見た。わたしがみなさんとともに、そこへたどり着くことはないかもしれない。しかし、今夜みなさんに知ってもらいたいのは、わたしたちはひとつの民として、いつかその約束の地にたどり着くということだ。だから、今夜のわたしは幸せだ。何も心配していない。誰も恐れていない。わたしはこの目で、栄えある主の到来を見たのだから!」。翌日の夕方六時、師はジェイムズ・アール・レイに射殺された。犯人は、慢性的な不満を抱え、武装強盗で有罪になって、一年ほど前に刑務所から脱走した男だった。

マーティン・ルーサー・キングの死は、ジョン・F・ケネディ大統領の暗殺以来例がないほど、この国を大きく揺るがした。その晩、インディアナ州へ遊説していたボビー・ケネディは、国民の恐怖を静めようとして、おそらく生涯で最も優れた演説を行なった。黒人たちに、白人たちへの憎しみに囚われないでほしいと訴え、自分の兄も白人に殺されたことを思い出させた。それから、アイスキュロスの偉大な詩を引用して、人間の意志には関係なく、「荘厳な神の恩寵によって」苦悩から英知がもたらされるのだと言った。ボビーは、目の前の聴衆と、耳を傾けている国民に向かって、きっとこのつらいときを乗り越えられる、なぜなら大多数の黒人と白人は、「ともに暮らし、生活の質を高め、この国に住むすべての人間が公正に扱われることを望んでいるのだから」と訴えた。そして次のように締めくくった。「ギリシャ人がはるか昔に書いた言葉を、ひたむきに追い求めましょう。人間の残忍さを飼いならし、この世の生命を優しさで満たすのです。ひたむきに追い求め、わたしたちの国とわたしたちの国民に、祈りを捧げましょう」

キング牧師の死が招いたのは、祈りだけではなかった。ある者は恐れ、ある者は望んだとおり、それは非暴力主義の死でもあった。ストークリー・カーマイケルは、白人アメリカ社会が黒人アメリカ社会に宣戦布告をしたからには、「報復以外の選択肢はない」と言明した。暴動が、ニューヨーク、ボストン、シカゴ、デトロイト、メンフィス、その他百カ所以上の都市や町で次々に起こった。四十人以上が死亡し、数百人が負傷した。ワシントンで発生した暴動は特に激しく、その大部分は一四番通りとH通りに沿った黒人の店を狙ったものだった。ジョンソン大統領は、秩序を取り戻すため州兵を出動させたが、緊迫した空気は消えなかった。

ジョージタウン大学は、暴力の影響の及ばない安全な場所に位置していた。しかし、大学のバスケットボール・チームが試合で使うマクドナー体育館に、数百人の州兵が宿泊したときには、その片鱗を感じた。多くの黒人の家族が家から焼け出され、地域の教会に身を寄せていた。わたしは赤十字に加入して、食料や毛布やその他の支給品を運ぶ手伝いをした。アーカンソー州のプレートを付け、ドアに赤十字のロゴを貼ったわたしの一九六三年型の白いビュイック・コンヴァーティブルは、ほとんど無人となった街のなかで奇妙に浮いて見えた。建物からはまだ煙が立ちのぼり、店先には略奪によって破られたガラスが散乱していた。夜間に一度訪れ、それから日曜の朝にもう一度行った。そのときには、週末に飛行機でやってきたキャロリン・イェルデルもいっしょだった。昼間は安全そうだったので、車を降りて少し歩き回り、暴動の破壊跡を眺めた。黒人の住む界隈で不安を感じたのは、あとにも先にもこのときだけだ。しかし、黒人の怒りの主な犠牲者が黒人自身であることに悲しみと皮肉を感じたのは、それが最初でも最後でもなかった。

キング牧師の死は、その非暴力主義への忠誠とアメリカの前途への信念をぜひとも必要としていた国家に喪失感をもたらし、今やその両方を失う危機を招きつつあった。議会は対応策として、住宅の販売や賃貸における人種差別を禁じたジョンソン大統領の法案を通過させた。ボビー・ケネディも、その喪失感を埋める努力をした。人種間の和解を説く一方で、保守的な有権者には、犯罪のきびしい取り締まりと、福祉から労働まで人々が積極的に動く必要性について語り、五月七日にインディアナ州の予備選挙で勝利した。リベラル派の一部は彼の〝法と秩序〟のメッセージを攻撃したが、それは政治的に必要な戦略だった。そして、ケネディはその正しさを信じ、同時にすべての徴兵猶予廃止の正しさも信じていた。

インディアナ州でボビー・ケネディは、初の〝新しい民主党員《ニュー・デモクラット》〟となった。ジミー・カーターよりも、わたしが一九八五年に発足を支援した民主党指導者会議よりも、わたしの一九九二年のキャンペーンよりも早い登場だった。彼はすべての人々の公民権を信奉し、誰に対しても特権を認めず、貧しい人々には施しより手助けが必要と考え、福祉よりも労働を重視した。そして、積極的な政治には、新しい政策と基本的な価値観の両方、広範囲にわたる変化と社会の安定の両方を擁護することが必要だと、本能的に理解していた。もし彼が大統領になっていれば、二十世紀後半のアメリカは、今とまったく違う道のりをたどっていただろう。

五月十日、アメリカと北ヴェトナムの和平交渉がパリで始まり、戦争終結を強く願う国民に希望を、そして四月後半に大統領選挙戦に加わった副大統領ヒューバート・ハンフリーに安堵をもたらした。指名あるいは当選を勝ち取るチャンスを得るには、民主党の行く末になんらかの変化が必要だったのだ。一方、社会の混乱が終息する気配はなかった。ニューヨークのコロンビア大学は、抗議運動によってその学年度いっぱい閉鎖された。ふたりのカトリック司祭、ダニエル・ベリガンとその弟フィリップが、徴兵記録を盗んで焼いた容疑で逮捕された。ワシントンでは、暴動からわずか一カ月という時期に、公民権運動家らが、キング牧師の計画だった〝貧者の運動〟を続けるために立ち上がった。そして、ワシントン中央の公園〈モール〉にテント宿営地を設置して、〝復活の街〟と名づけ、貧困の問題を強く訴えかけた。しかし、どしゃぶりの雨が降って〈モール〉をぬかるみに変え、生活環境を悲惨なものにした。六月のある日、アン・マークーゼンとわたしは様子を見に行き、支持する気持ちを伝えた。テントとテントのあいだには、ぬかるみに沈まずに歩けるように板が敷いてあったが、二時間も歩き回って人と話したあとには、いずれにせよ泥まみれになった。まるで、時代の混迷そのものを表わしているようだった。


五月が終わっても、民主党の大統領候補指名争いは揺れ動いていた。ハンフリーは、予備選挙のない州の党幹部から代議員を獲得し始めた。マッカーシーは、オレゴン州の予備選挙でケネディを破った。ケネディの指名への望みは、六月四日のカリフォルニア州の予備選挙にかかっていた。わたしは、大きな期待を抱きながら大学の最終週を過ごした。結果が出る日は、卒業式の四日前だった。

火曜の夜、ボビー・ケネディは、ロサンジェルス郡の少数民族系の有権者から絶大な支持を得て、カリフォルニア州で勝利した。トミー・カプランとわたしは大喜びだった。わたしたちは、ケネディの勝利宣言を聴いてから眠りについた。ワシントンでは午前三時近かった。数時間後、トミーがわたしを叩き起こした。わたしの体を揺さぶって叫んでいる。「ボビーが撃たれた！　ボビーが撃たれた！」。テレビを消して寝てから数分後、ケネディ上院議員が〈アンバサダー・ホテル〉のキッチンを通り抜けたとき、議員のイスラエル擁護を憎む若いアラブ人、シルハン・シルハンが、ケネディとその周囲の人々に弾丸の雨を浴びせたのだ。負傷したまわりの五人は、全員回復した。ボビー・ケネディは、頭部に深刻な傷を負い、手術を受けた。そして翌日亡くなった。享年四十二歳。六月六日、母の四十五歳の誕生日、マーティン・ルーサー・キングが殺されてから二カ月と二日後の出来事だった。

六月八日、カプランは聖パトリック大聖堂での葬儀に参列するため、ニューヨークへ赴いた。有名無名を問わないケネディ上院議員の崇拝者たちが、式前日の昼から夜までひきもきらず訪れ、棺に向かって別れを告げた。ジョンソン大統領、ハンフリー副大統領、マッカーシー上院議員もそこにいた。フルブライト上院議員もだ。エドワード（テッド）・ケネディは、兄のために立派な追悼演説を行ない、けっして忘れられない力強く気高い言葉で締めくくった。「わたしの兄は、理想化される必要も、死によって生前の姿より誇張される必要もありません。彼はただ、善良で実直な男として記憶されるべきでしょう。悪を見れば正そうとし、苦痛を見れば癒そうとし、戦争を見れば止めようとした男として。兄を愛したみなさん、そしてきょう兄を永遠の眠りに送り出すみなさん、兄がわたしたちに示してくれたこと、人々のために望んでいたことが、いつか世界じゅうで実現するよう祈ってください」

それはわたしの願いでもあったが、今やかつてないほど遠のいて見えた。わたしたちは、残り数日の大学生活を呆然としたまま過ごした。トミーは、ニューヨークからワシントンまでの葬列に加わり、かろうじて卒業式に間に合うよう戻ってきた。そのほかの卒業行事はすべて中止になったが、卒業式自体は計画どおり行なわれる予定だった。しかし、それさえも首尾よく運ばず、ここしばらくなかった滑稽な一幕を演出することになった。卒業式の祝辞を任された地元の市長、ウォルター・ワシントンが立ち上がって話し始めたとたん、巨大な嵐雲が現われた。市長は三十秒間ほど、卒業生に向かって祝いの言葉を述べ、幸運を祈ったあと、すぐ中に入らなければ全員びしょぬれになるぞ、と言った。すると雨が降りだしたので、わたしたちは一目散に校舎へ駆け込んだ。わたしたちの学年は、ワシントン市長に感謝して大統領に推さんばかりだった。その夜、トミー・カプランの両親が、トミーとわたしと、わたしの家族と、そのほか数人をイタリアン・レストランでの夕食に誘ってくれた。トミーが会話をリードし、その流れのなかで、ある問題を理解するには「成熟した知識人」でなければならない、と言った。するとわたしの十一歳の弟が顔を上げてきいた。「トミー、ぼくは成熟した知識人かな?」。めまぐるしい一日と、痛ましい十週間を、笑いで終えることができたのは幸いだった。

数日後、荷造りして友人たちに最後の別れを告げたあと、わたしはフルブライト上院議員の再選キャンペーンで働くため、同居人ジム・ムーアとともに車でアーカンソー州へ戻った。フルブライト議員には、情勢を不利にしそうな点がふたつあった。ひとつは、国内の相次ぐ騒乱にすでに動揺気味の保守的な軍拡賛成派の州で、ヴェトナム戦争に対する率直な反対を表明している点、もうひとつは、現代的な議会政治の求める条件に応じようとしない点だ。当節の両院議員は、ほぼ毎週末地元へ戻り、選挙区民に対面することが不可欠とされた。フルブライトが議員になった一九四〇年代には、期待される物事がまったく異なっていた。その当時、議員は休会期と長い夏期休暇に帰郷し、ふだんは郵便や電話に応対して、選挙区民がワシントンに訪ねてくれば面会した。開会中の週末には、議員らは気がなく街にとどまり、仕事を持つほとんどのアメリカ人と同様、くつろいだり、思索にふけったりした。長期休暇で帰郷するときには、地元のオフィスで勤務時間をこなし、地元住民に会うため何度か中核地域に赴くことを期待された。有権者との積極的な交流は、選挙期間中に限られていた。

しかし一九六〇年代後半には、空路での容易な旅行や地方ニュースの報道範囲拡大によって、生き残りへのルールが急速に変化した。徐々に両院議員は、ほとんど週末ごとに帰郷し、到着後はさまざまな場所へ赴き、できる限り地元のメディアに露出するようになった。

フルブライトのキャンペーンは、議員の戦争への姿勢に反対する人や地元への関心が足りないと考える人、あるいはその両方から、少なからぬ抵抗を受けた。フルブライトは、毎週末の帰郷をばかげた発想だと見なし、それを実行している同僚について、あるときわたしにこう言った。「彼らは本を読んだり考えたりする時間をどうやって作るんだ?」。悲しいことに、絶え間ない帰省を求める圧力は高まるばかりだった。テレビやラジオ、その他の広告費の上昇と、ニュース取材への飽くなき欲求に追い立てられ、多くの議員たちは毎週末飛行機に乗り、平日の晩にはワシントン近郊の資金集めパーティーへ足しげく通った。大統領時代、わたしはよくヒラリーとスタッフに、議会討論があそこまで辛辣で否定的なのは、あまりに多くの議員が常に疲労困憊《こんぱい》状態だからだとぼやいたものだ。

一九六八年の夏、ヴェトナムをめぐる闘いで疲れ切っていたものの、フルブライトの悩みは疲労ではなかった。必要なのは休息ではなく、議員を遠い存在と感じるようになった有権者とふたたびつながる方法だった。幸運にも、対立候補はいずれも力が弱かった。予備選挙での主な敵は、ほかならぬジム・ジョンソン判事だけだった。ジョンソンは、お決まりの手順に従って、カントリーバンドとともに郡の首都を巡り、フルブライトを共産主義に甘いとなじっていた。ジョンソンの妻ヴァージニアは、夫のあとを継いで知事となったジョージ・ウォーレスの妻ラーリーンの向こうを張って、知事に立候補した。共和党の上院議員候補は、アーカンソー州東部出身の無名の小企業経営者、チャールズ・バーナードだった。彼は、この州にとってフルブライトはリベラルすぎると主張した。

リー・ウィリアムズが、キャンペーンを指揮するためこちらへ来ていた。頼りになる補佐は、若いが経験豊かな政治家で、フルブライトのリトルロックのオフィスを仕切るジム・マクドゥーガル（ホワイトウォーター疑惑の人物）だった。ジムは昔かたぎの民衆主義者《ポピュリスト》で、巧みな話術ですばらしい物語を聞かせ、崇拝するフルブライトのため一心不乱に働いた。

ジムとリーは、上院議員を、赤いチェックのスポーツシャツを着た気取らないアーカンソー人、〝ただのビル〟として、アーカンソー州に再紹介する戦略を練った。そしてあらゆるキャンペーンの印刷物やほとんどのテレビコマーシャルで、議員をそういう姿に仕立てたが、議員自身は気に入らない様子だったし、キャンペーン中もたいていスーツを着ていた。田舎風の気さくなイメージに現実味を持たせるため、議員は、州の小さな町々を巡る草の根的な遊説を実施することに決めた。運転手をひとり連れ、過去の支持者の名前がぎっしりと書かれた黒い手帳を一冊持っていく。パーカー・ウェストブルックがまとめた名簿だ。パーカーは、政治にはほとんど興味がないのだが、アーカンソーじゅうの人間を知っているようなスタッフだった。フルブライト議員は六年に一回しか選挙運動をしないので、パーカーの黒い手帳に名を連ねた人たちが全員、まだ達者でいることを祈るしかなかった。

リー・ウィリアムズが、アーカンソー州南西部への数日間の旅で、議員の運転手を務める機会をわたしに与えてくれたので、喜んで応じた。わたしはフルブライト議員に心酔し、ローズ奨学金委員会への推薦状を書いてくれたことに感謝していた。それに、アーカンソー州の小さな町が何を考えているのか、もっとよく学びたかった。都市部の暴力と反戦デモからは遠く離れていたが、彼らの多くは、ヴェトナムに子どもを送り出していた。

ある日、わたしたちが小さな町に立ち寄り、車を停めて、農家の人たちが家畜用の穀物を買う飼料販売店に入っていくと、全国テレビの取材班がフルブライトのあとを追ってきた。カメラが回るなか、フルブライトは作業ズボン姿の老人と握手をして、投票を依頼した。老人は、投票はできない、なぜならフルブライトは〝アカ〟に立ち向かうことをせず、連中に「われわれの国を乗っ取らせて」しまうからだ、と答えた。フルブライトは、床に積み重なった飼料袋の山に坐り、男に話しかけ始めた。そして、もし共産主義者を国内で見つけたら、立ち向かうつもりがあることを請け合った。「だが、やつらはそこらじゅうにいるじゃないか」男が言い返す。フルブライトが応じた。「ほんとうに？この近くで見たことがあるのかい？　わたしはまわりじゅう探してみたが、ひとりも見たことはないよ」。フルブライトのおどける姿はおもしろかった。この老人は、まじめな会話をしていると思っているのだ。テレビの視聴者も大いに喜んだはずだが、その後の展開はかんばしくなかった。老人が目の前に高い壁を築いてしまった。〝アカ〟を見つけることができようができまいが関係ないのだ。彼はフルブライトに心を閉ざし、もうどんなに話しても、壁を取り払うことはできなかった。わたしはただ、この町や、似通った数百の町に、まだ手の届く有権者たちがいてくれることを願うだけだった。

飼料販売店での出来事はともかく、フルブライトは、小さな町の有権者たちのほとんどが賢く、堅実で、公平な視点を持っていることを悟った。彼らには物事をじっくりと考える時間があり、それほど簡単に右派の批評家に煽動されはしないというのが議員の意見だった。二日ほど各地を回り、白人の有権者がすべて人種隔離主義者ジョージ・ウォーレスを支持しているらしいとわかると、わたしにはそれほど確信が持てなくなった。それからわたしたちは、センターポイントへ行き、そこで政治生活のなかでも特に記憶に残る出会いを経験した。センターポイントは、人口が二百人にも満たない小さな町だった。黒い手帳には、会うべき男性はボウ・リースという名前で、町でいちばん立派な家にのだ。

住む長年の支持者だと書いてあった。テレビコマーシャル以前の時代、たいていのアーカンソー州の小さな町々には、ボウ・リースのような人がいた。選挙の数週間前になると、人々が「ボウは誰に入れるんだい？」ときく。彼の選択が知れ渡り、票の三分の二、ときにはそれ以上を動かすことになるのだ。

わたしたちがその家の前に車を停めたとき、ボウはポーチに坐っていた。そして、フルブライトとわたしの手を握り、歓迎の言葉を伝えてから、家に招き入れてくれた。暖炉とゆったりした椅子のある古風な家だった。わたしたちが身を落ち着けると、ボウが切りだした。「議員、この国は問題だらけだ。多くの物事が間違っている」。フルブライトは同意したが、ボウ・リースの話がどこへ向かうのかわかっていなかった。わたしにもわからない。もしやそのままウォーレスにつながるのだろうか。それからボウは語り始めた。その話を、わたしは生涯忘れないだろう。「先日、アーカンソー州東部で綿花を育てている友人と話したんだ。彼は分益小作人《シェアクロッパー》を大勢使っていてね（分益小作人《シェアクロッパー》とは、黒人が大部分を占める農場労働者で、文字どおり少ない取り分《シェアクロップ》の収穫物で支払いを受ける人たちのことだ。彼らはたいてい農場の崩れかかった小屋に住み、当然のように貧しかった）」。それで、わたしは尋ねてみた。「分益小作人たちの暮らしはどうですか？」。すると、ボウは答えた。「うん、不作の年には、損得なしといったところだ」。それから笑って、付け加えた。「そして、豊作の年にも、損得なしだ」。ボウは続けた。「議員、これは正しいことじゃない。わかるだろう。そのせいでこの国には貧困がはびこって、ほかにもたくさんの問題が起こっているんだ。あなたが来期も務めることになったら、これをなんとかしなくちゃならない。黒人たちは、もっと恵まれた暮らしを送ってもいいはずだ」。これまで人種差別的な話をさんざん聞かされてきたフルブライトは、ほとんど椅子から転げ落ちそうになった。そして、再選されたあかつきには必ず対策を講じると請け合い、ボウの変わらぬ支援を取りつけた。
車に戻ってから、フルブライトが口を開いた。「どうだい、言ったとおりだろう。こういう小さな町には、知恵者がたくさんいるんだ。ボウはあのポーチに坐って、物事をじっくり考えている」。ボウ・リースは、フルブライトに大きな影響を与えた。数週間後、人種差別の温床でウォーレス支持の傾向が強い、アーカンソー州南部の油田の町エルドレードの選挙集会で、フルブライトは、アメリカの直面するいちばん大きな問題は何かと問われた。議員はなんのためらいもなく「貧困です」と答えた。わたしは議員を誇りに思い、ボウ・リースに感謝した。

暑い田舎道をたどって町から町へ車を走らせながら、わたしはできるだけたくさんフルブライトと話そうと努めた。このときの会話はすばらしい思い出を残してくれたが、運転手としてのキャリアを大幅に短縮することにもなった。ある日、わたしたちはアール・ウォーレン判事の指揮下にある最高裁〝ウォーレン法廷〟（訳注　一九五三－六九年のアール・ウォーレンを首席裁判官とする合衆国最高裁判所。司法積極主義の立場をとり、違憲立法審査権を活発に行使した）について熱心に論議した。わたしは、その判決のほとんど、特に公民権問題に関する裁定に強い賛意を表した。フルブライトは同意せず、こう言った。「この最高裁は、そのうち激しい反動を呼ぶことになるだろう。裁判所によって、社会を根底から変えることはできない。変化の大部分は、政治機構によって起こすべきだ。たとえ長い時間がかかっても、そのほうがきちんと定着する可能性は高い」。わたしは今でも、〝ウォーレン法廷〟のもとで、アメリカがめざましい進歩を遂げたと思っているが、もう三十年以上にわたって強烈な反発があることも、疑いのない事実だ。

遊説を始めて四日目か五日目、また別の小さな町を出て、次の目的地へと車を走らせながら、わたしは例によってフルブライトと政治論議を始めた。五分くらいしてから、フルブライトがどこへ向かっているのかと尋ねた。町の名を告げると、議員が注意した。「それなら、方向転換したほうがいい。

まるっきり逆方向へ進んでいるぞ」。わたしがおずおずとUターンすると、議員が言った。「きみはローズ奨学生の名を汚すつもりか？　まるで、自分の走る方向も知らないばかなインテリみたいなことをして」

車の向きを変え、予定どおりに議員を送り届けたが、当然ながら、わたしは恥じ入っていた。そして、運転手としての日々が終わりを告げたこともわかっていた。しかし、気にしないことにしよう。わたしはもうすぐ二十二歳の誕生日を迎えるし、生涯心に刻まれる数日間の経験と対話を堪能できた。フルブライトに必要なのは、時間どおり次の場所へ運んでくれる運転手なのだ。わたしは、本部の仕事に戻れるのがうれしかった。集会やピクニックもあり、長時間にわたる夕食会で、リー・ウィリアムズやジム・マクドゥーガル、その他のベテラン政治家が繰り広げるアーカンソー州の政治物語に耳を傾けることもできた。

予備選挙の少し前、トム・キャンベルが、海兵隊の士官訓練でテキサス州へ向かう途中に訪ねてきた。ちょうどその夜、ジム・ジョンソンがベイツヴィルの郡庁舎の石段で、例のカントリーバンド集会を開く予定だった。リトルロックから約一時間半ほど北へ向かった場所だ。そこでわたしは、噂で聞いたことしかないというトムに、アーカンソー州の一面を見せてやることにした。ジョンソンは、なかなか快調な様子だった。聴衆の雰囲気を盛り上げてから、靴をひとつ掲げて叫んだ。「この靴が見えるか？　これは、共産主義国ルーマニア（彼は〝ルゥー・メイン・ヤア〟と発音した）製の靴である！　ビル・フルブライトは、こういう共産主義国の靴をアメリカに輸入させる法案に賛成し、製靴工場で働く善良なアーカンソー州の人々の仕事を奪い去ろうとしたのだ」。その当時、この州には製靴工場で働く人がたくさんいた。ジョンソンは彼らとわたしたち全員に、自分が上院議員になったら、これ以上〝アカ〟の靴にアメリカを侵略させはしないと約束した。アメリカが本当にルーマニアから靴を輸入しているのか、フルブライトが成立しなかった国境開放法案に賛成票を投じたのか、それともすべてがジョンソンのでっちあげなのか、わたしにはわからなかったが、逸話としてはよくできていた。演説のあと、ジョンソンは石段で足を止めて、聴衆と握手した。わたしはじりじりしながら自分の番を待った。そして握手したとき、わたしは彼に向かって、あなたを見るとアーカンソー出身であることが恥ずかしくなると告げた。わたしのきまじめさがおもしろかったらしい。ジョンソンはただにやりと笑って、感じたことを手紙に書いて送るように勧め、次の人との握手へ進んだ。

七月三十日、フルブライトは、ジム・ジョンソンとあまり有名でないふたりの候補者を破った。ジム判事の妻ヴァージニアは、四十万票以上の投票総数のなか、四百九票の差で若き改革派テッド・ボズウェルを制し、かろうじて知事選挙の決選投票に残った。キャンペーンの終盤とそれに続く六日間、誰もが落選をどうにか避けるため、あるいは情報の乏しい選挙区から追加の票を得るために奔走しているとき、フルブライトのスタッフがボズウェルの支援に最善の努力を払ったのだが、それも及ばなかった。ジョンソン夫人は決選投票で、六三パーセント対三七パーセントでマリオン・クランクに敗北した。クランクは、アーカンソー州南西部フォアマン出身の州議会議員で、裁判所職員と背後にいるフォーバスの派閥から支援を受けていた。ついに、アーカンソー州はジョンソン夫妻を見限ったのだ。まだ一九七〇年代の〝新しい南部〟には到達していなかったが、後戻りしないだけの常識をすでに備えていた。

八月、フルブライト議員のキャンペーンに傾けていた気持ちを緩めて、オックスフォード大学への留学準備を整え始めたころ、母の友人のビルとマージのミッチェル夫妻が住むハミルトン湖の湖畔にある家で、数日間夏の夜を過ごした。訪れるたびいつも歓迎してくれる家で、この夏わたしは興味深い人たちに出会った。母と同様、この夫妻も競馬が大好きで、長年のあいだにたくさんの競馬関係者と知り合いになった。そのなかに、イリノイ州出身の馬主兼調教師の兄弟、W・ハル・ビショップと〝ドンキー〟・ビショップもいた。W・ハルのほうが成功していたが、ドンキーはわたしの知るなかでも指折りの忘れがたい人物だった。彼は、マージとビルの家をよく訪れていた。ある晩、湖のほとりで麻薬や女性に関するわたしの世代の経験について話していると、ドンキーが、自分も昔は大酒飲みで、十回も結婚したと言いだした。わたしはびっくりした。「そんな目で見ないでくれ」とドンキーは言った。「おれがきみくらいの歳のころは、今とは状況がぜんぜん違ってたんだよ。セックスがしたかったら、愛してると言うだけじゃだめだった。結婚するしかなかったのさ!」。わたしは笑って、全員の名前を憶えているのかときいた。「ふたりを除いて全員ね」。いちばん短い結婚期間は?「ひと晩。猛烈な二日酔いで目を覚ましたらモーテルにいて、知らない女が横にいたんだ。おれが『あんた、いったい誰だい?』ってきいたら、女が『あんたの妻よ。この最低男!』って言うから、おれは飛び起きてパンツをはいて、さっさと逃げたのさ」。一九五〇年代に、ドンキーはこれまでとはまったく違う女性と出会った。そして彼女に自分の人生のすべてを打ち明け、もし結婚してくれるなら、もう二度と酒を飲まず大騒ぎもしないと言った。彼女はその万にひとつのチャンスに賭け、彼はその言葉を二十五年間、死ぬまで守った。

マージ・ミッチェルは、ホットスプリングズで教職に就いたばかりのふたりの若者、ダニー・トマソンとジャン・ビガーズも紹介してくれた。ダニーはアーカンソー州最小の郡の首都ハンプトン出身で、そののどかさがわかるすてきな田舎の物語を山ほど知っていた。わたしは知事時代、毎週日曜日、インマヌエル・バプテスト教会でダニーと並んでテナーのパートを歌った。ダニーの兄のハリーと義姉のリンダは、ヒラリーとわたしの大親友となり、一九九二年の大統領選と大統領在任中に大きな役割を果たしてくれた。
ジャン・ビガーズはすらりとした美しくおしゃべりな女の子で、アーカンソー州北東部のタッカーマン出身だった。よい子だったが、残念なことに、受けた教育のせいで人種隔離主義的な考えを持っていた。わたしは、オックスフォード大学へ発つとき、ダンボール箱いっぱいに詰めた公民権に関するペーパーバックの本をジャンにあげて、読むように勧めた。数カ月後ジャンは、同僚の教師で、全米黒人地位向上協会(NAACP)の地方支部会長のジョン・パスカルと駆け落ちした。ふたりはニューハンプシャー州に落ち着いて、夫は建設業者となり、妻は教師を続け、三人の子どもをもうけた。わたしが大統領に立候補したとき、うれしい驚きとともに知ったのは、ニューハンプシャー州の十郡のうちのひとつで、ジャンが民主党委員長を務めていたことだった。

わたしはオックスフォード大学へ行く準備を整えつつあったが、八月は一九六八年のなかでも混迷をきわめた月だったので、なかなか前向きな気持ちになれなかった。それは、マイアミビーチで開かれた共和党大会から始まった。復活したリチャード・ニクソンの打倒を狙ったニューヨーク州知事ネルソン・ロックフェラーの試みは、党の穏健派の弱体化を露呈しただけに終わった。そして、カリフォルニア州知事ロナルド・レーガンが、〝真の〟保守派に訴える大統領候補として初めて登場した。ニクソンが一回目の投票で、六百九十二票を獲得し、二百七十七票のロックフェラーと百八十二票のレーガンを破った。ニクソンのメッセージは単純だった。国内には法と秩序を、ヴェトナムには名誉ある講和を。本格的な政治の混乱は、これからシカゴで開催される民主党大会に待ち受けているのだが、共和党もその動乱の一翼を担い、ニクソンの副大統領候補の選択で事態はますます紛糾した。その候補、メリーランド州知事スピロ・アグニューは、市民の不服従に対する強硬姿勢によってのみ、全国的にその名を知られていた。黒人初の大リーガーで野球の殿堂入りを果たしたジャッキー・ロビンソンは、自分が〝差別主義者〟と見なす共和党候補者の後押しはできないとして、ロックフェラーの補佐役を辞任した。マーティン・ルーサー・キングの後継者、ラルフ・アバナシー牧師は、共和党大会に進歩的な影響を与えることを期待して、〝貧者の運動〟をワシントンからマイアミビーチへ移した。しかし運動員らは、党の綱領にも、議員席からの演説にも、ニクソンの超保守派への訴えにも、失望させられた。アグニューの指名が発表されると、貧困に立ち向かう平和的な集会が暴動へと転じた。州兵が出動し、すでにお決まりとなったシナリオが展開された。催涙ガスと殴打、略奪と火事だ。終息したときには、三人の黒人男性が死亡し、三日間の夜間外出禁止令が敷かれ、二百五十人の人々が逮捕されて、のちに警察の虐待行為への非難を抑えるため釈放された。しかしすべての騒ぎは、アメリカのいわゆる〝サイレント・マジョリティ〟に示された、法と秩序を重んじるニクソンの役割を強化しただけだった。物言わぬ多数派の人々は、アメリカ社会の基礎構造が崩壊しつつあると見なし、動揺していたのだ。

マイアミの衝突は、その月の下旬にシカゴで民主党が直面した出来事に比べれば、ただの準備運動にすぎなかった。その月の初め、アラード・ローウェンスタインらは、まだハンフリーに代わる候補者を探しているところだった。マッカーシーもまだ踏みとどまっていたが、勝利の見込みはあまりなかった。八月十日、ジョージ・マクガヴァン上院議員が立候補を表明した。明らかに、ロバート・ケネディの支持層を狙ったものだった。そのころ、シカゴは反戦を訴える若者であふれ始めた。本物の騒ぎを起こす意図があったのは、そのうちのごく少数だった。残りの者たちは、さまざまな形で平和的な抗議運動を行なうために集まってきた。なかにはイッピーたちもいて、参加者のほとんどがマリファナでハイになるという〝カウンターカルチャー〟の〝人生の饗宴〟を催す計画を立てていた。そして全国動員委員会は、もっと伝統的な抗議運動を考えていた。しかし、リチャード・デイリー市長は、一分《いちぶ》の隙も見せなかった。全警察隊に警戒態勢をとらせ、知事には州兵を派遣するよう依頼し、最悪の事態に備えた。

八月二十二日、党大会は最初の犠牲者を出した。十七歳のアメリカ先住民の少年が警察官に射殺されたのだ。警察は、リンカーンパーク近くで少年が先に発砲したと主張した。この公園には、毎日人々が集まるようになっていた。二日後、約千人のデモ隊が、夜間の公園からの退去命令に応じることを拒否した。数百人の警官が警棒を振りかざして群衆に襲いかかり、その標的たちは石を投げ、罵声を浴びせ、あるいは逃げた。この様子はすべてテレビ放映されていた。

わたしは、その映像を通じてシカゴを経験した。超現実的な眺めだった。わたしはジェフ・ドワイアーとともにルイジアナ州のシュリーヴポートにいた。母の交際相手で、ほどなく夫となるジェフは、一風変わった人物だった。第二次大戦の太平洋戦域の退役軍人で、損壊した飛行機から落下傘で降下して珊瑚礁に着地したとき、腹筋に一生消えない傷を負った。また、熟練した腕前の大工で、口のうまいルイジアナの色男でもあり、母が髪を整えに行く美容室を所有してもいた（美容師として働きながら大学を卒業したそうだ）。そのうえ、フットボール選手や柔道の指導員、住宅建築業者、油井採掘装備の販売人、さらには証券マンとして働いた経験もあった。かつて結婚していたが別れ、三人の娘がいた。一九六二年には株式詐欺で九カ月間服役したことさえあった。一九五六年、彼はある映画会社のために二万四千ドルの資金を集めた。その会社は、伝説的な義賊プリティ・ボーイ・フロイドなど、オクラホマ州の多彩な人物を描いた映画を作ることになっていた。しかし連邦検事の裁定によると、その会社は金を入手したとたんに使い果たし、映画を作る意図などなかった。ジェフは、詐欺だとわかった時点で事業から手を引いたと主張したが、もう遅すぎた。会ってすぐにこういう事情をすべて話してくれたことに、わたしは尊敬の念を抱いた。実際には何があったにせよ、母はこの男性と真剣に交際しており、わたしにも親しくなる機会を持たせたがっていたので、ジェフがプレハブ住宅の会社との仕事を進めるあいだ、数日間ルイジアナへ同行することを承諾した。シュリーヴポートはルイジアナ州北西部の保守的な街で、アーカンソーとの州境からさほど遠くない。毎朝、超右寄りの地元紙で前夜のテレビ報道を確認するたび、強烈なめまいに襲われた。奇妙な環境に身を置きながら、わたしは数時間もテレビの前に釘付けになり、ジェフと出かけて食事する時間を作った。まるで、孤島に取り残されたような気がした。大騒ぎをしている若者たちにも、シカゴの市長とその乱暴な方策にも、市長を支持する人々にも共感を抱くことができなかった。わたしが育った土地の住民の大半も、そのなかに含まれている。そしてわたしは、自分の支持政党と、進歩をめざす党の大義が目の前で分裂していくことに、意気消沈していた。

大会で党の結束が得られるかもしれないという希望は、ジョンソン大統領によって打ち砕かれた。テッド・ケネディ上院議員は、兄の葬儀以来初めての声明で、空爆の一方的中止と、南ヴェトナムからのアメリカと北ヴェトナム軍の相互の撤退を求めた。彼の提案は、ハンフリー、ケネディ、マッカーシーから成る三人のリーダーが合意した和平案の綱領項目の土台になっていた。ところが、ヴェトナム戦争のアメリカ軍司令官クライトン・エイブラムズ将軍がリンドン・ジョンソンに、空爆を中止すればアメリカ軍兵士が危険にさらされると告げると、大統領はハンフリーに、ヴェトナム戦争和平案の項目を綱領から除くよう要求し、ハンフリーは従った。のちに自叙伝のなかでハンフリーはこう綴っている。「わたしは意志を貫くべきだった……屈服すべきではなかった」。しかし彼は屈してしまい、ダムは決壊した。

党大会は八月二十六日に開会した。基調演説を行なったハワイ州選出の上院議員ダニエル・イノウエは、第二次大戦の勇敢な日系アメリカ人退役将校だった。わたしは二〇〇〇年、彼に栄誉章を授与した。遅すぎた感はあるが、故国で大勢の同胞が収容所に拘留されるなか、片腕を失い命を失いかけながら示した英雄的行為を称えたものだ。基調演説でイノウエは、反戦運動家たちとその目的に共感を示したが、平和的な手段を放棄しないようにと念を押した。そして「暴力と無政府状態」を戒めたが、同時に「法と秩序の権限の裏に隠された」無関心と偏見を非難し、ニクソンと、おそらくシカゴ警察当局の方策の両方に、鋭い一撃を加えた。イノウエは釣り合いの取れた演説をしてみせたが、事態はすでに均衡状態から遠く逸脱していたので、彼の言葉の力で修正することは不可能だった。

党大会を分裂させたのはヴェトナムだけではなかった。南部の代議員団の一部は、代議員選考過程に黒人も含めるべしという党の規則に今でも抵抗していた。ミシシッピ州からは、白人が大半を占める代議員団を追放するため、アーロン・ヘンリー率いる新代議員団がやってきた。アーカンソー州選出の下院議員デイヴィッド・プライアーを始めとする資格審査委員会は、この新代議員団の承認を可決した。そのほかの南部の代議員団はほぼ議席を確保したが、ジョージア州の代議員団はふたつに分けられ、半分の議席は新メンバーと入れ替えられた。新メンバーの長は、当時は若き州議会議員で、現在は全米黒人地位向上協会委員長を務めるジュリアン・ボンドだった。また、アラバマ州の代議員団のうち十六名が、党の候補者を支持すると誓約しなかったため資格を剝奪された。おそらく、アラバマ州知事ウォーレスが無所属で立候補するからだろう。

こういう小競り合いもあったが、論争の主眼は戦争だった。マッカーシーは見る影もなく、元の内気な自身に戻ってしまい、甘んじて敗北を受け入れ、抗議運動をする若者たちには無関心な様子だった。彼らは毎晩、リンカーンパークやグラントパークを去ろうとせずに、嫌がらせや暴行を受け続けていた。土壇場になって、当選の見込みがあり、なおかつ許容しうると民主党員の大多数が考える候補者を選ぶ必要に迫られ、アラード・ローウェンスタインからデイリー市長に至るまでの党員が、エドワード・ケネディに打診した。彼がきっぱりと断ったので、ハンフリーの指名がほぼ固まった。ジョンソンが望んだヴェトナムの綱領も同様だ。代議員の約六〇パーセントが、その綱領に賛成票を投じた。

党大会が大統領候補を指名した晩、一万五千人の人々がグラントパークに集まり、戦争とデイリー市長の暴力的な方策に対する抗議を行なった。彼らのひとりが公園のアメリカ国旗を降ろし始めたとたん、警察が群衆に猛然と襲いかかり、誰彼構わず殴って逮捕した。デモ隊が〈ヒルトン・ホテル〉へ向かって行進すると、警察はミシガン・アヴェニューで彼らに催涙ガスを浴びせ、ふたたび殴りつけた。すべての動きはテレビで党大会の会場へ伝えられた。どちらの側も激昂した。マッカーシーはついに、グラントパークにいる自分の支持者たちに呼びかけ、彼らを見捨てはしないし、ハンフリーやニクソンを容認することもしないと告げた。コネティカット州選出の上院議員エイブ・リビコフは、マクガヴァンを候補に挙げた際、「シカゴの街でのゲシュタポ流戦術」を糾弾した。デイリーははじけるように立ち上がり、テレビカメラの前で、リビコフを口汚く罵《ののし》った。演説がすべて終わり、投票が始まった。ハンフリーがたやすく勝利した。投票結果が確定したのは真夜中ごろだった。ハンフリーの選んだ副大統領候補、メイン州選出の上院議員エドマンド・マスキーが、そのすぐあとに難なく決まった。そのころデモ隊は、党大会の会場の外で、トム・ヘイデンと黒人コメディアンのディック・グレゴリーに率いられ、抗議運動を続けていた。イノウエの基調演説を除いて、会場の中で唯一救いとなったのは、最終日に流れたロバート・ケネディに捧げる映像で、これは代議員たちの心に感動を呼び起こした。ジョンソン大統領は抜け目なく、ハンフリーが指名されるまでこの映像を見せないよう命じていた。

党大会が終わったあとの最後の侮辱的行為として、警察は〈ヒルトン・ホテル〉内に突入し、送別会をしていたマッカーシー支持のボランティアたちを殴って逮捕した。警察は、若者たちが酒で憂さ晴らしをしながら、マッカーシーのスタッフが滞在する十五階の部屋からものを投げつけたと主張した。翌日、ハンフリーは、「周到に計画された」暴力へのデイリーの対処を断固として支持する姿勢を示し、市長は何ひとつ間違ったことをしていないと言い切った。

民主党員は、分裂し、意気を挫《くじ》かれてシカゴから引き上げた。ヴェトナムをめぐる不一致を超えた文化戦争は、こうして新たな犠牲者を生み出した。それは、二十世紀後半以降の国内政治の形態と編成を根底から変えさせ、有権者の意思に反して、人生や暮らしに大きな影響を与える問題への傾注をことごとく阻止するようになっていく。若者たちとその支持者は、市長と警官たちを、権威主義で無知の暴力的な頑固者だと見なしていた。市長と、主にブルーカラーで少数民族系の警察隊は、若者たちを、口が悪く不品行で愛国心のない軟弱な上流階級の子どもたちと見なし、甘やかされすぎて権威を尊重せず、わがまま

すぎて社会の結束のために必要な力を認められず、臆病すぎてヴェトナムに従軍できないのだと考えていた。

シュリーヴポートの小さなホテルの部屋で一連の状況を眺めながら、わたしは両者の気持ちを理解した。戦争や警察の虐待行為には反対だったが、アーカンソー州で育ったことによって、日々職務を果たしている普通の人々の苦闘を認識していたし、右派に対しても左派に対しても、殊勝ぶった独善的な判断を下すことには深い疑念を感じた。左派の束の間の熱狂はまだ燃え尽きていなかったが、すでに右派の過激な反発を解き放ってしまっていた。結果的に見ると、右派反動勢力のほうが、耐久性の高さや資金力の豊かさ、制度化の度合や機略の弄しかたでまさっているだけでなく、権力への強い執着を持ち、権力を獲得し維持する技能にはるかに長《た》けていた。

わたしの公的な生活の多くは、シカゴで大きな裂け目へと広がった文化的・心理的な隔たりに橋を架けようとする努力に費やされた。わたしは多くの選挙に勝利し、たくさんのよい政策を実行したと思うが、人々を結束させようと努めるたび、ますます右派の狂信者を激怒させた。シカゴの若者たちとは違って、彼らはアメリカがもう一度ひとつにまとまることなど望まなかった。彼らは敵を見つけ、いつまでもその敵を叩き続けるつもりだったのだ。

14

わたしは、オックスフォードへ発つ準備をしたり、友人に別れを告げたり、大統領選挙戦の展開を見つめたりして九月を過ごした。徴兵の対象になっていたので、地元の徴兵委員長ビル・アームストロングに、いつごろ召集される可能性があるのか確認した。大学院生の徴兵猶予はその年の春に廃止されていたが、学生は履修中の課程を学期修了まで続けることを許された。オックスフォード大学では、一年が八週間ずつ三学期に分けられ、あいだに五週間の休暇が二回あった。委員長によれば、わたしは十月の召集予定に入っていないので、地元の徴兵委員会に課せられる供給人員数にもよるが、一学期間以上とどまれるだろうということだった。たとえ二、三カ月しかとどまれないとしても、どうしてもオックスフォードへ行きたかった。ローズ奨学基金は、兵役に服したのちオックスフォードへ戻ることを許していたが、ヴェトナム戦争に終わりが見えないまま徴兵に応じる決意をしたからには、それ以降のことを考えるのは賢明でなさそうだった。

政治方面では、民主党はシカゴを抜け出した時点で息絶えたも同然となり、ハンフリーはジョンソンのヴェトナム政策を堅持していた。それでも、わたしはハンフリーに勝利してもらいたかった。公民権政策だけでも、じゅうぶんな理由になる。人種問題は依然として南部を分裂させていた。裁判所命令によって、学区間の人種的均衡を保つため、子どもたちを居住区外へ強制バス通学させる地域が増えると、南部の分裂が全国に波及し始めた。皮肉なことに、ウォーレスの立候補がハンフリーに勝算を与えた。ウォーレスの支持者のほとんどは、法と秩序重視の人種隔離主義者なので、二者の争いだったとすれば、ニクソンに投票したはずだからだ。

国内の文化的衝突は継続的に発生していた。反戦運動家たちは、ニクソンやウォーレスよりもハンフリーを攻め立てた。ハンフリー副大統領は、党大会でデイリー市長が採った警官隊導入に対する批判にも、いまだに悩まされていた。ギャラップ世論調査では、五六パーセントのアメリカ人がデモ隊に対する警察の行為を是認したと発表されたが、彼らのほとんどは民主党の支持層ではなかった。特に、ウォーレスを含む三者間の争いの影響もあるだろう。この程度の混乱では足りないかのように、アトランティックシティで開催されたミス・アメリカ・ページェントに対するふたつの団体の抗議運動によって、社会体制はますます揺れ動いた。黒人団体は、黒人の出場者がいないことに抗議した。女性解放団体は、コンテスト自体を女性に対する侮辱として抗議した。おまけに、そのうちの数人は自分のブラジャーを焼き捨ててみせ、古風な考えを持つ多くのアメリカ人に、何かが破滅的な方向へ進みつつあるという確証を与えることになった。

大統領選挙戦では、ニクソンが勝利へ向けて順調に進んでいるようだった。ハンフリーを軟弱で無能と攻撃する一方で、大統領就任後の政策についてはほとんど何も話さない。ただ、人種隔離主義者におもねる（ウォーレスの支持者にも呼びかける）ため、連邦裁判所命令による学校の人種統合に従わない学区が、補助金を削減されないよう政策を変更すると約束しただけだった。ニクソンの選んだ副大統領候補スピロ・アグニューは、スピーチライターのパット・ブキャナンの助力を得て、キャンペーンの攻撃犬の役割を務めた。アグニューの辛辣さと失言の数々は伝説的になりつつあった。ハンフリーは、どこへ行ってもデモ隊からはげしい罵声を浴びた。月末の世論調査では、ニクソンが四三パーセントを獲得して足場を固め、ハンフリーは十二ポイント失って二八パーセントとなり、ウォーレスの二一パーセントと七ポイント差になってしまった。九月末日、切羽詰まったハンフリーは、ヴェトナム政策に関してジョンソン大統領と公に決別し、「平和のために許容できるリスク」として北ヴェトナムへの空爆を中止すると発表した。やっとのことで自立できたわけだが、もう残り五週間しかなかった。

ハンフリーが〝ようやく自由を得て〟演説を行なったころ、わたしはオックスフォード行きの船に乗るまでの数日間をニューヨークで過ごしていた。見送りにきたデニース・ハイランドとともに、当時《ハーパーズ・マガジン》の若き編集長だったウィリー・モリスに会って、すばらしい昼食をとった。ジョージタウン大学四年生のとき、彼の優れた回顧録『北のわが家へ』を読み、終生変わらぬファンとなった。そして、ローズ奨学金を獲得したあとウィリーに手紙を書き、ニューヨークへ行った際に訪ねてもよいかと打診してみた。その年の春、ウィリーはパーク街のオフィスでわたしを迎えてくれた。そのときの訪問がとても楽しかったので、出発前にもう一度面会をお願いした。おそらく南部流の礼儀正しさからだろうが、ウィリーは時間を割いてくれた。

十月四日、デニースに見送られ、ハドソン川のピア八六からイギリス行きのユナイテッド・ステイツ号に乗船した。この巨大な遠洋定期船の向かう先は知っていたけれど、自分の行く末はまったくわからなかった。

ユナイテッド・ステイツ号は、当時海を渡る最速の定期船だったが、それでも到着までに一週間近くかかった。友情をはぐくむため船旅をともにするのは、ローズ奨学生たちのあいだで長年続く伝統になっている。確かに、のんびりした船の進み具合と集団での食事は、互いを知り(用心深く育ちのよい猟犬の一群のように〝互いをくんくん嗅《か》ぎ回る〟不可欠な期間を過ごしたあとだが)、そのほかの乗客にも会い、火事場のようなアメリカの政治環境を抜け出して少しくつろぐ時間を与えてくれた。

わたしたち奨学生の大半はひどくきまじめで、旅を楽しむことに罪悪感を抱くほどだったから、ヴェトナムや国内の政治にほとんどこだわらない人々を目にして驚いた。

船上で出会った最も特異な人物は、ボビー・ベイカーだった。リンドン・ジョンソンの保護下にある悪名高い政治家で、大統領が上院多数党院内総務だったころ、秘書官を務めていた。一年前、ベイカーは脱税とその他さまざまな連邦法に違反した容疑で有罪となっていたが、上訴中なのでまだ自由の身だった。ベイカーは屈託のない様子で、政治への意欲に満ち、ローズ奨学生たちとの交流に興味を抱いているようだった。しかし、その気持ちが報いられることはあまりなかった。奨学生のうち数人は、ベイカーのことを知らなかった。残りのほとんどは、政治体制の身びいきが生んだ腐敗の権化と見なしていた。ベイカーが犯したとされる罪は是認できなかったが、熱心に聞かせてくれる逸話と見識には感心させられた。ひとつかふたつ質問するだけで、とめどなく語り始めるのだ。

ボビー・ベイカーとその側近を別にすれば、わたしはたいていほかのローズ奨学生や若い乗客たちと過ごしていた。特に、才色兼備の向上心あふれる作家、マーサ・サクストンを好きになった。マーサはほとんどの時間を別のローズ奨学生と過ごしていたが、ついにわたしにもチャンスがめぐってきた。そして、ふたりのロマンスが終わったあとも、終生の友として付き合いは続いている。最近、新しい著作『淑女の定義――初期アメリカの女性の道徳的価値観』を一冊送ってくれた。

ある日、ひとりの男性が数人を特等船室に誘って、カクテルをふるまった。わたしは一度も酒を飲んだことがなく、飲みたいと思ったこともなかった。ロジャー・クリントンを変貌させたアルコールの力を憎んでいたし、自分にも同じ影響があるのではないかと恐れてもいた。しかし、長年の恐怖を克服するときが来たのだと決意した。部屋の主に何を飲むかときかれたので、わたしはスコッチ&ソーダを頼んだ。ジョージタウンで何度か内輪のパーティーを開き、バーテンダーを務めたときに作ったことがあった。どんな味がするのかまったくわからないまま試してみたが、あまりおいしいと思えなかった。翌日バーボンの水割りを飲んでみたところ、こちらはまずまずだった。オックスフォードへ着いてからは、主にビールやワインやシェリーを飲み、帰郷してからは、ジントニックや、夏にはビールをよく飲んだ。二十代と三十代の前半には、数回飲みすぎたこともある。ヒラリーと出会ってからは、特別な機会にシャンパンを楽しんだが、幸運にも、アルコールがわたしに大きな力を及ぼすことはなかった。また、一九七〇年代後半には、ウォッカ以外のアルコール飲料にアレルギーを起こすようになってしまった。すべてを考え合わせると、船上でアルコールを味わって恐怖から解き放たれたことをうれしく思い、それに耽溺《たんでき》しなかったことに安堵している。なにしろ、ほかにじゅうぶんすぎるほど問題を抱えているのだから。

　船旅のいちばんの醍醐味は、やはり、ほかのローズ奨学生との付き合いにあった。わたしは少しずつでも全員と時間を過ごし、話を聞いて学ぼうと努めた。その多くはわたしよりもはるかに立派な学業成績を収めていたが、反戦運動や学内での抗議運動、マッカーシーやケネディのキャンペーンで積極的な活動をしていた人は少なかった。特に親しくなった数人は生涯の友人となり、驚くべき数の人たちが、わたしの大統領在任中に重要な役割を果たしてくれた。ハーヴァード大学でフットボール選手だった黒人のトム・ウィリアムソンは、わたしの大統領在任一期目に労働省の顧問を務めた。スタンフォード大学卒業生のリック・スターンズは、わたしをマクガヴァンの全国キャンペーンに参加させてくれて、のちにわたしの任命でボストンの連邦判事になった。《イェール・デイリー・ニューズ》の編集長だったストローブ・タルボットは、《タイム》で輝かしい経歴を築いたあと、わたしの政権でロシア問題担当補佐官と国務副長官を務めた。のちにロースクールで同居人となるダグ・エイクリーは、わたしの選任で〝法律扶助機構（リーガルサービス社）〟（訳注　貧困者に法的扶助を提供することを目的として一九七四年の連邦法で設立された非営利法人）の会長になった。ブルックリン出身のもうひとりのハーヴァード大学フットボール選手アラン・バーシンは、わたしの任命でサンディエゴの連邦検事になり、現在はサンディエゴの教育長を務めている。ワシントン州シアトル出身のウィリー・フレッチャーは、やはりわたしの任命で第九巡回控訴裁判所判事になった。そして、このグループの中心的人物としてすでに有名なロバート（ボブ）・ライシュは、わたしの在任一期目に労働長官を務めた。海軍兵学校卒業生のデニス・ブレアは、わたしが大統領になったとき国防総省で提督の地位にあり、のちに太平洋軍総司令官となったが、わたしの後押しを必要とすることはなかった。

　その後の二年間、わたしたちは全員、それぞれ違った方法でオックスフォードを経験するが、その時代の母国の不安定感と危機感を共有し、オックスフォードを愛しながらも、いったい自分はここで何をしているのかと悩んだ。わたしたちのほとんどは、個別指導や講義よりも新しい生活自体に身を投じた。特に、これが与えられた猶予期間と考える者にとっては、対話や個人的な読書や旅行のほうが重要に思えたからだ。二年後、実際に学位を取得したアメリカ人の割合は、過去のどの学年のローズ奨学生よりも低かった。わたしたちは自分なりのやりかたで、若さゆえの苦悩を抱えながら、みずからと人生の重大事について、先輩たちよりも多くのことをオックスフォードで学んだのだと思う。

　五日後、ルアーヴルに立ち寄ったあと、とうとう船がサウサンプトンに着いた。わたしたちはそこで、ローズ・ハウスの理事、サー・エドガー・〝ビル〟・ウィリアムズという人物のなかに、オックスフォードの最初の片鱗を見た。理事は、山高帽とレインコートを身に着け、傘をさして、わたしたちを出迎えるため埠頭に立っていた。その姿は、第二次大戦でモンゴメリー陸軍元帥直属の情報部長を務めた男というより、むしろダンディなイギリス人のようだった。

　ビル・ウィリアムズ理事はわたしたちを集合させて、オックスフォード行きのバスに乗せた。真っ暗で雨が降っていたので、あたりがよく見えなかった。オックスフォードに到着したのは、午後十一時ごろで、街全体がすっかり寝静まっていた。わたしが所属するユニヴァーシティ・カレッジのすぐ外のハイ・ストリートで、灯りを点した小さなトラックが、ホットドッグやまずそうなコーヒーやジャンクフードを売っているだけだった。わたしたちはバスを降りて、十七世紀に建てられた四角形の本館の扉を入り、カレッジへの出入りを管理する守衛長のダグラス・ミリンに会った。ミリンは無愛想な偏屈じいさんで、海軍を退いてから大学の仕事に就いたという。明敏な頭脳の持ち主だったが、その事実を悪意のない毒舌の奔流のなかに苦心して隠していた。特に、アメリカ人をやり込めるのが好きだった。初対面で開口一番、身長百五十二センチ足らずのボブ・ライシュに向かってこう言った。ヤンキーが四人来ると聞いていたが、三人半しか送ってこなかったらしい。その後も絶えずわたしたちをからかったが、言葉の裏には機知と人に対する鋭い洞察力が秘められていた。

留学中の二年間、わたしはよくダグラスと長話をして過ごした。〝こんちくしょう《ブラディ・ヘル》〟やその他さまざまなイギリス流の悪罵の合間に、ダグラスは、カレッジの実際の成り立ちを教えてくれたり、主要な教授やスタッフの逸話を語ったり、ヴェトナム戦争と第二次大戦の違いなど、時事問題を論じたりした。その後二十五年のあいだ、わたしはイギリスを訪れるたびに、ダグラスのところへ立ち寄って現実に目覚めさせてもらった。一九七八年、知事選挙で初めてアーカンソー州知事に選出されたあと、切望していた休暇を取ってヒラリーとともにイギリスへ赴いた。オックスフォードへ着いて、カレッジの正面玄関を入るとき、わたしは自分をかなり誇らしく思った。すると、そこにダグラスがいた。彼は少しも悪びれずにこう言った。「クリントン、最近どこぞの王様に選ばれて、三人の家来と犬を従えてるらしいじゃないか」。わたしはダグラス・ミリンが大好きだ。

わたしの部屋は、カレッジの裏手にある図書館の真後ろにあった。元学寮長の夫人にちなんでヘレンズ・コートと名づけられた、小ぢんまりした情趣豊かな場所だった。二棟の建物が、壁に囲まれた小さな敷地いっぱいに向き合って並ぶ。左手の古いほうの建物は、二階建てで、二カ所の扉がふた部屋単位に分かれた学生の住まいへと続いていた。わたしは、奥の入口に近い二階の左側の部屋を割り当てられた。小さな寝室と小さな書斎があったが、実際にはひとつの部屋を形ばかり仕切っただけだった。トイレは一階にあったので、寒い日にも階段を下りなければならなかった。シャワーはこの階にあった。ときにはお湯が出ることもあるという代物だ。右手の新しい建物は学院生用で、ひとりひとりにメゾネット式の住居《フラット》が与えられていた。二〇〇一年十月、わたしはチェルシーがフラットで荷を解くのを手伝った。その寝室は、わたしが三十三年前に住んでいた部屋の真向かいに位置していた。このときわたしは、太陽の光が人生の陰をすべて消し去るような、無上の幸福を味わった。

オックスフォード初日の朝、目覚めたとたん、オックスフォード暮らしの〝奇貨〟のひとつに遭遇した。ヘレンズ・コートの学生寮を管理する〝用務員《スカウト》〟のアーチーだ。わたしは自分でベッドを整えたり部屋をかたづけたりすることに慣れていたが、徐々に根負けして、わたしが入居する五十年も前からアーチーが続けている仕事をやってもらうことにした。この寡黙で親切な男に対して、わたしもそのほかの学生も、心から好意と尊敬を抱くようになった。クリスマスや祝祭日には、学生からスカウトにささやかな贈り物をすることが期待されていた。年間に支給されるローズ奨学金が千七百ドルのわたしたちにとっては、ささやかなものが精いっぱいだった。アーチーは、本当に欲しいのは数本のギネスだと吹聴していた。アイルランド産の黒ビールのことだ。わたしは、ヘレンズ・コートにいるあいだ、アーチーにギネスをたくさんごちそうして、ときには自分も付き合った。アーチーが実においしそうに飲むので、わたしもその味を楽しむようになった。

大学生活は、二十九の学寮《カレッジ》を中心に編成されており、当時はまだ性別で分けられていた。女子学生のカレッジははるかに数が少なかった。学生生活における大学の主な役割は、講義を開くことと試験を実施することだ。講義への出欠は自由で、試験は全履修課程の最後に行なわれる。学位の取得と成績の優劣は、すべて試験週間の出来次第だ。一方、教科を学ぶ主な手段は、週一回の個別指導で、たいていは討論の主題に関する短い論文の作成を求められる。それぞれのカレッジは、個別の礼拝堂と大食堂と図書館を持つ。大部分の建物は、際立った建築上の特徴を備えている。目をみはるほど美しい庭や、公園や湖を有するカレッジ、東側の古い街との境をなすチャーウェル川に接するカレッジもある。チャーウェル川は、オックスフォードのすぐ南で、テムズ川の一部のアイシス川に流れ込む。テムズ川は、ロンドンの主要な景観を形作る雄大な川だ。

わたしは最初の二週間のほとんどを、古式ゆかしい優雅な街オックスフォードの周辺を歩き回って過ごした。川や公園、並木道、教会、カヴァードマーケット、そしてもちろん、個々のカレッジもだ。

わたしのカレッジには大きな敷地がなく、最も古い建物でも十七世紀のものだったが、わたしはとても気に入った。十四世紀に、このカレッジの評議員《フェロー》たちは書類を捏造《ねつぞう》して、当カレッジはオックスフォード最古で、アルフレッド大王治下の九世紀に起源を有すると主張した。いずれにせよ議論の余地なく、ユニヴァーシティ・カレッジ（誰もが〝ユニヴ〟と呼ぶ）は、マートン・カレッジ、ベイリオル・カレッジと並んで、最古のカレッジのひとつに数えられ、創立は十三世紀にさかのぼる。一二九二年に制定された学則は、一連のきびしい規則から成っており、流行歌《バラッド》を歌ったりしゃべったりすることも禁じられていた。騒々しい夜などには、わたしの同期生たちにもラテン語のみでささやく規則が適用されないものかと、つい願いそうになった。

ユニヴの最も有名な学生パーシー・ビッシュ・シェリーは、一八一〇年に化学専攻の学生として入学した。一年ほど在学したあと放校されたが、それは酒を造る目的で小さな蒸留器を部屋に設置したせいではなく、「無神論の必然性」という論文を書いたせいだった。シェリーは二十代後半にイタリアの海で溺死し、ユニヴは一八九四年に亡き詩人を美しい大理石像という形で再生させた。カレッジを訪れた人々は、シェリーの詩を読んだことがなくても、その優美な死に姿を見つめるだけで、なぜ詩人がその時代の若者の心をとらえて離さなかったのかがわかる。二十世紀には、ユニヴの学部とフェローのなかに、三人の有名な作家が在籍した。スティーヴン・スペンダー、C・S・ルイス、そしてV・S・ナイポールだ。また、偉大な物理学者スティーヴン・ホーキング、ふたりのイギリス首相クレメント・アトリーとハロルド・ウィルソン、オーストラリア首相ボブ・ホークも籍を置いた。ホーク氏は今でも、カレッジのビール早飲み記録を保持している。それから、俳優のマイケル・ヨークと、ロシアの〝怪僧〟ラスプーチンを殺した男フェリクス・ユスポフ王子もユニヴの出身だ。

オックスフォードとイギリスについて学び始める一方、遠くから母国の選挙の成り行きを追いかけ、大統領選挙に初めての一票を投じるために、不在者投票用紙が届くのを心待ちにした。都市部の暴力と学生デモが続いていたものの、ハンフリーは以前より健闘していた。ジョンソンのヴェトナム政策に対する半独立宣言をしてから、抗議を受けることは少なくなり、若者からの支持が増えた。マッカーシーもついに、いつもの気乗りのしない調子ながらハンフリーを容認し、さらに、一九七〇年の上院議員選挙では再選を狙わず、一九七二年の大統領選挙にも立候補しないと言い添えた。一方ウォーレスは、副大統領候補に元空軍参謀総長カーティス・ルメイを指名するという決定的な間違いを犯した。ルメイは、五年前のミサイル危機でキューバを爆撃するようケネディ大統領に迫った男で、副大統領候補として登場した際、核爆弾は「兵器庫にあるひとつの武器にすぎない」、そして「その使用が最大の効果を生む機会はたくさんある」と述べた。ルメイの発言によって、ウォーレスは守勢に回る羽目になり、もはや巻き返しは不可能だった。

そのあいだ、ニクソンは勝利に向けた戦略を維持し、ハンフリーとの討論への誘いを断り続けていた。ニクソンが案じていたのは、スピロ・アグニューと、ハンフリーの副大統領候補マスキー上院議員を比較されることが一般的に見て不利であり、ジョンソンがいわゆる選挙前の〝十月の奇襲〟をかけてパリ和平交渉で空爆中止を決定する恐れがあることだった。現在では、ニクソン陣営が、ヘンリー・キッシンジャーから和平交渉の内部情報を得ていたことがわかっている。キッシンジャーは、エイヴレル・ハリマンの顧問として、パリ和平交渉の進行状況を知りうる立場にいた。またニクソンの選挙運動本部長ジョン・ミッチェルは、ニクソンの友人アンナ・シェンノートを通じて南ヴェトナム大統領グエン・バン・チューに働きかけ、ジョンソンの圧力に屈しないように、また、反政府勢力である南ヴェトナム民族解放戦線と並んで和平交渉の席に着くことを拒否するように訴えた。ジョンソンは、ニクソン陣営の活動を把握していた。司法省承認の電話盗聴器を、アンナ・シェンノートと駐米南ヴェトナム大使に仕掛けていたからだ。十月末日、ついにジョンソン大統領は、完全な空爆中止と、和平交渉への南ヴェトナムの参加に対する北ヴェトナム政府の合意、そして民族解放戦線の役割に対するアメリカの承認を発表した。

十一月の幕あけは、ハンフリーとその支持者たちに大きな望みをもたらした。ハンフリーは、世論調査で一気に支持率を伸ばし、明らかに、和平の主導権を握ることで首位の座を勝ち取れると踏んでいた。十一月二日、選挙前の土曜日、チュー大統領は民族解放戦線との同席を拒んでパリ和平交渉への不参加を発表した。そして、同席すれば共産主義者との連合政権樹立を強いられる恐れがあるので、北ヴェトナムとしか交渉しないと述べた。ニクソン陣営はすぐに、ジョンソンが和平の主導権を握ろうとして早まった行動をとり、ハンフリー支援のために外交上の準備を怠ったのだとほのめかし始めた。

ジョンソンは激怒し、アンナ・シェンノートがニクソンに代わって和平への妨害活動を行なっているという情報をハンフリーに伝えた。もはや事実を国民の目から隠してチュー大統領の不利益を避ける必要はなくなったはずだが、驚くべきことに、ハンフリーはその情報の利用を拒んだ。世論調査でニクソンと事実上互角の戦いをしていることがわかっていたので、切り札を使わずとも勝利できると考えたのだ。また、ジョン・ミッチェルを含む面々がニクソンに代わって活動していることを、ニクソン自身が承知しているという証拠がなかったため、二の足を踏んだらしい。しかしなお、ニクソンが事実上反逆行為といえる活動に携わっていたことは、はっきり示唆されていた。ジョンソンはハンフリーの姿勢に激怒した。おそらく、ジョンソン自身が選挙に立候補していれば、その衝撃的な情報を漏らしていただろう。そしてもし立場が逆だったなら、ニクソンはなんのためらいもなくそれを利用したはずだ。

ハンフリーは、その小心さあるいは潔癖さの代償を支払った。五十万票差の四三・四パーセント対四二・七パーセントで選挙に敗れたのだ。ウォーレスが一三・五パーセントを獲得した。ニクソンは、選挙人の票を三百一票獲得し、過半数を三十一票上回った。イリノイ州とオハイオ州では僅差での勝利だった。ニクソンは、キッシンジャー-ミッチェル-シェンノート作戦をうまくやってのけた。しかし、ジュールズ・ウィットカヴァーが一九六八年の著作『夢がついえた年』で分析しているとおり、このきわどい危機からの脱出は、見た目よりも大きな犠牲を強いることになった。その成功によってニクソン一派は、ウォーターゲート事件で浮上したあらゆる不正行為を含めて、なんでもうまくやってのけることができると過信するに至ったのかもしれない。

わたしは十一月一日から日記をつけ始めた。アメリカを発つときにデニース・ハイランドがくれた革装の日記帳だ。アーチーが北爆中止というよいニュースを持って起こしに来たとき、わたしはこう書いた。「きょう、フルブライト上院議員に会えたらよかったと思う。議員のたゆみない不屈の闘いに、またひとつ、正当性の証しが得られた」。翌日わたしは、停戦が兵力の削減と自分の身に及ぶ徴兵の中止につながるのではないかと記し、少なくとも「すでに軍務に服しているわたしの友人の多くが、ヴェトナムから脱出できるだろう。そして、今その密林にいる者たちの一部は、早すぎる死から救われるだろう」と考えた。戦死者の半分がまだこれから生じるという事実など、知るよしもなかった。そして最初の二回の記述を、「今夜のようにすべての分析力と表現力を失ってしまったときでさえここにある、希望とわが身という同一の美徳を賞賛して」締めくくっている。そう、わたしは青臭く、感傷に酔っていた。しかし、わたしはすでに、一九九二年の民主党大会の演説で「希望《ホープ》という名の地」と名づけたものを信じていた。それは生涯にわたって、あらゆる難局を乗り切らせてくれた。

十一月三日、わたしはユニヴの大学院の学生監ジョージ・コークウェルとの昼食のあいだ、しばらく選挙のことを忘れた。堂々たる体軀《たいく》の学生監は、その時点でもニュージーランドからのローズ奨学生でラグビー部のスターだった当時そのままの姿をしていた。最初の面会のとき、コークウェル教授はわたしの履修過程の変更をきびしく叱責した。オックスフォードに到着してすぐ、わたしはPPEと呼ばれる政治学・哲学・経済学の学部課程プログラムから、五万語の学位論文を必要とする政治学の文学士課程に移った。ジョージタウン大学で初年度のPPEの学習内容をほぼ終えていたし、徴兵されればオックスフォード大学で第二学年目を過ごすのはむずかしいと思ったからだ。しかしコークウェル教授は、毎週の個別指導を放棄するのはたいへんな間違いで、論文の評価や批判を受けたり、弁護を試みたりする機会を失ってはならないと考えた。主にコークウェル教授の主張を理由として、わたしはふたたび履修課程を政治学の哲学士課程へと変更した。これには、個別指導、論文、試験、やや短い学位論文が含まれていた。

大統領選挙日の十一月五日は、イギリスではガイ・フォークスの日でもあった。一六〇五年に議会の爆破を画策したガイ・フォークスにちなんだ行事だ。わたしの日記にはこうある。「イギリスにいる人は誰でも、この祭日を祝う。ある者はフォークスの試みが失敗に終わったことを祝い、ある者はその試みがなされたことを祝うのだ」。その夜、わたしたちアメリカ人は、ローズ・ハウスで選挙観戦パーティーを開いた。ハンフリー派が主体の集団だったので、みんなで彼を応援した。選挙結果を知る前に就寝したが、上院議員選挙でフルブライトが苦もなく勝利したことがわかり、安堵した。予備選挙では、ジム・ジョンソンとふたりの無名の候補者に勝利したものの、得票率が五二パーセントと低かったからだ。フルブライトの勝利が伝えられると、ローズ・ハウスに大きな歓声が響いた。

十一月六日、わたしたちはニクソンが勝利したことを知った。そしてわたしが日記に書いたとおり、「レイモンド伯父とその仲間たちが、ウォーレスにアーカンソー州での勝利をもたらした。一八三六年に州としての地位を得て以来、国政の（民主党）候補を見放したのは初めてのことだ……レイモンド伯父に十ドル送らなければならない。去年の十一月に伯父と賭けをして、南部の州で最も〝リベラル〟なアーカンソー州は、絶対にウォーレスを選んだりしない、それは、〝えせインテリ〟がいかに間違っているかを示すようなものなのだから、と豪語したからだ（〝えせインテリ〟は、ウォーレスが自分と意見を異にするあらゆる大学卒業者に向かって好んで用いる蔑称だった）」。そしてわたしは、南ヴェトナム政府とは対照的に、自分がひどい失望を味わっていることについて触れた。「これまでさまざまな展開があり、ハンフリーがめざましい立ち直りを見せたとはいえ、結局はわたしが昨年一月に感じ取ったとおりの結果に終わってしまった。ニクソンが大統領の地位に就いたのだ」

なおさら悪いことに、不在者投票用紙が届かず、わたしは大統領選挙に初めて投票する機会を逃してしまった。郡の職員は、用紙を航空便でなく船便で送っていた。船便は安価だが到着まで三週間かかり、用紙は選挙日を大幅に過ぎてから配達された。

翌日から、わたしはいつもの生活に戻った。母に電話すると、ジェフ・ドワイアーとの結婚を決めていた母がこの上なく幸せそうな様子だったので、こちらまで気分が高揚した。それから、レイモンド伯父に十ドルの小切手を送って、アメリカも国の祭日として、ガイ・フォークスの日と似たような〝ジョージ・ウォーレスの日〟を設けたらどうかと提案した。誰でもその日を祝える。ある者はウォーレスが大統領に立候補したことを祝い、ある者はその試みがまったく不成功に終わったことを祝うのだ。

その月の残りの日々は、さまざまな活動が嵐のように押し寄せたので、政治とヴェトナムはしばらくのあいだ頭の片隅へと追いやられた。ある金曜日、リック・スターンズとともにヒッチハイクとバスでウェールズへ日帰り旅行した。その道中リックは、ディラン・トマスの詩を読んでくれた。『あの優しい夜のなかへ静かに入っていくなかれ』を聞いたのは初めてだった。わたしはその詩が大好きになった。勇敢な人たちが〝消えゆかんとする命の灯火《ともしび》に怒りを〟見せるとき、今でもその詩を思い出す。

また、トム・ウィリアムソンとも何度か旅行した。あるときわたしたちは、従属的な黒人と差別的な南部の領主という型にはまったイメージの逆を演じてみることにした。人のよいイギリス人運転手のタクシーを停めたとき、トムが言った。「おまえは、後ろの席に坐りなさい」。「はい、旦那様」わたしは答えた。イギリス人運転手は、頭のいかれたふたり組だと思ったらしい。

選挙の二週間後、わたしは初めてタッチダウン（ユニヴのラグビー・チームが呼ぶところの〝トライ〟）を決めた。かつての楽団少年にとってみれば、すごいことだった。ゲームの機微を完全に理解できたわけではないが、わたしはラグビーが好きだった。たいていのイギリス人学生より大柄だったので、ボールに向かって走ったり、敵の進行を阻んだり、〝スクラム〟の二列目で押し合ったりして、まずまずの貢献をすることができた。〝スクラム〟とは、ボールを両サイドのあいだの地面に置いて、互いに押し合ってボールの制御を奪おうとする奇妙なフォーメーションのことだ。一度、試合でケンブリッジ大学へ行った。ケンブリッジはのどかな街で、オックスフォードより面積も産業も小規模だが、敵チームの戦いかたは激しく荒っぽかった。わたしは頭を強打して、軽い脳震盪《のうしんとう》を起こしたようだった。コーチにめまいを訴えると、こちらのチームには控えがおらず、わたしが抜ければひとり少ない状態で戦わなくてはならないと言われた。「フィールドに戻って、誰かの行く手をさえぎるだけでいい」。結局負けたのだが、途中でやめなくてよかった。やめなければ、常にチャンスはあるものだ。

十一月下旬、わたしは最初の論文を個別指導教官のズビグニュー・ペルチンスキ博士に提出した。博士は、ソヴィエトの全体主義において厄介者の役割を負わされたポーランド人亡命者（「巨大な集合体に切り込み、多様性と独立の堅固な発展を勝ち取ろうとした滅菌ナイフ」）だ。それから初めての個別指導に出席し、学術セミナーにも行った。こういう最低限の勉学をこなす以外には、あちこち動き回ってその月の残りを過ごした。二度、シェイクスピアの生地ストラトフォード・アポン・エイヴォンを訪れ、演劇を見た。ロンドンにも二回赴き、アン・マークーゼンのジョージタウンでの同居人、ドルー・バックマンとエレン・マクピークに会った。ふたりはそこに住んで働いていた。そしてバーミンガムへ行き、バスケットボールでへたくそな試合をした。それからダービーにも立ち寄り、高校生に向けた講演を行なって、ケネディ大統領の死からちょうど五年になるアメリカについて質問を受けた。

十二月になり、わたしは母の結婚式に突然帰郷して驚かせようと計画した。心の中は、自分と母の将来に関する不安でいっぱいだった。母の友人の多くは、ジェフ・ドワイアーとの結婚に大反対していた。前科があるうえに、今でも信用できないと考えたからだ。さらに悪いことに、ジェフはずっと前から別居している妻と、きちんと離婚していなかった。

一方、ユニヴからハイ・ストリートを隔てて真向かいにあるクイーンズ・カレッジのローズ奨学生で、友人のフランク・アラーが、故郷のワシントン州スポーカンの選抜徴兵委員会から徴兵通知を受け取ったことで、わたし自身の人生の行く末がいっそう不確定になった。フランクは、兵役を拒否することと、刑務所への収監を避けるため無期限にイギリスにとどまることを決心し、帰郷して両親と恋人に心の準備をさせると言った。中国を研究しているフランクはヴェトナムをよく理解しており、アメリカの政策は間違っているうえ道義にも反していると考えていた。しかしそれと同時に、母国を愛する中流家庭の善良な青年でもあった。二者択一を迫られ、つらそうな様子だった。通りの少し先のモードリン・カレッジに住むストローブ・タルボットとわたしは、フランクを慰め、支えようと努めた。フランクは、わたしたちも同じ反戦派であることを知っている心優しい男なので、反対にわたしたちを慰めようとした。特にわたしに対して力強い調子で、彼と違ってわたしには政治の世界で状況を変えられる意思と能力がある、徴兵に抵抗することで機会を失ってしまうのはよくないのではないかと主張した。彼の寛大さは、わたしにいっそうの罪悪感を抱かせただけだった。苦悩に満ちた日記のページがそれを示している。わたしが自分で許せる範囲よりも、フランクはわたしの立場を斟酌《しんしゃく》してくれていた。

十二月十九日、わたしは大雪のミネアポリスに降り立って、アン・マークーゼンと再会した。アンはミシガン州立大学での博士課程の中途で帰郷し、わたしと同じように、自分の将来とふたりの将来に迷いを感じていた。わたしは彼女を愛していたが、人生のその時点では自身への迷いがあまりに大きく、誰とも深い絆を結べない気がした。

十二月二十三日、わたしは家へ戻った。驚かせる計画はうまくいった。母が大泣きした。母とジェフとロジャーは三人とも、間近に迫った結婚式に浮かれていた。あまりに浮かれていたので、長く伸ばし始めたわたしの髪についてさほど嘆き悲しみはしなかった。母のふたりの友人が、土壇場の試みとして、ジェフとの結婚をやめるようわたしから母に話せと迫ったものの、クリスマスは楽しく過ぎた。わたしは黄色い薔薇を四本、父さんの墓に供えて、クリントン家の人たちが母とロジャーの新しい旅立ちを支えてくれるように祈った。わたしは、ジェフ・ドワイアーが好きだった。頭がよく、働き者で、ロジャーに優しく、母を心から愛している。わたしは結婚に賛成して、日記にこう書いた。「もし幸福を願う疑い深い人たちと不幸を願う意地悪な人たちが全員、ジェフと母について正しいことを言っているとしても、ふたりの結婚は、前夫――そして前妻――との結婚よりひどい失敗にはなりえないだろう」。そしてほんのいっとき、わたしは一九六八年のあらゆる騒動を忘れた。数々の国の問題が噴出し、民主党が粉砕された年。保守的な民衆主義《ポピュリズム》が、国の支配的な政治勢力として、進歩的な民衆主義に取って代わった年。法と秩序と力が共和党の本分となり、民主党が混沌と脆弱、無関心と身勝手なエリート主義と結びつけられるようになった年。そして、ニクソンからレーガンへ、さらにはギングリッチからジョージ・W・ブッシュへ至る道のりが作られた最初の年でもあった。このスのち、中流階級の反動が、二十世紀後半のアメリカの政治を変形させ、ゆがませていく。新保守主義はウォーターゲート事件で揺らいだが、滅びはしなかった。右派のイデオロギー信奉者が経済的不平等や環境破壊や社会の分裂を助長するにつれ、国民の支持は弱まったが、滅びはしなかった。保守派は、みずからの行きすぎに脅かされ始め、もっと〝優しく穏やかに〟あるいはもっと〝慈悲深く〟なると約束する一方で、民主党を、価値観も性質も意志も脆弱だと決めつけ徹底的に叩いた。そしてそれは、相当数の白人中流階級の有権者のあいだに、不快なほど予測どおりの、ほとんど条件反射的な反応を呼び起こすことにまんまと成功した。いうまでもなく、実状はもっと複雑だ。ときには、民主党を批判する保守派の批評家に正当性があることもある。また、いつの時代にも、民主党とともに積極的な変化に向けて尽力する善意に満ちた穏健な共和党員や保守派の人々がいる。

それでもなお、地中深くに根を張った一九六八年の悪夢は、わたしやそのほかすべての進歩的な政治家が生涯をかけて闘わねばならない舞台を作り上げた。あるいは、マーティン・ルーサー・キングとロバート・ケネディが生きていたなら、事態は変わっていたかもしれない。ハンフリーが、パリ和平交渉へのニクソンの干渉に関する情報を使っていれば、異なる展開となったかもしれない。あるいは、いずれにせよ結果は同じだったかもしれない。ともかく、一九六〇年代に起こったよい出来事は、悪い出来事を凌駕《りょうが》しているはずだと信じる者たちは、闘いを続け、青年時代の英雄や夢から受け取った情熱を失いはしなかった。

15

一九六九年が幕をあけた朝、わたしは明るい気分で新年を迎えることができた。フランク・ホルトが、知事選挙での敗北からわずか二年で、州最高裁判事に再選されたのだ。わたしは判事の宣誓就任式に出席するためリトルロックへ向かった。判事はいつもの謙虚さから、こんな地味な儀式で元日を過ごさないようにとわたしたちを説得したが、いずれにせよ五十人ほどの頑固者が姿を現わした。わたしの日記にはこうある。「わたしは判事に、あなたが勝者だからといって、なんでも言われたとおりにはしませんよ、と伝えた」。皮肉なことに、〝新任〟の判事として、ホルトはジム・ジョンソン判事の古いオフィスを割り当てられた。

一月二日、わたしはジョー・ニューマンとともに車で母をホープまで連れていき、翌日母がジェフと結婚することを残りの親族に伝えた。家へ戻ってから、ジョーとふたりで郵便受けから〝ロジャー・クリントン〟の表札を取り除いた。皮肉な論評を得意とするジョーが笑いながら言った。「こんなに簡単に外せてしまうなんて、ちょっと悲しいよな」。悲運の前兆が垣間見えたものの、結婚はうまくいく気がした。日記にはこう書いている。「一部の人がまだ主張するように、もしジェフがただの詐欺師にすぎないのなら、わたしは喜んで〝かも〟のそしりを受けよう」

翌晩の結婚式は短く簡単なものだった。友人のジョン・マイルズ牧師がふたりの誓いの言葉を導いた。ロジャーが蠟燭を灯した。わたしが新郎の付き添い人を務めた。そのあとパーティーを開き、キャロリン・イェルデルとわたしが招待客のために演奏と歌を披露した。牧師のなかには、ジェフが離婚して間もないため、この結婚式に教会からの許可を与えないと言う人もいたかもしれない。しかし、ジョン・マイルズは違った。好戦的でたくましくリベラルなメソジスト派牧師で、イエスはわたしたちすべてに二度目のチャンスを与えるため、父なる神によって遣わされたのだと信じていた。

一月四日、ロックフェラー知事の知り合いの友人シャロン・エヴァンズのおかげで、わたしは知事との昼食会に招かれ、プティジャン山にある牧場を訪れた。ロックフェラーは気さくで明瞭な見解を持つ人物だった。わたしは知事から、息子のウィン・ポールがオックスフォード大学入学に意欲を見せていることを聞かされ、息子と連絡を取り合うよう頼まれた。ウィンスロップ・ポールは、幼少期の多くをヨーロッパで過ごし、秋からはオックスフォードのペンブルック・カレッジで学び始めることになっていた。

昼食のあと、わたしはウィンスロップ・ポールとかなり長いあいだ話した。それからいっしょにトム・キャンベルに会うため南西へ向かった。トムは、海兵隊の飛行訓練場のあるミシシッピからアーカンソーへ出てきていた。ウィンスロップ・ポールが招待してくれたので、わたしたちは三人で知事公邸へ赴いた。立派な公邸に感銘を受け、わたしはアーカンソー州の重要な歴史の一端を目にしたと思いながらその場を去ったが、十年のちに、その後十二年間にわたる自分の住まいになるとは考えもしなかった。

一月十一日、わたしは空路イギリスへ戻った。わたしにアメリカ黒人として生きることの実状を教えてくれるトム・ウィリアムソンと、フランク・アラーも同じ飛行機に乗った。フランクは、困難に満ちた休日を物語ってくれた。保守的な父親に、家でクリスマスを過ごす前提条件として、散髪に行かされたが、徴兵通知に応じて出頭しろとは言われなかったそうだ。ユニヴに戻ると、郵便物の山の中に、旧友で浸礼《しんれい》をともに受けた仲間、バート・ジェフリーズ海兵隊新兵からの印象的な手紙を見つけた。心を打つ悲しいメッセージの一部を、ここに抜粋する。

……ビル、ぼくはすでに、正気の人間なら誰も見たいとも経験したいとも思わない多くの物事を、見て、経験してきた。ここでは、何もかもが真剣勝負だ。そして、勝つか負けるかのどちらかだ。ともに暮らし親友となった仲間がすぐそばで死んでいくのは、楽しい眺めではない。その死には、さしたる理由もないのだ。そして、それが自分の身に起こってもなんの不思議もないことがわかる。

ぼくは、中佐のもとで働いている。彼の護衛兵だ……十一月二十一日には、ウィンチェスターと呼ばれる場所にやってきた。米軍のヘリコプターがぼくたちを乗せて飛び立ち、中佐とぼくと別のふたりの兵士があたり一帯を見渡した……掩蔽壕《えんぺいごう》にＮＶＡ（北ヴェトナム軍兵士）がふたりいて、こちらに向かって射撃を開始した……中佐が撃たれて、ほかのふたりも撃たれた。ビル、その日ぼくは、ただ祈るだけだった。幸運にも、向こうがぼくをとらえる前に、ぼくが敵のふたりをとらえた。ぼくは、その日初めて人を殺した。ビル、それは恐ろしい感覚だ。別の人間の命を奪った瞬間を知るということは。胸が悪くなるような感覚だよ。そして、自分が殺される側であってもなんの不思議もないことがわかるんだ。

翌一月十三日、わたしはロンドンへ行って徴兵検査を受けた。わたしの想像力豊かな日記によると、医師はわたしにこう言い渡したらしい。「西洋世界において最高水準の健康体であり、医学校の標本、展示、動物園、見世物小屋、そして新兵訓練所に最適である」。十五日に、わたしはエドワード・オールビーの脚本による『デリケート・バランス』を見た。それは「これまでの人生のなかで、二度目の超現実的な経験」だった。オールビーの描くキャラクターたちは、観客に「人生が終わりに近づいたある日、空しさと恐れのなかで目覚めることになるのではないか」と考えさせずにはおかない。わたしはすでにそう考え始めていた。

ニクソン大統領は、一月二十日に就任した。その演説は、和解を試みたものだったが、「わたしはなんら感銘を受けなかった。古きよき中流階級の信仰と美徳の説教にすぎない。それらが、わたしたちの抱える数々の問題を解決するというのだろうか。例えば、ユダヤ教やキリスト教の伝統を持たないアジア人や、神を信じない共産主義者もいる。黒人は、信心深い白人から虐待を受け続けたせいで、白人とのあいだに共通の基盤を見出せない。そして子どもたちは、そのおなじみの歌やダンスによる説教を偽りの声で何度も聞かされたせいで、おとなたちと同じ無恥な自己欺瞞《ぎまん》にふけるほうを選ぶかもしれないのだ」。皮肉にも、わたしはキリスト教信仰と中流階級の美徳を信じてもいた。ただ、彼らと同じ場所へは導かれないだけだ。わたしの考えでは、真実の信仰と政治的原則を築きあげるには、ニクソン氏がめざす場所よりも深く遠いところに到達する必要がある。

わたしは、どれほどの時間が残されているにしろ、イギリスでの自分の生活に戻ろうと決意した。そして初めて、オックスフォード学生会《ユニオン》の討論に出席した。そこで出た結論は、人間は神を独自のイメージにもとづいて創り出し、「肥沃な土壌を不完全に耕している可能性がある」。それから、北に向かってマンチェスターまで行き、「モルタルやセメントを使わず、時代がかった石垣でキルト模様を成す」イギリスの田舎の美しさに驚嘆した。「民主主義理論の概念としての多元論」に関するセミナーにも参加した。しかし退屈で、ただありふれた試みとして「いっそう複雑な（それゆえ当然、いっそう意義深いのだが）言葉で、目の前で起こっている物事を説明しているにすぎない……わたしにはただ極端にくだらなく思えた。わたしは元来知性に欠け、現実に対して観念的でなく、この放埒《ほうらつ》な人々のなかに入っていけるほど賢くないのだろう」

一月二十七日、現実がまた頭をもたげた。この日、フランク・アラーが正式に兵役拒否者となって「唯一開けた道を進む」ことになったので、友人数人でパーティーを催した。ウォッカで祝杯をあげ、軽口を叩きあったが、パーティーは大失敗に終わった。秀でた才人のボブ・ライシュでさえ、盛り上げることができなかった。わたしたちは、フランクが「発言を実行に移したこの日」、彼の肩から重荷を取り去ることができなかったのだ。翌日、フットボールで負った古傷のせいで徴兵資格がすでに1-Y（訳注　宣戦布告、または国家緊急時のみ軍務につく資格）だったストローブ・タルボットが、本当に兵役不適格となってしまった。ユニヴのコートでスカッシュをしているとき、ジョン・イサクソンのラケットが眼鏡に当たったのだ。医師が二時間かけて、ストローブの角膜からガラスを取り除いた。ストローブは回復して、その後三十五年間、わたしたちのほとんどが見逃してしまうような物事をしっかり見据えて過ごした。

昔から、二月はつらい月だった。憂鬱との闘いと、春の訪れを待ち焦がれる気持ちに支配されるからだ。オックスフォードでの初めての二月はとりわけ強烈だった。わたしは読書でそれを乗り切ろうとした。オックスフォードでは、履修課程が必要とするもの以外は特別な決まりを設けず、たくさんの本を読んだ。おそらく何百冊も読んだと思う。その月には、ジョン・スタインベックの『月は沈みぬ』を読んだ。ひとつには、この作家がつい先ごろ亡くなったので、まだ読んでいない作品を読んで記憶にとどめておきたかったからだ。それから、ウィリー・モリスの『北のわが家へ』を再読した。自分のルーツと〝善良なほうの自分〟を理解するのに役立つからだ。また、エルドリッジ・クリーヴァーの『氷の上の魂』を読み、魂の持つ意味に思いを巡らせた。「魂という言葉を、わたしは自分が黒人であるかのようによく使う。だがもちろん、ときには残念に思うこともあるが、わたしは黒人ではない……魂。それがなんであるか、わたしは知っている。わたしが物事を感じる部分。わたしを動かすもの。わたしを人間にしているもの。それが働かなくなり、二度と回復しないとしたら、わたしはすぐに死んでしまうだろう」。当時わたしは、魂を失うことを恐れていた。

徴兵問題に対する煩悶は、自分が本当によい人間なのか、あるいはそうなれるのかという長年の疑念を再燃させた。どうやら、困難な環境で育つ多くの人々は、意識下で自身を責め、現状よりよい運命を生きるには値しないと感じているらしい。この問題は、並行するふたつの生活を送ることから生じるのではないだろうか。自然な道筋をたどる外的生活と、秘密が隠される内的生活だ。子ども時代、わたしの外的生活は、友だちや娯楽、学習や活動に満ちていた。一方、内的生活は、不安定感や怒り、絶え間ない暴力への恐怖であふれ返っていた。並行する生活を首尾よく完全に生き抜ける人はいない。そのふたつは必ず交差するのだ。ジョージタウン大学時代、父さん《ダディ》の暴力による脅威が徐々に減り、そして消え去ってからは、かなり首尾一貫したひとつの生活を送れるようになっていた。しかし、徴兵問題での葛藤が、激しい勢いでわたしの内的生活を呼び戻した。刺激的な新しい外的生活の下で、昔の自己疑念の悪魔と迫りくる破滅が、ふたたび頭をもたげ始めた。

わたしは、ふたつの生活をひとつにまとめて、心と体と精神を同一の場所に置いて生きようと煩悶し続けた。その一方で、外的生活をできる限りよいものにして、内的生活の危険を切り抜け、苦痛を緩和しようとした。おそらくそのせいで、わたしは、名誉ある大義のために命を危険にさらす兵士たちの勇気を心から賞賛しながら、権力による暴力と虐待行為をとことん憎み、社会奉仕への情熱を燃やし、人々の抱える問題に深い同情を感じ、仲間との交流に慰めを見出しつつも、内的生活の深奥には誰も立ち入らせることができないでいたのだろう。それは、心の暗闇の底に存在した。

かつて暗闇の中へ降りていった経験もあったが、これほど深く、長期間に及ぶことはなかった。先に触れたように、わたしはオックスフォードに留学する五年以上も前の高校二年生のころ、自己を認識するようになり、陽気な性質と明るい人生観のもとに、そういう感情が渦巻いていることに気づいた。それは、ワーネケ先生の優等英語クラスで自伝的な作文を書き、「頭のなかに吹き荒れる嫌悪感」について語ったときのことだった。

一九六九年二月には、その嵐が猛威を振るっていた。わたしはなんとかそれを静めようと、読書や旅行、興味深い人々との交際などに心を傾けた。ロンドンのボルトンガーデンズ九番地では、たくさんの人に出会った。広々としたアパートで、オックスフォードを離れたわが家として多くの週末を過ごした。常時そこに住んでいるデイヴィッド・エドワーズが、ある晩、アン・マークーゼンのジョージタウンでの同居人、ドルー・バックマンとともにヘレンズ・コートに現われたのが始まりだった。そのとき彼は、ボタンとポケットがたくさんついた長い上着と、裾をしぼっただぶだぶのズボンから成るズートスーツを身にまとっていた。それまでわたしは、古い映画のなかでしかズートスーツを見たことがなかった。ボルトンガーデンズのデイヴィッドの部屋は、若いアメリカ人やイギリス人、その他ロンドンを出たり入ったりしている人たちが自由に集まるオープンハウスになっていた。食事やパーティーが盛りだくさんで、たいていはデイヴィッドが不均衡なほど多く費用を負担した。わたしたちの誰より金持ちで、極端なほど気前がよかったからだ。

わたしは、オックスフォードにとどまってひとりで過ごすことも多かった。孤独な読書を楽しみ、特にカール・サンドバーグの『人々よ』の一節には感動した。

たびたびひとりで過ごし自身を悟れと告げよ

そして何より自身に嘘をつくなと告げよ
……
強くあれば孤独は創意に富むのだと告げよ
最後の決断は静かな部屋で下すものなのだ
……
息子は寂しく育つだろう
時間をかけてみずからの
なすべき仕事を知るのだから

サンドバーグは、自問したり悩んだりすることで、何かよい結果が生まれるかもしれないと思わせてくれた。わたしは十歳までひとりっ子で、両親が共働きだったため、昔から多くの時間をひとりで過ごしていた。国政に身を投じてから、おもしろい俗説がわたしをよく知らない人々によって広められた。わたしが、ひとりではいられない性格だというのだ。おそらく、大きな集会から小さな夕食会までの人々との交流や、友人とのトランプゲームを楽しんでいたからだろう。わたしは大統領時代、懸命にスケジュールをやりくりして、一日に二、三時間程度ひとりになって考えたり、思いを巡らせたり、計画したり、何もしなかったりする時間を作った。ひとりの時間を持つだけのために、睡眠時間を削ることも多かった。オックスフォードではひとりの時間が多く、わたしはその時間を使って、サンドバーグの言う、豊かな人生に不可欠な心の整理を行なった。

三月になって春が近づくと、天候とともにわたしの気分も上向いた。五週間の休暇のあいだに、わたしは初めてヨーロッパ大陸を旅した。まず列車でドーヴァーまで行って、白い岸壁を眺め、次にフェリーでベルギーへ渡り、そこから列車でドイツのケルンを訪れた。夜の九時三十分に駅を出て、丘を上がったところにある荘厳な中世の大聖堂の影のなかにたたずみ、なぜ第二次大戦で連合軍のパイロットが、ライン川の鉄道橋を爆破する作戦中、命を危険にさらしてまで低空飛行して大聖堂の破壊を避けたのかを理解した。その中にいると、神を間近に感じることができた。そこを訪れるたびに、いつも同じように感じる。翌朝、わたしはリック・スターンズ、アン・マークーゼン、それからドイツ人の友人ルーディ・ロウに会い、いっしょにバイエルンへ行った。ルーディとは、一九六七年にワシントンで開催された大西洋共同体会議で知り合った。千年の歴史を持つルーディの故郷バンベルクでは、そこからほど近い東ドイツとの国境を見た。バイエルンの森の外れに張られた有刺鉄線の向こうに前哨《ぜんしょう》基地があり、ひとりの東ドイツ兵士が歩哨に立っていた。

旅行中に、アイゼンハワー元大統領が亡くなり、「残り少ないアメリカの夢の断片がまたひとつ消え去った」。わたしとアン・マークーゼンの関係も終わりを告げた。この時代のせい、そしてわたしが人と深い絆を結べないせいだった。わたしたちが友情を回復するまでには、長い時間を経なければならなかった。

オックスフォードへ戻ってしばらくのちに、元駐ソ大使で歴史家のジョージ・ケナンが講演に訪れた。ケナンはアメリカのヴェトナム政策に重大な懸念を示していたので、わたしも友人もぜひとも話を聴いてみたかった。しかし残念ながら、ケナンは外交政策への言及を避けただけでなく、学生デモと反戦の〝カウンターカルチャー〟全体を痛烈に批判し始めた。仲間たちのうちの数人、特にトム・ウィリアムソンがしばらくケナンと論争したあと、講演会は終わった。わたしたちの一致した感想は、アラン・バーシンのおどけた論評にみごとに集約された。「実物を見るより、本を読むほうがいいね」

数日後、わたしはリック・スターンズと、すばらしい夕食をとりながら議論を交わした。リックは、おそらくグループのなかで政治的に最も成熟した考えを持ち、知識も豊富だった。わたしの日記によると、リックは「わたしの徴兵反対に食ってかかり」、結果的に貧しい人々がさらに重い兵役を課されることになると主張した。「スターンズは、軍務の遂行に代わる手段として国家への奉仕を求め、同時に軍隊を適切な水準に保つため、兵役期間を短縮し、給与を高くして、動機づけを図る必要があると言った。彼は、貧しい人だけでなく、誰もが地域への奉仕をすべきだと考えている」。こうして撒かれた種が、二十年後、わたしの最初の大統領選挙キャンペーンで、若者のための全米地域社会奉仕プログラムの提案となって花開いた。

一九六九年の春、ただひとつの国家への奉仕は兵役だった。そして、その規模は〝戦死者数〟という冷酷な用語で測られた。四月中旬には、その数のなかにわたしの幼友だちバート・ジェフリーズが含まれた。バートの妻はショックのせいで、子どもを一カ月早産した。その子はわたしと同じように、父親の思い出を人から授けられながら育つことになる。バートは亡くなったとき、ホットスプリングズ時代からの親友アイラ・ストーンとデューク・ワッツとともに、海兵隊の任務に就いていた。バートの家族は、彼の遺体を連れ帰る人物を選ぶ必要があった。服務規定では、その人物は戦地に戻らなくてもよいので、かなり重大な選択だった。家族はアイラを選んだ。アイラはすでに三度負傷していたし、デュークは何度も危険な目にあっていたとはいえ、あとひと月で勤務期間を終える予定だったからだ。わたしは友人の死を悼んで泣いた。そしてふたたび、オックスフォード留学を決意したのは、戦争に反対する意思より、生き長らえたいという願望を叶えるためではないのかと自問した。日記にはこう書いている。「未決なままの、生存の特権……それを正当化できはしないが、おそらく不幸と呼んでも差し支えないほど、その苦痛は耐えがたいものだ」

母国では、反戦運動が衰えることなく続いていた。一九六九年には、四百四十八の大学がストライキをしているか、あるいは閉鎖を余儀なくされていた。四月二十二日、わたしは《ガーディアン》の記事を読んで驚いた。リトルロック出身のエド・ホイットフィールドが黒人の武装集団を率いて、ニューヨーク州イサカのコーネル大学構内の建物を占拠したのだ。エドは、つい前年の夏、わたしたちとともにフルブライト議員の再選のために働いて、リトルロックの戦闘的な若い黒人活動家たちに批判されていた。

一週間後の四月三十日、ついに戦争が、わたしに白羽の矢を立てた。混迷の時代を象徴するかのように、それは奇妙な展開を伴っていた。わたしは、徴兵通知を受け取った。出頭の期限は四月二十一日とある。通知は明らかに四月一日に投函されていたが、数カ月前の不在者投票用紙と同様、船便で送られた。わたしは国際電話をかけて、九日前から兵役拒否をしていたわけではないことを徴兵委員会に確認し、どうすべきか尋ねた。相手は、船便を使ったのは委員会の不手際だと認め、履修中の場合、学期修了までとどまってよいという規則があるので、学期を終えてから入隊に備えて帰国するようにと指示した。

わたしは、最後となるはずのオックスフォードの日々を思う存分楽しみ、イギリスの長い春のあらゆる瞬間を味わうことに決めた。ストークポージズの小さな村に行き、トマス・グレイが埋葬されている美しい教会墓地を訪れて、記念碑に刻まれた『墓畔の哀歌』を読んだ。それから、ロンドンでコンサートに出かけたあと、ハイゲート共同墓地へ赴いた。そこにはカール・マルクスが、生前の力強い姿を模した巨大な胸像の下で眠っていた。また、わたしはできる限り、ほかのローズ奨学生たちと過ごす時間を持った。特に、ストローブ・タルボットとリック・スターンズからは、学ぶことがたくさんあった。それから、オックスフォードのカヴァードマーケットの二階にある古風なカフェ〈ジョージの店〉で朝食をとりながら、ポール・パリッシュと彼の良心的兵役拒否の申請について話し合った。わたしはポールの地元の徴兵委員会に手紙を書いて、申請を支持した。

五月下旬、ポール・パリッシュと、その女友だちでのちにすぐれた作家となるスコットランドの才女セーラ・メイトランドとともに、ロンドンの〈ロイヤル・アルバート・ホール〉で、一流ゴスペル歌手マヘリア・ジャクソンの歌を聴いた。そのとどろきわたる声と、力強く清廉な信仰は圧倒的だった。コンサートの終盤には、ステージのまわりに押し寄せた若い聴衆が、拍手喝采してアンコールを求めた。彼らは今なお、みずからの力以上の偉大な存在を信じたくてたまらないのだ。わたしもそうだった。

二十八日に、わたしは友人たちを招待してユニヴでお別れパーティーを開いた。ともにラグビーをして食事を分かち合ったカレッジの仲間たち。ダグラスとそのほかの守衛たち。用務員《スカウト》のアーチー。ビル・ウィリアムズ理事と夫人。ジョージ・コークウェル学生監。そして親しくなったアメリカ人、インド人、カリブ人、南アフリカ人の留学生たち。わたしはただ、この月日のあいだ貴重な存在となってくれた彼らに、お礼を言いたかったのだ。友人たちはわたしに、山ほど餞別をくれた。ステッキ、イギリス製のフェルト帽、フローベールの『ボヴァリー夫人』のペーパーバック。それらは今でも手もとにある。

六月の初旬には、パリを観光して過ごした。帰郷するまでにどうしても訪れておきたかったのだ。カルチェラタンに部屋を取り、ジョージ・オーウェルの『パリ・ロンドン放浪記』を読み終え、あらゆる観光地を巡った。ノートルダム大聖堂のすぐ裏にある、小さいがすばらしいホロコースト記念館にも行った。見逃してしまいがちな場所だが、足を延ばす価値がある。島の端の階段を下りて小さな空間に入り、振り向くと、自分がガス室を覗いていることに気づくのだ。

旅の案内役と道連れを務めてくれたのは、ロンドンで互いの友人どうしを通じて知り合ったアリス・チェンバリンだった。わたしたちは、チュイルリー宮の庭園を歩き、池のそばで立ち止まって子どもたちの乗ったヨットを見つめ、安くて不思議な味のヴェトナムやアルジェリア、エチオピアや西インド諸島の料理を食べた。それからモンマルトルの丘に登り、サクレクールと呼ばれる教会を訪れた。わたしはその中で、ほんの数日前に亡くなった友人のヴィクター・ベネット医師のために、尊敬とユーモアを込めて、蠟燭を灯した。ベネット医師は優れた頭脳の持ち主だったが、なぜか不合理なほど反カトリック的な考えを持っていた。わたしは彼のためにできるだけの祈りを捧げた。それが、母や継父やわたしに対して、医師がしてくれたことへのせめてもの恩返しだった。

オックスフォードへ戻るころには、夏も近づき、ほとんど一日じゅう明るかった。ある日の明けがた、イギリス人の友人がユニヴの建物の屋根にわたしを連れ出し、太陽が、美しいオックスフォードの地平線から顔を出す瞬間を見せてくれた。気分が高揚したわたしたちは、ユニヴのキッチンに押し入り、パンやソーセージ、トマトやチーズをくすねてわたしの部屋へ持ち込み、朝食をとった。

六月二十四日、わたしはビル・ウィリアムズに別れの挨拶をしに行った。理事は、わたしの幸運を祈り、「うんざりするほど情熱的で尊大な先輩」になることを期待していると言った。その夜、わたしはパブでトム・ウィリアムソンとその友人たちに囲まれ、オックスフォードで最後の食事をとった。二十五日、わたしはオックスフォードに別れを告げた——永遠に、とそのときは信じていた。そのままロンドンへ行って、フランク・ホルトとメアリ夫人と娘リンダに会った。議会での夜の会議に出席してから、ホルト判事と夫人は帰国した。わたしはリンダを連れて友人と会い、イギリスでの最後の夕食をとり、デイヴィッド・エドワーズのアパートで二、三時間寝たあと、早起きして空港へ向かった。六人の友人が見送りに来てくれた。いつまた会えるのか、果たしてもう一度会えるときがくるのか、わからなかった。わたしは彼らを抱きしめ、搭乗口へと急いだ。

16

午後九時四十五分、わたしはニューヨークに降り立った。出発の遅れもあって、予定を九時間も過ぎていた。マンハッタンに着くころには午前零時を回ってしまったので、このまま夜明かしして朝早い飛行機に乗ることにした。わたしは、マーサ・サクストンを起こし、アッパー・ウェストサイドにある彼女の家の玄関先に坐って、二時間話し込んだ。それから、終夜営業の食堂へ行った。ここしばらくなかったおいしいハンバーガーを口にし、タクシー運転手ふたりと話をして、E・H・カーの『歴史とは何か』を読み、劇的だったこの一年を振り返り、前途に思いをはせた。それから、餞別のなかで特に気に入った二枚の小さなカードを眺めた。〝友情《ラミティ》〟そして〝共感《サンパテ》〟と題されたフランス語の格言が書いてある。パリに住むカリブ人の美しい黒人女性で、トム・ウィリアムソンと付き合っているニッキ・アレクシスにもらったものだ。ニッキはこの二枚のカードを、中学生のころから八年間も大事に取っておいたという。わたしは、それを宝物にするつもりだった。友情と共感こそ、わたしが与え、分け合い、人からも引き出そうとしてきた心の贈り物だからだ。わたしはそれを額に収めて、その後三十五年間に住んだどの家にも必ず飾ってきた。

食堂を出たときは、所持金二十ドルもない状態でアーカンソーへ帰る羽目になっていたが、日記の最後のページにはこう綴っている。「むしろ、裕福な人間になったような気がする。たくさんの幸運と友人に恵まれ、昨年十一月にこの日記を書き始めたときより、いくらか具体的で精緻な希望と信念を手に入れたのだから」。混乱する時代のなか、わたしの気分はエレベーターのように激しく上下に動いた。次に何が起こるにせよ、それを記録できるよう、デニース・ハイランドが春に二冊目の日記帳を送ってくれていた。

六月末に家へ戻ったとき、入隊のため軍に出頭するまで約一カ月の猶予があった。そのあいだ、わたしはほかの軍務を探ってみた。州軍や予備軍には空きがなかった。空軍も調べてみたが、片目に斜視があるためパイロットにはなれないことがわかった。左目の視力が弱く、子どものころには黒目の位置がよく外側へずれていた。ほとんど自然に治ったのだが、今でも視線が一点に定まりにくく、航空機操縦への影響は重大らしかった。海軍将校プログラムの身体検査も受けたが、それにも落ちた。今度は聴力が弱いということだった。耳に問題があるとはこれまで気づかず、その後も特に意識することなく過ごした。しかし十年後、政界に入ったのちには、群衆のなかから人々がわたしに語りかける言葉が聞こえなかったり、理解できなかったりすることがよくあった。残された最良の選択肢は、アーカンソー大学のロースクールに入学して、予備役将校訓練部隊（ＲＯＴＣ）に加わることだと思われた。

七月十七日、わたしはフェイエットヴィルへ行き、二時間のうちに大学への入学と部隊への入隊を許可された。プログラムの責任者であるユージーン・ホームズ大佐は、わたしを採用する理由として、召集兵より将校となって国に奉仕すべき人間だからだと評価してくれた。副司令官のクリント・ジョーンズ中佐は、もう少し慎重で疑い深げだったが、わたしがワシントンで彼の娘と知り合いだったことを知ると、打ち解けて話をした。ＲＯＴＣに加わると、ロースクールを終えたあとに戦地勤務となる可能性がある。ＲＯＴＣのクラスへ入る前に夏期キャンプに参加しなければならないので、どうやら来年の夏まで正式に入隊することはできないようだった。しかし、同意書に署名しさえすれば、徴兵委員会が入隊日を延期して、わたしを１‐Ｄ（訳注　予備軍要員または軍事訓練を受けている学生を示す区分）の予備兵に分類するという。複雑な気持ちがした。ヴェトナムから逃れられる見通しは立ったが、「十日後には誰かがあのバスに乗ることになる。わたしもそれに乗らなければならないかもしれない」

しかし十日後、わたしはバスに乗らなかった。代わりに、テキサス州に車を走らせ、すでに軍に所属しているジョージタウン時代の同居人たち、トム・キャンベル、ジム・ムーア、キット・アシュビーと再会した。行き帰りの道中、わたしはさまざまな物事に目を奪われ、あらためてアメリカに向き直るきっかけを得た。ヒューストンとダラスには、大きな新しい集合住宅がひしめき合い、なんの秩序もなく拡大しつつあった。それを、未来のうねりになぞらえてみた。そのなかへ入っていきたいかどうかはわからなかった。行き過ぎる車のバンパーステッカーやナンバープレートに、啓示的な意味を読み取ったりもした。特に気に入ったバンパーステッカーには、〝地獄へ落ちてもイエスを責めるな〟とあった。なんといっても最高のナンバープレートの文字は、信じがたいことに霊柩車が掲げていた〝びっくり箱《Pop Box》〟だった。それを読んだ人間が、地獄を恐れながらも死を笑い飛ばせるようにという趣向らしい。

わたしはまだそういう笑いを必要とする年齢に達していなかったが、自分の死を昔から意識しており、それをあまり不快に思うこともなかった。おそらく、生まれる前に実父を亡くしたせいで、早い時期から死について考え始めたのだろう。以前から墓地に心を惹かれ、そのなかで過ごすのが好きだった。テキサス州からの帰り道、わたしはホープに立ち寄ってバディとオリーに会い、実父と祖父母の墓を訪れた。墓石のまわりの草取りをしながら、あらためて彼らがこの世に滞在した年月の短さをしみじみと感じた。父が二十八年、祖父が五十八年、祖母が六十六年（ホットスプリングズでは、継父が五十七年）。自分も長生きするとは限らないのだから、人生を最大限に味わい尽くしたかった。

死に対するわたしの姿勢は、シスター・ジョーンズが登場する古い冗談の落ちに、よく表わされている。シスター・ジョーンズは、教会で最も信心深い女性だった。ある日曜日、いつも退屈な話ばかりする司祭が、みずからの人生を語って説教した。最後に司祭は叫んだ。「天国へ行きたい者は全員、起立してください!」。信徒たちがいっせいに立ち上がった。シスター・ジョーンズだけが坐ったままだった。司祭は意気消沈して言った。「シスター・ジョーンズ、あなたは死んだあと天国へ行きたくないのですか?」。善良な修道女はすぐさま跳び上がって答えた。「いえ、もちろん行きたいですわ、神父様。申しわけございません。今すぐ出発なさるおつもりなのかと思ったものですから」

ホットスプリングズで過ごしたその後の六週間には、想像の枠を超える興味深い出来事が続いた。ホットスプリングズ西部の町ストーリーの小さな集落に、ジェフがプレハブ住宅を建設することになった。うち一戸を担当する六十七歳の大工の作業を、わたしは一週間にわたって手伝った。その老人は、毎日わたしをへとへとになるまで働かせ、素朴な見識と田舎の懐疑主義を説いて聞かせた。ちょうど一カ月前、アポロ一一号の宇宙飛行士バズ・オルドリンとニール・アームストロングが、仲間のマイケル・コリンズを司令船コロンビア号に残し、月面を歩いた。一九六〇年代の終わりまでに人類を月に立たせるというケネディ大統領の目標が、残り五カ月にして達成された。老大工は、本当にあれが実現したと信じているのかと尋ねた。もちろんです、テレビで見ましたから、とわたしは答えた。老人は異議を唱え、一瞬たりとも信じるものか、「あいつらテレビの連中」は、偽物を本物らしく見せるのが得意なんだから、と言った。当時、わたしはこの人をただの偏屈じいさんだと思った。しかし、ホワイトハウスにいた八年間、テレビの映像を見るにつけ、あの老人には先見の明があったのではないかといぶかることが何度かあった。

わたしは多くの日中とほとんどの夕刻をベッツィ・リーダーとともに過ごした。一学年先輩だったベッツィは、今はホットスプリングズで働いていた。彼女は、尽きることのないわたしの悩みをみごとに和らげてくれる、賢く、切なげな、優しい女性だった。わたしたちはYMCAの奉仕活動として、高校生たちのちょっとした行事で保護者の役割を果たすよう頼まれた。わたしたちが仮の養子にした高校生は三人いた。わたしの元主治医の息子で、政治にとても詳しいジェフ・ローゼンスウェイグ、おとなしく知的な少女で、公民権に興味を持つジャン・ディアクス、そして、垢抜けた明朗な黒人少年で、髪を大きなアフロにして、アフリカのダシーキという色鮮やかな長いシャツをズボンの外に出して着ているグレン・マホーン。わたしたちは、さまざまな場所へいっしょに行き、すばらしい時間を過ごした。

その夏、ホットスプリングズでは、人種間の衝突が数回発生し、緊張が高まっていた。グレンとわたしは、緊張緩和のために、人種混合ロックバンドを結成して、Kマートの駐車場で参加自由のダンスパーティーを主催しようと計画した。グレンが歌って、わたしがサックスを吹く。パーティーの晩には、たくさんの人々が集まった。わたしたちは平床トラックの上で演奏し、人々は舗道で踊ったり語らったりした。一時間ほどのあいだ、すべてはうまくいっていた。それから、ハンサムな若い黒人青年が、きれいなブロンドの少女をダンスに誘った。ふたりは少々人目を引きすぎるほど、似合いのカップルに見えた。一部の保守的な白人たちにとって、それは我慢できない光景だった。一カ所で喧嘩が起こると、それが次から次へと広がっていった。わたしたちが気づく前にそれは大喧嘩に発展し、駐車場にはパトロールカーが何台もやってきた。こうして、わたしが初めて主導した人種間の和解の試みは、散々な結果に終わった。

ある日、大学を出てすぐ州議会議員に選出されたマック・マクラーティが、フォード販売店の集会に参加するためホットスプリングズを訪れた。マックはすでに結婚して、事業と政治に本腰を入れて取り組んでいた。わたしは旧交を温めるとともに、きわめてお堅いマックの同僚たちの面前で、彼をちょっとからかってみることにした。計画遂行のため、コンベンションセンターの外の広場で待ち合わせた。マックは、わたしが髪と髭を伸ばしていることを知らなかった。それだけでもじゅうぶんひどい風采だが、さらにわたしは友人を三人引き連れていった。全米横断バス旅行でホットスプリングズに立ち寄り、いかにも二、三日バスに乗りっぱなしだったという様子のイギリス人少女がふたり。そして、盛り上がったアフロヘアに派手なダシーキ姿のグレン・マホーン。わたしたちはまるで、ウッドストック・ロックフェスティバルから流れてきたかのようだった。友人ふたりとともに広場へ出てきたマックは、四人を見てきっと胸焼けを起こしたにちがいない。しかし、マックは涼しい顔で挨拶を交わすと、わたしたちを友人に紹介した。彼の糊《のり》の効いたシャツと短い髪の下には、平和と公民権運動に共鳴する心と頭が隠れていたのだ。マックは、人生の順境・逆境を通じて、ずっとわたしのそばにいてくれた。しかし、わたしがマックにこれ以上きびしいテストを課すことはなかった。

夏の残り時間が少なくなってくると、わたしはますます、予備役将校訓練部隊（ＲＯＴＣ）に加わってアーカンソー大学のロースクールへ通うという決断を後悔し始めた。寝つきが悪くなり、ほとんどの夜を小部屋の白い安楽椅子に身をあずけたまま過ごした。六年前、ここに坐ってマーティン・ルーサー・キングの〝わたしには夢がある〟演説を聴いたことを思い出す。わたしはひたすら本を読み、二、三時間うとうとした。ＲＯＴＣへの入隊が遅かったので、来年の夏まで必須の夏期キャンプに参加することができない。そこでホームズ大佐は、オックスフォード大学へ戻って二年目を履修するという案に賛成した。つまり、ロースクールを終えたあとの兵役開始が三年後ではなく四年後になる。

この決断が正しいのかどうか、いまだに悩んでいた。

ジョン・マイルズ牧師の兄との会話で、ますます心が揺れ動いた。ウォーレン・マイルズは十八歳で学校をやめ、海兵隊に入隊して朝鮮戦争へ赴き、戦闘中に負傷した。帰郷後、ヘンドリックス大学に入学し、ローズ奨学金を勝ち取った。ウォーレンはわたしに、現在の安全路線を捨て去って、海兵隊に入隊し、ヴェトナムへ行くことを勧めた。少なくとも、確実に何かを学ぶことができるはずだと言う。わたしの戦争反対論をあっさり退け、戦争という事実に対してわたしができることはひとつもないし、実際に起こっている以上、心正しい人間なら出征して体験し、学んで記憶すべきだと主張した。たいへんな熱弁だった。しかしわたしには、すでに多くの記憶があった。わたしは、外交委員会で働きながら学んだことを憶えていた。そこで見た機密書類によれば、アメリカ国民は戦争について正確な情報を与えられていなかった。そして、バート・ジェフリーズの手紙に書かれた、近づくなという警告も憶えていた。わたしの心はふたつに引き裂かれた。第二次大戦の退役軍人の息子として、そしてジョン・ウェインの映画を見て育った者として、わたしはずっと軍に奉仕する人々を尊敬してきた。出征への反感が信念にもとづくものなのか、それとも臆病さに根ざすものなのか、自分の心を探り続けた。その後の展開を考えてみても、自身へ向けた疑問に答えを見出せたのかどうか、いまだによくわからない。

九月も終わりに近づき、オックスフォードへ戻る準備にいそしむかたわら、マーサズヴィニヤードへ飛び、ジーン・マッカーシーのもとで働いていた反戦活動家たちの再会の集いに加わった。わたしはそこで働いていなかったが、リック・スターンズが誘ってくれた。たぶん、わたしの参加への意欲をリックが見抜いていたせいと、もうひとり南部の人間を増やしたいとメンバーが考えたせいだろう。ほかに南部人は、最近ノースカロライナ大学を卒業したテイラー・ブランチしかいなかった。黒人たちの有権者登録に手を貸すためジョージア州へ赴き、帰ってきたばかりだそうだ。テイラーはその後、ジャーナリズムの分野で輝かしい経歴を築き、ウォーターゲート事件で有名なジョン・ディーンや一流バスケットボール選手ビル・ラッセルの自叙伝の執筆に協力し、のちにすばらしい著作『海を分けて』を書いてピューリッツァー賞を受賞した。マーティン・ルーサー・キングと公民権運動に関する三部作構想の第一巻だ。テイラーとわたしは親交を結び、一九七二年には、テキサス州でのマクガヴァンのキャンペーンに参加してともに働き、一九九三年には、わたしの大統領としての口述記録作りをほとんど毎月のように行なった。それがなかったら、任期中の記憶の多くが失われていただろう。

リックとテイラーのほかにも、この再会の集いで出会い、長年にわたる交流を保った男性が四人いる。サム・ブラウンは、反戦学生運動のリーダーのなかでも特に著名な人物で、のちにコロラド州の政治に従事し、わたしの大統領在任中には、欧州安全保障協力機構でアメリカとの連携を保つ役割を果たしてくれた。デイヴィッド・ミクスナーは、十四歳で同郷の移民労働者たちを組織化し始め、何度かイギリスにいるわたしを訪ねてきて、のちにカリフォルニア州へ移った。その地でミクスナーは、エイズとの闘いとゲイの人権運動に積極的に関わり、一九九二年にはわたしを支援してくれた。マイク・ドライヴァーは、その後三十年にわたって、わたしの最も大切な親友のひとりになった。そしてイーライ・シーガルは、マクガヴァンのキャンペーンでふたたびわたしの同志となり、その後クリントン‐ゴア・キャンペーンの事務局長を務めた。

その週末に集まったわたしたちは全員、一九六九年秋の初旬には想像もつかなかった人生を送ることになる。しかし当時のわたしたちは、ただ戦争を止めたいだけだった。グループは〝ヴェトナム・モラトリアム〟と呼ばれる新たな大規模抗議活動を計画しており、わたしは彼らの討議にできる限りの貢献をした。しかし、たいていわたしは徴兵のことを考え、自分の対処のしかたに後ろめたさを募らせていた。アーカンソーを出てマーサズヴィニヤードへ向かう少し前、わたしは地元の徴兵委員長ビル・アームストロングに宛てて、実のところROTCプログラムに参加したいとは思っていないので、1‐Dの徴兵猶予を取り消して、徴兵対象に戻してほしいと訴える手紙を書いた。ストローブ・タルボットがアーカンソーまで訪ねてきたので、その手紙を投函すべきかどうか話し合った。結局、出さなかった。

アーカンソーを出発した日、地元紙が一面のニュースとして、マイク・トマス陸軍少尉のヴェトナムでの戦死を伝えた。中学生のとき、生徒会長選挙でわたしを破った男だ。戦地で、マイクの部隊は激しい攻撃を受け、塹壕《ざんごう》に身を隠した。マイクが亡くなったのは、車に閉じ込められた部下のひとりを助けようとして、砲火のなかへ戻ったからだった。迫撃砲がふたりを吹き飛ばした。死後、マイクには銀星章、青銅星章、パープル・ハート勲章が授与された。すでにヴェトナムでは約三万九千人のアメリカ人が戦死し、まだこれから一万九千人が犠牲となる運命にあった。

九月二十五日と二十六日、わたしは日記にこう書いた。「『ロバート・ケネディの未完の旅』（デイヴィッド・ハルバースタム著）を読んで、徴兵猶予を支持しないという認識を新たにした……わたしはROTCには入れない」。それから二、三日後に、ジェフ・ドワイアーに電話して、徴兵対象に戻りたいと告げ、ビル・アームストロングに伝えてくれるよう頼んだ。十月三十日、徴兵委員会はわたしを1‐A（訳注　兵役に適した者を示す区分）に分類し直した。十月一日に、ニクソン大統領は、大学院生が履修中の一学期だけでなく一学年を終えられるよう、選抜徴兵制政策に変更を加えていた。したがって、七月までは召集されないだろう。わたしが地元の徴兵委員会に話すようジェフに頼んだのが、院生の徴兵猶予が一学年に延長されたと知る前だったのかあとだったのかは、よく憶えておらず、日記にも書いていない。ただ、オックスフォードでまたしばらく過ごせることと、徴兵の問題に決着がついたことに安堵したのはよく憶えている。オックスフォード留学を終えた段階で召集されうるという状況に、とりあえず納得が行ったからだ。

わたしはジェフに、ホームズ大佐への伝言も頼んだ。今でも大佐には恩義を感じていた。七月二十八日に入隊しなくてすむよう手助けしてくれたのだ。すでに1 - Aに戻ってしまったが、もし大佐が、翌年の夏期キャンプで始まるROTCプログラムへの参加を契約どおり命じるつもりなら、従うのが筋だろうと思った。ジェフによると、大佐はわたしの決断を了承したものの、正しい行動だとは考えていないようだった。

十二月一日、五日前にニクソン大統領が署名した法案に準じて、アメリカは徴兵抽選制を施行した。一年のすべての日付が記された紙片をボウルに入れて、順番に引いていくくじ引きだ。自分の誕生日が引かれた順番で、徴兵される順番が決まる。八月十九日は三百十一番だった。大きい番号だったが、数カ月後になれば、徴兵される可能性はかなり高いと思った。一九七〇年三月二十一日にリー・ウィリアムズからもらった手紙によると、アーカンソー州の選抜徴兵制委員長レフティ・ホーキンズ大佐の話では、わたしたちは全員召集されるだろうとのことだった。

徴兵番号が後ろのほうだとわかったあと、わたしはジェフにもう一度電話して、ホームズ大佐に、これを予測できたなら徴兵対象に戻ろうとはしなかったこと、そして今でもROTCへの入隊を指示されれば従う用意があることを伝えてもらった。それから、十二月三日、ホームズ大佐に長い手紙を書いた。まず、夏に徴兵から保護してくれたことに感謝し、尊敬の念を伝えてから、もし大佐がわたしの政治的信念と活動についてよく知れば、わたしを尊敬する気持ちにはならないだろうと書いた。「少なくとも、ROTCより徴兵にふさわしいとお考えになったかもしれません」。わたしは、外交委員会で携わっていた仕事を説明した。「ヴェトナムについて、わたしよりも多くの情報を持つ人がそれほどいなかったころです」。それから、夏にアーカンソーを出たあと、ワシントンとイギリスでヴェトナム・モラトリアムの仕事に関わったことを書いた。さらに、ジョージタウン大学では徴兵制度を研究し、第二次大戦時のように、国家と生活のありかたが危機に瀕《ひん》した場合のみ、徴兵制度は正当化されるという結論を出したことも告げた。良心的兵役拒否者や徴兵抵抗者への共感にも触れた。それから、名前を出さずただの同居人として、フランク・アラーのことを書いた。「わたしの知るなかでも、最も勇気ある、最も善良な男のひとりです。国は彼のような男をぜひとも必要としています。彼が犯罪者と見なされるなど、どうにも我慢がなりません」。そして、自分も抵抗者になる道を考慮したことを認め、徴兵を受け入れたのは、「信念には反していましたが、理由はひとつです。国の体制のなかで、政治家として生きる道が絶たれないようにするためです」と打ち明けた。また、ROTCプログラムへの参加を希望したのは、「積極的にではなく、可能性として、ヴェトナムと兵役拒否の両方を避けられる」唯一の方法だったからだと認めた。わたしは、大佐に心中を吐露した。「ROTC同意書に署名したあと、自身に妥協を許したのは、徴兵制度以上に反論を受けてしかるべき行為ではないのかと疑問に思い始めました。なぜなら、わたしはROTCプログラム自体になんの興味も抱いておらず、入隊を希望したのは、肉体的な危害から身を守るためとしか思えないからです。……契約を交わし、大佐がわたしの1-Dの徴兵猶予を徴兵委員会にお送りになったあと、耐えがたい苦痛が生まれ、自尊心と自信をみるみる失っていきました」。それから、九月十二日に徴兵委員会に宛てて、徴兵対象に戻してもらうよう申請する手紙を書いたが、投函しなかったことも告げた。しかし、ジェフ・ドワイアーに1-Aに分類し直してもらうよう頼み、地元の徴兵委員会が十月の会議でそれを決定したことには触れなかった。ジェフがすでに大佐に報告していることを知っていたからだ。それから、こう締めくくった。「こうして胸の内をお話ししたことで、なぜこれほど多くの善良な人々が、この国を愛しながらも軍を嫌悪している自分に気づかされたのかを、明確にご理解いただくきっかけとなれば幸いです。そしてその軍に対して、大佐を始めとするすばらしい人々が、生涯を捧げて最上の奉仕をなさっていることを、わたしは存じ上げています」。これが、その当時わたしが、戦争について深い苦悩と葛藤を抱える青年として感じていたことだった。いずれにせよわたしは、もしホームズ大佐に呼ばれれば、ROTCの契約を果たす義務があると考えていた。返事がなかったので、数カ月間、大佐の意向はわからなかった。

一九七〇年三月、リー・ウィリアムズからすべての抽選番号が召集されるだろうと聞いたのと同じ時期、家族が作った二本のカセットテープを受け取った。ちょうどデイヴィッド・エドワーズがホットスプリングズの家に訪ねてきていた。最初のテープには、わが家の玉突き台のまわりで交わされた、たくさんの悪意のない冗談が入っており、ロジャーがわたしのためにサックスを吹き、そばでジャーマン・シェパードのキングが遠吠えしている場面で終わっていた。もう一本のテープの中身は、母とジェフからの個人的なメッセージだった。母はわたしへの愛情を伝えてから、もう少し休息を取るようにと勧めた。ジェフは、家族の近況を教えてくれたあと、次のように話した。

二、三日前、失礼かとは思ったが大佐に電話をかけて、少し話をさせてもらった。大佐は、きみの幸運を祈り、こちらへ来ることがあったら立ち寄って顔を見せてほしいと言っていた。ROTCプログラムに関して、大佐の意向を気にする必要はまったくないだろう。周囲の人が評価する以上に、大佐は国の若者の全般的な状況を理解しているようだから。

こうして、一九七〇年三月の第二週には、ROTCの義務から解放されたことがわかったが、まだ徴兵される可能性はあった。

しかし結局のところ、リー・ウィリアムズは間違っていた。戦争の規模が縮小されて新たな兵士を送る必要性が少なくなり、わたしの番号が召集されるには至らなかったのだ。わたしはずっと、同世代のおおぜいの若者の命を奪った危険から逃れたことに、やましさを感じてきた。戦死者たちの将来を生きる権利は、わたしの権利と同様に正当だったはずだ。長い年月のあいだに――知事としてアーカンソー州軍の責任者となったとき、そして特に大統領になったあと――アメリカ軍をよく知るようになるにつれ、ますます若いころ軍に所属しておけばよかったと思うようになった。ただし、ヴェトナムに対する考えを変えたことはない。

ジョージタウン大学に行って外交委員会で働くことがなければ、兵役について異なる決断をしたかもしれない。ヴェトナム戦争時代、千六百万人の男性が、合法的な手段によって兵役を逃れた。八百七十万人が志願入隊し、二百二十万人が徴兵された。二十万九千人のみが徴兵を忌避あるいは拒否したとされ、うち八千七百五十人が有罪となった。

ヴェトナムへ赴く運命を免れたわたしたちも、いずれにせよ心に傷を負った。特に、戦死した友人を持つ場合、その傷は深い。わたしはずっと、従軍を拒んだ人がのちに公職に就いたとき、軍の問題と政治的な軋轢《あつれき》にどう対処するのか興味を抱いてきた。彼らの一部は超タカ派の超愛国主義者となり、兵役を果たさなかったことには正当な個人的事情があると主張しながら、自身が避けた戦争に反対する人たちを非難している。二〇〇二年までには、ヴェトナムはアメリカ人の心の暗闇へ消え入ってしまったようだった。その結果、ジョージア州の連邦上院議員選挙で、ヴェトナム時代に徴兵を猶予された共和党下院議員サクスビー・チャンブリスが、ヴェトナムで両脚と右腕をなくしたマックス・クレランド上院議員を破ることが可能になった。選挙戦でチャンブリスは、クレランドの愛国心と国内の安全に対する献身に疑問を唱えた。

兵役に就かなかった超タカ派の活動とは対照的に、ヴェトナムとの和解と国交正常化への努力を率先して行なったのは、議会のなかでも名高いヴェトナムの退役軍人たち、チャック・ロブやジョン・マケイン、ジョン・ケリー、ボブ・ケリー、チャック・ハーゲル、ピート・ピーターソンなど、責務を果たす以上の働きをして、何も隠したり立証したりする必要のない人たちだった。


十月初旬、予期せぬ二年目を過ごすためオックスフォードへ戻ったとき、その生活環境は、アーカンソーでの混乱をそのまま引きずっていた。まず、住む場所がなかった。夏の終わりまで、戻ってこられるとは思っていなかったし、カレッジの学生寮が保証されているのは一年目だけだったからだ。わたしは、二週間ほどリック・スターンズの部屋に同居し、そのあいだ、ヴェトナム・モラトリアム集会の計画に従事した。この集会は、アメリカ本国での主要行事の支援として、十月十五日にロンドンのアメリカ大使館で独自に行なわれた。また、ロンドン・スクール・オブ・エコノミクスでの討論会の企画にも関わった。

ようやく、オックスフォードでの残りの日々を過ごす家が見つかり、ストローブ・タルボットとフランク・アラーの住むレックフォード街四六番地へ移った。別の同居人がひとり出ていったので、あとのふたりが家賃の負担を軽減するため、わたしに声をかけたのだ。ひと月の家賃は約三十六ポンド。一ポンド＝二ドル四十セントの換算で八十六ドル四十セントだ。家はかなり老朽化していたが、わたしたちには贅沢《ぜいたく》なくらいだった。一階には小さな居間とわたしの寝室、キッチン、そして玄関を入ってすぐのところにバスルームがあった。バスルームの扉にはガラス窓が付いていて、ラファエル前派の様式で描かれた女性の肖像画がガラス一面に貼られていた。紙が薄いので、遠目にはステンドグラスのように見える。それが、家の中で最も優雅な部分だった。ストローブとフランクの寝室と書斎は二階と三階に位置していた。裏手には、塀に囲まれ、雑草がまばらに生えた小さな庭もあった。

わたしとは違って、ストローブとフランクは重要な研究に取り組んでいた。フランクは、中国革命における一大叙事詩、長征（訳注　一九三四年から三六年にかけて、中国共産党が国民党軍と戦いながら約一万二千五百キロにわたる行軍をしたこと）に関する論文を書いていた。執筆のため、少し前にスイスへ赴いてエドガー・スノーに会った。スノーの有名な著作『中国の赤い星』には、毛沢東と延安《えんあん》での革命に接した特異な経験が記録されている。スノーは、フランクに未発表の覚書を数冊譲った。フランクが、学問的にきわめて意義深い研究を完成させつつあることは間違いなかった。

ストローブは、さらに大きな研究課題、ニキータ・フルシチョフの回想録の編纂に携わっていた。フルシチョフは、アメリカではケネディやニクソンとの対立で知られているが、冷戦下のソヴィエトでは改革者であり、魅力的な人物でもあった。モスクワにみごとな地下鉄網を造りあげ、スターリンの過度な残虐行為を弾劾した。正統派を主張する保守勢力に権力の座を追われ、ブレジネフとコスイギンに政権を奪われたのち、フルシチョフは人知れずカセットテープに回想録を録音し、おそらくKGBの友人を介して、当時《タイム》のモスクワ支局長だったジェリー・シェクターへ送るよう手配した。ストローブはロシア語に堪能で、前年の夏《タイム》のモスクワ支局で働いたこともあった。その経験を活かして、コペンハーゲンへ飛んでシェクターに会い、テープの入手に成功した。オックスフォードに戻ると、フルシチョフの言葉をロシア語で書き取り、それから翻訳して編集するという骨の折れる作業を始めた。

朝、フランクとストローブが仕事に取りかかるころ、よくふたりのために朝食を作った。わたしの炊事の腕はなかなかのものだった。ふたりのもとに〝クリントン母さんの田舎料理〟を運び、仕事ぶりを眺めた。特に、クレムリンの陰謀に関するフルシチョフの話を、ストローブから詳しく語ってもらうのが楽しみだった。歴史的意義の大きいストローブの本『フルシチョフ回想録』は、西側諸国がソヴィエト連邦内部の機構と対立関係を理解するうえで大きな役割を果たし、ソヴィエト連邦内の改革が将来いっそうの自由と開放をもたらすのではないかという期待感を高めた。

十一月十五日、二度目の、さらに大きなモラトリアム集会が開かれ、五百人以上の人々が、アメリカ大使館前のグローヴナー広場周辺を行進した。かねてから積極的な平和運動を行なっていたジョージタウン大学教授のイエズス会士、リチャード・マクソーリー神父も参加してくれた。神父は、第二次大戦の従軍司祭として、フィリピンのバターン半島の死の行進を生き抜いた経験があり、のちにロバート・ケネディ一家と親交を結んだ。デモのあと、わたしたちは大使館近くの聖マルコ教会で祈禱会を催した。マクソーリー神父が、アッシジの聖フランチェスコによる平和への祈りを暗誦し、リック・スターンズが、ジョン・ダンの有名な詩の一節を朗読した。「誰《た》がために鐘は鳴るやと問うなかれ。そは汝のために鳴るなり」

感謝祭のあと、わたしはトム・ウィリアムソンとともにダブリンへ飛び、ヒラリー・ハートとマーサ・サクストンに会った。マーサとは、ここ数カ月のあいだ付き合ったり別れたりを繰り返していた。三十年以上経ってから、あの旅でわたしが口にした言葉をマーサが思い出させた。わたしにとって彼女は切なすぎる、と言ったのだ。実際には当時、ヴェトナムについて苦悶していたわたしのほうが、彼女にとっても誰にとっても切なすぎたのだろう。しかし、たとえ切なさを抱えていたとしても、わたしはアイルランドに愛着と居心地のよさを感じた。週末を過ごしただけで、離れがたい気持ちになった。

ホームズ大佐に手紙を書いてから三日後の十二月六日の土曜日には、わたしはロンドンのデイヴィッド・エドワーズのアパートにいて、一大イベント、アーカンソー対テキサスのフットボールの試合に備えていた。いずれのチームも負け知らずだった。全米ランキングではテキサスが一位、アーカンソーが二位につけていた。この二チームが、大学フットボール百周年を飾るレギュラー・シーズン最後の試合で、全国チャンピオンの座を争って戦うことになった。わたしは短波ラジオをレンタル店で借りた。それほど高くなかったが、五十ポンドの保証金が必要だった。わたしにとっては大金だ。デイヴィッドは、大鍋においしいチリコンカルネを用意した。招待に応じた友人数人は、わたしたちが試合中ずっと歓呼や不平の雄叫びをあげ続けていたので、頭がいかれたのではないかと思ったらしい。たいへんな熱戦だったため、この試合は〝世紀の大試合〟と銘打たれた。この数時間、わたしたちは無邪気な少年に返り、試合のゆくえだけに完全に心を奪われていた。

　試合の模様とその文化的・政治的背景は、テリー・フレイの著作『牛と豚とニクソンと』（訳注　牛はテキサス・ロングホーンズ、豚はアーカンソー・レイザーバックスのこと）に鮮やかに記録されている。フレイはその本に「南部最後の抵抗におけるテキサス対アーカンソーの戦い」という副題を付けた。所属選手全員が白人の二チームで争われる主要なスポーツイベントは、これが最後になったからだ。

　数日前ホワイトハウスは、フットボールの熱狂的ファンであるニクソン大統領が試合を観戦し、全米チャンピオン・トロフィーを勝者に授与すると発表した。九人の議員が同行する。なかには、四十年以上前にレイザーバックスの選手だった、ヴェトナム問題におけるニクソンの天敵フルブライト上院議員と、若きテキサス州選出の下院議員ジョージ・H・W・ブッシュも含まれていた。また、ホワイトハウス補佐官であるヘンリー・キッシンジャーとH・R・ハルデマン、報道担当官ロン・ツィーグラーも随行する予定だった。

　アーカンソーは、キックオフでテキサスに渡ったボールをファンブルさせて奪い取り、試合開始から一分半もしないうちに得点をあげた。アーカンソーが七対〇でリードを奪ったままハーフタイムになり、ニクソン大統領がインタビューを受けた。「後半では、きっと両チームの得点場面が見られるだろう。問題は、テキサスのマンパワー（人的資源）、つまり強力な控えの選手が第四クォーターで相手を圧倒できるかどうかだ。それが、わたしの注目点だよ」。第四クォーターの最初のプレーで、アーカンソーが十四対〇とリードしたところで、テキサスのクォーターバック、ジェイムズ・ストリートが、ブロックをかいくぐり、すばらしい四十二ヤードのタッチダウン・ランを決めた。テキサスは二ポイント・コンヴァージョンを狙って成功し、十四対八まで追い詰めた。次の攻撃で、アーカンソーは即座に、テキサス陣七ヤードのところまでボールを運んだ。国内最高のフィールドゴール・キックの名手を擁するアーカンソーは、フィールドゴールを決めて十七対八とし、テキサスにダブルスコアをつけるはずだった。ところが、パス・プレーの指示が出た。そのパスが少し短く、インターセプトされた。残り時間五分を切ったところで、テキサスが自陣の四十三ヤード・ラインに達し、第四ダウン残り三ヤードとなった。クォーターバックが、アーカンソー側の十三ヤード・ラインのディフェンス陣に囲まれたレシーバーへ、驚異的なパスを成功させる。二回の攻撃でテキサスが得点を重ね、十五対十四とリードを奪った。最後の猛攻で、アーカンソーは短いパスをつないでボールを進めた。そのほとんどは、才能あるテールバック、ビル・バーネットへ送られた。その日一日、ボールを持って大いに前進したバーネットは、もうすぐユージーン・ホームズ大佐の義理の息子になる予定だった。手に汗握る展開のあと、テキサスがアーカンソーのパスをインターセプトし、最後の一分二十二秒を乗り切って、十五対十四で勝利した。

みごとな試合だった。テキサスの選手でさえ数人が、どちらのチームも負けるべきではなかったと言った。ただひとつあと味の悪い思いをしたのは、ニクソン大統領がハーフタイムに、テキサスが第四クォーターで勝利するだろうと予言したことだった。わたしはその後何十年も、この件をウォーターゲート事件と同じくらい深く根に持っていたような気がする。

デイヴィッド・エドワーズとわたしが、わざわざ短波ラジオを借りてフットボールの試合を聴いたことは、アメリカのスポーツ狂文化のなかで育った者にとっては別段驚くに当たらない。レイザーバックスを応援することは、アーカンソーの人間であるという概念の中枢をなしている。テレビが買えるようになる前は、すべての試合をラジオで聴いていた。高校時代には、競技場に入りたいがために、レイザーバック楽団の器材運びを手伝った。ジョージタウン大学では、テレビ放映されるレイザーバックスの試合をすべて見た。ロースクールの助教授、州司法長官、そして知事としてアーカンソーへ戻ってからは、本拠地の試合をほぼすべて観戦した。エディー・サットンがバスケットボールのコーチとなり、妻パツィーがわたしの一九八〇年のキャンペーンで積極的役割を果たすようになってからは、バスケットボールの試合もできる限り見た。一九九四年、ノーラン・リチャードソン監督率いるアーカンソー大学チームが、全米大学選手権でデューク大学に勝ったとき、わたしは競技場で観戦していた。

目にしたあらゆるフットボールの名試合のなかで、唯一わたしの政治上の経歴に影響を及ぼしたのが、〝世紀の大試合〟だ。全国ネットのテレビには映らなかったが、競技場には反戦デモ隊がいた。そのうちのひとりが、スタジアムを見下ろす丘の木に登った。翌日、その男の写真が、アーカンソー州の日刊紙や週刊紙の多くに掲載された。五年後の一九七四年、連邦下院議員に初めて立候補する直前に、対立候補の選挙運動員が、下院選挙区じゅうの新聞社に電話をかけ、〝アーカンソー対テキサスの試合で、反ニクソン・デモのため木に登っていたビル・クリントンの写真〟を保存していないかと尋ねた。この噂は瞬く間に広まり、わたしは多くの票を失う羽目になった。一九七八年、知事に初めて立候補したときには、アーカンソー南部のある州警察官が数人の人たちに、その日クリントンを木から引きずり下ろしたのは自分だと主張した。一九七九年、知事の任期一年目であの試合から十年経ったころ、フェイエットヴィルから東へ車で一時間ほどの距離にあるベリーヴィルの高校集会で質問に答えていると、ひとりの生徒が、本当にあの木に登っていたのかときいた。わたしが、その噂を聞いた人はほかにいるかと尋ねると、生徒の半分と、先生の四分の三が手を挙げた。試合から十四年が過ぎた一九八三年、わたしはフェイエットヴィルの北に位置する小さな町トンティタウンへ赴き、毎年恒例の葡萄祭の女王に王冠を授けた。行事のあと、その十六歳の葡萄女王がわたしを見て言った。「あの木に素っ裸で登って、ニクソン大統領と戦争に反対したって本当なの?」。わたしが否定すると、彼女はこう応じた。「あら、残念。それもあったから、ずっとあなたを応援してきたのに!」。話に尾ひれが付いて服まで奪われてしまったにせよ、これで一矢報いたというわけだ。悲しいかな、その後すぐ、フェイエットヴィルの不遜なほどリベラルな週刊紙《ザ・グレープヴァイン》がついに、本物の抗議者の話と木に登っている本人の写真で、この滑稽な古い逸話にかたをつけた。記事の執筆者が書き添えたところによると、クリントン知事は若いころ非常にお堅い〝お坊ちゃん〟だったので、あのような大胆な行為に及ぶはずはないそうだ。

その遠い過去のフットボール・ゲームは、大好きなスポーツを楽しみ、故郷を身近に感じる機会だった。ちょうどトマス・ウルフの『汝故郷に帰れず』を読み始めたところで、自分がそのような状況に陥ることを恐れていた。そして、わたしはこれまでにないほど、さまざまな意味で故郷から遠く離れつつあった。

十二月の第一週が終わり、長い冬休みに入ってから、わたしは四十日間の旅に出た。アムステルダムから北欧の国々を巡り、ロシアへ渡ったあと、プラハとミュンヘンを回ってオックスフォードへ戻った。それは、現在に至るまでの人生でいちばん長い旅になった。

アムステルダムへは、アーティストをしている友人エーメ・ゴーティエといっしょに行った。街にはクリスマスの光があふれ、楽しげな店が並ぶ。有名な赤線地区では、国家公認の売春婦が飾り窓のなかに坐っていた。エーメが冗談で、こういう店に入ってみたいかと尋ねたが、わたしは辞退した。

主要な教会を巡り、市立美術館でヴァン・ゴッホを、国立美術館でフェルメールとレンブラントを鑑賞した。わたしたちは、閉館時刻を告げられるまで、その歴史あるすばらしい場所にとどまっていた。帰りがけに、コートを受け取るためクロークへ寄った。そこに並んでいる人がもうひとりだけいた。振り向いたその人は、舞踊家ルドルフ・ヌレエフだった。少し言葉を交わしたあと、ヌレエフはいっしょにお茶でもどうかと誘ってくれた。エーメが大喜びするだろうと思ったが、正面扉のすぐ外で、不機嫌な顔つきのハンサムな青年が心配そうに歩き回りながら、明らかにヌレエフを待っている様子だったので、わたしは遠慮した。何年ものちの知事時代、台湾の台北《タイペイ》で、偶然ヌレエフと同じホテルに泊まった。わたしたちは、それぞれの義務を果たしたあとのある晩遅く、とうとういっしょにお茶を飲む機会に恵まれた。ヌレエフはどうしても、最初の出会いを思い出せないようだった。

アムステルダムで、家へ戻るエーメに別れを告げ、列車に乗ってコペンハーゲン、オスロ、そしてストックホルムを訪れた。ノルウェーとスウェーデンの国境では、あやうく人里離れた土地に置き去りにされるところだった。

小さな駅で監視員が、薬物の所持を調べるために若者すべての手荷物を検査した。彼らはわたしの鞄の中に、大量のコンタック総合感冒薬を見つけた。モスクワの友人へのみやげのつもりだった。コンタックは比較的新しい薬で、どういうわけか、まだスウェーデン政府の承認薬リストに入っていなかった。この錠剤はただの風邪薬で、アメリカのドラッグストアではどこでも買えるうえ、常習性もまったくないと、わたしは一所懸命説明した。監視員はコンタックを没収したが、少なくともわたしを麻薬取引の疑いで雪深い荒野に放り出すことはなかった。そんな事態にでもなったら、わたしは春の雪解けまで完璧な姿を保つ奇妙な氷の立像と化していたことだろう。

ストックホルムで数日過ごしたあと、夜間フェリーでヘルシンキへ渡った。夜遅く、ひとりで食堂のテーブルに着き、本を読みながらコーヒーを飲んでいると、バーで喧嘩が起こった。ひどく酔ったふたりの男が、そこに居合わせた唯一の女性をめぐって争っている。どちらも防御の姿勢をとれないほどに酩酊していたが、互いにパンチを当てることはできるらしかった。ほどなく、ふたりとも血だらけになった。片方は乗組員で、二、三人の仲間がただそばに立って眺めていた。とうとう、わたしは我慢できなくなった。立ち上がって、ふたりが深刻な怪我を負わないうちに喧嘩を止めようとした。彼らから三メートルほどの距離に近づいたとき、別の乗組員に行く手をふさがれた。「喧嘩を止めちゃいけないよ。止めれば、ふたりともあんたに向かってくるだろう。そうしたら、おれたちもふたりに加勢する」。理由を尋ねると、彼はただにやりと笑って答えた。「おれたちはフィンランド人だぜ」。わたしは肩をすくめて踵《きびす》を返し、本を手にしてベッドへ向かった。そして、文化の違いについて新たに学んだ教訓を噛みしめた。賭けてもいいが、どちらの男も女性をものにできなかったはずだ。

わたしは小さなホテルにチェックインして、ジョージタウン大学時代の級友リチャード・シュローとともに市内を観光した。リチャードの父は、街にあるアメリカ大使館の副館長を務めていた。

初めてわが家を離れて過ごすクリスマスの当日、わたしはヘルシンキ湾の上を歩いた。厚く張った氷の上にたっぷりと積もった雪が、誘い出される人に安心感を与えていた。美しい自然が広がるなか、海岸沿いにある木造の小屋と、そこから数メートルの氷上にうがたれた小さな丸い穴が見えた。その小屋はサウナで、ほどなくそこからひとりの男が海水パンツ姿で出てきた。男は、まっすぐ氷の上へと歩き出し、穴からその凍えるほど冷たい水の中に身を沈めた。数分後に穴を出てサウナに戻り、何度もその儀式を繰り返した。バーで見たふたりにまさる変人だとしか思えなかった。そのうち、わたしもサウナの熱い蒸気を楽しむようになり、何度か旅をしてフィンランドをますます愛するようになったものの、氷水に浸《つ》かることだけはどうしてもできなかった。

十二月三十一日、わたしはモスクワ行きの列車に乗った。列車は、レニングラードのフィンランド駅で途中停車する。レーニンが一九一七年に革命を指揮するためにロシアへ戻ったときと同じ経路だ。それが頭に浮かんだのは、エドマンド・ウィルソンの最高傑作『フィンランド駅へ』を読んだことがあるからだった。これまたぽつねんとしたロシア国境の検問所に着いたとき、わたしは初めて、本物の生ける共産主義者、ずんぐりした丸顔の監視員を見た。彼がわたしの鞄に疑いのまなざしを向けたので、薬物の所持を検査されるのだろうと思った。しかしそうではなく、監視員はひどく訛《なま》った英語でこう尋ねた。「いやらしい本あるか? いやらしい本? いやらしい本持ってるか?」。わたしは笑って、本の入った袋をあけ、ペンギン・ペーパーバックの小説をどさっと出して見せた。トルストイ、ドストエフスキー、ツルゲーネフ。監視員はとてもがっかりした。きっと、この極寒の国境の長く孤独な夜を活気づけてくれる輸入禁制品を心待ちにしていたのだろう。

ソヴィエトの列車には、広々としたコンパートメントが並んでいた。それぞれの車両には、熱い紅茶の入った巨大な湯沸かし器が置かれ、年配の女性が黒パンといっしょに紅茶を配ってくれた。寝台の片方を占めたのはおもしろい男性で、ソヴィエト連邦がバルト三国を併合する三年前、一九三六年のオリンピックで、エストニアのボクシング・チームのコーチを務めたという。わたしたちはふたりとも、ある程度意思の疎通ができるほどにドイツ語を話した。快活な男性で、断固たる自信を持って、いつの日かエストニアはふたたび自由を取り戻すだろうと言った。二〇〇二年、エストニアの歴史ある美しい首都タリンへ赴いたとき、わたしはこの話を聴衆に向かって話した。友人でもある前大統領レンナルト・メリがその演説会場にいて、わたしのためにすぐさま調査をしてくれた。その男性はピョートル・マーツォフという名前で、一九八〇年に亡くなっていた。わたしはよく、マーツォフ氏のことと、あの年末の列車の旅を思い出す。彼には、あと十年長生きして夢が叶ったところを見てほしかった。

午前零時近く、一九七〇年代が幕をあけようとするころ、列車がレニングラードに入った。わたしは列車を降りて少し歩いたが、見えたのは、猛吹雪の街でお祝い気分の酔っ払いたちを引きずっていく数人の警察官だけだった。壮麗な都市を目にしたのは、それから三十年も経ったあとのことだ。そのときまでには、共産主義者たちは去り、街の名は元のサンクトペテルブルクに戻っていた。

一九七〇年があけた朝から、すばらしい五日間が始まった。モスクワ観光に備えて、英語で書かれたガイドブックと市街地図を手に入れていた。ロシア語のキリル文字は読めないからだ。

わたしは、赤の広場にほど近い〈ナショナル・ホテル〉にチェックインした。天井の高い巨大なロビーと快適な部屋、上品なレストランとバーがあった。

モスクワにいるただひとりの知り合いは、ニッキ・アレクシスだった。前年夏にオックスフォードから帰郷する際、友情の言葉が書かれたすてきな二枚のカードをくれた女性だ。ニッキは西インド諸島のマルティニーク島で生まれ、外交官の父親とともにパリへ移った。今は、モスクワのルムンバ大学で勉強中だった。大学の名は、一九六一年に、アメリカ中央情報局も関わったとされる暗殺計画で命を落としたコンゴの首相にちなんでいる。学生の大半は、貧しい国出身の貧しい若者たちだった。明らかにソヴィエトは、ここで教育を受けた学生たちが、帰郷してから共産主義を広める役割を担うことを期待していたのだろう。

ある晩、わたしはバスでルムンバ大学を訪れ、ニッキと数人の友人を交えて夕食をとった。そのうちのひとりは、ヘリーンという名のハイチ人女性だった。彼女の夫はパリで勉強中で、夫のもとには娘もいた。旅費がないため、もう二年近くも会っていないと言う。数日後、わたしがモスクワを去るとき、ヘリーンはあのいかにもロシアらしい毛皮の帽子をくれた。高価なものではないにせよ、彼女にはお金がないのだ。本当にもらってもいいのかと、わたしは尋ねた。ヘリーンは答えた。「ええ。あなたは優しくしてくれたし、希望を持たせてくれたもの」。一九九四年に、わたしは大統領として、ハイチの軍事独裁者ラウル・セドラ将軍を排除し、民主的に選ばれた大統領ジャン゠ベルトラン・アリスティドを復位させる決意を固めた。そのとき、何年ぶりかであの善良な女性のことを思い出し、ハイチへ帰国できただろうかと考えた。

真夜中ごろ、わたしはバスに乗ってホテルへ戻った。乗客は、わたしのほかにもうひとりだけだった。その人は、オレグ・ラキートという名前で、わたしよりきれいな英語を話した。オレグはいろいろ質問をしてから、自分は政府の役人だと告げ、わたしを監視する任務を帯びていることを暗に認めた。そして、翌朝も朝食の席で会話を続けたいと言った。いっしょに冷たいベーコンエッグを食べながら、オレグは、毎週《タイム》と《ニューズウィーク》を読んでいることや、イギリスの人気歌手トム・ジョーンズのファンで、海賊版のカセットテープを持っていることを話した。もし、わたしがフルブライト議員のもとで働いたとき機密書類の取り扱い許可を受けていたという理由で、情報を聞き出そうとしたのなら、それはまったくのむだ骨だった。しかし、わたしはオレグとの会話から、鉄のカーテンの後ろで、外の世界に関する本物の情報を求めている若者の渇望について学んだ。それは、ホワイトハウスに至るまでずっと、わたしの心の中にとどまり続けた。

オレグだけではなく、多くのロシア人は友好的だった。ニクソン大統領の緊張緩和政策は、目に見える成果をあげていた。数カ月前、ソヴィエトのテレビが月面を歩くアメリカ人の姿を放映した。国民はまだその興奮から醒めきらない様子で、アメリカのあらゆるものに魅了されているようだった。彼らはアメリカの自由をうらやみ、アメリカ国民すべてを金持ちだと思っていた。確かに、大半のソヴィエトの人に比べれば、金持ちかもしれない。地下鉄に乗るたび、誰かがわたしのところへやってきて、誇らしげに「英語を話せます！　モスクワへようこそ！」と言った。ある晩わたしは、ホテルの宿泊客数人に地元のタクシー運転手とその妹を加えて、いっしょに夕食をとった。その女性は少し飲みすぎて、わたしの部屋に泊まりたいと言いだした。兄がホテルから外の雪のなかへ妹を引っ張り出し、タクシーに押し込んだ。わたしと過ごしたりすれば、妹がKGBに締めあげられてしまうと恐れたのか、単にわたしが妹にふさわしくないと考えたのか、いまだによくわからない。

モスクワで最も興味を引かれた体験は、ホテルのエレベーターでの偶然の出会いから始まった。わたしが乗り込んだとき、中には四人の男性がいた。うちひとりは、ライオンズクラブ国際協会ヴァージニア支部の会員章を付けていた。わたしが、長髪と髭面に生皮のブーツと濃紺のイギリス製ピージャケットという姿だったので、すぐに外国人だとわかったらしい。南部訛りで話しかけてきた。「どっから来たんだい？」。わたしが微笑んで「アーカンソー」と答えると、彼は言った。「へえ！　デンマークかどっか、あのあたりの人間だと思ったよ！」。男性は、チャーリー・ダニエルズという名前で、ヴァージニア州ノートン出身だった。ノートンは、一九六〇年にロシアで撃墜され捕捉されたU-2スパイ機のパイロット、フランシス・ゲーリー・パワーズの故郷だ。ダニエルズ氏とともにいるのは、パワーズ釈放の手配に協力した経験を持つノートン出身の弁護士カール・マカフィーと、ワシントン州の養鶏場経営者ヘンリー・フォーズ。フォーズ氏の息子は、ヴェトナムで戦闘中に行方不明になったということだった。彼らは、ここに駐在している北ヴェトナム軍に、養鶏場経営者の息子の生死を尋ねるため、はるばるモスクワまでやってきたらしい。四人めの男性はパリ出身で、ヴァージニア州出身の三人と同じく、ライオンズクラブの会員だった。参加したのは、北ヴェトナム人がフランス語を話すからだ。彼らはみんな、ヴェトナム人と話すことをロシア人が許可してくれるのか、もし許可しても、何か情報を提供してもらえるのか、まったく保証もないままモスクワまで来た。誰もロシア語を話せなかった。わたしは、手助けしてくれる人を誰か知らないかときかれた。旧友ニッキ・アレクシスが、ルムンバ大学で英語、フランス語、ロシア語を勉強している。わたしが彼女を紹介し、彼らは二、三日をともに過ごして、あちこちを回り、アメリカ大使館に問い合わせ、ロシア人に協力を依頼し、ついに北ヴェトナム軍との面会を実現させた。ヴェトナム人たちは、フォーズ氏と友人らが戦闘中に行方不明となった息子ほか数人の安否を知るため、これほど心血を注いでいることに感銘を受けたようだった。そして、調べてから連絡すると言った。数週間後、ヘンリー・フォーズは、息子が航空機の撃墜によって死亡したことを知った。悲しい結末を迎えたにせよ、いくばくかの心の安らぎを得たようだ。わたしは、のちに大統領として戦争捕虜と行方不明兵の問題解決に取り組み、いまだ不明となっている三十万人以上の人々の安否調査のためヴェトナムに協力した際、ヘンリー・フォーズのことを心に浮かべた。

一月六日、ニッキとハイチ人の友人へリーンに見送られて、プラハ行きの列車に乗った。プラハは、ヨーロッパの歴史ある都市のなかでも指折りの美しさを誇る街だが、一九六八年八月、アレグザンダー・ドゥプチェクによる〝プラハの春〟改革運動に対し、ソヴィエトが弾圧を加えたせいで、まだ情勢が不安定だった。わたしは、オックスフォードでいっしょにバスケットボールをしたヤーン・コポルドの両親宅へ招かれ、そこに滞在した。コポルド一家は善良な人たちで、家族の歴史は現代のチェコスロヴァキアの歴史と密接に絡み合っていた。コポルド夫人の父親は、共産党の機関紙《赤い権利《ルデ・プラーヴォ》》の編集長を務めたのち、第二次大戦でナチスと戦って亡くなった英雄で、プラハの街には彼の名を冠した橋があった。コポルド氏も夫人も学問に通じていて、熱烈なドゥプチェクの支持者だった。コポルド夫人の母親も同居しており、家族が仕事へ出ている日中、わたしの案内役を務めてくれた。一家の住む快適で現代的な高層アパートからは、美しい都市の風景を一望できた。ヤーンの部屋に泊まったわたしは、興奮のため夜中に三度も四度も目を覚まして、ただ夜空と街の灯りを眺めて過ごした。

わたしが出会ったすべてのチェコ人と同様、コポルド家の人たちは、自由を手にする機会がふたたび巡ってくると固く信じていた。世界じゅうのあらゆる人々と同じように、彼らにはその資格があった。知的で誇り高く、決意に満ちた人たちだ。わたしの出会った若いチェコ人たちは、特にアメリカびいきだった。彼らは、アメリカ政府のヴェトナム政策を支持した。アメリカは自由を提唱しているが、ソヴィエトは違うからだ。あのとき、コポルド氏はこう言った。「いくらロシア人でも、歴史的発展の法則に永遠に逆らい続けることはできないよ」。まさに、その言葉どおりになったわけだ。二十年後、ヴァーツラフ・ハヴェルの平和的な〝ビロード革命〟が、〝プラハの春〟の誓いを再生させた。

コポルド家のアパートからオックスフォードへ戻って十カ月後、彼らから一通の知らせを受け取った。黒枠で囲まれた簡素な白い紙には、こう書かれていた。「はなはだしい苦痛とともに、ご友人がたにお伝えいたします。七月二十九日、トルコはスミルナの大学病院にて、二十三歳の若さで、ヤーン・コポルドが永眠いたしました……ヘレニズム文化の名残をとどめた街を訪れることは、本人のかねてからの切なる願いでした。古代都市トロイからほど近い場所で、高所から転落し、受けた傷によって亡くなりました」。わたしは心から、朗らかな笑顔と優れた頭脳を持つヤーンが好きだった。あのころのヤーンは、チェコスロヴァキアへの愛と、自由への愛に引き裂かれて苦悶していた。生き長らえて、両方の愛を満喫してもらいたかった。

プラハで六日間過ごしたのち、ミュンヘンに立ち寄って、ルーディ・ロウとともに謝肉祭を祝い、アメリカと民主主義への信頼を新たにしてイギリスへ戻った。多くの欠点を抱えているにせよ、アメリカは共産主義のもとでいらだつ人々を導く光なのだと、わたしは悟った。皮肉にも、一九九二年、大統領に立候補した際、共和党はこのときの旅を攻撃に利用し、わたしがモスクワで共産主義者と交流したと訴えた。

新しい学期が始まり、わたしは政治学の個別指導を受ける日々へ戻った。研究課題は、科学理論と戦略的計画の関連性、徴集兵から愛国的な軍隊を作るというナポレオンからヴェトナムに至るまで存在してきた問題点、そして中国とロシアがアメリカの政策に提起する問題の三つだった。わたしは、未来学者ハーマン・カーンによる核戦争の可能性とさまざまな破壊のレベル、攻撃後の行動に関する著作を読んだ。キューブリックの映画『博士の異常な愛情』のようで、説得力が感じられなかった。わたしは日記にこう書いた。「核戦争が勃発したあとに起こる物事が、科学的な秩序や分析家のモデルどおり、規定の進路をたどるとは限らない」

二度目となる陰鬱なイギリスの冬に耐えるあいだ、故郷からの手紙やカードが次々と舞い込んだ。わたしの友人たちは、仕事を得たり、結婚したり、真正面から人生に取り組んだりしていた。彼らの健全性は、ヴェトナムをめぐって苦悩の日々を重ねたわたしの目にはうらやましく映った。

三月になって春が近づくと、身のまわりも少し活気づいてきた。わたしはヘミングウェイを読み、個別指導に集中し、友だちと語り合った。魅力的な新しい友人もできた。マンディ・マークは、オレゴン州にあるリード・カレッジからオックスフォードへやってきた。過剰なほど活動的で抜群に頭がよく、わたしの知る限り、オックスフォード大学の中で、イギリス人学生がまったくかなわないほど早口でよどみなく会話できるアメリカ人女性は、マンディのほかにひとりもいない。またマンディは、わたしが初めて知り合った公然たる同性愛者だった。三月は、同性愛への意識が高まった重要な月となった。ポール・パリッシュも、わたしに同性愛者であることを打ち明け、社会ののけ者という烙印《らくいん》を押されることへの激しい恐怖を語った。長年にわたって苦しんできたのだ。現在、ポールはサンフランシスコに住み、彼自身の言葉によれば、「安全で合法的な」生活を送っているという。マンディ・マークはイギリスにとどまり、ジャーナリストとなってゲイの権利を積極的に擁護した。あの当時、彼女の才気あふれる軽口の数々が、わたしの春を明るく彩ってくれた。

ある晩のリック・スターンズの言葉には、ひどく面食らった。わたしが政治家には向いていないと言うのだ。リックによれば、わたしはヒューイ・ロング（訳注 元ルイジアナ州知事。富の分配運動を推し進めたが、暗殺された）に匹敵する優れた南部の政治手法を持っているが、ロングのほうが権力の獲得と行使の方法を理解する政治の才に恵まれていた。わたしの才能はもっと文学的な方面にあり、話すより書くほうが得意なのだから、作家になったほうがいいと言う。それに、わたしは政治家になれるほどたくましくないとも付け加えた。長年にわたって、多くの人々にそう言われ続けてきた。しかし、リックの主張が全面的に正しいというわけでもなかった。わたしは、けっして権力のための権力を愛しはしなかったが、敵対者に攻撃されたときにはいつでも、生き残るだけのたくましさを呼び覚ますことができた。また、政治以上に向いている道がほかにあるとは思えなかった。

一九七〇年の早い時期に、ホームズ大佐の話を伝えてくれたジェフ・ドワイアーのカセットテープを受け取り、後ろのほうの抽選番号を割り当てられたので、予備役将校訓練部隊から外れて、少なくとも今年の後半までは徴兵されないことがわかっていた。召集されないとすれば、ローズ奨学金の期間延長を利用してオックスフォードで三年目を過ごすか、入学許可を受けた場合イェール大学ロースクールへ行くかで迷った。

わたしはオックスフォードを少し過剰なまでに愛するようになっていた。三年目に戻ってくれば、心地よいけれど目的のない学究的な生活に浸《ひた》りきってしまい、最後には失望を味わうような気がした。戦争に対する複雑な感情を考えると、政治の世界で成功できるという確信はなかったが、アメリカに帰ってチャンスに賭けてみたいと思った。

四月、二学期と三学期のあいだの休暇中、オックスフォード時代最後の旅行として、リック・スターンズとともにスペインへ赴いた。わたしは、スペインについてたくさんの本を読み、完全に心を奪われてしまった。アンドレ・マルローの『希望』、ジョージ・オーウェルの『カタロニア讃歌』、ヒュー・トマスの名著『スペイン市民戦争』などのおかげだ。マルローは、二者択一を迫る戦争が知識層に呈示するものを探究した。知識人の多くが、フランコ将軍との戦いに惹きつけられた。マルローいわく、知識人ははっきりと区別をつけたがり、なんのために戦うのか、なぜ戦わなければならないのかを明確に知りたがる。その姿勢は、本質的に反二元論だが、あらゆる戦士は本質的に二元論者なのだ。相手を殺し生き残るためには、物事を明瞭に白か黒、善か悪かで判断する必要がある、とマルローは述べた。何年ものち、わたしは政治の世界で同じことに気づかされた。極右のグループが、共和党内で、そして連邦議会で優勢になったときだ。彼らにとっての政治は、手段の異なる戦争にほかならなかった。彼らには敵が必要であり、二元論的な区分けのあちら側では、わたしは悪魔として扱われた。
スペインの甘美な魅力は、わたしをとらえて放さなかった。土地そのものが響かせる荒々しい鼓動、開放的で粗野な人々の気質、忘れがたい市民戦争の敗北、プラド美術館、壮麗なアルハンブラ宮殿。大統領在任中、ヒラリーとわたしは、ファン・カルロス国王とソフィア王妃の友人となった。そのあとまたスペインを訪れた際には、グラナダに郷愁を感じるというわたしの発言をファン・カルロス国王が憶えていて、ヒラリーとわたしをそこへ案内してくれた。三十年の歳月を経て、わたしはふたたびアルハンブラ宮殿を歩いた。スペインは今や、フランコの独裁政治から解放され民主的な国となった。それは、国王の尽力によるところが大きい。

四月末にオックスフォードへ戻ると、母が電話してきて、デイヴィッド・レオプーロスの母イヴリンが、経営している骨董品の店で、心臓を四度刺されて殺されたと告げた。この犯罪は未解決のままになった。わたしはちょうどそのころ、トマス・ホッブズの『リヴァイアサン』を読んでいた。人生は「貧しく、いとわしく、残酷で、短い」というホッブズの言葉は、正しいのかもしれないと考えたことを憶えている。数週間後、デイヴィッドがイタリアでの軍務へ戻る途中会いに来たので、わたしはなんとか励まそうとした。デイヴィッドの失意を目にしてようやく、父《ダディ》さんの最後の一年半と死を主題にした短編小説を書きあげる気になった。これが、友人たちからなかなかの好評を博したので、少々浮かれて日記にこう書いた。「ことによると、政治生活が失敗に終わったら、ドアマンになる代わりに作家になれるかもしれない」。わたしはときどき、セントラルパーク南端にあるニューヨーク〈プラザ・ホテル〉のドアマンになるという空想にふけっていた。〈プラザ〉のドアマンは、すてきな制服を身に着け、世界じゅうから訪れる興味深い人々に会うことができる。わたしは、おかしな南部訛りはあっても話じょうずだと宿泊客に褒められ、たんまりとチップを稼ぐ場面を想像した。

五月下旬、イェール大学への入学を許可され、行くことに決めた。わたしはいくつかの個別指導を修了した。研究課題は、対立の概念、イギリスの首相、そしてトマス・ホッブズよりもジョン・ロック（訳注　イギリスの哲学者。自由主義と三権分立を説いた）を重視した政治理論だった。六月五日、わたしはある士官高校の卒業式で、この地で最後となる演説を行なった。舞台上に将官や佐官らとともに坐り、演説では、アメリカを愛し、軍を尊敬しているが、ヴェトナム戦争には反対すると話した。生徒たちは好意的に受け止めてくれて、士官たちもわたしの姿勢に敬意を払ってくれたように思う。

　六月二十六日、わたしは友人たちと別れを告げ、ニューヨークへ発った。特に、フランク・アラー、ポール・パリッシュ、そしてデイヴィッド・エドワーズとの別れはつらかった。今度こそ、もう会えないかもしれない。こうして瞬く間に、わたしの人生のなかでも際立って光り輝く二年間が終わりを告げた。それは、リチャード・ニクソンが大統領に選出される直前に始まり、ビートルズが解散を発表し、嘆き悲しむ忠実なファンに向けて最後の映画が封切られたときに終わった。わたしは、たくさんの旅行ですばらしい経験をした。そして、自分の心の奥底まで踏み込み、徴兵への対処や、野心に関わる葛藤、女性と束の間の関係しか築けない不甲斐なさについて思い悩んだ。学位の取得はかなわなかったが、多くを学ぶことができた。わたしの〝長く曲がりくねった道《ロング・アンド・ワインディング・ロード》〟は、故郷へと続いていた。そしてわたしは、ビートルズが『ヘイ・ジュード』のなかで歌っているように、少なくとも〝悲しい歌を受け止めて、あすへの力に〟したいと願った。

17

七月、わたしはワシントンで、マクガヴァン - ハットフィールド修正案を支援する〝財布のひも計画〟という市民運動に参加した。この法案は、一九七一年末までのヴェトナム戦争終結をめざして、戦費の削減を要求するものだ。議会通過の見込みはなかったが、キャンペーンそのものが、両党内でますます高まる反戦の気運を結集し、強化するための媒体の役を果たした。

わたしは夏のあいだ、ディック・ダドマン夫妻の家に間借りした。ワシントン北西部にある、正面に広々としたポーチの付いた大きな古い二階建ての家だ。ディックは、著名なジャーナリストだった。夫妻はいずれも戦争に反対し、それを止めようとする若者を支援した。ふたりはとても親切だった。ある朝夫妻は、正面ポーチでの朝食会にわたしを招いてくれた。彼らの友人と、近所に住むジーン・マッカーシー上院議員がやってきた。マッカーシーは、上院の任期最後の一年を務めているところで、再選は狙わないと一九六八年に宣言していた。その朝、彼はくつろいだ快活な様子で、時事問題を正確に分析し、上院を去ることへの淡い郷愁について語った。わたしは、思った以上にマッカーシーを好きになった。特にある晩、ダドマン夫妻の招待で礼装の必要なウィメンズ・プレスの晩餐会に行く際、履いていく靴を彼に貸してもらってからは、ますます親しみを感じた。晩餐会にはニクソン大統領も顔を見せ、たくさんの人と握手をしたが、わたしのところまでは来てくれなかった。わたしはクラーク・クリフォードと同席した。クリフォードは、ハリー・トルーマンとともにミズーリ州からワシントンへ進出し、トルーマン大統領の特別顧問を務めたのち、ジョンソン大統領の任期最後の年に国防長官となった。ヴェトナムについて、クリフォードは冷ややかにこう述べた。「あそこは本当に、世界じゅうで最も関わりたくない、おぞましい場所だよ」。この晩餐会でのわたしは、夢心地だった。マッカーシーの靴に両足を入れて立っているのだから、なおさらだ。

〝財布のひも計画〟に着手した直後、わたしは週末に長い休みを取って、マサチューセッツ州スプリングフィールドへ車を走らせ、ジョージタウン時代の同居人、キット・アシュビー海兵隊少尉の結婚式に出席した。

ワシントンへ戻る途中、ケープコッドに立ち寄って、いっしょにキットの結婚式に出たトミー・カプランとジム・ムーアの家を訪れた。そしてその晩、三人でキャロリン・イェルデルに会いに行った。キャロリンは、若いエンターテイナー集団とともに、夏のあいだ岬で歌を歌っていた。とても楽しいひとときを過ごしたが、わたしは少し長居しすぎた。帰途につくころには、くたくただった。州間ハイウェイでまだマサチューセッツ州を抜けないうちに、一台の車が休憩所からわたしの目の前に飛び出してきた。その運転手もわたしも互いの車を見ておらず、気づいたときにはもう遅かった。わたしは急ハンドルを切って避けたが、相手の車の左後部に激しく追突した。乗っていた男性と女性は呆然としていたが、怪我は負っていないようだった。わたしにも怪我はなかったが、その夏の移動用にジェフ・ドワイアーがくれた小さなフォルクスワーゲン・ビートルはひどいありさまだった。警察が来たとき、わたしはたいへん厄介な事態に追い込まれた。イギリスから帰郷するとき運転免許証を置き忘れてしまい、正当な免許所持者であることを証明できなかったのだ。当時、そういう項目を照会できるコンピュータ記録などなかった。だから、わたしの免許所持は翌朝まで確認できない。警察官は、留置場に入ってもらわねばならない、と告げた。留置場に到着したときには、午前五時になろうとしていた。彼らは所持品を取り上げ、首釣り自殺しないようベルトを外させてから、コーヒーを飲ませ、わたしを独房に入れた。堅い金属のベッドと毛布、悪臭を放つ詰まった便器、点いたままの電灯。二、三時間浅くまどろんでから、トミー・カプランに電話して助けを求めた。トミーとジム・ムーアが裁判所へ同行して、保釈金を払ってくれた。判事は友好的だったが、免許証不携帯をきびしく叱責した。この懲罰には効きめがあった。留置場でひと晩過ごしたあと、わたしは二度と免許証を忘れなかった。

マサチューセッツ州への旅から二週間後、わたしはまたニューイングランドへ戻り、コネティカット州で一週間、連邦上院議員の民主党予備選挙でジョー・ダフィーのために働いた。ダフィーは、ハト派候補として選挙戦に加わり、主に二年前ジーン・マッカーシーを後押しして健闘した人々から支援を受けた。現職上院議員である民主党のトム・ドッドは、コネティカット州の政界に長年身を置いていた。ニュルンベルク軍事裁判ではナチスを起訴し、進歩的な政策で功績をあげたが、ドッドには問題がふたつあった。第一に、公人として集めた資金を着服したかどで、上院の譴責《けんせき》を受けていた。第二に、ドッドはジョンソン大統領のヴェトナム政策を支持していたが、民主党予備選挙の有権者たちは反戦志向を強めつつあった。ドッドは上院の譴責に傷つき怒っており、闘わずして議席を譲り渡すつもりはなかった。しかし、民主党予備選挙で敵意に満ちた選挙民に向き合うことはせず、十一月の本選挙に向け無所属で立候補を届け出た。ジョー・ダフィーは、ハートフォード神学校の倫理学教授で、リベラル派の組織〝民主的行動のためのアメリカ人〟の会長でもあった。ウェストヴァージニア州の炭鉱夫の息子だったが、最も強力な後ろ盾は、郊外に住む裕福で高学歴の反戦リベラル派と、公民権と平和政策における彼の功績に引かれた若者たちだった。ダフィーの選挙対策共同委員長であるポール・ニューマンが、キャンペーンに力を注いでいた。ダフィーの財務委員会には、写真家マーガレット・バーク‐ホワイト、彫刻家アレグザンダー・コールダー、《ニューヨーカー》の漫画家デイナ・フレイドンのほか、そうそうたる作家や歴史家がずらりと並ぶ。フランシーヌ・グレイ、ジョン・ハーシー、アーサー・ミラー、ヴァンス・パッカード、ウィリアム・シャイラー、ウィリアム・スタイロン、バーバラ・タックマン、ソーントン・ワイルダー……。キャンペーン用の便箋に列挙されたこれらの名前はかなり印象的だったが、ブルーカラー労働者で少数民族系の有権者たちに強い感銘を与えるとは思えなかった。

七月二十九日から八月五日までのあいだ、わたしは第五選挙区にあるふたつの町、ベセルとトランブルを取りまとめるよう依頼された。どちらの町にも、大きな正面ポーチのある古く白い木造の家が立ち並び、地元の記録簿に記された長い歴史があった。ベセルには、初日に電話を設置して、電話による選挙運動を展開し、浮動票を持つ人全員の自宅にパンフレットを郵送することにした。熱心なボランティア運動員が毎日長時間にわたって働いてくれたので、ダフィーはこの町で確実に最大限の票を獲得できそうだった。トランブルには一日じゅう稼動している拠点はなく、ボランティア運動員が電話勧誘や戸別訪問を行なっていた。わたしは彼らに、月曜から土曜まで週六日、午前十時から午後七時までオフィスをあけ、ベセルの勧誘方法を取り入れて、説得できそうな有権者すべてに二度の接触を試みるよう促した。また、あまりよく組織されていない別の町ふたつの稼動状況を調べ、州本部に、少なくとも有権者の完全なリストと電話勧誘のできる環境を確実に整えるよう訴えた。

わたしは仕事を楽しみ、その後の人生で重要な存在となってくれるたくさんの人たちに出会った。例えばジョン・ポデスタは、ホワイトハウスで秘書官、首席補佐官代理、そして首席補佐官として、めざましい働きをしてくれた。また、スーザン・トマシズは、わたしがニューヨークに行ったとき、パーク街のアパートの寝椅子に泊まらせてくれた。スーザンは今でもそこに住んでおり、ヒラリーとわたしの最も大切な親友兼助言者のひとりになった。

ジョー・ダフィーが予備選挙で勝利したあと、わたしは本選挙で第三選挙区を組織するよう依頼された。その選挙区最大の街は、わたしが通う予定のロースクールの所在地ニューヘイヴンだった。また、わたしが住むことになるミルフォードも同じ選挙区内にあった。仕事をすれば、選挙が十一月初旬に終わるまでたくさんの講義を休むことになるが、ノートを借りて学期の終わりに猛勉強すればなんとかなるだろうと考えた。

わたしは、少数民族が関わる昔ながらの政治と学生活動家が織りなす活気に満ちた街、ニューヘイヴンを気に入っていた。隣りのイーストヘイヴンにはイタリア人が圧倒的に多く、近くのオレンジには主としてアイルランド人が住んでいた。ニューヘイヴンから遠く離れるほど、人々の暮らしは豊かになり、民族間の境界線は曖昧になった。選挙区東端のふたつの町、ギルフォードとマディソンは、特に古風で美しかった。わたしは多くの時間を費やして、選挙区内の町を車で巡り、適切な計画に沿ってキャンペーンを実施するよう運動員に念を押し、必要な支援や資料が中央本部から得られるよう手配した。フォルクスワーゲンはマサチューセッツの事故で大破してしまったので、赤茶色のオペル・ステーションワゴンに乗っていた。どのみち、そのほうがキャンペーン用の資料を運ぶには適している。その古いステーションワゴンで、わたしは何キロも走り回った。

キャンペーンの仕事に余裕があるときは、憲法学、契約法、訴訟法、不法行為法などの講義に出席した。群を抜いて興味深い講義は、ロバート・ボークの教える憲法学だった。ボークは、のちにコロンビア特別区の控訴裁判所判事に任命され、一九八七年にはレーガン大統領によって最高裁判事に推挙された。法学上の立場は極端に保守的で、みずからの見解を強く主張したが、意見を異にする生徒にも公平に接した。よく憶えているのは、わたしが、ある争点に対する先生の議論を堂々巡りだと指摘したときのことだ。ボークは答えた。「もちろん、そうだとも。最高の議論とは、そういうものだよ」

予備選挙ののち、わたしはほかの候補者の支持者をダフィー陣営に取り込むため最善を尽くした。しかし、道のりは困難だった。少数民族系のブルーカラー労働者が大半を占める地区へ赴き、特別熱心に宣伝活動を行なったが、厚い壁に行く手を阻まれているのがわかった。大多数の少数民族系白人の民主党支持者が考えるところによれば、アグニュー副大統領に「マルクス主義修正主義者」と呼ばれたジョー・ダフィーは、あまりに急進的で、あまりにマリファナ常用者の反戦ヒッピーたちに同情的だった。少数民族系の民主党支持者の多くも、戦争に反対し始めていたが、自分たちより先に反対しだした人たちとの交わりにはまだ違和感を覚えていた。彼らの支持を取りつける選挙運動は、ドッド上院議員が無所属候補として立ったことで複雑になり、不満を感じている民主党支持者に別の選択肢を与える結果となった。ジョー・ダフィーは立派なキャンペーンを行ない、全力を傾けて取り組み、国じゅうの若者を鼓舞したが、共和党の候補者ローウェル・ウェイカー下院議員に敗れてしまった。ウェイカーは、のちに共和党を離れ、無党派としてコネティカット州知事を務めた一匹狼的な政治家だ。ウェイカーの得票率は四二パーセントをやや下回ったが、ダフィーを打ち負かすにはじゅうぶんだった。ダフィーの得票率は三四パーセント未満で、ドッド上院議員が約二五パーセントを獲得した。結局ダフィーは、イーストヘイヴンやウェストヘイヴンなどの少数民族系の町で敗北したのだ。

ドッドが立候補しなければダフィーが勝利したと明言はできないが、ドッドに投票した人たちの支持を取り戻さなければ、民主党が少数党への道を歩む羽目になることは確実だった。選挙後、わたしはアン・ウェクスラーと長時間にわたってそのことを話し合った。アンは、選挙対策本部長としてすばらしい働きをした。有能な政治家で、あらゆる種類の人々と密接なつながりを持っていたが、一九七〇年の有権者のほとんどは、そのメッセージやメッセージの伝達者に耳を傾けることはなかった。

アンは、長年にわたる大切な友人兼助言者になってくれた。彼女とジョー・ダフィーが結婚してからも、わたしはふたりと連絡を取り合った。大統領在任中には、ジョー・ダフィーに〝ボイス・オブ・アメリカ〟（訳注　政府の海外向けのラジオ放送を行なう部門）を監督する国務省情報局の運営を任せた。この局でダフィーは、一九七〇年のコネティカット州の選挙民よりも快く自分を受け入れてくれる世界に向かって、アメリカのメッセージを伝えた。わたしはこれを、ジョーの最後のキャンペーンととらえた。彼は勝利したのだ。

一九七〇年十一月の最も明るい話題は、アーカンソー州で民主党から若きデイル・バンパーズ知事が誕生したことだ。予備選挙で元知事フォーバスをやすやすと破り、本選挙で現職のロックフェラー知事に圧勝した。バンパーズは、元海兵隊員で優れた法廷弁護士だった。最高に愉快な人で、頑固な相手でも説きふせてしまう話術を持っていた。また、生粋《きっすい》の進歩主義者で、保守的なアーカンソー西部に位置する地元の小さな町チャールストンにおいて、リトルロックの大騒動とはまったく対照的に、平和的な方法で学校の人種統合を実現させた。二年後には対立候補に大差をつけて再選され、その二年後には連邦上院議員になった。バンパーズは、人々を共通の目的で奮起させ結束させる指導力があれば、分裂した南部の古い政治体制を克服できることを証明した。それはわたしがめざす政治そのものだった。わたしは、公民権や反戦のために闘っている限り、敗北がほぼ確実な候補者に対しても支援を惜しまなかった。変化を起こしたいという気持ちがあれば、いつかきっと勝利できるはずだ。わたしは、政治についてさらに学ぶため、イェール大学ロースクールへ通った。そして、もし政治的な願望が叶わなかったなら、退職を強要されることのない職業に就きたいと思った。

選挙後、わたしはロースクールでの生活に身を落ち着け、試験のために必死で勉強したり、学友と付き合ったり、同居人三人とともに新しいわが家でくつろいだりした。オックスフォードのユニヴァーシティ・カレッジの同窓でローズ奨学生仲間だったダグ・エイクリーが、ミルフォードのロングアイランド海峡にあるすてきな古い家を見つけたのだ。寝室四つと大きめのキッチンがあり、網戸を張った広いポーチは砂浜に面していた。砂浜は野外料理にぴったりで、潮が引けばタッチフットボールをするじゅうぶんな場所ができた。唯一の欠点は、避暑用の別荘なので、吹きすさぶ冬の風を防ぐ機能がないことだった。しかし、わたしたちは若かったので、そのうち慣れた。選挙後のある寒い冬の日、毛布にくるまってポーチに坐り、ウィリアム・フォークナーの『響きと怒り』を読んでいたときのことを、今でもありありと思い出す。

イーストブロードウェイ八八九番地のもうふたりの同居人は、ドン・ポーグとビル・コールマンだった。ドンはこのなかの誰にもまして左派寄りだったが、誰にもましてブルーカラー風に見えた。コンクリートブロックのように頑丈で、雄牛のごとく強靭だった。オートバイでロースクールに通い、見かけた人すべてにとめどない政治討論をふっかける。わたしたちにとって幸運だったのは、ドンが料理じょうずで、たいてい行儀よくふるまっていたことだ。それは、彼と同じくらい情熱家だがもっと繊細なイギリス人の恋人スーザン・バックネルがいてくれたおかげでもある。ビルは、イェール大学でも数が増えつつある黒人学生のひとりだった。ビルの父はリベラルな共和党の法律家——当時はまだ存在したのだ——で、最高裁でフェリクス・フランクファーター判事の書記を務めたのち、フォード大統領のもとで運輸長官となった。表面的には、ビルがグループのなかでいちばん鷹揚《おうよう》な性格に見えた。

同居人を除けば、ダフィーのキャンペーン後にイェール大学へ戻ったとき、知り合いの学生はほんのひと握りしかいなかった。そのなかには、ルイジアナ州出身のボーイズ・ネーション時代の友人フレッド・カマーと、ロバート・ライシュがいた。ロバートはローズ同窓生の幹事だったので、全員と連絡を取り合い、古い仲間たちの近況について、継続的にさまざまな情報や滑稽な偽情報を伝えてくれた。

ロバートは、キャンパス近くの家に同居人三人とともに住んでいた。そのうちのひとり、ナンシー・ベカヴァクは、わたしの特別な友人となった。熱烈なリベラル派で、この夏にヴェトナムでジャーナリストとして働き、反戦への確信をさらに強めた。美しい詩と力のこもった手紙を書き、講義では完璧なノートを取り、二カ月遅れで講義に出てきたわたしを助けてくれた。

わたしは、ビル・コールマンを通じて、たくさんの黒人学生と出会った。彼らがどうしてイェール大学へ来たのか、その当時アフリカ系アメリカ人にとってはまだ異例だった成功への切符を手にして、将来は何をするつもりなのか、興味を引かれた。ビル以外に、親しくなった黒人学生もたくさんいる。デトロイト出身のエリック・クレイは、のちにわたしの任命で控訴裁判所判事となった。ナンシー・ギストは、ウェルズリー・カレッジ時代のヒラリーの学友で、わたしの大統領時代には司法省に務めた。ライラ・コールバーンは、心理療法医になるため法律の道をあきらめた。ルーファス・コーミアは、大柄の寡黙な男で、サザン・メソジスト大学フットボール・チームのガードを務めたスター選手だった。ラニ・グイニアは、わたしの任命で公民権担当司法次官補になるはずだったが、果たせなかった。その悲しい話については、のちに詳述する。最高裁判事となるクラレンス・トマスも同窓だったが、近づきにはならなかった。

学期の終わりごろ、フランク・アラーがアメリカに戻る決意を固めたと聞いた。フランクは、ボストン近郊に戻ってきてから、徴兵問題で潔く罰を受けるため故郷のスポーカンへ帰った。そして逮捕され、召喚され、審理を待つあいだ釈放された。フランクは、兵役拒否によって受けるはずの影響はすでに何もかも受けたと考えていたし、このままアメリカに帰れず、永遠にヴェトナム逃れの烙印を押されて、カナダやイギリスのどこかの大学で寒々しく苦渋に満ちた中年になるのは避けたかったのだ。十二月のある晩、ロバート・ライシュはフランクについて、国外でもできることはたくさんあるのに、刑務所入りになるかもしれない危険を冒すのはばかげていると思う、と言った。わたしは日記に答えを書いた。「人間とは、できることをすべて足し合わせただけの存在ではないのだ」。フランクの決断は、彼が何をできるかではなく、何者であるかという問題に関わっていた。わたしは、正しい決断だと思った。フランクは戻ってまもなく精神鑑定を受け、抑鬱《よくうつ》状態で兵役には不適格と診断された。徴兵検査も受けて、ストローブと同様1-Yに分類され、国家の有事のみに徴兵適格と判定された。

クリスマス当日、わたしはホットスプリングズのわが家に帰った。去年のクリスマスには、ここから遠く離れたヘルシンキ湾で氷の上を歩いた。しかし今回は、母校である小学校の地面を踏みしめて、自分がいかに恵まれているかを思い起こし、これまでの人生の節目を数えあげてみた。親友のうち数人が結婚した。わたしは彼らの幸福を祈り、自分もいつか結婚するのだろうかと考えた。

わたしは、過去と自分のルーツについて思索し続けた。元日に、C・ヴァン・ウッドワードの『南部の歴史の重荷』を読み終えた。ウッドワードは著書のなかで、ユードーラ・ウェルティーが「郷土の感覚」と呼んだ南部人の「特異な歴史意識」に言及していた。わたしの郷土は、アーカンソーだ。滔々《とうとう》と流れるトマス・ウルフ（訳注　一九〇〇－三八。ノースカロライナ州生まれの小説家。地元州立大学からハーヴァードの大学院に進み、ニューヨークに住んで、講演旅行中に客死）の散文には心から感嘆したが、彼とは違って、わたしはふたたび故郷へ帰れるだろう。いや、帰らなければならない。しかし、まずはロースクールを終える必要があった。

イェール大学での第二学期には、在学期間で最もたくさんの講義を取り、まっとうな法科の学生として過ごした。企業法の教授はジョン・ベイカーで、イェール大学ロースクール初の黒人教員だった。わたしにとても親切で、乏しい収入を補えるようにと研究の仕事を与え、家で夕食をごちそうしてくれた。ベイカー教授と夫人は、一九六〇年代初期、公民権運動が全盛だったころ、テネシー州ナッシュヴィルにある黒人学校フィスク大学に在籍した。教授は、運動に関わる仕事で学友たちとともに味わった恐怖や喜びについて、興味深い逸話をたくさん語ってくれた。

憲法学のチャールズ・ライクは、ひどく保守的なロバート・ボークとは対照的にとてもリベラルで、一九六〇年代に関する重要な〝対抗《カウンター・》文化《カルチャー》〟本の一冊に数えられる『緑色革命』の著者だった。刑法のスティーヴ・デューク教授は、機知に富む手きびしい人だが優秀な教師で、のちにホワイトカラー犯罪に関するセミナーも指導してくれた。特に楽しみな講義、「国政参与権と公民権」のトム・エマソンは、小柄ではつらつとした人で、フランクリン・D・ローズヴェルト政権内で働いた経験を持ち、使用している教科書の執筆もした。またわたしは、ウィリアム・レオン・マクブライド教授の「国内法と理念」も取り、そのほかにちょっとした法律相談の仕事と、アルバイトを見つけた。数カ月のあいだ、週に四回ハートフォードまで運転し、ダフィーのキャンペーンで知り合った民主党支持の実業家、ディック・サスマンが市議会で関わっている仕事を手助けしていた。ディックはわたしに仕事が必要なことを知っていたし、わたしは彼を援助できると思ったからだ。

二月下旬、わたしはカリフォルニアへ飛んで、フランク・アラー、ストローブ・タルボット、そしてストローブの恋人ブルック・シアラーとともに数日間過ごした。わたしたちはロサンジェルスで合流し、ブルックのとびきり親切で愛想のよい両親ロイドとマーヴァの家を訪れた。ロイド・シアラーは、長年のあいだ、アメリカで最も幅広く読まれている有名人のゴシップ記事〝ウォルター・スコットのパーソナリティー・パレード〟を書いていた。それから三月に、わたしはボストンへ行き、そこに住んでジャーナリストの仕事を探しているフランクと、ストローブに再会した。わたしたちはフランクの家の裏手にある森のなかや、近くのニューハンプシャー海岸沿いを歩いた。フランクは国に帰れてうれしそうに見えたが、まだ悲しみを抱えていた。徴兵と投獄を逃れたものの、抑鬱の発作にとらえられているようだった。ツルゲーネフが言うように、「若者だけが知りうる、明白な理由のない」憂鬱だ。しかし、いずれ立ち直るだろうとわたしは思った。

春は、いつもどおり、わたしの気持ちを高揚させてくれた。政治のニュースは種々入り混じっていた。最高裁は、もろ手を挙げて人種的均衡を保つための強制バス通学を支持した。中国は、アメリカの相互交流の誘いに応じ、アメリカの卓球チームの中国訪問と、中国チームのアメリカへの派遣に同意した。反戦運動は続いていた。五月十六日、マクガヴァン上院議員が、一九七二年の大統領選挙への立候補を明確に意図して、ニューヘイヴンへやってきた。わたしは彼が好きだったし、勝利の見込みがあると考えた。マクガヴァンは、第二次大戦の爆撃機パイロットとして英雄的な功績をあげ、ケネディ政権内で平和のための食糧援助プログラムの指揮を執り、次回の民主党大会に向けて代議員選出に関する新しい規約作りを提案した。マクガヴァンは、規約作成委員会の長を務め、年齢・人種・性別について、もっと多様な人々が参加できる党大会の開催をめざした。この新しい規約と予備選挙での反戦リベラル派の圧力があいまって、一九七二年の大統領候補指名の過程では、古参の大物政治家の影響力は弱まり、党改革派の力が強まることが確実になってきた。リック・スターンズが委員会で働いていた。リックはとても粘り強く聡明なので、きっとマクガヴァンの気に入るシステムを考案するだろうとわたしは確信した。

ロースクールと政治はうまくいっていたが、私生活はひどいものだった。わたしはある女性と別れ、その女性は故郷へ帰って元の恋人と結婚してしまった。それから、ロースクールの女子学生とのつらい別離を経験した。とても好きだったのだが、どうしても深い絆を結べなかった。わたしはほとんどあきらめて、ひとりでいるしかないと思い、しばらく誰とも付き合わないことに決めた。そんなある日、エマソン教授の「国政参与権と公民権」の講義で、後ろの席に坐っているとき、今まで見たことのない女性が目に留まった。わたしよりも講義に出席する回数が少ないようだ。たっぷりとした濃いブロンドの髪を伸ばして、眼鏡をかけ、化粧はしていない。しかし、彼女の身ぶりからは、どんな男性や女性にもめったに見られない強さと自制が感じ取れた。講義が終わり、わたしは彼女のあとについて外へ出て、自己紹介しようと思った。一メートルほどの距離に近づいてから、手を伸ばして肩に触れようとしたが、突然その手を引いた。ほとんど反射的な行動だった。なんとなく、いつもどおり肩を叩いて友だちになるだけではすまないような気がした。自分でも止められない何かを始めてしまいそうな予感を覚えたのだ。

その後数日間、何度か彼女を学校の周囲で見かけたが、話しかけはしなかった。ある晩、わたしは細長いイェール大学法律図書館の端に、学友のジェフ・グレッケルとふたりで立って、《イェール・ロー・ジャーナル》への寄稿について話していた。ジェフは寄稿を強く勧め、連邦裁判所判事の書記や、一流法律事務所での仕事が保証される可能性を指摘した。彼の話はもっともだったが、わたしは興味を抱いていなかった。アーカンソーに戻るつもりだったし、法律評論誌よりも政治活動に関心があったからだ。しばらくして突然、ジェフの熱心な訴えが耳に入らなくなった。またあの女子学生を見たのだ。図書館のもう一方の端に立っている。今度は、彼女もわたしを見返した。少ししてから、彼女は本を閉じ、図書館の向こうからこちらへ歩いてきて、わたしの目をまっすぐに覗き込んで言った。「あなたがわたしを見つめずにはいられなくて、わたしもそのたびに見つめ返すんだったら、お互い、名前ぐらいは知っておいたほうがいいでしょう。わたしは、ヒラリー・ロダム。あなたは？」。もちろん、ヒラリーもこのときのことを憶えているが、少しだけ細かい表現が違うと言う。わたしは感動と驚きに打たれて、数秒間言葉が出てこなかった。やっとのことで、自分の名前を口にした。二言三言話してから、彼女は行ってしまった。気の毒なジェフ・グレッケルがこの展開をどう思ったのかはわからないが、もう二度と法律評論誌のことをわたしに持ちかけなかった。

二、三日後、ロースクールの一階へ続く階段を下りているとき、またヒラリーを見かけた。床に届きそうなほど長い、鮮やかな花模様のスカートをはいている。わたしは、彼女と少し話をしようと決めた。ヒラリーが、来学期の履修科目の登録に行くと言うので、わたしもちょうど行くところだと応じた。ふたりで列に並び、おしゃべりをした。なかなかいい展開だと思い始めたころ、列の先頭に来てしまった。すると、教務係が顔を上げて言った。「ビル、あなたここで何してるの？　登録なら、けさすませたでしょう」。わたしは顔から火が出そうになり、ヒラリーはあの独特の朗らかな笑い声をあげた。作戦がばれてしまったので、思いきって、散歩がてらイェール美術館のマーク・ロスコー展を見に行こうと誘った。わたしはあまりにも舞い上がっていたので、大学職員がストライキ中で美術館が閉鎖されていることを忘れていた。幸運なことに、守衛が勤務に就いていた。わたしは守衛の説得にかかり、もし入れてくれれば美術館の庭園に落ちている枝やごみをかたづけるからと訴えた。

守衛はわたしたちを見て事情を察したらしく、中に入れてくれた。美術館がまるごとふたりだけのものになった。最高だった。以後、ロスコーはわたしの気に入りの画家となる。中を回り終えてから、庭園へ出て、わたしが小枝を拾い集めた。スト破りをするのは人生で最初で最後の経験だったが、労働組合が美術館の外にピケを張る様子もなかったし、このときは政治のことなどまったく頭になかった。掃除の義務を果たし終えたあと、ヒラリーとわたしはさらに一時間ほど庭園で過ごした。そこには、大きく美しいヘンリー・ムーア作の婦人座像があった。ふたり並んで彫刻の膝に腰掛け、話をした。いつの間にか、わたしは身を寄せ、ヒラリーの肩に頭をもたせかけていた。これが、ふたりの初デートになった。

わたしたちはその後数日間、ただぶらぶらしたり、この世のあらゆる物事について話したりした。翌週末ヒラリーは、以前から計画していたヴァーモント州への旅行で、そのとき付き合っていた男性に会いに行った。わたしは心配だった。彼女を失いたくない。ヒラリーが日曜の夜遅く家へ戻ったとき、わたしは電話をかけた。ヒラリーがひどく体調を崩していたので、わたしはチキンスープとオレンジジュースを持って駆けつけた。そのとき以来、ふたりは離れられなくなった。ヒラリーは浜辺のわが家で長い時間を過ごし、すぐにダグとドンとビルを味方につけてしまった。

数週間後、こちらへ訪ねてきた母に会ったときには、それほどうまくいかなかった。ひとつには、母が来る直前にヒラリーが自分で髪を切ったせいだ。かなりひどい風貌だった。ジェフ・ドワイアーの美容室から出てきたばかりの人というより、パンクロッカーのように見えた。化粧もせず、ワークシャツとジーンズを身に着け、ミルフォードの海岸を歩いたせいで素足にタールがへばりついており、宇宙人と言っても通りそうな姿だった。そんな彼女に夢中になっているわたしを見て、母はひどく不満を感じたらしい。母は自分の自叙伝で、ヒラリーを「成長痛」と呼んだ。それは、〝化粧っ気なし、瓶底眼鏡、ざん切りの茶色い髪〟の若い女性と、どぎついピンクの口紅、眉墨で引いた眉、銀のストライプが入った髪の中年女性との対峙だった。ふたりが互いを理解しようと四苦八苦する様子が、なんともおかしくてたまらなかった。長い時を経てふたりは互いを理解し、母はヒラリーの外見をあまり気にしなくなり、ヒラリーはもっと気を配るようになった。流儀はまったく異なっていても、その中身はどちらも賢くたくましく、はつらつとした情熱的な女性だ。ふたりが結託すると、わたしはまったく太刀打ちできなかった。

五月中旬までには、いつでもヒラリーのそばにいたいと思い始めた。その結果、ヒラリーの友人たちとも知り合った。スーザン・グレイバーは、ウェルズリー・カレッジの同窓生で、のちにわたしの任命でオレゴン州の連邦裁判所判事となる。キャロリン・エリスは聡明で陽気なミシシッピ州出身のレバノン系アメリカ人女性で、わたし以上の生粋の南部人だった。現在は、ミシシッピ大学の総長を務めている。ニール・スタインマンは、わたしがイェール大学で出会った最も怜悧《れいり》な男で、一九九二年にはペンシルヴェニア州で資金調達に着手してくれた。

わたしは、ヒラリーについてたくさんのことを知った。イリノイ州パークリッジでの子ども時代と、ウェルズリー・カレッジでの四年間。在学中、公民権と戦争を根拠に共和党支持から民主党支持へ転向したこと。卒業後にアラスカへ旅行し、その地で暮らすあいだ、魚の内臓抜きの仕事をしたこと。そして、貧しい人々のためと、児童の問題に対処するための法律サービスを志していること。また、ウェルズリー・カレッジでの有名な卒業式のスピーチについても聞いた。そのなかでヒラリーは、わたしたちの世代が、政治体制に対する疎外感と、みずからの手でつくる将来のアメリカへの期待感という矛盾する気持ちを抱えていることをはっきりと述べた。スピーチは全国的な注目を集め、それはヒラリーにとって、身近な環境の範囲を超えて名声に触れた初めての経験になった。彼女の政治姿勢についてわたしが好きなのは、わたしと同様、彼女も理想家でありながら同時に実践主義者でもある点だ。ヒラリーは、変化を望んでいたが、そのためには粘り強い努力が必要であることを知っていた。彼女もわたしと同じくらい、自分たちの支持する側が、打ち負かされたうえに、敗北を美徳と優越の証拠のごとく論じていることにうんざりしていた。ヒラリーは、ロースクールでは一目置かれる存在で、わたしたちの小さな、しかしきわめて競争の激しい池で泳ぐ大きな魚だった。わたしはむしろ、流れに任せて出たり入ったりする存在に近かった。

共通の知り合いである学生たちの多くは、ヒラリーについて話すとき、少し怖気《おじけ》づいているように見えた。わたしは違った。ただ彼女といっしょにいたいだけだった。しかし、ふたりの時間は残り少なくなっていた。ヒラリーは、カリフォルニア州オークランドの法律事務所、トルーハフト&ウォーカー&バーンスタイン事務所での夏期アルバイトを引き受け、わたしはマクガヴァン上院議員のキャンペーンで南部の州を取りまとめる仕事を依頼されていた。ヒラリーに会うまでは、それを心から楽しみにしていた。マイアミに拠点を置く予定で、そこから南部じゅうを旅して各州のキャンペーンを統合しなければならない。うまくやれる自信はあった。本選挙でマクガヴァンが南部を掌握できるとは思えなかったが、予備選挙ではそれなりの数の代議員を獲得できるだろうと考えた。いずれにせよ、貴重な政治経験となるはずだ。二十五歳という年齢ではめったに得られない機会と言える。それが可能となったのは、キャンペーンで重要な地位に就いているリック・スターンズとの友情と、差別撤廃措置のおかげだ。彼らは、責任ある地位に、少なくともひとりの南部人を置く必要があるのだ！

問題は、もうその仕事をやりたいと思っていないことだった。フロリダへ行けば、ヒラリーとわたしの気持ちは離れてしまうだろう。キャンペーンの先行きには興味をそそられたが、日記にも書いたとおり、「孤独を決定的にする道のり」を歩き出し、立派な目的を持っていても一定の距離を置かなければ人と交われない人間になるのが恐ろしかった。ヒラリーとの関係には、一定の距離などなかった。ヒラリーは最初からすぐ目の前にいたし、自分でも気づく前に、心の中まで入り込んでいた。

わたしは勇気を振り絞って、カリフォルニアでいっしょに夏を過ごしてもいいかとヒラリーにきいた。ヒラリーは最初、信じていない様子だった。わたしの政治に向けた熱意と戦争への深い感情を知っていたからだ。わたしはヒラリーに、人生を賭けて仕事と野心のために全力を尽くすつもりだが、彼女を愛しているし、今回の旅でふたりの絆を確かめたいと伝えた。ヒラリーは大きく息を吸ってから、連れ立ってカリフォルニアへ行くことに同意した。まだ付き合い始めて一カ月しか経っていなかった。

わたしたちは、パークリッジに立ち寄って、ヒラリーの家族に会った。母ドロシーは美しく魅力的な女性で、わたしとも初めからうまが合った。しかし、ヒラリーの父にとってのわたしは、わたしの母にとってのヒラリーに負けず劣らず、相容れない存在だった。ヒュー・ロダムはしわがれ声の押しの強い共和党支持者で、精いっぱいのひいき目で見ても、わたしに疑い深げな視線を向けていた。しかし話をすればするほど、わたしはヒラリーの父を好きになった。そして、相手の好意を勝ち取れるまで努力を続けようと決意した。そのあとすぐ、ヒラリーとわたしは車でカリフォルニア州バークリーへ向かった。オークランドにあるヒラリーの仕事場の近くで、ドロシーの異父妹アデラインの所有する小さな家に滞在することになっていた。一日か二日後、わたしは国を横断してワシントンまで戻り、リック・スターンズとマクガヴァン上院議員の選挙対策本部長ゲーリー・ハートに、フロリダには行けなくなったことを伝えた。ゲーリーは、このような機会を逃すとは、気でも触れたのかと思ったらしい。リックもたぶんそう思っていただろう。彼らの目には、わたしはただの愚か者に映ったにちがいない。しかし人生とは、つかんだ機会と同じように、捨て去った機会によっても磨かれていくものなのだ。

キャンペーンを離れることに気がとがめたので、二週間ほどコネティカット州へ行って、そこで組織を立ち上げることを申し出た。各選挙区で人員を集め終わるとすぐに、カリフォルニアへ引き返した。今回は故郷に立ち寄れるよう、南の経路を取った。

わたしは西へのドライブを楽しみ、グランドキャニオンも見物した。午後遅くに着いて、大峡谷の縁に張り出した岩をそろそろと歩き、沈みゆく太陽を眺めた。何百年もかけて圧縮されくっきりとした層を成す岩々が、谷底から暗くなっていくにつれて色を変える様子は、たとえようのない美しさだった。

グランドキャニオンを離れ、アメリカで最も暑い場所、灼熱の死の谷《デスヴァレー》を突っ切ってから、北へ針路を取り、ヒラリーと過ごす夏へ向かった。ヒラリーが滞在するバークリーの家へ行くと、彼女がわたしの大好物のピーチパイを焼きあげて、出迎えてくれた。とてもおいしかったので、あっという間に平らげてしまった。日中、ヒラリーが仕事に出ているあいだ、わたしは街じゅうを歩き回り、公園や喫茶店で本を読み、サンフランシスコを探索した。夜は、ふたりで映画を見るか、近くのレストランへ行くか、あるいはただ家にいて話をすることもあった。七月二十四日、わたしたちは、スタンフォード大学の野外円形劇場で行なわれるジョーン・バエズのコンサートを聴きに行った。すべてのファンが見られるようにと、彼女は入場料を二ドル五十セントしか取らなかった。最近の大きなコンサートの高いチケット料金と比べると、驚くべき安さだ。バエズは昔のヒット曲と、その日公の場で初めて披露した曲のひとつ、『オールド・ディキシー・ダウン』を歌った。

夏が終わっても、ヒラリーとわたしはまだまだ話し足りなかったので、ニューヘイヴンに戻っていっしょに暮らすことにした。この行動は間違いなく、両方の家族に懸念を与えたはずだ。わたしたちは、ロースクールにほど近いエッジウッド通り二一番地にある古い家の一階に部屋を見つけた。

部屋の正面扉を入ると小ぢんまりした居間があり、その奥にもっと小さい食堂と、それ以上に小さい寝室が続く。寝室の奥には古いキッチンとバスルームが配されていた。バスルームはあまりにも狭く、ときどき便座が浴槽と擦れ合った。家がとても古く、壁から部屋の中央に向かって、床があからさまな角度で沈み込んでいたので、小さな食卓の内側の脚の下に木片を置かなくてはならなかった。しかし、家賃は窮乏生活を送るロースクールの学生にふさわしく、ひと月七十五ドルだった。この家で最もすてきな部分は、居間の暖炉だ。寒い冬の日、暖かい火の前に坐って、ヒラリーとふたりでヴィンセント・クローニンのナポレオンの伝記を読んだことを、今でも憶えている。

わたしたちはとても幸福で、とても貧乏だったので、ふたりの新しい家を大いに自慢にした。よく友人たちを夕食に招いたものだ。なかでも大好きな訪問客は、ルーファス・コーミアと妻イヴォンヌだった。ふたりはどちらも、テキサス州ボーモントのアフリカ系アメリカ人牧師の子どもで、同じ界隈で育ち、長い交際を経てから結婚した。ルーファスが法律を学ぶあいだ、イヴォンヌは生化学の博士号取得をめざした。その後、イヴォンヌは医師となり、ルーファスはヒューストンにある大手法律事務所ベイカー&ボッツで初の黒人パートナーとなる。ある晩の夕食で、クラスでも指折りの優等生であるルーファスが、勉強に費やされる長い時間についてぼやいた。「わかるだろう」。間延びした南部訛りで言う。「人生は、逆に構成されているんだよ。いちばんいい年月を勉強に費やして、働かなくてはならない。六十五歳で引退したときには、歳を取りすぎていて人生を楽しめないのさ。だから人間は、二十一歳から三十五歳のあいだ引退して、そのあと死ぬまで馬車馬のように働けばいいんだよ」。もちろん、そういうわけにはいかないのが人生だ。わたしたちはみんな、少しずつ六十五歳に近づきながら、まだ必死に働いている。

三学期になり、わたしはロースクールの講義に真剣に取り組んだ。履修科目には、企業金融、刑事訴訟、課税制度、不動産権、そして「企業の社会的責任」のセミナーがあった。セミナーを指導するのは、当時のロバート・ケネディ司法長官のもとで公民権担当司法次官補を務めた伝説的な人物、バーク・マーシャルと、すべての科目で優等の成績を獲得したイェール大学史上唯一の人物と噂されるジャン・ドイッチュだった。マーシャルは、小柄でしなやかな体軀《たいく》とよく動く明るい目をしていた。まるでささやくような口調で話したが、声にも背骨にも鋼《はがね》の力強さが感じられた。ドイッチュは、意識の流れに任せた特異な語り口で、文を最後まで言い切らないまま次から次へとまくし立てた。これはどうやら、過去に車に撥《は》ねられて空中を遠くまで飛ばされ、コンクリートに叩きつけられて頭に深刻な怪我を負ったせいらしかった。数週間にわたって意識不明になり、気づいたときには頭に金属のプレートが入っていた。しかし、頭脳は明晰だった。わたしは教授の語り口を理解して、言葉の解釈に苦しむ学友たちに通訳してやることができた。またジャン・ドイッチュは、わたしの知り合いのなかでただひとり、林檎を芯まで含めてまるごと食べる人だった。先生によれば、良質なミネラルはすべて芯にあるそうだ。自分よりも賢い人の言うことなので、わたしも食べてみた。今でも、ドイッチュ教授の懐かしい思い出に浸《ひた》りながら、ときどき食べることがある。

マーヴィン・チレルスタインは、企業金融と課税制度の両方を教えた。わたしは課税制度が大の苦手だった。税法には、どうでもいいような人為的な区分があまりにも多い。この法律は、税法専門弁護士に、有意義な社会的目標を推進するより、依頼人の国への納税義務を軽減する機会ばかりを与えている気がした。ある日、講義を聴くかわりにガブリエル・ガルシア・マルケスの『百年の孤独』を読んでいた。講義後、チレルスタイン教授が、それほどまでに講義よりおもしろいものはいったい何かと尋ねた。わたしは本を取り出して、これはウィリアム・フォークナーの死後、あらゆる言語で書かれた小説のうちで最も優れた作品だと答えた。今でもそう思っている。

わたしは、企業金融の期末試験で最高得点をあげて、名誉を挽回した。チレルスタイン教授が、なぜ課税制度があそこまで不得意なのに、企業金融はこれほど得意なのかと尋ねたので、わたしは企業金融が政治に似ているからだと答えた。それは、一定の規律のもとで権力をめぐって争い、あらゆる集団が騙《だま》されないよう注意を払いながら、相手を騙そうと躍起になる世界だ。

講義のほかに、わたしには仕事がふたつあった。奨学金を受け、二種の学生ローンを借りていたが、もっとお金が必要だった。週に数時間、地元の弁護士ベン・モスの事務所で働き、法律調査と使い走りをした。調査のほうはしばらくすると飽きてしまったが、使い走りはおもしろかった。ある日わたしは、スラム地区の高層アパート内の住所に書類を届けに行った。階段を三、四階まで昇ったとき、ひとりの男とすれ違った。どんよりした目つきをして、腕から皮下注射器をぶら下げている。たった今、たっぷりとヘロインを打ったところなのだ。わたしは書類を届けると、できるだけ急いでそこから逃げ出した。

もうひとつの仕事はそれほど冒険に満ちていなかったが、もっと楽しかった。わたしは、ニューヘイヴン大学の法執行プログラムで、学部学生たちに刑法を教えた。この職の給与は、ニクソン政権下で始まったばかりの連邦法執行援助計画から支払われた。講義は、プロの法執行官の養成を目的に設計されていた。憲法にのっとって、逮捕や捜査や差し押さえを行なうことのできる専門家たちだ。わたしは、講義前日の夕方遅くに、講義の準備をしなければならないことが多かった。眠ってしまわないよう、多くの作業を家から一ブロックほどの場所にある〈エルム通り食堂〉に持ち込んだ。終夜営業で、おいしいコーヒーとフルーツパイを出し、ニューヘイヴンの夜を彩る興味深い人たちであふれていた。ギリシャ移民のトニーが、伯父の所有する食堂の夜間営業を担当した。わたしがせっせと仕事に励むあいだ、トニーは際限なくコーヒーのおかわりを注いでくれた。

食堂の位置する通りは、ふたつある街娼のグループの縄張りを分ける境界線だった。街娼たちは時折警察に連行されたが、例外なくすぐさま仕事に復帰する。よく食堂でコーヒーを飲み、暖をとっていた。わたしがロースクールへ通っていると知ると、何人かがときどき、わたしのボックス席へやってきてどっかりと腰を下ろし、無料で法的助言を得ようとした。できる限りのことはしたが、誰も最良の忠告に耳を貸そうとはしなかった。つまり、別の仕事を探せ、ということだ。ある晩、背の高い黒人の服装倒錯者が、わたしの向かいに坐って、所有する社交クラブで、資金集めのためにテレビをラッフル販売（訳注　番号付きのくじを売り、当選者に品物を渡す一種の富くじ販売）する件について相談し始めた。ラッフルが賭博を禁じる法律に抵触していないかどうか確認したいと言う。あとで知ったのだが、彼が本当に心配していたのは、テレビが盗品だという点だった。そのテレビは、盗品を買って安価で転売する事業を営む友人から、クラブに〝寄贈〟された。それはともかく、わたしはいろいろなグループが年じゅうラッフルを催しており、クラブが起訴される可能性はきわめて低いことを伝えた。賢明な助言に対する返礼として、わたしは〈エルム通り食堂〉における法的助言でただ一度だけとなる報酬をもらった。ラッフルの券だ。テレビは当たらなかったが、その券を手にしただけで、じゅうぶんな稼ぎを得た気になった。そこには、太字で社交クラブの名前が印刷されていた。〝黒き個性美《ブラック・ユニークス》〟

九月十四日、ヒラリーとふたりで〈ブルーベル・カフェ〉に入っていくと、店にいた人が近寄ってきて、大至急ストローブ・タルボットに電話するようにと伝えた。ストローブはブルックを連れて、クリーヴランドの両親を訪ねていた。カフェの外にある公衆電話に小銭を入れるあいだ、悪い予感に胃が締めつけられた。ブルックが電話に出て、フランク・アラーが自殺したことを告げた。フランクは、《ロサンジェルス・タイムズ》のサイゴン支局勤務の仕事を持ちかけられてそれを引き受け、外見上は元気そうな様子で故郷のスポーカンへ戻り、荷造りをしてヴェトナム行きに備えていた。自分が反対した戦争を実際に見て、それについて書きたかったのだと思う。あるいは、自分の身を危険にさらして、臆病者でないことを証明したかったのかもしれない。人生の表層で物事が動き始めたとたん、内部で生じた何かが、フランクに人生の幕引きを命じたのだ。

友人たちは衝撃のあまり呆然としたが、おそらく、予兆を感じていてしかるべきだったのだろう。六週間前わたしは、フランクがその時点でヴェトナムか中国にある新聞社の仕事を見つけられずに、ふたたびひどくふさぎ込んでいたことを日記に綴った。「フランクはとうとう肉体的にも感情的にも、ここ数年のあいだほとんどひとりきりで耐えてきた重圧と束縛と苦痛のなかへ落下してしまった」。フランクの分別ある親しい友人たちは、外的生活がまた軌道に乗れば、内面の混乱も静まるだろうと考えていた。しかし、わたしがそのむごたらしい日に学んだように、鬱病は猛烈な勢いで分別を押しのけてしまう。それは、極限まで進行してしまうと、配偶者や子ども、恋人や友人の良識的な受容範囲を超えてしまう病気だ。それを理解するようになったのは、友人のウィリアム・スタイロンがみずからの鬱病と自殺願望との闘いを勇気を持って語った著作『見える暗闇——狂気についての回想』を読んでからだ。フランクが自殺したとき、わたしは深い悲しみと怒りを感じた。こんなことをした彼に対して、そしてそれを予見できず、専門家の手助けを受けさせなかった自分自身に対して。今持っている知識を、当時も持っていればよかったと思う。それで結果を変えることはできなかったかもしれないが。

フランクの死後、わたしはふだんの楽観主義も、講義や政治や人々への興味も失ってしまった。ヒラリーがいなかったなら、自分でもどうしていたかわからない。ふたりが付き合い始めたころ、ヒラリーは少しのあいだ自己への疑念にとらわれていた。しかし、人前ではいつも強気の姿勢を見せていたから、たぶん親友でさえそれを知らなかったのではないだろうか。ヒラリーがわたしに自分をさらけだしてくれたことで、彼女への気持ちがますます強まり、確信へと変わった。今回は、わたしのほうがヒラリーを必要としていた。彼女はそれを受け止めて、わたしが学び、行ない、考える物事の意義を思い出させてくれた。

春学期、わたしはすべての講義に退屈していたが、ジェフリー・ハザード先生の教える証拠法だけは別だった。公正な裁判における証拠の適格性を判断するための規則と、得られた事実に対する正当で理路整然とした議論の過程は興味深く、いつまでも消えない印象を残した。わたしは常に、法律と同じように、政治に関しても証拠を論じるよう努めてきた。

証拠は、その学期にわたしがロースクールで携わった主な活動、法廷弁護士会年次模擬裁判コンテストでも、たいへん重要な位置を占めた。三月二十八日、ヒラリーとわたしは、準決勝で競い合った。準決勝では、最優秀の学生四人と補欠ふたりが選ばれ、ある三年生の書いた本格的な模擬裁判に参加することになる。わたしたちはみごとにやり遂げ、ふたりとも代表に選ばれた。

翌月にかけて、わたしたちは懸賞模擬裁判、〝州対ポーター訴訟〟に備えた。ポーターは、長髪の青年を撲殺したかどで告訴された警察官という設定だった。四月二十九日、ヒラリーとわたしは補欠のボブ・アルスドーフの助力を得て、ポーター氏を起訴した。被告側弁護人は、マイク・コンウェイとトニー・ルード、そして補欠のダグ・エイクリーだった。判事は、エイブ・フォータス元最高裁判事。フォータス判事は、この役割を真剣にとらえて完璧に演じきり、双方とその異議に対して次々と決定を下しながら、わたしたち四人のうち誰が優勝者にふさわしいかを評価した。準決勝でのわたしのパフォーマンスが、ロースクール在学中最高の弁論だったとすれば、懸賞模擬裁判でのわたしの取り組みは最悪だった。まったく調子が上がらず、勝利には値しなかった。それにひきかえ、ヒラリーはとても優秀だった。マイク・コンウェイもよくやり、感情に訴える効果的な最終弁論を行なった。フォータス判事は、コンウェイを優勝者に選んだ。ヒラリーが優勝できなかった理由のひとつは、渋面のフォータス判事が、およそ検察官らしくないヒラリーの服装を不適切と考えたせいではないだろうか。ヒラリーは、白いブラウスに青いスエードのジャケットをはおり、目の覚めるようなオレンジ色のスエードのフレアパンツをはいていた。ヒラリーは優れた法廷弁護士になったが、あのオレンジ色のスラックスを法廷ではくことは二度となかった。

わたしは懸賞模擬裁判のほかに、マクガヴァンのキャンペーンにも闘争本能を注ぎ込んだ。その年の早い時期に、キャンパスのそばに拠点を置くため、預金を全額下ろした。約二百ドルあり、ひと月分の家賃を払って電話を設置するにはじゅうぶんな資金だった。三週間のうちに、八百人のボランティア運動員が集まり、わたしが経費を取り戻して、事務所を維持するのになんとか間に合うほどの寄付をしてくれた。

ボランティア運動員たちは、来たる予備選挙戦において重要な存在だ。わたしはまず、民主党組織とその有力な領袖《りょうしゅう》アーサー・バービエリに戦いを挑む必要があると考えた。四年前の一九六八年、マッカーシー陣営が予備選挙でニューヘイヴンを制したが、それは、民主党幹部がハンフリー副大統領の勝利を当然と見なして努力を怠ったせいもあった。バービエリがふたたび同じ間違いを犯すとは思えなかったので、わたしは逆にバービエリを味方に取り込もうと考えた。見込みが薄いどころか、無謀な企てだった。わたしがバービエリのオフィスに入って自己紹介したとき、相手は丁重だが事務的な態度で迎えた。椅子に深々と坐り、胸の前で両手を組み合わせる。その指には、巨大な二本のダイヤモンドの指輪がこれ見よがしにはまっていた。一本は小粒の宝石でぐるりと囲まれた大きな指輪で、もう一本は彼のイニシャル〝AB〟に隙間なくダイヤを埋め込んだものだ。バービエリは微笑んでから、一九七二年は六八年の二の舞にはならないこと、すでに選挙運動員と車を集めて人々を投票に向かわせる手はずを整えていることを告げた。そして、この活動のために五万ドルを献金したと言った。

ニューヘイヴンの町の規模から考えて、当時としては莫大な額だ。わたしはバービエリにこう答えた。こちらにはあまり資金はないが、八百人のボランティア運動員がみずからの拠点で一軒一軒の扉を叩き、イタリア人の母親たちすべてに、アーサー・バービエリは彼らの息子をヴェトナムへ送り続け、戦死させるつもりだと訴えることができる。「そんな屈辱を味わう必要はないでしょう」。わたしは言った。「なぜ、誰が大統領候補に指名されるかにこだわるのですか? マクガヴァンを支援してください。彼は、第二次大戦の英雄でした。彼なら和平を達成できますし、あなたはニューヘイヴンを掌握し続けることができます」。バービエリはじっと聞き入ってから答えた。「ふむ、きみはそんなにばかでもなさそうだ。考えてみよう。十日後に、また会いに来なさい」。わたしが再訪すると、バービエリが言った。「あれからよく考えてみたよ。マクガヴァン上院議員は善良な人間だし、わたしたちはヴェトナムから抜け出す必要がある。今後の方針を党員たちに話してみよう。きみにも説得してもらうから、参加してくれ」

数日後、わたしはヒラリーを連れて、中心街の古い建物の地下にある地元のイタリアンクラブ〈ザ・メレバス〉へ赴き、バービエリの率いる党幹部たちと会合するという特異な体験をした。店内の装飾はすべて、赤と黒で統一されていた。とても暗く、とても異国的で、まったくマクガヴァン風ではなかった。バービエリが党員たちに、これ以上ニューヘイヴンの息子たちをヴェトナムで死なせないために、今後はマクガヴァンを支援すると話すと、まわりからうめき声や息を呑む音が聞こえた。「アーサー、あいつは〝アカ〟みたいなもんだよ」。ある男が言い捨てた。別の男も口を出す。「アーサー、あいつはオカマみたいにしゃべるぜ」。サウスダコタ州出身であるマクガヴァン上院議員の、独特の鼻にかかった口調のことを言っているのだ。バービエリは少しもひるまなかった。わたしを紹介し、八百人のボランティア運動員がいることを伝えて、わたしに説得の機会を与えてくれた。わたしは、マクガヴァンの戦歴とケネディ政権内での功績に重きを置いて話した。夜がふけるころには、党員たちも同調してくれた。

わたしは有頂天になった。予備選挙の全過程において、保守的な民主党の領袖たちのなかで、アーサー・バービエリとニューヨーク市クイーンズのマッティ・トロイのふたりだけが、マクガヴァンを支援した。しかし、わたしたちの陣営全員が喜んだわけではない。支援が発表されたあと、わたしは夜中に、ダフィーのキャンペーンでともに働いたトランブル在住の頑迷な支持者ふたりから、怒りの電話を受けた。そして、ああいう不届きな妥協姿勢をとってキャンペーンの精神を売り渡すなど、とうてい信じられないと言われた。「すみませんね」わたしは受話器に向かって叫んだ。「わたしたちの目的は勝つことだと思ったものですから」。そして電話を切った。バービエリは、忠実で有能な戦力だった。民主党大会において、マクガヴァンは第一回目の投票で、この選挙区の六分の五の票を獲得した。十一月の本選挙で、ニューヘイヴンは、マクガヴァンが制したコネティカット州唯一の市になった。バービエリは約束を果たしてくれたのだ。わたしは大統領になってから、バービエリを探し出した。健康を害し、政界から引退して久しいと言う。わたしは彼をホワイトハウスに招き、執務室でしばし談笑した。バービエリが亡くなったのは、それからまもなくのことだ。バービエリは、政治顧問ジェイムズ・カーヴィルが呼ぶところの〝義理堅い人《スティッカー》〟だった。政治の世界では、これ以上の美点はない。

マクガヴァン陣営の人たちは、コネティカット州での働きでわたしを見直したようだった。わたしは、全米スタッフに加わって、マイアミビーチで開催される民主党全国大会に向けてサウスカロライナ州とアーカンソー州の代議員団の説得にあたるよう依頼された。

そのころ、ヒラリーはマリアン・エデルマンの指揮する〝ワシントン研究プロジェクト〟で働いていた。児童の権利擁護団体で、その後まもなく〝児童保護基金〟と名称を変えた。ヒラリーの仕事は、白人専門の南部の私立学校を調査することだった。それらの学校は、裁判所命令による公立学校の人種統合に反対して創設された。北部では、スラム地区の学校に子どもを通わせたくない白人の親たちは、郊外へ転居することができる。小さな南部の町には、その選択肢はなかった。郊外は牛の放牧地と大豆畑なのだ。問題は、そういう学校が免税を要求したのに対し、ニクソン政権が禁止令を施行していないことだった。この動きが、南部の白人の公立学校離れに拍車をかけた。

わたしはワシントンでマクガヴァンの仕事に着手した。まず、リー・ウィリアムズとフルブライト上院議員のスタッフである数人の友人と連絡をとり、それから下院歳入委員会の有力な委員長ウィルバー・ミルズ下院議員に会いに行った。ミルズは、税法についてのきめ細かな知識と委員会の運営における卓越した手腕を持つワシントンの伝説的人物で、マイアミの党大会でアーカンソー州の〝地元出身候補者〟として立つことを宣言していた。そういう候補者は通常、州の代議員団が最有力候補へ投票するのを妨げるために送り出される。しかしその当時の地元出身候補者は、大抜擢の可能性や、少なくとも副大統領候補に指名される見込みを頭に置いていることもあった。ミルズの立候補は、両方の目的を満たすものだった。アーカンソー州の民主党支持者は、獲得代議員数で独走しているマクガヴァンが本選挙では地元で大敗するだろうと確信していたし、ミルズは間違いなく自分のほうがよい大統領になれると考えていた。わたしたちの会合は、友好的に進んだ。わたしはミルズに、代議員たちの委員長への忠誠心を動かすことはできないと思うが、重要な手続き上の投票と、マクガヴァンが必要とした場合の決選投票で、彼らの支持が得られるよう運動するつもりだと伝えた。

ミルズとの会合のあと、サウスカロライナ州コロンビアに飛び、できる限りたくさんの党大会代議員たちと面会した。多くはマクガヴァンに共感しており、わたしは重大な局面での投票で助力を得られるだろうと考えた。ただしこの代議員団は、マクガヴァン委員会によって作成された新たな規約に従っておらず、人種・性別・年齢に多様性を持たせていないという理由で、資格の有無を問題視されていた。

マイアミの党大会が始まる前に、わたしはホットスプリングズで開催されたアーカンソー州民主党大会に出席し、地元の代議員に支援を呼びかけた。マイアミでアーカンソー州代議員団の長を務めるバンパーズ知事は、マクガヴァンが州の民主党員を分裂させることを危惧しているようだったが、サウスカロライナ州では、多くの代議員たちが反戦とマクガヴァン支持に傾いていた。わたしは両州の代議員団への働きかけがまずまず成功したことに満足しながら、マイアミへ発った。

七月中旬の全国大会では、主要な候補者たちは本部をマイアミやマイアミビーチ周辺のホテルに置いていたが、その運営はコンベンションセンターの外に配置したトレーラーハウスから行なわれた。マクガヴァンのトレーラーハウスを監督するのは全国選挙対策本部長ゲーリー・ハートで、その補佐は全国政務部長兼広報担当のフランク・マンキウィッツだった。友人のリック・スターンズが、調査と党員集会運営の長を務めた。リックは、誰よりも規約に精通していた。代議員団への対応にあたるわたしたちは会議場に待機して、トレーラーからの指示に従った。マクガヴァンのキャンペーンは、ここまでの道のりでたいへんな進歩を遂げた。おおぜいの献身的なボランティア運動員たちと、ハートの指導力、マンキウィッツの報道機関への対処、そしてスターンズの入念な戦略のおかげだ。彼らの尽力によって、マクガヴァンは、もっと確固とした基盤を持つ政治家、あるいはもっとカリスマ的な政治家たちを得票数で圧倒していた。そのなかには、ヒューバート・ハンフリーやエド・マスキー、選挙のために所属政党を変わったニューヨーク市長ジョン・リンゼイ、ワシントン州選出の上院議員ヘンリー・ジャクソン、キャンペーン中に狙撃され下半身麻痺となったジョージ・ウォーレスがいる。ニューヨーク州選出の下院議員シャーリー・チザムも立候補し、アフリカ系アメリカ人初の大統領候補となった。

わたしたちは、マクガヴァンがカリフォルニア州の代議員団に対する異議申し立てを乗り切れば、第一回目の投票でじゅうぶんな票を獲得できるだろうと踏んだ。マクガヴァン作成の新しい規約では、各州が予備選挙において、候補者の得票率にできるだけ近い比率で代議員を割り振る必要があった。しかし、カリフォルニアはいまだに勝者独占方式を採用しており、州議会が党大会までに州の選挙法を変更していないのだから、現状を維持する権利があると主張していた。皮肉にも、マクガヴァンは自分の作った規約よりもカリフォルニア州のシステムが承認されることを望んだ。カリフォルニア州の予備選挙では四四パーセントの得票率で勝利しており、旧来の方式なら、州の二百七十一名の代議員全員の票を獲得できるからだ。反マクガヴァン派は、マクガヴァンを偽善者と非難し、カリフォルニア州の予備選挙における得票率に合わせるため、本人の獲得した四四パーセントにあたる百二十名の代議員だけを議席につけ、残りの百五十一名を別の候補の支持者に入れ替えるべきだと主張した。大会の資格審査委員会は反マクガヴァン派だったので、カリフォルニアに対する異議申し立てを承認し、百二十名のみのマクガヴァン支持派代議員を議席につけた。これで、第一回目の投票におけるマクガヴァンの勝利が不確かになった。

資格審査委員会の決定は、大会の代議員の過半数が反対すれば覆される可能性があった。マクガヴァン陣営は、カリフォルニア州と協力してそれを実行したかった。サウスカロライナ州の代議員団も同様だった。やはり規則に違反していることが判明したせいで、投票権を失う危険性が生じたからだ。女性の代議員が半分を占めなければならないはずだが、二五パーセントしか選出されていなかった。

マクガヴァンは名目上、その選出方法に関してサウスカロライナ州の立場に反対した。

次に起こったことは複雑で、詳述に値する話ではない。大筋では、サウスカロライナ州に対する異議を申し立てて故意に否決させ、反対派にこちら側が不利と見せかければ、カリフォルニア州の代議員団に対する異議を覆すことができるだろうと、リック・スターンズが判断した。作戦はうまくいった。サウスカロライナ州の代議員団に対する異議申し立ては否決され、反対派は勝利した気でいた。彼らが騙されたと気づいたときには、すでに遅かった。マクガヴァンは二百七十一名のカリフォルニア州の代議員をすべて取り戻し、指名を確実にした。カリフォルニア州をめぐる攻防はおそらく、代議員の選出が予備選挙で支配的な方式になって以来、党大会において政治的な柔術がものを言った最大の例だろう。先ほど述べたように、リック・スターンズは規則を操る天才なのだ。わたしは大喜びした。これで、マクガヴァンはほぼ間違いなく第一回目の投票で勝利できる。そして、そのころにはわたしの友人となっていたサウスカロライナ州の代議員たちも議席に残れることになった。

悲しいことに、そこからはずっと下り坂だった。マクガヴァンは党大会前、世論調査でニクソン大統領にかなりの差をつけられたが、まだ射程距離内にいた。わたしたちは、党大会の週に数日間にわたるマスコミ報道があれば、さらに五、六ポイント獲得できるだろうと期待した。しかし、その種の回復をねらうには、代議員をめぐる攻防で発揮したような、物事に対するしっかりとした制御が必要だった。どういうわけか、大会のあとそれは消え去ってしまった。まず、ゲイの権利擁護団体がマクガヴァンのホテルの前で坐り込みを行ない、面会を達成するまではてこでも動かないと宣言した。マクガヴァンが面会すると、マスコミと共和党員はそれを屈服と表現し、弱腰なうえにリベラルすぎるという印象を広めた。次に、木曜の午後マクガヴァンは、ミズーリ州選出のトム・イーグルトン上院議員を副大統領候補に選んだあと、その晩に行なわれた投票でほかの候補者たちの名前を指名候補に含めることを許してしまった。ほかに六人が選挙に加わり、指名推薦演説と長時間にわたる氏名点呼投票で競い合った。イーグルトンの勝利は既定の結論だったが、ほかの六人もいくらか得票した。CBSニュースのロジャー・マッドや、コメディ番組の主人公アーチー・バンカー、毛沢東に投じられた票まであった。最悪の事態だ。このむだな過程が、約千八百万世帯が党大会を見ているプライムタイムのテレビ時間をすべて使い尽くした。意図されていたマスコミ向けのイベント――テッド・ケネディ上院議員によるマクガヴァン指名推薦演説と本人による指名受諾演説――は、未明にまで押しやられてしまった。ケネディ上院議員は、立派な態度で力強い演説を行なった。マクガヴァンの演説もすばらしかった。マクガヴァンは、アメリカに呼びかけた。「帰ってきてください……高い地位を利用した欺瞞《ぎまん》から……無益な労力の浪費から……偏見から……帰ってきてください。夢があるという宣言へ……この国を前進させることができるという確信へ……さらなる新しい世界を探求できるという信念へ」。問題は、マクガヴァンが話し始めたのが午前二時四十八分で、諧謔家《かいぎゃくか》のコラムニスト、マーク・シールズの言う〝サモア諸島のプライムタイム〟だったことだ。マクガヴァンは、テレビ視聴者の八〇パーセントを失っていた。

それだけにとどまらず、ほどなく、イーグルトンが鬱病で電気ショック療法を含む治療を受けていたことが公になった。残念なことに、その当時はまだ、精神衛生上の問題の種類や領域について無知が蔓延しており、リンカーンやウィルソンなど過去の大統領たちが周期性鬱病に悩まされたという事実も知られていなかった。マクガヴァンが選出され、万が一のことがあった場合、イーグルトン上院議員が大統領の地位を継承するという考えは、多くの人を動揺させた。おまけに、イーグルトンはマクガヴァンに鬱病のことを話していなかったのだから、なおさらだ。マクガヴァンが事実を知ったうえで、それでもイーグルトンを選んでいたなら、精神衛生に関する国民の理解に本当の進歩が得られたかもしれないが、露見のしかたがお粗末だったせいで、マクガヴァンの判断だけでなく、力量についても疑問の声があがり始めた。わたしたち自慢の選挙対策本部は、イーグルトンの精神衛生上の問題について知っていた民主党のミズーリ州知事ウォーレン・ハーンズに、前もってイーグルトンの抜擢について相談してさえいなかった。

マイアミの党大会から一週間もしないうちに、わたしたちの陣営は、四年前に民主党がシカゴを立ち去ったとき以上にひどい状態となり、リベラルすぎるうえに不器用すぎるように見えた。イーグルトンの話が明るみに出たあと、最初マクガヴァンは自分の選んだ副大統領候補を「一〇〇〇パーセント」守っていくと言った。しかし数日後、みずからの支持者から脅迫めいた容赦ない圧力を受けて、イーグルトンを見限った。そして、代わりの候補を見つけるのに、八月の第二週までかかった。テッド・ケネディ、コネティカット州選出のエイブ・リビコフ上院議員、フロリダ州知事ルービン・アスキュー、ヒューバート・ハンフリー、エド・マスキー上院議員が次々要請を断ったあと、ようやくジョン・F・ケネディ元大統領の義弟サージェント・シュライヴァーが承諾した。たいていのアメリカ人は、過度にリベラルでない限り平和をめざす進歩的な候補に投票するとわたしは確信しており、マイアミの党大会の前にはマクガヴァンを売り込むことができると考えていた。しかし今や、わたしたちは振り出しへ戻ってしまった。党大会が終わると、わたしはワシントンでヒラリーに会ったが、とにかく疲れ果てていたので、二十四時間以上眠り続けた。

数日後、わたしは、テキサスで本選挙に向けたキャンペーンの組織を補佐するため、荷物をまとめた。飛行機でワシントンからアーカンソーへ飛び、そこから車で向かう予定なので、骨の折れる旅になりそうだった。機内で、ミシシッピ州ジャクソン出身の青年の隣りに坐り、旅の目的をきかれた。

わたしが話すと、ほとんど叫ぶような声で言った。「白人でマクガヴァンを応援してる人に、初めて会ったよ！」。のちにわたしが家のテレビで、サム・アーヴィン上院議員のウォーターゲート特別調査委員会を前にジョン・ディーンがニクソン政権の不正行為について証言するのを見ていると、電話が鳴った。飛行機で出会った、その青年からだった。彼は言った。「ただきみが、『ほら、言ったとおりだろ』って自慢したいかと思って、電話したんだよ」。それから一度も連絡はないけれど、わたしは電話をくれたことに感謝した。ウォーターゲート事件の発覚によって、たった二年で世論がここまで大きく動いたのは驚くべきことだ。

しかし、一九七二年夏のテキサス行きは、むだ足だった。ただ、それは魅力的な旅でもあった。一九六〇年のジョン・F・ケネディ以降、民主党の大統領選挙キャンペーンでは、他州の運動員たちに重要な州のキャンペーンを監督させることが多かった。対立する派閥をまとめあげ、瑣末《さまつ》な関心事ではなく候補者の利益を最優先にして、あらゆる決断を下すことができるからという理屈だ。しかし理屈はどうあれ、実際には、部外者があらゆる勢力からの憤懣《ふんまん》を呼び起こしてしまう危険性も高かった。特に、マクガヴァンのキャンペーンのように問題の山積する選挙運動を、テキサス州のように分裂と紛争に満ちた環境で行なう場合には。

選挙対策本部は、運動員ふたりをテキサスに送り込むことにした。わたしとテイラー・ブランチだ。先にも触れたように、テイラーとは一九六九年にマーサズヴィニヤードで出会った。万が一の備えとして、本部は三人めのリーダーに、ヒューストンの若きやり手弁護士ジュリアス・グリックマンの名を挙げた。テイラーもわたしも南部の人間だったし、協力態勢をとるのにやぶさかではなかったので、テキサス州での仕事は首尾よく進むような気がした。わたしたちは、州会議事堂からほど近いオースティンの西六番街に拠点を置き、コロラド川を渡った丘の上にあるアパートを共同で借りた。テイラーが事務所を運営し、予算を管理した。あまり資金がなかったから、テイラーが締まり屋で、わたしより駆け引きじょうずなことは好都合だった。わたしは郡の組織と連携して働き、ジュリアスは、知り合いの著名なテキサス州人から支援を取りつける努力をした。熱心な若者が集まり、すばらしいスタッフとなってくれた。そのうちの三人は、ヒラリーとわたしの特に親しい友人となった。ゲーリー・マウロは、テキサス州の土地管理局長となり、わたしの大統領選挙戦で主導的な役割を果たした。ロイ・スペンスとジュディ・トラバルシは、広告代理店を設立し、ニューヨーク市以外で最大の代理店にまで発展させた。ゲーリーとロイとジュディは、わたしとヒラリーのあらゆるキャンペーンを支援してくれた。

わたしの経歴に最大の影響を与えたテキサス人は、なんと言ってもベツィ・ライトだ。テキサス州西部の小さな町アルパイン出身の医者の娘で、歳はわたしよりふたつしか上ではなかったが、草の根的な政治運動でははるかに多くの経験を持ち、州の民主党と〝共通の目的《コモンコーズ》〟運動のために働いてきた。ベツィは才気と情熱にあふれ、忠実でやや極端なほど潔癖だった。そして、わたしが出会ったなかで、わたしよりも政治の世界に魅了され、全力を傾けている唯一の人でもあった。経験の少ない同僚の一部とは違って、ベツィはマクガヴァン陣営の敗色が濃厚であることを知っていたが、とにかく一日十八時間働いた。一九八〇年、わたしが知事選で敗れたあと、ヒラリーはベツィに、リトルロックへ来てわたしの復帰のために書類をまとめてほしいと依頼した。ベツィは承諾し、一九八二年にキャンペーンが成功を収めるまでずっと力を貸してくれた。のちにベツィは、知事室の首席補佐官を務めた。一九九二年には、大統領選挙戦で中枢の役割を担い、ほかの誰にもまねできないやりかたでその手腕と力強さを維持しながら、絶え間ない個人的・政治的攻撃の連続から、わたしとわたしの経歴を守ってくれた。ベツィ・ライトがいなかったら、わたしは大統領になれなかっただろう。

わたしがテキサス州へ来て数週間後、ヒラリーがアン・ウェクスラーの世話でキャンペーンに加わり、民主党のために有権者登録を推進する仕事に携わることになった。ヒラリーはほかのスタッフとも仲良くなり、仕事に忙殺されるわたしをいつでも明るい気分にさせてくれた。

テキサスのキャンペーンは前途多難なスタートを切った。主にイーグルトン事件のせいだったが、地元の民主党員の多くがマクガヴァンに共感していないせいもあった。二年前に熱烈なリベラル派ラルフ・ヤーボロー上院議員を破ったロイド・ベンツェン上院議員は、選挙対策委員長への就任を断った。テキサス州南部の牧場主で、ずっとのちにわたしの友人兼支持者となる知事指名候補ドルフ・ブリスコウは、党の大統領候補者と並んで公の場に姿を現わすことさえ嫌がった。九年前ケネディ元大統領が暗殺されたとき車に同乗していた経験を持ち、ジョンソン前大統領の盟友だった元知事ジョン・コナリーは、〝ニクソン支持の民主党員〟なるグループを指揮していた。

それでも、これほど大きなテキサス州をあきらめてしまうわけにはいかない。四年前にはハンフリーが、たった三万八千票差ではあるが、この州を制していた。ようやく、州の官僚ふたりが選挙対策共同委員長を務めることに同意してくれた。農務局長ジョン・ホワイトと、土地管理局長のボブ・アームストロングだ。ホワイトは、昔かたぎのテキサス州民主党員で、大統領選に勝ち目のないことを承知していたが、テキサス州でできる限り善戦して、民主党の公認候補になりたいと考えていた。彼はのちに、民主党全国委員会の委員長となった。ボブ・アームストロングは熱心な環境保護主義者だった。ギターが得意で、よくわたしたちといっしょに〈ショルツ・ビアガーデン〉や地元のボウリング場で過ごし、ヒラリーとわたしを連れて〈アルマジロ音楽堂〉へジェリー・ジェフ・ウォーカーやウィリー・ネルソンを聴きに行ったりもした。

八月下旬、マクガヴァン上院議員とサージェント・シュライヴァーがテキサス州でジョンソン元大統領に会うことが決まったとき、わたしは事態の好転を期待した。シュライヴァーは朗らかな性格の好ましい人物で、パートナーの気力と真摯《しんし》な姿勢を守りたてていた。貧しい人に法的な助力を与える法律扶助機構の創設者で、ケネディ元大統領の編制した平和部隊の初代隊長でもあり、ジョンソン元大統領の〝貧困撲滅運動〟においても初代の責任者を務めた。

マクガヴァンとシュライヴァーのジョンソン元大統領との会合はまずまずうまくいったが、政治的な利益をもたらすことはほとんどなかった。ジョンソンが会合の数日前、地元の新聞に形ばかりのマクガヴァン支持を伝えたという理由で、報道陣の立ち入りを拒んだからだ。この機会にわたしが得た主要なものは、元大統領のサイン入りの写真だった。テイラー・ブランチが、会合の最終的な打ち合わせで、数日前リンドン・ジョンソンの所有する牧場を訪れた際にサインをもらってきたのだ。テイラーとわたしは公民権拡大賛成派の南部人だったので、おそらくほかのマクガヴァン陣営の同僚よりもジョンソンびいきだったのだろう。

そのあと、マクガヴァンはオースティンのホテルのスイートルームに戻り、数人の主要な支持者とスタッフに会った。キャンペーンの混乱に対する不満の声が次々とあがった。確かに、無秩序な状態だった。テイラーとわたしは足場を固めるのにじゅうぶんなほど事務所にとどまることができず、ましてや円滑な組織作りなど及びもつかなかった。それに、リベラル派の地盤は、知事候補のシシー・ファレントホルドが熾烈《しれつ》な予備選挙戦でドルフ・ブリスコウに敗れ去ったせいで意気消沈していた。どういうわけか、マクガヴァン支持を表明している最も地位の高い州の官僚ボブ・ブロック州務長官が、この会合に招待されてもいなかった。マクガヴァンは謝罪の手紙を書いたが、取り返しのつかない手落ちだった。

マクガヴァンがテキサス州を去ってまもなく、選挙対策本部はわたしたちにおとなの監督者が必要だと考え、アイオワ州スーシティー出身の気むずかしい白髪のアイルランド系アメリカ人ドン・オブライエンを送り込んできた。オブライエンは、ジョン・F・ケネディのキャンペーンで活躍し、ロバート・ケネディのもとで連邦検事を務めた経歴の持ち主だ。わたしはドン・オブライエンをとても好きになったが、彼は旧弊な熱狂的愛国主義者で、おおぜいいる自立心旺盛な若い女性スタッフに対していらだちをあらわにした。それでも、事務所がなんとか軌道に乗り、わたしは州内を巡る時間をさらに増やせることにほっとしていた。テキサス州での最良の日々が始まったのはそれからだった。

わたしはまず北に向かってウェイコへ行き、リベラル派の有力者で、のちにわたしの支持者となるバーナード・ラパポートと会った。それから東のダラスへ向かい、穏健派だが忠実な民主党支持の実業家ジェス・ヘイに会った。彼も、わたしの友人兼支持者となってくれた。それから、黒人の州上院議員エディ・バーニス・ジョンソンにも面会した。彼は、わたしが大統領に選出されたとき、議会における最も強力な盟友のひとりとなってくれた。次に、ヒューストンへ赴き、テキサス州リベラル派のゴッドマザーに会って、恋に落ちた。ビリー・カーは、貫禄のあるしわがれ声の女性で、少しわたしの母を思わせるところがあった。ビリーはわたしを保護下に置き、亡くなる日までずっと世話を焼いてくれた。わたしが彼女ほどリベラルになれずに失望させてしまったときも、態度を変えたりはしなかった。

わたしは初めて、当時一般にチカーノと呼ばれていたメキシコ系アメリカ人たちと時間をかけて交流し、彼らの気概や文化や料理を愛するようになった。サンアントニオで発見したおいしいレストラン、〈マリオズ〉や〈ミ・ティエラ〉では、十八時間のうちに三回食事したこともある。

テキサス南部でともに働いたのは、労働組合のオルガナイザーを務める心根の優しい頑健なフランクリン・ガルシアと、その友人のパット・ロバーズだった。ある晩ヒラリーとわたしは、フランクリンとパットにドライブに誘われ、リオグランデ川を渡ってメキシコのマタモロスまで行った。わたしたちは、ふたりに連れられて怪しげなバーに入った。マリアッチ楽団とやる気のないストリッパーがいて、〝カブリート〟、つまり山羊の頭のバーベキューを特別料理とするメニューがあった。わたしはあまりにも疲れていたので、ストリッパーが踊り、山羊の頭がわたしを見上げているなか、眠り込んでしまった。

ある日、車でテキサス州南部の田舎地方をひとりで回っているとき、ガソリンスタンドに寄って、給油係の若いメキシコ系アメリカ人と話をし、マクガヴァンへの投票を依頼した。「できないね」。彼は答えた。わたしが理由を尋ねると、こう言った。「イーグルトンのせいさ。マクガヴァンは彼を見捨てるべきじゃなかった。厄介ごとを抱えている人はほかにもたくさんいる。友だちなら、最後まで支えてやらなきゃ」。わたしは彼の賢明な忠告をけっして忘れなかった。わたしは大統領時代、スペイン系アメリカ人たちと親しくなろうと努め、彼らはそれを理解してわたしを支えてくれた。

キャンペーンの最終週、敗北は明らかだったが、印象深い出来事をふたつ経験した。サンアントニオのアラモ砦近くにある〈メンガー・ホテル〉で、ヘンリー・B・ゴンザレス下院議員の主催によるベクサー郡民主党晩餐会が行なわれた。アラモ砦とは、当時メキシコ領だったテキサスが独立を求めて戦い、ジム・ボウイとデイヴィ・クロケットの指揮下で二百人以上のテキサス人が命を落とした場所だ。六十年以上のち、セオドア・ローズヴェルトが〈メンガー・ホテル〉に滞在し、キューバのサンファンヒルの歴史的な戦いに備えて義勇騎兵隊《ラフライダーズ》の訓練を行なった。〈メンガー・ホテル〉は、すばらしくおいしいマンゴー・アイスクリームを出してくれる。わたしは病みつきになった。一九九二年の選挙前日、サンアントニオに立ち寄ったとき、わたしのスタッフが四百ドル分のマンゴー・アイスクリームを買い、キャンペーン機に乗った全員がひと晩じゅうそれを食べ続けた。

晩餐会での演説者は、ルイジアナ州選出の下院多数党院内総務ヘイル・ボッグズだった。ボッグズは、マクガヴァンと民主党のために熱のこもった演説をした。翌朝、アラスカ行きの飛行機に間に合うよう、わたしは朝早くボッグズを起こした。ボッグズはその地で、ニック・ベギッヒ下院議員とともにキャンペーンを行なう予定だった。しかし、雪を頂いた山々を抜けて飛行中、彼らの乗った航空機は墜落し、発見されないままになった。わたしは、ヘイル・ボッグズを敬愛していた。その日の朝、寝坊すればよかったとどんなに悔やんだことだろう。残された家族は、立派な人たちだった。美しい妻のリンディは、自身も一流の政治家で、夫が占めていたニューオーリンズの下院の議席を引き継ぎ、ルイジアナ州におけるわたしの最も強力な支持者のひとりになってくれた。わたしは彼女を、駐ヴァチカン大使に任命した。

特筆すべきもうひとつの出来事は、サージェント・シュライヴァーの最後のテキサス訪問中に起こった。わたしたちはテキサス州南端の街マッカレンで集会を成功させ、急いで空港に戻って、ほぼ予定どおりテクサーカナ行きの航空機に乗った。テクサーカナでは、ライト・パットマン下院議員が、アーカンソーとテキサスの州境線ステートライン・ブルヴァードに数千人の人々を集めていた。しかしどういうわけか、飛行機が離陸しない。数分後に判明したのは、単発小型機の操縦士が、夜霧の立ち込めたマッカレン上空で方向を見失い、空港周囲を旋回して着陸の指示を待っているという事実だった。スペイン語の指示をだ。空港側はまず、計器飛行証明を持ちスペイン語に堪能《たんのう》な操縦士を見つけ出して、それから小型機の操縦士を落ち着かせ、誘導しなければならなかった。このドラマが展開しているあいだ、わたしはシュライヴァーのすぐ後ろの席に坐り、テクサーカナのイベントについて概要を説明した。わたしたちがキャンペーンの先行きの暗さになんらかの疑いを抱いていたとすれば、今回の事態はそれを確信に変えた。シュライヴァーはすべてを冷静に受け止めて、客室乗務員に夕食を出すよう頼んだ。ほどなく、二機の航空機いっぱいに乗り込んだスタッフとおおぜいの記者団が、マッカレンの滑走路上でステーキを食べ始めた。三時間以上遅れてようやくテクサーカナに到着したとき、集会は解散していたが、パットマン下院議員を含む約二百人の辛抱強い人たちが、シュライヴァーを迎えるため空港にやってきた。シュライヴァーは飛行機を飛び降りると、まるで伯仲する選挙戦の第一日目であるかのように、ひとりひとりと握手を交わした。

マクガヴァンは、六七パーセント対三三パーセントでテキサス州を逃した。それでも、得票率でわずかにアーカンソーを上回った。アーカンソーでは、有権者の三一パーセントの支持しか得られなかった。選挙後、テイラーとわたしは、数日間テキサスにとどまって、協力してくれた人々にお礼を言い、残務整理をした。それからヒラリーとわたしは、イェール大学へ戻る前に、メキシコの太平洋岸にあるシワタネホで短い休暇を取った。現在はかなり観光地化されているが、当時はまだ小さなメキシコの村で、未舗装のでこぼこ道沿いに無料のバーが並び、林には色鮮やかな鳥たちが飛び回っていた。

わたしたちは、長く大学を欠席していた割には好成績で期末試験を終えることができた。わたしは、海事法の不可解な規則を習得するのに猛勉強しなければならなかった。ただチャールズ・ブラックの講義を受けたいがために、この科目を履修したのだ。ブラックは、弁の立つ優雅な物腰のテキサス州人で、慕い敬って集まる学生たちのなかでも、特にヒラリーを気に入っていた。とても驚いたのは、海事法の司法権は、もともとの状態で航行可能だったアメリカ国内のあらゆる水路に及ぶということだ。つまり、現在ダムでせき止められて湖となったわたしの故郷周辺の川も、かつて航行可能だったので、法の適用範囲となる。

一九七三年の春学期、わたしはめいっぱい科目を履修したが、故郷へ戻る計画と、ヒラリーとの関係がどうなるかという不安に心を奪われていた。わたしたちはふたりとも、その年の法廷弁護士会年次模擬裁判コンテストへの出場を大いに楽しんだ。わたしたちは、映画『カサブランカ』の登場人物をもとにした訴訟事件を作成した。イングリッド・バーグマンの夫が殺され、ハンフリー・ボガートが殺人のかどで告訴されるという設定だ。バーク・マーシャルの友人で、司法省におけるかつての同僚ジョン・ドーアが、小さな息子を連れてニューヘイヴンにやってきて判事を務めた。ヒラリーとわたしはドーア判事の接待をして、強い感銘を受けた。彼が南部で公民権に関する裁定をあれほど効果的に実施できたわけが、すんなりと理解できた。寡黙だが率直で、明敏な頭脳と力強さを備えている。判事はみごとな手腕で審理を進め、ボギーは陪審から無罪評決を勝ち取った。

ある日、法人税法の講義のあと、チレルスタイン教授に卒業後の予定をきかれた。わたしは、今のところ仕事のあてもないので、郷里のアーカンソー州へ戻って弁護士を開業することを検討中だと答えた。教授は、フェイエットヴィルのアーカンソー大学ロースクールの教職に予期しない突然の欠員が生じたと言った。そして、その職への応募を勧め、わたしを推薦することを申し出てくれた。自分が教職に就くという可能性をこれまで一度も考えたことはなかったが、その誘いには興味をそそられた。数日後の三月下旬、わたしは復活祭の休暇のため故郷へと車を走らせた。リトルロックに着いたとき、ハイウェイの路肩に車を停めて公衆電話のところまで歩き、ロースクールの学部長ワイリー・デイヴィスに電話して自己紹介し、欠員について耳にしたことと、その職に応募したい旨を伝えた。学部長はわたしを、若すぎるうえに経験もないと評価した。わたしは笑って、もう何年もそう言われ続けてきたが、もし欠員で困っているなら、わたしはまじめに働くし、必要な科目をなんでも教えるので、役立てるはずだと請け合った。それに、わたしには終身在職権がないので、いつでも解雇できるという利点もある。学部長はくすくす笑って、フェイエットヴィルへ来て面接を受けるようにと促した。わたしは五月の第一週にそこへ向かった。たくさんの人に、心強い推薦状を書いてもらった。チレルスタイン教授、バーク・マーシャル、スティーヴ・デューク、ジョン・ベイカー。そして、わたしがニューヘイヴン大学で学部学生に憲法学と刑法を教えていたことから、ニューヘイヴン大学政治学部学科長キャロライン・ダインガーもペンを執ってくれた。面接は首尾よく進み、五月十二日、わたしはデイヴィス学部長から、年俸一万四千七百六ドルの助教授の職を提示する手紙をもらった。ヒラリーが大賛成したこともあり、十日後にわたしは引き受けた。

たいした給料ではなかったが、教職を得たことで、国防教育ローンを一括で返済するかわりに、働きながら少しずつ返すことができる。もうひとつのロースクールのローンは独特のシステムで、利用している学生全員が、学年の借金の総額が償還されるまで、年間所得のうちわずかな定率を返済に充てていくことになっていた。どう見ても、稼ぎの多い学生が多く支払うことになるのだが、自分が借金をしているという自覚をいつでも持つことができた。イェール大学のローン・プログラムを利用した経験に触発されて、わたしは大統領在任中、連邦の学生ローン・プログラムを改めて、所得にもとづく定率で長期間かけてローンを返済できる選択肢を学生に与えようと決意した。この方法なら、ローンを返済できないという懸念から学校を中途退学する可能性が低くなるし、社会的に有益だが給与の低い仕事に就くのも、さほど苦にならないだろう。所得連動ローンの選択肢を学生に与えたところ、多くの人がそれを利用するようになった。

わたしは最高に勤勉な学生というわけではなかったが、ロースクールでの年月に満足した。有能で熱心な教授たちや、学友たちから、多くのことを学んだ。二十人以上の学友たちが、のちにわたしの任命で、内閣の職や連邦判事を務めることになる。わたしは、アメリカ社会において秩序と公正さの感覚を維持するうえで、そして社会の進歩を促す手段を与えるうえで法律が果たす役割を、ますます強烈に認識するようになっていた。また、ニューヘイヴンで暮らしたことによって、アメリカ都市部の現実と民族的な多様性に対する感覚を磨くことができた。そしてもちろん、ニューヘイヴンにいたからこそ、ヒラリーと出会えた。

ダフィーとマクガヴァンのキャンペーンのおかげで、政治に対する情熱を共有できるよい友人ができ、選挙運動の仕組みをさらに詳しく学んだ。また、進歩主義者として選挙に勝つためには、人々に路線変更を信頼してもらえるようなメッセージやプログラムの作成と提示に、細心の注意と熟練を要することをふたたび学んだ。アメリカ社会が一度に吸収できる変化は限られている。前進をめざすなら、機会と責任、仕事と家族、強さと思いやりという中核的な信念を再確認する方法で実行しなければならない。こういう価値観は、これまでずっとアメリカの成功の根底をなしてきた。たいていの国民は、子どもを育て、仕事をし、生計を立てていくだけで手いっぱいだ。彼らはリベラル派ほど政府の政策について考えていないし、ニューライトと呼ばれる保守派ほど権力に執着してもいない。彼らはしっかりとした常識を持ち、自分たちの生活を作り上げる大きな力を理解したいと望んでいるが、少なくとも自分たちに生きる力と安らぎを与えてくれる価値観と社会の機構を捨て去りはしないだろう。一九六八年以降、保守派はアメリカの中流階級を非常にうまく説得して、進歩的な候補者の思想や政策は、彼らの価値観に相反し、安全を脅かすと信じさせてきた。ジョー・ダフィーは、炭鉱夫の息子だったが、軟弱な急進的リベラル派のエリート主義者になった。ジョージ・マクガヴァンは、正真正銘の戦争の英雄で、サウスダコタ州の田舎地方の保守派によって上院へ送られたが、勢いばかりで現実味のない左派となり、アメリカを守るよりも、重い負担を課して消耗させる方向へ走った。どちらの場合も、候補者とその選挙運動本部は失策を犯し、敵対者が創り出そうと苦心しているイメージを強調してしまった。わたしはすでに、公民権や平和や貧困撲滅プログラムという荷物を背負いながら政治の丘を登っていくことがいかに困難であるかじゅうぶんに知っており、常に勝利を望むわけにはいかないことにも気づいていた。しかし、戦わずして敵の勝利を助けるようなまねだけはすまいと、心に決めた。のちに、知事として、大統領として、同様の失策をそっくりそのまま繰り返したこともあったが、善良なふたりの男たち、ジョー・ダフィーとジョージ・マクガヴァンのために働く機会がなかったとしたら、もっと多くの間違いを犯していたはずだ。

わたしは帰郷と興味深い仕事の開始を心待ちにしたが、ヒラリーとの関係をどうするのか、あるいは何が彼女にとって最良の選択なのか、まだわからずにいた。わたしはずっと、ヒラリーはわたしと同じくらい（あるいはそれ以上に）政治の世界で成功する能力を備えていると信じてきたし、彼女にはチャンスを活かしてもらいたかった。その当時、わたしはヒラリー自身よりも強くそれを望んでいた。無理にアーカンソーへ連れていけば、ヒラリーが政界で築くはずの将来に終止符を打ってしまうかもしれない。そんなことをしたくはなかったが、同時に彼女をあきらめたくもなかった。ヒラリーはすでに、大手の法律事務所や判事の書記の職を断り、マサチューセッツ州ケンブリッジにあるマリアン・エデルマンの児童保護基金の新しいオフィスで働くほうを選んでいた。つまり、ふたりはこれから遠く離れて暮らすことになる。

ロースクールを終え、わたしがヒラリーを初めての海外旅行に連れていったとき、わたしたちにわかっているのはそれだけだった。わたしはヒラリーをロンドンとオックスフォードに案内し、それから西へ向かってウェールズを巡り、イングランドに戻って湖水地方を訪れた。わたしも初めて来た場所だ。晩春の湖水地方は、美しく情緒豊かだった。ある夕暮れどき、エナーデイル湖のほとりで、わたしはヒラリーに結婚を申し込んだ。自分のしたことが信じられなかった。ヒラリーも驚いていた。

それから、わたしを愛しているけれど、承諾はできないと言った。それを責めはしなかったが、彼女を失うのは嫌だった。それでわたしは、アーカンソーへいっしょに来て、気に入るかどうか確かめてみることを提案した。そして、念のためにアーカンソー州の司法試験を受けたらどうかと付け加えた。

18

六月、ヒラリーが空路リトルロックにやってきた。車で出迎えたわたしは、気に入りの場所をぐるりと案内しながら遠回りで家路につくことにした。まずアーカンソー川沿いに百十キロほど北西へ進んでラッセルヴィルに行き、幹線道路七号線を南に下ってウォシタ山地とナショナルフォレストを抜ける道中、ときどき車を停めては美しい景色を楽しんだ。ホットスプリングズで母、ジェフ、ロジャーとともに数日のんびりと過ごしたあと、ふたりでリトルロックに戻り、アーカンソー州の司法試験に備えて準備コースで学んだ。その甲斐あって、揃って合格することができた。

司法試験のあと、ヒラリーは児童保護基金の新しい仕事が待つマサチューセッツ州に帰り、わたしは新たにロースクールでの教員生活を始めるべくフェイエットヴィルに向かった。住むところは格好な物件を見つけた。アーカンソー州の著名な建築家フェイ・ジョーンズが設計した小さな美しい家だ。フェイ・ジョーンズはフェイエットヴィルにほど近いユーレカスプリングズのソーンクラウン礼拝堂を設計し、目を奪われるようなそのみごとなデザインで国際的な賞と賞賛を得ている。わたしの見つけた家はフェイエットヴィルから東へ十数キロ入った幹線道路一六号線沿いにあり、三十ヘクタール以上という広い敷地を有していた。土地の東側はホワイト川の支流に臨んでいて、数十頭の牛が牧草を食《は》んでいた。家は一九五〇年代半ばに建てられたもので、もともと細長いワンルームを中央でふたつに仕切り、中心部にでんとバスルームを据えた構造になっていた。手前と奥の壁に当たる部分がガラスの引き戸になっているのと、寝室とバスルームにある天窓のおかげで採光はじゅうぶんだった。リビングルームの側面いっぱいに網戸で囲ったベランダが続き、道路に向かって緩やかに傾斜する敷地へと張り出している。住んでみると、願ってもない安らぎと静けさに包まれることができ、とりわけ初めての選挙運動に取りかかってからは、そのありがたさをしみじみ感じることになった。わたしはベランダや暖炉のそばに腰を掛けたり、川沿いの草地を牛たちに混じって散歩したりするのを心から楽しんだ。

ただ、その家にもいくつか欠点はあった。ひとつには毎晩、鼠たちの訪問を受けたことだ。いくら退治しようとしても手に負えず、それにどうやら、鼠たちはキッチンの外へは出てこないようなので、わたしはパンくずを置いてやるようになった。家の外には蜘蛛や真蜱《まだに》を始め、危険がうようよしていた。わたし自身はたいして悩まされることがなかったが、ヒラリーが毒糸蜘蛛に咬まれたときは脚がぱんぱんに膨れあがり、腫《は》れが引くまでずいぶんかかった。そして、防犯面ではわが家はお手上げ状態だった。その夏、アーカンソー州の北西部一帯では押し込み強盗が多発していた。荒らされたのはもっぱら幹線道路一六号線沿いの田舎の家々だ。わたしもある晩、帰宅してみると、誰かが侵入した形跡があった。しかし、何もとられていない。どうやらあわてて逃げ出したところだったらしい。ふいに遊び心を起こしたわたしは、腰を下ろすと、強盗が戻ってきたときのために置き手紙をしたためた。

拝啓　泥棒殿

べつに変わったところもないようなので、きのう、きみが本当にこの家に入ったのかどうか、ぼくにはわからない。今来たばかりというのなら、参考までにこの家で見つかるものは以下のとおりだ――一年半前に新品で八十ドルしたテレビ、三年前に新品で四十ドルしたラジオ、三年前に新品で四十ドルした小型レコードプレーヤー、それからごく一部を除けばせいぜい十ドルかそこらの記念品と雑貨がざくざく。衣類はほとんどがここ二、三年着ているものだ。監獄行きの危険を冒すほどのものはないよ。

ウィリアム・J・クリントン

手紙は暖炉に貼っておいた。が、残念ながら策略は実を結ばなかった。次の日、仕事で留守にしていたあいだに戻ってきた泥棒殿に、テレビ、ラジオ、テープレコーダー、それにあと一品、あえて手紙に書かなかった品物を持っていかれた。みごとな彫刻が施された第一次大戦時代のドイツの軍刀だった。父さん《ダディ》にもらったものだったから、なくしてしまってがっくりきた。おまけにちょうどその一年前、それ以外では唯一の高価な持ち物だったセルマーのマークⅣテナー・サックスを、ワシントンで車から盗まれていたのだ。一九六三年にやはり母と継父にもらったものだが、こちらはあとで一九三五年のセルマー〈シガーカッター〉を自分で買って代用した。しかし、軍刀は替えがきかなかった。

猛暑の八月、わたしは最後の数週間を講義の準備に費やすとともに、一日で最も暑い時間に大学構内の競技用トラックを走り、十三歳を過ぎてから初めて（そしてそれを最後に）体重を八十四キロまで落とした。九月に入ると最初の科目を教え始めた。イェール大学で自分が学び、おもしろいと思った「反トラスト」と、契約関係の本質とそこから発生する法的責任について取り上げる「代理とパートナーシップ」だ。「反トラスト」には十六人、「代理とパートナーシップ」には六十人の学生が登録していた。反トラスト法のおおもとにあるのは、公正な自由市場経済の機能を存続させるために、政府が独占状態を始め非競合的な慣習が作られるのを未然に防がなければならないという考えかただ。

受講する学生の全員が経済の基礎知識をしっかり備えているわけではなかったので、わたしは教材を明快にし、原理が頭に入りやすくなるよう心を砕いた。対照的に「代理とパートナーシップ」のほうは、かなりはっきりしているように思えた。こちらは学生が飽きてしまわないか、また要点が共同事業における関与者相互の関係の見きわめであることや、引っかかりやすい箇所をきちんと理解できるかが気になった。そこでクラス内討論を活発に保つため、興味深く平明な事例を挙げるよう心がけた。例えばウォーターゲート事件の公聴会と次々明らかになる新事実へのホワイトハウスの対応は、不法侵入行為について多くの質問を引き出すことができた。侵入者が大統領のエージェントだとしたら――あるいはそうでないとしたら――誰のために、誰の権限によって行動していたのだろう? 教えていたクラスではどこもできるだけたくさんの学生を討論に参加させるよう気を配ると同時に、オフィスや構内で学生が気軽にわたしに話しかけられるようにした。

試験問題は、学生の興味を引き、やる気をそそり、また公平な出題であることを祈りながら、わたし自身も作る過程を楽しんだ。わたしの教職時代について書かれたものをいろいろ読むと、成績の点の甘さに首をかしげる向きがあり、将来、わたしが公職に立候補したときに支持者となるかもしれない者たちに対して、わたしが好意的にふるまおうと、あるいは機嫌を損ねまいと意識しすぎたからではないかとほのめかしている。イェール大学は成績が「優」「可」「不可」の三つしかなく、普通「優」を取るのは至難のわざ、また「不可」になるのは、ほとんどありえない離れわざだった。ほかのロースクール、特に大学側が厳格な基準を定めていない学校では、成績がからめでクラスから二、三割の不合格者を出すのが通例になっているところが少なくない。わたしはそれには納得がいかなかった。成績の思わしくない学生がいると、その学生の興味や努力を引き出せなかった自分までが失格の烙印《らくいん》を押されたような気がした。学生のほとんど全員が、学習すればじゅうぶんCを取れるだけの知的能力を備えていた。その一方で、よい成績というのはなんらかの意味を持つものでなければいけないと思った。わたしの教える大きいクラスでは、だいたい五十人から九十人いる学生のうち、Aを取るのが二、三人、Dを取るのもやはりそのくらいの数だった。ある七十五人のクラスではAを付けたのがひとりだけで、落第させたのはあとにも先にも一度だけだった。たいてい落第しそうな学生はF（不可）をもらうよりはと、登録を取り消してしまう。少人数のふたつのクラスではAを付けた者がもっと多かったが、本人たちが人より勉強し、内容を習得して、Aの成績に値する学生たちだったからだ。

アーカンソー大学のロースクールが初めて黒人学生を受け入れてからすでに二十五年が経っていたが、南部で州立のロースクールにまとまった数の黒人が入学してきたのは一九七〇年代初めになってからだ。黒人学生の多く、とりわけ人種隔離方針が実施されていた学校でお粗末な教育しか受けてこなかった者たちは、就学準備ができていなかった。一九七三年から七六年にかけてわたしの講座で学んだ黒人学生は二十人ほどだったが、わたしはそれ以外の黒人学生とも全員、知り合うことができた。ほぼ例外なく勤勉だった。成功したいと願い、なかには挫折を恐れるあまり、押しつぶされそうな心理的重圧にあえいでいる者もいた。それも無理からぬ場合もあった。ある黒人学生の答案を読んだときの驚愕《きようがく》と怒りの入り混じった気持ちは今でも忘れられない。わたしはその学生が寝食を忘れて勉強に励み、講義内容を理解していることも承知していたが、答案にそれが表われていなかった。正解しているのだが、それを見つけるのに綴りと文法の間違いの山をかき分け、稚拙に組み立てられた文章を掘り返さなければならなかったのだ。「A」に相当する知識が、小学校にまでさかのぼる過去の学習の不備のせいで、ぐじゃぐじゃした「F」相当の発表技術の陰に埋もれていた。答案には「Bマイナス」の評価を付け、文法と綴りを直して返すかたわら、わたしは黒人学生たちの学習努力と生まれ持った知能がもっと結果に結びつくよう、補習授業を設けることにした。これは実質的な部分でも精神面でも役に立ったと思うが、何人かは相変わらず作文の技術に苦しみ、また片足を扉の向こうの機会へと踏み出しながらもう片方を過去の差別がもたらした重石《おもし》にとらえられて、苦しんだ。これらの教え子たちの多くが、のちに弁護士や判事など立派なキャリアの道に進んだとき、弁護を依頼した人たちや法廷で裁かれる者たちには、目の前の司法官や弁護士たちが、法曹界に入るためにどれほど高い山を乗り越えなければならなかったか、想像もつかなかったにちがいない。二〇〇三年に最高裁判所が積極的差別是正措置《アファーマティヴ・アクション》の原則を支持したとき、わたしはかつて教えた黒人学生たちを思い、その並々ならぬ勤勉さを思い、学生たちが克服したものの大きさを思った。最高裁のその判決を支持するのに、わたしにはあの教え子たちが示してくれたもの以外になんの根拠も必要なかった。

学生との交流のほかに、法学の教授をしていて最もよかった点は、自分が好意を寄せ、敬服する人たちがおおぜいいる教授団に、自分も仲間入りできたことだろう。学部の教授陣でいちばん親しく付き合ったのが、歳の近いふたり、エリザベス・オーゼンボーとディック・アトキンソンだ。アイオワの農園育ちの才媛エリザベスは、教えることに熱心な教師で、よき民主党支持者であり、ヒラリーとも仲のよい友人だった。のちにアイオワ州に戻り、司法長官のオフィスで働いていたが、わたしが大統領に選ばれたとき、頼み込んで司法省に来てもらった。しかし、数年務めるとまた郷里へ帰ってしまった。まだ小さかった娘のベシーのそばにいてやりたいというのが大きな理由だった。悲しいことに、エリザベスは一九九八年に癌で亡くなり、娘のベシーはエリザベスのきょうだいに引き取られた。ベシーとはその後も連絡を絶やさないようにしている。ベシーの母親はわたしが知り合うことのできた最もすばらしい人間のひとりだった。ディック・アトキンソンはロースクール時代からの友人だ。アトランタで弁護士を開業したものの嫌気がさしていたのを、わたしが教職を勧めて、フェイエットヴィルへ面接に来るようせきたてた。面接ののち大学側から申し出があり、それを受けてわたしたちの教授団に加わった。ディックは学生たちに大人気で、本人も教えることがたいへん気に入っていた。二〇〇三年にはアーカンソー大学ロースクールの学部長になった。わたしたちのロースクールで最も著名かつ魅力ある教授は、ロバート・レフラーだった。アーカンソー州から輩出した最も高名な法学者で、不法行為、法の抵触、上訴審理の権威として一目置かれていた。一九七三年にはすでに定年の七十歳を過ぎていたが、年一ドルの報酬で山ほどの講義をこなしていた。アーカンソー大学ロースクールでは、二十六歳のときから教鞭を執っている。わたしが面識を持つ前の数年間は、毎週フェイエットヴィルとニューヨークを往復し、ニューヨーク大学ロースクールで連邦判事、州判事に上訴審理の課程を教えていた。最高裁判所判事の半数以上が受講した課程だ。どちらのスクールの講義にも、教授はけっして遅刻しなかった。

ロバート・レフラー教授は小柄で痩せ形の体に大きな鋭い目をしていて、歳に似合わず雄牛も顔負けの強靭な肉体の持ち主だった。体重は七十キロにも満たなかったはずだが、裏庭で作業をするときなど、わたしにはやっと持ち上げられるかどうかという大きな板石の塊をひょいひょいと持ち運んだ。アーカンソー大学のフットボール・チーム、レイザーバックスの試合が地元であるたびに、終了後、ロバートと夫人のヘレンは自宅でパーティーを開いた。そうした折、前庭で客たちがタッチフットボールをすることがあった。あるとき、ロバートとわたしともうひとり若い弁護士がチームを組み、大柄な若者ふたりと九歳の少年を相手に試合をしたことがあった。同得点だったので、どちらにしろ次に得点をあげたほうの勝ちにすることで全員意見が一致した。ボールはわたしたちの側が持っていた。わたしはロバートにどうしても勝ちたいかときいてみた。「もちろんだ」という返事。マイケル・ジョーダンのように闘志をみなぎらせている。そこでチームのもうひとりの男への指示として、ボールをセンターに投げたあと、ディフェンスがわたしを目がけて突っ込んでくるすきに、バックフィールドを守っている背の高い男の右側をブロックするよう伝えた。九歳の少年はわたしがボールをロバートより背の高い若い男にほうると踏んで、あるいはたとえロバートにボールが渡ったとしても自分がタッチできると考えて、ロバートをカバーしていた（訳注　ディフェンスがパスキャッチやランプレーをしてくるオフェンスの選手に両手でタッチすると前進が止まる）。わたしはロバートに、少年の右側をブロックし、それから大急ぎで左に走って、わたしがディフェンスにとらえられる寸前にパスするボールを受け取るよう指示した。ボールがスナップされるや、ロバートは興奮しすぎて少年を突き飛ばすなり左に走った。わたしたちのもうひとりのプレーヤーが指示どおりブロックを完了したときには、ロバートはまったくガードされていなかった。わたしが緩やかにボールを投げると、ロバートはそれをキャッチしてゴールラインを突っ切った。アメリカでいちばん幸せな七十五歳の男だった。ロバート・レフラーは鋭利な頭脳とライオン並みの勇敢さ、強固な意志を持ち、人生を子どものような心で愛する男だった。いわば民主党版のストロム・サーモンドだ。レフラー教授のような人間がもっとたくさん民主党にいたら、もっと勝てたことだろう。九十三歳で教授が長寿をまっとうしたとき、わたしはそれでも早すぎる死を惜しんだ。

ロースクールの方針は定例の教授会で決められた。時折、会合がずるずる長引くことや、学部長や理事たちに任せればいいような詳細に構いすぎる点が気にはなったが、大学の統治や内部での駆け引きについて多くを学ぶことができた。わたしは意見がおおかたまとまっているときは、自分より知識があって学究生活に長く携わる意思を固めている同僚たちの意見に従うのが常だった。ただし、わたしから教授たちに強く促した事柄もある。もっと無料奉仕の活動を引き受けることと、「論文を書かなければ学界から消えてしまう」という強迫観念からもう少し自由になって、教室での講義にもっと重点を置くとともに、学生たちとクラス外で過ごす時間を増やすことだった。

わたし自身はどういう無料奉仕活動を行なったかというと、学生たちの、そしてある若い助教授のちょっとした法律上の問題を処理したり、フェイエットヴィルの北隣り、スプリングデールの医師たちに——不成功に終わりはしたが——貧しい患者をもっと受け入れるよう説得したり、司法長官ジム・ガイ・タッカーの頼みで連邦最高裁判所に提出する反トラストの訴状を作成したりした。また、マディソン郡の選挙法がらみの揉めごとに巻き込まれた、州議会の下院議員で友人のスティーヴ・スミスのために、初めて弁護人として法廷に立ち、準備書面を提出した。

オーヴァル・フォーバスの地元、マディソン郡の郡庁所在地であるハンツヴィルは、人口わずか千人ちょっとの町だ。裁判所の官職に就いているのは判事から保安官に至るまで全員が民主党員だが、アーカンソー州北部の山地や盆地には共和党支持者がおおぜいおり、その大半は一八六一年に連邦からの脱退に反対した人々の子孫だった。一九七二年の選挙ではニクソンの圧勝を受けて共和党が好成績を収めたことから、共和党員たちは、不在者投票をある程度無効にしてしまえれば地元の選挙結果を逆転できると考えた。

裁判はマディソン郡裁判所において、民主党員でのちにわたしの友人かつ支援者になったビル・エンフィールド判事のもとで行なわれた。民主党側の代理人を務めたのはきわめて個性豊かなふたり組だった。フェイエットヴィルの弁護士ビル・マーフィーは、民主党と、自身がアーカンソーの州指揮官を務める在郷軍人会、両方の組織に多大な情熱を注いでいた。もうひとりの、地元の弁護士W・Q・ホールは〝Q〟の名で知られる隻腕の才人で、左腕に付けた義手の鉤爪《かぎつめ》と同じくらい鋭いユーモア感覚を備えていた。不在者投票をした理由を証言するために召喚された人々の話は、アーカンソーの山地に住む人たちの暮らしがどのようにして熱烈な忠誠、強引な政略、そして経済的な困窮によって形づくられているかを鮮やかに描き出した。ある男は、法律が定めているように前もって申請していなかったため、土壇場になって不在者投票の正当性を主張しなければならないはめになった。男は州の狩猟・漁獲委員会に勤めていて、州がただひとつ所有している熊の罠《わな》を投票日に、山の徐行道路をいくつも越えた先のストーン郡まで持っていくよう直前になって命じられた。それで投票日の前日、自分の一票を投じに出かけたのだった。この男の票は有効票と認められた。また別の男は、オクラホマ州タルサで仕事をしていたのを証言のために呼び戻された。もう十年以上前からタルサに住んでいて、法律上はマディソン郡に住居がないにもかかわらず、選挙があるたびに不在者投票をしていたことを認めた。共和党の弁護士からさらに説明を求められて、男はマディソン郡こそが自分の居所なのだと熱い口調で話した。タルサへ行ったのは山地では生計を立てられなかったという理由からだけで、あちらの政治のことはまったくわけもわからなければ気にもかけていない、あと十年ほどして、退職したらすぐにでもこちらに戻るつもりだと言う。この票が有効になったかどうかは覚えていないが、男が自分のルーツに寄せる深い愛着はわたしの心に刻まれた。

スティーヴ・スミスは、父親の入所している養護施設で住人たちの不在者投票を取りまとめたことについて証言した。法律は、養護施設の関係者が入所者の票の記入を助けることを認めているが、記入された票を郵送するのは家族か、その旨を記した委任状を持っている者でなければならなかった。スティーヴは全員の不在者投票を集め、最寄りの郵便ポストに投函した。わたしは、自分では非常に説得力があると考える準備書面を判事に提出した。スティーヴが票を改竄《かいざん》したという証拠はなく、また入所者が彼に郵送してもらうことを望まなかったという証言もないのだから、彼には全員の分を投函する資格があったという内容のものだ。年配の入所者たちのなかには、票を郵送してくれる家族がいない者もいた。エンフィールド判事はわたしとスティーヴの訴えを退けたが、郡裁判所判事のチャールズ・ウォートンと保安官のラルフ・ベイカー、そしてそのチームが職にとどまれる数の不在者票を有効と認めた。

　わたしは自分が担当した部分では敗れたが、アーカンソーの山地に住む人々の暮らしについてきわめて貴重な見識を得ることができた。それに、わたしの知り合ったなかでも最も有能な政治家たちと友だちになることができた。マディソン郡に引っ越してきた者は、一週間で支持する政党がわかってしまう。共和党支持者は選挙人登録をするのに郡庁舎へ行かなくてはならなかったからだ。民主党支持者の家へは、郡の事務職員が出向いて登録した。選挙のあるときは二週間前に職員が民主党支持者全員に電話をかけ、投票するよう促した。投票日の朝に、もう一度電話がかかる。夕方近くになっても投票をすませていないと、誰かが直接家を訪れ、選挙人を投票所に連れていった。一九七四年にわたしの最初の一般選挙が行なわれたとき、チャールズ・ウォートンに電話をして形勢を尋ねたことがある。激しい雨で郡の辺鄙《へんぴ》な場所にある橋が押し流され、民主党支持者の一部が投票所に行けない状況だが、懸命に努力をしているので、おそらく五百票差で勝つだろうという返事だった。マディソン郡で、わたしは五百一票差で勝利を収めた。

　フェイエットヴィルに越して二、三カ月もすると、すっかりこの土地になじんだ。講義も、レイザーバックスのフットボール試合も、山のドライブも、そしてわたしが問題意識を持つ事柄に同じように関心を示す人々との大学共同体での暮らしも、心から楽しんだ。わたしは大学の副学長カール・ウィロックと友好を結んだ。グレーの髪を短く刈ったとても控えめなこの副学長に最初に会ったのは、ある昼食会の席だった。フェイエットヴィルとスプリングデールのあいだに横たわる山の上に大きなショッピングモールがあり、そこの〈ワイアッツ・カフェテリア〉で開かれた食事会だった。同じテーブルに着いた誰もがニクソン大統領を批判するなかで、副学長のカールだけは口をつぐんでいた。まったく胸中を推し量れなかったので率直に尋ねてみた。そのときの淡々とした答えをわたしはけっして忘れないだろう。「わたしはハリー・トルーマンと同意見だよ。リチャード・ニクソンは死んだ者の目から木の五セント玉を外そうとするたぐいの男だと言っていたからね」。昔は木の五セント玉というと、葬儀屋が遺体の防腐処理を施すあいだ、目が開かないようにその上に置いた円形の木片を指した。カール・ウィロックは、表紙からは中身を判断できない本と同じだった。一見保守的なその外見の内側に、したたかなものの見かたと勇ましい心が秘められていた。

教授陣のうち、州議会議員を夫に持つふたりの女性と特に親しくなった。ひとりはビジネススクールで教えるアン・ヘンリーで、夫のモリスは眼科医であると同時に州議会の上院議員だった。アンとモリスはヒラリーとわたしの親友になり、わたしたちが結婚したときには、ふたりの自宅で披露宴を開いてくれた。もうひとりは政治学科で教えていたダイアン・キンケイドで、当時は州議会の下院議員ヒュー・キンケイドと結婚していた。ダイアンは才色兼備で政治に精通していた。ヒラリーがフェイエットヴィルに移ってくると、このふたりは非常に気が合って、親友という以上に相手を理解し、互いに刺激を与え、支え、愛し合うという、人生でめったにめぐり合えないような心の友《ソウルメイト》となった。

アーカンソー州北西部がおしなべてそうであったように、フェイエットヴィルは急速に発展していたが、それでも昔懐かしい小さな町の広場が残っており、中央には古い郵便局――のちにレストランとバーに建て直された――があった。四角い広場のまわりには小売りの商店、事務所、銀行が軒を並べ、毎週土曜日の朝は市が開かれて、新鮮な農作物を売る露店で埋まった。いとこのロイ・クリントンは広場の北西の角でキャンベル・ベル百貨店を営んでいた。わたしはそこで買い物をしては、新たにわたしのホームタウンとなった町についていろいろと学んだ。

郡庁舎は広場から目と鼻の先だった。地元で開業し、この近くに事務所を構えている弁護士たちは、老獪《ろうかい》の士から若手の俊才まで多彩な顔ぶれで、その多くがすぐにわたしの支援者となった。

地元の政治家たちのたまり場は、町の北部、幹線道路七一号線沿いにあるビリー・シュナイダーの〈ステーキハウス〉だった。ビリーは情にほだされることなく太いしゃがれ声で歯に衣着せずものを言うタイプで、人の世の裏の裏まで見てきていながら、政治に対する燃えたぎるような理想主義的な情熱をけっして失わない女性だった。地元で政党政治に関わっている連中はビリーの店をひいきにしていて、常連客のなかには鶏肉事業でひと旗あげ、のちにそれを世界最大の農産企業に育てあげたドン・タイソンや、ドンの弁護士で身長百九十六センチの鬼才、ジム・ブレアの顔もあった。ジム・ブレアはわたしの最も親しい友人のひとりになった。わたしがフェイエットヴィルに移り住んでから数カ月後、ビリーはステーキハウスを閉めて、郡庁舎の向かいにあるホテルの地下にバーとディスコの店を開いた。前の店からそっくり移動してきたなじみ客に加えて、ビリーは大学の学生たちのなかにもファンを開拓し、選挙になると自分が推す候補者のために若者たちを動員した。ビリーは亡くなるまで、わたしの人生の大きな一部だった。

感謝祭の休日は、山の隠れ家を数日抜け出して、ケンブリッジのヒラリーを訪ねた。わたしたちの状況をどうするのか、まだ解決がつかなかったが、クリスマス休暇をわたしのところで過ごすことで話がまとまった。わたしはヒラリーを愛していて、いっしょになりたいと願ったが、ヒラリーが二の足を踏む気持ちも理解できた。わたしは熱くなって突っ走るところがあり、また育ってきた環境を振り返れば、安定した結婚がどういうものかを知っているとは言いにくかった。わたしとの結婚が、いろいろな意味で、高所に張った綱を渡るのに等しいことをヒラリーは承知していた。それに、いくらアーカンソーが月の裏側よりは身近な場所になったとはいえ、そこに腰を落ち着けるということになれば、やはりまるで異質な土地に見えたにちがいない。前にも述べたように、それがヒラリーにとっていいことだと言い切る自信がわたしにはなかった。政治家としてのキャリアをぜひ積んでほしいと思っていた。当時のわたしは私生活を充実させることより仕事のほうが大事だと考えていた。それまで同世代の、ずば抜けて有能な人々に多く会ってきて、その人たちよりヒラリーのほうが、政治的な潜在能力において数段優れていると思った。ヒラリーは秀才で、心根が優しく、わたしより几帳面で、また経験こそわたしに劣っても、ほとんどわたしと同等の政治的手腕を備えていた。愛しているからこそ、わたしはヒラリーを自分のものにしたいと同時に、ヒラリーにとっての最善を望んだ。これは最大級のジレンマだった。

アーカンソーに戻ってみると、政治の話がしきりに人々の口にのぼるようになっていた。アーカンソーに限ったことではないが、民主党員たちはサム・アーヴィン上院議員によるウォーターゲート事件の聴聞会と長引く戦争のせいで奮い立っていた。折から原油価格の急騰を受けてガソリンの消費制限が始まっていたこともあり、この分だとうまい具合に議会の中間選挙で議席を伸ばせるかもしれなかった。ところが地元の選出議員の話となると、民主党員たちは、よもやジョン・ポール・ハマーシュミットを追い落とせるとは思っていなかった。ハマーシュミットは投票記録が非常に保守色の濃い下院議員で、ニクソン大統領を強力に支持する立場にも立っていた。しかし、いたって腰が低く、親しみやすい人柄で、毎週のようにアーカンソーに戻ってきては選挙区を回って歩いた。社会福祉事業関連ですばらしい活動を展開しており、小さな町が上下水道の助成金をもらったり、選挙区の住民が間違いなく政府の給付金を受け取ったりできるよう尽力する。そうした助成金・給付金制度が、ハマーシュミット自身が連邦議会で予算削減に賛成票を投じたものである場合も多々あった。自分でも製材事業に携わっていて、選挙区内の中小企業経営者から確かな支持を得ており、地元経済の重要な部分を占める大手の製材・養鶏・トラック輸送産業の関係者を大事にしていた。

その秋、わたしは何人かの人々に立候補する気はないのか尋ねてみた。ヒュー・キンケイドと妻ダイアン、モリス・ヘンリーと妻アン、スティーヴ・スミス、カール・ウィロックとは義弟にあたる州下院議員ルーディ・ムーアなどだ。誰もが対抗馬が必要だと考えていながら、自分がその役を引き受ける気はなさそうだった。どう見ても勝ち目がない。それに人気を一身に集めていたバンパーズ知事は、民主党の予備選挙でフルブライト上院議員の議席を狙って指名獲得を争うようだった。フルブライトはフェイエットヴィル出身だったので、わたしの友人の多くが、バンパーズ知事をひいきにはしていても、苦戦を強いられるはずのフルブライト上院議員を応援しないわけにはいかないと感じていた。

強力な対抗馬になりうる人物がわたしのまわりでは誰も出馬しないことが明らかになると、わたしは自分が立候補することを検討し始めた。一見ばかげた考えだった。アーカンソーを九年も留守にして、戻ってからまだ六カ月だ。新しい仕事に就いて三カ月しか経っていない。まったくつてのない地域が選挙区の大半を占めていた。しかし反面、学生たちとリベラルな民主党員のいるフェイエットヴィルは、出発点として悪くなかったし、わたしが育ったホットスプリングズは選挙区の南部で最大の街だ。そして、クリントン一族の出身地イェル郡も選挙区内に入っていた。全部合わせると、選挙区内の二十一郡のうち五郡に親戚がいる計算になる。わたしは若く、独身だったし、昼夜をおかず運動するのも厭《いと》わなかった。それにたとえ勝たなくとも好成績を残しておけば、いつかまた選挙戦に出馬するときのじゃまにはならないだろう。もちろん、こてんぱんに打ちのめされたら、長年願ってきた政界でのキャリアが、始まることなく終わってしまうわけだったが……。

クリスマスのすぐあとにヒラリーが訪ねてきたとき、わたしには考えることが山ほどあった。一月初めのある朝、家でそういうことをヒラリーと話し合っていると電話が鳴った。ジョン・ドーアだった。前の年の春、ドーアがイェール大学を訪れてわたしたち学生の〝カサブランカ〟懸賞裁判の判事役を務めた際、わたしもヒラリーもドーアにしばらく世話になった。ドーアはちょうどニクソン大統領を弾劾すべきかどうかを調査する下院司法委員会の主任顧問を務めることに同意したところで、スタッフとしてバーク・マーシャルがわたしを推薦したとのことだった。ロースクールを休職してドーアのもとで仕事をするとともに、ほかにも若く有能な弁護士を何人かスカウトするのを手伝ってほしいと言われた。わたしはドーアに、連邦議会議員に立候補しようと思っているのだが、申し出についても考えてみたいので、翌日あらためて電話をすると答えた。すばやく頭を働かせなければならなかったわたしは、その先、事あるごとにそうしたように、ヒラリーに意見と助言を求めた。ドーアに電話を返したときには心は決まっていた。声をかけてもらったことに感謝しつつ、連邦議会選挙に一か八か打って出ることを理由に、申し出を断った。ドーアの弾劾調査を手伝わせてもらうためならどんな犠牲も払う若く有能な弁護士はたくさんいるが、アーカンソーで無謀な戦いに挑もうとする人間はほかにいないからという説明も添えた。わたしが愚かな間違いを犯しているとドーアが内心思っていることはわかったし、良識で判断すればそのとおりだった。しかし前にも述べたように、人生というのは機会をつかむのと同じくらい、機会を拒むことによっても多く形作られるものなのだ。

ドーアにはぜひともヒラリーと、ほかにイェール大学でいっしょだったマイク・コンウェイとルーファス・コーミアをスタッフに加えるよう提案した。ドーアは笑って、バーク・マーシャルからも同じように薦められたと言った。やがてその面々はみなドーアを手伝い、傑出した仕事ぶりを示した。ドーアは結局、そうそうたる顔ぶれの才能ある若者をおおぜい集め、わたしが予期したとおり、わたしがいなくても強力な陣容を固めることができた。

ヒラリーがケンブリッジへ帰る二、三日前、ふたりでわたしの家から四十キロほど東にあるハンツヴィルまで、フォーバス元知事に会いに出かけた。議会選挙に出馬するつもりなら、遅かれ早かれ元知事に表敬訪問しておかなければならなかった。それに、元知事がリトルロックで行なったことは是認できないとはいえ、この聡明でアーカンソーの政治に詳しい博学の士から、得るところは得たいと思ったのだ。住まいはフェイ・ジョーンズが設計した大きな美しい家で、これはフォーバスが十二年間知事を務めたあと、一文なしで公邸を引き払ったときに後援者たちが建てたものだった。わたしたちが訪問したころは、元知事は再婚相手のエリザベスと暮らしていた。マサチューセッツ出身の魅力ある女性で、今も一九六〇年代風に高く結い上げる髪型をしていた。結婚前はいっときリトルロックで政治評論家をしていたが、考えかたはきわめて保守的で、その点でも容姿でも、山地育ちの庶民派で地方紙《マディソン郡レコード》の編集者だった前妻のアルタとは好対照をなしていた。

　ヒラリーとわたしはフォーバス邸に招じ入れられ、オザーク山地とふもとの町を見晴らせる全面ガラス張りの奥まった一郭に通されて、大きな丸いテーブルに着いた。続く四、五時間のあいだ、わたしが尋ねる事柄に答える形で、フォーバスはアーカンソーの歴史と政治について興味の尽きない話を聞かせてくれた。大恐慌や第二次大戦のころの暮らしはどんなだったのか、なぜフォーバスはいまだにリトルロックでの行ないを正当化しているのか、ニクソン大統領の問題は議会選挙に影響を与えるか、与えるとしたらどういうふうにだと思うか……。わたしは多くを語らず、ただフォーバスがひとつ質問に答えると次の質問を繰り出すだけだった。ヒラリーは何も言わなかった。意外なことに、エリザベス・フォーバスもまた四時間以上のあいだ黙ったままだった。ひたすらわたしたちにコーヒーとクッキーを供してくれた。

　最後に、もう面談が明らかに終わりに近づいたころになって、エリザベス・フォーバスがわたしをじっと見据えてこう言った。「非常に結構ですわ、クリントンさん。ですが、アメリカの転覆をもくろむ国際的な陰謀についてはどうお考えですか」。わたしは真顔で見つめ返し、答えた。「それは反対の立場に決まってますよ、フォーバス夫人。ご同様でしょう?」。それからまもなく、フォーバス夫妻はヒューストンに引っ越すが、そのアパートでエリザベスが惨殺される事件が起こり、フォーバスが取り乱すという騒ぎがあった。一九七九年にわたしが知事に就任したとき、元知事を全員招待したため、そのなかにフォーバスも含まれていた。これは、しぶとい悪党にわたしが新たな命を吹き込んでしまったとして、わたしの進歩的な支援者たちのあいだに物議をかもした。その後、まさにそのとおりの展開になったわけで、人助けは報われないという古い格言のまたとない見本のようなものだ。それでもエリザベス・フォーバスとまたちょっと〝赤の脅威〟についてやり取りをするためなら、もう一度、新たな命を吹き込んでみたいくらいだ。

ヒラリーが帰っていったあと、わたしはデイヴィス学部長に会いに行き、議会選挙に出馬したい意向を伝えて、講義に穴をあけないことと学生たちと過ごす時間を作ることを約束した。春の学期は「刑事訴訟」と「海事法」の講義を受け持つことになっていて、すでに精力的に準備を進めてあった。予想に反して、学部長はわたしの願いを聞き入れてくれた。おそらく代わりの人間を探すには遅すぎたのだろう。

アーカンソー州第三区は州の北西の四半分に当たる二十一の郡から成り、全米でも最も田舎が多い下院選挙区だ。北西の角にある大きなワシントンとベントンの二郡、北側、オザーク山地の七つの郡、その下のアーカンソー川流域の八つの郡、そして南西のウォシタ山地にある四つの郡がその内訳だ。ディスカウントチェーンの〈ウォルマート〉や、〈タイソンフーズ〉を始めとする家禽《かきん》企業、〈J・B・ハント〉〈ウィリス・ショー〉〈ハーヴェイ・ジョーンズ〉などの運輸企業のおかげでベントン、ワシントン両郡の町々は以前より繁栄しつつあり、以前より共和党色が濃くなってきていた。やがて、福音主義の教会が発展するなか中西部からどっと退職者たちが押し寄せたのと、大企業の成功があいまって、アーカンソー北西部は州内で最も共和党が強く、最も保守的な地域となったが、そのなかで唯一フェイエットヴィルだけが例外で、大学の存在によって両党の釣り合いが比較的対等に保たれていた。

一九七四年、オクラホマ州との州境にある人口七万二千二百八十六人のフォートスミスは、第三区で最大の都市であると同時に最も保守的な土地柄だった。一九六〇年代にこの街の市会議員たちは都市再開発資金を、社会主義化への第一歩であると信じてはねつけたし、ウォーターゲート事件の首謀者のひとりジョン・ミッチェルが数年後に起訴されたとき、ミッチェルの弁護団は、フォートスミスは被告人が公正な裁判を受けられる全米で三つしかない場所のひとつだと語っている。ミッチェルがこの街に来ていたとしたら、英雄を迎えるような大歓迎を受けただろう。フォートスミスから東へアーカンソー川に沿う地域と、その北の山間部の諸郡は民衆主義《ポピュリズム》的で社会的には保守の傾向があり、共和党支持と民主党支持にきれいに二分されていた。

山間部の郡、とりわけマディソン、ニュートン、サーシーの三郡は、いまだにかなり世の中から切り離されている観があった。新たに移り住んできた者たちもいるにはいたが、多くの家族が同じ土地に百年以上前から住んでいる。話す言葉にも独特な言い回しがあり、活きのいい、わたしが初めて耳にするような表現もあった。わたしの気に入りは、いやでいやでたまらない人間を表わすときの、「たとえあいつの脳みそに火がついても、耳に小便を入れてやらない」というものだった。選挙区の南部はいくぶん民主党支持が優勢だったが、それでも保守的にはちがいなく、ホットスプリングズを郡庁所在地とする大きなガーランド郡は、大統領選では共和党に投票するのが常で、また共和党を支持する退職者がたくさん北から入ってきていた。ハマーシュミット下院議員はここでは大の人気者だった。

黒人は非常に少なく、その大半がフォートスミスと、選挙区内で二番目に大きいホットスプリングズ、そして選挙区の南東部にある川沿いの町、ラッセルヴィルとダーダネルに集中していた。組織労働者はフェイエットヴィル、フォートスミス、ホットスプリングズでこそかなり力を持っていたが、そのほかの地域では弱かった。山の悪路と、古い車やピックアップ・トラックが圧倒的に多いため、この選挙区では登録車一台当たりのガソリン使用量が米国のどこよりも多かった。ガソリンの価格上昇と不足が起こっていただけに、これはゆゆしい問題だった。ここはまた、全米のどの下院議員選挙区よりも身体障害を持つ退役軍人が多かった。ハマーシュミット下院議員自身が第二次大戦の退役軍人であることから、兵役経験者の支持を得ようと積極的に働きかけていた。前回の選挙では、社会的・財政的に保守的な勢力が筋金入りの民主党員と実利的な民衆主義者を圧倒した結果、ニクソンがマクガヴァンを七四パーセント対二六パーセントで打ち破った。ハマーシュミットの得票率は七七パーセント。対抗馬として立とうという人間がほかにいないのももっともだった。

ヒラリーが帰っていった数日後、カール・ウィロックが、キャンペーンの皮切りとなる選挙区の北の郡を回る旅にわたしを連れ出してくれた。最初はキャロル郡。そこのベリーヴィルという人口千三百人ほどの町で、スィー・ビガムの店を訪れた。ビガムは地元では有名な民主党員で、その日は四歳の孫といっしょだった。ちなみにその男の子、クリス・イングスコヴは二十五年以上の時を経て、ホワイトハウスでわたしの側近になった。ここではまた、地元のメソジスト教会の牧師ヴィク・ニクソンと夫人のフレディにも会った。夫妻はヴェトナム戦争に反対したリベラル派の民主党員で、わたしへの支持を約束してくれた。ふたりの貢献はそれだけにとどまらなかった。夫人のフレディは郡のまとめ役を引き受け、田舎の投票区の指導者たちをことごとくその魅力でなびかせたばかりか、のちに知事公邸でも働いてくれ、そのあいだじゅう、死刑が間違いであることをわたしに説き続けた。ヒラリーとわたしが結婚したときは、ヴィクが式を挙げてくれた。

キャロル郡から東のブーン郡に入り、そのまま東進して選挙区の北東の端に当たるバクスター郡の郡庁所在地マウンテンホームへ行った。カールがわたしに会わせたのは、実業家のヒュー・ハクラーだった。挨拶もそこそこに、予備選挙では別の候補者に肩入れしていると言われたが、構わずわたしたちは話し始めた。わたしがホットスプリングズの出だとわかると、ゲイブ・クローフォードと仲がいいという。わたしがゲイブは継父の親友だったと伝えると、ヒューはほかの候補者に入れていた肩を外して、わたしの支持に回った。ヴァーダ・シードに会ったのもこの町だ。ヴァーダは家具店の店主で、郡の出納長だった。わたしのシャツのボタンがとれかかっているのを見つけて、その場で縫いつけてくれた。その日のうちにわたしの支持者にもなってくれた。ボタンをつけてくれたのはそれが最初で最後だったが、わたしが知事に就任したあと州の上院議員になり、議会での投票という、また違う形でわたしを救ってくれた。

マウンテンホームをあとにすると、南へ下ってサーシー郡に入った。人口が百五十人内外というセントジョーに立ち寄り、郡の民主党委員長ウィル・ゴギンズに会った。ウィルは八十歳を超えていたが、まったく歳を感じさせないほど頭が切れ、かくしゃくとして、熱く政治と関わっていた。ウィルがわたしを応援すると言ったとき、のちに明らかになるように、それが多数の票を意味することがわたしにはぴんと来た。郡庁所在地のマーシャルでは、金物屋を営むジョージ・ダニエルに会った。ジョージの弟ジェイムズはロースクールの学生で、真っ先に千ドルの献金をしてくれたひとりだ。ジョージの兄チャールズは郡で開業医をしていた。ジョージの素朴なユーモアにはたっぷり笑わせてもらった。またある話からはきびしい教訓を学び取りもした。ある日、ヴェトナム戦争の退役軍人で数年ほど郡を留守にしていた男が、ジョージの店に来てピストルを買った。射撃練習をしたいと言ったという。次の日、男は人を六人殺した。のちにわかったことだが、男はノース・リトルロックにある退役軍人用の国立精神医療施設フォートルーツから抜け出していた。戦争体験による心の傷で数年前から入院していたものらしい。ジョージ・ダニエルはこの出来事で受けたショックから、なかなか立ち直れなかった。ブレイディ法案が求めているような銃の購入者に関する背景調査の必要性を説くうえで、この話以上に適切な論拠をわたしは知らない。ブレイディ法案は、このあと十九年にわたり、防ぎえたにもかかわらず、名の知れた重罪犯、ストーカー、精神障害を持つ人々によって起こされた殺人を経て、ようやく一九九三年にわたしが署名して法律となった。

カールとともにフェイエットヴィルに戻ってきたとき、わたしは最高の気分に浸《ひた》っていた。ほかの候補者たちのキャンペーンを手伝っていたころから、有権者に一対一で接する〝小売り方式〟の選挙運動が好きだった。だからこうして、小さな町に出かけたり郡の商店やカフェ、道筋のガソリンスタンドに立ち寄ったりすることが楽しくてたまらなかったのだ。資金援助を求めるのはあまり得意ではなかったが、家や仕事場へ出かけていって票を請うのは好きだった。それに、どこでどういう個性的な人物に出会ったり、おもしろい話を聞いたり、知識の拾い物をしたり、新しい友だちができたりするのか予想がつかない、そこがまたよかった。

このあとにいくつも続くことになる遊説の旅は、みなこのキャンペーン一日目と同じ調子で繰り返された。わたしは朝フェイエットヴィルを出て、夜遅くまで回れる限りの町や郡を回り、翌日に講義のあるときは家路について、講義がなければ親切な民主党員のところに世話になり、翌日は次の郡へと旅を進めた。

次の日曜日、わたしは回り残す山地の郡へ出かけるため、ふたたび東に向かった。しかし、もうちょっとでたどり着けないところだった。週末前に愛車のアメリカン・モーターズ製一九七〇年型〈グレムリン〉を満タンにしておくのを忘れたのだ。国内のガソリン不足で、連邦法により日曜日はガソリンスタンドの閉鎖が義務づけられていた。けれど、どうしてもまた山岳地帯に行かなければならない……。困り果てたわたしは地元の天然ガス会社の社長チャールズ・シャーローに電話をかけ、会社の機材置き場のガソリンスタンドから車のタンク一杯分を分けてもらえないかと頼んだ。シャーローはそこへ行って待っていれば、どうにかなるようにすると言ってくれた。驚いたことに、現われたのはシャーロー自身で、みずからわたしの車にガソリンを入れてくれた。チャールズ・シャーローは腕一本で、始まったばかりのわたしの選挙運動を生き長らえさせた。

わたしはまずブーン郡のアルピーナまで車を駆って、前回会いそびれた郡の民主党委員長ボウ・フォーニーを訪ねた。ボウの小さな家は、造作なく見つかった。前庭に、銃架の取り付けられたピックアップ・トラックが停めてある。山の男たちには必須の装備だ。正面の入口に出てきたボウは、ジーンズの上に、たっぷりした胴まわりを覆うように白いTシャツを着ていた。テレビを見ていたところを呼び出されたようで、わたしが支援を求めて懸命にしゃべっても、言葉少なだった。わたしが話し終わると、ボウはハマーシュミットは痛い目にあったほうがいいと述べ、出身地ハリソンの町では大差で持っていかれるだろうが、ブーン郡でも田舎のほうでは、もう少しなんとかなると思うと言った。それから、わたしが会っておくべき人々の名前を挙げ、髪を短くすればもっと票が入ると助言をくれ、支持するからと言いおいて、テレビのもとへと帰っていった。ボウのことをどう解釈したものかよくわからなかったが、車に戻る途中、ピックアップ・トラックを間近に見て謎が解けた。バンパーに貼られたステッカーにこう書いてあったのだ。「おれのせいじゃない。選挙じゃマクガヴァンに入れたんだ」。のちにそのステッカーのことをきいてみると、ボウは、評論家がマクガヴァンをどう批判しようと関係ない、民主党は庶民の味方で共和党はそうじゃない、それで決まりだ、と答えた。わたしの大統領就任後、ボウが健康を損ねていたとき、共通の友人で独立行動派の民主党員レヴィ・フィリップスが、ホワイトハウスでいっしょに一夜を過ごさせようとボウを連れてきたことがあった。ボウは訪問を楽しんでいたが、賓客用の寝室であるリンカーン・ベッドルームに泊まることだけは断固拒んだ。南北戦争後の再建時代に共和党の行き過ぎがあったことから、あるいは二十世紀を通じて共和党が富と権力を持つ者たちに献身するようになったことから、リンカーンを許せなかったのだ。ボウもリンカーン氏もともに天国に旅立った今、わたしはふたりが意見の相違に折り合いをつけ、仲良く暮らしているという想像を楽しんでいる。

アルピーナのあとはマリオン郡にある人口千人余りの町フリピンに向かった。この町はアーカンソー州のどこよりも未舗装の道路が多い。わたしが訪ねた相手は、ここでの選挙運動に力を貸してくれそうなふたりの青年、ジム・〝レッド〟・ミリガンとカーニー・カールトンだった。ふたりはわたしを真ん中に挟んでピックアップ・トラックに乗り込むと、マリオン郡で最も辺鄙な場所にあるエヴァートンという小さな集落に向かって未舗装の道を走り始めた。エヴァートンに一軒しかない店の経営者で、支持が得られればその価値は二、三百票に匹敵するという、レオン・スウォフォードに会うことになっていた。フリピンの町を出て十数キロ行ったところで、レッドがいきなりトラックを停めた。わたしたちは、もうもうと上がる砂ぼこりに包まれた。レッドは〈レッドマン〉嚙み煙草を取り出して塊をひとつ口に含み、煙草の包みをカーニーに渡した。カーニーもそれにならう。と、カーニーが包みをわたしによこしてこう言った。「あんたの性根を見せてもらおうと思ってね。この煙草を嚙める根性があるようなら、おれたち、応援するよ。なけりゃ、ここで降ろすから、町まで歩いて帰ってくれ」。わたしはちょっと考えてから答えた。「さっさとドアをあけろ」。ふたりは五秒ばかり、わたしをにらみつけ、それから大声をあげて笑うと、スウォフォードの店をめざして道を走り出した。エヴァートンの二、三百票は無事確保でき、年を経るにつれて、もっと票が入るようになった。あのときふたりが〈レッドマン〉をたしなむかどうかでわたしを評価していたなら、わたしは今でもまだマリオン郡の田舎道をうろうろしていたかもしれない。

それから数週間後、わたしはまたしても同じようなテストを受けた。場所はアーカンソー川流域の町クラークスヴィル（ジョンソン郡）で、わたしは二十二歳の郡のリーダー、ロン・テイラーといっしょだった。ロンは著名な政治家の家系に生まれ、歳に似合わず非常に政治に明るかった。ジョンソン郡で勝利を収めるには絶対に支持を取りつけなければいけない人物だと言って、ロンはわたしを保安官に会わせるため、農産物と家畜の品評会に連れていった。保安官はロデオ競技場にいて、手に手綱を持っていた。ちょうどロデオ大会が始まるところで、円形競技場の中をぐるりと行進する馬のパレードが行なわれようとしていた。保安官は手綱をわたしによこすと、パレードに参加したら観衆に紹介してやると言った。おとなしい馬だと請け合った。わたしはダークスーツにネクタイ、ウィングチップの革靴といういでたちだ。この前馬の背中に乗ったのは五歳のときで、それもカウボーイの格好でカメラに向かってポーズをとっただけだった。嚙み煙草は断ったわたしだが、手綱は手に取り、馬にまたがった。西部劇はいやというほど見てきたし、むずかしいことなどあるものか、と心の中でうそぶいた。開会式が始まると、わたしはさも慣れているような顔をして競技場内に入った。競技場の内周を四分の一ほど回り、観衆に紹介されたその直後だった。わたしの馬が立ち止まり、後ろ足で立ち上がった。奇跡的にも、わたしは落ちなかった。観衆からは拍手。わたしが意図してやったと勘違いしたのだろう。保安官はごまかされなかったが、わたしのことは支持してくれた。

わたしはニュートン郡のオザーク山地を回り終えた。オザーク山地は、自然・景観河川条例の成立で初めて連邦議会に守られたバッファロー川を懐に抱くアメリカ有数の景勝地だ。バッファロー川沿いにある小さな集落プルーイットにまず立ち寄った。ヒラリー・ジョーンズに会うためだ。住まいこそ質素だったが、道路建設業者のヒラリー・ジョーンズは、今ごろ郡いちばんの金持ちになっていてもおかしくない素性の人物だ。はるか南北戦争以前にまでさかのぼる先祖代々の民主党の家系で、それを証明する系譜もあった。ジョーンズは川に面した自分の土地に深く根を下ろしていた。一度、大恐慌でその土地の多くが失われたが、第二次大戦後に復員したジョーンズが何年にもわたって懸命に努力した末、すべてを元どおりにした。バッファロー川が保護条例の適用を受けたことはジョーンズにとってこの上ない悪夢だった。バッファロー川流域の地主の大半が、存命中は土地を政府以外には売却できず、死後は政府だけがそれを買い上げることができるという、終身借地権を与えられたからだ。ジョーンズの家産は主要幹線道路に面していたので、近い将来、政府が収用権を行使して、そこを活動本部の一部にしようとしていた。ジョーンズには夫人マーガレットとのあいだに八人の子どもがいた。土地を子どもに遺したいのはやまやまだ。その土地にはまた、一七〇〇年代に生まれた人々の葬られている古い墓地があった。ニュートン郡で身寄りもなく無一文で亡くなった者がいると、ジョーンズは費用を肩代わりして、その墓地に埋葬していた。わたしはバッファロー川の保護は支持したが、政府は古くからの家産所有者に対して美観保存制限を設けたうえで土地の保持を認めるべきだと思った。そういう形でなら、開発や環境破壊を未然に防ぎつつ、家族が順繰りに次の世代に土地を譲渡していくことができただろう。バッファロー川のほとりに住む人々との交流があったおかげで、わたしは大統領になってから、西部の牧場主の特権と考えられていたものが環境への配慮とぶつかって牧場主の多くが憤りを覚えたときに、おおかたの民主党員たちよりも、その気持ちをよく理解することができた。

ヒラリー・ジョーンズは政府と戦ったあげく、敗れた。それでかなり力を落としたが、政治への情熱の火をかき消されることはなかった。新しい家に引っ越し、活動を続けた。ジョーンズには、ホワイトハウスでわたしたち夫婦といっしょに過ごした思い出の一夜がある。ヒラリーに案内されて地図の間に入り、一九四五年にジョージア州ウォームスプリングズで療養中のフランクリン・D・ローズヴェルトが亡くなるまで使っていた戦争の地図を目にしたとき、ジョーンズは泣きそうな顔になった。フランクリン・D・ローズヴェルトを崇めていたのだ。ボウ・フォーニーとは違って、ジョーンズはリンカーン・ベッドルームに泊まった。翌朝、わたしたちのところへ挨拶に来たとき、わたしはジョーンズがボウ・フォーニーの断ったリンカーンのベッドで寝たことをからかった。するとジョーンズは、せめてもの抵抗のしるしに「ベッドの端のほう、アンドリュー・ジャクソンの絵が掛かっているほうで寝た」と答えた。

初めて会ったときから、訃報を聞き、ホワイトハウスから葬儀に駆けつけて弔辞を述べるときまで、ヒラリー・ジョーンズはニュートン郡きってのわたしの支持者だった。十六歳で初めて訪れたときから、わたしが心の中で大事にしてきた土地が持つ、手つかずの自然の美しい魂を、ジョーンズはそっくりその肉体に宿していた。

郡庁所在地のジャスパーは人口四百人足らずの町だった。カフェが二軒あり、一方は共和党、もう一方は民主党支持者たちの行きつけの店になっていた。わたしの目当ての人物はウォルター・ブレイゼル。夫人が経営する民主党のカフェの階下に住んでいた。訪ねていったのは日曜日の朝で、先方はまだベッドの中だった。小さなリビングルームで坐って待っていると、寝室につながるドアをあけ放したまま、ブレイゼルは起き出してズボンをはき始めた。まだ寝ぼけていた。足を滑らせたブレイゼルは、まるまるとした体を文字どおりごろごろと二、三回横転させ、四メートルほどリビングルームに転がり込んで止まった。票が欲しかったので、わたしは笑いをこらえた。が、本人は笑った。自分にも若く、痩せていて、機敏に動けたころがあり、一九三〇年代には、コールヒル高校のバスケットボール・チームで先発のガードを務めて、リトルロックのセントラル高校を破り、州大会で優勝したのだと語った。せっせと体重を増やしたのは郡で酒の密売をしていたころで、そのまま元に戻らなかったのだそうだ。しばらくして、わたしを支持すると言ってくれたが、ただベッドに早く戻りたかっただけかもしれない。

そのあとわたしは市街を出て、郊外のボクスレーに農場を持つビル・ファウラーに会いに行った。ビルはアーカンソー州の代表として、ジョンソン政権の農地土壌保全局で仕事をした経験がある。ふたりで山腹に立ち壮大な景色を眺めていたとき、ビルは、わたしを支持するけれど、ハマーシュミットが「投票日にぷんぷん匂うほどニクソンの糞をかぶって」いるとは思えない、と言った。それからニクソン大統領を次のように評価した。「共和党の人間についてこういうことは言いたくないんだが、ニクソンにはすばらしい大統領になりうる資質があった。頭がいいし、舌を巻くほどいい度胸をしている。でも、あまりにもあさましい。それは諸刃《もろば》の剣《つるぎ》なんだ」。フェイエットヴィルへと帰る道で、わたしはずっとビルの言ったことを考えていた。

キャンペーンを始めて何週間かは、直接対話型の遊説に加えて、運動組織としての態勢作りに努めた。すでに述べたようにスタート資金として伯父のレイモンドとゲイブ・クローフォードが一万ドルの手形の連帯保証人になってくれており、資金集めのほうも、わたしはまずフェイエットヴィル周辺から開始して、しだいに選挙区内で範囲を広げ、最後は州全体に活動が及ぶようにした。ジョージタウン、オックスフォード、イエール大学の友人たちや、マクガヴァンとダフィーのキャンペーンで知り合った者たちが一部、少額の小切手を送ってくれた。最も高額の献金者は友人のアン・バートレイだった。ウィンスロップ・ロックフェラー前知事の継娘であるアンは、のちにわたしが知事になったとき、ワシントンDCのアーカンソー州事務所を取り仕切った。資金のほうは、やがて何千人もの人々が、多くは一ドル、五ドル、十ドルという単位で、集会でのカンパの依頼に応じてくれるようになった。

二月二十五日、母がほとんど毎朝、仕事前にコーヒーを飲みに行く〈アヴァネル・モーテル〉で、家族と数人の友人を前に、わたしは正式に出馬を表明した。

伯父のレイモンドが、ホットスプリングズに選挙事務所の好適地を見つけ、そこに小さな家を用意してくれた。母と、わたしのパーク通り時代の隣人ローズ・クレイン、それに若い弁護士ボビー・ハーグレイヴズが、第一級の事務所を発足させた。ボビーの妹とは、ワシントンでいっしょに仕事をしたことがあった。ローズは、のちにわたしが知事に就任すると、リトルロックに移ってきてわたしの行政に参加したが、母はこのホットスプリングズの事務所をさらに大きな組織に発展させ、その後の選挙運動に対処できるようにした。選挙事務所の本部はフェイエットヴィルに置き、友人の銀行家ジョージ・シェルトンが選挙対策委員長に、またバスケットボール仲間の若い弁護士F・H・マーティンが会計責任者に、それぞれなってくれた。カレッジ大通り沿いに借りた古い一軒家を事務所にして、週のあいだはおおむね学生たちが、そして週末もいとこの十五歳になる娘マリー・クリントンがたびたびあけておいてくれた。「クリントンを連邦議会へ」とペンキで描かれた大きな看板を家の両側に掲げた。看板はその後、借り手が替わるたびに何度も文句が書き替えられたがいまだに残っており、現在はひと言「刺青《いれずみ》」とだけ描かれている。やがて、幼なじみのパティ・ハウがフォートスミスにもた。

選挙事務所を開き、投票日が近づくにつれて選挙区内のあちこちに次々と新たな事務所ができていった。

三月二十二日にリトルロックで立候補の届け出をしたころには、ほかに名乗りをあげた候補者が三人いた。フォートスミスのすぐ南、グリーンウッド出身の民主党保守派で、髪を短い角刈りにしたジーン・レインウォーター州議会上院議員。イェル郡ダンヴィル出身のハンサムな若い弁護士デイヴィッド・スチュアート。そしてフェイエットヴィルの数キロ南にあるグリーンランドの市長で長身の社交家、ジム・スキャンロン。いちばん気になる相手はスチュアートだった。容姿端麗で、論旨が明快であるのに加え、わたしが勝ち取りたいと願うクリントン一族の出身地、イェル郡を地盤としていたからだ。

この選挙戦で最初の大きな政治集会が、四月六日に催された。選挙区の右端に位置する大学の町ラッセルヴィルで催されたリヴァーヴァレー・ラリーだ。立候補者の出席が義務づけられている集会で、公職選挙に出馬する者が連邦、州、地方自治体を問わず全員集まっており、フルブライト上院議員やバンパーズ知事の顔もあった。特別講演者として招かれていたのはウェストヴァージニア州選出のロバート・バード上院議員。昔ながらの厳粛なスピーチを行なったあと、ヴァイオリンを弾いて聴衆を楽しませた。それから各候補者の演説が始まったが、連邦下院議員の順番はいちばん最後に予定されていた。ほかの公職候補者たちがそれぞれ三分ないし五分の話を終えたころには、夜の十時を回っていた。わたしたちの番が来たときには聴衆が疲れ、飽きているのが見て取れたが、わたしはあえて賭けに出て、いちばん最後に話すことにした。なんらかの印象を与えるには、その手に頼るしかなかった。

スピーチ原稿は入念に練り上げ、二分にまで縮めてあった。内容は、共和党政権が行なっている権力の集中化と経済的利害関係による結託に対抗して、一般庶民を代弁するもっと強い議会を求めようという熱い呼びかけだ。原稿は書いたものを用意してあったが、わたしはそらでスピーチを行ない、精いっぱい心を込めた。それが聴衆の心の琴線に触れたらしく、長い集会に疲れていたにもかかわらず、みんなが立ち上がって喝采を送ってくれた。出口でわたしの有志スタッフがスピーチのコピーを配った。上々の滑り出しだった。

閉会後、バンパーズ知事に声をかけられた。わたしのスピーチを褒めたあと、わたしがフルブライトの事務所で働いていたことを知っていると切り出して、フルブライト上院議員を追い落とすようなまねをしている心苦しさを吐露した。次に言われたことに、わたしは驚いた。「あと十二、三年もしたら、きみはわたしの対抗馬として、今のわたしと同じような決断を迫られるかもしれないが、自分が正しいと信じたことなら、遠慮せずに立候補することだ」。わたしがそう勧めたことを思い出してくれ」。デイル・バンパーズは先を見通せる男だった。心理学者になっても成功したにちがいない。

続く七週間は、集会やらガレージセールやらパイの夕食会やら、資金集めや直接対話型の選挙運動で、夢のように過ぎていった。全米労働総同盟・産業別組合会議（ＡＦＬ‐ＣＩＯ）がホットスプリングズの会合でわたしを支持したことで、財政的にも組織的にも弾みがついた。わたしが連邦政府の教育助成金を後押ししていることから、アーカンソー教育協会の支持も得られた。

わたしの知名度が今ひとつ低い郡とオザーク山地ほど活動が組織立っていない郡に、わたしは多くの時間をつぎ込んだ。北西の端にあるベントン郡やアーカンソー川に沿って両岸に連なる郡、そしてウォシタ山地の南西に位置する郡などだ。イェル郡では、地元で葬儀社を経営するいとこのマイク・コーンウェルが選挙運動を取り仕切った。仕事柄、親類たちの葬儀をすべて手がけていたので顔が広く、また根が楽天的なこともあって、隣り町ダンヴィルの出であるデイヴィッド・スチュアート候補を向こうに回しての苦しい戦いによく耐えていた。驚くほど多くの人がキャンペーンにひと役買ってくれた。理想に燃える若いプロフェッショナルやビジネスマン、有能な地元の労組指導者、郡や都市の役人たち、民主党ひと筋の党員たち……。高校生もいれば、七十代、八十代の年配者もいた。

予備選挙の投票日のころには、組織力でも活動内容でもわたしたちは競争相手たちの上を行っていた。結果はわたしが得票率四四パーセントで一位、レインウォーター上院議員が二六パーセント対二五パーセントでかろうじてデイヴィッド・スチュアートを押さえて次点に入った。残りの票は、資金はゼロでも闘志ある戦いぶりを見せたスキャンロン市長に入った。

六月十一日の決選投票は楽勝だろうと踏んでいたが、もし投票率がぐんと落ち込めば、とんでもないことが起こらないとも限らない。支援者たちには決戦を軽んじないでほしいと思っていた矢先、サーシー郡の民主党委員長ウィル・ゴギンズの発表を聞いてあわてた。サーシー郡の投票所を、マーシャルの広場にある郡庁舎ひとつに絞るという。田舎に住む人々が、単独選挙のために曲がりくねった五、六十キロの山道をわざわざ車で投票に来るはずがない。さっそく電話を入れて、もっと投票所を増やすよう持ちかけたが、ウィルは笑ってこう言った。「落ち着けよ、ビル。ここの投票率が低くてレインウォーターに勝てないようなら、ハマーシュミットにはとても太刀打ちできないぞ。たった二、三人のために田舎の投票所をあけるわけにはいかないんだ。その金は十一月に回す。おれたちの票の結果がどう出るか、お楽しみさ」

六月十一日、わたしはサーシー郡での低投票率にも耐えて、百七十七票対十票で同郡を制し、全体では六九パーセント対三一パーセントの得票率で勝利を収めた。十一月の本選挙のあと、ウィルに電話してそれまでの尽力に感謝すると、ひとつわたしが心の荷を下ろしていいことがあると言う。「あの決選投票だが、おれがあんたのために票数を吊り上げたと思っているんだろうが、それはしてないぜ。実は、あんた、百七十七票対九票で勝ってたんだ。誰であろうとひと桁台で負けるやつがいるのは好かないから、レインウォーターにもう一票足してやったのさ」

予備選挙のキャンペーンは、わたしにとって心躍る体験だった。次から次へと新しい環境に身を投じながら、わたしは人々について――政府が人の暮らしに及ぼす大きな影響や、個人の関心や価値観と政治的な選択との結びつきなど――とてつもなく多くのことを学んだ。選挙運動と並行して、わたしは講義の日程もこなしていた。骨は折れたが楽しくもあり、また結構うまく処理できたのだが、ただひとつ、申し訳の立たない間違いを犯した。わたしは春に試験を行なって、ちょうど選挙戦がたけなわになったころに成績を付けなければならなかった。「海事法」の答案を車に積んで移動中や選挙活動を終えた夜間に採点していたのだが、遊説の途中で、どういうわけか五人分の答案用紙を紛失してしまったのだ。胸をかきむしりたい気分だった。五人の学生には再試験を受けるか、成績なしで単位だけ獲得するか選んでもらった。全員が単位を選んだが、なかのひとりをとりわけこの一件で怒らせてしまった。ひとつには優等生でおそらくAを取れる実力があったこと、もうひとつには、熱心な共和党支持者で以前にハマーシュミット下院議員の事務所で仕事をしていたことがその理由だった。答案をなくした罪も、選挙でかつてのボスの敵に回った罪も、その学生にとっては許しがたいものだったろう。それから二十年以上経って、しみじみそれを思い返す機会が訪れた。そのときの教え子、連邦判事のスーザン・ウェバー・ライトが、ポーラ・ジョーンズの裁判を担当したのだ。スーザン・ウェバー・ライトは申し分なく頭がよかったのだから、たぶん黙ってAを付けておけばよかった。ともあれ、本選挙には、ロースクールから無給休暇を取って臨んだ。

その夏は、てんてこまいの忙しさで、小休止したのは弟の高校の卒業式と、わたしの高校卒業十周年のクラス会、それにヒラリーと、同じく弾劾調査仲間の何人かに会いにワシントンへ出かけたときだけだった。ヒラリーもその仲間たちも、ジョン・ドーアの、綿密、公正、他言は厳禁、という断固とした要求に応えながら、へとへとになって働いていた。わたしは疲労困憊《こんぱい》したヒラリーの体を心配した。今まで見たことがないくらいげっそりと痩せて、愛らしいけれどやや大きめな頭がやけに目立って見えたほどだった。

週末、休養と気晴らしのために、わたしはヒラリーをノースカロライナ州のアウターバンクスへ連れ出した。ふたりで過ごした時間はとても楽しく、わたしは、調査の仕事が終わったらヒラリーが本当にアーカンソーに来てくれるのではないかと思い始めた。その年の初め、フェイエットヴィルを訪ねてきた折、ヒラリーはデイヴィス学部長から法学部の教職の面接を受けてみるよう誘われた。数週間後に戻ってきたヒラリーは、委員会の面々に好印象を与え、ポストを提示されていたから、その気ならアーカンソーで教えることも、弁護士を開業することも可能だろう。問題はその気があるかどうかだ。ただ、そのときのわたしには、ヒラリーが疲れ切り、痩せ細ったことのほうが気がかりだった。

フェイエットヴィルに、そしてキャンペーンに戻ると、ずっと大きな健康上の問題が家族に持ち上がっていた。七月四日、わたしは一九六六年にフランク・ホルトの代理でスピーチして以来、久方ぶりに「ネボ山のチキン・フライ」集会で話をした。ジェフと母、ローズ・クレインの三人がスピーチを聴きにやってきて、わたしが集まった人々とやり取りするのを助けてくれた。ジェフの体調が思わしくないのが見てわかり、尋ねると、やはりこのところ仕事を休んでいた。一日じゅうは立っていられない状態なのだという。わたしはジェフに、フェイエットヴィルのわたしのところに二、三週間来て、事務所の電話応対や若い者たちの監督をしてくれないかと持ちかけた。ジェフはわたしの提案を呑み、実際そういう仕事を楽しんでいるふうだったが、夜、わたしが遊説先から戻ってみると、やはり具合が悪そうに見えた。ある晩、わたしはジェフがベッドを下りてひざまずき、体をベッドの上に投げ出しているのを見てショックを受けた。寝た姿勢ではもう苦しくて息ができず、なんとか眠れる方法を探していたのだった。選挙事務所に一日詰めていられなくなったとき、ジェフは家に帰っていった。母の説明によると、ジェフの不調は糖尿病の影響か、長年そのために服用している薬のせいだということだった。リトルロックの退役軍人局病院で、ジェフは心臓肥大症と診断された。心臓の筋肉が膨大・劣化していたのだ。手の施しようがない状態らしかった。ジェフは退院して、残された日々を精いっぱい楽しむことにした。その数日後、わたしはホットスプリングズで選挙運動をしていた合間にジェフとコーヒーを飲んだ。ジェフはウェストメンフィスで催されるドッグレースに行くところで、いつものようにめかし込み、白のシャツ、ズボン、靴で決めていた。会ったのはそれが最後となった。

八月八日、ニクソン大統領が、みずから側近との会話を録音・保管していたテープによって任期の打ち切りを宣告され、翌日に辞任する意向を発表した。ニクソン大統領の決断はこの国にとってはありがたいことに思えたが、わたしの選挙運動にとっては迷惑な話だった。辞任が発表される二、三日前、《アーカンソー・ガゼット》紙の第一面のインタビュー記事で、ハマーシュミット下院議員がニクソン大統領を弁護し、ウォーターゲート事件の調査を批判していたのだ。それまでわたしのキャンペーンは波に乗ってきていたのだが、ハマーシュミットの肩からニクソンという過去の罪の重石が取り除かれたことで、みるみるみんなの気持ちがしぼむのがわかった。

数日後、ヒラリーが電話で、アーカンソーに来ることにしたと伝えてきたので、わたしは俄然、元気を取り戻した。友人のセーラ・アーマンが車で連れてきてくれるとのことだった。セーラはヒラリーより二十歳以上年上で、ヒラリーに女性の新たな可能性を存分に開花させる資質があることを見抜いていた。セーラの目から見れば、ワシントンであれだけ立派な仕事をし、友人をおおぜい作ったあとでアーカンソーに引っ込むなどと言い出したヒラリーは、頭がどうかしているにちがいないから、この友人を目的地までゆっくりと送り届けつつ、数キロ進むごとに決心を変えさせようと試みたのだった。ふたりがようやくフェイエットヴィルに到着したのは土曜日の夜だった。わたしはそれほど遠くない北の街ベントンヴィルで集会に出席していたので、ふたりはそのまま、わたしに会いにやってきた。聴衆のためにはもちろんだが、わたしはヒラリーとセーラのためにもいい演説をしようと張り切った。スピーチのあと聴衆と握手を交わしてから、わたしたちはフェイエットヴィルへ、わたしたちの将来へと旅立った。

二日後、母から電話があり、ジェフが眠っているあいだに息を引き取ったと告げられた。まだ四十八歳の若さだった。母も、弟のロジャーも、悲しみに打ちひしがれていた。これで母は三人の夫を、弟はふたりの父を亡くしたのだ。わたしは車で実家に帰り、葬式の手配をした。ジェフは生前、荼毘《だび》に付されることを望んでいたが、アーカンソーには当時、火葬場がなかったので、遺体をテキサスへ送り出さなくてはならなかった。ジェフの遺灰が戻ってきたとき、母とその友人マージ・ミッチェルの見守るなか、遺志に従ってハミルトン湖のジェフお気に入りの釣り場の近くに遺灰を撒いた。

わたしは葬儀で頌詞《しょうし》を述べた。短い言葉のなかに盛り込みたかったのは、ジェフが母に注いだ愛と、ロジャーに与えた父親らしい導きと、わたしに差し出した友情と思慮深い助言、子どもや不運な人に示した優しさ、過去の病にも最後の病がもたらす痛みにも耐えた気高さについてだった。ジェフの死後、ロジャーがしょっちゅうつぶやいていたように、ジェフは「努力の塊だった」。わたしたちの前に現われる以前の生活がどうであったにしろ、わたしたちと過ごした短い六年のあいだ、ジェフはとてもいい人だった。ジェフがいなくなったあと、長いあいだ、わたしたちは寂しくてしかたなかった。

ジェフが病気になるまで、わたしは糖尿病について無知も同然だった。この病はのちに、一九七四年の選挙対策委員長ジョージ・シェルトンの命も奪った。わたしの友人で元首席補佐官のアースキン・ボウルズの子どもふたりを始め、何百万というアメリカ国民がこの病気に苦しみ、とりわけ少数民族が圧倒的に大きな影響を受けている。大統領になったとき、わたしは糖尿病とその合併症の医療費がメディケイド（低所得者・障害者医療扶助）負担の二五パーセントという信じがたい割合を占めていることを知った。わたしが幹細胞の研究を、そして糖尿病治療におけるインシュリン以来最も重要な進歩と呼ばれる自己療法プログラムを支持した大きな理由はそこにあった。アースキンの子どものため、ジョージ・シェルトンのため、そして何より、自分の味わった苦痛と早すぎる死をほかの人たちには経験してほしくないと願っていたはずのジェフのために、わたしはそうしたのだ。

葬儀の数日後、母はいつもの「さあ元気を出して」のかけ声さながら、わたしをふたたびキャンペーンへと送り出した。政治は死によって立ち止まることはあっても、長く滞ることはない。わたしは仕事に戻ったが、母のことを気にかけて、いつもより頻繁に電話した。特に、秋にロジャーが家を出てコンウェイのヘンドリックス大学に行ってからはなおさらだった。ロジャーはロジャーで母のことをたいそう心配し、行かないと言い出したのを、母とふたりでようやく説き伏せたのだった。

九月が来て、八カ月間の奮闘をもってしても、いまだに世論調査でのわたしの支持率は二三パーセントで、相手の五九パーセントに大きく後れを取っていた。ところが運が向いてきた。九月八日、ホットスプリングズで開催される民主党の州大会の五日前、フォード大統領がリチャード・ニクソンに、大統領在職中に「犯した、もしくはその可能性のある」すべての罪に対して無条件の恩赦を与えたのだ。国じゅうに大きな反対の声があがった。わたしたちは調子を取り戻した。

州大会では、わたしの指名獲得レースにすべての注目が集まった。バンパーズ知事は予備選挙でフルブライト上院議員を大差で破っており、ほかに問題になりそうな候補者はいなかった。フルブライトの敗戦は見るに忍びなかったが、覆せるものではない。大会の代議員たちは大いに意気があがっており、わたしたちはさらに、会場のホットスプリングズ・コンベンションセンターを郷里の友人や選挙区の至るところから来た支援者で埋め尽くすことで、気運を盛り上げた。

わたしは入魂のスピーチを用意して、選挙区内の保守派とリベラル派、双方の民衆主義的な要素を併せ持つようなスタイルで熱く語り、わたしが強く思うことを明確に示した。まずフォード大統領によるニクソン前大統領の恩赦を徹底的に叩いた。割によく書けたくだりとして、こういう一文があった。「どうしても誰かに恩赦を与えたいなら、フォード大統領は、ご自分の政権の経済顧問たちにお与えになるべきだ」

あれから歳月を重ねるうちに、ニクソンの恩赦に対するわたしの考えかたは変わった。過ぎたことは過ぎたこととして、あのときは国家が前へ進む必要があったのだ。わたしはフォード大統領が、不評を顧みず正しいことをしたと信じるようになり、二〇〇〇年にホワイトハウス百周年を祝った行事でもそう述べた。しかし、共和党の経済政策については考えを変えていない。今でもフランクリン・D・ローズヴェルトの次の言葉が言いえて妙であると思っている。「軽々しい私利の追求が徳を失わせる例は昔からあった。今は、それが経済の機能を失わせている」。一九七四年当時より、今のほうがさらにこの言葉の適用範囲が広がっている。

わたしたちは絶好調でホットスプリングズをあとにした。投票まで七週間。勝ちも見込めたが、それにはやるべきことが山ほどあった。選挙事務所の活動は日を追って手際がよくなっていた。若い有志のスタッフたちのなかには、熟練したプロの域に達しつつある者もいた。

スタッフは、民主党が送ってよこした助っ人から、非常に優れた提案をいくつも得ていた。助っ人の名はジョディ・パウエルといって、ジョージア州知事ジミー・カーターの側近だった。カーターは一九七四年の選挙で、民主党員を当選させるべく先頭に立って尽力した。その二年ほどのちにジミー・カーターが大統領選に立候補したとき、わたしたちの多くがそれを憶えていて、感謝の気持ちを表わした。ヒラリーも、こちらに来るとさっそく、手伝ってくれた。父親と弟のトニーもいっしょだった。ふたりはアーカンソー州北部の至るところに看板を立て、中西部から移ってきた共和党の年金生活者たちを相手に、ロダム一家は中西部の共和党支持者だがビル・クリントンには太鼓判を押している、と話して回った。

ロースクールの学生たちの何人かは車の運転手として頼りになった。ほかに下院議員選のキャンペーン中の移動手段として、必要に応じて貸してもらえる飛行機が二、三機あった。わたしのパイロットのひとり、六十七歳のジェイ・スミスは片目にパッチを当てており、計器飛行証明（訳注　悪天候でも計器板だけを見て飛べる難度の高い飛行技術の取得証明）を持っているわけでもないのに、オザーク山地を四十年も飛んでいた。悪天候にぶつかると、よく雲の下まで一気に降下し、山あいを流れる川をたどって飛びながら、わたしに昔話を聞かせたり、フルブライト上院議員が誰よりも早くヴェトナム戦争の誤りに気づいていたことを自慢したりした。

スティーヴ・スミスが、キャンペーンで争点となる問題とそれについてのハマーシュミットの投票記録を調べ上げて、みごとにまとめた。問題別にわたしの見解とハマーシュミットの投票記録を比較する形で、実によくできた一連のパンフレットを作ったのだ。残る六週間のキャンペーン期間中、わたしたちは毎週、違う問題を取り上げたパンフレットを一種類ずつ発行していった。パンフレットが地元の新聞で広く報道されると、スティーヴはそれらを効果的な新聞広告に作り替えた。一例を挙げると、アーカンソー川流域のクラークスヴィルからフォートスミスの南、オクラホマ州との境界に至る地域には、連邦法の定めに従って土地の復元が義務づけられるまで景観に醜い傷跡を残してきた露天掘りの鉱山があり、何十年ものあいだそこで働いてきた炭鉱労働者が数多く住んでいた。相当数の鉱夫が、長年にわたって吸入してきた炭塵《たんじん》によって体が衰弱する塵肺《じんぱい》（黒色肺疾患）を患っており、連邦政府から給付金を受ける資格を有していた。ハマーシュミット下院議員は日ごろから社会福祉活動で鉱夫たちの受給を手助けしていたが、ニクソン政権がこの給付金制度の縮小案を持ち出すと、賛成票を投じた。アーカンソー川流域の住民たちはスティーヴ・スミスとわたしから知らされるまで、それを知らなかった。

わたしはまた、前向きな提案をいくつも行なった。税制の不平等の是正、国民健康保険制度、大統領選挙の交付金、政府官僚機構の減量・効率化、連邦政府からの教育基金の増額と連邦政府内での教育省の創設（当時はまだ保健教育福祉省の一部門だった）、省エネと太陽エネルギー使用を促す奨励金など、なかには二十年来呼びかけてきた事柄もあった。

友人で全米労働総同盟・産業別組合会議の地区リーダーであるダン・パウエルの大きな後押しもあり、おおむね全国組織の各種労働組合からの資金援助のおかげで、わたしたちにはテレビ広告を打てるだけの資金があった。ダン・パウエルは、この議員選挙でわたしがまだ二十五ポイントも水をあけられていたころから、将来わたしが大統領になるという大胆な予言を口にしていた。わたしはといえば、ただカメラの前に立って話しただけだ。わたしは二十八秒単位でものを考えることを強いられた。しばらくすると、ストップウォッチなしでも一、二秒の誤差がわかるようになった。その広告には、制作費をかけなかった。

テレビ広告は初歩の域を出ないものだったかもしれないが、わたしたちのラジオ広告はすばらしい出来だった。ナッシュヴィルで制作したある忘れられない広告がある。アーカンソー生まれのジョニー・キャッシュによく似た声を持つカントリーミュージック・シンガーを起用した作品で、次の歌詞で始まった。「毎日まいにち豆と菜っ葉にうんざりで、ポークやビフテキ思い出せなくなったなら、この男の言い分に、ちょっと耳を貸してみよう」。それから、ニクソン政権がソ連への膨大な穀物輸出に資金供給を行なったせいで、結果として国内の食料・飼料の値段を吊り上げ、養鶏・畜産事業に打撃を与えたことをこっぴどくくさした。「そろそろアール・バッツ（ニクソン政権の農務長官）にゃ、餌場を離れてもらおうよ」。歌詞がひと区切りするたびに、繰り返し、次のフレーズが入る。「ビル・クリントンのお出ましだ。やつもやっぱりうんざりなんだ。ぼくやきみとおんなじさ。いっぱいいろいろ、おんなじさ。ビル・クリントン、出てってきっちり片をつける気だ。やつをワシントンに送り出せ」。わたしはこのスポット広告が大好きだった。穀物の販売高の上昇とともに鶏肉生産コストがはね上がった（タイソンフーズの）ドン・タイソンと、わたしのために走り回ってくれていたそのきょうだいのランダルは、耳にたこができるほどその曲が地方のラジオ局から流れるよう、たっぷり資金を用意してくれた。

選挙日が近づくにつれ、支援が強まっていったが、競争相手からの抵抗もまた強まった。わたしは州で最大の新聞《アーカンソー・ガゼット》と、選挙区内の数紙から支持を得た。精力的にキャンペーンを展開し始めたフォートスミスでは、黒人コミュニティから強い支持があったが、とりわけ、わたしが全米黒人地位向上協会の地方支部に入会してからは、それに拍車がかかった。共和党がしっかり地盤を築いているベントン郡でも、至るところでいい支持が得られた。フォートスミスから川を隔てた北側では、クローフォード郡をわたしへの支持にひっくり返そうと、四、五人で本当に死に物狂いで働いている者たちがいた。フォートスミスから南へ下がったスコット郡では、毎年一回実施される狐・狼の狩猟犬の野外実地競技に出かけていって、大歓迎を受けた。人里離れた田舎で夜を徹して行なわれるイベントで、わが子同様に犬を愛し（同様に世話もする）男たちが、まずは互いの犬を見せ合ったあと、鎖から解いて狐を追わせ、月に向かって吠えさせるというものだった。女たちもそれに付き合い、ひと晩じゅう、山盛りのご馳走をせっせとピクニックテーブルに運び続けた。ハマーシュミット下院議員のお膝もとハリソンにさえ、わたしを強力に支持してくれる者たちがいた。少人数ながらこの小さな町の因習的な社会を相手取るのを恐れない勇者たちだった。

この選挙で最も興奮に湧いた集会のひとつが、ある秋の午後、ホワイト川のほとりで開かれたものだった。会場は、のちにわたしが投資の対象としたものの、一度も目にせずに終わったあの悪名高きホワイトウォーターの地所からさほど離れていなかった。この地域の民主党支持者たちは色めき立っていた。それというのも、ニクソンの司法省がサーシー郡の民主党の保安官ビリー・ジョー・ホールダーを所得税の脱税で刑務所に送ろうとしていたからだ。一八七六年制定のアーカンソー州の憲法では、州および地方自治体の職員の給与は一般投票による承認を必要としている。最後に昇給があったのは一九一〇年だった。郡の職員の給与は年に五千ドルのみ。州知事でもわずか一万ドルだが、知事の場合は公邸があるのと、交通費、食費が支給されるのでまだましだった。地方自治体の職員には、所要経費――年七千ドル程度だったと記憶している――を使わなければ生活できない者が少なかった。司法省は、そういう所要経費から個人支出に回した分の所得税を払わなかったかどで、ホールダー保安官に懲役刑を科そうとしていたのだ。連邦政府が所得税の脱税で起訴した例としては、ホールダー保安官のケースが最少額ではないかと思う。山地の住民たちは政治的な動機が働いたものと確信していた。もしそうだったのなら、画策は裏目に出た。陪審員たちは一時間半の審議ののち、無罪の評決を下した。実のところ、即座に無罪の投票結果が出ていたのだが、それらしく見えるように一時間以上も陪審員室にとどまっていたとのことだった。ホールダー保安官は裁判所を出るとまっすぐに車でわたしたちの集会に駆けつけ、まるで戦場から凱旋《がいせん》した英雄のように迎えられた。

フェイエットヴィルに帰る途中、わたしは裁判の行なわれたハリソンに立ち寄って、山地の住民たちの税金の申告を処理している公認会計士、ミス・ルース・ウィルソンと話し合った。わたしの友人でホールダー保安官の弁護を手がけたF・H・マーティンが、陪審員を選ぶ際にルースの助けを借りたことを、わたしは知っていたので、冗談めかして、全員民主党支持者で固めたのかときいてみた。返ってきた答えを、わたしはけっして忘れない。「いいえ、ビル。そんなことはしなかった。それどころか、かなりの数の共和党員が陪審に加わったわ。ワシントンから保安官を訴追しに来たあの若い人たちったら、高そうなスーツを着て、お利口そうな顔をしてたけど、ここの住民のことがまるでわかってないの。まったく不思議な話。十二人の陪審員のうち、九人がこの二年以内に内国歳入庁の税務調査を受けてたんだもの」。わたしはつくづく、ルース・ウィルソンと部下たちがこちらの味方だったことをありがたいと思った。ルースがワシントンの検察官たちをぎゃふんと言わせたあと、司法省は税金がらみの訴訟の場合、陪審員候補者たちにそれぞれがこれまでに内国歳入庁とのあいだで経験したことを尋ねるようになった。

キャンペーンは残り二週間ほどになり、ハマーシュミット下院議員もようやく本腰を入れた。世論調査の結果を見て、そうしなければわたしが勢いに乗ったまま、きわどいところで勝利を収めかねないと悟ったのだ。ハマーシュミット陣営は臨戦態勢になり、下院議員の実業界の友人たちと共和党員が持ち場についた。新聞社に手当たりしだい電話をかけて、一九六九年のアーカンソー対テキサスの試合中、木に登ってニクソン大統領への抗議を示しているわたしの写った、ありもしない写真を手に入れようとする者も出てきた。前に述べた、悪名高き〝木の物語〟の生みの親だ。ホットスプリングズでは、商工会議所がこれまでのハマーシュミットの尽力に感謝して盛大な晩餐会を催した。数百人が出席し、その模様が地元の新聞に大きく取り上げられた。選挙区の津々浦々でビジネスマンたちは、組合から多大な支援を得ているわたしが連邦議会に行けば組織労働者の手先になるという不安を、有権者に植え付けていた。フォートスミスでは、わたしたちが電話による世論調査で確認した六千人の支援者に送ったはずの葉書が、配達されなかった。どうやら労働組合からの支援は、郵便労働者にまでは及んでいなかったようだ。葉書は選挙の数日後、中央郵便局の外のごみ箱に捨てられているのが見つかった。米国医師会のアーカンソー州支部は、スプリングデール地区の医師たちにメディケイドで診療させようとしたわたしの努力を激しく非難し、強力にハマーシュミットの支持に回った。ハマーシュミットは投票日の数日前になって、サーシー郡の小さな町ギルバートの道路を舗装するのに連邦政府から予算配分制度による資金援助を取りつけることまでした。結果としてサーシー郡を三八パーセント対三四パーセントで制したが、郡内で勝ち取った町はそれひとつだった。

投票日前の週末、ホットスプリングズ・コンベンションセンターで開かれた締めくくりの集会に出たとき、わたしはハマーシュミットの選挙運動がいかに効果的だったかをうすうす感じることになった。わたしたちの集会の出席者数は、その数日前に催されたハマーシュミットの晩餐会の出席者数に届かなかった。わたしたちの陣営はみな全身全霊を打ち込んできたが、疲れていた。

それでも選挙の当日、わたしはひょっとすると勝つかもしれないと思った。選挙事務所に集まって開票速報に注目していたときも、心配でどきどきしてはいても、望みは捨てていなかった。真夜中近くまで、わたしたちのほうが得票数でリードしていた。最大で最も共和党色の強いセバスチャン郡の開票結果がなかなか出なかったためだ。わたしは総得票数八千票足らずで、十五の郡のうち十二郡を制した。なかでもニュートン郡とサーシー郡のバッファロー川流域の地区では、全投票所で勝利を収めた。しかし、残る六つの大きな郡のうち五つで負けた。わたしの育ったガーランド郡とそのとき住んでいたワシントン郡では、わずか五百票足らずの差で涙を呑み、クローフォード郡では千百票差で敗れ、ベントン、セバスチャンの両郡では、わたしの届かなかった票数の合計が、総得票差の二倍になるほどの完敗だった。両陣営にはそれぞれ、ほぼ二対一の大差で勝った郡がひとつずつあった。ハマーシュミット側は最も大きなセバスチャン郡、わたしのほうは最も小さなペリー郡での勝利だった。あらためて振り返ると、全国選挙で地方の住民が投票する政党は圧倒的に共和党であるのに、わたしが自分の政治のキャリアを始めるに当たって地方を重要な地盤としていたことは、皮肉といえば皮肉だ。地方でのこの地盤は、密度の濃い直接的な接触と、田舎の人々の憤りと地域社会の抱える問題に敏感に対処することでできあがったものだった。わたしは地方の人々の味方であり、人々はそれを知っていたのだ。開票の最終結果は八万九千三百二十四票対八万三千三十票、得票率はほぼ五二パーセント対四八パーセントだった。

民主党は新たに下院で四十九議席、上院で四議席を伸ばし、国じゅうで民主党支持者たちが気持ちのよい夜を迎えていたが、わたしたちはハマーシュミットの強大な地盤と最後に見せた底力に圧倒され、悄然《しょうぜん》としていた。選挙戦の幕あけ当時、ハマーシュミットの支持率は八五パーセントだった。わたしはそれを六九パーセントにまで引きずり下ろす一方、自分の支持率をゼロから六六パーセントに押し上げたのだから上出来だったが、文句なしではなかった。人から口々に、わたしは善戦したし将来が楽しみだと言われた。うれしい評価だったが、わたしは勝ちたかったのだ。みんなで作り上げた選挙キャンペーンを、わたしは誇りに思っていた。だから最後の数日間は、なんとなくわたしがみんなの活気をそいでしまったことで、わたしとわたしたちが起こしたい変化のために一心に働いてくれた人々すべてを裏切ったような気がしてならなかった。もしハマーシュミット下院議員の投票記録についてて効果的なテレビ広告を打てるだけのお金と才覚がわたしにあったなら、結果は違ったものになっていたかもしれない。いや、それはどうだろう。ともかく、一九七四年に、わたしはじかに、何千人もの人々との出会いを通して、中産階級の有権者たちが自分たちの、そして貧困にあえぐ人々の、問題の解決に向けて積極的な行動をとる政府を支持していること、ただし、それには中産階級の納める税金にしかるべき配慮がなされなければいけないこと、そして与える機会を増やそうとする取り組みは受け手側の責任が求められてこそ成果を生むことを、理解した。

それから数日経ち、世話になった人たちにお礼を言って回ったり電話をしたりという作業を終えて、わたしは気が抜けてしまった。続く六週間は、キャンパスにほど近いヒラリーの居心地のよい家に入り浸りだった。たいてい日がな一日、床に寝ころがって、くよくよと選挙を思い返し、また、選挙運動でできた四万ドルを超す借金をどうやって返そうかと思案していた。年に一万六千四百五十ドルという今度の給与は、ロースクール時代の借金を返しながら生活していくにはじゅうぶんだったが、とても選挙費用を返せるような額ではなかった。十二月のいつごろだったか、大学でビッグバンドの生演奏によるダンスパーティーがあり、ヒラリーに口説き落とされてふたりで出かけた。何時間か踊ると、しだいに気分が上向いてきた。それでも、負かされたことでハマーシュミット下院議員から恩恵を施してもらったと気づいたのは、ずっとあとになってからだった。もしわたしが勝ってワシントンに行っていたら、わたしが大統領に選ばれることはなかったにちがいない。そして、すぐあとに控えていた十八年間のアーカンソーでのすばらしい暮らしも逃してしまったことだろう。

19

　一九七五年、わたしは教職に戻った。政治活動で中断されることなく、まる一年教えることができたのは、この年が最初で最後だった。春の学期は「反トラスト」の講義と「ホワイトカラー犯罪」のセミナー、夏期講習では「海事法」と「連邦裁判所裁判権」、秋の学期はふたたび「ホワイトカラー犯罪」と「憲法学」をそれぞれ教えた。「憲法学」では丸まる二週間使って連邦最高裁判所の〝ロウ対ウェイド〟判決を取り上げた。これは、憲法で保障されているプライバシーの権利に当たるものとして、女性に妊娠三半期のうち、胎児が〝生存可能〟――すなわち母親の子宮の外でも生きていられる状態――になるのにおおよそ必要な時間である第二・三半期までの中絶を認めた判決だ。最高裁判所は、胎児が生存能力を得たあとは、妊娠を続けたり出産したりすることで母体の生命もしくは健康が危険にさらされる場合を除き、母親の産まないという決意に対して、国が子どもの生まれてくる権利を守ることができると裁定した。学生のなかには「憲法学」を単に判例ごとに法の適用の原則を暗記すればいいほかの科目と同一視して、なぜわたしがこれほど〝ロウ対ウェイド〟に時間をかけるのかを理解できない者もいた。妊娠三半期の原則とその裏にある根拠を覚えるだけならたやすかった。

　わたしは学生たちにもっと掘り下げて考えることを求めた。今も変わらないが、当時わたしは〝ロウ対ウェイド〟こそあらゆる判決のなかで最もむずかしいものだと信じていた。判決内容がどういうものであれ、この裁判で、最高裁判所は神の役を務めなければならなかったからだ。生物学的には生命が受胎から始まることは誰でも知っている。その生物学がどの時点で人間学に変わるのか、あるいは宗教的にいうなら、魂がいつ肉体に宿るのかとなると、誰も知らない。母体の生命や健康以外の理由から中絶を選ぶのは、おおかたが、ほかにどうしたらいいのかわからずに怯《おび》えきっている若い女性や少女たちだ。プロチョイス（訳注　妊娠した女性に産む産まないの選択を認めるべきだとする考えかた）派の大多数は、中絶が潜在的な生命を終わらせるものであることを承知していて、だからこそそれは合法的で、安全で、稀有な出来事でなければならず、また一方で、妊娠を最後までまっとうしようと決めた若い母親たちには、支援の手が差しのべられるべきだと考えている。熱烈なプロライフ（訳注　胎児の生きる権利を尊重して中絶に反対する考えかた）派は、医師を告訴することには全面的に賛成する一方で、中絶は犯罪であるという自分たちの主張が理論的に導く結論、つまり母親を殺人罪で告訴するかどうかにまで議論が及ぶと、とたんに歯切れが悪くなる。堕胎を行なう診療所の爆破に走るような熱狂的な反対派でさえ、中絶医療を商業的に成り立たせる〝お客〟の女性たちまでは標的に含めていない。それに、わたしたちが過去にまず禁酒法で、そして、中絶の全面的禁止に比べればまだ支持者の多い麻薬取締法で学んだように、少なからぬ割合の市民が犯罪には値しないと見なす行為に対して、刑法を適用するのはむずかしいことだ。

　当時のわたしは、最高裁判所は正しい結論を導き出したと考えていたし、今もそう信じている。もっともアメリカの政治ではよくあることだが、最高裁判所のこの判断は強い反応を引き起こした。活発で効果的な妊娠中絶反対運動が全国的な高まりを見せ、時が経つにつれて、多くの場所で実際に中絶手術が行なわれる機会が激減し、またかなりの数の有権者が共和党の新しい右派に票を投じるようになった。中絶の可否を問う世論調査の結果がどう出ようと、アメリカ国内にこの問題についてふたつの相反する感情が併存しているということは、どちらの一派が劣勢を意識しているかによってその二面性が選挙にもたらす影響が変わってくるということだ。例えば、この三十年間はおおむね女性の選ぶ権利を認める立場が安定していたために、プロチョイス派の有権者は妊娠中絶以外の政策についての賛否を自由に候補者選びに反映させることができた。それに対して、プロライフ派はほかの政策にまで構っていられない場合が多かった。一九九二年の選挙は例外だ。あの年は、マスコミをにぎわした最高裁のウェブスター判決（訳注　一九八九年、州が妊娠中絶の実施に制限を設けることを合憲とした）によって選択権の幅が狭められたうえに、遠からず最高裁判所に空席が出る見通しが重なったことから、プロチョイス派の有権者が先行きに恐れを感じて行動したため、わたしを始めプロチョイス派の候補者が自分の取っている立場のせいで痛手をこうむることはなかった。わたしが大統領に就任してからは、選択の権利がまた確保されたので、プロチョイス派の郊外居住者は、ふたたびほかの理由で中絶反対派の共和党候補者に票を投じやすくなり、一方、プロライフ中絶反対派の民主党員や無党派層は、わたしの経済その他の社会問題についての実績は評価していても、プロライフ派の候補者——ほとんど例外なく共和党の保守派——を支持せざるをえない場合がしばしばあった。

一九七五年のわたしは、妊娠中絶の政治学についてあまり知らなかったし、気にもかけていなかった。興味があったのは、法についての、そして倫理性や生命をめぐっての、相反する信念に折り合いをつけさせようとする最高裁判所の超人的な努力に対してだった。神の心を知る手立てがない状態で、最高裁判所はほとんどこれ以上望めない優秀な成績をあげているというのが、わたしの見かただった。わたしと同じ意見であろうとなかろうと、学生たちにはこの問題についてじっくりと考えてほしかった。

秋にはもうひとつ、担当する教科が増えた。週に一度、大学のリトルロック校に出張し、昼間は法の執行機関で働いている受講者を対象に、夜間セミナーで「法と社会」を教えるよう頼まれたのだ。喜んで引き受け、始めてみると、受講者たちが、警察や保安官事務所での自分の仕事が憲法と市民の日常生活という骨組みのなかにどう組み込まれているのかということに心から関心を寄せているようで、教えていても楽しかった。

教職以外にも、政治との関わりを持ち続けて、ちょっとした興味深い法律がらみの仕事をした。州の民主党積極的差別是正措置《アファーマティヴ・アクション》委員会の委員長に任命されたためだ。この委員会は、マクガヴァンのルール（訳注　民主党が多数の有権者を予備選挙の候補者選出過程に参加させるために導入した全国的に適用される代議員選出ルール）の落とし穴にはまることなく、党の活動に参加する女性と少数民族の割合を確実に増やすことを目的に作られた。マクガヴァンのルールでは、人口統計上の集団ごとに全国党大会に出席する代議員を選出したが、なかにはまったく党の仕事をしたことがなく、票を全然集められない代議員がおおぜいいたのだ。委員長としての職務上、わたしは州内をあちこち旅して、白人黒人を問わず、この問題を気にかけている民主党員たちに会ってまわる機会を得た。

わたしを積極的に政治活動に関わらせていたもうひとつの事由は、選挙運動で作った借金の返済だった。わたしがたどり着いた返済方法は、結局、選挙運動資金を集めたときとかなり似通ったやりかただった。少額の駄賃稼ぎをせっせとこなしながら、大口の援助の手にありがたくすがるというものだ。最初に二百五十ドルの支援金を受け取ったのは、ジャック・イェーツからだった。オザーク地方の優秀な弁護士で、共同経営者のロニー・ターナーともども選挙ではたいへん世話になった人物だ。ジャックがその小切手をくれたのは、選挙が終わって二週間と経たないうちだった。次にいつどこからお金が入ってくるものやら、先の見えない毎日だったので、その心遣いは胸にしみた。悲しいことに、ジャックはわたしを救ってくれた二、三週間後に、心臓発作を起こして亡くなった。葬儀のあと、ロニー・ターナーからジャックが手がけていた塵肺《じんぱい》（黒色肺疾患）訴訟を引き継ぐ気はないかと持ちかけられた。ニクソン政権が新しい原則を広めて、受給資格をきびしくするとともに、すでに支給を受けている人々についても、再調査をさせていたのだ。わたしは週に一、二度、オザーク山地へ車で出かけて、ファイルを調べたり、年老いた炭鉱夫たちから話を聞いたりした。勝訴しなければ、その報酬からわたしの懐に入る手間賃もないという条件は承知のうえだった。

ロニーは、わたしが塵肺の問題を気にかけていることも、その給付金計画の仕組みに明るいことも知っていた。確かに塵肺の給付金計画が実施されたばかりのころは受給資格の評価基準が甘すぎて、必要がないのに給付金をもらった人々もいたのだが、政府の計画にはしばしばあるように、問題点を是正しようという試みが行き過ぎを招いていた。

ジャック・イェーツの訴訟を引き継ぐ前から、すでにわたしは塵肺の給付金をめぐって闘っている男に手を貸す約束をしていた。名前はジャック・バーンズ・シニア。フォートスミスの南にある小さな町の出身で、母が働くホットスプリングズのウォシタ病院の理事の父親だった。背丈は百六十センチちょっと、体重はせいぜい四十五、六キロしかなかった。バーンズは静かな威厳をたたえた昔気質の男で、塵肺でかなり体を壊していた。受給資格を満たしていたし、バーンズ夫妻はいろいろな支払いの足しにするために給付金をぜひとも必要としていた。何カ月かいっしょに仕事をしているうちに、わたしはバーンズの粘り強さと意志の強さに敬服するようになった。バーンズが給付金を勝ち取ったときは、自分のことのようにうれしかった。

ロニー・ターナーから渡されたファイルには、ジャック・バーンズのような訴訟が百件以上あったと思う。その仕事のために、フェイエットヴィルから〝豚のしっぽ〟と呼ばれるくねくねした道を通ってオザーク山地まで通うのは楽しかった。訴訟では、まず行政法判事ジェリー・トマソンのもとで聴聞が行なわれた。公正な共和党員の裁判官だった。上訴審は、フォートスミスの連邦判事ポール・X・ウイリアムズが担当した。ウイリアムズ判事も、長年その書記を務めているエルシジェイン・トリンブル・ロイも、ともに思いやりのある民主党員だった。ロイにはいろいろと骨を折ってもらい、とても助かった。カーター大統領がロイをアーカンソー州初の女性連邦判事に指名したとき、わたしは有頂天になった。

わたしが教職と政治と法律の仕事に精を出すあいだに、ヒラリーはフェイエットヴィルの生活に少しずつなじんできた。はた目にもこの土地が本当に気に入っていることがわかり、もしかしたら住み着いても構わないと思っていそうに見えた。ヒラリーは「刑法」と「法廷弁論」を教え、また訴訟扶助相談所の運営と、刑務所でボランティア活動に携わる学生たちの監督を行なった。はじめは年配の気むずかしい弁護士や判事の一部、それに学生のなかにも若干、ヒラリーのやりかたにとまどう者たちがいたが、やがてはみんなヒラリーの味方となった。刑事事件の場合、被告は弁護士を持つ権利が憲法で保証されているため、地方裁判所の判事たちは地元の弁護士に貧しい被告の法定代理を務めさせたが、刑事事件の貧しい被告は必ずといっていいほど弁護料を支払わなかったので、弁護士会はそういう事件をヒラリーの相談所に任せたがった。一年目で三百人以上の依頼人を引き受け、相談所はロースクール内の一機関として確固たる存在を築いた。その過程で、ヒラリーは法曹界の尊敬を集め、援助を必要とする多くの人々の力になり、実績を積み重ねて、数年後にはカーター大統領から国営の〝法律扶助機構〟の委員に任命されるに至った。

春学期の終わりに催されるイベント「法律の日」の主賓として、ジミー・カーターが講演した。大統領選挙に出馬する意向が明らかにうかがえた。ヒラリーとわたしが近づいてしばらく立ち話をしていると、リトルロックに行く用事があるのでいっしょに来てもう少し話さないかと誘われた。この歓談で、カーターにはじゅうぶん勝ち目があるというわたしの印象はさらに深まった。ウォーターゲート事件と山積する経済問題を経験してきたあとでは、中央政界の駆け引きと無縁な順風満帆の南部の州知事という存在は、さわやかなそよ風のように感じられ、一九六八年と七二年の選挙で民主党が失った票を取り戻すだけの魅力も備わっていると思えた。さかのぼること六カ月前、わたしはデイル・バンパーズのところへ行って、出馬を促すこんな発言をしていた。「一九七六年には、あなたみたいな人が選ばれますよ。それがあなた自身であっても不都合はないでしょう」。バンパーズはその気がないわけではなさそうだったが、無理な話だと答えた。上院議員に当選したばかりの身で、いきなり大統領選挙に立候補してもアーカンソーの有権者たちの支持は得られないだろうということだった。それはそうかもしれないが、バンパーズならすばらしい候補者になったろうし、とてもいい大統領が誕生したことだろう。

　仕事と友だち付き合いのほかに、ヒラリーとわたしはフェイエットヴィルの内外でいくつか予期せぬ出来事にあった。ある晩、わたしたちは幹線道路七一号線を南に下ってアルマまで、ドリー・パートンのライブを聴きに出かけた。わたしはドリー・パートンの大ファンで、その夜のコンサートはまた、俗に言う、乗りに乗った好演だったのだが、その晩の出来事であとあとまで大きな影響を残したのは、ドリー・パートンをアルマに招聘《しょうへい》したトニー・アラモと夫人のスーザンに初めて接したことだった。当時、アラモ夫妻はナッシュヴィルで、カントリーミュージックの多くの超一流スターを相手に凝ったステージ衣裳を販売していた。しかし、それは夫妻のひとつの顔にすぎなかった。トニーは、どことなく薬でハイになっているロイ・オービソン（訳注　カントリーミュージックのシンガーソングライター）といった風貌で、カリフォルニアでロックンロール・コンサートのプロモーターをやっているときに、スーザンと出会った。スーザンはアルマの近くで育ち、その後カリフォルニアに出て、テレビの福音伝道師になっていた。トニーはスーザンとチームを組み、それまでロックンロールの歌手たちをプロモートしてきたように、スーザンを売り込んだ。淡いブロンドの髪をしたスーザンは、テレビで説教をするときはよく床まで届く白いドレスに身を包んだ。スーザンは説教がとてもうまかったし、マーケターとしてのトニーの腕は抜群だった。ふたりは大きな農場の経営を中心に据えた小帝国を築き上げ、献身的な若い信者たちが労働力を提供した。ちょうど統一協会の指導者、文鮮明師に付き従う若者たちのように、みんなスーザンに心酔しきっていた。自分が癌に冒されたとき、スーザンはアーカンソーへの帰郷を望んだ。夫妻はスーザンの生まれ育った町ダイアーに大きな家を買い求めた。そして、アルマにドリー・パートンのショーが催されたコンサートホールを開くとともに、そこから通りを隔てたところに、ナッシュヴィルの店をひとまわり小さくしたカントリーミュージック用の衣裳の店を構え、毎週カリフォルニアの農場から大きなトラックにいっぱいの新鮮な食料を届けさせて、自分たちとアーカンソー派遣団の若い労働者たちの食事をまかなった。スーザンは自宅でテレビ出演し、まあまあの成功を収めたのち、ついに病に倒れた。亡くなったとき、トニーは、いつの日かスーザンをよみがえらせるという神のお告げがあったことを発表し、きたるべきその喜ばしい日に備えて、遺体をガラスの箱に納めて自宅に安置した。スーザンの再来の約束を頼みに、帝国の運営を続けようと試みたが、商品がなくてはプロモーターも腕の振るいようがない。しだいに運が傾いた。わたしが知事だったころ、トニーは税金の問題で州政府と大きな争いを起こし、一時、自宅に立てこもって非暴力的な絶縁状態のようなものを築いた。それからさらに一、二年して、ある年下の女性と付き合い始めた。すると、摩訶不思議！　ふたたび神のお告げがあって、やはりスーザンは甦らないことになったとかで、トニーはガラスの箱から遺体を取り出し、埋葬した。

　夏は、資金稼ぎにサマースクールの前期と後期の両方を教え、またヒラリーや友人たちとフェイエットヴィルの周辺をぶらついて楽しく過ごした。ある日、一時帰省するヒラリーを空港まで送っていったときのこと、カリフォルニア通りを走っていて、小さな美しい家の前を過ぎた。いびつな煉瓦《れんが》を積み重ねたような住居が道路から少し距離を置いて、石壁で前面を補強された小山の上に建っている。庭に〝売家〟の看板があった。ヒラリーが、かわいらしい家だという感想を洩《も》らした。空港からの帰り道、わたしはその家を調べてみた。百平方メートルちょっとの平屋で、寝室、バスルーム、朝食ルーム付きのキッチン、小さなダイニングルーム、そして豪華なリビングルームという間取りだった。リビングルームは梁が渡してあって、ほかの部屋より天井が五割がた高く、壁をくぼませて造った見栄えのいい暖炉と、大きな張り出し窓もある。ほかに網戸で囲った広いベランダもあって、一年の半分以上は客用寝室としても使えそうだった。エアコンはなかったが、屋根裏に取り付けてある大きなファンが威力を発揮した。価格は二万五百ドル。わたしは三千ドルの頭金を支払って、その家を買った。最初にそれだけ払っておけば、月々のローン返済額は百七十四ドルですんだ。

　ささやかな家財道具を新居に移し、家ががらんとして見えないよう、あれやこれやと新たに買い足した。ヒラリーが戻ってきたとき、わたしはこう言った。「きみがとっても気に入ってた小さな家があっただろ？　あれを買ったんだ。だから、結婚してくれないと困るよ。ひとりであそこに住むわけにはいかないもの」。そして家を見せに連れていった。住むにはまだいろいろと手を加えなくてはならなかったが、思いきって買い物をしたことで願いが叶った。ヒラリーはアーカンソーにとどまってもいいと思っていることさえ、まだわたしに内緒にしていたが、ついに承諾の返事をくれたのだ。

　一九七五年十月十一日、わたしたちはカリフォルニア通り九三〇番地の小さな家の大きなリビングルームで結婚式を挙げた。わたしたちの小さな家は、室内装飾家マリム・バセットの監督のもと漆喰《しっくい》を塗り直し、内装を新しくしてあった。バセットは腕がよいだけでなく、わたしたちの予算が乏しいことを理解してくれていた。例えば、朝食ルームに明るい黄色の壁紙を選ぶのは手伝ってくれたが、貼る作業はわたしたちだけで行なった。わたしの不器用さはここで再確認されてしまった。わたしの気に入っていた古風なヴィクトリアン・レースのウェディングドレスを着たヒラリーとわたしは、ヒラリーの両親と弟たち、わたしの母とロジャー（花婿の付き添い人）、それにごく親しい友人たちの見守るなか、ヴィク・ニクソン師に式を挙げてもらった。参列したヒラリーの友人は、パークリッジのころからの大の親友ベツィ・ジョンソン・エイバリングとその夫のトム、ウェルズリー時代のクラスメートであるジョハンナ・ブランソン。わたしのほうは、若いいとこのマリー・クリントン、選挙キャンペーンの会計責任者F・H・マーティンと夫人のマーナ、ロースクールでわたしたちふたりがいちばん親しくしているディック・アトキンソンとエリザベス・オーゼンボー、そして幼なじみで疲れを知らぬ選挙運動員パティ・ハウだった。ヒュー・ロダムは、中西部のメソジスト派である自分の娘をアーカンソーのオザーク山地に住む南部バプテスト派の男に嫁がせようとは夢にも思っていなかったらしいが、現実はそうなった。それに先立つ四年前から、わたしは未来の義父やロダム家の家族たちに受け入れてもらおうと努力していた。気に入られたと思いたかった。なにしろ、わたしのほうはすっかりロダム家の人たちに夢中になっていたのだから。

挙式のあと、二、三百人にのぼる友人たちがヘンリー夫妻宅で開かれた披露宴に集い、その晩はビリー・シュナイダーの〈ダウンタウン・モーター・イン〉で踊り明かした。朝の四時ごろ、ヒラリーとわたしが床に就いたとき、義弟のトニーから電話が入った。ワシントン郡の留置場にいると言う。パーティーのあとで、客のひとりを家に送り届ける途中、州警察の警官に呼び止められたのだが、理由はスピード違反でも蛇行運転でもなく、すっかりできあがったその女性客が後ろの窓から足を突き出してぶらぶらさせていたからだった。それで停車を命じられ、取り調べを受けて、運転手までが酒気を帯びていることがばれてしまい、警察署に連行されたというわけだ。わたしが保釈金を払いに留置場へ行くと、トニーはがたがた震えていた。看守の話によると、保安官のハーブ・マーシャル――わたしが好感を持っている共和党員――の指示で、酔っぱらいが嘔吐しないよう夜間は室温を非常に低くしてあったのだ。そこを立ち去ろうとしたとき、トニーがもうひとり、ピーター・フォンダと映画を製作するために町に来ていた男も出してやってくれないかと頼むので、承諾した。その男はトニーよりも震えがひどく、自分の車に乗り換えて帰ろうとしたとき、ヒラリーの小さな黄色いフィアットにもろに追突した。保釈金を払って出してくれた恩人に、その男は車の修理代を支払わなかった。留置場の床に胃の中のものをぶちまけないだけのマナーは持ち合わせていたようだが……。こうして、妻帯者としてのわたしの第一夜が明けた。

ずいぶん長いあいだ、わたしは自分が結婚するとは思っていなかった。いざ結婚してみると、しっくりとなじんだ。しかしこの先、わたしたち夫婦がどうなるのか自信はなかった。

わたしたちほどその結婚について数多く書かれ、話されてきた夫婦はアメリカにいないのではないかと思う。他人の結婚生活について勝手に分析したり批判したり訳知り顔で語ったりする人々に、わたしは常に驚かされてきた。結婚して三十年近くが経ち、友人たちが別居、和解、離婚を経験するのをそばで眺めてきて、わたしは結婚というものは、それに伴う魔法も苦悩も、それがもたらす充足感も幻滅も、すべてを含めて不可思議なものであり、当事者が理解しようとして簡単にできるものではないし、ましてや第三者にとってはほとんどわかりえないものであると、しみじみ思うようになった。一九七五年十月十一日のわたしは、そういうことには無知だった。わかっていたのは、わたしがヒラリーを愛し、人生を、仕事を、そして今やふたりに共通の存在となった友人たちを愛し、これからふたりでできることに夢を膨らませているという事実だけだった。ヒラリーのことを自慢に思っていたし、けっして完璧とは言えなくとも絶対に退屈することがないと言いきれる、そんな関係を結べることに胸を躍らせていた。

眠れない結婚初夜を過ごしたあと、わたしたちは仕事に戻った。ロースクールは学期半ばだったし、塵肺訴訟の審問に立ち会わなくてはならなかった。ようやくアカプルコ（メキシコ）への新婚旅行に旅立てたのは二カ月後で、それもヒラリーのご家族御一行様プラス弟のガールフレンドが随行するという変わった新婚旅行だった。一週間、すばらしいペントハウスのスイートルームにみんなでいっしょに宿泊し、浜辺を歩いたりレストランを回ったりして楽しんだ。確かに新婚旅行らしくはなかったが、わたしたちは最高に愉快なひとときを過ごした。わたしはヒラリーの母親ドロシーの大ファンになったし、父親や弟たちとピノクル（訳注　アメリカに古くからある国民的なカードゲーム）をしたり、とっておきの話を披露し合ったりした。話を語るのはわたしも得意だが、ロダム家の面々も同様で、全員が語り上手だった。

アカプルコで一冊、アーネスト・ベッカーの『死の拒絶』を読んだ。新婚旅行で読むには重めだが、そのときわたしは実父の享年を一歳だけ上回り、ちょうど大きなステップを踏み出したところでもあったので、人生の意味を探るには絶好の時期だと思えた。

ベッカーによると、わたしたちは成長の過程のどこかで死を意識し始め、それから、まわりの知っている人間、愛している人間が死ぬという現実に気づき、そして、自分もやがては死ぬという事実を悟るに至る。たいていは、それを避けようとして手を尽くす。その一方でわたしたちは、ほとんど自分ではわけのわからないままに、アイデンティティと、幻想でしかない自信を抱え込む。肯定的な意味でも、否定的な意味でも行動を追い求め、その行動が、ありきたりの生存という鎖に縛られないところ、そしておそらくわたしたちが死んだあとも存在し続けるところにまで、わたしたちを引き上げてくれることを期待する。それらはみな、わたしたちが最後は必ず死ぬ運命にあるという疑いようのない事実に逆らおうとするやけっぱちの奮闘にほかならない。力と権力を得ようとする者もいれば、ロマンチックな恋愛やセックス、あるいは放埓三昧《ほうらつざんまい》を求める者もいる。偉大なことを成し遂げようとする者もいれば、善行を施し善人であろうとする者もいる。成功しようと失敗しようと、わたしたちはやはり死を迎える。むろん、唯一の慰めは、わたしたちが創造されたものである以上、造物主がいるはずであり、わたしたちを気にかけているその造物主のもとへ、ある意味で、帰っていけるということだ。

ベッカーの分析は、わたしたちに何をするよう求めているのだろう？　ベッカーはこう結論を導いている。「人生を前へ押し進める勢いとなるものが、この先どういう形で現われるかは誰にもわからない……わたしたちの誰にでも、いちばん行なえそうなことは、何か――物体もしくはわたしたち自身――をこしらえて、それを混乱のなかに突き落とし、言ってみれば、生命力への供え物とすることだ」。アーネスト・ベッカーは『死の拒絶』の出版直前にこの世を去ったが、どうやらイマヌエル・カントの人生の試練、つまり「森羅万象のなかで人間に指定された場所をいかに間違いなく占めるか、そしてそうすることから、人間であるためにはどうあるべきかをいかにして学ぶか」という考えかたに出会っていたようだ。わたしは物心ついてからずっとそういう試練を受け止めようと努めてきた。ベッカーの本は、わたしのその努力が有意義なものであることを得心するのに役立った。

十二月、わたしはまたひとつ、政治に関して決断を下さなくてはならなかった。わたしの支援者の多くが下院選挙への再出馬を求めていた。借金もかたづいて、再挑戦の気運が高まりつつあった。わたしはというと、たとえジミー・カーターが党の指名を獲得したとしても、今度ハマーシュミット下院議員を打ち破るのは前回よりむずかしいだろうと考えていた。もっと大事なのは、わたし自身のなかで、ワシントンに行きたいという思いがしぼんでしまったことだ。アーカンソーにとどまりたかった。州政への関心が深まってきていた。その理由の一端は、ジム・ガイ・タッカー州司法長官の依頼を受けて、クレジットカードの利率設定にからむ反トラスト訴訟で、連邦最高裁判所に提出する上訴趣意書を州のために作成したことだった。ジム・ガイは、ウィルバー・ミルズの引退で空く連邦下院議員の議席を狙って立候補する予定だったので、州司法長官の座が空席になるわけであり、わたしはそれにたいへん心を誘われていた。

それを熟考していたとき、シティバンクに勤めている友人のデイヴィッド・エドワーズが電話をよこし、いっしょにハイチに行かないかとわたしとヒラリーを誘った。航空会社のマイレージサービスでマイル数がかなり貯まったので、チケットを結婚祝いにしたいと言う。メキシコから戻ってまだ一週間も経っていないのに、わたしたちはまた旅に出た。

一九七五年の終わりころには、パパ・ドク・デュヴァリエが政治の表舞台から去り、若くでっぷりとした息子の、通称〝ベイビー・ドク〟が大統領として独裁を引き継いでいた。ある日、わたしたちはベイビー・ドクの姿を見ることができた。ポルトープランスの大統領官邸から車で大きな広場を横切り、ハイチ独立の記念碑、解放されたたくましい奴隷が法螺貝《ほらがい》を吹いている像に花輪を捧げるところだった。秘密警察として悪名高い〝トントン・マクート〟が至るところにいて、サングラスと機関銃でまわりを威圧していた。

デュヴァリエ親子は、支配と略奪と失態を繰り返して、ついにハイチを北半球で最も貧しい国にしてしまった。ポルトープランスにはまだところどころ美しい場所が残ってはいたが、街に漂うのは色あせた過去の栄光の面影だった。とりわけ国立の大聖堂で見たほつれた絨毯《じゅうたん》や壊れた信者席などが心に残った。政治と貧困にもかかわらず、わたしはハイチ人に魅了された。快活で理知的な国民に思えたし、美しい民芸とうっとりするような音楽を生み出していた。多くの人が逆境に耐えるだけでなく生活を楽しんでいる、その生きかたにわたしは目をみはった。

なかでも前にニューオーリンズで垣間見たことのあるブードゥー教とその文化に、そしてハイチではそれがカトリック教と共存していることに、とりわけ興味をそそられた。

ハイチのこの伝統的な宗教の名称は、ブードゥー発祥の地、西アフリカ、ベニンのフォン語に由来している。ブードゥーは〝神〟もしくは〝精霊〟を意味する言葉で、映画によく登場する黒魔術や妖術というような含みはない。ブードゥー教の中枢を担う儀式は舞踏で、踊りのあいだに精霊が信者に乗り移る。旅も佳境を迎えたある日、わたしはブードゥー教の儀式を見学するチャンスを得た。ポルトープランスにいるデイヴィッドの勤め先の知人が、わたしたち三人を近くの村で、ブードゥー教の司祭として異彩を放つ人物に会わせてくれることになったのだ。マックス・ボーヴォアール司祭はパリのソルボンヌ大学に学び、ニューヨークで仕事をしていた経験があり、通算十五年間を海外で暮らしていた。夫人はブロンドの髪をしたフランス人で、若く聡明な娘がふたりいた。もともと化学技師として独立していたのだが、ブードゥー教の司祭だった祖父が、死ぬ間際にマックスを後継者に選んだ。マックスは信者だったのでそれに従ったが、フランス人の妻と西洋風に育った娘たちには抵抗があったにちがいない。

わたしたちは午後遅く、旅行者向けの舞踏の儀式が始まる一時間ほど前に着いた。マックスが活動費用をひねり出す手段として有料で催しているものだ。マックスの説明によると、ブードゥー教では、精霊を通じて神の存在が人間の目に明らかになる。そして精霊は、微妙なバランスを保っている光と闇、善と悪を象徴している。ブードゥー教の教義をざっと教わったあと、ヒラリー、デイヴィッド、わたしの三人はふたたび外の開けたところに案内され、ほかの客たちに混じって席に着いた。みんな舞踏の儀式で精霊が呼び出されて踊り手の体に乗り移るさまを、自分の目で確かめにやってきた者たちだ。太鼓の響きに合わせたリズミカルな踊りが数分続いたころ、精霊が降りてきてひとりの男と女をとらえた。と、男が燃えさかるたいまつを体じゅうにこすりつけ、真っ赤に熱した石炭の上を歩いた。火傷《やけど》ひとつしなかった。女は、狂乱のていで繰り返し悲鳴をあげると、生きている鶏をつかんでその首を噛み切った。それから精霊は去り、神懸かり状態にあったふたりは地面に倒れた。

この奇怪な出来事を目撃してから数年後、ハイチでゾンビ、つまり死人が歩き回るという現象を解明しようとしていたハーヴァード大学のウェイド・デイヴィスという科学者が、やはりマックス・ボーヴォアールに会いに行った。著書『蛇と虹――ゾンビの謎に挑む』によると、デイヴィスはマックスとその娘の助力を得て、死んだとしか思えない人間が生き返るというゾンビの謎を解き明かした。ゾンビとは、秘密結社などで一部の違反行為に対する罰として毒を投与された状態なのだ。この毒はテトロドトキシンといって、河豚《ふぐ》から抽出される。適量で体が麻痺し、診察医でさえ患者が死んだと考えるレベルにまで呼吸が低下する。毒の効果が消えれば、目を覚ます。似たような例は河豚を食する日本でも報告されていて、しかるべく調理されていれば珍味として喜ばれ、そうでなければ死を招く。

門外漢でありながら、ブードゥーについて聞きかじったことをこうして詳しく述べたのは、わたしがこれまで常に人生について、自然について、そして実質的にあらゆる文化に通底する、この世界には人類が誕生する以前から存在し、わたしたちすべてが消滅しても存在し続ける非物質的な超自然の力が働いているという信念について、異文化がそれをどう解釈しているかに並々ならぬ興味を抱いてきたからだ。ハイチ人の考える神がわたしたちの日常で存在を明らかにする方法は、たいていのキリスト教徒やユダヤ教徒、イスラム教徒がそれぞれ考えるそれとは大きく違っているが、ハイチ人の体験の記録は、確かに、主のなされることは神秘に満ちている、という古くからの格言を実証するものだ。

ハイチ旅行から戻るころには、州の司法長官選挙に立候補する決心を固めていた。党の指名を争う予備選挙では、ほかにふたりの候補者がいた。州務長官のジョージ・ジャーニガンと、ジム・ガイ・タッカーの司法長官室で消費者保護部門の長を務めているクラレンス・キャッシュ。両人ともはっきりした主張を持ち、年上といってもわたしとあまり離れていなかった。ふたりのうちではジャーニガンのほうが、プライアー知事の組織内やいくつかの郡裁判所、それに州内の保守派のあいだに友人が多く、手強そうだった。珍しいことに、共和党側では立候補の届け出をした者がなく、わたしにとっては唯一、本選挙での対立候補がいない選挙となった。

選挙運動の本拠地はやはりリトルロックに置く以外にないと考えていた。州都であることに加えて、地理的にも州の真ん中にあるうえ、票数でも資金集めでも最も期待できる街だった。わたしは州会議事堂から通りを二、三本隔てたところにある古い家に本部を構えた。ジョーンズボロー出身の若い銀行家ウォリー・デロークに選挙対策委員長を頼んだ。選挙対策本部長は、下院議員選で見せた腕を買ってスティーヴ・スミスに引き受けてもらった。選挙事務所はリンダ・マギーが乏しい予算をやりくりしてみごとに切り回した。わたしたちは十万ドル足らずでキャンペーン全体をまかなったのだ。リンダは長い時間、事務所をあけ、請求書の支払いをし、有志の運動員たちを指揮してみせた。わたしが寝泊まりする場所は、当時ユニオン銀行の副社長だったポール・ベリーが提供してくれた。わたしは以前、ポールがマクレラン上院議員のアーカンソー事務所を任されていたときに知り合い、この男に好感を持っていた。ポールの数ある心遣いのなかでもとりわけ忘れられないのは、自分のアパートにひとつしかないベッドをあくまでわたしに譲り、わたしの帰りが朝の二時、三時になってもあけておいてくれたことだ。毎晩、わたしが疲れ果てて帰ってくると、ポールはリビングルームのソファで眠っていて、キッチンには明かりが灯り、わたしの好きなおやつ、ピーナッツバターと人参が用意してあった。

マック・マクラーティやヴィンス・フォスターなどの旧友が、リトルロックの実業界とプロフェッショナルたちのコミュニティに切り込むのを助けてくれた。労働組合の指導者たちからは引き続きかなりの支持を得ていたが、ある嘆願書に署名するのを拒んだためにその一部を失ってしまった。アーカンソーの労働権確立法を無効にする提案を十一月の一般投票に持ち込もうという、労組の取り組みを支持する署名運動だった。労働権確立法は、労働組合のある工場で組合費を払わずに就労できることを確約した法律だった。当時、その法律は、自由を尊重するわたしの心情に訴えかけた。のちに、マクレラン上院議員がわたしの取った立場に深く感銘を受け、自分の後援者たちに電話をかけて上院議員がわたしを推していることを伝えるよう、ポール・ベリーに指示したことを知った。その数年後、わたしは労働権についての考えかたを変えた。誰にしろ、普通は組合があればこそ確保されている、より高い給料や、医療保険、退職金などの手当を、組合に貢献せずに手に入れるのは間違っていると思う。

第三区に築いたわたしの地盤は安泰のようだった。一九七四年に働いてくれた人たちが今回も喜んで動こうとしていた。ヒラリーの弟たちからも力を得た。ふたりは今やフェイエットヴィルに越してきて、アーカンソー大学に通う学生だった。義弟たちはわたしとヒラリーの生活にも多くの楽しみをもたらした。ある晩、ヒラリーとわたしはふたりのところに夕食に呼ばれ、平和部隊でコロンビアに行ってきたヒューの冒険談を夜更けまでたっぷりと聴かせてもらった。ガブリエル・ガルシア・マルケスの『百年の孤独』から抜き出したような話ばかりだったが、本人はすべて本当にあった話だと断言した。ヒューはまたピニャコラーダ（訳注　ラム酒にパイナップルジュースとココナッツミルクを混ぜた飲料）をふるまってくれた。フルーツジュースのような味だが、けっこうきつい酒だった。二時か三時を回ったころ、わたしは眠くてたまらなくなり、表に出て、ジェフ・ドワイアーから受け継いだシボレー〈エルカミノ〉ピックアップ・トラックの荷台に乗り込んだ。荷台には人工芝が張ってあったので、わたしは羊のようにすやすやと眠った。ヒラリーが代わりに車を運転して帰り、翌日、わたしは仕事に戻った。あの古ぼけたトラックは大好きだったので、完全にだめになるまで乗り回していた。

州内を見渡したところ、第三区外ではわたしの生まれた町ホープの内外、それに親類のいる五つ六つの郡で強力な支持を得ることができた。また州の中央部、南部、東部の黒人票に関しては、元教え子で弁護士を開業している者たちのおかげで好調な滑り出しだった。さらに民主党の活動家たちのなかでも、ハマーシュミットとの一騎打ちに外から声援を送っていた者や、わたしの積極的差別是正措置《アファーマティヴ・アクション》委員会の仕事に関わった者たちが支持を表明していた。しかしそれでも、州全体を網羅するにはまだあちらこちらに大きな穴が目立った。キャンペーンでは、大筋においてその穴を埋めることに力が注がれた。

州内を遊説するうちに、新しい政治勢力の台頭と競い合うことになった。ヴァージニア州出身のバプテスト保守派の牧師ジェリー・フォールウェルが創始したモラル・マジョリティ（道徳的多数派）という宗教的政治団体だ。フォールウェル師はテレビの福音伝道で獲得した多数の崇拝者を基盤に、キリスト教原理主義と右派の政治活動に取り組む全国規模の組織を築こうとしていた。どこと限らず、わたしは握手をしている相手から、キリスト教徒かと質問されることがある。そうだと答えると重ねて、信心深いキリスト教徒かときいてくる。これにも肯定の答えを返すと、さらにいくつか、どうもフォールウェルの組織が用意しているらしい質問が続くのが常だった。あるとき、リトルロックから五十キロほど離れたコンウェイで遊説中に、不在者投票の行なわれる郡書記官の事務所に顔を出した。と、そこで働いていた女性のひとりがわたしに質問を浴びせ始めた。どうやら質問のどれかにまずい返事をしてしまったらしく、まだ郡庁舎の建物から出ないうちに、その女性を含めて四票を失うはめになった。わたしは途方に暮れた。宗教の質問には意に染まない答えをする気はなかったし、かといって票を失う一方ではたまらない。わたしは敬虔でリベラルなメソジスト派であるバンパーズ上院議員に電話をかけて、助言を求めた。「ああ、わたしもしょっちゅうあるよ」と、上院議員。「だが、絶対に最初の質問を突破させせないようにしている。キリスト教徒かときかれたら、こう答えるんだ。『もちろんそうありたいと思っているし、そのための努力を欠かしたことはない。しかし実のところ、その質問の答えを裁けるのは神だけだと考えているんだ』。たいてい、それで相手は黙るよ」。バンパーズが話し終わると、わたしは笑いながら、それを聞いてなぜバンパーズが上院議員で、かたやわたしは、しがない司法長官候補なのかがわかったと伝えた。以後、キャンペーンではバンパーズの答えを借用した。

この選挙戦で最も愉快な出来事は、アーカンソーの北東の端にあるミシシッピ郡で起こった。ミシシッピ郡にはブライスヴィルとオシオーラの二都市と、莫大な農地を持つ農場経営者たちの支配する多数の町があった。ということは、農場労働者と農場からの注文に頼る小さな店の店主たちは、農場経営者の選ぶ人物——通例、立候補者のうちいちばん保守的な人間——に投票するものと相場が決まっている。今回それはジャーニガン州務長官だった。ミシシッピ郡にはまた、郡判事〝ジャグ〟・バンクスを長とする強大な地元の組織があり、そのバンクス判事もジャーニガンを支持していた。お手上げ状態に思えたが、無視するには大きすぎる郡だったので、ある土曜日、一日かけてブライスヴィルとオシオーラを回って歩いた。道連れなしの遊説で、控えめに言っても、気の滅入る一日となった。

どちらの街でも、元教え子たちの尽力でいくらかの支持を見出せたものの、会った相手の大部分はわたしを支持しないか、わたしを知らないか、知りたいとも思わない人々だった。それでも、差し出される手があればすべて握り、夜の十一時ごろオシオーラで活動を終えた。リトルロックまでまだ三時間のドライブがあることに気づき、運転中に居眠りはしたくなかったので、ようやくあきらめたという感じだった。

小さな集落の連なりを抜けながら南に進むうちに、朝から何も食べておらず空き腹を抱えていることを思い出した。ジョイナーという場所を通りかかったとき、ビール酒場に明かりが点いているのが見えた。食事も出していることを期待して、車を停め、店に入った。中には、カウンターの向こうにひとりと、ドミノゲームをしている四人の男がいるだけだった。ハンバーガーを注文し、いったん外に出て公衆電話からヒラリーに電話をかけた。ふたたび店内に足を踏み入れたとき、ドミノの男たちに自己紹介をしようと決めた。順繰りに挨拶した三人までは、その日会った多くの人々と同じでわたしを知りもしなければ興味も起こさなかった。四人めの男は顔を上げて微笑んだ。わたしはその男に言われた最初の言葉をけっして忘れないだろう。「兄ちゃん、あんた、ここじゃ、叩きのめされるぞ。わかってるんだろ」。わたしは、一日遊説してそういう印象を得ていたが、それが正しいことを自分の耳で確かめたのは残念だと答えた。「そう、叩きのめされる」。そう言って、男が続けた。「あんたは大学にいる長髪のヒッピー教授《せんせい》だ。おれたちの目から見りゃ共産主義者だ。だがな、いいことを教えてやろう。土曜の晩の真夜中にジョイナーのビール酒場で選挙運動を始めようなんてやつは、誰であろうと、投票区のひとつは勝ち取って当然だ。だから、息をひそめて見ていろよ。あんた、ここでは勝つぜ。ただし、この郡で取れるのは、そのひとつぽっきりだ」

男はR・L・コックスといい、約束を守った。選挙の夜、大農場主が支配するほかの投票区でわた

父、ウィリアム・ジェファソン・ブライズ。1944年

父と、母のヴァージニア・キャシディ・ブライズ、シカゴのパーマーハウス・ホテルにて。1946年

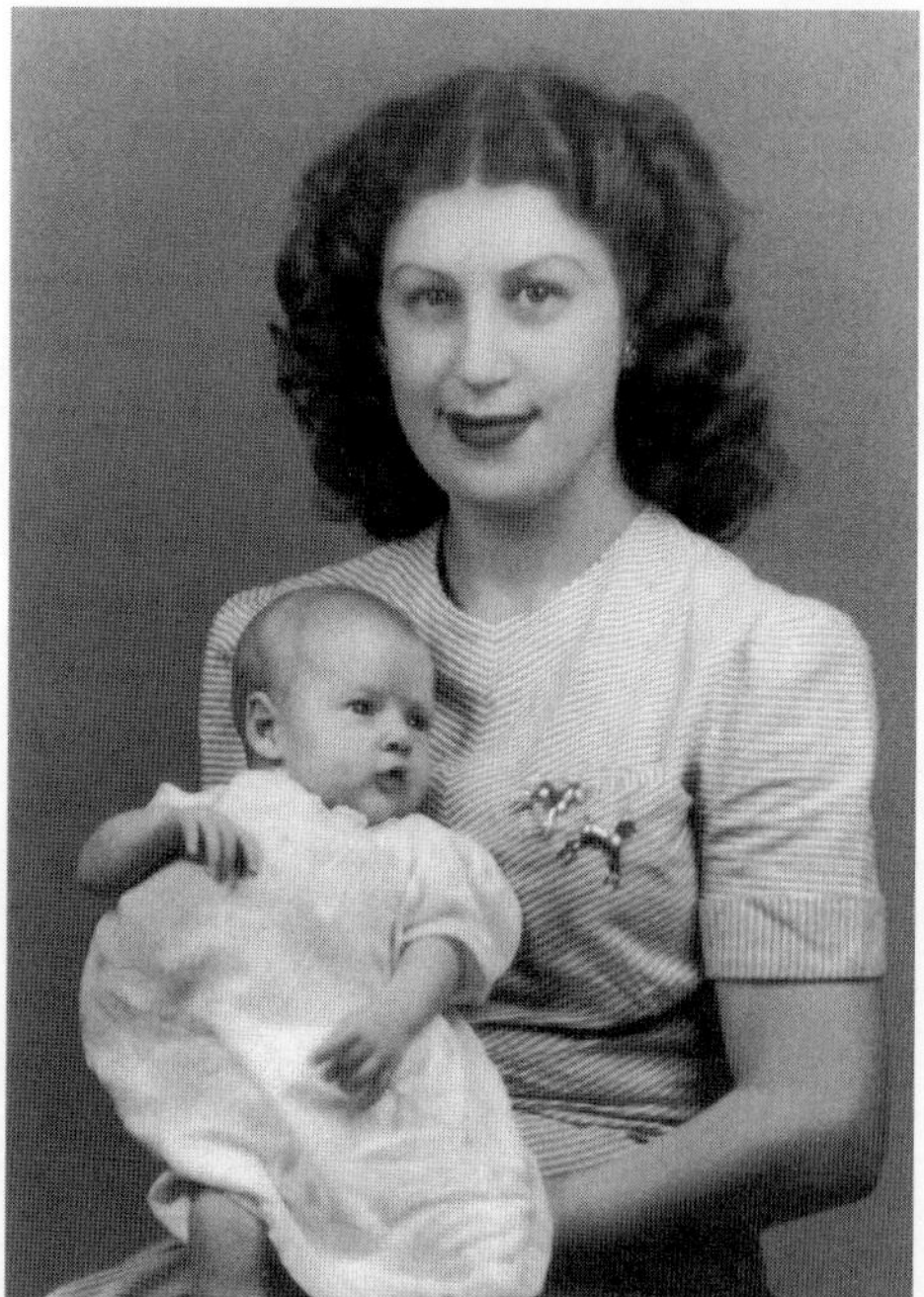

母とわたし

1949年のわたし。
左上、母が看護師研修のためにニューオーリンズへ発った日、実父の墓の前で。中上、わが家の裏庭で。右上、母の日にポーズをとって

祖母のエディス・グリシャム・キャシディ。付き添い看護師だった。1949年

祖父のジェイムズ・エルドリッジ・キャシディ（右）。アーカンソー州ホープの彼の経営する食料雑貨店にて。1946年

ホープにあったリトル・フォークス幼稚園のマリー・パーキンズ先生の教室。私はいちばん左、隣りがヴィンス・フォスター、後列にマック・マクラーティがいる

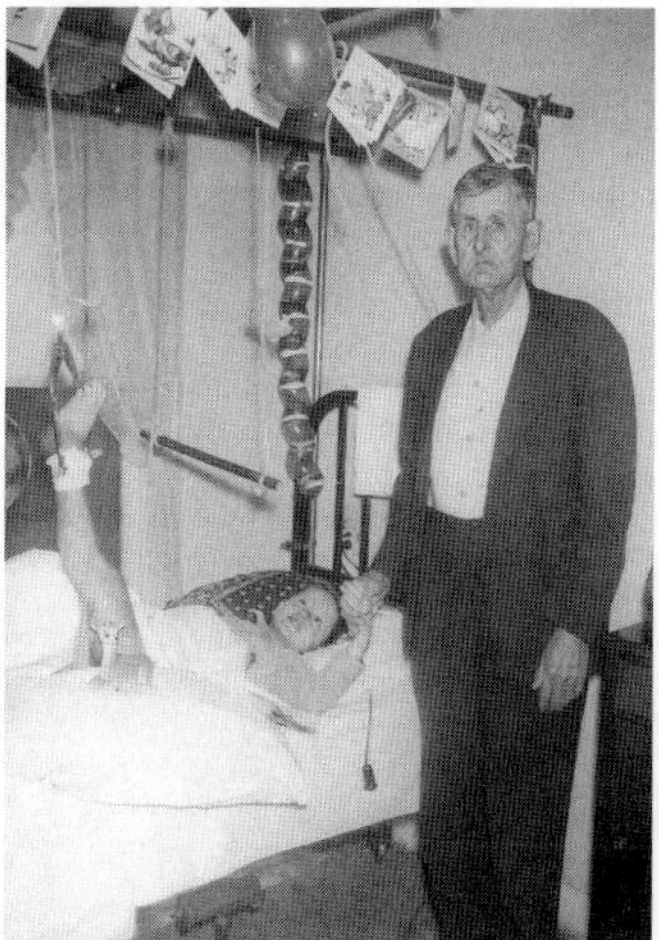

わたしが脚の骨を折ったときに病院に見舞いに来てくれた曽祖父のレム・グリシャム。1952年3月

人生の光明のひとつだった大叔父バディ・グリシャムと。最初の大統領選挙戦の最中

父さん（継父のロジャー・クリントン）

母と父さん。1965年

ホープのわが家で父さんと。1951年

弟のロジャーとわたし。ふたりの面倒をみてくれていたすばらしい女性、コーラ・ウォルターズと

高校の卒業アルバムから。“スリー・キングズ”という名のほうがよく知られていた“スリー・ブラインド・マイス”の演奏風景。ピアノ担当のランディ・グッドラムとドラム担当のジョー・ニューマン

前列のカメラマンの後ろにいるのがわたし。1963年7月24日にローズガーデンでジョン・F・ケネディ大統領がボーイズ・ネーションの代表に語りかけてくれた

デイヴィッド・レオプーロスとわたしは、1964年にホットスプリングズ高校のバンド・バラエティー・ショーで司会を務めた

母とロジャー、愛犬スージーとわたし。雪の積もったパーク通りの家で。1961年

キャロリン・イェルデル、デイヴィッド・レオプーロス、ロニー・セシル、メアリ・ジョー・ネルソンら、友人とのピクニック

1966年の州知事選挙で出会いの挨拶をする半袖シャツ姿のフランク・ホルト（わたしは明るい色のスーツ姿）

1968年、ジョージタウン大学卒業式で、弟とクラスメートとともに。（左より）キット・アシュビー、トミー・カプラン、ジム・ムーア、トム・キャンベル

オックスフォード大学でのルームメイト、ストローブ・タルボット（左）とフランク・アラー。わたしは、髭面期にいる

1969年１月３日、ジェフ・ドワイアーと母の結婚式に突然帰郷して母をびっくりさせた。ジョン・マイルズ牧師が司宰して、わたしが新郎の付添い人を務めた。前列にいるのはロジャー

1989年9月、わたしの師であるJ・ウィリアム・フルブライトと、その管理補佐のリー・ウィリアムズと。ジョージタウン大学在学中に、わたしはフルブライトの外交問題委員会の補助事務員として働いていた

イェール大学ロースクール法律家連合のクラスメートと並んだヒラリーとわたし

ジョージ・マクガヴァンの選挙運動。1972年テキサス州サンアントニオにて

フェイエットヴィルのアーカンソー大学ロースクールで教鞭をとる

わたしの選挙対策委員長のジョージ・シェルトン、会計責任者のＦ・Ｈ・マーティンとともに。ふたりともわたしが大統領になる前に亡くなってしまったが、両方の息子たちがわたしの政府で働いてくれた

知事前任者であるデイル・バンパーズとデイヴィッド・プライアーとともに選挙運動をする

1974年の下院議員選挙運動

1975年10月11日の結婚式

選挙運動中にわたしの32歳の誕生日を祝う。ヒラリーはサングラスをかけている

1979年1月9日に州知事就任の宣誓を行なったあと、アーカンソー州議会で演説をする

アーカンソー州の若き指導者たち。1979年。ポール・リヴィア総務長官（31歳）、クリフ・フーフマン州上院議員（35歳）、わたし（32歳）、ジミー・ルー・フィッシャー州会計検査官（35歳）、スティーヴ・クラーク州司法長官（31歳）

チェルシーとジークとともに

ヒラリー、キャロリン・ヒューバー、エマ・フィリップス、チェルシー、イライザ・アシュリーが1980年に州知事公邸で、イライザの誕生日を祝う

1982年、州知事選立候補を表明。ヒラリーはこの写真に「チェルシーの二回目の誕生日、ビルの二度目のチャンス」と書いた

わたしの最強のアーカンソー州支援者3人。モーリス・スミス、ジム・プレジャー、“ビル”・クラーク

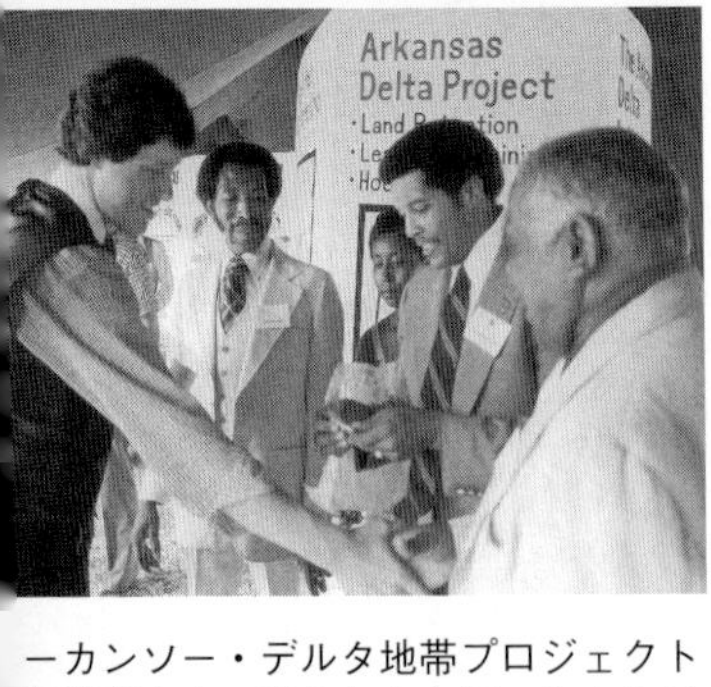

ーカンソー・デルタ地帯プロジェクト指導者たち。彼らとともに、わたしはの地域の経済的発展をもたらした

高校成績優秀者の日に州知事公邸を訪れて、アーカンソー州の各高校の卒業生総代や成績優秀者を賞賛する親と生徒たち

日本の三洋電機の工場で（上）

トスコの工場でのわたしの就業日（左）

（左から）ヘンリー・オリヴァー、グロリア・ケイブ、キャロル・ラスコー

1984年の知事会議開催中にナッシュヴィルで行なわれた「グランド・オール・オープリー」の会場。わたしはミニー・パールの隣りに立っている。ヒラリーは左端にいる

チェルシーの初めての登校日

1983年のヒラリーの誕生日に、ベツィ・ライトとわたしがびっくりパーティーを開く

「宣言の日」のために、わたしが手にしている蛇「ボア・デレク」を楽しそうに見ているチェルシー

1991年１月、州知事就任祝賀舞踏会にて、チェルシー、ヒラリーとダンスをする

ビリー・グレアムと、わたしの牧師W・O・ヴォート博士。1989年秋

（左より時計回りに）ロティ・シャクルフォード、ボビー・ラッシュ、アーニー・グリーン、キャロル・ウィリス、アヴィス・ラヴェル、ボブ・ナッシュ、ロドニー・スレイターとともに。1992年7月の民主党全国大会にて

ティッパー・ゴアが撮影した遊説中の写真。ニューハンプシャー州キーンで

ジョージア州ストーン・マウンテンでの遊説

「作戦室」で、ジェイムズ・カーヴィル、ポール・ベガラとハイタッチをする

ヒラリーとわたしのために、ウォール街が繰り出す

1992年、西海岸にて
左上　シンコ・デ・マヨ
上　シアトルでの集会
左　ロサンジェルスで支持者に挨拶
下　ロサンジェルス暴動後の祈祷会

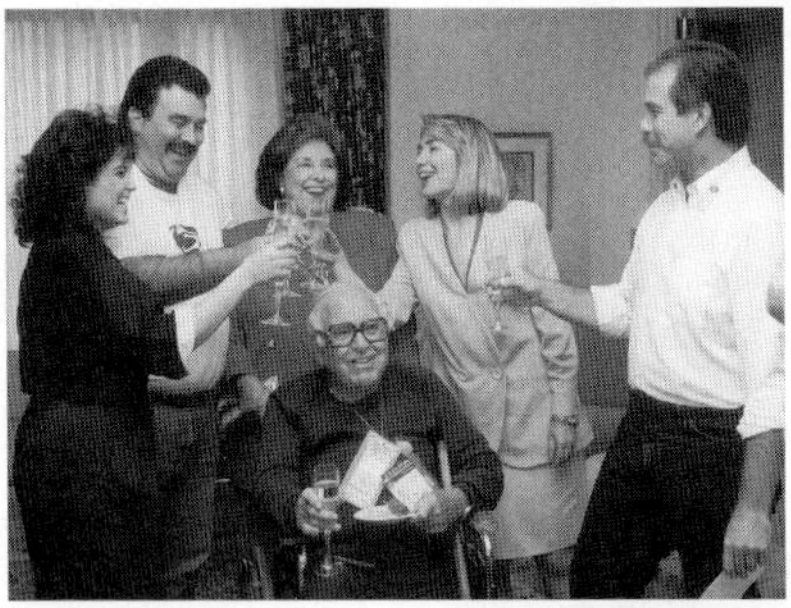

ロダム一家。(左より)マリア、ヒュー、ドロシー、ヒラリー、トニー。ヒラリーの父ヒューは坐っている

選挙運動チーム

バス・ツアー

ヒラリーとわたし、ティッパーとアルのゴア夫妻、ジミー・カーター元大統領、〈ハビタット・フォー・ヒューマニティ〉の創設者ミラード・フラー（左）が、ティッパーとわたしの合同誕生日を祝う

リッチモンド大学での討論会における、ジョージ・H・W・ブッシュ大統領、ロス・ペロー、わたし

《アーセニオ・ホール・ショー》

1992年11月3日、大統領選挙投票日

大統領当選翌日　母と

大統領当選翌日　キャロリン・イェルデル・ステイリー邸にて
（最前列）母、シア・レオプーロス、（二列目）ボブ・アスペル、わたし、ヒラリー、グレンダ・クーパー、リンダ・レオプーロス、（三列目）キャロリン・ステイリー、デイヴィッド・レオプーロス、モーリア・アスペル、メアリ・ジョー・ロジャーズ、ジム・フレンチ、トミー・カプラン、フィル・ジャミソン、ディック・ケリー、キット・アシュビー、トム・キャンベル、ボブ・ダングルモンド、パトリック・キャンベル、スーザン・ジャミソン、ゲイルとランディのグッドラム夫妻、サーデウス・レオプーロス、エイミー・アシュビー、ジムとジェーンのムーア夫妻、トムとジュードのキャンベル夫妻、ウィル・ステイリー

しは完敗を喫したが、ジョイナーでは七十六票を獲得し、ほかのふたりの候補者は四十九票だった。ミシシッピ郡でわたしが勝ったのは、ブライスヴィルのふたつの黒人区を除けば、そこだけだった。ブライスヴィルの二区は、選挙日の前の週末に、黒人の葬儀場経営者ラヴェスター・マクドナルドと地方紙の編集者ハンク・ヘインズが劣勢を覆してくれたのだった。

幸いにも、わたしはほかの郡ではすべてもっとよい結果を収め、親戚と仲のよい友人が多くいる州の南部で得た大得票と、下院選挙の第三区での七四パーセントという圧勝のおかげで、全体では総得票の五五パーセント、全七十五郡のうち六十九郡を制した。一九七四年にわたしのために大奮闘してくれた人たち全員が、ようやくその労を勝利によって報われた。

選挙が終わっての夏を、ヒラリーとわたしは存分に楽しんだ。最初の二カ月はフェイエットヴィルで友人たちとただおもしろおかしく遊んだ。七月の半ばからはヨーロッパ旅行に出かけ、途中ニューヨークで一泊して民主党党大会に出席し、そのあとパリに飛んで、現地で仕事をしているデイヴィッド・エドワーズに会った。二、三日いっしょに過ごしたあと、わたしたちはスペインに向かった。ちょうどピレネー山脈を越えたあたりで、カーターの選挙事務所に電話を入れるようにという伝言を受け取った。カストロウルディアレスという村から電話をかけると、アーカンソー州の選挙対策委員長を引き受けてくれないかという話だったので、その場で承諾した。わたしはジミー・カーターを強く推していたし、フェイエットヴィルで秋学期の講座を受け持つ予定にはなっていたが、選挙の仕事もこなせる自信があった。カーターは自身のこれまでの進歩的な実績、農園経営の経験、南部バプテスト派の信徒としての真の献身、そして海軍兵学校時代に同期だった四人の著名なアーカンソー州民など個人的な知り合いがいることから、アーカンソーで多大な人気を誇っていた。アーカンソー州の選挙戦で問題となるのは勝ち負けではなく、どのくらいの差をつけてカーターが勝つかだった。わたしにすれば、負け続きの選挙のあとで、一年に二度の勝利を味わえそうなチャンスをみすみす逃すわけにはいかなかった。

休暇の締めくくりはスペインのゲルニカだった。スペイン内戦の爆撃を題材にしたピカソの秀逸な絵画によって、永遠に人の心に思い起こされることになった町だ。着いたときはちょうどバスク祭の真っ最中だった。音楽も踊りも楽しかったが、バスク料理の珍味の一品だというミルク漬けの冷魚とは相性がよくなかった。わたしたちは有史以前の壁画が残る近くの洞窟を探検し、雪を頂くピレネー山脈の近く、料理が安くてうまいうえに二十五セントでビールが飲めるレストランのある暑いビーチで最高の一日を過ごした。フランスとの国境へ戻る道では――すでに八月の初めでヨーロッパの休暇の月に入っていた――わたしたちの前方に延々と車の列が連なり、働くだけが人生ではないというヨーロッパ人の良識を示していた。わたしには、そのあと歳を重ねるにつれて従うことがむずかしくなった良識だった。

帰国後はリトルロックに赴き、民主党の元州執行部役員クレイグ・キャンベルとともに選挙運動を立ち上げた。クレイグは、当時ウォール街の外ではアメリカ最大の投資銀行だったリトルロックのスティーヴンス社に勤務していた。ウィット・スティーヴンスとその弟のジャックが所有する会社だ。ウィット・スティーヴンスは昔から州の政治に大きな影響力を持つ人物。また十歳年下のジャックは海軍兵学校でジミー・カーターといっしょだった。クレイグは大柄で端正な顔立ちをした楽しいこと好きの男だが、私生活でも仕事でも一見似合わぬほどの細やかな気配りを見せ、それが大きな実力につながっていた。

わたしは州内を回って、どの郡でもきちんと組織が機能している状態を作った。ある日曜の夜、リトルロック郊外の小さな黒人教会に行った。牧師の名はケイトー・ブルックス。わたしたちが着いたとき、会衆はすでに偉大なゴスペル聖歌隊の歌声に合わせて揺れていた。二曲目か三曲目の途中で、いきなりドアが開き、黒いロングブーツとぴったりしたニットのドレスに身を包んだダイアナ・ロス似の若い女性が通路を歩いてくると、聖歌隊に手を振り、オルガンの前に陣取った。実に力強い演奏で、たとえオルガンが心霊術さながら空中を漂いながら教会から出ていったとしても、素直に信じられるような気分だった。ブルックス師が説教をするために立ち上がると、会衆のなかから四、五人の男性が出てきて、師のまわりにパイプ椅子を並べて坐った。師はほぼ最初から最後まで、抑揚のあるリズムに乗せて経を読むように、そして歌うように説教を行ない、その合間あいまにまわりを囲んだ男たちがスプーンを膝で叩いて調子をつけた。説教のあと、ブルックス師はわたしを紹介して、カーターの応援演説をさせてくれた。わたしは熱弁を振るったが、出来はブルックス師の足もとにも及ばなかった。わたしが着席すると、師は教会がカーターを支持することを告げたあと、礼拝はまだ一、二時間は続くからと退席を勧めた。教会から二、三歩出たところで、後ろから呼び止められた。「ねえ、白人のお兄さん、キャンペーンに手が欲しい?」。オルガン奏者のポーラ・コットンだった。ポーラは有志の運動員のなかでも指折りの働き手となった。ケイトー・ブルックスは選挙戦からしばらくしてシカゴに移った。南部の農場に隠しておくにはもったいない逸材だったのだ。

わたしがアーカンソーを回っていたころ、ヒラリーもまたカーター陣営の選挙戦に参加し、わたしよりたいへんな役目を仰せつかっていた。インディアナ州のとりまとめ役だ。インディアナは伝統的に大統領選挙では共和党に投票する州だったが、陣営の参謀たちはカーターの実家が農場経営をしていたことにチャンスの芽を見出していた。ヒラリーはよく働き、いくつか予期せぬおもしろい出来事にも遭遇して、それを毎日の電話や、わたしがインディアナポリスに陣中見舞いに行った折などに、熱心に語ってくれた。

秋の選挙戦は目まぐるしく形勢が変化した。カーターはニューヨークの党大会でこそフォード大統領を三〇パーセント上回るリードを見せたが、全国的にはもっと均等に勢力が二分されていた。懸命な追い上げに出たフォード大統領は、カーターの主な公約がアメリカ国民と同様の誠意ある政府を作ることである点をつついて、南部の一州知事に大統領職に就けるだけの経験はあるのかと疑問を投げかけた。最後にはカーターが一般投票において二パーセント差、選挙人の得票数では二百九十七対二百四十で、フォードを下した。大接戦だったのでインディアナ州ではカーター陣営が優勢に転じることはなかったが、アーカンソーでは六五パーセントの大差で勝利を収めた。これはカーター新大統領の地元ジョージア州の六七パーセントにわずか二パーセント及ばなかったものの、わたしたちに次ぐ大差で勝ったウェストヴァージニア州を七パーセント上回る好成績だった。

選挙戦のあとはヒラリーとともに数週間、家に落ち着き、わたしは最後の担当講座となった「海事法」と「憲法学」を完了させた。三年三カ月のあいだに、わたしは五つの学期と夏期講習で合計八つの講座を教え、リトルロックで法執行官たちのクラスを二度受け持ち、公職選挙に二回出馬し、カーター大統領のキャンペーンを手伝った。その一分一秒をわたしは楽しんだ。残念だったのはただ、時折わたしがフェイエットヴィルの友人たちとの付き合いや、ヒラリーとわたしを喜びで満たしてくれたカリフォルニア通り九三〇番地の家での暮らしから、しばし遠ざからなくてはならなかったことだけだった。

20

一九七六年終盤の二、三カ月はリトルロックに通いながら新しい仕事の準備を進めた。ポール・ベリーが勤め先ユニオン銀行のビルの十八階に部屋を用意してくれたので、そこで採用スタッフの面接を行なった。

理想に燃える多くの優秀な人材が応募してきた。わたしはスティーヴ・スミスを説きつけてわたしの首席補佐に据え、通常の仕事の流れを滞らせずに政策面でもよい構想を練ることができるよう態勢を整えた。スタッフに弁護士は二十人しかいなかった。非常に優秀な何人かが、引き続きわたしのもとで働くことを希望してくれた。別途、若い女性や黒人も含めて新しい弁護士を採り、結果として法律関係のスタッフのうち女性が二五パーセント、黒人が二〇パーセントを占める構成となった。どちらも当時としては前例のない数字だった。

十二月のいつごろだったか、ヒラリーとわたしはリトルロックの商業地区にほど近い、古く閑静な住宅街ヒルクレスト地区のエル通り五四一九番地に一軒家を見つけた。面積は九十二平方メートルで、フェイエットヴィルの家よりも狭いにもかかわらず値段は三万四千ドルとはるかに高かったが、わたしたちにも購入できた。前回の選挙で有権者が州と地方自治体の職員の給与を一九一〇年以来、初めて上げることを承認し、司法長官の年俸も二万六千五百ドルに増額されていた。それにヒラリーにもローズ法律事務所という、いい勤め口が見つかった。ローズ法律事務所には定評ある熟練弁護士と頭の切れる若手がおおぜいおり、わたしの友人のヴィンス・フォスターと、元レイザーバックスのフットボール選手でのちにヒラリーとわたしの最も親しい友だちのひとりとなった大男、ウェブ・ハベルもその仲間だった。ヒラリーは以後、わたしの大統領就任を機にそこを辞めるまで、毎年わたしより稼ぎが多かった。

　州法に疑問を呈することのほかに、司法長官室は、州のために民事訴訟の追行と弁護を行ない、州最高裁判所に上訴された刑事事件と連邦裁判所の刑事訴訟で州の代理人となり、州の行政各局・委員会に法律上の助言を与え、さらには訴訟や議会へのロビー活動、また公共料金訴訟における州の公益事業委員会への出席を通じて、消費者の利益を守るのが仕事だった。やることは山ほどあり、変化に富んでいて、おもしろかった。

　年明け早々、忙しい日々が続いた。州議会が一月初めに開会し、またアーカンソー電力会社の大幅な料金値上げの要請を受けて、公益事業委員会の聴聞会も開かれた。アーカンソー電力会社の親会社ミドルサウス公益企業（現エンタジー社）はミシシッピ州グランドガルフに大型原子力発電所を建設中で、そのコストの一部をアーカンソー電力会社が負担することになったのが値上げの理由だった。ミドルサウス公益企業は顧客に直接サービスを提供しているわけではないので、グランドガルフ原子力発電所のコストは、アーカンソー、ルイジアナ、ミシシッピの各州とニューオーリンズ市に電力を供給している各子会社にそれぞれ割り当てられる仕組みになっていた。わたしはグランドガルフ訴訟にこのあと数年間、多くの時間と注意を奪われることになる。この一件にはふたつの問題点があった。まず、原子力発電所を建てているのは親会社のほうなので、アーカンソー州の電気料金納付者たちが建設費の三五パーセントを支払わされる場合でも、州の公益事業委員会から事前に承認を取る必要がないこと。次に、わたしの考えでは電力需要の増加分を、省エネや既存の発電所を効率よく使うことでもっと安上がりに満たすことができたことだ。

聴聞会の準備を進めていて、スタッフの一員で弁護士のウォリー・ニクソンが、エネルギー節約と太陽エネルギーの活用がもたらす多大な可能性と経済的利益を明示したエイモリー・ラヴィンズの研究を見つけてきた。わたしにはロヴィンズの主張が筋の通ったものに思えたので、当人と連絡を取った。当時、実業界、政界のリーダーたちの一般通念は、経済成長には絶え間ない発電量の増加が必要だというものだった。どれだけ確かな証拠を提示しても、省エネの有用性は頭のぼやけたインテリの紡ぐばかげた白昼夢だと見なされた。残念なことに、現在でもそういう見かたをする人があまりにも多い。

司法長官、州知事、大統領に在職中の二十年以上にわたり、わたしはエイモリー・ラヴィンズを始めとする識者の意見をわたしの主張の裏づけとしながら、代替エネルギー政策を推し進めようとしてきた。どの役職にあったときもささやかな進展を促すことはできたが、反対派の抵抗は相変わらず激しく、とりわけ一九九五年に保守派が連邦議会の実権を握ってからはなおさらだった。アル・ゴアとわたしは、わたしたちの見解を支持する膨大な証拠をもとに、クリーンエネルギーと省エネ技術の生産・購入に二五パーセントの税額控除案を可決させようと何年間も試みたが、結局、果たせずに終わった。法案を提示するたびに、共和党に阻まれたのだ。わたしはよく、わたしが大統領二期目で収めた最も意味のある業績のひとつは、ついにニュート・ギングリッチとトム・ディレイが支持しない減税案を見つけたことだとジョークを言ったものだ。

州議会と組んでの仕事には魅了された。争点のおもしろさや意外性からだけでなく、上院も下院も個性豊かな議員の宝庫だったことと、法案への賛成にしろ反対にしろ早晩、州民の半数がロビイストとして活動しそうに思えたからだ。議会が開会して間もないある日、わたしはある法案への反対意見を述べるべく委員会の聴聞会に出席した。会場には、法案に賛成の利害関係者を代表する人々がおおぜい詰めかけていた。ヴィンス・フォスターもそのひとりだった。そしてヒラリーも。ヴィンスは、この日わたしが反対派として参考意見を求められていることを知らず、経験のためにヒラリーを連れてきたのだった。わたしたちはただ笑みを交わしただけで、それぞれ自分の仕事に専念した。ありがたいことに、ローズ法律事務所はあらかじめ米国弁護士協会に意見を求めて、司法長官の妻を雇い入れてもよいというお墨付きと、利害関係の衝突を防ぐために必要な手順についての詳しい指示を得ていた。ヒラリーはひと言半句に至るまでその指示に従った。わたしが知事になって以降、ローズ法律事務所の正式な共同経営者であったヒラリーは、同事務所が一九四〇年代から手がけている州の公債業務からあがる年間利益については、自分の取り分を放棄した。

司法長官に就任したとき、法律的な見地から意見を求められている案件や、その他の未処理の仕事が山積していた。遅れを取り戻すため、わたしたちはよく真夜中まで残って働いたが、そういう残業時に仲間どうしの関係を深めることができ、またとても楽しく過ごすことができた。議会が会期中でなければ、金曜日はカジュアルな服装を許すことにし、昼休みも、みんながよく行く近くの店で長めにとるよう奨励した。絶品のハンバーガーを出し、ピンボール・マシンとシャッフルボード・ゲームを置いているその古ぼけた丸太小屋風の居酒屋は、屋根の上に大きなカヌーを載せていて、店名を縁起の悪い〈ホワイトウォーター・タヴァーン〉といった。

モラル・マジョリティを始め同様の目標を掲げる組織団体の勢力が伸びたことで、穏健派や革新派の議員の多くは、通過させたくはないものの自分が反対したことを投票記録に残したくない法案に出会うようになった。そういう場合、誰でも思いつきそうな手が、司法長官に法案は憲法に抵触するとうもの。

言わせることだ。これはクリントンの駆け引きの法則のひとつにあてはまるいい例だ。すなわち、非難の矛先を自分ではなく人に向けることができると知った人間は、いつもそうするようになる、とい

愉快な法案を出すことでは第一人者だったのが、州北東部ポカホンタス選出の州下院議員アーロ・タイアーだ。タイアー議員は心正しい男で、常にモラル・マジョリティよりも一歩先を行きたいと願っていた。タイアーが提出したのは、成人向け指定の映画上映をアーカンソー州ではすべて——たとえ成人に対してでも——違法にするという法案だった。わたしは、この法案が憲法の言論の自由に対する制約ではないかと尋ねられた。新聞の見出しが目に浮かぶようだった。「司法長官、わいせつ映画に支持表明!」。わたしはタイアー議員と同じ町の出身である地方裁判所判事ボブ・ダドリーに電話をして、タイアー議員がこの法案を提出した理由を探ってみた。「そっちでは成人向け指定の映画が多いのかな?」と、わたし。ウィットで鳴らすダドリーは答えた。「いいや。うちの町には映画館が一軒もないんだ。ああいう映画を見られるきみたちがねたましくて、やってるのさ」

映画の法案がつぶされるとすぐに、タイアーは次の逸品を提出した。正式の結婚手続きを経ずに同棲しているアーカンソー州のすべてのカップルに、年額千五百ドルを課税するという法案だ。ふたたび新聞の見出しが目に浮かび頭の中で警報が鳴った。「クリントン、不義の生活を支持!」。今回は直接、アーロ・タイアー下院議員に会ってきいてみた。「アーロ、どのくらいの期間、男女が共同生活を営めば、この税金を払う資格を得られるのかな、一年、一カ月、一週間? それとも、ひと晩かぎりの行きずりの縁でもいいんだろうか?」。「そう言われれば、そこまで考えていなかったですね」と、タイアー。わたしは続けて「それと、施行はどうしたらいい? きみとわたしとで野球のバットを持って、一軒一軒ドアを叩き壊しては、誰が誰と何をしてるか調べようか?」。タイアーは肩をすくめ

て答えた。「それも考えていなかった。どうやらあの法案は取り下げたほうがよさそうだな」。今回も弾丸を無事によけることができて、わたしはほっとしながら執務室に戻った。ところが、わたしのスタッフのなかにはこの成り行きに失望した者たちが二、三いた。法案が通過して、うちの局がそれを施行することを望んでいたのだ。手回しよく制服のデザインまで考えていた。〝SNIF〟の文字が鮮やかに胸に彩られたTシャツだ。文字は〝セックス・ノーノー・インヴェスティゲーション・フォース（セックスだめだめ調査隊）〟の略語だった。

同性愛者の権利の問題となると、そう簡単には事が運ばなかった。さかのぼること二年前、ジム・ガイ・タッカー司法長官が先頭に立って、刑法の改正を議会で可決させていた。改正内容は、百年以上前に作られた複雑で重なり合う部分の多い犯罪の定義を簡単明瞭にするものだった。またこの改正によって、最高裁判所から除外を申し渡されていた、いわゆる不良行為が刑法典から削除された。犯罪が犯罪たるためには、故意にしろ（未必の故意もしくは認識ある）過失にしろ、禁じられた行為が犯されなくてはならない。単に世間で望ましくないと考えられている行為というだけでは定義を満たさない。例えば、酔っぱらうことは犯罪ではない。同様に同性愛者であることも犯罪ではないはずだが、刑法の改正前は犯罪と見なされていた。

州下院議員のビル・スタンシルは刑法改定案に賛成票を投じて、地元フォートスミスの保守的な牧師たちから非難を浴びた。同性愛の合法化に賛成したという理由からだ。スタンシルは善良な男で、高校フットボール界では、アーカンソー州でも指折りのコーチだった。見るからに屈強な体つき、四角い顎《あご》と折れて曲がった鼻をしていて、巧妙な駆け引きは苦手だった。自分が同性愛を認める投票をしてしまったことに肝をつぶし、宗教的な右派の人々から罰を与えられる前にみずから過ちを正そうと、同性愛的な行為を犯罪とする法案を提出した。これには獣姦も処罰の対象とするというおまけまでついていたので、議員のなかでも洒落の好きなひとりなどは、なるほどスタンシルの選挙区にはあまり農夫がいないとみえる、などと言い出す始末だった。スタンシルの法案には、この二種類の許されざる性的交わりにおける、およそありとあらゆるバージョンが微に入り細にわたって説明されていた。性倒錯者が読んだら一週間はポルノを買わずにすんだことだろう。

この法案を直接投票でつぶすのはとうてい無理だった。そのうえ最高裁判所が、合意のうえでの同性愛的関係はプライバシーの権利によって守られている、という判決を下すのはまだずっと先の二〇〇三年のことだったから、わたしの口から法案は憲法に抵触するという意見を引き出すという手も使えなかった。唯一の戦略は、法案の通過を滞らせて自然消滅を図ることだ。下院では、わたしの若く頼もしい盟友である三人のリベラル派議員――ケント・ルーベンス、ジョディ・マーニー、リチャード・メイズ――が興味深い修正案を出した。議会で何か企みが進行中と聞きつけたわたしは、下院の上方に位置した超満員の傍聴席に赴いて花火の打ち上げを見守ることにした。盟友のひとりが立ち上がり、スタンシルの法案を褒めて、アーカンソーの乱れた風紀を是正しようという人間が現われるのを待っていたと述べたあと、ただしひとつだけ問題がある、と続けた。そのままでは法案の効力が弱いので「ささやかな修正」を加えて強化したいという。そしておもむろに、真顔で、議会の会期中にリトルロックで不貞を働いた州議会議員は誰でもクラスDの厳罰に処するという条項を加えることを発案した。

傍聴席は大きな笑いの渦に包まれた。議場はしかし、水を打ったように静まりかえった。なにしろ小さな町から選出された議員の多くにとっては、会期中リトルロックに出てくることが唯一の楽しみで、パリで過ごす二カ月の休暇にも匹敵していた。そういう議員たちがこの修正案をおもしろがるはずもなく、何人かが三人の賢い盟友に向かって、修正案を引っ込めなければほかの議案をいっさい通さないと断言した。修正案は取り下げられた。スタンシルの法案は下院を通過し、上院に送られた。法案をつぶせる公算は上院のほうが大きかった。法案の検討を任された委員会の長が、ポカホンタス出身の若い上院議員で、聡明さと進歩的なことにかけては州議会随一のニック・ウィルソンだったからだ。ニックをうまく味方に引き入れれば、法案を封じたまま会期終了に持ち込めるだろうとわたしは踏んだ。

議会の最終日、法案はまだニックの委員会で審議中で、わたしは閉会までの時間を数え続けていた。何度かニックに電話をかけ、ホットスプリングズに講演に行く時間になってもぐずぐず居残って、一時間近く出発を遅らせていた。どうしても待ちきれなくなったとき、最後にもう一度、ニックに電話をかけた。ニックは、あと一時間で閉会だが法案は議題にのぼっていないという。その返事を聞いて、わたしは出かけた。十五分後、この法案に賛成していたある有力な上院議員がニック・ウィルソンに、法案を手放せば選挙区の専門学校に新しい校舎を贈呈するという話を持ちかけた。連邦議会の下院議長ティップ・オニールの言葉ではないが、すべての政治は地方政治だった。ニックは法案を手放し、議会はすんなりとそれを通過させた。わたしはしゃくにさわってならなかった。数年後、リトルロック出身の今の連邦下院議員ヴィック・スナイダーが当時、州の上院にいてこの法律を廃止しようと試みたが、やはり失敗に終わった。わたしの知る限り、この法は施行されることがなかったが、無効にするには二〇〇三年の最高裁判決を待たなければならなかった。

もうひとつ、司法長官時代にわたしが直面し、考えさせられたある問題は、文字どおり生と死に関わるものだった。ある日、アーカンソー小児病院から電話が入った。新たに採用されたばかりの若くて腕の確かな外科医がシャム双生児の手術を依頼されていた。双子たちは胸部でつながり、呼吸器官系と血液の循環器官系を共有していたが、どちらの器官系ももうあまり長くはもたず、手術で分離しないと両方とも死んでしまうという。問題は、手術をすれば間違いなく片方の命が失われることだった。病院側は、担当外科医が手術中に死亡した双子の片方に対する致死罪に問われることはない、という見解を求めていた。司法長官の見解はそれを受け取った人間を民事訴訟の告発から守ることはできても、刑事訴追から守ることはできないので、厳密に言えば、それは保証の限りではなかった。それでもそういう意見の提示があれば、検察官の意気込みを極力抑えることはできるだろう。わたしは、双子の一方の生命を救うためにもう一方を死に至らせるような場合は犯罪には当たらないという、わたしの見解を正式な文書にしたためて先方に渡した。外科医が手術を行ない、双子の片方が命を落とした。しかし、もうひとりは生き延びた。

わたしたちが手がけた仕事の大半は、ここに挙げた例よりもはるかに平凡だった。二年間、わたしたちは精力的に働いた。掛け値なしによくまとまっている意見書を出し、刑事訴訟においても州の諸機関のための仕事でも成果をあげ、老人ホームで受けられる介護の質を向上させ、公共料金を低く抑えた。公衆電話の料金などは、他州が軒並み二十五セントに値上げするなか、大奮闘して十セントに据え置いた。

仕事とは別に、わたしはできるだけ州内を回って知人の輪を広げ、支援組織を強化して、次の選挙に備えた。一九七七年一月、アーカンソー州南東部で最大の都市パインブラフで、わたしは公選で役職に就いてからは初めて、ロータリークラブの晩餐会でスピーチを行なった。一九七六年の選挙ではパインブラフで四五パーセントの得票率をあげたが、今後の挑戦ではもっと多くの票を獲得する必要があった。晩餐会の出席者五百人は、得票率の向上につながるよい機会を提供してくれる。スピーチをする人間の数が多いうえに、ひとり終わればまたひとりと出席者の紹介が続き、長時間の会合となった。こうしたイベントを主催する人々は、紹介されそこなった人間が腹を立てたまま帰宅するのではないかと気を揉むものだ。しかしその晩餐会では、おもしろくない顔をして帰った人はそういなかったと思う。司会者が立ち上がってわたしを紹介したときは、夜の十時に近かった。司会者はわたし以上に、遅い時間を気にして、開口いちばんこう言った。「とても楽しい夜になりました。ここでお開きにするのもいいでしょう」。司会者の意図としては、けれどまだいちばんいいものが残っている、と言いたかったのだろうが、そういうふうには伝わらなかった。ありがたいことに聴衆が笑ったので、そのあとのわたしのスピーチは受けがよかった。まあ、短かったというのが最大の理由だろうが。

黒人コミュニティのイベントにも、わたしは何度か出席した。ある日、新たにモーニング・スター・バプテスト教会の牧師に着任したロバート・ジェンキンズ師の就任式に招待された。ノース・リトルロックにある白い小さな木造の教会で、会衆席は百五十人がゆったりと腰掛けられるだけの広さがあった。うだるような暑さの日曜日の午後、そこに三百人内外の人々が集まった。ほかのいくつかの教会の聖職者や聖歌隊に混じって、わたしのほかにもうひとりの白人、郡裁判所判事のロジャー・ミアズの顔もあった。聖歌隊の全部が歌い、説教者の全員が祝辞を述べた。ジェンキンズ師が説教を始めるころには、すでにかなりの時間が過ぎていたが、師は若くハンサムで、説得力のある話し手だったので、聴き手の注意を引いてそらさなかった。ゆっくりとした口調でまず、自分は信者が身近に感じる牧師になりたいが誤解されたくはないと前置きし、こう続けた。「女性の信徒には特に、話しておきたいことがあります。牧師が必要なときは、昼でも夜でも、いつでもわたしに電話をおかけなさい。けれども、男が必要なときには、主にお願いしなさい。主が遣わしてくださいます」。これほどあけすけな物言いは、主流の白人教会なら考えられないことだったろうが、ここの会衆はそれをありがたがった。アーメンの大合唱が師に応えた。

説教が始まると、まわりの温度が高くなったように感じた。と、わたしのそばに坐っていた中年の女性がいきなり叫びながら立ち上がると、体を揺さぶりだした。主の御霊にとらえられたのだ。すぐに続いて今度は男性が立ち、さらに大きな声でわめきながら、暴れ始めた。男がなかなか静まらなかったので、まもなく二、三人の信徒が男を抱えるようにして教会の奥にある小さな聖歌隊の衣裳部屋に連れていき、ドアを閉めた。ドアの向こうからは相変わらずわけのわからない叫び声と壁に体をぶつける音が聞こえていたが、ちょうどわたしが首を巡らせたとき、男がなんとドアを蝶番《ちょうつがい》からひきちぎるようにして床に押し倒すと、奇声を発しながら教会の庭のほうへ走っていった。思わずハイチで見たマックス・ボーヴォアールの儀式が頭に浮かんだが、この教会の人々は今の騒ぎがイエスに感動しての行動であることを信じていた。

それからしばらくして、わたしは白人のキリスト教徒たちが同様の体験をする場面に出会った。司法長官室で会計官を務めているダイアン・エヴァンズが、リトルロックの南約五十キロのところにあるレッドフィールドで毎年行なわれるペンテコステ派のサマーキャンプに招待してくれたのだ。ダイアンはペンテコステ派の牧師の娘で、ほかの敬虔な女性信徒と同じようにいつも地味な服を着て化粧はせず、髪は切らずに後ろで束ねて結い上げていた。当時、ペンテコステ派でも厳格な信者たちは、映画鑑賞やスポーツ観戦まで控えていた。多くは車に乗っても宗教音楽の番組以外はカーラジオさえ聴こうとしなかった。わたしはペンテコステ派の信仰と礼拝のしきたりに興味があり、ダイアンと知り合ってからは、いっそうその関心が深まった。ダイアンは才女で抜群に仕事ができ、とてもユーモアのセンスがあった。ペンテコステ派の信者がやってはいけないことを数えあげてわたしがからかったとき、ダイアンは教会が楽しいから不足はないと答えた。そのとおりであることが、すぐにわたしにもわかった。

レッドフィールドに着くと、ペンテコステ派の州の指導者ジェイムズ・ランプキン師を始め重職の聖職者たちに紹介された。そのあと約三千人を収容できる礼拝所に入った。わたしは説教師たちと同じ壇上の席に着いた。わたしの紹介や前置きがあったあと、わたしの知るどんな黒人の教会音楽にまさるとも劣らないパワーとリズムにあふれた調べとともに礼拝が始まった。聖歌が二、三曲すんだところで、若く美しい女性が会衆席から立ち上がり、オルガンの前に坐ると、わたしの聞いたことのないゴスペルソング『エホバの前で』を歌いだした。すばらしくて息を呑んだ。気がつくと感動のあまり涙を流していた。歌ったのはランプキン師の娘でアンソニー・マンガン師の妻、ミッキー・マンガンだった。アンソニー・マンガン師もまた両親と妻ミッキーとともに、ルイジアナ州のアレクサンドリアにある大きな教会で牧師を務めていた。ゴスペルソングに続いて牧師の活気ある説教が〝異言《いげん》の祈り〟――聖霊に導かれるままに発する音の羅列――を差しはさみながら行なわれたあと、会衆に、前へ出てきて膝くらいの高さがある祭壇の列で祈るよう呼びかけがあった。両手を挙げ、神を賛美しながら、そしてやはり異言の祈りを唱えながら、多くの人々が前に出てきた。わたしにとっては、けっして忘れられない夜となった。

　一九七七年から九二年まで、一度を除いて毎年、わたしはそのサマーキャンプに出かけ、友人をいっしょに連れていくこともよくあった。初めて参加してから二、三年して、わたしが昔、聖歌隊にいたことが知れると、ある誘いを受けた。頭のはげかかった聖職者たちから成る〝ボールド・ノバーズ〟（訳注　女装好きの禿頭の男娼の意）というカルテットでいっしょに歌おうというのだ。わたしは大喜びで参加し、頭髪の問題を除けば、文句なくその四人組に溶け込んだ。

　毎年、わたしはペンテコステ派の人々の信仰が新たに驚くべき形で表わされるのを目の当たりにした。ある年に注目を集めた牧師は、無学であるのに神から聖書を暗記できる能力を授かったと述べて、説教のなかで聖書から二百三十の節を引用した。わたしは持っていた聖書で牧師の記憶のほどを確認してみたが、二十八節まで調べたところでやめた。一語たりとも間違っていなかったのだ。またあるときは、毎年サマーキャンプに参加している若い重度の障害者が、自動の車椅子に乗ったまま祭壇での祈りの呼びかけに応じるさまを見た。礼拝堂は床が前方に向かって傾斜しており、この青年は中央より後ろのほうにいた。そこから車椅子をフルスピードにして通路を疾走すると、祭壇の手前三メートルほどのところで急ブレーキをかけ、車椅子から宙を舞うように飛び出して、ぴたりと祭壇の前に膝で着地した。そしてほかの信者たちと同じように身を乗り出して神を讃えた。

ペンテコステ派についてわたしが目にしたあれこれよりも、もっとずっと重要なのは、わたしが信者たちとのあいだに築いた友情だった。わたしは信心を実践するその生きかたゆえに彼らに好感を抱き、敬服した。この一派の人たちは厳格な妊娠中絶反対派だが、ほかの反対派とは異なり、親が望まない赤ん坊には、その子の人種や、心身障害の有無を問わず、必ず愛情ある別の家庭を見つけてやっている。妊娠中絶と同性愛者の権利についてはわたしと意見を異にしていても、隣人を愛せというキリスト教の訓戒に従っていた。一九八〇年にわたしが知事の再選を果たせなかったとき、いち早くもらった電話のひとつが〝ボールド・ノバーズ〟の一員からのものだった。三人の聖職者がわたしに会いに来ることを伝える内容だ。聖職者たちは知事公邸にやってきて、わたしとともに祈り、わたしが負けようが勝とうがわたしに対する愛に変わりはないと告げて、帰っていった。

信仰心に忠実であることに加えて、わたしの知るペンテコステ派の人々は善き市民でもあった。投票を棄権するのは罪だと考えていた。知り合った牧師のおおかたが政治と政治家を好み、自身も老練な政治家たりえる人たちだった。一九八〇年代半ばには、アメリカ全土でキリスト教原理主義者《ファンダメンタリスト》が、保育所に州の定める基準を満たし認可を得ることを義務づける州法に抗議していた。なかには抗議運動が過熱して事件に発展した地域もあり、ある中西部の州では保育所の基準を受け入れるより投獄されることを選ぶ牧師まで出た。この問題はアーカンソー州でも大きな騒ぎを引き起こす可能性があった。宗教団体の経営する保育所とのあいだに悶着が起こり、州の新しい保育基準が未決定のままになっていたからだ。わたしは友人となったペンテコステ派の牧師二、三人に来てもらい、真の問題点を探ってみた。返ってきた答えは、州の保健・安全基準を満たすことにはなんの問題もないのだが、州の認可を得てそれを壁に表示するというのが引っかかるというものだった。教会は保育を自分たちのきわめて重要な役務の一部と見ていて、そういう教会の仕事は、合衆国憲法修正第一条が保障する宗教の自由にもとづいて、州の干渉を受けないはずだと考えていたのだ。わたしは州の新しい基準のコピーを渡して、読んだ感想を聞かせてくれるよう頼んだ。翌日、ふたたびやってきた牧師たちは基準に問題点はないと答えた。そこでわたしは妥協案を出した。宗教団体の経営する保育所は、州の基準を基本的に満たし、定期的な視察を受け入れることを条件に、州からの認可の取得が免除されるという内容だった。牧師たちはこの提案を呑み、危機は去って、基準が発効し、わたしの知る限り、教会が経営する保育所はいっさい問題を起こしていない。

一九八〇年代のある復活祭のこと、ヒラリーとわたしはチェルシーを連れてアレクサンドリアのマンガン牧師夫妻の教会に赴き、〝イースター・メシア（救世主の復活祭）〟の礼拝に出席した。音響、照明は第一級、舞台装置はリアルで、本物の動物まで登場し、主演者はすべて信徒たちだった。曲の大半はオリジナルで、演奏もみごとだった。大統領になってから、たまたま復活祭のころアレクサンドリア近郊のフォートポークにいたときのこと、いい機会だからまた参加しようと、ついでに、同行していた記者団を誘い、ほかにルイジアナ州選出のふたりの黒人下院議員、クレオ・フィールズとビル・ジェファソンにも声をかけて、一同連れだってメシアの礼拝に出席した。式の途中で明かりが消えた。と、よく知られている賛美歌を女性が深く力強い声で歌い始めた。マンガン師はジェファソン下院議員のほうに身を乗り出してきいた。「ビル、この信徒は白人、黒人のどちらだと思いますか?」。ビルの返事は「黒人女性《シスター》です。間違いありません」。その二、三分後、明かりが点いて、髪を結い上げた黒いドレスの小柄な白人女性の姿が現われた。ジェファソンはただ首を振っただけだったが、わたしたちの二、三列前に坐っていた別の黒人が、こらえきれずに口走った。「まいったね、白人の女せんせいだ!」。ショーが終わるころには、ふだんは冷めた目でものを見ている記者団のなかにも、音楽の力に懐疑の鎧《よろい》を刺し貫かれたのか、涙を浮かべている者たちがいた。

ミッキー・マンガンと、やはりペンテコステ派の友人ジャニス・ショーストランドのふたりがわたしの大統領一期目の就任式で行なわれた奉納の礼拝で歌い、満場の喝采を浴びた。教会を出るとき、統合参謀本部議長のコリン・パウエルがわたしのほうに体を近づけてきて尋ねた。「あんなふうに歌える白人女性をどこで見つけたんです? いるとは思わなかったな」。わたしはにやりと笑って、そういう人たちを知っているのが大統領に選ばれた理由のひとつなのだと答えた。

大統領の二期目で、わたしが共和党員たちの追い討ちにあい、学識者たちが寄ってたかってわたしはもうおしまいだと評していたとき、マンガン師が電話をかけてきて、ミッキーとふたりで会いに行くから二十分だけ時間を割いてくれないかときいた。わたしが「二十分? 二十分のためにわざわざ飛行機でいらっしゃるんですか?」と問い返すと、「あなたはお忙しいし、それだけあればじゅうぶんです」と言う。おいでください、とわたしは答えた。数日後、マンガン師夫妻とわたしは大統領執務室で三人だけで会った。師はこう言った。「あなたは悪いことをなさったが、悪いかたではない。わたしたちはこの国の子どもたちをいっしょに育てました。わたしにはあなたの心根がわかります。自分から見切りをつけてはいけませんよ。もし事態が悪いほうに傾いて、船を見捨てて鼠が逃げ出すようなことになったら、わたしに電話をかけてください。わたしはあなたとともに、のぼってきまし、た。沈むときもあなたとともにいたいのです」。そして、わたしたちはいっしょに祈り、ミッキーが、わたしを励ますために自分で作曲したという美しい曲のテープをくれた。『罪は贖《あがな》われたり』という題名だった。二十分後、ふたりは立ち上がり、ルイジアナへと帰っていった。

ペンテコステ派の教徒たちと知り合ったことは、わたしの人生に豊かさと変化をもたらした。どういう宗教観を持っていようが、あるいは宗教観がなかろうが、自分の宗派だけでなく、すべての人を愛するという精神を貫き通している人々を目にするのは、ただそれだけで心の洗われるような体験だ。ペンテコステ派の礼拝に出るチャンスがあったら、ぜひ行ってごらんになるといい。

一九七七年も押し詰まってくると、ふたたび政治の話に花が咲き始めた。マクレラン上院議員が三十五年近くに及ぶ上院での生活に幕を引いて引退することを発表しており、後継者をめぐる壮大な戦いの場が用意されていた。六年前の選挙で惜しいところまでマクレランを追い上げたプライアー知事が出馬を表明していた。同じくジム・ガイ・タッカーと、アーカンソー州南部の第四区から選出されているレイ・ソーントン下院議員も名乗りをあげていた。ソーントンは下院司法委員会の一員としてニクソンの弾劾手続きを進めるなかで頭角を現わした。スティーヴンス社のウィット・スティーヴンスと弟ジャックの甥にも当たることから、選挙資金に困ることがなかった。

わたしも、上院議員に立候補するかどうかの決断を迫られていた。最近の世論調査によるとわたしの支持率は二位で、プライアー知事に十ポイントほどリードされる一方、ほかのふたりの下院議員より少し先を走っていた。わたしは公選で役職に就いてからまだ一年足らずだったが、下院議員とは違って、選挙区が州全域に及び、また任期のあいだは常にアーカンソーにいる。それにいい仕事をすれば、自然と一般市民に支持される職場にあるのが幸いしていた。消費者の保護や、高齢者介護の改善、公共料金の引き下げ、そして安寧秩序に対して異議を唱える者はあまりいない。

しかし、わたしは知事選挙に出馬するほうを選んだ。州政が好きだったし、州にとどまっていたかった。選挙戦に突入する前に、司法長官としての大きな仕事が最後にひとつ持ち上がった。わたしはそれに州外から対処した。クリスマスのあと、ヒラリーとわたしはオレンジボウルでアーカンソー大学とオクラホマ大学の対戦を観ようとフロリダへ出かけた。この年アーカンソー大学のコーチに就任したばかりのルー・ホルツは、シーズン成績十勝一敗でレイザーバックスを全米ランキング第六位に導いていた。唯一落とした試合の対戦相手は第一位のテキサス大学だった。オレンジボウルで相対するオクラホマ大学は全米第二位のチームで、やはりテキサスに敗れていたが、点差が少なかった。

わたしたちがフロリダに着くか着かないかのうちに、アーカンソーではフットボール・チームに関連して旋風が巻き起こった。コーチのホルツが、選手寮で起こった若い女性絡みの事件に関与していた選手三人をチームから除名したため、この三人がオレンジボウルに出場できなくなったのだ。この選手たちは代わりのきかない三人だった。ひとりは先発のテールバックで、南西部連盟で屈指のランプレーの名手、別のひとりは先発のフルバック、そして、もうひとりは並びない俊足でプロ入りの呼び声が高い先発のフランカーだった。チームの攻撃は、ほとんどこの三人で成り立っていた。刑事告発されているわけではなかったが、ホルツは三選手が〝正しい行ないをする〟というルールを破ったこと、またコーチとしては預かった若者たちを優れた選手としてのみならず、優れた人間に育てなくてはならないからという理由で、除名処分にしたと語った。

三選手はチームへの復帰を求めて訴訟を起こし、除名処分は恣意《しい》的であり、また三選手が全員黒人で当該女性が白人であることから、人種的な考慮にもとづいた決定である可能性があると主張した。三人はさらにチームメートの支持を集めた。九人の選手が、三選手が復帰を許されない限り、自分たちもオレンジボウルに出場しないと応えた。

わたしの仕事はホルツの決定を弁護することだった。大学の体育担当部長に就任していたフランク・ブロイルズと話したあと、わたしは彼やホルツと密に相談ができるよう、このままフロリダにとどまることにした。リトルロックの連邦裁判所で行なわれるこの案件の処理は司法長官室のスタッフ、エレン・ブラントリーに頼んだ。エレンはウェルズリー・カレッジでのヒラリーの学友で、優秀な弁護士だった。わたしはこの訴訟でわたしの側の弁論を女性が担当してもなんの差し障りもないと考えた。一方、選手たちのあいだではホルツへの支持と、試合を行なおうという声が高まり始めた。
二、三日間、わたしは働き詰めに働いて、一日に八時間以上も、電話でリトルロックのエレンや、マイアミのブロイルズ、ホルツとやり取りをした。プレッシャーと批判、特に人種差別主義者だと決めつける声に、ホルツはかりかりしていた。ホルツに不利な証拠はただひとつだけで、それはノースカロライナ州立大学でコーチをしていたころに超保守派の上院議員ジェシー・ヘルムズの再選を支持したことだった。何時間もホルツと話してみて、わたしには、この人物が差別主義者でも政治的に動く人間でもないことがわかった。ヘルムズ上院議員への支持にしても、親切にしてくれた相手に恩義を返しただけのことだった。
十二月三十日、試合の三日前、選手たちは訴訟を取り下げ、プレーしないと表明していた九人の盟約を破棄した。まだそれでかたづいたわけではなかった。腹の虫が収まらないホルツが、フランク・ブロイルズに電話をして辞任する意向であることを、わたしに漏らしたのだ。すぐにわたしはブロイルズに電話を入れ、その晩は何があっても絶対に部屋の電話に出ないよう釘を刺した。ひと晩寝れば、必ずホルツが試合に勝ちたくなることを信じて疑わなかったからだ。

明くる日からの二日間、チームは猛練習に励んだ。レイザーバックスは試合前の予想オッズで十八ポイントのハンディを付けられていたが、三人のスター選手が出場しないことになって、賭けの対象からも消えてしまった。しかし選手たちは互いに鼓舞し合い、燃えに燃えていた。

一月二日の夜、ヒラリーとわたしはマイアミの〈オレンジボウル〉スタジアムの観客席からオクラホマがウォーミングアップをするのを眺めていた。その前日、ランキング一位のテキサスがコットンボウルでノートルダムに敗退していた。片足をもがれたも同然のアーカンソーを打ち負かしさえすれば、全米大学フットボールのチャンピオンの座はオクラホマのものだった。誰もが思っていたように、オクラホマの選手たちもまた、これは楽勝できる試合だと考えていた。

フィールドではレイザーバックスがウォーミングアップをする番になった。選手たちが一列になって小走りで入場すると、練習を始める前にゴールの柱をぴしゃりと叩いた。選手たちの動きを見守っていたヒラリーが、わたしの腕をつかんで言った。「ねえ見てよ、ビル。これは、勝つわよ」。相手を封じ込めたディフェンスと二百五ヤード前進して新記録を打ち立てた補欠のバック、バックローランド・セイルズの活躍で、レイザーバックスはオクラホマに三十一対六で圧勝した。アーカンソー州で口にのぼるフットボールの名勝負では、おそらく最大の、そして間違いなく最も思いがけない勝利だった。ルー・ホルツは小柄で痩せた、とても神経質そうな男で、試合のあいだはサイドラインを行ったり来たりと、ヒラリーいわく、ウッディ・アレンのような感じで歩いていた。わたしはこの風変わりな出来事のおかげでホルツをよく知ることができて、ありがたく思った。腕がよく、根性があり、おそらくアメリカ一の現場コーチだろう。ほかにもアーカンソー、ミネソタ、ノートルダム、サウスカロライナの各大学ですばらしいシーズン成績をあげているが、あの夜のような試合を体験することは二度とないだろう。

オレンジボウル事件を無事に終え、わたしは次の行動に移るべくアーカンソーに戻った。公式に引退を表明したマクレラン上院議員を訪ね、それまでの上院での仕事に感謝するとともにわたしへの助言を求めた。マクレランは空席になる自分の議席を狙って立候補するよう強くわたしに勧めた。デイヴィッド・プライアーが後釜に据わることは望んでおらず、タッカー、ソーントン両候補とは特別なつながりがないと言った。出馬して起こりうる最悪の事態といっても、自分自身が最初の挑戦でそうだったように、負けることだし、たとえわたしが負けたとしても、まだ若いのだからまた挑戦すればいいという。実際、マクレラン上院議員もそういう道をたどったのだった。

わたしが知事選への立候補を考えていることを話すと、それはよくない、知事になってもできることはせいぜい州民を怒らせることだけだと反対した。上院では州のためにも国のためにも大きなことができる。けれど州知事の座では、あっという間に政界の墓場行きだと主張する。なるほど過去を振り返ってみると、マクレランの分析は当たっていた。デイル・バンパーズは、経済的繁栄と進歩主義の旗を掲げた〝ニューサウス〟の波に乗って、知事から上院への移行を果たしたが、それは例外に属する。現知事プライアーの時代になると状況はきびしいものに変わり、わたしが立候補するしないにかかわらず、現知事は困難な挑戦を強いられていた。そして、一般に知事は四年以上務めるのがむずかしかった。アーカンソーが一八七六年に任期二年制を採用して以来、知事の座に四年以上就いていたのは、第一次大戦前のジェフ・デイヴィスと、オーヴァル・フォーバスのふたりだけだった。しかもフォーバスの場合は、その座に居坐るためにリトルロック・セントラル高校の過ちまで犯さなければならなかった。

八十二歳だったがまったく頭の錆《さ》びついていないマクレランの助言を、わたしは傾聴した。そしてまた励ましを受けたことに驚いた。わたしのほうがマクレランよりずっとリベラルだったからだが、それはほかの後継者候補たちにしても同じだった。どういうわけか、わたしたちは気が合った。ひとつにはプライアー知事がマクレランと競う選挙に出馬したとき、わたしはロースクールに在学中でアーカンソーにいなかったから、プライアーを応援しなかったことも一因かもしれない。郷里にいればわたしはプライアー側についていたはずだ。また、マクレランが本腰を据えて組織犯罪の網を破ろうとしたことを、わたしは尊敬していた。組織犯罪は、政治観や経済的環境の相違に関係なくアメリカ人すべてにとっての脅威になっていた。わたしが会いに行ってからしばらくして、マクレラン上院議員は任期終了を待たずに他界した。

マクレランの助言や州内で得られた上院選への支持の約束にもかかわらず、わたしは知事選に打って出ることにした。どういうことを成し遂げられるか考えただけでもわくわくしたし、選挙には勝てると思った。三十一歳というわたしの年齢は、管理能力と意思決定に重い責任が問われる仕事の性質上、上院選より知事選において不利に働きそうだったが、競争自体は上院選ほど激しくなかった。

民主党には、ほかに四人の候補者がいた。州南部マグノリアの弁護士で、デイル・バンパーズの選挙キャンペーンで活躍していたジョー・ウッドワード。州北東部の弁護士で、保守的な福音派のキリスト教徒――ゆえにモラル・マジョリティの有権者たちのお気に入りの候補――であるフランク・レイディ。わたしの政敵のなかで公にヒラリーを批判した最初の（そして最後ではない）人物が、フランク・レイディだ。ヒラリーが弁護士を開業していることを公然と、そして結婚しても旧姓を名乗り続けていることを暗に、非難したのだった。ホットスプリングズのすぐ南、クラーク郡の判事で明確な主張を持っているランドール・マティス。州南西部で七面鳥の飼育をしている年配の陽気な経営者モンロー・シュワルツローズ。このうちウッドワードが最も強敵となりそうだった。理知的で考えがはっきりしており、バンパーズの仕事をした関係で州の至るところに知り合いがいた。それでも、わたしは出だしから大きく他を引き離した。そのリードを守っていきさえすればよかった。一般の関心はなんといっても上院選に集中していたので、わたしはただ精力的に選挙運動をし、間違いをしないよう気をつけ、司法長官としてきちんと仕事を続けることに専念した。

比較的ドラマ性を欠いていたにもかかわらず、今回のキャンペーンにはそれなりの興味深い成り行きがあちらこちらであった。ジョー・ウッドワードを支持する州警察官が一九六九年にあの悪名高い木からわたしを下ろしたと断言したことで、〝木の物語〟がふたたび浮上した。ラッセルヴィルの北にあるドーヴァーでは、またもや男らしさへの挑戦を受けて、見上げるような体格の材木運搬人たちに混じって綱引きに参加した。両チームを見渡したところ、わたしがいちばんのちび、ということで、先頭で綱を引かされた。そして、泥んこの水たまりをまたぐように渡されたロープを引っ張り合った。結果はわたしたちのチームの負けで、わたしは泥まみれになったうえ、必死にロープを引っ張ったおかげで両手は擦れて血が滲んでいた。幸い、わたしを綱引きに参加させた友人が新しいチノパンをくれたので、そのまま遊説を続行できた。ハンツヴィルにほど近い人口約百五十人の町セントポールでは、パイオニア・デーのパレード参加者全員と握手をしたが、紐の先にペットをつないだひとりの男がまっすぐこちらに歩いてきたときには、さすがに尻込みをした。ペットがおとなの熊だったからだ。つながれていれば平気という人もいるかもしれないが、わたしはどうしてもだめだった。

信じられないような話だが、一九七八年の選挙キャンペーンではトマトがひと役買った。アーカンソー州のブラッドリー郡ではトマトの生産が盛んで、収穫はおおむね季節労働者の手に頼っている。季節労働者たちは暖かくなる陽気と作物の収穫期を追いながら、テキサス南部を出発してアーカンソーの端から端までミシシッピ川沿いに北上し、遠くミシガン州まで移動する。司法長官の仕事の一環で、わたしはブラッドリー郡南部ハーミテージに出かけたことがあった。コミュニティの会合に出席し、連邦政府が新たに定めた労働者の住居基準を満たせない小規模農家について話し合うためだった。

経済的に余裕のないのが原因だった。わたしはカーター政権から援助を取りつけ、農家が基準を満たす施設を建てて家業を続けられるよう助力した。町の人たちはこれをとても喜んでくれ、わたしが州知事選に出馬表明をすると、〝ビル・クリントン感謝デー〟を設けて、高校のバンドを先頭に目抜き通りをパレード行進するなどの催しが計画された。

わたしは大はしゃぎして、当日、《アーカンソー・ガゼット》紙の同行取材の記者の車に乗せてもらって現地に向かう途中も嬉々としていた。車中で記者から選挙キャンペーンや争点などについてさまざまな質問を受けた。そのなかで何かわたしの死刑支持が問題になるようなことをうっかりしゃべってしまい、結果としてその発言が紙面を飾ることになった。ハーミテージでは町じゅうが繰り出しての大にぎわいだったが、そのイベントも、そのイベントのきっかけとなったわたしの功績も、町の外に知らされることはなかった。わたしが何日もそのことに不平を漏らしていると、ついにスタッフが、わたしを黙らせるにはわたしを笑いものにするしかないと判断してTシャツを作った。胸に「ハーミテージじゃ、もてたんだから!」の文字がプリントされていた。あの町でほぼ全票を獲得したのがせめてもの慰めだった。そしてわたしは、記者とやり取りするときにはもっと慎重になることを学んだ。

それから数週間後、わたしはトマト票の獲得を狙って再度ブラッドリー郡を訪れ、ウォレンで毎年催される〝ピンク・トマト祭り〟のトマト早食いコンテストに出場した。七、八人の挑戦者のうち三人は若い青年で、わたしよりはるかに大きな体をしていた。ひとりひとりにきちんと計量された山盛りのトマトの紙袋が渡された。スタートのベルを合図にわたしたちはトマトを食べまくった。制限時間は確か五分間だったが、いい歳をしたおとなたちが餌の桶を前にした豚さながらにふるまう姿を眺める観客にとっては、じゅうぶん長い時間だったろう。トマトの食べ残した部分は必ず袋に戻して、食べた分だけが正確に計測された。愚かにも、わたしは勝とうとした。悲しい性《さが》なのだ。三位だか四位だかに終わり、そのあと二、三日はひどい気分だった。もっともウォレンでも大多数の票を取ったので、むだ骨ではなかった。しかし、トマト早食いコンテストには二度と出場しなかった。

連邦議会は男女平等憲法修正条項を採択し、州に承認を求めていたが、成立に必要な四分の三の州議会承認が得られず、そのあとも結局、得られないままに終わった。それでもこの問題は、いくつかの理由から相変わらずアーカンソーの上流社会の保守層のあいだで関心を呼んでいた。まずデイヴィッド・プライアーによってマクレラン上院議員の任期が切れるまでの代行に指名されたカニーアスター・ホッジズ上院議員が、上院で男女平等憲法修正条項を支持して説得力のあるスピーチを行なった。またわたしたちの友人ダイアン・キンケイドがアーカンソー州議会で、全米でも有数の同修正条項の反対者フィリス・シュラフライをみごとな弁舌で打ち負かし、これが広く報道された。ヒラリーとわたしもこの条項を支持しており、それは記録に残っていた。男女平等憲法修正条項に反対する人々は、わたしたちになじみ深い形で文明の終わりを描いてみせた。従軍する女性、男女共用のトイレ、自己主張が強く夫に従わない妻のいる家庭の崩壊。

男女平等憲法改正修正条項に端を発して、わたしは州北東部ジョーンズボローで開かれた五百人前後の集会で、フランク・レイディの支援者たちとちょっとした口論をするはめになった。教育と経済開発に関する持論を述べていると、レイディ支持のTシャツを着た中年の女性がいきなりわたしに向かって叫んだ。「ERA（男女平等憲法改正修正条項）について話しなさいよ！　ERAについて！」。わたしは、おもむろに答えた。「いいですよ。話しましょう。わたしは賛成。あなたは反対だ。でもこの条項はあなたが思うほどの害は与えないだろうし、わたしを始め、これを支持する人たちが願うほどのいい影響も与えないでしょう。さて、それでは学校と仕事についての話に戻ります」。その女性はそうさせてくれず、甲高い声で言い放った。「あなたは同性愛を奨励しているのね！」。わたしは女性を見つめ、にっこり笑って、言った。「奥さん、わたしはまだ政界では日の浅い人間ですが、この世のありとあらゆることで非難されてきました。でも、同性愛を奨励しているといって非難したのはあなたが初めてですよ」。会場にどっと笑いが起こった。レイディの支援者のなかにさえ笑う者がいた。そのあと、わたしは最後まで話すことができた。

予備選挙の投票日、わたしは投票総数の六〇パーセントを獲得し、七十五郡のうち七十一郡で勝利を収めた。上院選の票は、プライアー、タッカー、ソーントンの三者のあいだでほぼ等分に割れた。プライアー知事が三四パーセント、ジム・ガイ・タッカーがレイ・ソーントンをわずかに上回る票を得ていたので、決選投票が行なわれることになった。一般の通念では、現職のプライアー知事には四割を優に超える得票があって当然だったから、これは苦戦といっていいだろう。わたしはプライアーが好きだったし、州政府でいっしょに気持ちよく仕事ができたので、わたしが新たに採用した世論調査専門家でニューヨークの市政で活躍してきた若い政治コンサルタントのディック・モリスに助言を求めるよう強く勧めた。モリスは才気《さいき》煥発《かんぱつ》で、性格的には人をいらだたせるところがあったが、常に政治と政策に関するアイデアにあふれていた。攻撃的でクリエイティブなキャンペーンの効果を確信し、何事に対しても自信満々だったせいで、とりわけアーカンソー州民のような南部気質の素朴な人たちには、モリスに抵抗を感じる向きが少なくなかった。しかし、わたしはモリスに刺激を受けた。そして、その助言から多くの利益を得た。それが可能だったのは、わたしがモリスの態度に不快を覚えないよう努めたことも一因だし、その言い分が正しいときと間違っているときとを本能的に見分けられたこともあっただろう。モリスについて、ひとつ、本当に気に入っていた点は、わたしが聞きたくないような事柄をいつも聞かせてくれることだった。

秋の本選挙では、大牧畜業者で共和党の州委員長であるリン・ロウがわたしの対立候補だった。選挙戦はこれという波乱もなく進み、唯一の例外として、州会議事堂前の階段で開かれた記者会見中、ロウ陣営がわたしを徴兵忌避者として非難する〝事件〟があった。わたしは、ホームズ大佐に確かめてみるようにと答えて、受け流した。結果は、わたしが六三パーセントを得票し、七十五郡のうち六十九郡を制して当選した。

三十二歳で、わたしはアーカンソー州の次期知事に選ばれ、年内余すところ二カ月で、スタッフを集め、立法計画をまとめ、司法長官としての仕事を仕上げることになった。司法長官の仕事はわたしにとって心から楽しいものであり、また優秀なスタッフの勤労と献身によって多くの功績を残すことができた。未処理で残っていた法律専門家の意見の要請をかたづけて、記録的な数にのぼる意見書を発表した。五年前に消費者請求部門が創設されてからの総額を上回る四十万ドル以上の請求金を取り戻した。専門的職業を管轄する州の各種委員会に、当時は全米で一般的に規制されていた、管轄下の職業グループによる価格広告の禁止がもはや通用しないことを通告した。老人ホームでの介護の改善と高齢者に対する年齢差別の廃止を推進した。司法長官室始まって以来の多数の公共料金関連の聴聞に参加して、納入者の負担を何百万ドルも節減した。そして凶悪犯罪の犠牲者に補償を行なうための法案を起草・通過させ、州の機関が所有する個人情報について市民のプライバシーの権利を守った。

これらとは別にわたしが達成したあることは、個人的に特に重要な意味があった。州議会の両院で可決に必要な四分の三に当たる議員たちを説得し、州の選挙権法を修正して既決重罪犯の選挙権を刑期の満了と同時に復活させることに賛成を得たのだ。犯罪者が罪を完全に償った時点で、市民権も完全に復活させるべきだと主張した。それは勤勉で納税を欠かさない市民でありながら、けっして罪を許されることなく、選挙のたびにやりきれない思いを味わわされた男、ジェフ・ドワイアーのためだった。悲しむべきことに、あれから二十五年経つが、いまだに連邦政府も大多数の州もわたしたちの例にならっていない。

21

五月の予備選挙が終わった時点で、わたしの最初の任期に向けてみんなで計画を練り始め、十一月を過ぎると本格的な活動に入って、選挙事務所をそのための準備事務所に充てた。州議会議員の経験があるルーディ・ムーアとスティーヴ・スミスの手を借りて、予算を組み、政策の優先事項を立法化させるための法案を起草し、行政上の課題を分析するとともに、直属スタッフと局長クラスの人選にも着手した。

十二月、民主党の中間党大会がテネシー州メンフィスで開かれた。わたしはミシシッピ川の向こう岸に渡って、保健医療に関する公開討論会の司会をするよう頼まれた。主賓格の出席者として、カーター大統領の保健教育福祉長官であるジョー・カリファノと、上院で国民皆保険制度の導入を強く主張しているエドワード・ケネディ上院議員が招かれていた。カリファノは大統領が推進しているかなり漸進的な保健医療改革を擁護して論旨も明快だったが、聴衆の心をつかんだのはケネディのほうだった。息子のテディが癌を宣告されたとき自分の富が可能にした医療を、普通のアメリカ人すべてが受けられるようにすべきだと熱く訴えかけたのだ。わたしは討論会での司会体験と全国に自分の名前が知られる機会をありがたく思ったが、党大会自体は本来、大統領選挙の実施されない年に民主党員たちの結束と党の再活性化をめざすためのものであるはずが、党内の意見の相違ばかりを際立たせる結果に終わったと感じた。中間党大会はその後、開催されなくなった。

クリスマスを間近に控えたある日、ヒラリーとわたしはようやく取れた休暇を使って、イギリスに出かけた。クリスマスの日はオックスフォード時代の友人セーラ・メートランドと夫のドナルド・リーとともに過ごした。ドナルドはアメリカ人初の英国国教会の聖職者で、その日が初めてのクリスマス礼拝だった。当然、少し緊張していただろうが、そういうときにも成功間違いなしの方法を選んで、子ども向けの説教を始めた。キリスト降誕の場面を表わした模型の前で、階段に腰を下ろし、子どもたち全員に前へ来ていっしょに坐るよう呼びかけた。席の移動に伴う騒ぎが静まると、こう切り出した。「みんな、きょうはとても特別な日だね」。一同がうなずく。「どういう日かな?」。子どもたちが声を揃えて、元気よく答えた。「月曜日!」。ドナルドがその先をどう続けたのかはわからない。きっと自分の教会では子どもたちが事実を素直に語ることを知って、慰めを得たにちがいない。

ひと月もすると、知事公邸に引っ越して就任式の準備を整える時期となった。公邸は広さ約九百二十平方メートルの大きなコロニアル風の邸宅で、リトルロックの美しい旧市街クオポクォーターにあり、州会議事堂からもそう遠くなかった。母屋をはさんで両側に小さめの家屋がひと棟ずつ立ち、左側は来客宿泊用施設として、右側は一日二十四時間態勢で警備と電話応対に当たる州警察官たちの詰め所として、それぞれ使用されていた。公邸には一階に、誰でも入れる大きく立派なパブリックルームが三室と、広いキッチン、それに小さな朝食ルームがあり、また地下にも広々としたスペースが用意されていたので、わたしたちは地下室をレクリエーションルームに改造して、ピンボール・マシンなどを入れた。住居部分は二階で、屋敷の大きさの割には小さな部屋が五室と、こぢんまりとしたバスルームがふたつ造られているだけだった。それでもエル通りの家から比べれば大きなグレードアップで、わたしたちには五つの部屋に配分するだけの家具がなかった。

新しい生活への移行期でいちばん苦労したのが、警護に慣れることだった。わたしは小さいころから自分のことは自分でできるというのが自慢だったのと、ひとりでいる時間を常に大切にしてきたからだ。二十歳で自立したあとは、徐々に掃除や用足し、料理などもこなすようになった。ヒラリーと世帯を持ってからは、ふたりで家事を分担した。それが今は、食事の用意も家の掃除も用足しも、みんなほかの人たちがしてくれる。十六の歳から、ひとりで自分の車を運転しながら音楽を聴いたり考え事をしたりするのを楽しんできたのに、それがもうできなくなった。毎日、たいてい仕事の前かあとにジョギングをするのが好きだった。今は、走ると後ろから州警察官が覆面パトカーでついてくる。はじめはそれがひどく気になって、一方通行の道を反対方向に走り出したくなったりした。やがてはそれにも慣れて、公邸の使用人や警察官たちの仕事をありがたく思うようになった。おかげで、わたしには仕事に専念できる時間が増えたのだから。州警察官に運転してもらうことで、移動中に書類仕事をせっせとかたづけられるようになった。やがて、日曜日に教会へ行くときだけは自分で運転するという妥協が成立した。といっても、わたしの教会もヒラリーの通うメソジスト教会も公邸から二キロ足らずのところだったので、たいした妥協ではなかったのだが、わたしは毎日曜日の自由のドライブ《フリーダム・ライド》（訳注　一九六〇年代、人種差別に反対して公民権運動家が各地から南部への長距離バスに乗り込んで行なった示威運動）を心から楽しみにした。州警察官のひとりは、警護の番が回ってくるとわたしといっしょに走ってくれた。わたしはあとをつけられるよりそのほうがずっと好きだった。知事になって何年かしてからは、差し迫った危険のないことがはっきりしているときなど、朝はよくひとりで走ったが、そういうときもわたしの居場所がすぐわかり、またまわりに人がおおぜいいる中心街のルートを通った。ジョギングの終点が公邸から数百メートルの距離にあるマクドナルドや地元のパン屋になることもしばしばで、そこで一杯の水をもらってから歩いて帰った。

州警察官たちに本格的な警護が求められることも時折あった。最初の任期のとき、州内の精神病院の脱走者が知事公邸に電話をかけて、わたしを殺すと言ってきた。この患者は数年前に母親の首を切り落としていたので、警察官たちは電話の通告を真剣に受け止めた。男は取り押さえられ監禁施設に戻されたが、電話をしてきたときから当人も無意識にそれを望んでいたのかもしれない。またある日は、鉄道レール用の犬釘を持った大男が知事公邸に入ってきて、わたしと一対一で会うことを要求した。この男には即、お引き取り願った。一九八二年に知事再選をめざしていたときには、神のお告げを受けたという男から電話があり、わたしの対立候補が主の使いでわたしは悪魔の手先なので、神の命によってわたしを消すと言われた。この男はテネシー州の精神病院から逃げ出してきたことがわかった。珍しい口径の回転式連発拳銃《リヴォルバー》を携帯し、弾丸を手に入れようと銃器店を何軒も回ったものの、身分証明書がないために断られていたのだった。それでも選挙キャンペーン終盤の何週間か、わたしは着心地の悪い防弾ジャケットを身に着けるはめになった。また、たまたま錠の下りていなかった正面の扉から、精神錯乱を起こした女性が入ってきたこともある。悪意はなかったもののわたしに呼びかけながら二階の住居に続く階段の半ばまで上がり込み、そこでようやく州警察官に取り押さえられた。そうかと思うと、戦闘用のブーツと短パンといういでたちの、痩せて小柄ながら筋骨たくましい男が正面の扉を壊そうとして逮捕されたこともある。この男は何か薬物を混ぜ合わせたものを服用していたためおそろしく力が強く、わたしより体の大きな警察官がふたりがかりでおとなしくさせたのだが、それも警察官のひとりを投げ飛ばして州警察官の詰め所の窓に頭を突っ込ませるという騒動の末にだった。男は拘束服を着せられ、担架に縛りつけられて運ばれた。薬効が切れたとき、男は州警察官に謝罪し、逮捕されたおかげで人に危害を加えずにすんだことを感謝した。

一期目の大統領時代には、不満と金銭的な悩みを抱えていた州警察官ふたりが、ささやかな礼金と名声、そして給料の増額を期待して、わたしに関する話をばらまいたこともあった。しかし、警備隊に配属された警察官たちはおおむね仕事も人柄も優れており、何人かとはいい友だちになった。一九七九年一月の時点では、わたしには二十四時間態勢の警護に慣れることができるという自信がなかったが、自分の職務にわくわくしていたので、あまりそれを考えている暇もなかった。

恒例の就任祝賀舞踏会とは別に、わたしたちはアーカンソー州のエンターテインメントに焦点を当てた〝ダイヤモンドとデニム〟という夕べを催した。演奏者はすべてアーカンソー州の出身で、偉大なソウルシンガーからのちにゴスペル音楽と聖職に転向したアル・グリーンや、高校時代のわたしたちのトリオバンド〝スリー・キングズ〟でピアノを担当していたランディ・グッドラムも出演した。グッドラムは三十一歳ですでにグラミー賞の作曲部門を受賞していた。わたしは一九六四年以来、久々にいっしょに演奏し、サックスで『サマータイム』を吹いた。

就任式は一大イベントだった。州全域から何百人という人々が集まり、この何年間かにヒラリーとわたしが作った友人たちもおおぜい出席した。昔の同居人トミー・カプラン、ジョージタウン大学でわたしが敗れたキャンペーンを取り仕切っていたデイヴ・マターー、ベツィ・ライト、〝ボーイズ・ネーション〟で公民権賛成派の同志だったルイジアナ州のフレッド・カマーとアルストン・ジョンソン、そしてイェール時代の三人の学友、キャロリン・エリス、グレッグ・クレイグ、スティーヴ・コーエンなどだ。キャロリン・イェルデル・ステイリーもインディアナから駆けつけてきて、歌ってくれた。

就任演説にはかなり力を入れた。歴史の重大な節目を飾るものにしたかったのと同時に、わたしが知事の職務にもたらそうとしている価値観と理想をアーカンソーの州民にもっと知ってほしかった。就任式の前夜、スティーヴ・コーエンが話していたことからあるアイデアを得て、それをスピーチに加えた。スティーヴはその晩、もうずいぶん前から忘れていたふたつの感情を感じていると語っていた。〝誇りと希望〟だ。あのスピーチには、わたしが今も当時と同じくらい強く胸に抱いているいくつかの信念、大統領時代も含めて公職にあったあいだ常に行なおうとした事柄をとらえた言葉が盛り込まれていた。

わたしはかねてから、機会均等主義の実現を強く望んできました。これからはそれを促進するためにできる限りのことをします。

わたしはかねてから、権威ある者たちによる横暴な力の濫用を嘆いてきました。これからはそれを未然に防ぐためにできるだけのことをします。

わたしはかねてから、政府の仕事に目立つむだの多さと、秩序と規律の欠落を残念に思ってきました。これからは、それを減らすためにできる限りのことをします。

わたしはかねてから、アーカンソーの土地と空気と水を愛してきました。これからは、それを守るためにできる限りのことをします。

わたしはかねてから、年配者、弱者、困窮者が抱えている、いわれのない生活苦を軽くしたいと願ってきました。これからは、そういう人たちに援助の手を差し伸べます。

わたしはかねてから、独立心にあふれた勤勉な働き手でありながら、経済的に見合うような機会を与えられないばかりに、重労働をしても満足に稼げない状況を数多く目にして悲しんできました。これからは雇用の機会を増大していきます……

翌日、わたしはさっそく仕事に取りかかり、わたしの人生のなかでも活気と、消耗度と、やりがいと、もどかしさにおいて屈指といえる二年間のスタートを切った。わたしはいつでもやるべきことはすばやくかたづけないと気がすまないたちだったが、今度ばかりは、はやる気持ちに理解力が追いつかないことがしばしばだった。知事の一期目を公正に総括すると、政策面では成功だが政治的な駆け引きでは大失敗というところだと思う。

州議会では、わたしは主に教育と幹線道路への支出を優先させるとともに、保健、エネルギー、経済開発における本質的な改革を山ほど計画していた。一九七八年、アーカンソー州はひとり当たりの教育費が全米で最下位だった。国内で一目置かれる教育政策の権威、フロリダ大学のカーン・アレグザンダー博士が実施したアーカンソー州の学校調査では、学校制度が惨憺《さんたん》たる状況にあるとの結論が導き出された。「教育的な観点から述べると、アーカンソー州の平均的な子どもがどこでも国内のほかの公立学校に通った場合、今よりはるかにいい成績を収めることができる」。アーカンソー州には三百六十九の学校区があり、その多くは小さすぎて数学や理科の教科で必要な学科をすべて提供することができなかった。州の基準とか評価制度というものもなかった。そして教員の給与はほとんどの地域で哀れなほど少額だった。

議会は教育に関する提案をほぼすべて通過させた。教師の大多数を代表するアーカンソー教育協会や、行政官と教育委員会を代表する各種の団体、そして上院教育委員会の強力な委員長クラレンス・ベルを始め教育支援派の議員たちの後ろ盾を得た結果だった。議会は向こう二年間で四〇パーセントの予算の増額を承認した。具体的には各年千二百ドルずつの教師の給与引き上げ、特殊教育費の六七パーセント増大、教科書のコストや輸送その他の業務費用の増大、そして天才・英才児向けプログラムと幼稚園児の送迎を対象とする学区への初の財政援助などが盛り込まれていた。幼稚園児の送迎は、幼稚園教育普及に向けての大きな前進だった。

増額分は、わたしが常に心がけてきたこと、すなわち水準の引き上げや質の改善に向けた試みに投入された。わたしたちは州レベルで施行される初のプログラムとして、生徒の学力を測定し、向上が必要な分野を特定するためのテストの実施を義務づけること、教員資格の取得希望者に全米教師試験の受験を課すこと、そして〝恣意《しい》的、衝動的、差別的な〟理由による教師の解雇を禁じる法案を、それぞれ通過させた。また天才・英才児のために〝アーカンソー知事学校〟を創設し、一九八〇年の夏にヘンドリックス・カレッジで開校した。ヒラリーとわたしはその最初の授業でスピーチを行なった。この学校はわたしが最も誇りとする功績のひとつで、今も順調に運営されている。

ほかのふたつの領域では、そこまでの成功には至らなかった。アレグザンダー報告書は学校区の数を二百に減らすよう助言していた。そうすれば運営費を大幅に節減できる。ところが、わたしはその案を検討する委員会設置の議案さえ通すことができなかった。相当数の小さな町が、自分たちの学校区がなくなると〝街の連中〟に学校を閉鎖され、ひいてはコミュニティが消滅すると信じていたからだった。

わたしが抵抗にあったもうひとつの領域には、各学校への助成金の配分方法が関係した。いくつかの学校区が、わたしたちの作ったシステムは公平を欠くものであり、加えて地区ごとに固定資産税収入が異なることから、州内の子どもひとり当たりの支出に大きな不均等が生まれており、これは違憲に当たるとして訴訟を起こしたのだ。配分方法に資産価値の相違や生徒数の変化がじゅうぶん考慮されていなかったため、ひとり当たりの諸経費がほかの学区よりはるかに高くつくごく小さな学校区に対して、ひとり当たりにすると多額の助成金が支給されていた。システムを変えようにも、支給額が増える学校区があるということは支給額を削られる学校区もあるわけで、調整は難航した。増額組も減額組も州議会にそれぞれ代表者がおり、システムの変更によって自分の学校区にどういう影響が出るかが示された印刷物を目にすると、負け組が変更を阻止しようとして強硬に反対した。結果として、配分方法に微調整を施すにとどまった。変更らしい変更が行なわれるには、学校へのこの配分方法を無効とした一九八三年の州最高裁判所の判決を待たなければならなかった。

わたしが提出した道路整備計画は、州内の幹線道路、郡道、市街道路の劣化と新たな道路建設の必要性に対処するのが目的だった。もう十年以上、アーカンソー州ではきちんとした道路計画が実施されておらず、道路がでこぼこだったりスピードが出せなかったりで、州民は多くの時間と金を奪われていた。道路計画自体には多くの支持が寄せられていたが、資金の調達方法については大きく意見が割れた。わたしが提出したのは大がかりな一括税金法案で、道路に最も損傷を与えている大型トラックへの大幅な増税と実質に見合った乗用車への増税をセットにしたものだった。当時、乗用車の登録料金は、トラックの場合と同様に、車輛の重さに応じて金額が決められていた。これは不公平だとわたしは思った。乗用車の重量は、道路に及ぼす損害という点から見れば、トラックとは違って問題になるほどの差異がないうえ、重いのは古い車で、たいていは低所得者が所有していた。重量で自動車登録料を決めるのではなく、車の値打ちにもとづいて料金を定め、高価な新車ならば五十ドル、車が古く値段も安い最低ランクの場合は二十ドルというふうに支払うやりかたをわたしは提案した。この方法だと、古くて重い車の持ち主は登録料を増額されずにすんだ。

老練な議員からは、自動車登録料の増額は避けてガソリン税の値上げだけで道路計画をまかなうべきだという意見も聞かれた。労働組合はこの意見に反対で、増税分がガソリン購入費に埋もれてしまうので気づきにくいが、年額で見れば一般のドライバーにとっては、むしろこちらのほうが高くつくというのがその理由だった。この点についてはわたしも組合側に賛成だったが、あのときガソリン税を値上げしていたほうが、わたしが行なったことより、政治的にはこうむる痛手がずっと少なくてすんだことだろう。

組織団体は、幹線道路の建設業者を除けば、どこもわたしの提案を支持しなかった。トラック輸送業界も養鶏、材木関係者も、自分たちの使う大型トラックへの課税をきびしくされてはやっていけないと主張して、提示された金額を引き下げた。新車のディーラーはわたしの案では顧客の負担が大きすぎると述べ、また車の価値を基準に登録料金を決めようものなら管理部門が悲鳴をあげると反発した。わたしは、ディーラーたちの言い分はとりわけ説得力を欠いていると思ったが、議員たちには受け入れられた。幹線道路関係者側の働きかけは、上院でノックス・ネルソンが一手に引き受けていた。自身も道路建設業者であるこの狡猾《こうかつ》な上院議員は、金さえ入ればその調達方法にはこだわっていなかった。結局、議会は自動車登録料からの上がりで歳入を大幅に増大することを承認したが、徴収方法は従来の重量ベースを踏襲することにしたため、重い自動車の登録料金がこれまでの十九ドルから倍額に近い三十六ドルに跳ね上がってしまった。わたしにはふたつの選択肢があった。この法案に署名して立法化し、不公平な徴税を財源とする立派な道路計画でいい道路を造るか、あるいは拒否権を行使して道路計画を没にするか……。わたしは法案に署名した。それは一九九四年までに限っていえば、わたしが犯した政治上最も愚かな失策だった。ちなみに一九九四年、わたしは、捜査に必要な正当な証拠のかけらさえないにもかかわらず、ホワイトウォーター事件の特別検察官の要請に同意してしまったのだった。

アーカンソー州では自動車登録料の更新期日が毎年、持ち主の誕生日になっている。その日になると車の持ち主は更新手続きのため、地元の郡税務署に出向く。七月一日に法律が発効してから一年間、毎日、入れかわり立ちかわり州民が税務署にやってきては、わたしからの誕生日プレゼントを受け取った。二倍に増えた自動車登録料だ。新しいナンバープレート（自動車登録証）を買うために、三十キロ以上も車を走らせて郡庁所在地に出てくる田舎の人々も少なくなかった。そして多くは小切手帳を携帯せずに、ちょうど値上げ前の登録更新料が払えるだけの現金を持ってきた。当然ながら家まで延々車を走らせて帰り、虎の子の貯金からいくらかを取り出して、また家を出る。税務署に戻ったときには、よくあることだが、列ができている。後ろに並んで待ちながら、所在なげに殺風景な税務署内を見渡せば、目に留まるのは壁の写真からにこやかに見下ろす知事の顔だった。

一九七八年の終わりにわたしが初めて知事に選出されたとき、ヒラリー・ジョーンズはわたしの未来を予言してみせた。過去三回の選挙は山地の人々が応援してくれたが、これからは街で票を集めなくてはならなくなるだろうと言ったのだ。理由を尋ねると、今後わたしが学校と経済開発の問題に取り組むようになれば、州に必要なこととはいえ、学校の水準を上げようとする試みがどうしても地方の学校を脅かすことになる。また地方の貧しい地域に新しい雇用をもたらそうとしても限りがある。そして、少し前に連邦最高裁判所が下した判決で、政策決定に携わらない部署の公務員を政治的な理由で交代させることが許されなくなったため、今、地方の郡に務めている州の職員を解雇してわたしたちの同志を配属したくともそれができないからだという。「それでもおれは、あんたのためにできる限りのことをするよ。しかし、もうけっして今までのようなわけにはいかないだろう」。多くのことでそうだったように、この件でもジョーンズの意見は的確だった。知事再選を繰り返し果たしていくうちに、わたしは都市部や郊外の無党派層や共和党支持者からの票を集めるようになったが、かつて下院議員選挙の第三区や州内のその他の地域で受けたような惜しみない支援は、もはやふたたび手にすることがなかった。ただでさえそういう避けようのない要因があったのに、わたしはたったひとつの署名によって、自動車登録料の値上げという自分で自分の首を絞めるようなへまをして、アーカンソーの地方の人々との――そして都会のブルーカラー労働者の多くとの――あいだに築いた五年間の努力の結晶をふいにしてしまったのだった。

政策はよいのに政治的な駆け引きがだめというパターンは、立法に限った話ではなかった。わたしは首席補佐官を置かずに行政府を組織し、ルーディ・ムーアとスティーヴ・スミス、それにカリフォルニア出身の政策分析の専門家ジョン・ダナーをそれぞれ異なる分野の担当責任者とした。ジョン・ダナーの夫人はヒラリーの旧友ナンシー・ピエトラフェサで、やはり行政の教育部門で働いていた。首席補佐官を置かないやりかたは、ケネディ大統領がホワイトハウスの編成に用いたのをならったのだが、ケネディのスタッフは全員が髪を短く刈り、地味なスーツに白いワイシャツ、暗い色の細身のネクタイという格好だった。それにひきかえ、ルーディ、スティーヴ、ジョンの三人は揃って顎鬚《あごひげ》を蓄え、服装についてもそこまで考えが縛られていなかったから、わたしに批判的な保守派の議員たちからの風当たりが強かった。やがて、部局間でいくつか衝突が起きた。わたしはルーディを首席補佐官に据え、スティーヴには政策的な発案の多くを管理・監督してもらうことにして、ジョン・ダナーと夫人のナンシーを役職から外した。自分でも許しがたい無神経さで、わたしはその変更をダナー夫妻に伝える役目をルーディに任せた。ルーディは伝え、夫妻は辞職した。のちにそのことでわたしはふたりと話をしようとしたが、わたしたちの関係は修復されずに終わった。わたしが自分で対応しなかったことをふたりはけっして許してくれなかったにちがいないし、それも当然だと思う。ふたりともいい人たちで、いいアイデアをたくさん持っていた。わたしの経験不足のせいで、いたたまれないような状況にふたりを追い込んでしまった。わたしの手落ちだった。

わたしはまた保健局と、福祉局ならびにその下部組織である社会福祉部と精神衛生部、教育局、そして新設したエネルギー局に、州外からたくさんの人材を招き入れて、面倒を引き起こしてしまった。みんな有能で善意をもって事に当たる人たちだったのだが、わたしたちのめざした大きな変化を実現させるには、選挙民たちとの触れ合いと、対応での経験がもっと必要だったのだ。

わたし自身の経験不足と若さが問題を悪化させた部分もあった。おまけにわたしは三十二歳の実年齢より若く見えた。司法長官に就任したとき、《アーカンソー・ガゼット》紙の漫画家で才人のジョージ・フィッシャーはわたしを乳母車に乗せて描いた。知事就任で、乗り物が三輪車に格上げされた。わたしが三輪車から降ろしてもらえたのは大統領になってからで、ようやくピックアップ・トラックに乗ることができた。わたしの支持者であるフィッシャーにしてそうだったのだから、わたしの頭に警報が鳴ってもよさそうなのに、警報はうんともすんとも言わなかった。

全米を視野に入れて探した結果、ウェストヴァージニアの田舎に診療所を開いて成功していたロバート・ヤング博士を保健局の局長に指名した。わたしはヤング博士に、アーカンソーの地方住民が抱える深刻な保健医療の問題に対処するよう頼んだ。地方では医療が受けにくく、また質がじゅうぶんではなかった。ヤング博士と地方保健課のオーソン・ベリー課長は革新的な案を打ち出した。各地に、医師は最低二週間に一度勤務するだけだが臨床看護師と医師助手が二十四時間態勢で常勤する診療所を設けて、そこでは彼らが訓練を受け認可されている範囲内で診断・診療サービスを行なうというものだ。地方では開業医が不足しているにもかかわらず、調査によると大多数の患者が望んでいるのは、診療に時間を多くかけてくれる臨床看護師や医師助手のほうだった。またミシシッピ郡の看護助産師プログラムなどは、郡の乳児死亡率を半減させていた。

アーカンソーの医師たちはヤング博士の計画に強く反対した。家庭医を代表して、ジム・ウェバー博士は「われわれは、申しわけ程度の医療でもないよりましだとは考えない」と述べた。医師たちの反対にもかかわらず、カーター政権はわたしたちの計画への財政支援に応じた。わたしたちは四軒の地方診療所を開き、さらに三カ所の建設に取りかかり、ミシシッピ郡看護助産師プログラムに臨床看護師を加えた形で、ほかの郡にもこれを広めた。そして、わたしたちの取り組みは全国から賞賛を浴びた。

わたしたちは極力、医師たちと連係しながら仕事をした。わたしはふたつの特別会計支出予算案をそれぞれ支持した。ひとつはアーカンソー小児病院に、極度の未熟児や生存が危ぶまれる新生児たちを看護する集中治療育児室を設置するためのもの。もうひとつは大学付属の医療センターに、癌患者の診療改善をめざした放射線治療研究所を設立するためのものだった。またさらなる改善に向けての提言と、地方のコミュニティから寄せられる数多い要請の優先順位決定に助言を行なう機関として、地方保健諮問委員会を設置し、ヒラリーを委員長に指名した。わたしたちは田舎の地域に医師を送り込むことにいっそうの努力を傾け、人口六千人以下の町に診療所を開く医師には州の財源から最大十五万ドルを融資する貸付基金を創設し、小さな町の家庭医たちには申し込み制の年間六千ドルの所得補足手当を用意した。一九八〇年は経済不況で保健局の予算がきびしく削減されただけに、これらの新しい構想は医師たちから絶大な支持を得た。とはいえ、ヤング博士もわたしも、田舎の保健診療所の件で事前に医師たちの意見をじゅうぶん聞かなかったことと、計画を急ペースで遂行したことについては、けっして許してもらえなかった。一九八〇年八月には、アーカンソー医師会からヤング博士への辞任要求が提出された。一九八一年にわたしが知事職を離れたとき、わたしの構想のいくつかは削られてしまっていた。まさしく、政治的な駆け引きはまずくともいい政策は打ち出せるが、両者が揃わなくてはいい政府を作ることはできないということを絵に描いたような例だった。

石油輸出国機構（ＯＰＥＣ）が原油の価格を急騰させ、その連鎖でほかのいっさいが値上がりしたため、エネルギーは大問題だった。この領域では、わたしたちはいい政策を打ち出して政治的な駆け引きもまあまあだったが、強力な敵を作ってしまった。わたしはアーカンソー州エネルギー課を局レベルの機関に格上げすることを議会に承認させた。そして公共料金納付者、公益事業体、企業、政府のすべてを融合しようと試みた。公共料金納付者たちには料金の節約を可能にし、公益事業体と企業、自宅所有者たちには省エネの促進につながる刺激材料を与えるとともに、新しいクリーンエネルギー源の開発を後押しするためだ。わたしは、わたしたちがもっと自給自足に徹することができるし、資源保護においても代替燃料においても国内のリーダーになれると考えていた。わたしたちは家庭用、商業用、工業用のエネルギー使用における省エネルギーと再生可能なエネルギーの消費を対象に税額控除を行なう法案を通過させ、アルコール含有量一〇パーセント以上の混合燃料については州のガソリン税を免除した。工業企業、商業企業にはエネルギー効率診断を提供し、エネルギー節約プログラムを購入・導入した学校、病院その他の公的機関には五割の拠出助成金を与えた。そういう奨励策には連邦政府の資金供給があり、わたしたちは全国で最初にそれを受け取る州となった。連邦政府の統計によると、わたしが知事に就任したときアーカンソー州のエネルギー節約プログラムは全米で最下位の状態だった。一年後、アーカンソー州はプログラム全般の評価で九位、工業分野での省エネでは三位にランクされていた。

　公益事業体の規制はおおむね成功したが、ほかに比べてはるかに激しい論議を呼んだ。わたしとしては、エネルギー局が公益事業委員会の公共料金に関する聴聞に参加することを可能にして、原子力発電所についての情報収集と検査が行なえるようにしたかった。議会は、教育と税金にはリベラルだが公益企業と親しい長老格のマックス・ハウエルに促されて、わたしの最初の要求を骨抜きにし、二度目は資金供給を拒否した。わたしがアーカンソー電力会社に対して、顧客に無利息の節約ローン（訳注　エネルギーの節約に貢献する企業へのローン）を提供し、その運営コストを公共料金納付者に請求する計画を採用するよう説得したとき、この問題を理解した人々は拍手喝采した。原子力発電所を新設するよりもはるかに安上がりなエネルギー供給の増大方法だったからだ。残念ながら、エネルギーの節約がゆくゆくは自由企業制の破壊につながると考える一部の議員たちが声高に反対したため、アーカンソー電力会社は計画の棚上げを余儀なくされた。もっとも、低所得者層の住宅に、夏は涼しく冬は暖かで光熱費を大幅にカットできる耐気候構造化を普及させようとするわたしたちの努力は、引き続き同社から支持を得た。ところが悲しいことに、わたしたちの省エネに向けた努力でさえ、論争を免れることはできなかった。ある調査報道記者の発見により、公金で動いているプロジェクトのひとつが無用な事業であることが露呈したのだ。そのプロジェクトは低所得者たちに職業訓練を施して樹木を切り出させ、薪にしてほかの困窮者たちに配給させるというものだった。特別代替木材エネルギー資源(Special Alternative Wood Energy Resources)プロジェクトは、呼称こそ名は体を表わす頭文字SAWER(訳注 のこぎりで切る人)で立派だったが、実績はろくでもないもので、六人の木こりを訓練して三コード(約十一立方メートル)の木材を切り出すのに六万二千ドルかかっていた。わたしは責任者を解雇し、別の人間を任命してプログラムの是正に当たらせたが、このむだ遣いは一般市民の心に焼きついた。大多数のアーカンソー州民にとって六万二千ドルは大金だった。

監督行政の最前線ではふたつの大きな問題で敵対勢力に打ち負かされた。第一に、わたしたちは公益事業体による〝パンケーキ作り〟と呼ばれる慣行をやめさせようと最善を尽くした。パンケーキの仕組みはこうなっていた。公益事業体が一〇パーセントの値上げを要請して五パーセントしか認められなかった場合、その決定を不服として上訴しつつ一〇パーセントの値上げ分を徴収することができる。その一方で、公益事業体は再度の料金値上げを提起して、同じことを繰り返す。平らに焼いたパンケーキを積み重ねていくように、少なくなった値上げ分が次から次へと重ねられていく図式だ。上訴審では公益事業体が敗れるのが通例だったが、たとえ敗れてもパンケーキの効果によって、公共料金納付者が――多数の貧しい人々も含め――公益事業体に膨大な低金利の貸付を認めているのと同じ結果になった。これは不正な行ないだったが、例によって公益事業体のほうがわたしよりも議会に対して強い一撃を振るうことができたので、パンケーキ作りに反対する法案は委員会でつぶされてしまった。

第二に、わたしは相変わらずアーカンソー電力会社とその親会社ミドルサウス公益企業を向こうに回して、ミシシッピ州のグランドガルフ原子力発電所の費用の三五パーセントをアーカンソー州の電力料金納付者に負担させる計画と闘っていた。アーカンソー電力会社はその一方で、アーカンソー州内に六基の石炭火力発電所の建設を発議するとともに、州内の電力需要が落ち込んでいるという理由で、既存の発電所のひとつから供給される電力を州外の利用者に販売することを要求していた。法律では、公益事業はそのすべての経費に対して、婉曲《えんきょく》に〝利回り〟と呼ばれる利益を得る資格があった。そして、グランドガルフ計画によると、アーカンソーの電力料金納付者は新発電所の電力をまったく使用しないにもかかわらず、その建設費用の三分の一以上に加えて、その利回りまで支払わなければならないことになっていた。アーカンソー電力会社にはグランドガルフ原子力発電所の所有権がなかった。発電所は電力料金納付者のいないある独立した系列会社に属するものであるため、その建設と資金調達計画は連邦政府の承認さえ受ければよく、それは精密さからはほど遠い調査ですまされていた。これらの事実が《アーカンソー・ガゼット》で報道されると、猛烈な抗議の声が湧き起こった。アーカンソー電力会社はグランドガルフから手を引くよう、公益事業委員会の議長から強い要請を受けた。わたしたちは大がかりな葉書キャンペーンを組織して、連邦エネルギー規制委員会に、グランドガルフ計画の承認を取り消してアーカンソー州を救済するよう求めた。すべてはむだに終わった。

グランドガルフ計画の取り決めは結局、連邦監督官庁が関わる事件に裁判権を持つコロンビア特別区控訴裁判所が、これを支持する判決を下した。意見書を書いたのはわたしの憲法学の教授だったロバート・ボーク判事だ。イェール大学当時と変わらず、ボークは個人の自由に対する制約が問題視されると全面的に州の肩を持った。他方、個人ではなく大企業が絡む問題となると、連邦政府が最終的な判断を下して、一般市民のために余計な世話を焼こうとする州から企業を守るべきだと考えていた。一九八七年にわたしが上院司法委員会のためにみずから調べ、書いた供述書のなかで、連邦最高裁判所判事への指名に反対する論拠として挙げた事柄のひとつが、グランドガルフ訴訟におけるボークの判決だった。

エネルギー計画については手強い抵抗にもめげず力を注いだが、アーカンソー電力会社という強敵を作ってしまった。しかもこの敵は州のほぼすべての郡に事務所を置いていた。新たに作った敵はそれだけではなかった。一部の木材会社が皆伐を行ないすぎているように思ったわたしは、それを心配してスティーヴ・スミスを長とする対策委員会を設置し、調査に当たらせた。スティーヴは当時まだ気炎を吐いている時期だった。木材関係者を脅えさせ、怒らせた。わたしが望んでいたのは皆伐地の面積を減らして、土壌浸食を防ぐ緩衝域となるよう道路や細流沿いをある程度、伐採せずに残しておくことだった。最も声の大きいわたしの批判者たちは、わたしが材木の運搬作業員と製材工場の労働者をすべて失業させる気であると騒いだ。わたしたちのしたことはなんの役にも立たなかった。スティーヴは愛想をつかして、ほどなく郷里の山地へ帰ってしまった。

経済開発の仕事でも、わたしは一部の人たちの怒りを招いた。これはなかなかできないことだった。わたしは州の開発努力を、従来の職務である新たな産業の誘致にとどまらず、既存産業の拡大と、中小・少数民族系企業や農家の生産品を国内外でマーケティングすることへの援助をも含む活動にまで発展させようと心を決めていた。わたしたちはベルギーのブリュッセルにある、ヨーロッパのアーカンソー州事務所の活動力を劇的に増大するとともに、わたしを団長とする極東――台湾、日本、香港――へのアーカンソー州初の貿易使節団を派遣した。アーカンソーは、独自に考案した危険廃棄物処理プログラムで連邦政府の承認を得た最初の州となった。わたしたちは従来から行なっている新しい産業の誘致においても成功し、前年比で一九七九年は七五パーセント増、一九八〇年は六四パーセント増の投資拡大を達成した。これだけの業績をあげて、いったいどうしたら人を怒らせることができるのだろう? わたしは部局の名称を、〝アーカンソー州産業振興委員会〟から、現在の活動範囲の広がりを反映した〝経済開発局〟に変えたのだった。あとからわかったことだが、アーカンソー州産業振興委員会は、実際に委員会のメンバーである実業界の有力者の多くはもとより、委員会と仕事をしたことのある州内各地の商工会議所の所長たちにとって思い入れのある神聖なブランド名だった。新しい局を率いる長として、わたしがリトルロックで成功している実業家ジム・ダイクを指名しても、彼らの不満は収まらなかった。改称などしなければ、ありがたくない副産物をちょうだいせずとも同じ業績をあげることができたのだ。一九七九年と八〇年はありがたくない副産物とやたらに相性がよかったようだ。

教育においても、似たような間違いを犯した。わたしは教育局の局長に、ヴァージニア州ニューポートニューズ市の教育長ドン・ロバーツ博士を指名した。その数年前にドンはリトルロックの教育委員会の理事を務めていたので教育関係者に知り合いが多く、また気さくだが出しゃばらない性格なのでおおむね関係者とうまくいった。ドンはわたしが議会を通過させた改革計画に加えて、みずから編み出した改革案も実施した。教職者の訓練プログラムで、略してPETと呼ばれる〝効果的教育プログラム〟だった。問題は、ドンを招き入れるために、前任者で長年この職位にあったアーチ・フォードに辞職を求めなければならなかったことだ。アーチは上品な紳士で、アーカンソーの学童のために何十年にもわたり献身的に職務に携わってきた人物だった。退職がふさわしい年齢でもあったし、今回はさすがにわたしも人を介して辞任を求めるという間違いは犯さなかった。しかし、さらに気をきかせて、盛大な送別会を開いたり、まわりには本人の希望で引退すると見えるようひと工夫したりすべきだったと思う。最後の花道を飾るどころか、わたしはそれを台なしにしてしまった。

福祉サービス分野では、総じていい点がもらえた。わたしたちは処方薬を売上税の対象外とすることで、特に高齢者にとって支援となる措置を取ると同時に、高齢者の不動産税控除を三分の二だけ増額した。通過させた法案で高齢者に直接的な恩恵をもたらす内容のものは全部で二十五以上にのぼり、そのなかには老人ホームの認可基準の強化や在宅看護も含まれていた。

一九七九年は国際児童年だった。ヒラリーは、みずから創立にも助力した〝アーカンソー州子どもと家族の擁護者の会〟の会長として、いくつかの重要な改善の旗振り役を務めた。州に転入・転出する家族の監護権問題をなくすための統一監護権法を通過させたこと、少年院の一日平均入所者数を二五パーセント削減したこと、重度の精神障害を持つ子どものために、入院患者とコミュニティに基礎を置く、一段優れた治療法を開発したこと、そして、いろいろな障害から特別な必要条件を持つ子どもたちが養家を見つけた件数を三五パーセント伸ばしたことなどだった。

最後に、わたしは初めて福祉制度の改革に携わった。カーター政権は、アーカンソーを〝勤労福祉制度〟を試験的に実施する少数の州のひとつに指定した。この試みでは、健常者で政府から食料品割引切符を支給されている者が継続して支給を受ける条件として、求職登録が義務づけられた。この試験的実施に関わったことで、わたしが昔から抱いていた関心に火がついた。それは貧しい人々を助けるうえで、もっと本人のやる気を引き出し、勤労を重視するアプローチへと方向転換をすることだった。わたしはその考えかたをずっと温め続けてホワイトハウスに入り、一九九六年、福祉改革法案に署名するに至った。

一九八〇年が明けようとしていたころ、わたしは知事職にも人生にも心地よさを感じていた。有力な業界を怒らせもしたし、自動車登録料をめぐる強い不満の声は高まる一方だったが、わたしには立法と行政に関わる進歩的な構想がいくつもあった。それらはすべてわたしが大きく胸を張れるものだった。

九月、わたしたちの友人ふたり、ダイアン・キンケイドとジム・ブレアが、四年前にヒラリーとわたしの結婚披露宴が催されたモリスとアンのヘンリー夫妻宅の裏庭で結婚式を挙げた。アーカンソー州の憲法は知事が婚礼の儀式を執り行なうことを認めているので、わたしがその役を仰せつかり、ヒラリーがひとりで新婦付き添い《ブライズメイド》と新郎の付き添い《ベスト・マン》の両方を務めた。政治的に正しい表現を好むブレアはヒラリーの役どころを〝ベスト・パーソン〟と呼んだ。わたしに異論のあろうはずがなかった。

ベストであるだけでなく、そのときヒラリーは身重だった――それもかなりの身重だった。わたしたちはずいぶん前から子どもが欲しくてたまらず、努力もしていたのだが、なかなか授からなかった。そこで一九七九年の夏、バミューダ諸島への休暇を短めに切り上げて、戻ったらすぐサンフランシスコの不妊治療専門家の診察を受けようという話になったものの、結局、休暇があまりにすばらしくて、とうとうサンフランシスコには行かずに終わってしまった。ところがバミューダから戻ってすぐ、ヒラリーが妊娠していることがわかった。それからも何カ月かヒラリーは仕事を続け、わたしが自然分娩に立ち会えることを見込んで、ふたりでラマーズ法の講習に通い始めた。講習会は内容もさることながら、参加しているほかの夫婦たちとの交流が実に楽しかった。たいていは仕事を持つ中産階級の人たちで、わたしたちに劣らず生まれてくる子どもを心待ちにしていた。出産予定日を数週間後に控えたころ、ヒラリーにいくつか気になるところが見つかった。担当医から絶対に旅行してはいけないと命じられた。その医者には全幅の信頼を置いていたので、申し渡された旅行禁止を守るしかないと納得した。あいにくと、それは毎年ワシントンで開催される全米州知事協会の会議への同行と、同じく会議プログラムに組み込まれていたホワイトハウスでのカーター大統領夫妻との食事会を断念することを意味した。わたしは会議に出かけ、ホワイトハウスの食事会にはキャロリン・ヒューバーを伴って出席した。ローズ法律事務所を辞めて知事公邸のいっさいを取り仕切ってくれていた女性だ。わたしは二、三時間ごとに家に電話を入れ、日程を消化するなりワシントンを発って、二月二十七日の夜、帰宅した。

知事公邸のドアを入って十五分後、ヒラリーが予定より三週間早く破水した。わたしはすっかりどぎまぎしてしまい、アーカンソー・バプテスト病院に持参する荷物をまとめようと、ラマーズ法の講習でもらったリストを片手にうろうろした。公邸に詰めていた州警察官たちも浮き足立っていた。入院の支度で手いっぱいだったわたしは、ヒラリーが氷をしゃぶれるよう、警官たちにアイスキューブの調達を頼んだ。さっそく買ってきてくれたのはよかったが、現われたのはなんと四・五キロ入りの大袋。陣痛が一週間続いてももちそうだった。車のトランクにヒラリーの氷を積んで、州警察官たちはあっという間にわたしたちを病院に届けてくれた。着いてすぐ、わたしたちは赤ん坊が〝骨盤位〟、つまり子宮の中で逆子になっているため、帝王切開しなくてはならないと告げられた。病院の方針で、手術が必要な状況では父親が分娩室に入ることを許可できないという。わたしは入室を許してもらえるよう病院の経営者に懇願した。自分は母親の外科手術に何度も立ち会っているし、たとえヒラリーが縦にまっぷたつに切り裂かれても絶対に気分が悪くなったり気を失ったりすることはないが、ヒラリーのほうは生まれてこのかた病院の患者になったことがないので神経をぴりぴりさせており、わたしを必要としている、と。病院側が折れた。十一時二十四分、わたしはヒラリーの手を握りながら、産婦には切るところや出血の様子が見えないよう取り付けられたスクリーンの上方に、医師が取り上げた赤ん坊を掲げるのを見た。それはわたしの人生における至福の瞬間であり、わたしの父には味わえなかった経験だった。

体重二千七百七十一グラムのわたしたちの元気な女の子は、ぴったりのタイミングで産声をあげた。ヒラリーが回復室にいるあいだ、わたしはチェルシーを抱いて、外で待っていた母はもとより、その場に居合わせた人たちみんなに、世界で最もすてきな赤ん坊を見せた。わたしはチェルシーに話しかけ、歌った。その晩がずっと終わらなければいいと思った。とうとうわたしは父親になった……。政治活動も行政も好きだったし、夢はますます大きくなっていたが、そのときわたしは、父親であることがこれまで経験してきたなかで最も大事な仕事だと悟った。ヒラリーとチェルシーのおかげで、それはまた最もやりがいのある仕事となった。

一家揃って病院から戻ると、知事公邸ではキャロリン・ヒューバーやイライザ・アシュリーを始め家族も同然のスタッフたちがチェルシーを待っていた。大昔から知事公邸の料理人を務めてきたイライザは、知事にしてはわたしが若く見られる原因のひとつは痩せていることにあると判断した。〝もっと恰幅がよければ〟それらしく見えるはずだと言って、わたしの肉付きをよくする決意を固めていた。料理の腕は確かだったから、残念なことに、イライザの目論見《もくろみ》は遂げられた。

チェルシーがつつがなく人生の第一歩を踏み出せるよう、ローズ法律事務所はヒラリーに四カ月の育児休暇を認めていた。わたしのほうも一国一城の主という立場上、執務形態を自分で決めることができたので、最初の数カ月はできるだけ家にいられるように仕事を調整した。育児にとってきわめて重要な時期にチェルシーとの絆を深めることができて、わたしたちはとても恵まれていると、ヒラリーとふたりでよく語り合った。ヒラリーの話では、ほかの先進諸国ではたいてい有給の育児休暇が国民のすべてに与えられているということだった。わたしたちはほかの親たちも全員、わたしたちが手にしたようなかけがえのない機会を持つべきだと強く思った。一九九三年二月、大統領となって初の法案に署名して育児介護休業法を成立させたとき、わたしの心にはチェルシーと過ごした最初の月日のことがよみがえっていた。育児介護休業法は大多数のアメリカ人労働者に対し、赤ん坊が生まれたときや家族が病気になったときに三カ月の休みを取ることを認めた法律だ。わたしが大統領の職を去るまでに、三千五百万人以上のアメリカ人がこの法律の恩恵にあずかった。いまだにわたしのところに来て、この取り決めが役に立った話をしてはわたしに感謝する人々が絶えない。

チェルシーがわが家に腰を落ち着けるのを見届けたわたしは、とりわけ政治問題と災害に振り回されることになったその年の職場に戻った。そのふたつは見分けのつかないことがしばしばだった。

知事選にしろ大統領選にしろ、立候補者もあまり論じなければ有権者もさして注意を払わないのが、危機管理についてだ。政府の最高行政官は天災や人災にどう対処するのだろうか？　知事の一期目、わたしは過当な腕試しを強いられた。わたしが知事に就任したとき、アーカンソー州は氷混じりの冬の暴風雨に見舞われた。わたしは州兵を出動させて、電力供給の途絶えた地域に発電機を届け、地方の道路から障害物を取り除き、溝にはまった車を引っ張りあげた。一九七九年の春は連続して竜巻が来襲したため、連邦政府の補助金が得られるよう、カーター大統領に頼んで公式な災害地域に指定してもらわなければならなかった。わたしたちは家や仕事、農作物を失った人々のために被災者支援センターをいくつも開設した。一九八〇年の春にまた竜巻が次々にやってきたときは、一から十まで同じ手順の繰り返しとなった。

一九八〇年の夏は激しい熱波に襲われて死者は百人以上にのぼり、過去五十年間で最大の干魃《かんばつ》になった。犠牲になったのは高齢者が多かった。わたしたちはシニア・センターの営業時間を延長し、扇風機の購入やエアコンのリース費用に充てたり電気代の支払いの足しにしたりできるよう、州と連邦政府の資金を提供した。カーター政権からは別に、何百万羽もの鶏を失った養鶏業者や土地を天日に焼かれた農家のために、低金利融資の形で強力な支援を受けた。道路は熱で崩れ落ち、また八百件近くという記録的な数の火災が発生したため、わたしは屋外で物を燃やすことを禁止しなくてはならなかった。アーカンソーの田舎の地域は十一月の選挙に向けて張り切るような気分ではなくなっていた。

　天災のほかに、人が誤って、あるいは意図して、もたらした危機もあった。そういう人災による被害は物理的、金銭的な面よりも心理的な面に影響を及ぼすものだが、与える傷は深かった。一九七九年の春、クー《K》・クラックス《K》・クラン《K》とその最高幹部デイヴィッド・デュークがリトルロックで会合を持とうと決めた。わたしは先ごろアラバマ州ディケーターで同じような集会が開かれたときに、これに抗議する人々と団員とのあいだに起こったような暴力行為を、なんとしても回避しようと決意していた。州の公安局長トミー・ロビンソンがディケーターの事件状況を調べ、騒ぎの再発を未然に防ぐための厳重な保安措置を講じた。わたしたちは多数の州警察官と地元の警官隊を現場に派遣し、混乱の兆しが見えたらただちに逮捕に踏み切れとの指示を与えた。結局、六人が逮捕されたが、負傷者はなかった。大々的に動員した警官隊が抑止効果を発揮した部分が大きかった。クー・クラックス・クランの事態を手際よく処理できたことにわたしは満足し、将来、何が起こっても適切に対処できるだろうと自信を持った。一年後、はるかに大きな事件が持ち上がった。

　一九八〇年春、フィデル・カストロが十二万人の政治犯と〝好ましからざる人物〟――多くは犯罪歴や精神障害のある者――をアメリカに国外追放した。追放されたキューバ人たちは身の安全を求めて船でフロリダに渡り、カーター政権に大きな頭痛の種をもたらした。わたしはホワイトハウスがキューバ人の一部をフォートスミス近郊の大規模な軍事施設フォートチャフィに送るかもしれないと、勘を働かせた。一九七〇年代の半ばにヴェトナム難民の移住センターとして使用されていたからだ。移住はおおむねうまくいき、今もアーカンソー州西部に住んで問題なく暮らしているヴェトナム人がおおぜいいた。

大統領に代わって今回のキューバ問題に対処しているホワイトハウスの当局者ジーン・アイデンバーグと、この件について話し合ったとき、わたしはヴェトナムのときの努力が功を奏したのは、ひとつにはフィリピンとタイで予備選別を行なって、そもそもアメリカに入国を認めるべきでない人間を事前にチェックすることができたからだと述べた。そして、フロリダ沖に航空母艦か何か大型の船舶を送り、船上で同じような予備選別を実施するよう提案した。わたしには亡命者の大半は犯罪者でも異常者でもないことがわかっていた。しかし、実際にはそういうイメージで報道されている。そこで予備選別というプロセスを踏めば、選別を経て入国した人たちを一般市民が支援するようになるだろうと思ったのだ。アイデンバーグは、予備選別にひっかかった人間を送る先がないのだから意味がないと言った。「あるじゃないか」と、わたし。「グアンタナモにはまだ米軍基地があるんだろう？　それに、キューバ側との境のフェンスにはゲートが作られているはずだ。除外者をグアンタナモの基地に連れていって、ゲートをあけ、キューバ側に歩いて帰らせればいい」。カストロはアメリカにばか面をかかせ、大統領を無力に見せていた。ジミー・カーターはすでにインフレとイランのアメリカ大使館人質問題で手いっぱいで、新たな問題など願い下げだった。わたしには自分の提案が大統領を強力に見せ、お荷物を贈り物に変え、国内滞在が許された亡命者たちが世間に受け入れられるようにする良策に思えた。ホワイトハウスがろくに検討もせずにわたしの提案を退けたとき、あとでわたしたちがさんざんな目にあわされることに、わたしは気づくべきだった。

五月七日、ホワイトハウスから、キューバ人の一部を再定住させるのにフォートチャフィを使用するとの通知があった。わたしは厳重な警備態勢を敷くようホワイトハウスに強く求める一方、報道機関に向けて声明を出し、このキューバ人たちが〝共産党の独裁政権〟から逃げてきた身であることを説明するとともに、彼らの再定住を円滑に進めるために「大統領がどのような責任をアーカンソーの州民に負わせようと、その責任をまっとうすべく、わたしは最大の努力を傾ける」ことを誓った。五月二十日にはすでに二万人近いキューバ人がフォートチャフィに収容されていた。亡命者たちが到着すると、ほどなく施設内ではフェンスに閉じ込められていることにうんざりし、また先の見えない不安から落ち着きを失った若者たちが、毎日、当たり前のように騒動を引き起こすようになった。前に述べたように、フォートスミスはきわめて保守的なコミュニティだったから、大多数の人々は、まずキューバ人がやってくると聞いただけでいい顔をしなかった。騒動がニュースとして流れると、フォートスミスと近郊の町々の住民、とりわけフォートチャフィと境界を接しているバーリングという小さな町の人々は、脅えると同時に腹を立てた。このキューバ人危機のあいだ堅固で分別のある態度をとり続けた保安官のビル・コースロンは取材に答えてこう語った。「(地元住民が)怖がっているなんて言いかたじゃ足りない。完全武装してるんだから。それがまた情勢をいっそう不安定にしてしまっている」

五月二十六日の夜、二、三百人の亡命者たちが防柵に殺到し、警備員のいないゲートから外になだれ出た。日付が変わって、予備選挙の日の未明、わたしは六十五人の州兵をフォートチャフィに送り込むと、ヒラリーとともにフェイエットヴィルに飛んで投票をすませ、それからフォートチャフィに赴いて、その日一日、現地の人々やホワイトハウスと話をした。司令官のジェイムズ・〝ブルドッグ〟・ドラモンド准将は非常に優れた戦闘記録を持つ堂々とした男だった。軍がキューバ人を基地の外へ出してしまったことについてわたしが苦情を述べると、止めることはできないのだという。ドラモンド准将は直属の上官から、連邦法令の〝ポシ・コミティタス（民警団）〟法によって、軍隊が一般市民に対して法執行の権威を振るうことは禁じられていると聞かされていた。どうやら軍隊は、その法律が法的地位のはっきりしない亡命キューバ人たちにも適用されると判断したようだった。キューバ人たちは市民でも合法的移民でもなければ、不法在留外国人でもなかった。法を犯したわけではないので、地元住民から嫌われ恐れられているからというだけで無理やり施設内に押しとどめることはできないと、ドラモンドは上官から説明を受けていた。基地の秩序を保つことが、ドラモンド准将に課せられたただひとつの使命だった。わたしは大統領に電話をかけ、状況を説明して、誰かにキューバ人を基地にとどめておける権限を与えてくれるよう要請した。基地周辺の住民たちがキューバ人に発砲し始めるのではないかと、気が気でなかった。フォートチャフィから半径八十キロ以内にある銃器店ではどこも、拳銃とライフル銃が飛ぶように売れていたのだ。

　翌日、ふたたび大統領と電話で話すと、さらに軍隊を派遣して、基地内の秩序を保ち、キューバ人を内部に留め置かせる意向であると告げられた。ジーン・アイデンバーグの話では、軍隊にはそうする権限があることを記した書状が、司法省から国防総省《ペンタゴン》に送られるということだった。その日が終わるころには、わたしも少し緊張が解け、予備選挙にも考えをめぐらせることができた。結果は、わたしの唯一の競争相手である年配の七面鳥農場経営者モンロー・シュワルツローズが、総票数の三一パーセントという、一九七八年の予備選挙のときの三十倍の得票率を獲得していた。田舎の人々が自動車登録料についてのメッセージをわたしに送っていた。あの件についてはほとぼりが冷めたものと楽観していたが、そうはいかなかった。

　六月一日の夜、大混乱が起きた。一千人のキューバ人が大挙して軍事施設を飛び出し、連邦軍の目の前を通過して幹線道路二二号線に出ると、バーリングに向かって歩き出したのだ。またしても連邦軍は指一本動かさなかった。だから、わたしが動かした。キューバ人と武装した数百人の怒れるアーカンソー州民とを隔てていたのは、ひたむきで沈着冷静なデロイン・コージー警部率いる州警察官たちと、州兵、そしてビル・コースロン保安官配下の保安官代理たちから成る混合チームだけだった。わたしはコージーと州兵にキューバ人を突破させないよう厳命を下していた。突破したら最後、何が起こるかは目に見えていた。リトルロックのセントラル高校の危機が日曜の午後のピクニックに見えるほどの流血騒ぎ……。キューバ人たちはこちらに向かって前進を続け、石を投げ始めた。ついにコージーが頭上への威嚇射撃を州警察に命じた。それでようやくキューバ人が踵《きびす》を返して基地に戻り始めた。騒ぎが静まると、六十二人が——うち五人は散弾銃の発砲の煽《あお》りを食らって——負傷し、フォートチャフィでは建物三棟が破壊されていることがわかった。しかし死者も重傷者も出さずにすんだ。

わたしは都合がつくなりフォートチャフィに飛んで、ドラモンド准将に会った。そしてまさしく怒鳴り合いを演じた。ホワイトハウスから、キューバ人を引き留めていいという司法省の承認をペンタゴンが確かに受け取ったと聞いていたわたしは、ドラモンド准将の軍隊がそうしなかったことに怒りをぶちまけた。准将はまったくたじろがなかった。テキサス州サンアントニオの少将から命令を受けていて、ホワイトハウスがわたしに何を請け合おうが、自分に下された命令は変わらなかったという。ドラモンドは真っ正直な人間だった。言っていることは明らかに真実だ。わたしはジーン・アイデンバーグに電話して、ドラモンドの話を伝え、説明を求めた。ところが返ってきたのは説教だった。予備選挙でのかんばしくない成績のあと、わたしが過剰に反応したりスタンドプレーをしたりしていると聞いていると言った。アイデンバーグを友人だと思っていたわたしだが、明らかに先方は状況を、あるいはわたしのことを、こちらが思っていたほどには理解していなかった。

わたしは頭に血がのぼった。アイデンバーグに向かって、どう見てもわたしの判断が信用できないようだから、次の判断はそちらに任せようと言った。「すぐにきみがこっちへ来て、この事態をただちに、今晩、解決するか、わたしが基地を一時閉鎖するかのどちらかだ。わたしは基地の出入口すべてを州兵で固めて、わたしの許可なしには鼠一匹通さないつもりだ」

疑わしげな声で、アイデンバーグが言った。「そんなことはできない。合衆国の施設なんだから」。間髪入れずに、わたしは切り返した。「そうであろうと、州の道路に面しているのは間違いない。道路の支配権はわたしにある。どっちでも好きなほうにするんだな」

アイデンバーグはその夜、空軍機でフォートスミスに飛んできた。迎えに出たわたしは、フォートチャフィに直行せずバーリングに寄って、アイデンバーグに町の様子を見せた。真夜中をだいぶ回っていたにもかかわらず、どの通りに入っても家の前には必ず、武装して見張りをする住人の姿があった。芝生に坐る者、玄関のポーチに陣取る者、一軒などは屋根に登っている者がいた。わたしの脳裏に焼きついたのは、七十絡みの女性が芝生用の長椅子に冷然として腰を下ろし、膝の上に散弾銃を渡している光景だった。アイデンバーグは、目にした状況にショックを受けた。町を回り終えたとき、わたしの顔を見て言った。「まさかこんなふうだとは思わなかった」

わたしたちはそのあと、ドラモンドを始め州や地元の関係者たちと一時間ほど話をした。それから、詰めかけていたおおぜいの報道陣を前に会見をした。アイデンバーグは警備の問題を解決することを約束した。同じ六月二日、さらに時間が経ってからホワイトハウスが声明を出し、ペンタゴンは治安を維持し基地内にキューバ人を留め置く旨を明快な指示として受け取っていると述べた。カーター大統領はまたアーカンソーの人々が無用の不安にさらされたことを認め、これ以上キューバ人をフォートチャフィに送り込まないことを断言した。

選別のプロセスが手間取っていることが騒乱の生じた根本的な原因のようだったので、作業のスピードアップが図られた。しばらくしてフォートチャフィを訪れてみると、情勢は落ち着きを見せていて、みんな一様に気分が上向いているようだった。

事態が収拾に向かっていたとはいえ、わたしは、キューバ人をフォートチャフィから出さないよう軍隊が命令を受けたとアイデンバーグに聞いた五月二十八日から、軍が一千人のキューバ人を逃がしてしまった六月一日までのあいだに起こったこと、起こらなかったことで、相変わらず心が波だっていた。ホワイトハウスがわたしに本当のことを言わなかったか、司法省が法的意見をペンタゴンに伝えるのが遅れたか、ペンタゴンの誰かが最高司令官の合法的な命令を無視したかのいずれかだった。もし最後の場合だったら、重大な憲法違反に等しかった。真相がすっかり解明されたのかどうかも、わたしは知らない。ワシントンに行ってから学んだように、まずい事態が生じたあとは、責任を取ろうという姿勢が消え失せることがよくあるものだ。

八月、ヒラリーとわたしはデンヴァーで全米州知事協会の夏の会合に出席した。どこへ行っても大統領選の話で持ちきりだった。カーター大統領がエドワード・ケネディ上院議員の激しい追い上げを振り切ってふたたび指名を獲得しそうな形勢だったが、ケネディもまだ立候補を取り下げたわけではなかった。わたしたちは著名な刑事弁護士エドワード・ベネット・ウィリアムズと朝食をともにした。ヒラリーとは何年も前から面識があり、ロースクールを出たら自分の事務所に来るよう誘ってくれた人物でもある。ウィリアムズは強くケネディを推していて、秋の選挙戦では経済の低迷と十カ月に及ぶイランのアメリカ大使館人質事件で分の悪いカーターより、ケネディのほうがロナルド・レーガンの対抗馬として勝算が大きいと確信していた。

わたしは政治観とカーターの功績について、ウィリアムズとは意見を異にした。カーターは大統領としていい仕事をたくさんしていたし、石油輸出国機構が価格を吊り上げたせいでインフレに拍車がかかった点については責任がない。また、人質事件では対応策に優れた選択肢がほとんどなかった。それに、キューバ人の問題があったとはいえ、カーターのホワイトハウスはアーカンソー州に対して好意的で、わたしたちが力を入れている教育、エネルギー、保健、経済開発の改革を支持し、財政を援助してくれた。個人的にもわたしは、仕事と娯楽の両面で驚くほどホワイトハウスに近づく機会を与えてもらった。娯楽のほうで最高の思い出となったのが、全米ストックカー自動車レース協会のために大統領が主催したピクニックに母を同伴したことだ。ホワイトハウスの南庭でウィリー・ネルソンが歌うのを聴いた。イベントが終わったあと、母とわたしはウィリーと大統領の息子のチップについて、ホワイトハウスからラファイエット広場を渡ったところにある〈ヘイ‐アダムズ・ホテル〉に行き、ウィリーがピアノを弾きながら午前二時までわたしたちのために歌ってくれるのに耳を傾けたのだった。

そういう諸事情があったので、全米州知事協会の会合が始まったとき、わたしはホワイトハウスとの関係を快く思っていた。知事たちは民主党と共和党とに分かれて、それぞれ別個に会議を開いた。冬の会議でわたしはノースカロライナ州のジム・ハント知事から推薦を受け、民主党州知事会の副会長に選出されていた。ジム・ハントはのちに知事仲間で最も親しい友人のひとりとなると同時に、教育改革では盟友として、ホワイトハウスに行ってからもずっとともに闘ってくれた。民主党全国委員会の委員長ボブ・ストラウスから、わたしは民主党の州知事会がケネディ上院議員ではなくカーター大統領を支持するよう意見をまとめてくれと頼まれた。出席している知事たちに取りあえず意見を聞いて回った結果、ストラウスには二十対四でカーターに票が入りそうだと伝えた。討議ではストラウスが大統領を推し、ニューヨーク州のヒュー・ケアリー知事がそれに対抗してケネディの応援に回る形で、わたしたちは理性的に話し合った。二十票対四票の投票結果のあと、ストラウスとわたしは簡単な記者会見を行なって、州知事たちの支持が、今だからこそ必要なカーター大統領への信任と政界からの励ましの表われであることを大いに宣伝した。

それから十五分ほどして、ホワイトハウスがわたしと電話で連絡を取りたがっていることを知らされた。わたしの勘が、どうやら大統領はわたしが州知事たちの支持を取りまとめたことに対して礼が言いたいらしいと告げた。勘違いもいいところだった。大統領がわたしに伝えたかったのは、残りのキューバ人たちが収容されているペンシルヴェニアとウィスコンシンの両州ではこれから気候が寒くなるということだった。両州にある施設は冬の寒気を遮断するように造られていないので、亡命者たちを移動する必要がある。そして、大統領は思いがけない一撃を放った。フォートチャフィの警備態勢の問題は解決したので、そちらに移すことにするというのだ。わたしは答えた。「大統領、アーカンソーにもうこれ以上、亡命者を送り込まないと約束なさったじゃないですか。十一月の選挙でもともと勝つ見込みのない、どこか西部の暖かいところの施設へ送ってください」。大統領の返事は、その案も検討したが、西部の施設の準備を整えるのに一千万ドルかかるので見送った、というものだった。わたしは食い下がった。「大統領、あなたがアーカンソー州民に約束なさった言葉は一千万ドルに相当します」。大統領はそれには同意せず、わたしたちは会話を終えた。

大統領職を経験した今は、わたしにも、ジミー・カーターの肩にのしかかっていた重圧がどのようなものだったか、ある程度想像がつく。カーターは激しいインフレと経済不況の両方に対処していた。イランでホメイニ師の支持者たちにとらえられたアメリカ人人質の拘束は一年近くに及んでいた。キューバ人はもう暴動を起こしているわけではなかったから、抱えている問題のなかではこれがいちばん軽いものだった。一九七六年の選挙では、ペンシルヴェニアもウィスコンシンもカーターに投票していたし、両州ともアーカンソーより大統領選挙人による投票数が多く、またアーカンソーでは全票数の三分の二近くをカーターが獲得していた。わたしはといえば、対立候補のフランク・ホワイトより世論調査でまだ二十ポイントリードしていたのだから、わたしが痛い思いをするわけでもない……。

当時のわたしは、違うふうに見ていた。アーカンソーに示した確約を破ったことで、大統領が大きな痛手をこうむることはわかっていた。気候のせいにしろ政治的理由からにしろ、ウィスコンシンとペンシルヴェニアの施設が閉鎖されようがされまいが、一千万ドルの節約のために、自分が送り込まないと断言した唯一の場所へ残りのキューバ人たちを送り込むなど、頭がどうかしていると思った。わたしはルーディ・ムーアと、選挙対策委員長のディック・ハーゲットに電話をして、対応策をきいてみた。ディックは、ワシントンに飛んで大統領に会うよう勧めた。それで大統領の気持ちを変えられなければ、ホワイトハウスの前で記者会見を開き、カーター再選に向けてのわたしの支持を撤回すべきだという。しかし、ふたつの理由から、わたしにはそれができなかった。第一に、公民権運動の時代に連邦政府の権威に抵抗したオーヴァル・フォーバスを始めとする南部の州知事たちの現代版と見られたくなかったこと、第二に、ロナルド・レーガンがカーターを破るのを助けるようなまねはいっさいしたくなかったことだ。レーガンは波に乗りまくっていた。人質と経済不況という追い風を受け、またカーター行政に対して妊娠中絶問題からパナマ運河のパナマへの返還に至るまでことごとく憤慨している右派団体の熱烈な支持を得て、ますます気を吐いていた。

ジーン・アイデンバーグは、自分がアーカンソーに出向いてできる限り体裁を繕うので、移動の発表を待ってくれと頼んできた。どのみちこの話は漏れてしまったし、またアイデンバーグがアーカンソーにやってきたこともほとんど助けにならなかった。アイデンバーグは説得力のある口調で、ふたたび治安が問題になるようなことはないと語ったが、地元ジョージアを除けば他州のどこより大統領を支持してきたこの州への確約を、大統領が破ろうとしていることは否定しようがなかった。治安面での取り決めではわたしが以前より大きな支配権を持てるようになったが、わたしがあくまで大統領の家来であって、主人に約束を守らせることのできなかった男であることには変わりがなかった。

デンヴァーから戻ると、政局は非常に危険をはらんだものとなっていた。本選挙の対立候補者フランク・ホワイトが大きく勢力を伸ばしたのだ。ホワイトは朗々と響く声をした大柄な男で、大仰な物言いに似合わず、海軍兵学校出身の貯蓄貸付組合役員で、プライアー知事の時代にはアーカンソー州産業振興委員会の委員長を務めていた。公益事業や養鶏、トラック輸送、製材会社、それに医師会など、わたしと折り合いが悪くなった利益団体すべてから強力な支持を得ていた。再生派キリスト教徒でモラル・マジョリティのアーカンソー州支部を始め保守系の活動家たちからの強い後押しがあった。そして自動車登録料に腹を立てている地方の人々とブルーカラー労働者の気持ちをつかんでいた。そのうえ景気と干魃のせいで世間一般に高まった不平不満を味方につけた。不景気で州の歳入が当初の見積もりに届かなかったとき、わたしは財政の均衡を保つために歳出を抑えざるをえなくなった。教育費も削減されたもののひとつで、二年目の教員給与の引き上げ額千二百ドルが九百ドルに削られた。州の予算の問題などを気にする教員は多くない。二年間千二百ドルずつ給与を増額すると約束されて、二回目の増額を待っていた。その約束が裏切られたとき、わたしを支持する熱意はみるみる冷めた。

まだ四月ごろ、ヒラリーとともにあるイベントに出たわたしは、フランク・ホワイトを見かけて、ヒラリーに言った。世論調査の数字がどうであろうと、ホワイトは最初から四五パーセントを得票しているようなものだ、と。それだけ多くの人間を、わたしは怒らせていた。キューバからの亡命者が全員フォートチャフィに収容されるという発表があったのち、ホワイトは選挙用のお題目を手に入れた。キューバ人と自動車登録料だ。キャンペーンが終わるまで、ホワイトはそのふたつのことしか唱えなかった。八月、わたしは精力的に遊説を行なったが、たいした効果はあがらなかった。工場の入口で演説をすれば、シフトの交代で出入りする従業員たちから、おまえには投票しないと言われた。わたしのせいで経済的な悩みが深まり、自動車登録料の値上げでは裏切られたからだ。あるとき、フォートスミスのオクラホマ州側に渡る橋の近くで街頭演説をしていたところ、支持を請うわたしの言葉に対して、それまで何百回となくわたしが耳にした答えを実に活きのいい言い回しで返してきた男に出会った。「おまえは、おれの車の登録料を値上げしやがった。たとえ候補者名簿におまえみたいな下司野郎の名前しか載っかってなくても、ぜったい票を入れてやるもんか！」。男は怒りで顔を真っ赤にしている。わたしは思わずいきり立ち、オクラホマに通じる橋を指差して言った。「あっちを見なさい。あなたがオクラホマに住んでいたら、自動車登録料は今の二倍以上するんですよ！」。すうっと男の顔から怒りが引いた。にやりと笑うと、片手をわたしの肩に置いて言う。「ほらな、坊主。おまえさん、わかっちゃいないぜ。だからおれは州境のこっち側に住んでるんだろうが」

八月末、わたしはアーカンソー州の代議員団とともに民主党の全国党大会に出かけた。ケネディ上院議員はまだ指名獲得レースを戦っていたが、負けは誰の目にも明らかだった。わたしにはケネディ陣営に親しい友人が何人かいて、その連中から頼まれごとをした。ケネディと話して、指名投票前に立候補を取り下げ、寛大さを示してカーターを支持するスピーチをするよう仕向けてくれというのだ。わたしはケネディが好きだったし、ここで彼が礼儀正しくしておけば、もしカーターが負けてもあれこれ言われずにすむだろうから、本人にとっていちばんいいと思った。ふたりの立候補者は仲が悪かったが、わたしの友人たちはわたしならケネディを説得できると考えたのだった。わたしはケネディ上院議員の宿泊するホテルのスイートルームに出向き、最善を尽くしてみた。ケネディは最終的にはレースから降り、カーター大統領を支持したが、ふたりがいっしょに壇上に登ったとき、ケネディはそれらしい熱意を示すのがあまりうまいとはいえず、その気がないのがありありと見えていた。

全国党大会のころには、わたしは民主党州知事会の座長をしており、五分間の挨拶をするよう請われた。全国党大会は騒然として混乱をきたしているのが常だ。代議員たちは普通、基調演説と、大統領、副大統領候補者の指名受諾演説にしか耳を傾けない。ここで行なう演説が以上の三つに属さない場合、会場内の絶え間ない喧噪《けんそう》に呑み込まれずに話を聴き手に届けるには、有無を言わせぬ説得力と短さで勝負するしかない。わたしは、わたしたちが今経験している経済状況が困難でこれまでとはまったく異なるものであることを説明し、民主党がこの課題に立ち向かわなくてはならないことを主張しようとした。第二次大戦以降、民主党員たちはアメリカの繁栄を当たり前のものととらえ、そういう繁栄の恩恵をいっそう多くの人に与えることと社会正義のために闘うことを最優先にしてきた。それが今度はインフレーション、失業率、大きな政府赤字、そして競争力の喪失に対処しなければならなくなっていた。わたしたちがそれに失敗したことで、ますます多くの有権者が共和党支持に流れたり、増大傾向にある投票しない離党者層に加わったりするようになっていた。わたしのスピーチは出来がよかったし、時間も指定された五分より短かったが、誰からもたいした注意を払ってもらえなかった。

カーター大統領は党大会の開始時点とまったく変わらぬ同じ問題を抱えたまま、いつもなら党が一致団結して指名候補者に与える心からの熱烈な応援を得ることもなく、会場をあとにした。わたしは、自分の選挙キャンペーンを救済しようと、意を決してアーカンソーに戻った。戦況は悪化の一途をたどっていた。

九月十九日、一日の政治活動を終えてようやくわたしがホットスプリングズの家に落ち着いたとき、戦略空軍の司令官から電話が入り、リトルロックの北西約六十キロ、ダマスカスの近郊にあるタイタンⅡ型ミサイルの発射用地下サイロで爆発が起こったという報告を受けた。信じられないような話だった。空軍の機械工がミサイルを修理中に重さ一・四キロのスパナを落とした。スパナは二十一メートル下のサイロの底に落ち、跳ね返って満タンのロケット燃料の容器に穴をあけた。毒性の強い燃料が空気と混ざって発火し、大爆発を引き起こして、七百四十トンあるコンクリート製のサイロの蓋《ふた》が吹っ飛び、機械工は死亡、ほかに蓋のあいたサイロの近くにいた空軍職員二十人が負傷した。この爆発でミサイルも破壊され、核弾頭がサイロのある牛の牧場に射出されたのだった。わたしは、核弾頭が爆発する恐れがないこと、放射性物質の放出はないこと、軍が核弾頭を速やかに撤去することを保証された。わたしの州が、この最新の危難によって灰燼《かいじん》に帰してしまわなかったのが、せめてもの救いだった。わたしは萎《な》えそうになる気力を奮い起こして、この状況に最大限、対処した。新しい公安局長サム・テイトムに指示して、州の当局者とともに、残る十七基のタイタンⅡ型ミサイルに何か異常が起きた場合の緊急避難計画を立てさせた。

アーカンソー州に降りかかった数々の出来事の掉尾《とうび》を飾って、今やわが州には世界でただひとつ、独自に核弾頭を保有する牛の牧場ができた。この事件の数日後、モンデール副大統領がホットスプリングズで開かれた民主党州大会に顔を出した。ミサイルをめぐる新しい緊急対策の立案に軍も必ず協力してくれるようわたしが頼むと、モンデールは受話器を取り上げ、国防長官のハロルド・ブラウンを呼び出した。モンデールが最初に発した言葉は、「なんだよ、ハロルド。そりゃあ確かに、なんとかアーカンソー州民の頭からキューバ人のことを追い払うよう頼むとは言ったがね、これはちっとばかりやりすぎってもんだ」。公の場での控えめな物腰とは裏腹に、モンデールは偉大なユーモア感覚の持ち主だった。わたしたちがともに形勢を悪くしていることを承知していて、なおかつそれを笑い飛ばしてみせた。

キャンペーン最終盤の数週間は、アーカンソーに新たに生じた現象、中傷そのもののテレビ広告が幅をきかせた。自動車登録料についての手強い広告もあったが、フランク・ホワイトが使ったキャンペーン広告で最も効果的だったのは、暴動を起こしたキューバ人を映したものだった。映像にかぶせたパンチ力のあるナレーションが、ペンシルヴェニアとウィスコンシンの知事は州民を気遣ってキューバ人を追い出したのにひきかえ、わたしはアーカンソーの人々よりもジミー・カーターを気遣った結果、「今やこの州は全難民を押しつけられた」と流れる。ヒラリーとわたしが初めてこれを見たとき、こんなとっぴな言い分を信じる者などいるわけがないと思った。このテレビCMが流れる直前に実施した世論調査では、六〇パーセントの人々がフォートチャフィでのわたしの対応を適切であったと判断する一方、三パーセントが強硬すぎた、そして二〇パーセントの筋金入りの右派が弱腰すぎたと考えていた。この右派の連中を満足させるには、フォートチャフィから脱出した亡命者を片っ端から撃たなくてはならなかったろう。

広告については、わたしたちの認識不足だった。効果が出ていたのだ。フォートスミスではビル・コースロン保安官や地方検察官のロン・フィールズなど地元の公職者たちが熱烈にわたしを弁護して、わたしが事態にうまく対処し、みずから危険を冒してまで基地周辺の住民を守ろうとしたことを言明してくれた。今は誰もがわきまえているように、記者会見を開いた程度では強力な中傷広告の効果を打ち消すことはできない。わたしはキューバ人とナンバープレート（自動車登録証）の流砂のなかにずぶずぶと沈みつつあった。

投票日の数日前、ヒラリーがディック・モリスに電話をかけた。人をいらだたせるところのあるモリスの性格のせいで、わたしのスタッフがいっしょに仕事をするのを嫌ったため、わたしは世論調査の担当からモリスを外してピーター・ハートに替えていた。ヒラリーはモリスに、世論調査を行なってわたしたちが逃げ切るために何かできることがないか調べてくれるよう頼んだ。モリスはいやな顔もせずに世論調査を実施して、例によってぶっきらぼうな言いかたで、おそらくわたしは負けると告げてきた。広告に対抗するための提案をいくつかしてくれて、わたしたちはそれに従ったが、モリスの予言どおり、その効き目はほとんどないに等しく、手を打ったのも遅すぎた。

　投票日の十一月四日、ジミー・カーターとわたしはアーカンソー州の総票数の四八パーセントを獲得した。カーターは一九七六年の六五パーセントから、わたしは一九七八年の六三パーセントからの、ともに転落だった。しかし、その負けかたは大きく異なっていた。大統領は全七十五郡中五十郡を勝ち取り、民主党の牙城のうち、キューバ人問題が足を引っ張ったにせよ、ひっくり返すには至らずにすんだ地域を保持した一方、保守色のもっと濃い共和党の地盤である州西部では、キューバ難民に関する破約への怒りと、レーガンとキリスト教原理主義者との協調、そして妊娠中絶とパナマ運河条約への反発が高い投票率に反映されて、完敗を喫した。アーカンソーはまだ州として共和党支持に転向したわけではなかった。アーカンソー州の四八パーセントという数字は全国でカーターが獲得した得票率を七ポイント上回った。約束の不履行がなかったら、アーカンソー州を手中にしていただろう。

　それとは対照的に、わたしが勝ち取ったのは二十四郡のみで、黒人人口の多いところと、幹線道路計画への支持がほかの郡よりも多く得られた、もしくは反対が少なかったひと握りの郡が主流だった。州北東部の民主党色の濃い十一郡全部と、第三区の地方の郡のほぼすべて、それに州南部のいくつかの郡を失った。敗因は自動車登録料だった。キューバ人広告が及ぼした主な影響は、疑問を感じながらもわたしを支持していた有権者たちを奪い去ったことだった。キューバ人問題への対応で得られた州民の承認はそれまで、自動車登録料と利益団体からの反対、経済の不活発のせいでもっと低いはずのわたしの支持率を押し上げていたのだ。一九八〇年のわたしの身に降りかかったことは、一九九二年の大統領選のジョージ・H・W・ブッシュの場合と驚くほど似ている。湾岸戦争がブッシュの支持率を高く保ってはいたが、見えないところで多くの不満がくすぶっていた。戦争問題を支持するという理由でブッシュに投票するのはやめようと国民が決心したとき、対立候補のわたしが躍進した。フランク・ホワイトはキューバ人の広告を使って、同じような心理がわたしに対して働くよう仕向けたのだ。

一九八〇年、わたしはアーカンソー州西部の共和党の地盤では、カーター大統領よりもいい成績をあげた。キューバ人の事態でのわたしの対応を人々がじかに見ていたからだ。フォートスミスとセバスチャン郡では実際、フォートチャフィのおかげで民主党の公認候補者中のトップを走った。カーターが二八パーセント。バンパーズ上院議員は、二十年以上弁護士事務所を構えている地元でありながら、パナマ運河を〝与える〟ことに賛成投票するという許されざる罪を犯して、三〇パーセントの獲得にとどまった。わたしは三三パーセントだった。低迷ぶりがわかる数字だ。

選挙日の夜、わたしはひどく落ち込み、とても報道陣を前にする気になれなかった。ヒラリーが選挙事務所に出向いて、運動員たちに感謝し、知事公邸に翌日、来てくれるよう招待した。途切れがちな眠りでひと晩を明かしたあと、わたしはヒラリー、チェルシーとともに公邸の裏庭で二、三百人の不屈の支援者たちに会った。わたしとしては最高のスピーチを行なって、集まってくれた人々に尽力を感謝し、わたしたちが成し遂げたことに誇りを持つよう伝え、フランク・ホワイトへの協力を申し出た。置かれていた状況の割には明るい調子のスピーチだった。胸の内はといえば、自己憐憫《れんびん》と怒り、ほとんど自分に対する怒りであふれんばかりだった。そして、自分が好きでたまらないこの仕事をもう続けることができないという悔しさでいっぱいだった。その痛恨の念は言葉に表わしたが、泣き言と腹立ちは胸にしまっておいた。

その時点では、わたしの政界での将来にはもうあまり期待が持てないように思えた。わたしはアーカンソー州で過去二十五年間で初めて二期目の二年を拒否された知事であり、おそらくアメリカ史上最も若い前知事だった。知事職が墓場になるというジョン・マクレランの警告が予言めいて響いた。しかし、みずから墓穴を掘ってしまったわたしが分別ある行動をとるとしたら、穴から這い出ることしかないようだった。

木曜日、ヒラリーとわたしは今度住む家を見つけた。一九一一年に建てられた美しい木造家屋で、知事公邸に引っ越してくる前に暮らしていたところからさほど遠くない、リトルロックのヒルクレスト地区、ミッドランド通りにあった。わたしはベッツィ・ライトに電話をかけ、職務を去る前にファイルの整理をするのを手伝ってくれるよう頼んだ。うれしいことに、引き受けてもらえた。ベッツィは知事公邸に住み込んで、毎日、わたしの友人で州の下院議員グロリア・ケイブといっしょに働いた。グロリアもまた、わたしのプログラムをすべて支持したあげくに、再選を果たせず敗れ去っていた。

任期の残り二カ月間は、スタッフにとってきびしい時期だった。仕事を見つけなくてはならなかったからだ。政界の外に職を得るには、普通、州政府と取引の多い大企業を通じて探すのだが、わたしたちはあらゆる企業を怒らせてしまっていた。ルーディ・ムーアが仲介の労をとってみんなを助けると同時に、未処理の公務が間違いなくすべてかたづいた状態でオフィスをフランク・ホワイトに引き渡せるよう計らってくれた。ムーアとわたしのスケジュールを作成管理していたランディ・ホワイトはまた、わたしが自分のことに没入している折など、もっとスタッフと、そのひとりひとりの身の振りかたに気遣いを示すよう促してくれた。スタッフのおおかたは、じっくり職探しができるほどの蓄えがなかった。小さな子どもがいる者も何人かいた。そして、司法長官室からわたしについてきてくれた者たちも含め、多くのスタッフが州の仕事しか経験がなかった。わたしはいっしょに仕事をしてくれた人々を心から好いていたし、感謝もしていたが、再選に敗れてからは、その気持ちをはっきりわかる形で示さないことが多かったと反省している。

わたしがそうして惨めさをかみしめていた時期、ヒラリーはわたしに格別よくしてくれた。愛と思いやりに偏りすぎることなく、わたしの意識を現在と未来に集中させる絶妙のこつを心得ていた。また何かよくない事件が起こったことなど知るよしもないチェルシーの無邪気さが、これで世界が終わるわけではないことをわたしに気づかせてくれた。すばらしい励ましの電話を方々からもらった。エドワード・ケネディはわたしがまた復帰できると言ってくれ、ウォルター・モンデールは自身も落選の憂き目にあっていたにもかかわらず意気軒昂《けんこう》だった。わたしはホワイトハウスにまで足を運んで、大統領に別れの挨拶を述べ、カーター政権がアーカンソー州民を助けるためにいろいろ骨を折ってくれたことに感謝の意を表した。誓約を反故《ほご》にされたこと、そしてそれがわたしの落選に寄与し、また大統領自身のアーカンソーでの敗北につながったことには、まだ心穏やかではいられなかったが、将来この時代が顧みられたとき、カーターのエネルギー・環境政策、とりわけアラスカに巨大な北極圏野生生物保護区を設けたことや外交政策での功績——エジプトとイスラエルが中東和平のために結んだキャンプ・デイヴィッド合意、パナマ運河条約、人権問題の向上——が評価されて、カーターの印象は今よりよくなるように思った。

職探しが必要なのは知事室の職員ばかりでなく、わたしも同様だった。州外からいくつかおもしろそうな申し出や打診があった。友人のケンタッキー州知事、ケンタッキー・フライド・チキンで財を成したジョン・Y・ブラウンは、ルイジアナ大学の学長候補に志願してみる気がないかときいてきた。ジョン特有の簡潔な物言いで、こう宣伝した。「いい学校、住みやすい家、強いバスケットボール・チーム」。カリフォルニア州知事ジェリー・ブラウンは、自分の首席補佐をしていたグレイ・デイヴイス――未来の州知事――が職務を去るのに当たり、その後釜に据わってくれないかと言ってきた。まさか自動車登録料でわたしがひっくり返されるとは思っていなかったと述べ、カリフォルニアには他州からの移住者がおおぜいいるのでわたしが浮くことはないし、わたしが関心を寄せている分野の政策決定に影響力を持つことができると請け合った。また、ワシントンを本拠地とする保護団体、世界野生生物基金の運営を引き継がないかという話も持ち込まれた。わたしが敬服する仕事をしている団体だ。テレビ・プロデューサーで《家庭ですべてを》を始め史上最も成功している番組をいくつも手がけているノーマン・レアからは、〝アメリカ的生活様式を守る会〟の会長になってほしいと言われた。合衆国憲法修正第一条で保障された自由に対する保守派の攻撃を阻止する目的で設立されたリベラル団体だ。そのほかにも、民主党全国委員会の委員長選挙に、アイオワ州出身でロサンジェルスで成功している弁護士チャールズ・マナットの対抗馬として立候補してはどうかと、数人から声をかけられた。アーカンソー州内から受けた仕事の申し出はわずかに一件、定評ある法律事務所ライト・リンゼー&ジェニングズからで、年俸六万ドルという、知事の給与の約二倍の報酬で〝顧問〟にならないかという話だった。

民主党の委員会の仕事については、やはりわたしは政治が好きだったし、今何が必要かを承知していると自負していただけに、真剣に考えてみた。その結果、わたしには向かないと判断した。それに、マナットはひどくこの仕事を欲しがっていて、おそらくわたしが興味を持つ以前に、すでに勝てるだけの票を獲得していそうだった。この件は、マナットのパートナーであるミッキー・カンターに相談してみた。ミッキーとは、彼がヒラリーといっしょに〝法律扶助機構〟の委員をしていたときに知り合った。わたしはミッキーが大好きになり、その判断力を信頼してもいた。ミッキーの助言は、わたしが再度、公選の役職に挑戦するつもりがあるなら、党の仕事はしないほうがいいというものだった。

また、ジェリー・ブラウンの首席補佐にはならないほうがいいとも言ってくれた。州外のほかの仕事、とりわけ世界野生生物基金には心を引かれていたが、今受けるのは筋違いだとわかっていた。アーカンソー州にも自分にもまだ見切りをつけるつもりがなかったわたしは、ライト・リンゼー&ジェニングズ法律事務所の申し出を受諾した。

落選した直後からその後数カ月にわたって、わたしは知り合いをつかまえては、なぜこういう結果になったと思うか、原因をきいてみた。キューバ人、自動車登録料、利益団体をいっぺんに怒らせたこと以外に挙がった答えのなかには、驚かされるようなものもあった。州の会計検査官を長年務めあげたあと、わたしからアーカンソー州兵部隊の上級将校に任命されたジミー・〝レッド〟・ジョーンズは、落選の原因はわたしが髭を蓄えた若者と州外の人間をおおぜい要職に就けて、有権者を遠ざけてしまったからだと述べた。ジョーンズはまた、ヒラリーが旧姓を名乗り続けているのも痛手だったという。弁護士としてはいいかもしれないが、州知事夫人としてはまずいのだそうだ。一九七六年と七八年に選挙対策委員長を務めてくれたウォリー・デロークは、わたしが知事であることにばかり夢中で、ほかのいっさいを頭から締め出していると語った。知事になってからは、子どものことを一度も尋ねてくれないではないか、と。同じことを、山地のマーシャルで金物店を営んでいる友人のジョージ・ダニエルは、もっときつい言葉で言った。「ビル、みんな、あんたのことをくそ野郎だと思ったぜ！」。ルーディ・ムーアは、わたしがやっかいな状況について文句を言うばかりで、そういう政治的な問題に本気で集中し、じっくり時間をかけて解決法を考えようとしなかったと述べた。幼なじみでわたしのことを知り尽くしているマック・マクラーティは、チェルシーの誕生で、わたしが一年じゅうチェルシーのことで頭をいっぱいにしているように見えたと語った。さらに、わたしがまったく実父を知らず常に寂しい思いをしてきたせいで、キューバ人危機のようなことが起こったときは別にして、チェルシーの父親であることを最優先してしまい、選挙キャンペーンにも気持ちが入っていなかったと言われた。

知事職を退いて数カ月もすると、わたしは自分が聞いた説明がどれもある程度正しいことを納得できるようになった。そのころには百人以上の人々が、わたしのところに来ては、選挙では意思表示がしたくてわたしに票を入れなかったが、落選するとわかっていたらそうはしなかった、と話してくれた。わたしは、自分がまともに頭を働かせていたら行なえたはずの多くのことを考えた。そして何千という人々が、わたしが横柄になり、自分のしたいことばかりにとらわれて、人がわたしに何を求めているかに気づいていないと考えていたことを、いたたまれない思いで悟った。確かに抗議票もあっただろうが、それが大勢を左右したわけではなかった。選挙後の世論調査によると、一九七八年の選挙ではわたしを支持したが、一九八〇年には自動車登録料を理由に対立候補に票を入れた人が、有権者の一二パーセントいた。元の支持者の六パーセントがキューバ人の問題で態度を翻していた。このふたつの事柄がなかったら、ほかの問題や間違いがそのままだったとしても、わたしは勝ったにちがいない。しかし、もし敗れなかったら、わたしはおそらくけっして大統領にはなれなかっただろう。へたをすると立ち直れなくなりそうな打撃だったが、落選は計り知れないほど貴重な体験であり、改革志向の政治に本来備わっている政治的な問題にわたしがもっと注意を向けなくてはならないことを教えてくれた。世の中の仕組みが、一度に吸収できる変化には限りがある。既成の利害関係のすべてをいっぺんに叩くことは誰にもできない。そして人の話に耳を傾けないと思われるようになったら、おしまいだ。

執務室での最後の日、生後十カ月のチェルシーをわたしの椅子に坐らせ、受話器を持ったところを写真に撮ったあと、わたしは州議会に出向いてお別れのスピーチをした。わたしたちが成し遂げた進歩をひとつひとつ数えあげ、議員たちの支持に感謝し、アーカンソーがいまだに全米で二番目に税負担の軽い州であることを指摘して、わたしたちは早晩、アーカンソー州の可能性を最大限活かすために、政治的に受け入れられる方法で歳入基盤を広げる道を見つけ出さなければならないと述べた。それから、わたしは州会議事堂をあとにして、私人としての生活の一歩を踏み出した。陸へ上がった魚のように。

22

ライト・リンゼー&ジェニングズ法律事務所は、アーカンソーの基準からすると大きな事務所で、評判がよく、種々の仕事を手がけていた。有能で親切な補助スタッフがいて、わたしが気持ちよく腰を落ち着けられるよういろいろと心にかけてくれた。事務所はまた、四年前からわたしの秘書を務め、わたしの家族はもとより友人や支援者たちをよく知っているバーバラ・カーンズを連れてくることを許してくれた。そればかりかベッツィ・ライトが作業をするスペースまで用意してもらえたので、ベッツィはわたしのファイル整理を続けられたうえ、のちには、ここで次の選挙キャンペーンの計画を練ることになった。わたしはいくつか法律の案件を処理し、またささやかながら二、三の依頼人も紹介したが、事務所にとって、わたしに投げた命綱になんのうまみもなかったことは確かだ。事務所が得たものはといえば、わたしからの永久に変わらぬ感謝と、わたしが大統領になったときに扱った、わたしを弁護するというちょっとした法律事務だけだった。

知事という役職と政界の刺激は恋しかったが、わたしはもっと普通のペースで過ごす生活を楽しんでいた。まともな時間に帰宅し、ヒラリーのそばにいて、チェルシーが心身ともに育っていくのをいっしょに見守る一方、友人と食事に出かけたり隣人との付き合いを深めたりした。通りの真向かいに住んでいたロザーノ夫妻とはとりわけ仲良くなった。夫妻はチェルシーをとてもかわいがり、何かあるといつでも助けてくれた。

数カ月間、公の席でスピーチをするのは控えようと固く心に決めていたが、一度だけ例外を認めた。二月に、わたしはリトルロックから幹線道路を一時間ほど東へ走ってブリンクリーに赴き、ライオンズクラブの晩餐会で話をした。ブリンクリー一帯は一九八〇年選挙の大きな票田であり、地元の最も強力な支援者たちがぜひ来るようにと誘ってくれた。今もわたしを支持している人々といっしょの時間を過ごせば元気が出るだろうと言われて、行ってみると、確かにそのとおりだった。ディナーのあと、郡の支援者たちのリーダー、ドン・フラーと夫人のベッツィが自宅で開いたパーティーに出席し、そこで本当にもう一度わたしが知事になることを願う人々に会って、いささか意外に思うと同時にうれしくなった。リトルロックでは、まだおおかたの人間が新しい知事といい関係を築くことに専念していた。わたしが州政府の役職に任命したある男はフランク・ホワイト知事のもとでも仕事を続けていたが、ある日、リトルロックの中心街でわたしが自分のほうに歩いてくるのを目にすると、通りの向こう側へ渡ってしまった。白日、わたしと握手しているところを見られたくなかったのだ。

ブリンクリーの友人たちの心遣いには感謝したが、やはりその数カ月間はふたたびアーカンソー州内でスピーチをすることはなかった。フランク・ホワイトが間違いをしでかしたり議案を通せなかったりということが一度ならず起こっていたので、その邪魔をしたくなかった。ホワイトは公約どおり、経済開発局の名称をアーカンソー州産業振興委員会に戻し、エネルギー局を廃止する議案を通した。しかし、ヒラリーとわたしが作った地方の保健診療所を廃止しようとすると、診療所を頼りにしているおおぜいの庶民が抗議行動を起こした。ホワイトは法案をつぶされ、それ以上の診療所の建設を見合わせることでよしとするほかなかった。

ホワイト知事が自動車登録料の増額分を引き下げる法案を提出すると、道路局の局長ヘンリー・グレイと道路整備委員会のメンバーたち、そして道路建設業者らがこれに激しく抵抗した。実際に道路を建設・補修して儲けを得ている者たちだった。議員の多くがその言葉に耳を傾けた。自分の地区の選挙民が、費用を負担することに難色を示しはしても、道路工事そのものには好感を抱いていたからだ。結局、ホワイトは自動車登録料を若干引き下げたが、道路建設計画の予算は大筋において現行どおり保たれた。

立法絡みでのホワイト知事の最大の問題は、皮肉なことに自身が通した法案から生じた。いわゆる創造科学法案だ。進化論を教えているアーカンソー州のすべての学校に、その授業時間数と同じだけの時間を、聖書と矛盾しない創造論——すなわち人類はおよそ十万年前にほかの種から進化したわけではなく、数千年前に別個の種として神によって創造されたものだとする理論——にも充てることを求める法案だった。

二十世紀の初頭からキリスト教原理主義者たちは、聖書に書かれている人間創造の忠実な解釈に矛盾するとして進化論に反対し続け、一九〇〇年代初めにはアーカンソーを含むいくつかの州で進化論を教えることが禁止されていた。最高裁判所によってそういう禁止が撤廃されてからも、一九六〇年代まで理科の教科書はおおむね進化論を取り上げていなかった。一九六〇年代の終わりになるとキリスト教原理主義の新しい世代がふたたびこの問題を論じ始め、今度は聖書の創造の物語には科学的な裏づけがあり、その裏づけは進化論の正当性に疑問を投げかけるものだと主張した。やがてこのグループは、進化論を教える学校はそれと同等の関心を〝創造科学〟にも傾けるべきだと考えるようになった。

ＦＬＡＧ（神のもとにある家族・生命・アメリカ）など原理主義者たちの猛烈なロビー活動と知事の支持によって、アーカンソーは全国で初めて創造科学の見解を法的に受け入れた州となった。法案はたいして揉めることもなく通過した。州議会議員に科学に強い者があまりおらず、政治家の多くが、大統領と州知事を選出して以来勢いを得ている保守派のキリスト教団体を刺激したくないと考えた結果だった。ホワイト州知事が法案に署名したあとで、宗教を科学として教えさせられることを望まない教育者たちと、憲法で定められた政教分離を守ろうとする宗教界の指導者たちと、アーカンソーが国じゅうの笑いものになるのを嫌う一般市民たちから、抗議の嵐が巻き起こった。

フランク・ホワイトは創造科学法の反対者たちから嘲笑の的にされた。《アーカンソー・ガゼット》に風刺漫画を連載し、かつて三輪車に乗ったわたしを描いたジョージ・フィッシャーは、ホワイト知事に半分皮をむいたバナナを持たせて登場させるようになった。知事がまだ完全な進化を遂げておらず、おそらく、人間とチンパンジーとをつなぐ中間の生物、例の〝失われた環《ミッシング・リンク》〟であるという含みだろう。批判を感じ始めたホワイト知事は、署名する前に法案を読んでいなかったと抗弁して、みずから窮地に陥った。結局、創造科学法案は違憲であるとの判決が下され、その裁判でみごとな手腕を発揮したビル・オーヴァトン判事が、当該法案は科学ではなく宗教を教えることを求めるものであり、したがって憲法が定めた教会と国家との分離に違反するという、有無をいわせぬ明快な判決理由を述べた。州司法長官のスティーヴ・クラークは上訴をあきらめた。

フランク・ホワイトが問題を引き起こしたのは立法議会のなかだけではなかった。ホワイトの最大の間違いは公益事業委員会の委員候補者を、この数年来、大幅な電気料金の値上げを求めているアーカンソー電力会社に面接させたことだった。その話が明らかになると、報道陣は知事を猛攻撃した。州民が支払う電気料金は自動車登録料よりも急テンポで増大していた。そういう状況下にありながら、さらに電気料金を上げるべきか否かを決定する人々について、知事はアーカンソー電力会社に事前承認を行なう機会を与えたのだった。

言葉のうえでも失態があった。台湾と日本を回る貿易使節団の発表を行なったとき、報道陣を前に、中東に行くことができてうれしいと知事は述べた。これにインスピレーションを得たジョージ・フィッシャーは、愉快な最高傑作を描きあげた。知事と使節団一行が砂漠の真ん中で飛行機を降りてくる。まわりは椰子の木とピラミッド、長い衣をまとったアラブ人たちと駱駝《らくだ》。バナナを手にした知事があたりを見回して言う。「すばらしい！　口笛を吹いて、人力車を呼んでくれ！」

そうしたなか、わたしは政治的な活動の一環として、何度か州外へ旅行した。落選する前、わたしはアイダホ州のジョン・エヴァンズ知事からジェファソン‐ジャクソン・デーの夕食会でスピーチをするよう招かれていた。選挙に負けたあとも、エヴァンズ知事はやはり来るよう誘ってくれた。

アイオワ州のデモインへも初めて出かけ、民主党の研修会に集まった州と地方自治体の職員のために話をした。また友人のサンディ・バーガーからは、ワシントンに来て、有名な民主党の政治家エイヴレル・ハリマンの夫人、パメラ・ハリマンと昼食をとるよう頼まれた。エイヴレル・ハリマンはフランクリン・D・ローズヴェルトに起用されて、スターリンやチャーチルの時代にそれぞれソ連、イギリスの駐在大使を歴任したのち、ニューヨーク州知事になり、さらにパリで行なわれたヴェトナム戦争の和平会談でアメリカの代表として北ヴェトナムと話し合った人物だ。ハリマンは第二次大戦中、チャーチルの息子と結婚していたパメラとダウニング街一〇番地（訳注　イギリス首相官邸）で知り合った。三十年後、ハリマンのふたりめの妻が亡くなったのち、ふたりは結婚した。わたしがワシントンで会ったパメラは六十代前半だったが、美しく歳を重ねていた。みずから民主党の政権奪回に役立つアイデアの推進と資金調達を目的に設立した新しい政治活動委員会〝一九八〇年代の民主党〟に、わたしも委員として参加してほしいという話だった。昼食のあと、初めてテレビ取材を受けるというパメラに同行した。緊張したパメラがわたしに助言を求めたので、いっしょに昼食をとったときのように、気持ちを楽にして、会話をする調子で話せばいいと答えた。わたしはパメラの委員会に参加し、続く数年間、ジョージタウンのハリマン邸で、さまざまな政治活動の記念品と印象派の名画に囲まれて、幾晩かすばらしいひとときを過ごした。大統領になったとき、わたしはパメラ・ハリマンをフランス駐在大使に指名した。第二次大戦後、最初の結婚生活に終止符を打ってから暮らしていたその土地で、パメラは大きな人気を獲得し、フランス人たちと実に巧みに付き合いながら、一九九七年に現役のまま亡くなるまで、幸せな日々を過ごした。

春の声を聞くころには、ホワイト知事の再選が危ぶまれるようになり、わたしは再挑戦を検討し始めた。ある日リトルロックから、母に会いにホットスプリングズに出かけたときのこと、ちょうど中間地点に当たるロンズデールで、わたしはガソリンスタンドのわきで営まれている商店に寄ろうと駐車場に車を入れた。店主が地元で活発に政治活動をしている男だったので、感触を探ってみようと思ったのだ。店主は愛想はよかったが、わたしの挑戦については言葉を濁した。車に戻る途中で作業用の胸当てズボンをはいた年配の男に出会った。「あんた、ビル・クリントンじゃないかい？」ときく。そうだと答えると、握手もそこそこに、前回の選挙ではわたしに投票しなかったと話してくれた。「あたしもあんたを負かすのに手を貸した口だよ。しかも、十一票もね――あたしと、かみさんと、息子がふたりとその嫁たちと、あとは五人の友だちの分だ。みんなであんたをやっつけてやった」。わたしはその理由を尋ね、予期した回答をもらった。「しかたがないさ。あんた、あたしの自動車登録料を値上げしたからね」。わたしは幹線道路の、わたしたちが立っていた場所からそう遠くないところを指差して言った。「わたしが知事に就任したときの、あの氷混じりの暴風雨を覚えているでしょう？　道路のあのあたりが反り返って、車が何台も側溝に落ちたんです。わたしは州兵を動員して、車を引き上げなくてはならなかった。新聞にもその写真がいっぱい出ていた。そういう道路をみんな補修する必要があったんですよ」。男は「そういうことは関係ないよ。理由がどうあれ、払いたくなかったんだから」。男の言うことを聞いていて、なんの気なしに尋ねたくなり、わたしは出し抜けに言った。「ちょっと聞かせてほしいのだけど、もしまたわたしが知事選に立候補したら、わたしに投票してもいいと思いますか?」。男はにっこりして言った。「そりゃあ、いいさ。これで五分五分になったからね」。わたしは公衆電話に走っていき、ヒラリーに電話をかけて今の話を聞かせたうえで、わたしたちは勝てそうだと伝えた。

一九八一年の残りのほとんどを、州内各地を回ったり電話をかけたりして過ごした。民主党員のあいだにはフランク・ホワイト打破の気運が高まっており、前からのわたしの支援者たちはおおむね、出馬するならいっしょに戦うと言ってくれた。なかでもふたりの男が、アーカンソー州への深い愛と政治活動への情熱から、わたしを助けることにとりわけ関心を寄せてくれた。ひとりはモーリス・スミス。地元の小さな町バードアイに、五千ヘクタール弱の農場と銀行を所有していた。年齢は六十歳前後、小柄で痩せた体にいかつい顔をした男で、声が太くしゃがれていた。めったにその声を使わなかったが、使ったときには偉大な効果を発揮した。モーリスは抜群に頭が切れ、根っからの善人だったし、アーカンソーの政界で長年、積極的に活動しており、生粋の進歩的な民主党員で、これはモーリスの家族全員に共通する美徳だった。体のどこを探しても人種差別やエリート主義のかけらもなく、またわたしの幹線道路計画も教育計画もともに支持してくれていた。モーリスはわたしの再出馬を願い、勝つために必要な資金を集めることと、まだわたしの選挙に関わっていない名士たちから支持を取りつけることに、みずから主導的な役割を演じる心構えでいてくれた。そのモーリスが獲得した最高の協力者が、デトロイト・タイガーズから野球殿堂入りした元選手で、今もタイガーズの試合ではラジオ中継のアナウンサーをしているジョージ・ケルだった。花形選手として野球人生を送るあいだも、ケルは自分が育ったアーカンソー州北東部の小さな町スウィフトンに住居を構え続けた。スウィフトンではケルは伝説の人であり、州内至るところにおおぜいのファンがいた。仲介を得て知り合ったのち、ケルは選挙キャンペーンの会計責任者になることを承諾してくれた。

モーリスを味方につけたことで、わたしの選挙活動は俄然、確実性の高いものとなった。これは大事な要素だった。なぜなら歴代のアーカンソー州知事のなかに、一度選出され、敗れたのちにふたたび選出された者が——それに挑戦した者は複数いても——ひとりもいなかったからだ。しかし、モーリスが与えてくれたものはそれだけにとどまらなかった。モーリスはわたしの友、それも腹心の友であると同時に助言者だった。わたしはモーリスに全幅の信頼を置いた。わたしにとって第二の父親のような、兄のような存在だった。以後わたしがアーカンソーで過ごした全期間を通じて、モーリスはわたしのすべてのキャンペーンと知事職に関わった。モーリスは政治的な議論の応酬をこよなく愛したので、わたしのプログラムを議会で通過させるのがとりわけうまかった。押したり引いたりの匙《さじ》加減《げん》を心得ていて、わたしが一期目に経験したような多くの問題を未然に防いでくれた。わたしが大統領になったころ、モーリスは体を壊していた。ある晩、ホワイトハウスの三階で、わたしたちはともに過ごした時代を振り返って楽しいひとときを過ごした。

わたしはモーリスが好きではないとか尊敬できないという人間に出会ったためしがない。他界する数週間前、ヒラリーがアーカンソーに戻って病院にモーリスを見舞った。ホワイトハウスに帰ってきたとき、ヒラリーがわたしを見て言った。「わたし、あの人が好きでたまらない」。もう危ないという最後の週に、わたしたちは二度、電話で話した。モーリスは、今度ばかりは退院できそうもないとわたしに告げ、どうしても伝えておきたいことがあると言った。「わたしたちがいっしょにやったことのすべてをわたしは誇りに思っている。そして、きみを愛しているよ」。モーリスがそう言ったのはそれが最初で最後だった。

一九九八年にモーリスが亡くなったとき、わたしはアーカンソーに帰って葬儀で弔辞を述べた。大統領になったころから増えてしまった役回りのひとつだった。郷里に戻る道すがら、わたしはモーリスがわたしのためにしてくれたことに思いを巡らした。モーリスはわたしのすべてのキャンペーンで委員長を引き受け、就任式では必ず司会を務め、わたしの首席補佐官で、大学の評議員会の一員で、道路局の局長で、身体障害者のために——夫人のジェーンが最も好んだ大義——先頭に立って議会へのロビー活動を行なった。しかし、わたしは何にも増して、一九八〇年の選挙に敗れた次の日に、知事公邸の芝生にヒラリー、チェルシーとともに立っていた日のことを思い出す。落選の重みにへこたれていたとき、小柄な男がわたしの肩に片手を置いて、わたしの目を覗き込み、あのすばらしい、がさがさした声で言った。「いいじゃないか。また戻ってくるさ」。わたしはいまだにモーリス・スミスが恋しくてならない。

同じような形でわたしを支援してくれたもうひとりの男が、L・W・〝ビル〟・クラークだ。一九八一年に初めて声をかけられ、知事の座を奪回するには何をすべきかをいっしょに話し合うまで、わたしはビルのことをほとんど知らなかった。ビルはがっしりした体格の男で、戦い甲斐のある政争を愛し、人間性を見抜く鋭い目を持っていた。州南西部フォーダイスの出で、製材所を持ち、小楢の材木をシェリー酒やウィスキーの樽板に加工する事業を営んで、製品の多くをスペインに輸出していた。所有している〈バーガー・キング〉のレストランも二、三軒あった。春になったばかりのある日、ビルからホットスプリングズの〈オークローン・パーク〉で開催される競馬に行こうと誘われた。当時わたしは知事職を去ってほんの二、三カ月だったが、わたしたちのボックス席に挨拶に来る者があまりに少ないことにビルは驚いた。わたしへのそういう冷たいあしらいを見て、ビルはやる気を失うどころか、持ち前の闘争本能をかき立てた。わたしを知事に返り咲かせるためには、火のなか水の底まで行くのも厭《いと》わないほどの決意を固めた。一九八一年に、わたしはホットスプリングズにあるビルの湖畔の家を数回訪れて、ビルが助力を得ようとしていた友人たちと会い、政治を語り合った。そういう少人数のディナーやパーティーで、何人か州南部のキャンペーンで中心となって動くことに同意してくれる人々が見つかった。わたしを支持したことのない者も含まれていたが、ビル・クラークは全員をうまくまとめてくれた。それからの十一年間、選挙に勝ったり立法計画を通過させたりするうえで、ビルにはずいぶん骨を折ってもらい、たいへん世話になった。しかしビルに恩義を感じるいちばん大きな理由は、わたし自身がときどき自分を信じられなくなったときに、ビルがわたしを信じてくれたことだった。

わたしが選挙運動に励んでいた一方で、ベツィ・ライトは組織のメカニズムがうまく動きだすよう準備に奔走していた。一九八一年終盤の数カ月間、ベツィ、ヒラリー、わたしの三人はキャンペーンの立ち上げかたをディック・モリスに相談し、ディックの助言に従ってニューヨークに飛ぶと、政治メディアの著名な専門家で、マンハッタンの自分のアパートからめったに出ないというトニー・シュワルツに会った。わたしはシュワルツという人物にも、有権者の思考と感情にどうやって影響を与えるかという、このメディア専門家のアイデアにも惹きつけられた。知事の座から放り出されてわずか二年後の一九八二年に当選を期するなら、アーカンソー州民の心理を相手に危ない橋を渡らなければならないことは明らかだった。有権者たちに、わたしを落選させたのが間違いだったなどと告げるわけにはいかない。といって、自虐的なまでに低姿勢で臨めば、もう一度わたしを公職に就かせてみようという気持ちを起こさせるのがむずかしい。これは、ベツィとわたしが予備選挙はもとより本選挙を視野に入れたさまざまなリスト作りや戦略の考案に苦慮するかたわら、わたしたち全員が考えに考えた問題だった。

そうこうしつつも、一九八一年の年末にかけて、わたしはふたつのまったく異なる性質の旅に出かけ、きたるべき戦いに向けての英気を養った。ひとつは、ボブ・グレアム知事の招待を受けてフロリダに赴き、一年おきに十二月のマイアミで開かれている民主党州大会でスピーチを行なった旅だ。わたしは共和党の攻撃的な広告宣伝にめげることなく立ち向かうよう民主党員たちに切々と訴えかけた。共和党に最初の一撃を許すのはしかたがないとしても、もし卑怯にも相手が下腹を狙って強打してくるようなら、わたしたちは「肉切り包丁を取り出して連中の両手を切り落としてやる」べきだと説いた。いささか芝居がかった言い回しだったが、共和党が右派に牛耳られ、政治闘争のルールを変えられてしまったというのに、共和党の英雄レーガン大統領はただ微笑むばかりでいっこう気にしていないふうだったからだ。共和党員たちは言葉の攻撃という武器があればいつまでも選挙戦を勝ち抜けると考えていた。おそらくそうなのかもしれないが、少なくともわたしは、一方的に武装解除するようなことは二度とすまいと心に決めていた。

もうひとつの旅行は、インマヌエル・バプテスト教会の牧師W・O・ヴォートが引率する聖地詣でにヒラリーとふたりで参加した旅だった。一九八〇年、わたしはヒラリーのたっての勧めでインマヌエル教会に入り、聖歌隊で歌い始めた。一九六四年にジョージタウン大学へ進学するため家を出て以来、すっかり日曜ごとの教会通いから遠のいてしまい、聖歌隊での歌唱に至ってはさらにその数年前からやめていた。ヒラリーはわたしが教会に通わなくなって物足りなく思っていることと、わたしがW・O・ヴォートを高く評価していることを知っていた。ヴォート博士が、地獄の業火について説教していた当初のスタイルを捨て、会衆に聖書をていねいに読み解くことを選んだ牧師だったからだ。ヴォート博士は、聖書こそ誤りのない神の言葉であるのに、その真の意味を理解している者があまりにも少ないと考えた。そこで求めうる最も古い聖書の原文の研究にみずから没頭したのち、礼拝ではまず聖書のそれぞれの書（記・手紙など）をもとに一連の説教を行なったり、聖書の詩歌や絵画を題材に取り上げたりするようになった。わたしは日曜日に教会の聖歌隊席からヴォート博士の禿げた後頭部を眺めつつ、自分の聖書を繰りながら、旧約・新約聖書の話を教えてもらうのが楽しみになった。

　ヴォート博士はイスラエルが国家として独立する十年前の一九三八年から聖地詣でを続けていた。ヴォート博士が率いる一九八一年十二月のそれにわたしたちが参加できるよう、ヒラリーの両親がパークリッジからやってきてチェルシーの面倒を見てくれた。旅の大半はエルサレムで過ごし、イエス・キリストが歩いた道をたどって、地元のキリスト教徒たちと交流した。キリスト教徒のあいだでイエスが磔刑《たっけい》に処せられたとされている場所と、イエスが埋葬されよみがえったとされている小さな洞窟を見学した。またユダヤ人の聖地「嘆きの壁」と、イスラム教徒の聖地アクサー・モスク、同じくイスラム教徒たちのあいだで開祖ムハンマドが昇天しアッラーと落ち合ったと信じられている「岩のドーム」にも行った。聖墳墓教会にも、イエスが湖面を歩いたガリラヤ湖にも、世界最古の都市ともいわれるエリコにも、そしてマサダの砦にも。マサダはユダヤ人の一群、ゼロテ派が籠城して古代ローマ軍の猛攻に延々と持ちこたえたものの、ついに力尽き、勇ましく自決した岩山の城塞だ。マサダから眼下を見下ろしながら、ヴォート博士は、史上最大の軍隊に数えられるアレクサンドロス大王やナポレオンの兵士たちがここを進軍していったことや、ヨハネの黙示録には最後の時が到来したとき、この谷底一帯が血にあふれると語られていることをあらためて思い起こさせてくれた。

　この旅はわたしの心に深い印象を刻みつけた。わたしは自分自身の信仰を以前にも増してありがたいものと感じるとともに、イスラエル人に心から敬服の念を抱き、また初めて、パレスチナ人の抱く願望と不満をいくらか理解して、帰国した。そのときからわたしの心には、わたしたちの三つの信仰が息づいている聖なる地で、アブラハムのすべての子どもたちが和解する姿を見たいという執念が芽生えた。

帰国してまもなく、母がディック・ケリーと結婚した。ディックは食品ブローカーで、何年も前に母と知り合い、しばらく前から付き合うようになっていた。母は七年以上、独り身の暮らしを続けていたので、わたしは母のためを思って喜んだ。ディックは柄が大きく魅力的な男で、母に負けず劣らず競馬好きだった。旅行も大好きで、しょっちゅう出かけていた。そして、のちに母を世界じゅう連れ歩いた。ディックのおかげで、母はラスヴェガスにちょくちょく出かけ、またわたしより先にアフリカへ行った。ふたりの微笑ましい結婚式はジョン・マイルズ師によって執り行なわれた。場所はハミルトン湖のほとりにあるビルとマージのミッチェル夫妻の家。そして、ロジャーが歌うビリー・ジョエルの『素顔のままで』で締めくくられた。わたしはディック・ケリーを心から慕うようになり、ディックが母とわたしにもたらしてくれた幸せに対して感謝の念を深めた。ディックとわたしは好んでゴルフをするようにもなった。八十歳をかなり超えてからでさえ、それぞれのハンディでわたしとプレーをして回って、ディックはわたしに負けるより勝つことのほうが多いという腕前だった。

一九八二年一月には、ゴルフはわたしの頭のいちばん隅に追いやられた。いよいよ選挙キャンペーンの開始だった。ベツィはさながら家鴨《あひる》が水になじむようにアーカンソーになじんで、以前からのわたしの支持者たちと、ホワイト知事に幻滅を覚えた新しいグループとをみごとにひとつの組織にまとめあげていた。まず決めるべき大事な事柄は、幕あけの方法だった。ディック・モリスは、公式発表をする前にわたしがテレビに出て、みずからの敗北を招いた間違いの数々を認めたうえで、二度目のチャンスを請うのがいいと提案していた。危険をはらんだアイデアではあったが、そもそも落選からわずか二年で再出馬すること自体が危険を伴う行為だった。今度も負ければ、もう返り咲きはない。

少なくともかなり先までは……。

わたしたちはニューヨークのトニー・シュワルツのスタジオで広告を録画・編集した。うまく持っていくには、広告のなかでわたしが正直に過去の間違いを認めると同時に、今回も、最初の選挙戦で庶民の支持を集めたような積極的なリーダーシップを約束することだと、わたしは思った。広告は、前宣伝なしに、二月八日に放映された。画面にわたしの顔が大きく映り、有権者にわたしが語りかける。落選してからずっと州内を回っては何千人というアーカンソー州民と話をしたこと。州民たちから、わたしはいくつかいいことをしたけれど、自動車登録料を上げるなど大きな間違いを犯したと言われたこと。州の道路は工事費を必要としていても、あれほどおおぜいの人々に痛手を負わせる方法でそれを調達したのはわたしの誤りであったこと。それからわたしの子ども時代の話を引いて、「わたしの父は一度わたしに鞭《むち》をくれたら、二度と同じ理由でそれを振るわずにすんだ」こと。アーカンソー州は教育と経済開発という、わたしがかつていい仕事をした分野にリーダーシップを必要としていること。そしてもし州民がわたしにもう一度チャンスをくれるなら、わたしは敗北から「耳を傾けることなしには指導者たりえない」ことを学んだ知事になるつもりであることを伝えた。

広告はかなり話題になり、少なくともわたしにチャンスを与えてくれそうな数だけ有権者の心を開いたようだった。二月二十七日、チェルシーの誕生日に、わたしは公式に立候補を表明した。ヒラリーが、その発表時の家族三人の写真に銘を添えてプレゼントしてくれた。「チェルシーの二回目の誕生日、ビルの二度目のチャンス」

公約は、わたしが州の将来のために最も重要だと思う三つの事柄――教育を向上させること、雇用を創出すること、公共料金を低く抑えること――に絞った。この三項目はまたホワイト知事がいちばん弱みとする部分でもあった。ホワイト知事は自動車登録料を千六百万ドル削減したが、その一方でホワイト治世下の公益事業委員会がアーカンソー電力会社の二億二千七百万ドルの電気料金値上げを承認して、消費者と企業の両方に打撃を与えていた。景気の低迷で多くの職が失われ、また州の歳入は乏しすぎて教育のために何もできない状態だった。

メッセージの受けはよかったが、その日最大のニュースはヒラリーがわたしの姓を名乗ると発表したことだった。以後ヒラリー・ロダム・クリントンの名が使われることになる。これについてはふたりで何週間も前から話し合っていた。ヒラリーは多くの友人から、姓の問題は世論調査でこそマイナスの要因に挙げられていないが、気にしている人が少なくないのが事実だと言われて、納得したのだった。ヴァーノン・ジョーダンですら、数カ月前にリトルロックのわたしたちを訪ねてきたとき、同じことをヒラリーに言った。もう何年も前からわたしたちの親友であるヴァーノンは、全米でも指折りの公民権運動の指導者で、友人たちが寄せる信頼をけっして裏切らない人間だった。南部人で、なぜ旧姓を名乗ることが問題になるのかを理解できるくらい、わたしたちより年上でもあった。皮肉なことに、ごく仲間うちでそれをわたしに忠告したのは進歩的な、若い弁護士だった。パインブラフの出身でわたしの強力な支援者であるこの男は、ヒラリーが旧姓を使っていることが気にならないのかとわたしに尋ねた。わたしは気にならないし、人に指摘されるまで考えたこともなかったと答えた。弁護士は、信じられないという顔でわたしをじっと見つめて言った。「そんな、格好をつけなくてもいいですよ。あなたは男らしい人だ。気にならないはずがない!」。わたしは面食らった。といっても、ほかの人が気にかけている事柄がわたしにはまったくどうでもいいことであったりするのは、それが最初でも最後でもなかった。

ヒラリーには、どうするかは自分の意思だけで決めればいいことだし、わたしは名前のせいで選挙結果が左右されるとは思っていないことをはっきりと伝えた。わたしたちが付き合い始めて間もないころ、ヒラリーは、旧姓を使い続けることを少女時代に、まだそれが女性の平等権の象徴になるずっと前に、決めていると話してくれた。自分の家族が受け継いできたものを誇りにしていて、それを手放したくなかったのだ。わたしはといえば、ヒラリーを手放したくなかったので、べつにそれで構わなかった。むしろ、それもまた、わたしが好きなヒラリーの一面だった。

ヒラリーは結局、彼女らしい実際的な見地に立って、旧姓を名乗り続けるのは、そういうことを気にかける人々の機嫌を損ねてまでする価値のない行為だと判断した。その結論を告げられたとき、わたしはただ一般の人たちに、なぜそうするのか、本音を語ったほうがいいということだけを助言した。わたしのテレビ広告は正真正銘の過ちに対して心からの謝罪を伝えるものだった。それとこれとは話が違うし、旧姓を捨てたことをヒラリーの心変わりとして差し出したりすれば、わたしたちがふたり揃っていんちきくさく見えてしまうだろうと思った。ヒラリーは声明文のなかできわめて率直に、詰まるところ有権者たちに向かって、彼らのために名前を変えたことを伝えた。

予備選挙のキャンペーンは世論調査の支持率でトップを飾っての旗揚げだったが、わたしたちは手強い相手と向き合っていた。当初、最も力のある候補者はジム・ガイ・タッカーだった。四年前の上院議員選挙でデイヴィッド・プライアーに敗れたタッカーは、そのあとケーブルテレビでひと儲けしていた。タッカーはわたしと同じ進歩派の人々を中心に働きかけており、また落選の憂き目を見ているのも同じだったが、傷を癒す時間がわたしより二年間長かった。一方、わたしは地方の郡にタッカーよりもしっかりとした組織を築いていたが、地方にはいまだにわたしに対して腹を立てている人のほうが、タッカーに対してよりも多かった。有権者には三つめの選択肢として、ジョー・パーセルがいた。折り目正しく控えめな印象の男で、州司法長官と副知事を務めたことがあり、どちらも無難にこなしていた。ジム・タッカーやわたしと違って、パーセルは誰も怒らせていなかった。知事の座はかなり以前から欲しがっていたもので、今回はもはや最高の健康状態とはいえないものの、自分がみんなの友だちであり、またふたりの年下の競争相手ほど野心をぎらつかせていないというイメージを前面に押し出すことで、勝てると考えていた。ほかにもさらにふたりの候補者が立候補を表明した。州議会の上院議員で州北西部を地盤とするキム・ヘンドレンと、おなじみのわたしの仇敵モンロー・シュワルツローズだ。知事選に打って出ることが、シュワルツローズの長寿の秘訣らしかった。

もしわたしが一九八〇年の選挙でテレビの中傷広告が及ぼす影響について学んでいなかったら、このキャンペーンは最初のひと月で瓦解していただろう。ジム・ガイ・タッカーがレース開始直後、わたしが最初の任期で第一級謀殺の受刑者たちを減刑したことを批判する広告を打ったのだ。タッカーは、減刑で釈放されてからわずか数週間後に友人を殺害した、ある男のケースに光を当てた。減刑については有権者たちがそれまで問題にしていなかったので、わたしの謝罪広告では免責にできず、わたしは世論調査でタッカーに後れを取った。

恩赦・仮釈放審査委員会が減刑を勧めた裏にはふたつの理由があった。第一に、審査委員会と刑務所制度を運営している人々の立場からすれば、どんなに素行がよくても刑務所から出られる見込みがないことを〝終身刑囚〟に知られると、治安を維持し暴力を最小限に抑えることが今よりはるかにむずかしくなりそうなこと。第二に、年配の受刑者の多くがさまざまな健康上の問題を抱えていて、それが州に多大な金銭的負担を強いていることだった。そういう受刑者が釈放されれば、各人の保健医療費はメディケイド（低所得者・障害者医療扶助）の対象となる。メディケイドなら大部分が連邦政府の資金でまかなわれた。

広告の素材となったのは、実に奇妙なケースだった。わたしが仮釈放の資格を認めた男は七十二歳で、殺人を犯してすでに十六年以上服役していた。その間、この男は模範囚で懲戒罰を科されたことが一度しかなかった。動脈硬化症を患っており、刑務所の医師の話では余命が一年ほどで、おそらく六カ月以内にまったく無能力状態に陥るため、刑務所にはちょっとした散財となりそうな見通しだった。そのうえ、男には州南東部に妹がいて、喜んで兄を引き取るという話だった。仮釈放されて約六週間後、この男は友人とふたりで、その友人のピックアップ・トラックに乗ってビールを飲んでいた。後部の荷台に銃架のしつらえてあるトラックだ。飲むうちに喧嘩になり、男は銃を取って友人を撃ち殺すと、社会保障小切手を奪った。男は逮捕されたものの、新たに重ねた罪の裁きを受ける前に、その年老いて無力そうな姿を目にした判事によって勾留を解かれ、妹のもとに預けられた。その数日後、男は三十歳の仲間が運転するオートバイの後ろにまたがり、ふたりで北へと走ってラッセルヴィルにほど近い小さな町ポッツヴィルまで行くと、そこで地元の銀行に押し入ろうとした。それも、オートバイに乗ったまま正面のドアを突破してだった。確かに元気いっぱいのこの年寄りは病気だったが、刑務所の医師たちが考えたような病気ではなかったようだ。

それからしばらくして、パインブラフの郡書記事務所を訪れたわたしは、ある女性と握手した。例の仮釈放された男にピックアップ・トラックで殺されたのは自分の叔父だという。それでもありがたいことに、わたしには優しい言葉をかけてくれた。「あなたのせいだとは思っていませんよ。この広い世の中で、たまたまあの男がそういうことをするなんて、知りようがないですもの」。有権者の大半は、これほど寛大ではなかった。わたしは、これからは第一級謀殺の刑罰の軽減は行なわないことを約束するとともに、恩赦・仮釈放審査委員会の判断に犠牲者の意見がもっと採り入れられる必要があると話した。

そして、わたしはタッカーにしっぺ返しをした。相手からの最初の一撃は許しておいて、反撃はめいっぱい打ち返す、という自身の訓戒に従ってのことだ。地元の広告代理店の重役でやはりホープの出身であるデイヴィッド・ワトキンズの助けを借りて、タッカーの連邦議会での投票記録を批判する広告を流した。タッカーの投票記録はお粗末だった。下院議員になってまだ日が浅いうちに上院議員選の選挙運動に突入したため、投票時に登院していないことが多かったからだ。そこで出席率を題材にした広告を作った。ひとつは、キッチンのテーブルでふたりの人間がしている会話に焦点を当てたもので、勤務時間の半分しか職場に出なければ給料がもらえない、という話をさせた。キャンペーン中ずっと、わたしたちはそうしたパンチの応酬を繰り返した。そんななか、ジョー・パーセルはバンに乗ってせっせと州内を巡っては握手をして歩き、テレビの広告合戦には近寄ろうとしなかった。

電波を使った空中戦のほかに、わたしたちは地上でも派手な戦闘を繰り広げた。こちらの作戦をみごとに指揮したのはベツィ・ライトだ。ベツィは人をこき使い、ときどき癇癪《かんしゃく》を起こしたが、まわりはこの指揮官が優秀で、ひたむきで、キャンペーン仲間のうちでいちばんよく仕事をしていることを知っていた。わたしとベツィとはぴたりと息が合っていて、お互いにひと言も言わないうちに相手の考えがわかることがあった。これでずいぶん時間が節約できた。

州内遊説は、友人で選挙対策委員長のジミー・〝レッド〟・ジョーンズの運転する車にヒラリー、チェルシーとともに乗り込んでのスタートとなった。ジョーンズは二十年以上も州の会計検査官を務めていた関係で、今でも小さな町の指導者たちのあいだにけっこうひいきがいた。われわれの戦略はプラスキー郡など大きな郡で勝ち、わたしには有利な州南部の郡を制し、黒人票の過半数を獲得し、一九八〇年にフランク・ホワイトの支持に転向した州北東部の十一郡を取り戻すことだった。その十一郡では、一九七四年に第三区の山地の郡を勝ち取ったときと同じ熱意を燃やして、わたしは遊説した。地域内のどんな小さな町も漏らさないようにして回り、新たにつかんだ支持者たちとともによく夜を過ごした。この戦略は大都市での集票にも効果があった。候補者がけっして行かないような土地で握手しているわたしの写真が新聞に載り、感銘を受けた人たちがいたからだ。

さらにベツィとわたしが新たに仲間に入れた三人の若い黒人指導者たちが、やがてきわめて貴重な存在となった。ロドニー・スレイターは州司法長官スティーヴ・クラークのスタッフを辞して参加した助っ人だった。当時から弁舌に長《た》けていて、豊富な書物の知識を活かしてわたしたちの目的の正しさを力強く論じた。ふたりめはキャロル・ウィリス。わたしはキャロルがフェイエットヴィルのロースクールに通う学生だったころから知っていた。昔ながらの政治家スタイルに徹している男で、地方政治を動かしている人々を知り尽くしていた。もうひとりのボブ・ナッシュはロックフェラー財団で経済開発を担当していて、夜と週末だけ手を貸してくれた。

ロドニー・スレイター、キャロル・ウィリス、ボブ・ナッシュの三人はそれから十九年間、わたしのそばにいた。州知事時代は全員がわたしのために働いてくれた。大統領就任後、ロドニーは連邦幹線道路局長官と運輸長官を務めた。キャロルは民主党全国委員会でわたしたちとブラックアメリカとの関係修復に努め続けた。ボブはまず農務次官に就任したのち、人事・任用担当スタッフとしてホワイトハウス入りした。

予備選挙の山場は、おそらくミシシッピ川デルタ地帯の黒人指導者たちを前にして行なった立ち会い演説会だった。ジム・ガイ・タッカーとわたしの演説を聞き比べたうえで支持する側を決めようと、八十人ほどが集まった。タッカーは増税なしの大幅昇給を約束して、すでにアーカンソー州教育協会から支持を取りつけていた。わたしのほうも手をこまぬいていたわけではなく、教員や理事たちのなかでも、州の財政悪化を考えればタッカーの公約が守られないことを承知している者たちや、一期目でわたしが教育分野であげた実績を覚えている者たちから支持を得ていた。教育者たちのあいだで支持が割れてもまだ勝てる見込みがあったが、デルタの黒人たちのあいだで意見が割れれば、勝利は望み薄だ。わたしにはほぼ全員の支持が必要だった。

会場は、リトルロックの東方百四、五十キロ、フォレストシティにあるバーベキュー・レストラン〈ジャック・クランブリーズ〉。わたしが到着したときには、すでにタッカーは来て、帰ったあとで、聴衆にいい印象を残していった。時間が遅いうえに疲れてもいたが、わたしは精いっぱい努力して、わたしが黒人スタッフを任命していることや、長いあいだないがしろにされてきた地方の黒人コミュニティが上下水道設備の工事費を得られるよう尽力したことを強調した。

演説を終えたとき、レイクヴューの若い黒人弁護士ジミー・ウィルソンが立って発言した。デルタ地帯におけるタッカー支援の主力メンバーだ。ジミーは、まずわたしのことに触れ、いい人間でありいい知事だったがアーカンソー州には再選を果たせなかった知事があらためて選ばれた前例がないと述べた。そして、フランク・ホワイトは黒人に対してはひどい知事だったので絶対に打ち破らなくてはならない、と続けてから、ジム・ガイ・タッカーが連邦議会で公民権を尊重する投票を行なっていること、また何人か若い黒人スタッフを起用していることをあらためて聴衆に思い出させた。タッカーならば、わたしと同じくらいいい知事になれるし、勝つことのできる候補者だ、と述べて、こう締めくくった。「わたしはクリントン元知事が好きですが、元知事では負ける。そして、われわれには負けることが許されないのです」。なるほどと思わせる主張だった。わたしが同席しているのを承知で堂々と述べただけに、よけい説得力があった。わたしは聴衆がわたしの手からすり抜けていくのを感じた。

会場がしんとなったとき、後ろのほうでひとりの男が立ち上がり、発言を求めた。ジョン・リー・ウィルソン。人口百五十人ほどの小さな町へインズの町長だった。中背だが重量級で、ジーンズの上に着た白いTシャツがとてつもなく太い腕、首、胴まわりのせいで丸まると膨らんでいる。わたしはウィルソンのことをよく知らなかったので、どういう意見が飛び出すものやら見当もつかなかったが、結果として、けっして忘れられない言葉を聴くこととなった。

「ウィルソン弁護士は、とてもいいスピーチをなさった。そのとおりなのかもしれない。元知事では負けるのかもしれない。ただわたしにわかるのは、ビル・クリントンが知事になったとき、わたしの町では糞尿が処理されずに通りを流れ、下水道設備がないばかりに赤ん坊が病気をしていたことだ。誰もわたしらのことなど構っちゃくれなかった。知事がオフィスを去ったとき、町には下水道ができていて、赤ん坊はもう病気をしなくなっていた。みなさんにききたいことがある。わたしらを見捨てない人間を、わたしらが見捨てたりしたら、いったい今度はいつわたしらのことを考えてくれる人間が現われるというんだ？　元知事では負けるのかもしれない。しかし、元知事が負けたら、わたしは元知事といっしょに涙を呑むつもりだ。みなさんもそうすべきじゃないのかね」。それで勝負が見えた。それこそ、ひとりの男の言葉が、おおぜいの考えを、そして心をきれいに変えてしまうという稀有の一瞬だった。

残念なことに、ジョン・リー・ウィルソンはわたしが大統領に選ばれる前に他界した。わたしは大統領二期目も終わりに近いころ、懐かしいアーカンソー州東部へ旅をして、アール高校で講演をした。校長のジャック・クランブリーは、もう二十年近くも前になったあの決定的な立ち会い演説会の主催者だった。当時の感想を述べながら、わたしは初めてジョン・リー・ウィルソンの発言の話を公の場で披露した。その講演はアーカンソー東部にテレビ中継されていた。ヘインズの町の小さな家でそれを見ていたのがジョン・リー・ウィルソンの未亡人だった。夫人からもらった心に染み入るような手紙には、大統領から誉められたと知ったら主人はさぞ鼻を高くしたことでしょう、とあった。わたしがウィルソンを誉めたのは当然だった。ウィルソンがいなかったら、もしかするとわたしは今ごろ自分の本ではなく、他人の遺書や協議離婚合意書を書いていたかもしれない。

選挙日が近づくにつれ、わたしの支持率は、もう一度わたしにチャンスを与えるべきかどうかを決めかねている有権者の迷いを反映して、上がったり下がったりした。わたしはその動向に気を揉んでいたのだが、ある日の午後、アーカンソー州北東部のニューアークにあるカフェでひとりの男に会ってからは心配するのをやめた。わたしに投票してくれるよう頼むと、その男はこう答えた。「この前は入れなかったけど、今度は一票入れるよ」。返事は聞かずともわかっていたが、一応、前回は票を入れなかった理由を尋ねてみた。「おれの車の登録料を値上げしたからさ」。どうして今度は投票する気になったのかときくと、「おれの車の登録料を値上げしたからさ」という返事。わたしは男に向かって、今は一票でも多く票が欲しいところだから怒らせたくはないけれど、前に投票をやめたのと同じ理由で今度は投票するというのは理にかなわないと言った。すると男はにやりと笑って答えた。「じゅうぶん理にかなってるよ。ビル、あんたはいろんなふうに言われてるけど、ばかじゃない。車の登録料をまた値上げするなんてことは、いちばんしそうもない人間だ。だからあんたを選んだのさ」。わたしは残りのキャンペーン中、非の打ちどころのないこの論理を選挙演説に使わせてもらった。

五月二十五日、わたしは予備選挙を四二パーセントの得票率で勝った。広告による猛反撃とわたしたちの強大な組織力の前に、ジム・ガイ・タッカーは二三パーセントに転落した。ジョー・パーセルは、争いには近づかず強い主張もしないという選挙スタイルの運用で、得票率を二九パーセントに伸ばし、二週間後に控えた決選投票の対立候補として躍り出た。タッカーとわたしが中傷広告合戦を繰り広げて互いの不支持率を押し上げてしまったのにひきかえ、パーセルは自動車登録料の値上げを水に流せずにいる民主党支持者たちに働きかけていた。クリントンではないというだけの理由でパーセルに勝利をさらわれる可能性がじゅうぶんあった。十日間、わたしはなんとかパーセルを陣地から引っ張りだそうとしたが、敵もさるもの、しっかりバンの中にたてこもり、申しわけ程度に握手をするだけで押し通した。投票日を五日後に控えた木曜日の夜、世論調査を行なったところ、勝負はまったくの互角という結果が出た。ということは、おそらくわたしの負けになる。浮動票は普通現職者には入らず、わたしは実質的に現職者と変わらなかったからだ。ちょうどわたしは電気料金を設定する公益事業委員会の委員を選出する方法について、わたしたちの見解の相違点を明確に表わす広告を打ったところだった。わたしは指名制ではなく選挙で選ぶ方法に変えるべきだという考えに賛成し、パーセルは反対している。わたしはその広告が功を奏してくれることを期待していたが、自信はなかった。

まさにその翌日、わたしはダメージの大きいボディーブロウをくらった。フランク・ホワイトがどうしてもパーセルに決選投票を勝たせようとしていたのだ。ホワイト知事の不支持率はわたしに輪をかけて高かったうえ、わたしには争点としたい政治課題があり、組織立った選挙運動があった。それに対して、もしジョー・パーセルが対立候補に決まれば、本選挙ではパーセルの健康上の問題が決定的な要因となって、ホワイトに二期目の知事の座がもたらされる、とホワイトは確信していた。金曜日の夜、つまり、わたしにはもはやテレビで反撃できない時間になってから、フランク・ホワイトはわたしが自動車登録料を値上げしたことを非難するテレビ広告を流し始めて、世間にそれを忘れさせまいとした。ホワイトは実業界の支援者たちを説得して商業CMの時間枠を手放させ、代わりにわたしへの中傷広告が週末にかけてたっぷり画面に登場するよう手を回していた。その広告を見たわたしは、接戦ならばひっくり返されると思った。こちらもテレビで中傷広告に対応するには月曜まで待たなくてはならず、それではもう手遅れだ。こうした不当な優位性はのちに連邦規定によって認められなくなった。週末を狙ってその直前から始まる攻撃があった場合、それに対応する広告を流すことが放送局に義務づけられたのだが、当時のわたしにはなんの助けにもならなかった。

ベッツィとわたしはデイヴィッド・ワトキンズに電話を入れ、わたしたちがラジオ広告を作れるようスタジオをあけてほしいと頼んだ。ふたりで台本を練り、あと一時間で真夜中というときにデイヴィッドと落ち合った。そのころにはすでにベッツィが若い有志を募って、土曜の早朝から広告が各局で流れるよう、テープを州内各地のラジオ局まで車で届ける輸送部隊を待機させていた。ラジオを通じての応戦で、わたしは人々に、わたしを非難するホワイトの広告を目にしたら、なぜ民主党の予備選挙に共和党のホワイトが首を突っ込んでいるのか考えてみるよう呼びかけた。答えはひとつしかないはずだ。それはホワイト知事がわたしではなくジョー・パーセルを対立候補に立てたいからで、理由は知事を打ち負かせる相手がパーセルではなく、わたしだからだ、と。わたしは民主党の予備選挙の投票者たちがホワイト知事に強い敵意を抱いていて、知事に操られるという考えを激しく嫌うことを承知していた。デイヴィッド・ワトキンズはラジオ広告が州の隅々まで行き渡るよう、徹夜でテープのコピーを作ってくれた。有志の若者たちがラジオ局に向かって出発したのが朝の四時。テープのほかに、大量の広告枠を購入できるよう選挙資金を握り締めていた。ラジオのスポット広告は申し分ない効果を発揮し、土曜の夜には、ホワイトの広告がかえってわたしを応援する形になった。月曜日にはテレビ広告でも応戦を開始したが、そのころにはもう闘いの決着がついていた。翌六月八日、わたしは五四パーセント対四六パーセントで決選投票に勝った。きわどいところだった。わたしは大きな郡の大半と黒人投票者の多い郡で勝利を収めたが、自動車登録料の問題が尾を引いている民主党支持の地方郡ではいまだに票が伸び悩んだ。傷みが完全に繕われるまでには、さらに二年が必要だった。

秋のフランク・ホワイトとの選挙戦は荒っぽいとはいえ、おもしろい対決になった。今回、経済問題という逆風を受けているのはわたしではなくホワイト知事のほうで、しかもわたしの手には知事の不利に作用する記録があった。わたしは公益事業とのつながりと雇用の喪失でホワイトを叩き、わたしが争点とする政治課題については前向きな広告を流した。ホワイトのほうは豹の斑紋をこそげようとしている男をテーマに大々的な中傷広告を打った。豹の斑紋と同じで、わたしに汚点があるのは変えようがないというメッセージだ。ディック・モリスが痛烈な広告でホワイトを責め立てた。罪状は、ホワイトが公共料金の大幅値上げを許す一方、高齢者がメディケイドで受け取れる月々の処方薬を四種類から三種類に削ったことだ。広告のキャッチフレーズは「フランク・ホワイト――公益企業に甘く、高齢者にきびしい男」。わたしたちの最高に愉快なラジオ広告は、敵陣営からの非難の連打に対抗して作ったものだった。アナウンサーがまず、政治家が真実と異なることを言うたびに吠える番犬がいたら困りものだろうか、と問いかける。すると犬が「ウーフ、ウーフ！」と唸《うな》るように吠える。続いてアナウンサーが、わたしたちへの非難をひとつひとつ読みあげると、そのつど犬が吠え、それからくだんの問いかけにアナウンサー自身が答えるという構成だった。確か全部で四回「ウーフ、ウーフ」があったと思う。広告が始まって数日経つと、シフト交代の労働者たちが工場の入口で握手するわたしに向かい、おどけて「ウーフ、ウーフ！」と鳴きまねをするようになった。ホワイトは、民主党から立候補しさえすれば、相手が家鴨であっても黒人は票を投じる、と発言して黒人票の行方をさらに不動のものにしてくれた。その発言があってまもなく、〝キリストにおける神の教会〟の主教L・T・ウォーカーは、〝おいぼれの豚〟をオフィスから放り出さなくてはいけない、と信徒たちに語った。

いつの選挙戦でも、自分が勝つか負けるかが直観的にわかる瞬間がある。一九八二年の場合、それは州北部イザド郡の郡庁所在地メルバーンで訪れた。一九八〇年の選挙では、地元の議員ジョン・ミラーが値上げに賛成票を投じていたにもかかわらず、自動車登録料のせいでこの郡を失っていた。ジョンは州議会でも最古参のひとりで、おそらく州政府の表も裏も知り尽くしている点ではアーカンソーでこの男の右に出る者はいなかった。わたしのために骨を折り、地元で飛行機の部品を製造しているマクダネル・ダグラス社の工場を見学できるよう手配してくれた。

工場の従業員たちは自動車労働者組合のメンバーだったが、それでもわずか二年前にはわたしに票を入れない者がほとんどだったので、わたしはどきどきしていた。正面入口で待っていたのは、熱心な民主党支持者で総務室に勤務しているユーナ・シトンだった。ユーナはわたしの手を握って言った。「ビル、きっと喜んでいただけると思いますよ」。工場内に通じるドアをあけたとき、ウィリー・ネルソンの歌声が大音量で流れてきたので、びっくりしてのけぞりそうになった。わたしの好きな歌だった。シンガーソングライター、スティーヴ・グッドマンの名曲『シティ・オブ・ニューオーリンズ』。わたしはそのコーラス部分の歌詞に迎えられる形で工場内に入っていった――「グッドモーニング、アメリカ、ハウアーユー？（おはよう、アメリカ、調子はどうだい？）ぼくのことを知らないの？ここで生まれた男だよ」。工員たちから歓声があがった。ひとりを除いて全員が、わたしのキャンペーンバッジを胸につけていた。わたしは通路を順に歩きながら、音楽に合わせて握手をし、懸命に涙をこらえた。もう勝負がついたとわかった。アーカンソーの人々は、ここで生まれた男を迎え入れてくれたのだった。

毎回、選挙が大詰めの段階に入ると、ほとんど必ず行くようにしている場所があった。フェイエットヴィルのキャンベル・スープ工場だ。それも早番でスープ用に七面鳥や鶏の肉を下ごしらえする工員たちに会いに行く。午前五時。アーカンソーでいちばん早い朝の勤務シフトだ。一九八二年の選挙で、暗がりのなか、わたしが握手を始めたときは寒く、雨が降っていた。ある工員などは、わたしに投票するつもりでいたが、まだ暗いうちから冷たい雨のなかで選挙運動をするような分別のない人間には、票を入れないほうがいいような気がしてきた、と冗談を言った。

そういう暗い朝に、わたしは多くを学んだ。ある男が妻を工場に送ってきたときのことは、けっして忘れないだろう。目の前でピックアップ・トラックのドアがあき、幼い子ども三人をはさんで夫と妻が座席に坐っているのが見えた。男に話をきくと、毎朝四時十五分前に子どもたちを起こさなくてはならないという。自分が七時の始業時間に間に合うように、まず妻を職場へ送り、それから子どもをベビーシッターのもとへ届けて、学校に連れていってもらう段取りになっていたからだ。

マスメディア全盛のこの時代、政治家は資金集めと演説会、広告、それに一、二回の討論会だけで選挙運動をすませようと思えば、それが簡単にできる。有権者側から見ても、賢明な判断を下すのにそれだけの情報があったらじゅうぶんかもしれない。しかし、候補者の側からすると、見失ってしまうものも少なくない。例えば、ただ暮らしていくだけで精いっぱいの毎日のなかで、子どもに最大限のことをしてやろうとする人々の心情……。わたしは、そういう庶民がもしもう一度チャンスを与えてくれたら、その人たちをけっしてないがしろにはすまいと決心していた。

十一月二日、わたしはそのチャンスをもらった。得票率は五五パーセント。七十五郡のうち五十六郡を制し、取り落としたのは州西部の共和党を支持する十八郡と南部の一郡だった。田舎の白人たちの郡はおおむね奪い返すことができたが、そのうちのいくつかは僅差だった。最も大きなプラスキー郡は、僅差どころか大差で勝った。州北部の十一の郡では、集中的に努力を傾けた甲斐あって、総なめにすることができた。

わたしがとりわけ気に入っている黒人指導者のひとりに、州南東部の小さなコミュニティ、ミッチェルヴィルの村長エミリー・ボーエンがいた。知事の一期目のときに力添えをしたところ、その貸しをしっかり返してくれた。予備選のパーセルとの決選投票で、わたしは得票数百九十六対八でミッチェルヴィルを手中に収めることができた。九六パーセントの得票率を達成させてもらったお礼に電話を入れたところ、八票を逃してしまったと詫びを言われた。「知事、十一月までにその八人を割り出して性根を叩き直しておきますから」と、エミリーが請け合った。十一月二日、わたしはミッチェルヴィルを二百五十六票対〇票で勝ち取った。エミリーは例の八人を鞍替えさせただけでなく、新たに五十二人を民主党に登録させていた。

選挙後、全国各地から祝いの言葉をもらった。エドワード・ケネディとウォルター・モンデールは一九八〇年のときと同様電話をくれた。そして、何通かすばらしい手紙を受け取った。一通は思いも寄らない相手からだ。二年前のフォートチャフィで起きたキューバ人危機で、軍の指揮に当たっていたジェイムズ・ドラモンド准将が、わたしの勝利を喜んで送ってくれたものだった。手紙を書いた理由をこう説明していた。「フォートチャフィでは互いの見解に相違を認められたやもしれませんが……小生は貴殿の指導力と、信念、そしてみずから進んでアーカンソー州民のために立ち上がり、州民とともにあろうとするその姿勢に真価を見出し、敬服する者であります」。わたしもドラモンドに敬服していた。そして、その手紙は、おそらく本人が意図した以上の感銘をわたしに与えた。

民主党は全国的に好成績をあげ、特に南部で快勝して、州知事選挙の行なわれた全三十六州のうち過半数で勝利を収める結果となり、連邦議会の下院でも議席を伸ばした。悪化するアメリカの経済が民主党の躍進を容易にしたのだった。新たに選出された州知事のなかには、わたしのような出戻りがほかにふたりいた。アラバマ州のジョージ・ウォレスは、過去の人種差別的な行為を車椅子の上から黒人有権者たちに謝罪しての当選だった。またマサチューセッツ州のマイケル・デュカキスは、わたしの場合と同じで、二期目で再選を果たせず、今回はそのときの宿敵を破っての当選だった。

わたしの支援者たちは狂喜した。長く、かつ歴史に残るキャンペーンを戦い抜いた支援者たちが、それを大はしゃぎして祝いたいのは当然だった。対照的に、わたしは妙に静かな心持ちだった。とてもうれしかったのだが、勝利を得意がる気分にはなれなかった。わたしは前回、わたしを敗退させたことでも、今回また知事になろうとしたことでも、フランク・ホワイトを責める気はなかった。落選したのは自分が悪かったからだ。投票日の夜に、そしてそのあと何日ものあいだ、わたしの心のいちばん大きな部分を占めていたのは、わたしが愛してやまないこの州の州民がわたしにもう一度チャンスを与えようとしていることへの、深く静かな感謝の念だった。

23

一九八三年一月十一日、アーカンソー州の就任式では過去最多という観衆に見守られて、わたしは二度目の就任宣誓を行なった。わたしを政界の墓場から連れ戻したこのおおぜいの参列者たちは、その後もわたしを支持し続けて、さらに十年間、知事の座にとどめてくれた。ひとつの職に就いていた期間としては、わたしの最長記録だ。

わたしの課題は、前回の反省を込めて、州民の意向にもっと敏感に対応しつつ、アーカンソー州を前進させるという公約を果たすことだった。複雑な要素が絡んでいるうえに、暗澹《あんたん》とした経済状態の影響で、さらに重要度の高い仕事となった。アーカンソー州の失業率は一〇・六パーセントにのぼっていた。前年の十二月、次期知事という身分を獲得したわたしは州北東部のトルーマンへ赴き、何十年間もミシン用木製キャビネットを製造してきたシンガー工場で、その日を最後に職場を去る六百人の従業員ひとりひとりと握手を交わした。この工場もまた、過去二年間にわたしたちが耐えしのんだ多くの例と同様、閉鎖の憂き目にあったのだった。そしてポインセット郡に経済的な大打撃を与え、ひいては州全対に沈んだ空気をもたらした。わたしの脳裏には、いまだにシンガーの工員たちの落胆した顔が浮かぶ。こつこつと働いてきたあげく、その生計の手段が自分たちの手ではどうしようもない力によって奪い取られようとしていることを悟っている顔だった。

不景気が招いたもうひとつの結果は、州の歳入が減少したせいで、教育を始め、きわめて重要な公共事業にごくわずかしか資金を回せなくなったことだった。この窮地を抜け出すには、州の、そしてわたしの関心を教育と雇用に集中させる以外なかった。そしてそれが十年間にわたって、わたしの行なったことだった。在職中、わたしは保健医療、環境、刑務所の改善その他の問題や、少数民族と女性の要職者数を増やすことに積極的に取り組む一方で、学校と仕事に当てた光がけっして拡散しすぎないよう注意を払った。学校と仕事が、アーカンソー州民に機会と地位の向上をもたらせるかどうかの、そして前向きな改革を推進するために必要な政治的支援をわたしが得られるかどうかの鍵を握っていた。わたしは一期目で、懸案事項のすべてに同じだけ時間をかけていたのでは、州民の目には全部がかすんで、何も重要な仕事が行なわれなかったような印象を残しかねないことを学んだ。ホープ出身の旧友ジョージ・フレイザーは、あるときインタビューに答えてこう言った。「誰にも欠点はあるものだが、ビルのそれを挙げるとしたら、やらなくてはいけないことを見つけすぎてしまうことだろうね」。その欠点はまったく克服されておらず、わたしは相変わらず何にでも手を出そうとしたが、知事再選を果たしてからの十年間は、おおむねエネルギーを注ぐ先を、そして公式な発言の内容を、学校と仕事に絞った。

選挙キャンペーンでの采配がすばらしかったので、わたしはベツィ・ライトなら知事室の運営を任せてもだいじょうぶだと確信した。モーリス・スミスにも、さっそく〝陰の〟首席補佐官役を引き受けてもらった。スタッフに老練なおとなを加えたかったのと、年配の議員やロビイスト、政界の黒幕たちとの友好的な関係を確実に築いておきたかったからだ。教育担当スタッフには、わたしの世界史の先生だったポール・ルートと、ドン・エルンストを迎えて強力なチームを作った。そのうえ、わたしの弁護士で州司法長官時代もいっしょだったサム・ブラトンも教育法の専門家だった。

キャロル・ラスコーがわたしの保健社会福祉担当補佐になった。この職務に就くための資格を、キャロルは自分の経験から身につけていた。上の子ハンプが先天性の脳性小児麻痺を患っていたのだ。キャロルはハンプの教育その他の権利を主張して闘い、その過程で州政府、連邦政府が心身障害者のために実施している各種プログラムについての詳細な知識を得た。

わたしは州南東部の端アーカンソーシティ出身のドロシー・ムーアを口説き落として、受付で来客の応対や電話の受け答えをしてもらった。ミス・ドロシーはこの仕事に就いたとき、すでに七十歳を超えていたが、わたしが知事職を去るまで勤め続けた。それから、わたしは新しい秘書を得た。前の秘書バーバラ・カーンズが、政界に愛想を尽かしてライト法律事務所にとどまることになったからだ。一九八三年の初めに採用した新しい秘書リンダ・ディクソンは、その後十年間わたしの面倒を見たのち、大統領就任後もアーカンソー州のわたしの事務所で引き続き働いた。

わたしが行なった任命で最も注目すべきは、知事に次ぐ重職と言っても過言ではない予算行政管理局の局長に、マーロン・マーティンを据えたことだった。わたしからの指名を受ける前、マーロンはリトルロックの市政担当官に選任されて、非常に優れた成績を残していた。黒人で、骨の髄までのアーカンソーっ子。鹿狩りのシーズン初日には必ず休みを取りたがったものだ。財政難に陥ったときに予算問題を解決する独創的な案を思いついたこともあるが、マーロンは財政面での責任を常に果たした。二年ごとの予算周期で動いていた一九八〇年代のある期など、マーロンは収支計算を合わせるために六回も歳出を削減した。

わたしの大統領就任後まもなく、マーロンは、癌との長く勝ち目のない闘病生活に入った。一九九五年六月、わたしは低所得勤労者のためのマーロン・マーティン・アパートの開館式典のため、リトルロックに戻った。開館式の二カ月後、マーロンは亡くなった。わたしはマーロンほど有能な公務員といっしょに仕事をしたことはなかった。

ベッィは、わたしの執務時間が一期目とは異なるよう日程を組んだ。一期目は、州内各地からの昼間のスピーチ依頼を受けすぎたこともあって、知事はちっともつかまらないという不評を買っていた。今回は執務室にいる時間を増やすとともに、州議会の会期中は私的な時間をもっと議員たちといっしょに過ごすようにして、会議後のカードゲームなどにも参加した。これは心から楽しめた。市外の行事に出席するのは、普通、支援者たちに請われたときだった。そういう催しに参加することは、わたしを支持する人々が地域社会で占めている地位の強化につながり、支持者に報いることになって、組織の団結を保つのに役立った。

会場がどんなに遠かろうと、催しがどんなに長引こうと、わたしは毎晩帰宅して、チェルシーが目を覚ましたときに自宅にいられるようにした。そうすればチェルシー、ヒラリーといっしょに朝の食卓を囲み、チェルシーが大きくなってからは、わたしが学校に送っていくことができたからだ。大統領選に出馬するまでは、毎日それを実践した。また執務室に小さな机を置いて、チェルシーがそこで本を読んだり絵を描いたりできるようにした。わたしは親子で机を並べて、それぞれせっせと何かしているときが大好きだった。ヒラリーが弁護士の仕事で晩に家を空けたり、泊まりがけになったりするときには、わたしが家にいるようにした。チェルシーが通っていた幼稚園で、あるとき両親の職業について園児に尋ねたことがあった。チェルシーの答えは、母親は弁護士で、父親は「電話で話したり、コーヒーを飲んだり、（ス）ピーチを作ったりすること」というものだった。チェルシーが寝る時間になると、家族三人でチェルシーのベッドのわきで祈りの言葉を唱えてから、ヒラリーかわたしが本を読んで聞かせた。疲労から、わたしが読みながら居眠りをすると、チェルシーがキスをして起こしてくれた。それがとても気に入っていたので、わたしはよく狸寝入りをした。

二期目が始まって一週間後、わたしは州議会で施政方針演説を行ない、きびしい財政危機を乗り切るための方策を提示して、景気回復に役立つと思われる四つの事柄を実行するよう議員たちに要請した。一、アーカンソー州住宅整備局の権限を拡大し、特定財源債（訳注　建設資金を調達するために発行し、その経営から生じる財源を引当てとする地方債）の発行を可能にして、住宅建設の増大と雇用の創出を図ること。二、失業率の高い地域に企業地帯を設けて、資本投下の増大を促す誘因とすること。三、新たに雇用を創出した経営者に対して雇用税額控除を与えること。四、部分的にニューヨーク・ニュージャージー港湾管理委員会に範をとってアーカンソー州科学・技術管理委員会を創設し、州の科学的、技術的な潜在能力を開発すること。以上の四つの行動はすべて法律として制定され、さらにわたしの大統領就任後、やはり経済的な苦境にあったときに練られた同様の構想の先駆けとなるものだった。

公益事業については、公益事業委員会メンバーの普通選挙による選出を含めた改革案を強く主張したが、アーカンソー電力会社を始め公益企業が州議会に大きな影響力を持っていたことから、議案の通過はほとんど期待できなかった。わたしにできるのは、公益企業を破産させずに州民と州の経済状態を守ってくれそうな人物を委員に任命することくらいだった。

教育の分野では、ささやかながらいくつかの改善案を通過させることができた。全学区に幼稚園教育の提供を義務づけることや、生徒たちが自分の学校区で習うことのできない科目を、その半数まで、近くの学校区で履修することを認める法案などが含まれていた。小さな学校区では化学、物理、高等数学、外国語などを教えていないところが非常に多かったので、この立法化は重要だった。わたしは別途、煙草、ビール、酒類の増税と、それによって新たに見込まれる歳入増の半分以上を学校に振り向けることを要請した。逼迫《ひっぱく》した財務状態に加えて、当時はちょうど州最高裁判所の判決が下るのを待っていたところだったので、それを考え合わせると、わたしたちにできるのは、せいぜいそのくらいだった。現行の制度では学校区への助成金の配分方法があまりにも均衡を欠いていることから、違憲に当たるという訴えが出されていた。裁判所がわたしの期待どおり原告に勝訴の判決を下したら、特別議会を招集して、それに対処する必要があった。本来、議会は二年ごとに六十日間だけ討議を行なえばよかった。議員は閉会後も数日、州都にとどまるのが常だったが、一同が帰郷したあとに何かが持ち上がって、わたしに呼び戻されることが少なくなかった。最高裁の判決にも、同じ拘束力がある。そういう形で招集される議会は、議事進行がむずかしいとはいえ、議員も一般市民も報道関係者も、ひとつの議題だけに注意を集中できるので、教育制度に大鉈《おおなた》を振るうよいチャンスだとも言える。通常の会期内だと多くの議事が同時進行しているので、注意が分散してしまう。

四月、連邦政府の教育省長官テレル・ベルが設置した〝教育の卓越に関する国家委員会〟が、『危機に立つ国家』と題する、驚くべき報告書を発表した。内容は、次のようなものだ。アメリカの生徒たちは十九種類の国際的な学力テストのうち、上位二位までに入ったものがひとつもなく、七種において最下位だった。アメリカの成人二千三百万人と十七歳の男女の一三パーセント、それに少数民族の生徒のほぼ四〇パーセントが（日常生活の読み書きに不都合のある）非識字である。標準テストで見た高校生の平均学力は、スプートニクが打ち上げられた二十六年前よりも低下している。主要な大学入学試験である大学進学適性試験（ＳＡＴ）の得点が一九六二年このかた下がり続けている。大学で教えられている数学の全教科課程の四分の一が再教育――すなわち高校教育以前に履修されているべき内容――になっている。企業ならびに軍の指導者たちは再教育にかかる費用が増える傾向にあると述べている。そして最後に報告書は、こういう教育の劣化が、高度の技術を備えた労働者の需要が急騰している時代に起こっていることを指摘していた。

五年前、カーン・アレグザンダー博士は、アーカンソー以外の州で学べば、ほとんどの場合、子どもたちはここよりも学業成績がよくなると語った。アメリカの全国民が危機に瀕《ひん》している状況だとしたら、さしずめわたしたちは生命維持装置につながれている状態だった。一九八三年、アーカンソー州の高校のうち、高等生物を教えていない学校が二百六十五校、物理を教えていないところが二百十七校、外国語なしが百七十七校、高等数学なしが百六十四校、化学なしが百二十六校あった。一九八三年の通常議会で、わたしは十五人のメンバーから成る教育基準委員会を設立し、新たな教育課程に具体的な勧告を行なう権限を与えるよう、議会に要請した。有能かつ、わたしたちの意思をじゅうぶん反映してくれそうな者たちで委員会を構成し、ヒラリーにその委員長を引き受けてもらった。わたしの知事一期目、ヒラリーは地方保健諮問委員会と、国営の法律扶助機構の委員長を務めている。委員会の運営に非常に長《た》けていたうえ、子どもたちのことを気にかけていた。それに、ヒラリーを指名することで、わたしは、わたしにとっての教育の重要性を強くはっきりとした形で示すことができると考えたのだ。わたしの主張には筋道が立っていたが、わたしたちが大きな変革をもたらそうとすると、きまってどこかの利益団体があわてることになるので、これもまたリスクを伴う手段ではあった。

五月、州の最高裁判所が、学校への助成金配分制度が違憲であるとの宣告を下した。わたしたちは新たな助成金の配分方式を考案したうえで、資金を投入しなければならなかった。選択肢はふたつ。最も潤っている最小学校区の助成金を削って、最も困窮している急成長の学校区にその分を回すか、あるいは、新たに税を徴収することで、過分の支給を得ている学校区に打撃を与えることなく助成金配分の均等化を図るかだった。自分の管轄区域の学校が受け取る資金が減らされることは、どの学校区も望まなかったから、州最高裁の判決は、教育のために増税する絶好の機会をわたしたちにもたらした。七月、ヒラリーの委員会が州のすべての郡で公聴会を開き、教育者や一般市民からの提言を集めた。九月、ヒラリーがそれらをまとめた報告書をわたしに提出し、わたしは十月四日から議会を招集して、教育問題に対処することを発表した。

九月十九日、わたしはテレビを使って教育プログラムの内容を説明し、そのための資金が売上税の一セント増税と天然ガスの掘採税の引き上げでまかなわれる予定であることを伝え、州民にそれを承認するよう頼んだ。プログラム自体には多くの支持を得ていたものの、州民のあいだにある課税への根強い嫌悪感は、景気の悪化でむしろ増大していた。前回の選挙のとき、わたしはアーカンソー州ナッシュヴィルに住むある男から、当選したら、たったひとつ、してほしいことがあると言われた。徴収した税金を、週百五十ドルで暮らすこの男と同じ生活感覚で使うということだった。また、完成間近いリトルロックの〈エクセルシア・ホテル〉の建設に携わる別の男からは、州はもっと税金が必要なのだろうが、ここに今の仕事がもう終わりかけていて、次の仕事の当てもない男がいることを忘れないでほしいと言われた。わたしは、そういう人々からプログラムへの賛同を勝ち取らなければならなかった。

テレビのスピーチで、わたしはハイテク企業の誘致でみずから体験した話を例に引きながら、教育の改善なくしては雇用を創出できない現実を訴えた。そして「アーカンソー州が子どもひとり当たりの支出でも、教員の給与でも、州民ひとり当たりの州税・地方税の合計金額でも全米最下位」である限り、真の進歩を遂げることはできない、と述べた。わたしたちに求められているのは、売上税の増額と、ヒラリーの委員会が提案する教育基準――「それが満たされたときには、全米でもトップクラスに数えられるような優れた基準」――の両方を認可することだ、と。

基準には、次のようなものが含まれていた。必ず幼稚園教育を提供する。第三学年までは、ひとクラスの人数を二十人までとする。全小学校にカウンセラーを置く。第三、六、八学年の全生徒に統一試験を実施し、第八学年の試験での不合格者は留年させる。一五パーセント以上の不合格者を出した学校には成績向上計画の作成を義務づけ、二年以内に生徒の成績が向上しない場合は、管理者たちの更迭《こうてつ》を検討する。数学、理科、外国語の科目を増やす。高校のカリキュラムで四年間の英語と三年間の数学・理科及び歴史または社会科を必修とする。授業日の学習時間を多くし、学年度の授業日を百七十五日から百八十日に増やす。英才児には才能を伸ばす機会を与える。そして、十六歳までを義務教育とする。それまでは、八学年まで通えば学校をやめることができ、そうする者が多かった。アーカンソー州の中退者の割合は三割以上にのぼっていた。

わたしの提案で最も物議をかもしたのは、一九八四年に教員と管理者の全員に全米教師試験を受験させ、「現在、大学卒業時に受験する者たちに適用される認定基準に」合格することを求めた点だった。わたしは、受験に失敗した教師たちには所定コースの無料受講を認めて、学校基準が全面的に実施される一九八七年までのあいだは何度でも繰り返し受験できるようにすることを提言した。

わたしはまた、職業教育と高等教育の改善、そして中退者で高校の卒業証書の取得を希望する者たちを助ける成人教育プログラムを三倍に強化することを提案した。

スピーチの最後に、わたしはこのプログラムへの支持と、アーカンソー州が教育の優秀さにおいてトップクラスの〝ブルーリボン州〟（訳注　最優秀賞のこと。イギリスのガーター勲章のリボンの色が青であることから）になれることへの確信を示すしるしとして、ヒラリーとわたしとともに青いリボンを胸につけるよう州民に呼びかけた。わたしたちはテレビ、ラジオで広告を流して支持を請い、州民たちから議員に送ってもらえるよう何千枚という葉書を配布し、何万枚もの青いリボンを配った。多くの人々が議会の会期中、毎日、青いリボンを胸につけた。一般市民は、自分たちの手で何か特別なことが達成できるのだと確信し始めていた。

とても野心的なプログラムだった。当時、わたしたちが提案したのと同じくらい強力な必修科目を義務づけていた州は、全米でも数えるほどしかない。高校進学時に八年生での試験合格を求める州は、ほかになかった。高校の卒業証書を得るのに第十一学年もしくは十二学年での試験合格を条件とする州はいくつかあったが、わたしには、それでは牛が逃げてからあわてて牛小屋の扉を閉めるようなものに思えた。わたしは生徒たちに、後れを取り戻すための時間を与えたかった。近年、家庭内のトラブルのせいで、学習の妨げになるような心の問題を抱えて登校する児童が増えているにもかかわらず、小学校にカウンセラーの常任を義務づけている州はひとつもなかった。そして、教育部門に、成績の思わしくない学校の管理者を更迭する権限を認めている州はひとつもなかった。わたしたちの提案は『危機に立つ国家』報告書の提言内容のはるかに先を行くものだった。

なんといっても最大の抗議の嵐を巻き起こしたのが、教員試験プログラムだった。アーカンソー教育協会は激怒して、わたしが教師に面目を失わせ罪をなすりつけていると言って責め立てた。黒人教師のほうが試験に不合格になる率が高いと見なされたことから、わたしは生まれて初めて人種差別主義者だとして非難された。皮肉な見かたをする者たちは、ヒラリーとわたしが、普通なら増税に反対する層に向けて人気取りのスタンドプレーをしていると批判した。確かに、多くの人々にとって教員試験は説明責任の所在を表わす強力なシンボルだったが、テストを実施しようという発案自体は、州内各地で開かれた教育基準委員会の公聴会から生まれたものだった。担当科目の内容を理解していなかったり、基本的な読み書き能力が欠けていたりする教師たちに対して、不満を漏らす州民がおおぜいいた。ある女性は、教師が子どもを介して親に渡した連絡メモを見せてくれた。総計二十二語の文面に、三カ所の綴りの間違いが見つかった。わたしは、教師はおおむね有能かつ熱心な教育者であると確信していたし、問題のある教師の大半は、おそらく自身が程度の劣る教育しか受けていないにちがいないと考えていた。そういう教師は自分の能力を活かす機会を進んで利用し、再試験に臨むだろう。とにかく、教師の給与を引き上げるために増税に踏み切るのなら、そして子どもたちのために教育の基準を設けるのであれば、教師に子どもを教える力がなくては話にならない。

州議会は三十八日間の会期で招集され、わたしが議題にした五十二の法案と、議員たちの側で用意した関連項目について討議を行なった。ヒラリーは州の上下両院を前に秀逸なプレゼンテーションを行なって、イェル郡選出のロイド・ジョージ州下院議員を「われわれはどうも、違うほうのクリントンを選んでしまったようだ！」と感嘆させた。わたしたちは三方向からの抵抗にあった――増税に反対する市民、基準を満たせず統合されてしまうことを恐れる地方の学校区、そして、教員試験に賛成票を投じる議員をひとり残らず落選させると脅したアーカンソー教育協会だ。

教員試験が教師たちの面目をつぶすという主張に対して、わたしたちは州内随一と定評のあるリトルロックのセントラル高校に勤める教員数名の意見を、反論としてぶつけた。教員たちは、一般市民からの信頼をさらに強いものにするために、喜んで試験を受けると述べていた。試験の実施は人種差別主義であるという主張に論駁《ろんばく》するために、わたしは著名な黒人聖職者たちに、わたしの立場を支持するよう頼み込んだ。黒人聖職者たちは、優れた教師を最も必要としているのが黒人の子どもたちであること、そして試験に落ちた教員には、合格するまで繰り返し受験するチャンスが与えられる点を論じてくれた。わたしはさらに、黒人学生が圧倒的に多いアーカンソー大学パインブラフ校の学長である、アフリカ系アメリカ人のロイド・ハックリー博士からも貴重な支持を得た。ハックリー博士はパインブラフ校で目覚ましい業績をあげており、ヒラリーの教育基準委員会の一員でもあった。一九八〇年に、州内全域で教員志望の大学卒業生に初めて資格試験が実施されたとき、パインブラフ校では学生の四二パーセントが不合格だった。一九八六年には、全体的な合格率が飛躍的に伸びるなか、最も合格率が向上したのがハックリー博士の大学の卒業生たちだった。博士は、黒人学生にとっては人種差別よりもむしろ、低い水準と低い期待が足枷《あしかせ》になっていると論陣を張った。試験結果が博士の主張の正しさを示していた。博士は自分の学生たちの能力を信じ、教え子たちから多くのものを引き出した。アーカンソーの子どもたち全員が、ハックリー博士のような教育者を必要としている。

州議会の会期が終わりに近づいたころ、教員試験法案はアーカンソー教育協会につぶされそうな様相を深めていた。わたしは上院・下院と執務室を往復しては、賛成票を得るための圧力をかけたり、取引を持ちかけたりした。ついにわたしは、試験法案もいっしょに通過させるのでなければ、わたし自身の発案である売上税を承認しないと脅しをかけるに至った。

これは危険を伴う先制攻撃で、税金と試験法の両方をふいにしかねない綱渡りだった。労働組合は、食料品にかかる売上税の埋め合わせとなるはずの、所得税の戻し減税をわたしが確定できなかったことから、勤労者家庭にとって不当な増税になるとして、売上税の引き上げに反対した。労働組合からの異議によって、リベラル派の票がいくらか増税反対派に流れたが、それでも過半数には至らなかった。教育プログラム自体は最初から多くの支持を得ており、売上税の投票時には、すでに新しい助成金配分方式が可決ずみで、教育基準も承認されていた。売上税の増税が見合わされると、新しい配分方式のもとでは州からの助成金を失う学校区がたくさんあり、そのほとんどが、教育基準を満たすために地方財産税を大幅に上げざるをえなくなるというしだいだった。会期の最終日までに、わたしたちは、教育基準、教員試験、売上税引き上げのすべてを獲得した。

わたしは大喜びで、そしてくたくたになって車に乗り込むと、百キロほど北のフェアフィールドベイまで走り、そこで毎年開かれている知事の夕べに出席した。フェアフィールドベイは退職者村で、暖かだが四季のある気候と税金の安さに引かれて、北からアーカンソーへやってきた中流階級の人々が多かった。定年退職した教育者を始め、その大半が教育プログラムを支持してくれた。わたしは趣味で木工細工をしている人から、手作りの小さな赤い校舎をもらった。飾り板が付いていて、わたしの尽力をたたえる銘が刻まれていた。

州議会が閉会して一段落すると、アーカンソー州の教育改革が全国規模の多数のニュースメディアで好意的に取り上げられるようになり、教育省のベル長官からも賞賛された。しかし、アーカンソー教育協会はあくまで戦う姿勢を崩さず、試験法に対して訴えを起こした。アーカンソー教育協会のペギー・ネイバーズ会長とわたしは《フィル・ドナヒュー・ショー》に出演して激論を戦わせるなど、全国メディアで同様の討論を数回行なった。「全米教師試験」の所有権を持つ会社は、わたしたちが現場の教師に受験させることを目的に同社の試験を使用することを拒んだ。同社の試験は、教職志望者に資格を認めるか否かを判断するための優れた尺度ではあっても、合格点を取れなかった教員が教職を続けるべきか否かを判断するための尺度ではない、という理由からだ。そこで、わたしたちは、試験問題を一から作ることになった。一九八四年に、初めてその試験を教員と管理者に受験させたところ、一割が不合格だった。その後の再受験においても、ほぼ同じ割合で不合格者が出た。結局、州の教員全体のうち、三・五パーセントに当たる千二百十五人が、試験に合格することができず教壇を去った。そのほかにも千六百人が、受験をしなかったせいで教員免許を失った。一九八四年の選挙でアーカンソー教育協会は、この試験法を理由に、わたしや、教育プログラムに賛同した州議会議員たちへの支持を拒んだ。協会員たちの努力は、どうにかひとりの州議会議員を落選させるという形で実を結んだ。犠牲になったのは、わたしの旧友でマウンテンホーム出身の上院議員ヴァーダ・シード。一九七四年にわたしが初めて会ったとき、シャツのボタンをつけてくれた、あのヴァーダだった。教育協会員たちはヴァーダの対立候補スティーヴ・ルエルフ——カリフォルニアからの移住者で共和党支持の弁護士——を応援して、一軒一軒ドアを叩いて回った。ルエルフ陣営は教員試験の話をしなかった。残念ながら、ヴァーダもしなかった。これはよくある間違いだ。ヴァーダの立場は、組織に属さない多数の人に支持され、組織に属する少数の活動家たちの反発を買っていた。そういう候補者が敵の猛攻をしのぐには、争点となる問題に関して、反対票を投じる者たちと同等の意識を味方の有権者たちにも植えつけるしかないのだ。なのにヴァーダは、教員試験の問題を避けて通ろうとした。アーカンソーの子どもたちを助けようとしてヴァーダが払った代償を思うと、わたしは気の毒でならなかった。

明くる年からの二年間で、教師の給与は四千四百ドル上がった。全米一の昇給率だ。教員給与額はまだ全五十州中四十六位だったが、州民ひとり当たりの収入での比率はようやく全国平均を上回り、また州収入に対する児童ひとり当たりの支出の割合では、ほぼ全国平均に達した。一九八七年には、学校区の数が三百二十九にまで減り、州の教育基準を満たすために全学校区の八五パーセントが財産税の税率を引き上げていた。これは一般投票によってのみ可能な行為だった。

生徒の試験成績はすべての教科で着実に上昇した。一九八六年に南部教育委員会が南部の五州で十一年生に試験を実施したところ、点数が全国平均を上回ったのはアーカンソー州だけだった。同じ生徒たちが五年前の一九八一年に試験を受けたとき、アーカンソーの子どもたちの点数は平均値に届かなかった。わたしたちは目標に向かって前進していた。

以後、知事の在職期間を通じて、わたしは教育の改善を強く求め続けたが、新しい基準、資金供給、そして責任の所在を明らかにする尺度の設定は、のちのあらゆる進歩の礎となった。わたしたちの学校と子どもたちの未来をよくするために、一年、また一年と共同作業を続けるうちに、わたしはアーカンソー教育協会とその指導者たちとも和解した。政界でのキャリアを振り返るとき、教育について討議した一九八三年の特別州議会は、わたしが最も胸を張れるもののひとつだ。

一九八三年夏、州知事たちの会合がメイン州ポートランドで開かれた。ヒラリー、チェルシー、わたしの三人は、わたしの旧友ロバート・ライシュの一家に会ったり、ほかの知事たち全員と、海沿いの美しい町ケネバンクポートにあるブッシュ副大統領の家での野外パーティーに出かけたりと、とても楽しい時間を過ごした。三歳だったチェルシーはブッシュ副大統領につかつかと歩み寄り、トイレに行きたいと言った。副大統領はチェルシーの手を引いて、みずから化粧室に案内した。チェルシーは感謝し、ヒラリーとわたしもその心遣いに胸を打たれた。その後も一度ならず触れることになる親切心だった。

とはいえ、わたしはレーガン政権に対しては腹を立てており、なんらかの手を打とうと決意してメイン州にやってきた。直前に、レーガン政権は連邦政府の障害者給付金の受給資格の規定を劇的にきびしくしたばかりだった。十年前の塵肺《じんぱい》（黒色肺疾患）給付金のときと同様、障害者給付金制度にも不正に受給するケースが出ていたが、その弊害自体より、弊害の除去をめざしたレーガンの解決策のほうが害が大きかった。新しい受給条件は、あきれ返るほど厳密だった。アーカンソーで、高校を出ていないトラック運転手が事故で片腕を失ったケースがあった。その運転手は、机に向かっての事務職になら就けるはずだという理屈を通されて、障害者給付の支給を拒否された。

連邦議会の下院では、アーカンソー州選出のベリル・アンソニー下院議員を含む数人の民主党員たちが、この資格規定を覆そうとしていた。ベリルはわたしに、規定の撤回を求める方向で州知事の意見をまとめてほしいと頼んできた。どこの州でも障害を持つ有権者が給付金の支給を断られるケースが相次いでいたので、この問題は州知事の関心を集めた。障害者給付金の資金供給を行なうのは連邦政府でも、実際の運営は各州に委ねられていた。

この件は議題になかったので、わたしはまず所管の委員会で規定の撤廃を求める動議に三分の二の賛成票を獲得し、その決議を本会議に持ち込んで、出席している州知事の七五パーセントから支持を取りつけなければならなかった。これはホワイトハウスにとっても重要な問題だったので、わたしの働きかけを妨げようとして、レーガン政権が保健社会福祉省から次官補をふたり送り込んできた。共和党の州知事たちは苦境に立たされた。大多数は資格規定に変更の余地を認めていたし、もちろん今の規定を公の立場で擁護することは望んでいなかったが、あくまでも共和党の大統領には忠実でありたいと願っていた。共和党の戦略は、わたしたちの提案を委員会レベルでつぶしてしまうことだった。わたしが人数を数えたところでは、一票差でわたしたちが委員会の投票に勝つ見通しだったが、投票者が全員出席すれば、という条件付きだった。こちらの頭数に入っている投票者のひとりが、ジョージ・ウォーレス知事だった。狙撃者の銃弾に倒れてあやうく一命をとりとめ、車椅子生活を余儀なくされるようになってから、ウォーレス知事は毎朝、活動を始めるための身支度に二、三時間を要するようになった。その日の朝、ジョージ・ウォーレスは手間のかかる準備の時間を見越して、いつもより二時間早く起きた。そして委員会に姿を現わすと、障害者給付の新しい資格規定によって、黒人、白人を問わず、どれほど多くの働くアラバマ州民が痛手をこうむっているかを述べたあと、大きな声で「賛成」と、わたしたちの決議案に一票を投じた。決議案は委員会を通過し、全米州知事協会がそれを採択した。その後、資格規定は連邦議会で覆され、正当な受給資格者は生き延びるのに必要な援助を得ることができるようになった。それは、もしジョージ・ウォーレスが若いころの民衆主義者《ポピュリスト》という原点に立ち返っていなかったなら、起こらなかったことかもしれない。メイン州で迎えたあの朝、車椅子で委員会に乗り込んだウォーレスは、堂々たる威厳を漂わせていた。

その年の終わり、わたしたち一家三人はフィル・レイダーと夫人リンダの招待を受けて、サウスカロライナ州ヒルトンヘッドで開催される新年の集い、〝ルネサンス・ウィークエンド〟に参加することにした。当時は、まだ始まってから二、三年という催しだった。週末の三日間、政治・経済から宗教、私生活に至るまで、ありとあらゆる事柄を語り合おうという趣旨で、百家族足らずが集まった。参加者たちは年齢も宗教も人種も生い立ちもまちまちで、単に、新年の週末の過ごしかたとして、夜通しのパーティーやフットボール観戦よりも、まじめな語らいと一家揃っての楽しみを好むという点で一致し、結びついていた。深い絆をはぐくむことのできるすばらしい体験だった。わたしたちは自分がふだん人には見せない部分を明かし、普通の状況ではけっして語られることのない、ほかの人たちについての真実を知った。そして、わたしたち親子は三人ともたくさんの新しい友人に恵まれた。その多くが一九九二年の大統領選で力を貸し、またわたしの政権に参加してくれた。わたしたちは以後、一九九九年から二〇〇〇年にまたがるミレニアムの年まで、ほぼ毎年〝ルネサンス・ウィークエンド〟に出かけた。ミレニアムの年はリンカーン記念館で国家の祝典があり、ワシントンにいなくてはならなかった。わたしが大統領に就任してからは、ルネサンス・ウィークエンドは参加者が千五百人を超えるほど大きくなり、初期のころの親密さが失われてしまったが、それでもわたしには楽しい催しだった。

一九八四年の初め、ふたたび再選への挑戦の時が巡ってきた。レーガン大統領は、アーカンソー州内でも全国でも、一九八〇年のときよりはるかに高い人気を得ていたが、わたしは自分の選挙に自信があった。学校の基準を満たそうという意気込みが州全域にみなぎり、経済状況も幾分よくなっていた。予備選挙で強敵となった候補者は、オザーク山地の弁護士ロニー・ターナーだった。一九七五年に、ターナーの共同経営者だったジャック・イェーツの亡くなったあと、いっしょに塵肺訴訟の仕事をした相手だ。ロニーは、学校の基準が地方の学校を閉鎖に追い込むことになると考え、憤慨していた。わたしたちの年来の友情を思い、またロニーならもっと理解してくれるはずだと信じていたので、わたしにはそれが悲しかった。五月、わたしは楽々と予備選に勝った。そしてその数年後、わたしたちは和解した。

七月、州警察のトミー・グッドウィン警視監がわたしに面会を求めた。ベツィ・ライトに同席してもらったわたしは、啞然《あぜん》として言葉もなくトミーの話を聴いた。弟のロジャーが、州警察のおとり捜査官にコカインを売ろうとしているところをビデオに撮られたのだ。皮肉なことに、このおとり捜査官は、わたしが州議会に資金供給を要請した麻薬取り締まり捜査拡大の一環として雇われた人間だった。トミーは、わたしの意向を尋ねてきた。わたしは逆に、こういう場合、通常、州警察はどう対処するのかを尋ねた。トミーの説明によると、ロジャーは大物の密売人ではなく、単なるコカイン中毒者で、常習の費用をまかなうためにコカインを売っていた。一般的に、ロジャーのような場合、さらに何回かおとりを使ってビデオテープに証拠を収め、確実に現行犯で取り押さえてから、長い刑期になると脅かして、仕入れ先について口を割らせるのだという。わたしは、ロジャーの場合もほかの者たちとまったく同じに扱うようトミーに告げた。それから、ベツィにヒラリーの居所を探してもらった。中心街のレストランにいることがわかったので、わたしはみずから出向いてヒラリーを外に連れ出し、起こったことを伝えた。

続くみじめな六週間、ベツィとヒラリー、それとおそらく、完全に信頼の置けるわたしの報道担当官ジョーン・ロバーツ、そしてわたしを除けば、州警察以外にこの件を知っている者はいなかった。わたしは母の姿を見たり声を聞いたりするたびに、胸が締めつけられた。わたしは自分の人生と仕事に手いっぱいで、徴候をことごとく見逃していた。一九七四年、ヘンドリックス・カレッジに行ったロジャーは、ほどなくロックバンドを結成した。バンドはなかなかの技量で、ホットスプリングズやリトルロック界隈のクラブに出演して生計が立てられるほどだった。わたしは何度か演奏を聴きに行って、ロジャーの特徴ある声とバンドの音楽的才能に感心し、これなら将来有望だと思った。本人が入れ込んでいることは明らかで、二、三回大学に復帰したものの、すぐにまた落後してバンドに戻った。仕事をしているときは、ひと晩じゅう起きていて、昼まで寝るという生活だった。競馬のシーズンになると馬に金をつぎ込んだ。フットボールの試合にも賭けていた。わたしには勝ち負けの金額がどのくらいにのぼるのか見当がつかなかったが、本人に尋ねることはしなかった。家族が揃って祝祭日の食卓を囲むような折、ロジャーは決まって遅れて現われたし、ぴりぴりしているように見えた。食事中、席を立って電話をかけに行ったことも一、二度あった。警告のしるしは至るところにあった。わたしは自分のことに夢中で、それが目に入らなかった。

ロジャーがついに逮捕されると、アーカンソーでは大ニュースとなった。わたしは報道関係者に向けて簡単な声明を発表し、弟を愛しているが、法の定めに従うのが当然であると述べ、州民には祈りと、わたしたち一家のプライバシーの尊重を求めた。そのあと、母とロジャーに、わたしがこの件をすでに承知していた経緯を明かした。母はショックを受けた様子で、事実をきちんと認識できたのかどうか、わたしにはよくわからない。ロジャーは怒っていた。もっとも自分が依存症であることを受け入れられるようになってからは、その怒りも消えた。わたしたちは揃ってカウンセリングを受けた。わたしは一日四グラムというロジャーのコカイン常用が、かなり重いものであり、ロジャーの体が雄牛のように頑丈でなかったなら、その命を奪っていたかもしれないことと、常用癖の一因が子ども時代の心の傷、そしておそらくは父親から譲り受けた依存症になりやすい遺伝的体質にあることを知らされた。

逮捕されてから出廷の間際まで、ロジャーは自分が依存症であることを認めなかった。ついに、ある日、わたしはみんなで朝食の席についていたときに、ロジャーに向かって、もし依存症でないのなら、小遣い稼ぎのために毒物を人に売っていたということだから、うんと長いあいだ監獄に入っていてほしいと言った。そのひと言が、どうにかロジャーに通じたようだった。自分に問題があることを認めたのち、ロジャーは立ち直るための長い道を歩き始めた。

事件は、警察から連邦検事エイサ・ハッチンソンの手に引き継がれた。ロジャーは供給元を明かした。ロジャーより年下の移民で、母国の家族や友人からコカインを仕入れていたという。ロジャーはオレン・ハリス判事の法廷で、ふたつの連邦法違反行為に対して罪を認めた。ハリス判事は、裁判官になる前、連邦議会下院の商業委員会の委員長を務めていた。裁判当時は八十歳を過ぎていたが、頭の切れと優れた判断力は健在だった。判事はロジャーに、一方の起訴内容に対して三年、もう一方に二年の懲役を宣告し、三年の刑については当局への協力を考慮して執行猶予付きとした。ロジャーは十四カ月間刑に服し、そのほとんどを非暴力的な犯罪者を収容する連邦施設で過ごした。ロジャーにとってはつらい体験だったが、そのおかげで命拾いをしたと言えるだろう。

ロジャーに判決が下ったとき、ヒラリーとわたしは母に付き添って法廷にいた。わたしはハリス判事と連邦検事がこの一件を処理する手際に感銘を受けた。エイサ・ハッチンソンは職業意識に徹し、公正で、わたしの家族が味わっている苦痛を気遣った。のちにハッチンソンが第三区から連邦議会議員に選出されたとき、わたしはそれをまったく意外に思わなかった。

夏、アーカンソー州の代議員団を率いて、サンフランシスコで開催された民主党党大会に出席したわたしは、ウォルター・モンデールとジェラルディーン・フェラーロが指名を受けるのを見届け、またハリー・トルーマンに五分間の賛辞を献げた。今回の大統領選挙では民主党は出だしから苦戦していたが、モンデールが、財政赤字削減のために大型増税を実施すると提案したときには、窮地に陥った。そこまで率直に語れるというのはたいしたことだが、これでは全国規模で自動車登録料を提案したようなものだった。とはいえ、サンフランシスコの街は、党大会のすばらしい舞台となった。コンベンションセンターから歩いて帰れる距離に小ぢんまりとして気持ちのいいホテルが多数あり、交通機関がよく整備されていて、他都市の党大会でしばしば起こる壊滅的な交通渋滞を避けることができた。アーカンソー州代議員団を迎える主人役のリチャード・サンチェス博士は、エイズ（後天性免疫不全症候群）の治療と予防に精力的に関わっていた。この疾患は、まだ発見されてから比較的日が浅く、サンフランシスコで急速に広まりつつあった。わたしはリチャードに問題の本質と解決の方法について尋ねた。それが、ホワイトハウス入りしてからも、そのあともずっと、わたしが多くの労力を傾けることになった闘いとの、実質的な最初の出会いだった。

わたしはハイテク企業誘致のためアーカンソーに戻らなくてはならなかったので、党大会の終了前にサンフランシスコをあとにした。結局、誘致の話は実を結ばなかったのだが、あのままカリフォルニアに居残っていてもなんのためにもならなかっただろう。わたしたちはまっしぐらに敗北に向かっていた。景気は回復傾向にあり、大統領は「アメリカにふたたび朝が巡ってきた」と告げる一方、レーガンの代弁者たちは西海岸に集まったわたしたちのことを〝サンフランシスコの民主党員〟と当てこすった。サンフランシスコの少なくないゲイ人口とわたしたちとのつながりを、かなり露骨に匂わせた言い回しだった。ブッシュ副大統領までがマッチョな気分に染まって、「ちっちゃなけつを蹴ってやる」つもりだと述べた。

十一月の本選挙で、レーガンはモンデールを五九対四一パーセントで下した。アーカンソー州でのレーガン大統領の得票率は六二パーセントだった。わたしの知事選は、ジョーンズボロー出身の魅力ある若い実業家ウッディ・フリーマンを対立候補に、六三パーセントの票を獲得した。

家族でチェルシーの五歳の誕生日を祝い、二度目の〝ルネサンス・ウィークエンド〟を楽しんだあと、新しい年の州議会が幕をあけた。今回は州経済の近代化が中心議題だった。

経済は全般的に持ち直しつつあるとはいえ、農業と伝統的産業に頼るアーカンソーのような州では一般に失業率がまだ高かった。一九八〇年代のアメリカにおける雇用の増加は、おおかたがハイテク産業とサービス産業部門に生じたもので、主に東海岸・西海岸もしくはその近郊州の、都市部とその周辺に集中していた。工業・農業を主体とする大陸中心部は、いまだに不調だった。このパターンがきわめて著しかったことから、アメリカの経済は〝東西両海岸《バイコースタル》〟的と形容されるようになった。

雇用と収入の増大ペースを上げるために、経済の建て直しが必要なことは明らかだった。わたしが州議会に提出した開発計画の一括法案には、他州ではすでに施行されていてもアーカンソーでは初めてという財務的要素がいくつか含まれていた。わたしは州の住宅供給機関の機能を拡大して、工業、農業及び小企業のプロジェクトへの資金供給を目的に公債を発行できる、上位レベルの開発金融局に格上げすることを提言した。また、州の公的年金基金がその資産の最低五パーセントを州に投資するよう目標を設けることを提案した。アーカンソーは資本の乏しい州だった。州内に良好な投資物件が選択肢としてあるのに、わざわざ公的資金を州外に移出する必要はなかった。わたしは州の認可を受けた銀行が、担保権を行使した物件の保有期間の延長を可能にすることを提言した。これは主に、沈滞市況のさなかに農地の投げ売りが行なわれるのを防ぐのが目的だった。投げ売りが起これば、農家はますます困難を乗り切るのがむずかしくなる。さらにわたしは、州の認可銀行が貸付だけでなく、すでに借り入れができなくなっている農場や企業を対象に少額の株式投資を行なえるようにするとともに、当該農場主もしくは小企業の事業主が三年以内に株式を銀行から買い取る権利を有するという条件を付加するよう州議会に要請した。ほかの農業州の知事たちもこの法案にはことさら関心を寄せ、サウスダコタ州のビル・ジャンクロウ知事はこれを同州用に作り替えたものを州議会で可決させた。
この経済計画は革新的だったが、ややこしい部分があったせいで、なかなか内容を把握してもらえず、また多方面からの支持は得られなかった。しかし、委員会の聴聞に幾度か顔を出して質問に答えるかたわら、一対一でのロビー活動に精を出した結果、すべての法案が州議会を通過した。

連邦最高裁判所の〝ロウ対ウェイド〟判決から十年以上を経て、アーカンソー州議会は妊娠六カ月以降の人工中絶を禁じた。発議者はラッセルヴィル選出の州上院議員で、わたしがとても好感を抱いていたキリスト教徒ルー・ハーディンと、カトリック教徒でスーザン・マクドゥーガルのきょうだいであるビル・ヘンリー州上院議員だった。法案はあっさりと通過し、わたしが署名して法律になった。その十年後、共和党の連邦議会議員たちが、いわゆる部分出産中絶（訳注　妊娠五、六カ月ごろに胎児の頭を体外に引き出して死亡させる手法）を、母体の健康保護という手術目的をも認めず、全面的に禁止する法案を強行採決しようとしていたとき、わたしは代替案として、母体の生命もしくは健康が危険にさらされている場合を除いて後期中絶を禁止する法案を取り上げるよう、議会に強く促した。当時、わたしが一九八五年に署名したような法律がまだ議会で可決されていない州がいくつかあったので、わたしが提案した後期中絶の禁止法案のほうが、部分出産中絶を禁止するより多数の人工妊娠中絶を不法とすることができた。部分出産中絶は普通、母体の損傷を最小限にとどめるために使用される手段だからだ。共和党の指導者たちは、わたしの案を却下した。

一九八五年の州議会は、経済計画の一括法案と人工妊娠中絶法案のほかにも、次のようなわたしの提案を採択した。凶悪犯罪の犠牲者に対する補償基金の設立。児童虐待への対応と虐待防止対策の強化。連邦政府のメディケイド（低所得者・障害者医療扶助）では対象外となる貧困者――主に貧しい妊婦――のための医療基金の設立。マーティン・ルーサー・キング生誕の日を州の祝日にすること。

そして、校長向けの一段優れた研修プログラムの創設。わたしは、ほかのどういう要因にもまして、学校の業績を左右するのは校長の指導力であると確信するに至った。年を経るにつれて、その確信は強くなる一方だった。

総じて、優れた政府と素直な議会の物語、とでも形容すべき穏やかな雰囲気が支配した会期中、ただひとつ、激しい攻防を招いた議案があった。教員試験の初の実施を数週間後に控え、アーカンソー教育協会が試験法の廃止に向けて超人的な努力を傾けたのだ。教員たちは巧妙に立ち回って、州下院議員オード・マドックスに立法の取り消しを提議させた。オードは地元の小さな町オーデンでかつて教育長を務め、人々の尊敬を集めていた。熱心な民主党員で、フランクリン・D・ローズヴェルトの古い大きな写真を、一九八〇年代に入っても学校の講堂に掲げさせていたような人物だ。わたしの友人でもあった。わたしの支持者たちが力を尽くしたにもかかわらず、試験法の廃止を求める法案は下院で可決された。わたしはただちにラジオ広告を流し、下院で起こったことを州民に説明して、上院に抗議の電話をかけるよう呼びかけた。交換台に電話が殺到し、法案はつぶされた。その代わりに、州議会はわたしが支持していた別の法案を可決した。一九八五年に教職に就いている者だけでなく、教員免許の取得者全員を対象に、免許証を保持するためには一九八七年までに受験・合格することを求めた法案だった。

アーカンソー教育協会は、教員たちは試験をボイコットする意向であると述べた。試験実施の前週、四千人の教師たちが州会議事堂前でデモ行進を行ない、全米教育協会の代表者が、「(知事は)公立学校とそこに通う子どもたちの品位を傷つけている」と非難した。一週間後、州の教員二万七千六百人の九割以上が、試験を受けるべく会場に姿を現わした。

州議会の閉会前、最後にちょっとしたやり取りがあった。道路局は、ガソリン税とディーゼル税の引き上げを財源とする新しい道路計画案を州内各地で推進していた。道路局がこれを地元の財界・農業界の指導者たちに売り込んだ結果、法案は難なく議会を通過して、わたしに悩みの種をもたらした。わたしは新しい道路計画が気に入っていたし、景気回復の刺激になるとも思ったのだが、選挙のときに、大きな増税を支持しないと誓っていた。そこで、可決した法案を拒否し、発議者たちには拒否を無効にするつもりなら、その邪魔はしないと伝えた。法案は造作なく再可決されて、十二年間の知事在任中、わたしの拒否が唯一、無効にされたケースとなった。

一九八五年、わたしは全国的な政治活動にも関わった。二月、レーガン大統領が行なった一般教書演説に対し、民主党を代表してわたしが反論を述べた。一般教書はレーガンの話術を披露する絶好の機会であったことから、そのレーガンを相手に恒例の民主党の短い反論を唱える人間は、印象に残るコメントにするのにたいへんな苦労を強いられた。その年、民主党はいつもと異なる方針を採用して、党員の州知事や市長たちの目新しいアイデアや経済実績を拾い上げ、注目を集める作戦に出たのだった。わたしはまた、新たに結成された民主党指導者会議の活動にも携わった。これは財政責任、社会政策に関する独創的な新しいアイデア、強固な国家防衛への取り組みを基盤とした、民主党員のための必勝メッセージの作成に専念するグループだった。

その夏、アイダホ州で開催された州知事会議では、資金集めを目的に共和党州知事たちに宛てられた、レーガン大統領の署名入りの手紙をめぐって、両党間に異例の争いが持ち上がった。手紙には、民主党州知事たちの収税しては支出するという政策が安直すぎるとして痛烈に指摘する箇所があったことから、州知事の会合はあくまでも超党派で行なおうという暗黙の了解を破る結果になった。憤慨した民主党員たちは、共和党のテネシー州知事ラマー・アレグザンダーの全米州知事協会会長への選出を妨害すると脅した。ラマーはそのとき副会長で、会長の職は毎年、両党が交代に務めていたので、普通なら慣例に従ってそのまま会長の座に収まるはずだった。わたしはラマーに好感を持っていたし、この男が民主党の同僚を非難することに熱を上げるタイプだとは思えなかった。第一、ラマーもまた、テネシー州の学校の水準を高める資金をまかなうため増税を行なっていた。両党の対立を調停しようと、わたしはひと肌脱いだ。結局、共和党の知事たちが手紙について謝罪し、二度とそういうことを起こさないと言いきったので、わたしたちはラマーの会長就任に賛成票を投じた。わたしは副会長に選ばれた。一九七〇年代、八〇年代と、州知事会議は優れた仕事をたくさん行なった。ところが一九九〇年代に入って、共和党員が州知事の過半数を占め、また中央政界の共和党員たちともっと歩調を合わせるようになると、古くからあった協調の精神がしだいに失われていった。それは政治的駆け引きとしては優れたものだったのかもしれないが、優れた政策を見出すうえでは障害となった。

話は前後するが、アイダホへ向かう道中、ヒラリー、チェルシー、わたしの三人はモンタナ州に立ち寄り、テッド・シュヴィンデン知事の好意に甘えて、数日間モンタナのすばらしさを満喫した。まずはいっしょにひと晩を過ごした翌朝、テッドはわたしたちを夜明けに叩き起こしてヘリコプターに乗せ、ミズーリ川を川上に向かってたどりながら、眠りから覚めた野生動物が一日の行動を始めるさまを見せてくれた。それから、わたしたちは鉄道線路用コネクターの装備された四輪駆動車で、バーリントン・ノーザン鉄道の線路を数百キロ走行し、深さ九十メートルの渓谷を渡るスリルなどを味わった。そのあとはテッドと別れ、レンタカーで〝太陽に続くハイウェイ〟を上へ上へと走って、雪線(万年雪の最低境界線)の上方で絹猿《マーモセット》があわただしく動き回るのを見てから、スワン湖へ行き、湖畔の〈クートネー・ロッジ〉に二、三日滞在した。今、さまざまな土地を訪ねたあとに振り返っても、モンタナ州西部はわたしの知る最も美しい場所のひとつだと思う。

政治活動の一環として各地を訪れた数々の旅が、ちょっとした気分転換になったとはいえ、一九八五年の州議会閉会後から一九八〇年代の終わりまで、わたしはアーカンソーの経済を繁栄させるという任務に没頭した。その難題に挑むのは楽しかったし、わたしはなかなかの腕前を見せた。まず、経済にとって悪いことが起こるのを食い止めるのが先決だった。インターナショナル・ペーパーが、一九二〇年代から操業していたキャムデンの製紙工場を閉鎖すると発表したとき、わたしはニューヨークに飛んでジョン・ジョージズ社長に会い、どういう条件が整えば工場を存続させることができるのか尋ねた。社長は五項目だか六項目だかが並んだリストをくれた。わたしが、そのうちのひとつを除いて、すべての条件が満たされるようにしたところ、キャムデンの工場は存続することになった。また、友人のターナー・ホイットソンが電話で、クラークスヴィルの靴工場が閉鎖されそうだと伝えてきたときには、ドン・マンローに救いを求めた。一九八〇年代の最もきびしい不況期に州内六カ所の製靴工場を操業させ続けた人物だ。わたしが申し出た百万ドルの援助と引き替えに、マンローは工場の経営を引き継いだ。工員たちは職をなくさずにすんだことを、失業・再教育給付金申請の説明会で知らされた。

三洋電機がフォレストシティのテレビ組立工場を閉鎖する予定だと知らせてきたとき、デイヴ・ハリントンとわたしは大阪に飛び、全世界に系列会社を含め十万人以上の従業員を擁するこの巨大企業の社長、井植敏に会った。井植社長とは何年も前から友人付き合いをしていた。一九八〇年の知事選に敗れたあと、社長から美しい一幅の書が届いた。揮毫《きごう》された文字の意味は「川の流れに針路を変えさせられようと、信念を曲げてはならない」というものだった。わたしは書を額装し、一九八二年に再選を果たしたとき、毎日、それを目にすることができるよう、寝室の入口に掛けた。わたしは井植社長に事情を説明した。アーカンソー州東部、ミシシッピ川デルタ地帯の郡は軒並み失業率一〇パーセントを上回っており、これに追い討ちをかけるように三洋電機の職がなくなったりすれば、州としてはとても対応ができない。井植社長に、もしウォルマートが三洋のテレビを販売するなら工場を存続させてくれるかと尋ねた。社長が首を縦に振ったので、わたしはアーカンソーに飛んで帰り、ウォルマートに助けを求めた。二〇〇三年九月、井植敏はニューヨーク州チャパカにやってきて、いっしょに昼食をとった。そのころには、ウォルマートが仕入れたテレビの数は二千万台を超えていた。

救済事業ばかりではなかった。経済にとってよいことが起こるようにも力を注いで、新規のハイテク・ベンチャー事業に資金供給し、新しい事業の立ち上げに向けた大学の支援態勢を作り、貿易・投資使節団をヨーロッパとアジアに送って収穫をあげ、パインブラフの大和鋼管工業やジョーンズボローのデーナ社の各工場のように、経営に成功している工場の拡大に協力した。デーナ社のジョーンズボロー工場では、熟練工とみごとなロボットの共同作業によってトランスミッションが製造されていた。

わたしたちのいちばんの手柄は、鉄鋼メーカーNUCORの州北東部への誘致に成功したことだろう。NUCORは、製鉄の工程を一から始めるのではなく、すでに鍛造《たんぞう》された金属を熔《と》かして鋼鉄を造る事業で非常に高い収益をあげている企業だった。NUCORは従業員にそこそこの週給と収益ベースのボーナスを払っていて、そのボーナスが通例、従業員の年間所得の半分以上を占めた。一九九二年までに、アーカンソーのNUCOR従業員の平均年収は五万ドル程度になっていた。加えて、NUCORでは大学に通う子どものいる従業員に、子どもひとりにつき年間千五百ドルの特別手当を支給した。ある従業員などは、会社の援助のもとに十一人の子どもに教育を受けさせた。当時、NUCORには会社の専用ジェット機もなければ自社ビルもなく、ノースカロライナ州の貸事務所にいる、ひと握りの本社スタッフだけで事業を運営していた。創立者のケン・アイヴァーソンは、昔ながらの方法で従業員たちのあいだに多大な忠誠心を呼び起こした。つまり、みずからの行ないによってそれを獲得したのだ。一九八〇年代、ある年だけ収益が落ちたことがあった。その年、アイヴァーソンは従業員に手紙を送り、賃金がカットされることを詫びた。NUCORは一時解雇は行なわないという方針を貫いていたので、賃金カットは全社一律に実施された。利得も負担も平等に共有された――ただひとり社長を除いては。アイヴァーソンは、市況が不振に陥ったのは工員のせいではないが、そういう状況に対処する方策を見出せなかったことは自分の責任だと述べた。そして自分の報酬については、従業員の三倍にあたる六割をカットすると明言した。過去二十年間、実業界では企業成績の善し悪しを問わず、重役たちが従業員よりはるかに高率の昇給を得るのが普通だったから、これは慣行からの大々的な逸脱だった。いうまでもなく、NUCORを辞める者はいなかった。

シャツメーカーのヴァン・ヒューゼンがブリンクリー工場の閉鎖を発表したときは、工場の従業員たちやそのコミュニティと長年関わってきたファリス・バローズとマリリン・バローズが、工場を買い取って存続させることに決めたが、それにはこの工場で製造されるシャツの顧客を増やすことが必要だった。わたしはウォルマートの社長デイヴィッド・グラスに、シャツを仕入れてもらえないかと尋ねた。またしてもウォルマートが救済に乗り出した。それからしばらくして、わたしはウォルマートの重役たちと州の経済開発担当職員の同席する昼食会を主催した際、ウォルマートがアメリカ製品をもっと仕入れると同時に、自社のその方針と実践を宣伝して、売上を伸ばすひとつの手立てとするよう促した。ウォルマートの〝アメリカを買おう〟キャンペーンは大成功を収め、小さな町の商店を廃業に追い込む悪者として大型の安売り店に向けられていた憤りを和らげるのに役立った。ヒラリーはアメリカ製品購入プログラムがとても気に入り、それから一、二年後に自身がウォルマートの役員会に名を連ねてからは、強力にこれを後押しした。キャンペーンの最盛期には、ウォルマートの商品のうちアメリカ製が五五パーセントにのぼり、この数字はウォルマートの最大の競合者のそれを一〇パーセント上回るものだった。残念ながら、ウォルマートは数年限りでアメリカ製品重視の方針を捨て、最低価格の小売店をめざすマーケティング努力に道を譲ったが、プログラムの実施中、アーカンソー州はそれを最大限活用することができた。

教育と経済開発の分野でわたしが行なった仕事は、アーカンソー州が、ひいてはアメリカが、大きな変化を遂げることの必要性をわたしに確信させた。変化しなければ、世界経済のなかで現在わたしたちが手にしている経済的、政治的指導力を維持していくことはできない。教育の度合においても生産性においても、わたしたちはじゅうぶんではなかった。一九七三年以来、平均収入は低下の一途をたどっており、一九八〇年代に入ると、労働者の十人に四人が減収を経験していた。それはもう、放置してはおけない事態であり、わたしはそれを変えるべく、なんとかできる限りのことをしようと心に決めていた。

わたしの努力は、わたしの政治的地盤を広げるのに役立ち、それまでわたしに票を投じたことのなかった共和党支持者や保守的な無党派層の支持獲得につながった。総就業者数における雇用創出の割合で見ると、アーカンソーは過去三年間のうち二年間、全米の上位十州に入るという好成績だったのだが、それでもすべての人をわたしの支持者に転向させることはできなかった。エルドラドにある石油精製所が閉鎖されそうになったとき、そのままいけば三百人以上の州民が、組合のある、よい職場を失うという危機に直面して、わたしはミシシッピ州の実業家たちを説得するのに手を貸した。製油所は、めでたく実業家たちが買い取って経営することで解決を見出した。従業員の家族はもとより地元の経済にとって、それがどれほど重要なことであるかを承知していたので、わたしは次回の選挙で工場の入口に立って工員と握手を交わすのを楽しみにしていた。ホームランを飛ばして意気揚々としていたのだが、ある男に出会って、そういう気分が吹き飛んだ。ある日、怒りをあらわにした男から、何があろうとわたしには投票しないと言われたのだ。わたしが、「あなたの仕事を守ったのはわたしですよ」と答えると、男はこう返事をした。「ああ、知ってるさ。だがな、あんたはおれのことなんか、これっぽっちも気にかけてやしない。税金をふんだくれる相手をひとりでも増やしたくてやってるんだ。おれに仕事を続けさせたいのは、おれから税金を取りたいからだ。たとえ世界じゅうの金を目の前に積まれたって、あんたに票は入れないよ」。世の中、思うようにはいかないものだ。

一九八六年の初め、わたしは四選目の選挙キャンペーンを立ち上げた。今回から任期が四年になった。一九八四年に、南北戦争後の再建時代に当たる一八七四年の州憲法の採択以来初めて、行政官の任期を二年から四年に変更する修正が承認された。今回当選すれば、わたしはオーヴァル・フォーバスに次いで、二番目に長く務めたアーカンソー州知事となる。フォーバスが長らく知事の座にいられたのは、リトルロックのセントラル高校のおかげだった。わたしは、学校と雇用のおかげで長居を実現したかった。

皮肉なことに、予備選挙でわたしが競い合う主要な対立候補はフォーバスその人だった。フォーバスは、いまだにわたしに腹を立てていた。わたしが知事一期目のとき、ハンツヴィルにあるフェイ・ジョーンズ設計のフォーバスの美しい住居を州が買い上げて、州の公園ネットワークに保養所として組み入れることをわたしが拒んだからだ。フォーバスの懐具合が苦しいことは知っていたが、わたしにはそういう支出を正当と認めることができなかった。この選挙戦でフォーバスは、新しい教育基準を徹底的に叩き、新基準が田舎の地方にもたらしたのは整理統合と高い税金であり、そこからは、わたしが豪語していたような新しい雇用がまったく生まれなかったと主張するつもりのようだった。

そして、予備選のあとに控えているのが、フランク・ホワイトだった。ホワイトは共和党の予備選で三分の二を上回る票を集めようとしていた。フォーバスとホワイトにはさまれたら、いやでも非難の総攻撃を受けることになる。攻撃については、ベツィ・ライト、ディック・モリス、デイヴィッド・ワトキンズの三人とわたしとで、何が出てこようが対処できる自信があったが、わたしはチェルシーのことが気がかりだった。父親を悪く言う人々に、あの子がどういう反応をするのか……。当時チェルシーは六歳で、テレビのニュースを見たり、ときには新聞を読んだりするようになっていた。ヒラリーとわたしは、ホワイトとフォーバスが言いそうなことと、それに対するわたしの返答をあらかじめチェルシーに聞かせて、心の準備をさせた。そうしておいてから、数日間、三人でかわりばんこに立候補者の役を演じ合った。ある日、ヒラリーがフランク・ホワイト、わたしがフォーバス、チェルシーがわたしの役を担当した。わたしはチェルシーに向かって、誤った教育のアイデアで小さな学校をつぶしたことを責めた。すかさずチェルシーが切り返してきた。「だけど、あたしはあなたみたいに、自分の敵のことを州警察にスパイさせたりしなかったわ！」。確かにフォーバスはセントラル高校事件の直後、そういうことをした。六歳にしてはなかなかのものだ。

わたしは六〇パーセントを超える得票率で予備選挙に勝ったが、フォーバスも総票数の三分の一をさらった。七十六歳にして、郡部ではまだかなりの権勢を誇っていた。フォーバスのやり残した仕事を引き継いだのがフランク・ホワイトだ。ホワイトは大学に在職中、給与引き上げを強く求めた教員たちを〝いじきたない〟と呼んでいたにもかかわらず、教員試験を擁護する立場をみずから翻して、共和党の予備選挙でアーカンソー教育協会の支持を獲得した。それから、ホワイトはヒラリーとわたしを非難し始めた。

ホワイトはまず、新しい教育基準は負担が大きすぎるので手直しが必要だと言いだした。わたしは、ホワイトが知事になったら「いつまで経っても基準が施行されずに終わる」ことを指摘して、その攻撃を軽く跳ね返した。するとホワイトは矛先をヒラリーに向け、グランドガルフ原子力発電所との訴訟でローズ法律事務所が州の代理を務めたことから、ヒラリーに利害の衝突があったと言い立てた。わたしたちは、その非難に対しても抜かりのない答えを用意してあった。第一に、ローズ法律事務所は、グランドガルフ発電所が負わせようとしている重荷を取り除くことでアーカンソー州の金を節約しようとしているのに対し、ホワイトは、ミドルサウス公益企業系列の一社で役員を務めており、過去に三回、グランドガルフ発電所建設への賛成票を投じていた。第二に、公益事業委員会がローズ法律事務所を雇ったのは、ほかの大手の法律事務所がすでにほかの公益企業やこの訴訟の別の当事者たちの代理をしていたからだった。州議会も州司法長官も、ローズ法律事務所を雇うことを承認していた。第三に、事務所の共同経営者であるヒラリーの収益は、州がローズ法律事務所に支払った金を全額、事務所の収入から差し引いたうえで割り出していた。つまり、ヒラリーは州の金を一銭も受け取っていなかった。フランク・ホワイトはアーカンソー州の公共料金納付者を利害の衝突から守ることよりも、納付者から料金を吸い上げようとする公益企業の努力を守ることに熱心なようだった。わたしはホワイトに、ヒラリーを攻撃するのは、知事ではなく知事夫人《ファーストレディ》の座をねらっているからなのかと尋ねた。わたしたちは「ファーストレディにフランクを」と印刷したバンパーステッカーとバッジまで作った。

ホワイトが加えた最後の非難は、ホワイト本人に大打撃を与えることになった。ホワイトは、ウォール街の外では当時アメリカ最大の投資会社だったスティーヴンズ社に勤めていた。ジャック・スティーヴンズは、わたしが初めて知事選に立候補したときにはわたしを支持してくれたが、のちに右派に流れ、一九八四年の大統領選では民主党支持者をレーガン側に取り込んだあげく、一九八六年には共和党支持者になっていた。ジャックの兄ウィットはまだ民主党員でわたしを支持していたが、投資会社を動かしているのはジャックのほうだった。そして、フランク・ホワイトこそ、ジャックが支援する男だった。スティーヴンズ社は長年、州の公債事業を牛耳ってきた。わたしは、公債の発行額を劇的に増大した際、それらをすべて国内の会社が参加する競争入札の形にして、州内のほかの会社にももっと公債を販売する機会を与えるべきだと強く主張した。スティーヴンズ社はそれでも正当な分け前にあずかったが、それまでのようにすべての発行分を支配したわけではなかった。もしホワイトが当選すれば、また昔のように独占できるだろう。公債の一部を引き受けた州内の会社のひとつを経営していたのは、ダン・ラザターだった。ラザターはリトルロックに投資会社を設立して成功を収めたが、のちにコカインの常習ですべてを失った。わたしの支援者で、弟の友人でもあり、ロジャーともどもコカインという鎖につながれていたころは、派手なパーティーを開いていた。一九八〇年代にはそういう若者たちが多かった。

ベツィ・ライトとふたりでテレビ討論の準備を進めていたとき、わたしたちは、ホワイトが候補者どうしで薬物検査を受けるという提案をぶつけてこようとしていることを知った。表向きは州民に範を示すという理由だったが、ホワイトはわたしがそれを拒否することを狙っていた。ラザターの転落が生んだ数々の噂のなかには、わたしがラザターのパーティー仲間だったというものもあった。事実ではなかった。ベツィとわたしは、テレビ討論の前に薬物検査をすませてしまうことにした。テレビ討論中、ホワイトが薬物検査を武器にわたしに挑んできたとき、わたしはにっこり笑って、ベツィもわたしもすでに検査を受けており、ホワイトもキャンペーン・マネジャーのダレル・グラスコックもわたしたちにならったほうがいいと述べた。グラスコックもまた、噂を立てられたひとりだった。ホワイト陣営の妙計は裏目に出た。

ホワイトは、わたしがそれまでに体験したなかでも最も卑劣なテレビ広告で、選挙戦の白熱化に拍車をかけた。画面にまずラザターの事務所、続いて盆に盛られたコカインが映し出され、ナレーションが流れる。コカインを常用している重罪犯人からわたしが選挙用の献金を受け、のちにその男に州の公債の仕事を与えたと告げる内容だった。テレビ広告は明らかに、わたしがラザターに便宜を図ったこと、またその際に少なくとも彼のコカイン常用癖を知っていたことをほのめかしていた。わたしは、開発金融局の記録資料をよく調べてみるよう《アーカンソー・ガゼット》を促した。同紙は、わたしがフランク・ホワイト前知事から職務を引き継いで以降、州の仕事を請け負う投資会社がどれだけ増えたかという事実を第一面の記事で報じた。会社数が四社から十五社に増大していた。スティーヴンズ社は依然として七億ドル分の公債を引き受けており、これは州内のほかの会社の二倍以上に当たった。わたしもテレビ広告で反撃に出た。冒頭で視聴者にホワイトの広告を見たことがあるかと尋ね、実際に数秒間、その広告が流れる。そのあと画面がスティーヴンズ社の写真に切り替わるとともに、ナレーターの声が、ホワイトがこの会社の人間であること、ホワイトがわたしを攻撃しているのは、もはやスティーヴンズ社も、ほかのどこも、州の事業を独占していないからであること、そしてホワイトがふたたび知事になれば、そういう独占体制が復活することを解説した。これはわたしが用いたさまざまな広告のなかでも、効果の点で図抜けていた。それもそのはず、この広告は相手のきたない手に対する強烈な切り返しであったし、事実はおのずと知れていたからだ。

ホワイトがロジャーの薬物問題を攻撃材料にしたことに、ロジャーと母がさほど傷つかなかったのは、うれしい驚きだった。ロジャーは出所後、テキサス州にある社会復帰用の中間施設で六カ月を過ごしたのち、アーカンソーに戻り、わたしたちの友人が州北部で経営しているガソリンスタンドで働いていた。まもなくテネシー州ナッシュヴィルに引っ越そうというころで、健康をじゅうぶん取り戻していたから、昔の話をほじくり返されても落ち込むことはなかった。母はディック・ケリーと幸せに暮らしており、今では政治というものが荒っぽいゲームであることと、その世界にあって、きたない手を使われたときの返答は、ただひとつ、勝つことであるのを承知していた。

十一月、わたしは六四パーセントの得票率で知事選に勝った。しかもリトルロックでは票の七五パーセントを獲得するという快勝だった。この勝利によって、わたしが知事という地位を悪用したとするほのめかしや、薬物との関わりを匂わす声を叩きつぶせたことがうれしかった。難儀な選挙ではあったが、わたしは悪感情を引きずるのがあまり得意ではなかった。年月を経るにつれ、わたしはフランク・ホワイトと夫人のゲイに好感を抱き、さまざまなプログラムでホワイトと顔を合わせるのを楽しむようになった。ホワイトはユーモアのセンスに優れ、アーカンソーを愛していた。二〇〇三年に他界したとき、わたしはその死を悼んだ。ジャック・スティーヴンズとも、幸い和解することができた。

わたしの立場からすれば、フォーバスとホワイトを向こうに回してのキャンペーンは、アーカンソーの過去との、そして顕在化しつつある個人破壊型の政治との闘いだった。わたしは州の教育改革と積極的な経済行動の促進を守ることで、人々の関心を具体的な争点と未来に集中させたかった。《メンフィス・コマーシャル・アピール》紙はこう報じている。「その分野となると、クリントンの選挙演説は、票を求めると同時に経済を講義しているような内容であり、その戦略が功を奏しているという点で、おおかたの政治評論家の意見が一致している」

わたしはしばしば、地方のインデペンデンス郡にあるアーカンソー・イーストマンの化学工場を訪ねたときの話をした。工場を案内してくれた男は、見学のあいだ、公害防止装置がすべてコンピュータで動いているという説明を繰り返し、わたしにそのコンピュータを動かしている男を紹介したがった。わたしは案内役の話から、そのプログラム設計者のイメージを大きく膨らませ、コンピュータ制御室に到着したときには、相手の風貌を、アルバート・アインシュタインとオズの魔法使いを足して二で割ったような感じだろうと想像していた。ところが、コンピュータを動かしていた男は、カウボーイブーツにジーンズをはき、ロデオの場面が描かれた大きなシルヴァー・バックルをベルトにつけて、頭には野球帽といういでたちだった。カントリーミュージックを聴き、嚙み煙草をかんでいる。わたしの顔を見るなり、「わたしも家内もあなたに投票しますよ。こういう仕事がもっと必要ですからね」と言ってくれた。この男は牛と馬を飼育する生粋《きっすい》のアーカンソー州民だったが、いい暮らし向きができるかどうかは、手仕事や肉体労働の量ではなく、知識の内容にかかっていることを承知していた。未来を予見して、そこに到達したいと願っていた。

八月、全米州知事協会の会議がサウスカロライナ州ヒルトンヘッドで開催されて、わたしは委員長になり、また四十回目の誕生日を祝った。わたしはすでに、全米州教育委員会の委員長を務めることに同意していた。この組織は、教育に関する最良のアイデアと慣行を集め、全米に普及させることに専念していた。またラマー・アレグザンダーがわたしを、福祉制度改革に関する州知事たちの専門作業部会の、民主党側の共同議長に指名してくれた。これはホワイトハウスならびに連邦議会に協力しながら、雇用を促進し、家族を助け、子どもの基本的なニーズに応えられるよう、超党派で福祉制度の改善に向けた提案を行なうプロジェクトだった。わたしは一九八五年に、少額だったアーカンソー州の福祉給付の月額を増やす承認を得ていたが、福祉というものを、あくまでも自立に至る道の途中駅にしたいと考えていた。

わたしはこれらの新たな責任を担うことにわくわくしていた。わたしは根っからの政治好きな人間であると同時に政策通で、また知らない人間に会ったり、新しいアイデアを探ったりということに常に心を躍らせていた。この仕事が、わたしを知事として育て、全国的な人脈を強化し、新生のグローバル経済と、それがもたらす難題にアメリカがどう対処すべきかの理解を深めてくれるものと期待した。

一九八六年も終わりに近づいたころ、わたしは台湾へ短い旅をした。第十回米台指導者年次会議で台湾とアメリカのこれからの関係について演説を行なうためだ。台湾は、アーカンソーの大豆や、電動機からパーキングメーターに至るさまざまな工業製品を買ってくれる得意客だった。しかし、アメリカが抱えた大きな貿易赤字は膨らむばかりで、アメリカ人労働者の十人に四人が収入の低下に苦しんでいた。州知事全員を代表して、わたしはまず、アメリカには、赤字削減による金利の引き下げと国内需要の増大、ラテンアメリカ諸国の債務の再編成と削減、ハイテク製品への輸出規制の緩和、労働者の教育水準と生産性の向上に努める義務があることを認めた。そのあと、台湾側の努力目標として、貿易の障壁を減らすことと、膨大な現金準備をもっとアメリカへの投資に回すことを求めた。外国の聴衆に向かって国際経済について語るのは初めての経験だった。そういう経験をしたことで、わたしは今具体的にどういう施策が必要とされ、誰がそれを行なうべきかを自分なりに整理することになった。

一九八六年の年末には、わたしは現代の世界の本質について、いくつか基本的な事柄を確信するに至った。それらは、いわゆる新しい民主党《ニュー・デモクラット》の思想へと発展し、一九九二年のわたしの大統領選キャンペーンにおける重要な要素となった。わたしは、その基本的な信念をスピーチにまとめて、ちょうど《アーカンソー・ガゼット》を買収したばかりの大手報道機関、ガネットが年末に開いた経営者会議で発表した。

……以下に申しあげる事柄が、わたしの考えでは、今日、わたしたちが政策を決定するにあたって、その枠組みとなる新しい規定です。

一、アメリカ経済で今、ただひとつ不変である要素は、変化であると言えるでしょう。三カ月ほど前、わたしはアーカンソーのある古い田舎の教会の設立百五十周年を記念する祝典に参列しました。およそ七十五人が集まって、小さな木造の教会は超満員でした。礼拝のあとは外に出て、それぞれが持ち寄った料理を松の木の下に広げてのパーティーです。わたしはひとりの年配者と会話を始めたのですが、この人物が実に元気で潑剌《はつらつ》としている。わたしは、思わず「おいくつですか」と、ききました。「八十二歳だよ」という返事でした。「この教会に入られたのはいつです?」「一九一六年」「今の状況と一九一六年との違いを、ひと言でいうとしたら、どう表現なさいますか」。しばし考え込んでから、老人はこう答えました。「知事さんよ、そりゃ簡単だ。一九一六年にゃ、朝起きたら、どういう一日になるかわかってたもんだが、今は朝起きても、まるで見当がつかんわい」。アメリカに何が起こったのかを簡潔にまとめたこの言葉は、まさにレスター・サロー教授顔負けです……

二、人的資源の重要性は、今や物的資本を上回っています……

三、実業界と政府とが、今より建設的な協調関係にあることのほうが、どちらかが相手を支配することよりもはるかに大事です。

四、アメリカ人の生活の国際化と、わたしたち住民それ自体の変化から生じる問題を解決するにあたっては、あらゆる領域において、協力することのほうが対立することよりもはるかに大切です……わたしたちは責任と機会を分かち合わなくてはなりません——わたしたちはともに上昇し、ともに下降するのです。

五、むだは罰せられるようになります……わたしには、わたしたちが何十億ドル分もの投下資本を使って、企業の生産性を増やさずに借金だけを増やしているように思えてなりません。借金が増えたなら、そのぶん生産性、成長、収益性が増大した状態にならなくてはいけません。ところが現在は、借金が増えた結果、生産性の伴わない借金の利息を払うために雇用を減らし、研究開発費を削り、強制的な再編を行なわざるをえない状況になっています……

六、強いアメリカになるために必要なのは、地域社会という観念をよみがえらせ、相互義務の認識を高め、同胞市民の要求を無視した個人利益の追求は行なえないという信念を持つことです……

アメリカの夢をわたしたち国民のために存続させ、世界におけるアメリカの役割を保持していくためには、成功を約束するような経済、政治、社会生活の新しい規定を受け入れなければなりません。

それからの五年間、わたしはグローバル化と相互依存について行なったみずからの分析を一段と精緻なものにして、それらに対応するためのさらに多くの構想を提案しながら、優れた州知事になりたいという思いと、国策にプラスのインパクトを与えたいという願いをできる限り両立させようとした。

一九八七年、州議会に提出した「いいスタート、いい学校、いい仕事」というわたしの議題は、ちょうど全米州知事協会で「アメリカの機能再生」というテーマのもとにわたしが行なっていた仕事と内容的に一致していた。教育と経済開発におけるそれまでのわたしたちの努力を基礎とする推薦事項に加えて、わたしは州議会に、増え続ける一方の貧しい家の子どもたちがもっと望ましい人生のスタートを切れるよう、わたしに力を貸してほしいと頼んだ。そのためには、家計の苦しい母子家庭のための医療保険の適用範囲を広げ、手始めに乳児死亡率の低下と新生児への傷害の減少を目的とする妊婦診療を保険適用範囲に加えること、潜在的に危険な要素のある子どもを持つ母親のための育児教育を増強すること、学習能力に問題のある児童には早期からもっと特別な教育を提供すること、手ごろな料金で利用できる保育施設を増やすこと、そして児童を支援する法の施行を強化することが必要だった。

幼児期の子どもの発達と、それがのちの人生に占める重要性についてのわたしの知識は、ヒラリーから仕入れたものだった。わたしたちが知り合ったころからヒラリーはすでにこの分野に関心を寄せていて、イェール大学ロースクールの四年目には、イェール大学児童研究センターとイェール - ニューヘイヴン病院で子どもに関する問題を勉強した。ヒラリーはイスラエルで考え出された通称ＨＩＰＰＹ（Home Instruction Programs for Preschool Youngsters）という革新的な「就学前児童のための家庭学習指導プログラム」をアメリカに導入するために精力的な活動を行なっていた。これは、子育ての技術と子どもの学習能力を並行して開発しようというプログラムだった。ヒラリーはこのプログラムを州内全域で立ち上げた。わたしたちはふたりとも各地での卒業式を訪れて、晴れの日を迎えた子どもたちを見守ったり、その親たちがわが子と自分に誇りを抱いている様子を目にしたりするのが大好きだった。ヒラリーのおかげで、アーカンソー州は国内で最大の「就学前児童のための家庭学習指導プログラム」を実施して、二千四百人の母親を指導し、子どもたちの能力を飛躍的に伸ばした。

経済開発でわたしが主に焦点を当てたのは、貧しい人々と窮乏地区——大半は州の田舎の地域——のための投資と機会の増大だった。最も重要な提案は、小規模事業経営で採算をとれるだけの潜在能力を備えていながら開業資金を借りることのできない人々に、もっと資本を提供するというものだった。シカゴのサウスショア開発銀行は、失業した大工や電気技師を積極的に助けて、彼らが市内サウスサイド地区にあった廃屋寸前の建物を修繕する事業で自立できるようにした。結果として、地区全体が活気を取り戻した。

わたしがこの銀行のことを知ったのは、行員のなかにヒラリーのウェルズリー時代の親友のひとりジャン・ピアシーがいたからだ。ジャンはわたしたちに、手に職があるのに世間一般の基準では信用《クレジット》を供与されない職人たちに資金を供給するという、この銀行のアイデアの出どころを教えてくれた。サウスショア銀行は、それをバングラデシュのグラミン銀行の業務から知ったのだった。グラミン銀行の創立者ムハマド・ユヌスは、ヴァンダービルト大学で経済学を学んだのちに、自国で人々の役に立つべくアメリカをあとにした人物だった。ユヌスに会いたいと思ったわたしは、なんとかワシントンでユヌスと朝食をともにする機会を作り、〝マイクロクレジット（無担保少額融資）〟制度というその仕組みについて本人からじかに詳細を聞いた。村の女たちのうち、技能を持ち正直者との評判も高いのに資産がない者たちをチームに分けた。少額のローンを組んだ最初の借り手がそれを返済すると、次の順番の者が借りるという形で融資が続けられる。わたしが初めてユヌスに会ったとき、グラミン銀行はすでに何十万件ものローンを手がけており、その返済率はバングラデシュの商業的な金融機関のそれを上回っていた。二〇〇二年の時点で、グラミン銀行が資金を貸し付けた人数は二百四十万人にのぼり、その九五パーセントが貧しい女性だった。

このアイデアがシカゴでうまくいったのなら、アーカンソーの田舎の経済的に窮乏している地域でもうまくいくはずだとわたしは考えた。ユヌスも、ある取材に答えて、「金融制度から疎外される人間がいるところなら、必ずグラミンのような制度を活用できる余地がある」と述べていた。わたしたちは、州南西部のアーカデルフィアに南部開発銀行を設立した。当初の資金は金融開発局が一部を負担したが、大部分はヒラリーやわたしの要請に応えた何社もの企業による投資でまかなわれた。

大統領になったとき、わたしはグラミン銀行をモデルとする全国規模の金融制度に連邦議会の承認を取りつけるとともに、この制度の利用者のなかから成功例をいくつか取り上げ、ホワイトハウスのイベントで紹介した。国際開発庁もまたアフリカ、ラテンアメリカ、東アジアの貧しい村々を対象に、年間二百万件にのぼるマイクロクレジット・ローンの貸付金を供給した。二〇〇〇年に南アジアの各地を歴訪した折、わたしはムハマド・ユヌスのもとを訪ね、彼に助けられて事業を始めた人々に会った。そのうちの女性数人は、融資で得た資金を携帯電話の購入に充てて、アメリカやヨーロッパにいる親戚や友人たちに電話をかけたい村人たちに、それを有料で貸し出していた。ムハマド・ユヌスは、とっくの昔にノーベル経済学賞をもらっていて当然の功労者だ。

わたしがとりわけ関心を寄せたもうひとつの領域が、福祉制度の改革だった。わたしは、三歳以上の子どもがいる生活保護受給者に、読み書き能力の獲得と職業訓練を経て就職に至る、自立への取り組みを受給条件として課すよう州議会に要請した。二月には、他州の知事数名とともにワシントンに赴き、連邦下院歳入委員会で生活保護の回避と制度改革について証言した。わたしたちが連邦議会に求めたのは、「生活保護ではなく勤労を、依存ではなく自立を促す」ための道具の提供だった。そして、まずは、おとなの非識字、十代での妊娠、高校の中途退学、アルコール依存症、薬物の濫用を減らして、人々が生活保護に頼らないようにする方向への施策作りにもっと力を入れるべきだと主張した。福祉制度改革としては、受給者と政府とのあいだに拘束力のある契約を結んで、それぞれの権利と義務を明記することを提唱した。つまり、受給者は給付金と引き替えに自立に向けて努力することを確約し、政府は教育・訓練、医療、保育、就職斡旋によって受給者を助けることを確約するという関係だ。わたしたちはさらに連邦議会への要請事項として、三歳以上の子どもを持つ生活保護受給者すべてに州が考案する就業プログラムへの参加を義務づけること、生活保護受給者ひとりひとりに福祉相談員《ケースワーカー》を付けて、独り立ちへの移行がうまくいくよう援助・指導に当たらせること、離婚後、親権者に支払われる養育費の徴収を強化すること、そして各州における生活費と呼応する形で援助額を割り出す新しい方式を確立することを掲げた。連邦法は、支給額が一九七〇年代初期よりも少なくならない限り、州政府が自由にその金額を決めることを認めており、州によってまちまちだったのだ。

わたしはじゅうぶん時間をかけて、アーカンソーで生活保護を受けている人々やケースワーカーの話に耳を傾けたおかげで、大半の受給者が働いて家族を養いたいと望んでいることを知っていた。しかし、そういう人々の行く手を阻むことが明らかな、低い技能や乏しい仕事経験、捻出できない保育費という障害物のまだその先に、なかなか越えられない大きな壁が待ち受けていた。わたしが話を聞いた人たちの多くが、車を持っていない、もしくは公共の交通機関を利用できない環境にあった。低賃金の仕事を受け入れれば、それまでもらっていた食料品割引切符や、メディケイド（低所得者・障害者医療扶助）の対象となる資格を失ってしまう。そして、受給者の多数が、仕事の世界でうまくやっていける自信を持てず、また、どこから手をつけたらいいのか見当もつかない状態だった。

ワシントンで開かれた州知事会議のひとつで、わたしは福祉制度改革に関する専門作業部会の共同議長であるデラウェア州知事マイク・キャッスルとともに、福祉制度改革に関する聴聞の場を設け、ほかの州知事たちに出席してもらった。アーカンソーからふたりの女性を招いて、それぞれに生活保護を受ける身から働く者へと変身を遂げたその体験を語るよう頼んであった。パインブラフ出身の若い女性のほうは、今回のワシントン行きまで、飛行機にもエスカレーターにも乗ったことがなかった。口調は控えめだったが、貧しい人々が自分たちや子どもたちを養うことの可能性について、説得力のある証言をしてくれた。もうひとりの証人は、三十代半ば過ぎで、名前をリリー・ハーディンといい、先ごろ料理人の仕事に就いたところだった。わたしはリリーに、健康でじょうぶな身体の持ち主が生活保護を受けている場合、仕事があれば強制的にそれに就かせるべきだと思うか、きいてみた。「もちろん就かせるべきよ。でなけりゃ、あたしたち受給者は、一日じゅう、ごろごろしてテレビのメロドラマを見てるのが落ちだもの」。続けてわたしは、生活保護を受けなくなっていちばんよかったことは何かと尋ねた。リリーは即座に答えた。「うちの息子が学校に行って、『きみのお母さんは、なんの仕事をしているの?』ってきかれたときに、ちゃんと答えられるようになったことね」。福祉制度改革を支持する声のなかでも、最も納得のいく賛成理由だった。聴聞会の終了後、州知事たちはリリーをロックスター並みにもてはやした。

大統領在職中にわたしが福祉制度改革に取り組んだとき、報道機関の一部に、これは共和党的な政治課題だと特徴づける向きがあった。さながら労働の価値を高く評価するのは保守派の専売特許であると言わんばかりで、わたしは、それを聞いていつも、おもしろいことを言うものだと思っていた。一九九六年に、わたしが署名できる法案が連邦議会で可決された。その日を迎えるまでに、わたしはすでに十五以上も福祉制度改革に携わっていた。しかし、わたしはこれを民主党的な政治課題であるとは考えなかった。州知事の問題でもない。福祉制度改革の主役は政治家ではなく、リリー・ハーディンとその息子だったのだから。

24

幸い、任期が四年に延びたこと、仕事熱心な直属スタッフと機能的な行政執行部、州議会との良好な連携、支援組織の強力な後押しのおかげで、わたしには活動の舞台を国政にも広げる余裕があった。教育、経済、福祉制度改革に力を入れ、さらに全米州知事協会の会長と全州教育委員会の委員長を歴任することによって露出度が増したことから、一九八七年には州外での講演依頼がたくさん舞い込んだ。わたしは十五の州で二十五回以上の演説を引き受けた。そのうち、民主党主催の行事は四回しかなかったが、どの機会も、わたしの人脈を広げ、大統領選に出馬するのではないかという憶測を広める結果になった。

一九八七年春の時点で、わたしはまだ四十歳だったが、三つの理由から、立候補に興味を持っていた。理由のひとつめは、これまで繰り返されてきた歴史を見ても、民主党が政権を奪還するにはまたとない好機だったことだ。ブッシュ副大統領が共和党の指名を受けることは目に見えていたし、当時はまだ、現職副大統領が選挙に勝って大統領になった例は、一八三六年の第八代マーティン・ヴァン・ビューレンだけで、この一八三六年の大統領選は、民主党に対抗する政党が存在しない最後の選挙でもあった。理由のふたつめは、この国の方向を変えなくてはいけないと強く感じていたことだ。わが国の経済成長は、主に国防費の大幅な増加と大規模な減税によってもたらされ、しかもその減税策は富裕層をさらに富ませ、財政赤字を押し上げるいびつなものだった。政府が民間と競い合うように借金をするので、巨額の財政赤字は高金利を生み、さらにはドル高につながって、輸入品の価格は安く、アメリカ製の輸出品の価格は高くなる。生産性と競争力がしだいに伸びていく時代にあって、なお製造業の雇用と農場が失われつつあった。そのうえ、財政赤字が災いして、グローバル経済のなかで高い賃金と低い失業率を維持するために必要な教育、職業訓練、研究開発にじゅうぶんな予算が割かれていなかった。そのため、一九七〇年代半ば以降、アメリカ国民の四〇パーセントが実質所得の減少に見舞われていた。

大統領選への出馬を真剣に考え始めた三つめの理由は、自分には国の現状を把握し、それを国民に説明する力があると思ったことだ。また、犯罪対策や福祉改革に携わり、教育や財政にも責任を負った実績があるので、これなら共和党員からも、主流の価値観を共有せず、どんな問題も政治理念で押し切ろうとする超リベラル派民主党員のレッテルを貼られる恐れはないだろう。一九七六年に当選したカーター元大統領を例外として、一九六八年以降、われわれは共和党の舌鋒《ぜっぽう》の力で、〝異星人《エイリアン》〟の箱に封じ込められてきた。わたしは、民主党がその箱から飛び出すことができれば、ふたたび政権を奪い取れると確信したのだ。

国民に支持政党を変えさせるというのは大仕事で、無理難題に近かったが、わたしは、自分ならできるかもしれないと思った。同じく民主党員で、やはりそう思ってくれる州知事が何人かいた。春にインディ五〇〇のレース観戦に出かけたとき、ネブラスカ州のボブ・ケリー州知事とばったり会った。わたしはボブのことを高く買っていて、この男も大統領候補にふさわしいと思った。ヴェトナム戦争で名誉勲章を受勲したボブは、わたしと同じく、財政面では保守的だが、社会観は進歩的で、アーカンソーよりはるかに共和党寄りの州で政権を担っていた。意外にもボブはわたしに出馬を勧め、もしその気なら、中西部の票を取りまとめてやると申し出てくれた。

立候補を考えるうえで、地元にひとつ障害があった。デイル・バンパーズが出馬を検討していたのだ。一九七四年後半からずっと、わたしはデイルに出馬を勧めてきた。一九八四年には一歩手前で取りやめたが、今回は大いに勝ち目がある。第二次世界大戦中は海兵隊で軍務に服し、州知事としても立派な業績を残したデイルは、上院きっての論客だった。デイルならきっといい大統領になるだろうし、わたしよりも勝算が大きい。わたしは喜んで支持するつもりだった。わたしの望みは、民主党が勝利を収めて、この国の方向を変えることだった。

三月二十日、リトルロックのメイン通りをジョギング中、地元のレポーターが追いかけてきた。バンパーズ上院議員がたった今、大統領選に出馬しないことを表明したという。意欲を失ったというのだ。何週間か前にも、ニューヨーク州のマリオ・クオモ州知事が同じ決断を下していた。わたしはヒラリーとベツィに、立候補を真剣に考えてみたいと告げた。

わたしたちは下準備のための少額の資金を集めた。アイオワ州、ニューハンプシャー州のほか、〝スーパー・チューズデー〟にいっせいに予備選挙が行なわれる南部のいくつかの州で根回しをしようと、ベツィが人を派遣した。五月七日、一九八四年の選挙戦でモンデール副大統領を脅かしたゲーリー・ハート上院議員が、ドナ・ライスとの関係を暴露され、選挙戦から身を引いたので、予備選の展望はさらに開けたように見えた。醜聞が出てくると思うなら尾行してみろとマスコミを挑発したゲーリーは、墓穴を掘った形だが、わたしは気の毒に思った。ゲーリーは進取の気性を持った聡明な政治家であり、ハート事件のあと、アメリカが抱える大きな試練のことを、そしてそれにどう対処すべきかを常に考えていた。ハート事件のあと、聖人君子ではないわれわれには、何がマスコミの暴露の対象になるのか知るよしもなかった。わたしは結局、志のある者は堂々と立候補して、告発を受けたらそのつど対処し、アメリカ国民の審判を仰げばいいのだと思い定めた。打たれ強くなければ、とても大統領など務まらない。

　わたしは七月十四日を最終決断の日に設定した。過去の選挙戦をともに戦った旧友たちが、リトルロックに駆けつけてくれた。ミッキー・カンター、カール・ワグナー、スティーヴ・コーエン、ジョン・ホルム、ケヴィン・オキーフ、ジム・ライオンズ、マイク・ドライヴァー、サンディ・バーガーなどがいた。みんなはわたしが立候補すべきだと考えた。逃すにはあまりにも惜しい好機に思われたのだ。この期《ご》に及んで、わたしはまだ決めかねていた。いい候補者になる覚悟はできていたが、いい大統領になるために必要な知恵と判断力が身につくほど長い年月を生きてきたという自信がなかった。仮に当選したら、四十二歳の大統領となる。マッキンリー大統領が暗殺されたあと宣誓就任したときのセオドア・ローズヴェルトとほぼ同い年で、当選したときのジョン・ケネディよりひとつ年下だ。ただし、このふたりはどちらも裕福な、指折りの政治家一族の出身であり、政界の実力者に囲まれても気後れしないような環境で育った。わたしの敬愛するリンカーンとフランクリン・D・ローズヴェルトが大統領の座に就いたのは五十一歳のときで、円熟の域に達し、存分に力を振るえる状態にあった。十年後、わたしの五十一回目の誕生日に、アル・ゴアがチェロキー族の年齢観を教えてくれた。チェロキー族のあいだでは、人間は五十一歳でようやく完全に成熟すると考えられているという。

　二番目に気にかかったのは、選挙運動が知事としての業務の妨げになることだった。一九八七年といえば、学校基準を施行する最終期限だ。わたしはすでに、学校と過密状態の刑務所向けの資金を捻出するため、一度特別議会を招集していた。激しい論戦が繰り広げられて、何人かの議員との仲が険悪になり、決裂の寸前まで行きながら、必死に票をかき集めて、最後の最後で可決に持ち込んだのだった。一九八八年初めには、もう一度特別議会を招集することになるだろう。わたしはなんとしてでも、学校基準を完全に施行し、教育改革の土台を築くつもりだった。それが、わが州の最貧層の子どもたちにとって、よりよい未来を手にする唯一のチャンスなのだ。チェルシーが通っていた小学校は、生徒の六〇パーセントが黒人で、半数以上が低所得層の家庭の子どもだった。今も忘れはしない。娘が公邸での誕生パーティーに招待したある男生徒が、お金がなくてプレゼントが買えないという理由で欠席しようとした。わたしはその少年に、親たち以上の生活を与えてやろうと心に決めたのだった。

それまで選挙運動のたびに支持してくれた《アーカンソー・ガゼット》紙が、わたしにとっても重大なふたつの理由を挙げて、立候補すべきではないという社説を掲載した。潜在的に国の指導者となる資質を秘めていることは認めながらも、「ビル・クリントンが大統領になるのはまだ早い」し、「アーカンソーはクリントン州知事を必要としている」というのだ。

野心の持つ力は大きい。大統領になるという野心のために、おおぜいの候補者がおのれの限界から目をそむけ、現在抱えている職務に対する責任を軽んじてきた。わたしは前々から、自分ならどんな難局にも対処し、誰もがひるむような修羅場にも耐え、同時にふたつも三つも仕事をこなせると思っていた。一九八七年のこの時点で、自信に根ざし、野心に駆られた決断を下しても不思議はなかったが、わたしはそうしなかった。立候補断念の最後の決め手になったのは、わたしの人生の、政治とは関係のない大切な一部——チェルシーの存在だった。同じくひとり娘の父親であるカール・ワグナーに、これから十六カ月間、チェルシーとほとんどいっしょにいられなくなることを覚悟するように言われた。そのあと、ミッキー・カンターがわたしに出馬の決断を迫っているところへ、チェルシーが来て、夏休みはどこに出かけるのかときいた。大統領選に立候補したら夏休みが取れなくなりそうだと言うと、チェルシーはこう応じた。「だったらパパを抜きにして、ママとふたりだけで行くわね」。なんという殺し文句。

わたしは友人たちが昼食をとっている知事公邸のダイニングルームに入っていき、立候補を取りやめることを告げて、期待に沿えず申しわけないと謝った。それから、〈エクセルシア・ホテル〉に行って、数百人の支持者たちに、ここまで来ていながら引き下がることにした経緯を精いっぱい説明した。

わたしには家族と過ごす時間が必要です。私的な時間が必要なのです。政治家も人間です。ついつい忘れられがちですが、確かに人間なのです。わたしにしろ、ほかの立候補者にしろ、大統領選に出馬する者が示すべきものはただひとつ、意志です。その意志が、ウィスコンシン州の、モンタナ州の、ニューヨーク州の、その他あらゆる居住地の有権者の心に火をつけ、信任と票を得るのです。その面に関して、わたしは出直さなくてはなりません。もうひとつ、わたしがこの決断を下すに至ったさらに大きな理由は、選挙運動が娘に及ぼす影響にあります。二年がかりで運動をしてきたほかの候補者たちに、後発のわたしが勝つためには、これから選挙戦が終わるまで、すべての時間を戦いに振り向け、ヒラリーにも同じことをさせるしかありません。そういう過酷な状況で育った子どもたちをたくさん見てきて、もうずいぶん昔のことですが、わたしは自分にこう約束したのです。もし子宝に恵まれたなら、その子を、誰が自分の父親かわからないような環境には置くまい、と。

どの道を選んでもついていくと言っていたヒラリーが、わたしの決断に胸を撫で下ろした。アーカンソー州で着手した仕事をきちんとやり遂げたうえで、全国的な支持基盤を着々と築くべきだと考えていたのだ。それに、家族と離ればなれになるには時機が適切ではないという見通しもあった。母は麻酔看護師の仕事に問題を抱え、弟のロジャーは出所してまだ二年、おまけにヒラリーの両親がリトルロックに引っ越してくることになっていた。一九八三年一月、わたしが州議会で宣誓就任演説をしているとき、義父のヒュー・ロダムが椅子にどすんと腰を落とした。ヒューは重い心臓発作を起こしていて、急遽大学付属医療センターへ搬送され、四重バイパス手術を受けた。ヒューが目を覚ましたとき、わたしはそばに付き添っていた。意識がはっきりしたと見て、わたしは言った。「ヒュー、あの就任演説は、心臓発作を起こすほど感動的ではありませんでしたよ！」。一九八七年、ヒューは軽い脳卒中を起こした。ヒューとドロシーを、夫婦ふたりだけでパークリッジに住まわせておくわけにはいかない。わたしたちはふたりを近くに呼び寄せようと思い、向こうも話に乗ってきた。たったひとりの孫のそばにいられるというのが、大きな理由だろうが……。それでも、新しい環境になじむのは、そう簡単なものではない。

わたしの立候補断念を、ヒラリーが喜んだ決定的な理由は、一九八八年の選挙が民主党に有利だとする下馬評を鵜呑みにしていなかったからだ。レーガン革命はまだ完全に勢いを失ったわけではないし、イラン‐コントラ事件（訳注　アメリカが秘密裏にイランに武器を売却し、その代金の一部をニカラグアの極右反政府組織コントラに流した事件。レーガン政権が深く関わっていたとされる）という逆風があっても、ジョージ・ブッシュは〝毒気の少ないレーガン〟として勝利を収めるだろう、というのがヒラリーの見立てだった。そして四年後、ブッシュ大統領の支持率が七〇パーセントを超え、こちらの勝ち目がはるかに薄く見えたとき、ヒラリーはわたしに出馬を勧めた。例によって、いずれの判断も正しかった。

出馬しないと発表したあとは、肩の荷が下りたような気がした。父親と夫と州知事の役を存分に楽しめばいいのだし、当面の野心に邪魔されることなく、仕事に励み、国政を論じればいいのだから。

七月、会長としての任期の締めくくりに、ヒラリーとチェルシーを伴って、ミシガン州トラヴァースシティで開かれる夏の全米州知事協会の会合に出かけた。わたしの後任は、福祉改革への取り組みを継続すると約束したニューハンプシャーのジョン・スヌヌ州知事で、ジョンとは馬が合った。会合を切りあげたあと、民主党の州知事たちはマッキノー島へ移動した。そこでジム・ブランチャード州知事が、わたしたちを民主党の大統領候補者にかたっぱしから引き合わせてくれた。候補者のなかには、アル・ゴア上院議員、ポール・サイモン上院議員、ジョー・バイデン上院議員、リチャード・ゲッパート下院議員、ジェシー・ジャクソン師、アリゾナのブルース・バビット元州知事、マイケル・デュカキス州知事がいた。有望な候補者に恵まれたと思ったが、わたしが特に期待したのはデュカキス候補だ。デュカキスには、マサチューセッツ州で好調なハイテク経済を担い、財政を安定させ、教育改革と福祉改革を促進させた実績がある。〝新しい民主党員《ニュー・デモクラット》〟を標榜するデュカキスは、選挙戦で中傷攻撃に屈し、みごとに復帰した経験の持ち主だ。たいていのアメリカ人には、マサチューセッツ州はリベラルな州という認識があったものの、候補としての魅力はじゅうぶんだった。州知事としての実績があるうえに、前回の選挙でのわが党の敗因の数々を、デュカキスなら踏襲すまいと思われたからだ。それに、わたしたちは友だちどうしだった。わたしが予備選に立候補しないと知って安堵したマイクは、ひと足早い誕生プレゼントとして、こんな文字入りのTシャツをくれた。「四十一回目の誕生日おめでとう。一九九六年はクリントンの番。それでもまだ四十九歳だ！」

　集会の最後に、ジム・ブランチャードがロックンロール・コンサートを催した。出演者の顔ぶれは、フォー・トップス、マーサ・リーヴス＆ザ・ヴァンデラス、そしてわれわれのような凡人より一オクターブ高い音が出せる往年の名テナー・サックス奏者ジュニア・ウォーカーら、一九六〇年代のモータウンを代表するアーティストたちだ。ショーの終わり近くに、若い女性が近づいてきて、出演グループが揃って演奏するモータウンのスタンダード・ナンバー『ダンシング・イン・ザ・ストリート』

に、サックスで参加しませんかとわたしにきいた。もう三年間、楽器に触ってもいない。「楽譜《シートミュージック》はあるかな？」。わたしは尋ねた。「いいえ」。相手の女性が答える。「どのキーで演奏するの？」「聞いてません」「二、三分、慣らし演奏していいかな」、またもや「いいえ」。わたしは頭に浮かぶただひとつの答えを返した。「わかった、参加しよう」。わたしはステージに上がった。朝顔《ベル》にマイクをくっつけた楽器を渡され、イントロが流れた。できるだけ軽く吹きながら楽器を調律し、キーを見つける。そこで演奏に加わると、けっこう調子よく吹けた。ジュニア・ウォーカーといっしょにリフを演奏している写真を、わたしは今でも持っている。

九月は多忙な月となった。新学期が始まり、レーガン政権の教育長官としてテレル・ベルのあとを引き継いだビル・ベネットとともに、わたしはNBC放送の《ミート・ザ・プレス》に出演した。ベネットとは意気投合し、説明責任、及び学校における基礎的な価値観教育を支持したことで感謝された。わたしが州の幼児教育プログラムには連邦政府の助成金がもっと必要だと訴えても、ベネットは異議を唱えなかった。全米教育委員会が説明責任の障害になっているとベネットが批判したので、その点については全米教育委員会も以前よりましになったと反論し、ほかの大きな教員団体、アメリカ教員連盟の会長であるアル・シャンカーの名前を挙げて、シャンカーが説明責任と価値観教育の両方を支持したことを指摘した。

残念ながら、わたしが大統領になり、向こうが美徳を啓蒙する仕事を始めてから、ビル・ベネットとの仲は気まずくなった。以前、「良識ある民主党員、ビル・クリントンへ」という言葉を添えて著書を送ってきたことがあったが、ベネットはどうやら、自分が間違っていたか、あの添え書きを書いたころに持っていた良識をわたしが失ってしまったか、どちらかだと思うようになったらしい。

《ミート・ザ・プレス》のインタビューを受けたころ、司法委員会の委員長を務めていたジョー・バイデン上院議員から、レーガン大統領によって最高裁判所判事に指名されたロバート・ボーク判事への反対証言を求められた。わたしに白羽の矢が立ったのは、南部の白人知事だからだ。ボークのもとで憲法を学んだという事実はおまけのようなものだろう。同意する前に、ボークの論文、判決に関わる重要な意見書、本人の発言を報道した記事のほとんどに目を通した。わたしは、ボーク判事が最高裁判事にふさわしくないという結論を出した。八ページにわたる申立書には、次のように書いた。教師としてのボークに好感を持ち、なおかつ尊敬しているし、レーガン大統領の指名は許容度の広さの表われだと思うが、それでもやはり、この指名は上院で否認されるべきだろう。本人の発言からも、ボークが主流の保守主義者ではなく、反動主義者であることは明らかだ、と。〝ブラウン対教育委員会〟の訴訟は別として、ボークは公民権を拡大する最高裁の主な判決のほとんどを酷評していた。一九六四年に制定された公民権法に反対票を投じるよう、ウィリアム・レンクイストとともにバリー・ゴールドウォーター上院議員に働きかけた事実もある。わたしは南部人として、せっかくふさがった人種問題の傷口がふたたび開かないようにすることの大切さを知っていた。ここ数十年のあいだに指名された最高裁判所判事ひとりひとりの権利を守るため、最高裁に何ができるかについて、ボークはきわめて限定的な見解を持っていた。彼が覆すべきだと考えている最高裁の判決は〝何十〟にものぼった。例えば、婚姻関係にあるカップルに避妊薬を使う権利があるのなら、公益事業体には大気を汚染する権利があるはずだというのが、ボークの論法だ。グランドガルフ訴訟でアーカンソー州に不利な判決を下したことからもわかるように、ボークは、自分の主義に反する行政行為に対して、公益事業体や企業の利益は一般市民の利益以上に保護される権利を持つと考えていた。企業の利益を守る段になると、判事としての節度をかなぐり捨てて、実力行使主義者となる。独占禁止法は不完全な経済理論にもとづいて制定されたものだから、連邦裁判所はこの法を執行するべきではないという発言までしていた。わたしは上院に対し、ボーク判事がそのころ指名承認手続き中に見せていた控えめな姿勢より、長年の信念に従って行動する恐れがあるので、指名を承認するリスクを冒さないようにと嘆願した。

公聴会の開催が遅れ、わたしは貿易使節団の一員としてヨーロッパに発つことになったので、証人台には立たず、委員会に中立書を提出した。十月下旬、上院は五十八対四十二でボークの指名を否認した。わたしの中立が票数に影響したとは思えない。レーガン大統領はその後、アントニン・スカリア判事を指名した。ボークと同じくらい保守的だが、ボークほどそれを表に出さない人物だ。スカリア判事の指名は難なく上院を通過した。十年以上経った二〇〇〇年十二月、〝ブッシュ対ゴア〟の訴訟で、スカリア判事は〝土曜日の意見書〟を書き、フロリダ州の票の再集計をやめるよう前代未聞の差し止め命令を容認した。その三日後、最高裁は五対四で、ジョージ・W・ブッシュ候補の勝利を確定した。理由のひとつは、フロリダ州法が定める当日夜半までに、未開票の投票用紙が集計できなかったことだ。それもそのはず、最高裁は三日前に、有効票の集計を差し止めていた。あれは、ロバート・ボークですら赤面しそうな、司法による実力行使だった。

貿易使節団の任務が終わり、ヒラリーとわたしは、フィレンツェでイタリアの貿易関係者との会合に出席するため、ジョン・スヌヌおよびロードアイランド州のエド・ディプリート州知事と合流した。ヒラリーとわたしがイタリアを訪れたのはそのときが初めてで、わたしたちはフィレンツェ、シエナ、サン・ジミニャーノ、ヴェネチアの街がすっかり気に入った。わたしはさらに、国民ひとり当たりの所得がドイツより高いイタリア北部の経済的成功に強い関心を寄せた。イタリア北部が繁栄した要因のひとつは、中世のギルドが発達して以来、何世紀ものあいだ北部の職人たちが行なってきたような、小規模事業者が設備費や管理費、流通経費を分かち合うという独特の組合形態にあると思われた。わたしはここでも、アーカンソー州で使えそうなアイデアを思いついた。帰国したわたしたちは、失業中の板金工たちの集団を支援してビジネスを立ち上げさせ、経費分担とマーケティングの面で協力するよう、わたしが視察してきたイタリアの革職人や家具職人のやりかたを伝授した。

十月に入って、アメリカ経済は大激震に見舞われた。株式市場が一日に五百ポイント以上暴落したのだ。一日の下げ幅としては、一九二九年以来最大だった。その日の取引が終了したとき、ウォルマートの創業者にしてアメリカ一の資産家だったサム・ウォルトンが、偶然にもわたしの執務室に坐っていた。サムは大物実業家が集まるアーカンソー・ビジネス評議会、別名〝高級背広クラブ〟の会長を務めていた。教育改革とアーカンソー州の経済問題に取り組むグループだ。ウォルマートの株価を確認するために、サムが中座した。サムは資産のすべてを会社に投資して、何十年も同じ家で暮らし、中古のピックアップ・トラックに乗っていた。サムが部屋に戻ってきたとき、わたしはいくら損失を出したのかと尋ねた。「およそ十億ドルだよ」。一九八七年当時の十億ドルといえば、サム・ウォルトンにとってもやはり大金だ。心配かと尋ねると、サムはこう答えた。「あす、最近開店したばかりのウォルマートを視察しに、テネシーへ飛ぶ。駐車場が車でいっぱいだったら、心配はない。うちが株を上場している目的はただひとつ。市場から資金を調達して、もっと店を増やし、その利益を社員に分配するためだよ」。ウォルマートで働く従業員のほとんどが、自社株を保有していた。新しいタイプの企業経営者のなかには、会社が業績不振で従業員の暮らし向きが悪くても、自分たちは高給を取り、会社が倒産すると、〝黄金のパラシュート〟と呼ばれる巨額の退職金を手にしてさっさと逃げ出す詐欺師まがいも多かったが、サムはそれとはまったく対照的だった。新世紀を迎えた最初の年に多くの銘柄が下落し、企業の強欲と腐敗が表面化したとき、わたしはサム・ウォルトンが十億ドルの資産を失った一九八七年のあの日を思い起こした。サムは共和党の支持者だった。わたしに一度でも投票してくれたとは思えない。当時のウォルマートのやることなすことがわたしの感覚に合わなかったし、サムが亡くなってますます浸透したあの会社の慣習の一部にも、やはり賛同する気になれない。前にも述べたように、以前ほど〝アメリカを買って〟いないのだ。ウォルマートは大量の不法入国者を働かせているとして非難されてきた。しかも、あの会社はいうまでもなく、反労組派だ。それでも、国内のすべての企業が、自分の資産を見るのと同じ目で、従業員や株主の資産の増減に気を配る献身的な人間によって経営されていたら、アメリカはもっと豊かな国になっていたはずだ。

フロリダ州の民主党大会で、わたしはこの十年で三度目の演説を行ない、一九八七年を締めくくった。演説の内容はいつもどおり、わが党は現実を直視し、アメリカ国民にも同じように現実を見つめてもらおう、というものだ。レーガン大統領は、減税、国防費の増額、健全な予算を公約に掲げていた。初めのふたつは実施したものの、三つめが守れなかったのは、供給側重視の経済理論《サプライサイド・エコノミクス》が計算どおりにいかなかったからだ。その結果、国債の発行額が爆発的に増え、将来に向けての投資ができなくなって、国民の四〇パーセントの賃金が減少した。共和党は自画自賛していたが、わたしはブレイクダンスを踊ってはしゃぐ若者たちを眺める二匹の老犬のような冷めた目で見ていた。老犬の一匹がもう一匹に言う。「のう、わしらがあんなことをしたら、蚤《のみ》の駆除をされてしまうわい」

わたしはフロリダの民主党員の前でこう演説した。「わが民主党は少なくとも世界に新しい経済秩序を築き、そのなかにアメリカ国民の居場所を確保しなければなりません」。わたしが訴えた論旨は、「あしたを確かなものにするための代価を、きょう支払わなくてはならない」と「われわれは運命共同体」だ。

こうして振り返ってみると、一九八〇年代後半の演説は、一九九二年に掲げることになる公約や、大統領になって実行に移そうとした政策と類似していて、われながらおもしろいと思う。

一九八八年、わたしは十三の州とコロンビア特別区を回って、政治と政策、両方のテーマを均等に配した演説を行なった。政策のほうでは、年内に連邦議会を通過することを期待して、主に教育と福祉改革法案の必要性を話題にした。しかし、わたしの将来にとって最も重要な意味を持つ政治演説は、二月二十九日、ヴァージニア州ウィリアムズバーグの民主党指導者会議の席で行なった〝民主資本主義〟と題するものだった。それ以後、わたしはこの会議でさらに積極的に発言するようになる。民主党が選挙で勝利するために、そして国を正しく導くために必要な、新しいアイデアを生み出す組織が、ほかにないと思ったからだ。ウィリアムズバーグで、わたしはグローバル経済の〝民主化〟――すべての国民および自治体に開かれる――の必要性を語った。わたしはすでに、『アメリカのアンダークラス――本当に不利な立場に置かれた人々』の中で述べられたウィリアム・ジュリアス・ウィルソンの理論、すなわち、どん底の失業問題と貧困問題は特定の人種を優遇する政策では解決できない、という考えかたに宗旨変えしていた。唯一の解決策は、学校、成人教育、職業訓練、仕事を取り巻く環境を改善することだ。その一方で、地元では継続して学校と刑務所向けの予算問題に取り組み、「いいスタート、いい学校、いい仕事」という施政方針を推し進めて、税制改革とロビー活動改革法案を後押しした。結局、両案件とも議会を通過しなかったので、次の選挙で州民の審判を仰ぐことになった。改革に反対する利益団体が、大々的に宣伝を打った。ロビー活動改革は可決され、税制改革は否決された。

デュカキス州知事が、民主党の大統領候補指名を確実にしようとしていた。アトランタで開催される党大会の二週間前、わたしはデュカキスに指名演説を頼まれた。本人と選挙運動のリーダーたちによると、世論調査でブッシュ副大統領をリードしているものの、デュカキスの人物像がアメリカ国民にあまり知られていないという。立派な人柄、州知事在任中の実績、大統領にふさわしい斬新なアイデアを持つ指導者としてのデュカキス像を、指名演説で国民に向けて打ち出そうという結論に達したのだ。知事仲間であり、友人であり、南部人でもあるわたしに白羽の矢が立ち、およそ二十五分の制限時間をいっぱいに使って演説することを求められた。これは慣例を破る依頼で、通常は、わが党所属の異なるグループを代表する三人が、五分ずつの指名演説を行なうことになっていた。誰もあまり注意を払わず、演説した本人とその支持者たちが満足するという仕組みだ。

わたしは、依頼されて光栄に思ったものの、引き受けることには慎重だった。党大会は騒々しく挨拶を交わす社交行事で、基調演説と大統領及び副大統領候補の指名受諾演説はともかく、演壇から聞こえる話は普通、ただの背景音楽でしかない。これまでに何度も党大会に出席していたので、代議員とマスコミが耳を傾ける態勢になり、静聴する雰囲気が会場に残っていない限り、長い演説をぶっても無意味だと知っていた。わたしはデュカキス陣営の面々に、演説を聞いてもらうには、話すあいだ照明を落とし、デュカキス側の進行係が代議員たちに静粛を促す必要があると説明した。また、拍手が多すぎると、演説の時間が長引いてしまう。それだけの条件を整えるのはたいへんな手間だろうから、もし先方がそれを望まないなら、飽きのこない五分間の応援演説に切り替えようと申し出た。

演説当日の七月二十日、わたしはスピーチ原稿のコピーをデュカキスのスイートルームに持参し、本人と支援者たちに見せた。だいたい二十二分で読み通せる分量なので、拍手による中断が多すぎなければ、二十五分の枠に収まるだろう。短いほうがよければ、二五パーセント、五〇パーセント、七五パーセント削る案も用意してあった。二時間後、こちらから電話して、先方の要望を尋ねた。削らずに全部話してくれという。わたしがアメリカ国民にデュカキスを知ってほしいのと同じぐらい、デユカキスも自分のことを国民に知ってほしいと願っていた。

その夜、わたしは紹介を受けて、派手な音楽の鳴る演壇へと出ていった。演説が始まると、照明が薄暗くなった。そこからは、ただ坂を下るばかりだった。話が三行と進まないうちに、照明がふたたび明るくなった。そして、デュカキスの名前を出すたびに、聴衆が大声でわめき立てた。とっさに、演説を五分用に切り詰めたほうがいいと悟ったが、わたしはそうしなかった。本当の聴衆は、全国のテレビの前にいるのだ。場内の喧騒《けんそう》を気にしなければ、デュカキスの望むデュカキス像を、わたしはカメラの向こうの国民に伝えることができる。


マイク・デュカキスの話をしたいと思います。マイクはほんのわずかのあいだに、みなさんの好奇心をかき立てる存在になりました。どういう人物なのか、州知事としてどんな仕事をしてきたのか、どんな大統領になるのか。

マイクはわたしの長年の友人です。わたしはみなさんのそういう疑問にお答えして、わたしがなぜマイク・デュカキスを、アンドリュー・ジャクソン以来久しぶりの移民二世のアメリカ大統領に推すのかを、知っていただこうと思います。


わたしがひとつひとつの疑問への答えを述べ始めると、会場でふたたび私語が交わされ、デュカキスの名前が出たときだけ歓声があがった。百キロの岩を押して山を登っているような心境だった。わたしはのちに、冗談でこう言った。十分経って、サモアの代議員団が豚肉をあぶり始めたときは、まずいなと思ったよ、と。

数分後には、ABCとNBCがわたしをあぶり始め、ざわついている場内を映し出して、いつになったら演説が終わるのかというコメントを流した。批判的な論評なしで最後まで演説を放送したのは、CBSと各ラジオ局だけだった。会場にいる報道陣は、演説がどれぐらいかかるのかも、わたしが何をしようとしているのかも聞かされていなかったらしい。それに、そもそも原稿の書きかたがよくなかった。あまり拍手喝采でさえぎられることなくデュカキスの紹介をしようとして、ひどく凡庸な、〝教科書〟ふうの演説になってしまったのだ。目の前にいる代議員団の興味も引かないような話が、テレビの視聴者の心に届くわけがない。

少しは聴かせどころもあったのに、悲しいかな、いちばん大きな喝采が起こったのは、ようやく終わりに近づいて、「おしまいに……」と言ったときだった。締めて三十二分の大惨劇だった。演説のあと、ふざけ半分でヒラリーにこう言った。会場を出るとき、きみが見知らぬ代議員を次々つかまえて、これがわたしの最初の夫《ファースト・ハズバンド》ですと紹介し始めるまで、ほんとの評価はわからないぞ。

幸い、マイケル・デュカキスはわたしの失態による被害を受けなかった。副大統領候補にロイド・ベンツェンを指名し、好評をもって迎えられたのだ。ふたりともすばらしい演説をして、世論調査の大量リードというみやげを手に、アトランタをあとにした。それにひきかえ、わたしは死に体だった。

七月二十一日、《ワシントン・ポスト》にトム・シェイルズの痛烈な批判記事が載った。わたしの演説に対するマスコミの反応をこんなふうに要約したのだ。「火曜日にジェシー・ジャクソンが燃え立たせた炎を、水曜日の夜にアーカンソー州のビル・クリントン知事がみごとに消した」。シェイルズはこの顚末《てんまつ》を〝おしゃべりクリちゃんの消防士物語〟と呼び、演説が終わるまでの時間つぶしに放送局が何をしたか、思い出したくもない状況を細大漏らさず書き記した。

翌朝起きたとき、ヒラリーとわたしは、わたしがまたもや落とし穴に飛び込んでしまい、自力で脱出しなくてはいけなくなったことを知った。どこから手をつけていいかわからず、自分を笑い飛ばすしかなかった。わたしが公式に示した最初の反応はこうだった。「あれは生涯最良の一時間じゃなかったね。生涯最良の一時間半ですらなかった」。ふざけ顔で通したが、内心では、こと演説に関しては二度と本能に逆らうまいと誓った。そして、それ以後、一九九四年に連邦議会で行なった医療制度に関する演説のなかのほんの一瞬を除けば、本能に逆らわなかった。

　わたしはそれまでの人生で、故郷に帰れてあれほどうれしいと思ったことはなかった。アーカンソーの州民はおおむね好意的だった。被害妄想ぎみの支持者は、わたしが誰かの罠《わな》にはまったのだと考えた。おおかたの支持者は、単に、わたしが日ごろのひらめきと自発性を犠牲にして、用意された原稿を読みあげたのだろうと考えた。つかず離れずの付き合いをしてきた陽気な黒人の料理店主、ロバート・〝言わせろ〟・マッキントッシュは、わたしの擁護に立ち上がり、マスコミの報道をこき下ろしたうえで、ある評論家への抗議の葉書か手紙を書いて持ってきた人に、州会議事堂で昼食をふるまった。議事堂には五百人以上の人がやってきた。わたしのもとにも、あの演説について書かれた手紙が七百通ほど届き、うち九〇パーセントが肯定的な内容だった。そういう手紙を書いた人たちは、あの演説をラジオで聞いたか、CBSで見たのだろう。CBSのアンカーマン、ダン・ラザーは、演説が終わるまで毒舌をはさむのを差し控えるという、最低限の礼儀をわきまえていた。

　地元に戻った翌日か翌々日、友人のハリー・トマソンから電話があった。ハリーは人気テレビ番組《浮気なおしゃれミディ》のプロデューサーで、夫人のリンダ・ブラッドワースが脚本を書いていた。ハリーのきょうだいダニー・トマソンとは、教会の聖歌隊で並んで歌う仲だった。ヒラリーとわたしは、州知事の一期目にトマソン夫妻と知り合った。ハリーが南北戦争を題材にしたテレビ映画『引き裂かれた祖国　ブルー&グレー』を撮影しようと、アーカンソー州に戻ってきたときのことだ。そのハリーが電話口で、わたしなら豚の耳から絹の財布を生み出すことだってできるだろうが、失地回復は早いほうがいいと励ましてくれた。そして、《ジョニー・カーソン・ショー》に出演して自分を笑いものにすることを勧めた。わたしはまだ精神的ショックから立ち直れずにいたので、一日考えさせてもらいたいと言った。カーソンはすでに番組のなかで、わたしの演説をおもしろおかしく料理していた。なかでも忘れがたいくだりのひとつは、「あの演説は、マジックテープでできたコンドームみたいにすべりがよかった」というものだ。一日考えるまでもなかった。すでに大失態を演じていたのだから、これ以上まずいことになるはずがない。翌日、ハリーに電話をかけて、カーソンの番組に出演する手はずを整えてくれるよう頼んだ。カーソンは通常、政治家をゲストに呼んだりはしないが、今回は、わたしという格好のサンドバッグを逃したくないことと、わたしがサックスを吹くことに同意したというふたつの理由で、例外を設けてくれたらしい。これなら、楽器のできない政治家はお断りという形で〝カーソンの禁制〟を保つことができる。サックスを吹くというのはハリーの思いつきで、ハリーはこのあとも、わたしに幾度となく卓抜なアイデアを提供してくれた。

二日後、わたしはブルース・リンゼイとマイク・ゴールディン報道担当官を伴い、カリフォルニア行きの飛行機に乗った。番組が始まる前に、ジョニー・カーソンがわたしの控え室にやってきて、カーソンにしては珍しく挨拶をした。わたしがみじめな気分でいるのを察して、気を楽にさせようと思ったのだろう。予定では、番組開始直後にわたしの出番が回ってくることになっていた。カーソンの司会が始まり、「ロビーにたっぷりのコーヒーと、簡易ベッドを用意してあります」から、わたしが登場しても心配しないようにと聴衆に話した。そして、わたしを紹介する。さらに紹介する。また紹介する。番組のリサーチ担当者がアーカンソー州について調べまくったねたを、次々わたしの肩書きにくっつけるという趣向だ。アトランタでのわたしの演説よりも長引くのではないかと思えた。わたしがようやくステージに出て腰を下ろすと、カーソンは巨大な砂時計を出し、世界じゅうの人々に砂の落ちる様子が見えるように、わたしの横に置いた。制限時間を守れということだろう。なかなかおもしろい。もっとおもしろいのは、わたしも砂時計を用意してきていて、テレビ局の人に絶対取り出さないようにと言われたことだった。カーソンがアトランタでの出来事を尋ねた。わたしは、演説があまりうまくないと思われているマイケル・デュカキスを雄弁家に見せるために、あえて引き立て役を務めたが、「想像もつかなかったくらいうまくいきましたよ」と言った。そして、あの演説をたいそう気に入ったデュカキスが、共和党大会にも参加してブッシュ副大統領の指名演説を引き受けるよう勧めてくれた、と。さらに、わざとへたな演説をしてみせたのは、「前々から、どうしてもこの番組に出たいと思っていたからです。それが今、実現しました」と悪乗りした。そのあとカーソンに、わたしの政治家としての将来性を問われたので、わたしはまじめくさって答えた。「今夜のこの番組の視聴率しだいでしょうね」。しばらく短いジョークの応酬をして、スタジオの聴衆の笑いをとったあと、カーソンの計らいで、ドク・セヴァリンセンのバンドと組んでサックスを演奏することになった。『サマータイム』のアップビート・バージョンを演奏したところ、少なくともジョークと同じぐらい受けた。そのあとわたしは腰を落ち着け、次のゲスト――イギリスの有名なロック歌手、あのジョー・コッカー――が歌う最新ヒット曲『アンチェイン・マイ・ハート』に聴き惚れた。

番組が終了したあと、できるだけのことはやったという安堵感を覚えた。ハリーとリンダが、友人たちを呼んでパーティーを開いてくれた。出席者のなかには、アーカンソー出身のふたり、オスカー女優のメアリ・スティーンバーゲンと、『二十五世紀の宇宙戦士キャプテン・ロジャース』の主演男優として一躍有名になったギル・ジェラードがいた。

わたしは夜行便でアーカンソーに戻った。翌日、《ジョニー・カーソン・ショー》が全国的に高い視聴率を獲得し、なかでもアーカンソー州の視聴率が並外れていたことを知った。普通、アーカンソー州の人たちは、そんなに視聴率が高くなるほど夜更かしをしないが、なにしろ州の名誉に関わる問題だ。州会議事堂に入っていくと、町の人たちが集まっていて、テレビでの活躍に手を叩いて歓声をあげ、わたしを抱き締めた。とりあえずアーカンソー州では、《ジョニー・カーソン・ショー》のおかげで、アトランタの失敗が帳消しになった。

運が上向いてきたのか、州外での評判も好転した。トム・シェイルズは、わたしを落ちこぼれと叩いたCNNから、〝政界・今週の勝者〟への指名を受けた。トム・シェイルズは、わたしが「奇跡的な巻き返し」を見せたと評し、「テレビの視聴者はこういう復活物語が大好きだ」と言った。しかし、それで終わりではなかった。八月に、ヒラリー、チェルシー、わたしの三人は、ニューヨーク州ロングアイランドへ出かけ、ビーチで友人のリズ・ロビンスと何日か過ごすことになった。わたしは、現地で夏を過ごす芸能人と文筆家による毎年恒例の慈善ソフトボール対抗試合で、アンパイア役を頼まれた。モート・ザッカーマンが投げる球に判定を下すところを撮った写真は、今でも持っている。ザッカーマンは現在、ニューヨークの《デイリーニューズ》と《USニュース&ワールド・リポート》の発行人だ。当日、試合会場でわたしが紹介されたとき、場内放送のアナウンサーが、アトランタでの演説ほど判定が長引かないようにお願いしますとジョークを飛ばした。わたしは声をあげて笑ったが、内心でうめいていた。観客の受け止めかたを知ったのは、最初のイニングが終わってからだった。スタンドで長身の男性がひとり立ち上がり、グランドに降りて、わたしに近づいてきた。「批判は気にしなさんな。ぼくはあの演説を聞いて、なかなかいい話だと思ったよ」。その男性は、コメディ俳優のチェヴィー・チェイスだった。わたしは昔から、チェイスが出演する映画を好んで見ていた。名優はこれで、生涯のファンをひとり獲得したわけだ。

お粗末な演説にしろ、上出来の《ジョニー・カーソン・ショー》にしろ、州知事としての本来の業務とはあまり関係なかったが、あの試練のおかげであらためて、政治家を見る有権者の目がその政治家の業績に大きな影響を与えることを思い知らされた。同時に、適度な謙虚さを身につけた。今後は、気まずい状況、屈辱的な状況に置かれた人の気持ちを、もっと思いやることができるだろう。敬愛する《アーカンソー・デモクラット》の記者、パム・ストリックランドの次の言葉に、わたしは共感を覚えずにいられなかった。「政治家がときどき尻餅をつくのは、そんなに悪いこととは思わない」

わたしの運が上向く一方で、残念ながらマイケル・デュカキスの運は失速していた。共和党大会で〝もっと優しく、もっと穏やか〟なレーガン主義を標榜し、「わたしの唇を読んでください。新税はありません」と公約したジョージ・ブッシュの演説が、とてつもない支持を集めたのだ。おまけに、ブッシュ副大統領は、マイケル・デュカキスに対して〝もっと優しく、もっと穏やか〟に接してはくれなかった。リー・アトウォーター率いる支持者たちが、凶暴な番犬の群れよろしくブッシュにくっついて歩き、デュカキスが国旗に向ける忠誠の誓いをないがしろにしているとか、犯罪者に甘いなどと中傷した。ブッシュの選挙運動と表立った関わりのない、ある〝無党派〟グループが、有罪判決を受けたウィリー・ホートンという殺人犯を使って中傷広告を打った。ホートンはマサチューセッツ州の服役囚一時帰休制度により仮釈放されていた。ホートンが黒人だったのは、けっして偶然ではないだろう。愚劣な人格捏造《ねつぞう》攻撃を受けたデュカキスは、すばやい猛反撃を見せる代わりに、ヘルメットを着用して戦車の中にいる写真を撮らせ、その姿がアメリカ軍の次期最高司令官というより《MADマガジン》のキャラクター、アルフレッド・E・ニューマンを思わせたせいで、痛手をむしろ大きくしてしまった。

秋になって、何か手伝えることはないかと思い、わたしはボストンへ飛んだ。そのころには、デュカキスは世論調査でかなり後れを取っていた。わたしは運動員たちに、反撃するよう発破《はっぱ》をかけた。

せめて、現共和党政権も囚人に一時帰休を与えていることを、有権者に知らせるべきではないか。しかし、期待したほどの反撃は行なわれなかった。わたしは、荷を負いすぎているように見える好人物のスーザン・エストリッチ選挙対策本部長と、カーター政権のホワイトハウスにいたジョージタウン大学のマデリン・オルブライト教授に会った。外交政策顧問であるオルブライト女史の知的な明快さと粘り強さに、いたく感銘を受けたわたしは、今後も連絡を絶やすまいと決めた。

選挙戦も残り三週間となって、デュカキスは主張を再開したものの、敵方の中傷広告と討論での劣勢によって損なわれた〝新しい民主党員《ニュー・デモクラット》〟のイメージはついに回復しなかった。十一月、五四パーセント対四六パーセントの得票率で、ブッシュ副大統領がデュカキス候補を破った。わたしの努力の甲斐もなく、民主党票はアーカンソー州でも過半数を割り込んだ。デュカキスは人柄がよく、立派な州知事だった。デュカキスとロイド・ベンツェンが政権を握っていれば、国政は好もしい方向へ進んだことだろう。しかし、共和党はデュカキスに不適格者のレッテルを貼った。徹底して貫いた戦術が功を奏したことで共和党を責めるわけにはいかないが、わたしには、それがアメリカにとっていいことだとは思えなかった。

大統領選も終盤を迎えた十月、わたしはふたつの刺激的な開発事業に関わっていた。まず、ミシシッピ州のレイ・メイバス、ルイジアナ州のバディ・レイマーという隣州の知事たちとともに、新しい試みに着手した。ふたりとも若く明敏な、ハーヴァード大出身の進歩的な州知事だ。決意のほどを示そうと、わたしたちは、ミシシッピ川のローズデール沖に浮かべたはしけの上で協定書に署名した。時を置かず、共同で貿易使節団を日本へ派遣した。それから、バンパーズ上院議員とミシシッピ州選出のマイク・エスピー下院議員を支援して、ミシシッピ下流デルタ地帯開発委員会の設立を成功させた。この委員会は、イリノイ州南部から河口のニューオーリンズに至るミシシッピ川両岸の、貧しい郡部の経済を活性化させるため、調査や提言を行なう機関だ。デルタ地帯の北部地区にある白人居住の諸郡は、黒人の多い南部の郡に劣らないほど困窮していた。わたしたち三人の州知事は、デルタ地帯開発委員会の委員を務めた。一年間、時代に取り残された小さな町々で公聴会を重ね、報告書をまとめた結果、常設の事務所を置いて、アメリカ先住民居留地を除いてアメリカで最も貧しいこの地域の経済及び生活の質を向上させるべく、活動が開始されることになった。

十月十三日、長らく先延ばしにされていた福祉改革法案にレーガン大統領が署名することになり、わたしはホワイトハウスに招待された。これは、民主党と共和党の州知事たち、テネシー州選出の民主党下院議員ハロルド・フォード、サウスカロライナ州選出の共和党下院議員キャロル・キャンベル、歳入委員会のダン・ロステンコウスキー委員長、誰よりも福祉史に詳しい上院財政委員会のパット・モイニハン委員長、そして、ホワイトハウスのスタッフたちの尽力が実ったもので、まさに超党派による合作だった。議会の、そしてホワイトハウスの州知事団との連繫ぶりには、感動し、頭が下がった。ハロルド・フォードなどは、法案を票決用の決定版に〝たたきあげる〟ための小委員会の会合に、わたしとデラウェア州の共和党知事マイク・キャッスルを招いてくれたほどだ。この法律によって、より多くの人々が福祉受給から就労自活の道に転じ、さらにその子どもたちがより多くの援助を得られることを、わたしは祈り、また信じた。

ロナルド・レーガンが大きな傷も負わずにホワイトハウスを去っていくのを見届けられたことも、わたしにはうれしかった。イラン‐コントラ事件でさんざん叩かれたレーガンは、民主党がもしニュート・ギングリッチの半分も手きびしかったら、弾劾に追い込まれていたことだろう。レーガンとは多くのことで意見が合わなかったが、個人的には好感を抱いていたし、州知事団を招いたホワイトハウスの晩餐会で同じテーブルについたときや、最後の挨拶のあと、何人かの州知事が去りゆく大統領を囲んだ昼食の席で、レーガンの話を聞くのは楽しかった。レーガンはどこか謎めいて見え、気さくさと同時に近寄りがたさも感じさせた。自分の過酷な施策が人心に与える影響をどれだけ知っていたのか、あるいは、大統領として極右勢力を利用していたのか、逆に利用されていたのか、確かなところはわからなかった。レーガンについて書かれた何冊かの本にも決定的な答えはなく、その後アルツハイマーを患ってしまったので、それは永遠にわからないままだろう。ともかく、レーガンの実人生は、彼の出演した映画よりも興味深く、神秘的だった。

一九八八年の最後の三カ月を、わたしは次の議会の会期への準備に費やした。十月下旬、翌年一月に議会へ提出する案件を略述した七十ページの小冊子『二十一世紀に向けたアーカンソー州の取り組み』を発行した。この冊子には、三百五十人を超える一般市民と、州の最重要課題に取り組む部局や行政委員会に携わる公務員の作業と勧告が反映されていた。そこに盛り込まれた革新的な具体案のなかには、以下のようなものがある。未成年者の妊娠を食い止めるための学校保健診療室。保険に加入していない学童向けの医療保険。居住地域の学校区以外の公立学校への通学を選択できる両親と生徒の権利。〝就学前児童のための家庭学習指導プログラム〟を七十五あるすべての郡に広げること。すべての学校で通知表を毎年発行し、生徒の成績を前年と、あるいは州内のほかの学校と比較できるようにすること。破綻した学校区を州が統合できるようにする規定。成人向け識字能力向上プログラム――アーカンソー州が「就労年齢の成人の非識字率をゼロにする」最初の州になるよう作成した――を拡充すること。

わたしは特に、識字能力向上案に熱を入れ、非識字を「恥」から「克服目標」に変えるという展望に胸を躍らせた。その前年の秋、チェルシーの学校で開かれたPTAの会合にヒラリーとともに出席したとき、ひとりの男性が近づいてきた。わたしが識字能力の話をしているのをテレビで見たという。その男性は、安定した仕事に就いているものの、読み書きを習ったことが一度もなかった。そして、雇い主に知られずに識字能力向上プログラムに参加できるかどうかをわたしに尋ねた。その雇い主とはたまたま知り合いで、そういう従業員を持ったことを誇りに思うはずだとわたしは思ったが、相手が尻込みするので、雇い主に知られずプログラムに参加できるよう、州政府が手はずを整えた。それ以後、わたしは、字が読めないのは恥ではないが、何も手を打たないことは恥になる、と唱え始めた。

識字率が向上し、新たな細目が加わっても、プログラムの中心テーマは、過去六年間にこつこつ取り組んできたとおりだった。すなわち、「人的資本に投資し、州民の意思疎通能力を向上させなければ、わが州は長期的な衰退への道をたどる」というものだ。アーカンソー州を働き者の州民、低賃金、低税率のすばらしい州として宣伝するという昔の方針は、近年のグローバル経済の実態にそぐわなくなったせいで、十年前に妥当性を失った。状況を変えるための努力を続けなくてはならない。

年末にかけて州内を遊説して回ったあと、一九八九年一月九日、このプログラムを議会へ提出した。趣旨説明の演説のなかで、わたしはアーカンソー州民に、このプログラムを支持している人たちのことと、財源を得るために増税しなくてはいけないことを告げた。ある地区の教育委員長は、一度もわたしに票を入れたことはないが、教育改革に賛同して宗旨替えした。州の就労プログラムに参加していた生活保護世帯のある母親は、高校を卒業して大学に入学し、就職した。第二次大戦のある退役軍人は、最近になって読み書きを覚えた。五億ドルを投じてアッシュダウンに新設されたネクーサ製紙工場の工場長は、「計画に沿って生産性を上げるには、従業員に統計学の知識が必要なのに、多くの従業員にはそれがない」ので、教育程度の高い労働力が欲しいと何人かの議員に訴えた。

わたしは、増税する余裕があることを説明した。わが州の失業率は相変わらず全国平均を上回っていたものの、六年前の一〇・六パーセントから六・八パーセントに減少した。州民ひとり当たりの所得は全国で四十六位なのに、州民ひとり当たりの州税・地方税は四十三位とまだ低い。

演説の最後に、このプログラムを強力に支持してくれている友人、ジョン・ポール・キャップス下院議員が、「ビル・クリントンはいつも同じ話をするから、みんな飽き飽きしてくるんだよね」とぼやいた話を持ち出した。数日前に報道された談話だ。わたしは議員たちに向かって、同じことばかりしゃべって多くの人をうんざりさせていることは承知しているが、「政治責任の本質は、本当に重要な問題に対して、それが解決するまでの長い時間、意識を集中していられるかどうかということにありますと言った。「わが州の失業率が全国平均を下回り、所得が全国平均を上回るときまで……新しい世界経済のなかで負荷を担えない州だという理由でアーカンソーを素通りする企業がなくなるときまで……州内の若者が安定した仕事を求めて外へ出ていかなくてもよくなるときまで……」そういう日が来るまでは、「政治家は職務を遂行しなくてはなりません」

いつも同じ話をすることについて、あるひらめきを得たのは、ティナ・ターナーがコンサートツアーでリトルロックに来たときだ。新しい曲を次々披露したあと、ティナはショーの締めくくりに、初めてトップテン入りしたヒット曲『プラウド・メアリ』を歌った。バンド演奏のイントロが流れたとたん、聴衆が熱狂した。ティナがマイクに歩み寄り、にっこり笑ってこう言った。「この曲は二十五年も歌ってきたけどね、歌うたびにうまくなるのよ！」

わたしの古い歌も熱狂的に聴いてもらえればいいのだが、あいにく、議員も州民もわたしの訴えを聞き飽きているというジョン・ポール・キャップスの言には、補強証拠があった。議会はわたしの提出した具体的な改革案のほとんどを通しながら、保健医療と教育に投入する財源を得るための増税を、頑として認めようとしなかった。この予算項目のなかには、教員給与のさらなる大幅増や、幼児教育の対象年齢を三、四歳児にまで広げることが含まれていた。一月初めの世論調査によると、有権者の過半数が教育向けの予算を増やすことを支持し、一九九〇年の州知事選に出馬すると思われる候補者のなかではわたしが他を一歩リードしていたが、それと同時に、回答者の半数が新しい州知事を望んでいることがわかった。

一方でまた、わたしの幹部スタッフのなかにも、倦怠《けんたい》を感じて、新しい難題に挑みたがる者が出てきた。例えば、民主党州支部の意気盛んな委員長リブ・カーライルは、かつてわたしが、週に半日しか時間をとられないから、と口説いて委員長になってもらった実業家だ。カーライルはのちに、週に半日というのは本職のために残された時間のことだったんだな、と冗談を言った。

幸い、要職に就いてもいいと言ってくれる有能な新人がいた。なかでも最良の、なおかつ最も論議を呼んだ人事は、ジョイスリン・エルダーズ博士の保健局長官就任だ。わたしはエルダーズ博士に、アーカンソー州で大きな問題となっている未成年者の妊娠に対して策を講じたいと訴えた。博士が、地元の教育委員会の承認が得られれば、学校に保健診療室を付設して性教育を施し、節度と安全な性行為の両方について啓蒙しようと提案したので、わたしはこれを支持した。すでに二カ所の診療室が開設されており、受診者も多く、婚外出産の減少に貢献しているようだった。

この人事は、〝とにかくつぶせ〟をモットーとする原理主義団体の抗議の嵐を引き起こした。エルダーズ博士が中絶賛成派だというだけで、攻撃対象にするにはじゅうぶんだった。彼らの論法では、そういう診療室が設置されたがゆえに、性にまったく興味を持たなかった多くの若者が衝動に駆られてしまうということになる。車のバックシートで興奮に身を任せるティーンエイジャーの頭に、エルダーズ博士や診療室のことが浮かんだとはとても思えないのだが……。あれは闘ってでも守るべき制度だった。

大統領に就任したとき、わたしはジョイスリン・エルダーズを軍医総監に任命した。エルダーズは公衆衛生界ではよく知られた存在で、健全な、けれど異論の多い保健政策を粘り強く模索している。一九九四年十二月の中間選挙で、わが党が共和党右派に大敗を喫したあと、エルダーズ博士がまたも新聞紙上をにぎわせた。未成年者の妊娠率を減らすには、子どもたちにマスターベーションを教えるのがいいと提案したのだ。当時、わたしは態度の定まらない民主党議員たちの支持をどうにかつなぎとめながら、教育、保健医療、環境保護向けの予算を削減するという共和党の過激な案と闘う決意を固めていた。そんな折のマスターベーション発言だったので、ギングリッチ一派がそれを大げさに取りあげて、マスコミや国民の注意を予算削減からそらそうとする可能性が出てきた。ほかのときなら、党をあげて論戦に応じることもできただろうが、わたしはすでに、物議をかもす予算案、北米自由貿易協定（NAFTA）、頓挫《とんざ》した保健医療改革、ブレイディ法、全米ライフル協会（NRA）を敵に回した攻撃用銃器規制などで、民主党に重荷を負わせていた。銃器規制では、NRAの猛攻に下院の議席を十以上奪われたこともある。ここは、エルダーズ博士に辞任してもらうしかなかった。誠実で有能で敢闘精神にあふれた人材を失うのは痛かったが、わが党は過去に何期か政権を逃すほどの政治音痴ぶりを露呈していた。いつの日か、エルダーズが許してくれることを祈るばかりだ。彼女はわたしが任命したふたつの職で、すばらしい業績を残してくれた。

一九八九年の人事面でのいちばんの痛手は、ベツィ・ライトが抜けたことだった。八月初め、ベツィは何週間か休職すると言ってきた。わたしはジム・プレジャーに、予算行政管理局の仕事とベツィの代理を掛け持ちしてくれるよう頼んだ。ベツィの休職届がさまざまなゴシップと憶測を呼んだのは、ベツィが知事室を取り仕切っていること、州政府の政務の隅々まで目を配っていることを、誰もが知っていたからだ。《アーカンソー・ガゼット》の辛口コラムニスト、ジョン・ブルーメットは、わたしたちの試験的別居が離婚に終わるのかと、コラムで疑問を呈した。ブルーメットは、破局には至らないと考えていた。わたしとベッツィが互いにとってかけがえのない存在だったからだ。それは確かだが、ベッツィは休暇を必要としていた。一九八〇年の知事選で敗北して以来、がむしゃらに働き続けたつけが回ってきた。わたしたちはふたりとも仕事中毒になり、疲れ切っていらだちを募らせた。一九八九年には、きびしい環境のなかであれもこれもやろうとして、しょっちゅう不満をぶつけ合った。その年の暮れ、十年にわたる滅私奉公の末、ベッツィは首席補佐官を正式に辞任した。一九九〇年初めにわたしは、元FBI捜査官で、フォートスミスの元警察署長ヘンリー・オリヴァーをベッツィの後任に指名した。ヘンリーはあまり乗り気ではなかったが、わたしの友人であり、州が取り組む政策を信奉していたので、一年を立派に務めてくれた。

ベッツィは一九九二年の選挙戦に戻ってきて、経歴と私生活に対する攻撃からわたしを守ってくれた。さらに、わたしの大統領時代の初期、ワシントンでアン・ウェクスラー率いるロビイスト団体の仕事をこなしたあと、オザーク山地で暮らすためアーカンソー州へ帰った。学校教育を向上させ、職を増やし、誠実で機能的な州政府を作るうえでベッツィが果たした大きな役割を、ほとんどのアーカンソー州民はけっして知ることがないだろうが、ぜひ知ってもらいたい。ベッツィなしでは、州知事としてあげた成果の多くを達成できなかったにちがいない。また、ベッツィなしでは、アーカンソーの政争を生き延びて、大統領の座までたどり着くことはできなかっただろう。

八月初めにブッシュ大統領が、翌月、全国の州知事を招いて教育首脳会議を開くことを発表した。九月二十七日と二十八日の両日、シャーロッツヴィルにあるヴァージニア大学で、州知事が一堂に会した。民主党員の多くがその会議に懐疑的だったのは、大統領と教育省のラウロ・カヴァゾス長官が、今回の会議は連邦政府が教育関連の助成金を大幅に増やす前触れではないと釘を刺したからだ。民主党員の懸念はもっともだが、わたしはこの首脳会議が、一九八三年の『危機に立つ国家』報告書のように、教育改革における次の段階へのロードマップになるのではないかと、期待に胸を弾ませた。大統領の教育改革に寄せる関心は本物だと信じていたし、重要なプログラムのなかには連邦政府が新たに予算を割かなくても実行できるものがあるという考えかたには賛同できた。例えばブッシュ政権は、指定された学校区以外の公立学校を選べる権利を両親と生徒に与えることを、各州に提言していた。アーカンソー州はミネソタ州に次いで、その案を採用した二番目の州になったばかりであり、ほかの四十八州にも追随してもらいたかった。わたしはまた、その首脳会議で適切な報告書を作成すれば、各州知事がそれを使って、教育にさらなる予算を投入することに州民の理解を得られるのではないかと思った。納めた税金でどんな公共サービスが受けられるかを知れば、州民の増税嫌いが緩和されるかもしれない。わたしは州知事の教育専門作業部会の議長仲間、サウスカロライナ州のキャロル・キャンベル州知事とともに、まず民主党知事たちの合意を取りつけたうえで、首脳会議の結果を盛り込んだ意見書の作成を共和党知事たちにも呼びかけようと考えた。

ブッシュ大統領は、短くとも雄弁な演説で会議の幕をあけた。続いて、出席者全員が中央の芝地をそぞろ歩き、夜のニュース番組や朝刊向けの写真を撮るカメラマンにポーズをとってみせてから、会議に入った。その日の夜、ブッシュ大統領夫妻が晩餐会を主催した。大統領と同じテーブルについたヒラリーが、アメリカの乳児死亡率の高さについて、大統領と意見を戦わせた。乳児の二歳までの生存率で、アメリカを上回る国が十八カ国あるとヒラリーが言っても、大統領は本気にしなかった。ヒラリーが証拠の提示を申し出ると、大統領は自分で探すと応じた。大統領はそれを実行に移し、翌日、確かにそうだったと書かれたヒラリー宛てのメモをわたしに託した。大統領の心遣いに触れたわたしは、六年前にケネバンクポートで、大統領みずからチェルシーの手を引いて化粧室に案内してくれたあの日を思い出した。

キャロル・キャンベルが地元から緊急の呼び出しを受けたので、わたしはあとに残り、全米州知事協会の会長であるアイオワ州の共和党知事テリー・ブランスタッド、協会の教育担当スタッフであるマイク・コーエン、わたしの助っ人を務めるグロリア・ケイブ下院議員といっしょに、首脳会議の意見書を細部まで練った。真夜中をだいぶ過ぎるまでかかって、どうにか仕上げた。州知事一同とホワイトハウスが二〇〇〇年までに達成すべき教育関連の具体的な目標を設定し、箇条書きにした意見書だ。基準を重視した過去十年と違って、ここで設定する目標は、投入《インプット》ではなく産出《アウトプット》に焦点を当て、州知事全員に一定の成果をあげることを義務づけた。わたしは、教育改革に新たな活力を吹き込む大胆な公約も持たずに地元に帰るのなら、シャーロッツヴィルに集まった意味がない、と檄《げき》を飛ばした。

大半の州知事がのっけからこの大義に熱を上げ、今回の首脳会議をきっかけに何か大きなことを始めようというアイデアを支持した。ブッシュ側近のなかには、顔を曇らせる人間もいた。大統領が何か大がかりな企てに取り込まれて、連邦政府の新たな助成金に関する言質《げんち》を取られはしないかと恐れたのだ。財政赤字と、大統領の「新税はありません」という公約を考えれば、助成金など出せるはずがない。それでも、結局、大統領側は折れてきた。当時の大統領首席補佐官ジョン・スヌヌが、州知事たちを手ぶらで帰すわけにいかないと同僚たちを説得してくれたおかげだ。わたしは、州の側から表立って助成金を求める動きを、最小限にとどめようと約束した。首脳会議の最終的な声明文には、こう書いてある。「機は熟しました。今こそアメリカの歴史で初めて、国家が果たすべき目標を明確に定めるときです。国際的な競争力を高める目標を」

首脳会議の最後に、ブッシュ大統領からとても心のこもった手紙をもらった。首脳会議で大統領のスタッフと共同作業したことに対する礼状で、一九九〇年の中間選挙へ向けて、「議論を重ねながら」教育改革を続けたいと書いてある。望むところだった。州知事会の教育問題協議会は目標を具体化すべく、ホワイトハウスの内政顧問ロジャー・ポーターとともに、ただちに作業に取りかかった。ポーターはローズ奨学生としてオックスフォードに留学した経験があり、わたしの一年後輩に当たる。わたしたちは大統領の一般教書演説の締め切りに合わせ、ホワイトハウスとの合意をめざして、その後四カ月間懸命に作業を進めた。

一九九〇年一月の終わりには、二〇〇〇年に向けた六つの目標について合意に達していた。

・二〇〇〇年までに、アメリカ国内のすべての子どもが学校に入って学べるようにする。
・二〇〇〇年までに、高校の卒業率を九〇パーセント以上に引き上げる。
・二〇〇〇年までに、アメリカの生徒は、第四学年、第八学年、第十二学年を終了する際、英語、数学、科学、歴史、地理などの科目の試験を受け、学力を示すこととする。また、アメリカのすべての学校は、生徒全員に健全な精神のありようを学ばせ、責任ある社会人となるため、さらなる学識を身につけるため、そしてアメリカ現代経済の生産性の高い担い手となるための土台を作る。
・二〇〇〇年までに、アメリカの生徒は科学と数学の学力で世界第一位を占める。
・二〇〇〇年までに、アメリカのすべての成人は識字能力を身につけ、グローバル経済において秀でるため、社会人としての権利と責任を行使するために、必要な知識と技能を修得する。
・二〇〇〇年までに、アメリカのすべての学校は麻薬と暴力の影響下を脱し、学習に好適な規律ある環境を整える。

一月三十一日、わたしは下院の傍聴席に坐っていた。ブッシュ大統領がこれら六つの目標を発表し、これはホワイトハウスと州知事会の教育専門作業部会が共同で設定したものであると述べた。また、これがさらに広範囲にわたる達成目標を掲げた意見書となり、翌月の冬の会議で全米の州知事に配布されると報告した。

二月下旬に州知事らが採用したその意見書は、一九八三年に発表された『危機に立つ国家』報告書の後継文書にふさわしいものだった。わたしは文書作成の一翼を担えたことを誇らしく思い、州知事仲間の知識と実行力に敬服し、大統領、ジョン・スヌヌ、ロジャー・ポーターに感謝した。その後十一年のあいだ、州知事として、大統領として、わたしは国民教育の目標に行き着くよう、精いっぱい努めた。わたしたちは目標を高く設定した。高く設定した目標に手を伸ばしたとき、たとえ届かなくても、スタート地点のかなり先まで進んでいるものだ。

一九八九年終盤の数カ月は、今後の身の振りかたを考えながら過ごした。いくつかの理由から、わたしは五期目の立候補をためらっていた。教育、幼児教育、保健医療を推進するのに必要な資金を集められなかったせいで、気を挫《くじ》かれていたこともある。ここをひとつの区切りにして、きびしい状況下で確かな実績をあげた十年の歩みを回顧するのもいいと思った。それは、一九九二年の大統領選に出馬するという選択肢にもつながった。それに、五期目を狙ったところで落選する恐れもあった。すでにわたしは、オーヴァル・フォーバスを別とすれば誰よりも長く知事を務めていて、州民のあいだに新しい知事を求める声が高いことは、世論調査の結果からも明らかだった。

とはいえ、政治の駆け引きも政策作りも、わたしには捨てがたい魅力だった。第一、歳入面で失敗した一九八七年を最後に、そのまま知事室を去るのは後味が悪かった。有能で活力あふれるわたしの行政チームも健在だった。実に清廉潔白な面々が集まったチームで、わたしは知事になってこのかた、特別な配慮を求めて賄賂《わいろ》を差し出されたことが、二回しかなかった。一回は、刑務所に医療業務を提供する入札の件で、落札を狙うある企業から第三者を通じて、かなりの大金を袖の下として提示された。わたしは、その企業を入札リストから外した。もう一回は、郡判事に頼まれて、ある年輩の男性に会ったときの話だ。甥っ子のための恩赦を願ったその老人は、州政府に掛け合うのが数十年ぶりだったことから、当然の要求に応えているつもりで、恩赦の代償に一万ドルを差し出した。わたしは相手に、わたしの耳が遠くて幸いだったと告げた。「あなたはあやうく罪を犯すところでしたよ」と話し、金は持って帰って教会か慈善団体に寄付するように勧めるとともに、その甥の件を調べてみることを請け合った。

いまだにたいていの日は、仕事に出るのが楽しくてしかたなかったので、わたしは知事職と縁が切れたら、何をすればいいのかわからなかった。十月末、毎年欠かさずに行く州の農産物品評会に顔を出した。その年はテントの一郭に何時間も陣取り、わたしに会いに来る人たちと話をした。そろそろ店じまいというころ、見たところ六十代半ばの、作業服姿の男がひょっこりやってきた。そして、わたしは目から鱗《うろこ》が落ちる思いを味わったのだった。その男は、「ビル、また立候補するのかい?」と、わたしに尋ねた。「どうでしょうね」と、わたし。「もし立候補したら、わたしに投票してくれますか」「するだろうな。ずっとそうしてきたんだよ」「よく、わたしに飽きませんねえ」。男がにやりとした。「おれはそんなこたあないけど、ほかの連中はみんな飽き飽きしてるよ」。わたしは苦笑いをしながら、きいた。「わたしの仕事ぶりは認めてもらえないのだろうか?」。男がすかさず返事をした。

「認めてるさ。だけど、あんた二週間ごとにちゃんと給料をもらってたじゃないか」。これもまた、クリントンの政治の法則を示すみごとな一例だった——すなわち、選挙とはすべて未来を向いているものなのだ。わたしはいい仕事をして当たり前であり、それは生計を立てるために働く人間に、共通して求められていることだった。優れた業績が役に立つのは、おおむね、再選されれば公約を守る人間だという証しとしてだった。

十一月、東西冷戦のシンボル、ベルリンの壁が崩壊した。ドイツの若者たちが、壁を壊しては大きなかけらを記念に持ち帰るのを見て、アメリカの全国民と同じく、わたしも歓声をあげた。共産主義がヨーロッパに拡散するのを阻もうとして、わたしたちが続けた長い睨み合いは、自由の勝利をもって終わりを告げた。北大西洋条約機構（ＮＡＴＯ）による連合戦線と、ハリー・トルーマンからジョージ・ブッシュに至るアメリカの指導者たちの一貫した政策の賜物だった。わたしは、二十年近く前に訪れたモスクワを思い起こした。西側からの情報や音楽を貪欲なまでに求めた若いロシア人たち。それはまた、自由を渇望する姿でもあった。壁の崩壊からしばらくして、長年の友人であるデイヴィッド・イフシンから、ベルリンの壁のかけらが二枚届いた。十一月九日の運命の夜、ベルリンにいたデイヴィッドは、ドイツ人に混じって壁を削り取ったのだ。ヴェトナム戦争のころは、熱烈に反戦を説いてその名をはせた男だった。壁の崩壊を目にしたデイヴィッドの喜びようは、すべてのアメリカ人が冷戦後の時代に託した未来への希望を象徴していた。

十二月、わたしの通う教会の牧師であり、恩師でもあるＷ・Ｏ・ヴォートが、癌との闘いに散った。ヴォートは数年前にインマヌエル・バプテスト教会の聖職を退き、あとをブライアン・ハーバー博士に譲っていた。ハーバー博士は若く立派な牧師で、減る一方の、わたしたち革新的な南部バプテストの代表格だ。ヴォート博士は引退後も活動を続け、病気で体が弱って外出がままならなくなるまで、説教を行なっていた。亡くなる二、三年前、知事公邸にわたしを訪ねてくれた。わたしに三つの事柄を伝えるためだった。博士はまず、わたしが公的に極刑を支持する立場を貫いてはいても、倫理の面で疑問を抱いていることを承知していて、わたしにこう説明してくれた。聖書にある「汝殺すなかれ」という戒律は、合法的な死刑執行を禁じるものではない。なぜならギリシャ語の語源がすべての殺害を網羅してはいないからで、戒律を字義どおりに解釈すれば、「汝、殺人を犯すなかれ」になるという話だった。ふたつめに、ヴォート博士は、中絶の合法化に賛成の立場をとるわたしが、原理主義者から攻撃されていることに気を揉んでいた。中絶はたいていの場合、誤った選択であるという自身の考えを述べたうえで、博士は、聖書には中絶を咎《とが》める言葉も、受胎したときに生命が宿るとする説明もないことを教えてくれた。それどころか、赤ん坊に生命が〝吹き込まれる〟のは、母親の体から子どもが取り出されて、尻を叩かれたときであると記されているという。わたしはヴォート博士に、母の胎内にいるときから神はわたしたちのことを知っている、という聖書の記述について尋ねた。博士は、それは単に神が全知全能であることを指す言葉であると答えた。言い換えるなら、わたしたちが母親の胎内に宿る前から、直系の祖先たちが生まれる前から、神はわたしたちを知っているということだった。

ヴォート博士が最後に切り出した話には面食らった。わたしはこう言われたのだ。「ビル、わたしはきみがいつか大統領になると思っている。きっといい仕事をするだろう。だが、ひとつ、きみが絶対に忘れてはいけないことがある。イスラエルを見殺しにしたりすれば、神がけっしてお赦《ゆる》しにはならないよ」。ユダヤ人をパレスチナに住まわせるのが神の意志であると、ヴォート博士は信じていた。パレスチナ人が虐待を受けてきた事実は無視できないながらも、パレスチナ問題の解決は、イスラエルの平和と安全を抜きには考えられないことだと語った。

十二月半ば、わたしはヴォート博士を見舞った。博士は寝室から出られないほど衰弱していた。博士に頼まれて、わたしはクリスマスツリーを寝室に運び入れた。最後の日々を、ツリーを眺めて過ごせるようにと……。奇《く》しくも、クリスマスの日にヴォート博士は他界した。キリストにとって、ふたりといない忠実な信徒だった。わたしにとっても、ヴォート博士ほど誠実な牧師や相談相手はいなかった。その博士を失って、わたしはひとりで博士が予言した道を歩み、魂の危機を乗り越えていくことになった。

25

もう一度出馬するかどうか、決めかねているあいだに、州知事選は、わたしの意向に関わりなく、本当の混戦状態になりつつあった。長いあいだ押さえ込まれていた野心が解放されたのだ。民主党からは、ジム・ガイ・タッカー、州司法長官のスティーヴ・クラーク、祖父も州知事だったロックフェラー財団理事長のトム・マクレイが出馬を表明した。いずれもわたしの友人であり、すばらしい発想と華々しい経歴の持ち主たちだ。共和党側には、さらに興味深い顔ぶれが並んだ。まずは、元民主党員の手強いふたり。ワシントン嫌いのトミー・ロビンソン下院議員とアーカンソー・ルイジアナ・ガス会社の前社長シェフィールド・ネルソンだ。ネルソンは、民主党は左に寄りすぎたと言って共和党に鞍替えした。これは南部の白人がよく使うせりふだが、一九八〇年の大統領選でカーター大統領ではなくテッド・ケリー上院議員を支持したネルソンの口から出ると、いっそう興味深い。

ロビンソンとネルソン、その支持者たちは、みんなかつての友人どうしだが、非難合戦の泥仕合となった選挙戦で、互いへの復讐心に燃えていた。ロビンソンが、ネルソンとロビンソンの昔からの友人で、ガス田を所有し、アークラ（天然ガスの公共事業体）と取引しているジェリー・ジョーンズとネルソンを、アークラの消費者から法外な料金をしぼり取っている強欲なビジネスマンと攻撃すれば、ネルソンは、情緒不安定で州知事には向かないとロビンソンを攻撃する。唯一ふたりの意見が一致したのは、わたしが税金を上げすぎ、教育改革と経済の発展においてはほとんど何もしていないという点だった。

民主党サイドでは、スティーヴ・クラークが立候補を取りやめ、ジム・ガイ・タッカーとトム・マクレイが戦線に残ったが、マクレイは共和党勢より狡猾《こうかつ》なやりかたで、わたしに出馬を断念させようと図った。わたしはいい仕事をたくさんしたけれど、アイデアは出尽くしたし、時間も使い尽くしたというのが、マクレイ陣営の言いぶんだった。十年も州知事を務めればじゅうぶんだろう。これ以上州議会から引き出せるものはないし、この先四年も続けたら、州政府全体への支配力が大きくなりすぎてしまう。有権者代表のいくつかのグループが、マクレイに対し、経済政策においてはわたしの路線を踏襲してほしいが、新しい指導者の新しい発想を期待していると語ったという。わたしは、そういう意見にも一理《いちり》あることを認めたが、増税反対の保守派が大勢を占める議会から、ほかの民主党知事がわたし以上のものを引き出せるとは思えなかった。

気持ちが固まらないまま、わたしは三月一日を決意表明の日とした。ヒラリーとわたしは徹底的に話し合った。わたしが出馬しなければ、ヒラリーがするだろうと推測する新聞もあった。感想を求められて、わたしは、ヒラリーならきっと立派な州知事になるだろうが、出馬するつもりなのかどうかはわからないと答えた。この件について話し合った際、ヒラリーは、もしわたしの不出馬が決まったらそのときに考えるが、それでわたしの決断が左右されるようなことがあっては困ると言った。わたしにはまだ州知事の職を去る準備ができていないことを、ヒラリーはわたしより先に知っていた。

わたしは結局、十年に及ぶ激務の場から立ち去ろうという考えに耐えられなくなった。特に最後の一年間は、教育改革へのさらなる資金投入に繰り返し失敗した。わたしは今まで、仕事を途中で放り出したことはないし、弱気になりかけると必ず、何か気持ちを奮い立たせるようなことが起こった。州の経済がどん底にあった一九八〇年代半ば、住民の四人に一人が失業中というある郡に、新しい企業を誘致しようとした。最後の最後になってネブラスカ州が提示額に百万ドルを上乗せして、わが州は競り負けた。わたしはひどく落ち込み、郡の住民すべてを失望させてしまったと思った。頭を抱えてぐったりと椅子にもたれかかるわたしを見て、秘書のリンダ・ディクソンが、自分の机に置いてある聖句の日めくりカレンダーを一枚破り取った。そこに書かれていたのは、『ガラテア人への手紙』第六章第九節だった。「善を行なうことに疲れてはならない。失望せずに続ければ、時期が来て収穫するのだから」。わたしは仕事に戻った。

二月十一日、堅忍《けんにん》という力のすごさを見せつけられた。日曜日の早朝、ヒラリーとわたしはチェルシーを起こし、州知事公邸のキッチンに連れてきて、今まででいちばん重大な出来事を目撃することになると言った。それからテレビのスイッチを入れ、ネルソン・マンデラが長い苦闘の果てに、自由というゴールに到達する場面を見た。投獄され、虐待された二十七年間を、マンデラは耐え抜き、勝利を手にした。アパルトヘイトを廃止させ、みずからの知性と心を憎悪から解放して、世界に勇気を与えた。

三月一日の記者会見で、わたしは五期目に向けて出馬することを発表した。「選挙戦に熱く燃えることはなくなったが」、教育改革と経済の近代化をやり遂げる機会がもう一度欲しかったし、ほかの候補者よりうまくやれる自信があった。そのほかにも、州政府に新たな人材を投入すること、権力の濫用を避けるために最大限の努力をすることを約束した。

今になってみれば、記者会見の声明は曖昧で、やや尊大だったと思う。しかし、それはまた、一九八二年の選挙戦以来初めて、負けるかもしれない選挙に臨む、わたしの気持ちを正直に表わしたものだった。その後まもなく幸運が舞い込んできた。ジム・ガイ・タッカーが出馬を取りやめ、代わりに州副知事選に立候補することになったのだ。同じ党の候補者が分裂したままでは、誰が勝とうと、秋の本選挙で共和党に敗れる公算が増すだけだというのが理由だった。ジム・ガイには、副知事選で楽勝し、四年後に州知事になるという計算があった。その予想はほぼ正しかったし、わたしは安堵した。

それでも、わたしは予備選挙を楽に戦えるとは思わなかった。マクレイは精力的な選挙運動を展開していたし、ロックフェラー財団での長年にわたる立派な仕事ぶりのおかげで、州の内外に多くの友人と崇拝者を得ていた。州知事選への出馬を正式表明したとき、マクレイは手にほうきを持ち、州政府をきれいに掃除して、古い考えかたや職業政治家を一掃したいと語った。わたしの隣人であるデイヴィッド・ボーレンが一九七四年のオクラホマ州知事選に立候補したときには、ほうき作戦は功を奏した。今回はそうさせてはならない。グロリア・ケイブが選挙戦の仕切り役を引き受けてくれ、有能な人材を集めて組織を作った。モーリス・スミスは資金集めを担当した。そして、わたしは単純な戦略を実行した。実績で対立候補をしのぐべく、自分の職務をこなし、新しい構想を打ち出し続けたのだ。新しい構想には、高校で平均B以上の成績を取った生徒全員に大学の奨学金を与える案や、温室効果ガスを減らし、地球温暖化を抑制する責務を果たすため、年間一千万本以上の植樹を十年間続ける〝未来を植えよう〟計画などが含まれていた。

四月には、全米労働総同盟・産業別組合会議が、初めてわたしを支持しないと決めた。代表のビル・ベッカーはずっとわたしのことを嫌っていた。消費税の増税は労働者に不公平だとして、アーカンソー州に新たな雇用先を誘致するためわたしが支持した政策減税に反対し、一九八八年の税制改革に関する住民投票に失敗したとわたしを非難した。そのうえ、労働争議に関与したある企業に三十万ドルの借り入れ保証をしたことにひどく腹を立てていた。労働者集会で演説したとき、わたしは、増税が教育のために必要であることを説明し、さらに、わたしが支持して住民が反対票を投じた税制改革の失敗を、ベッカーがわたしの責任だと言い立てていることに驚きの気持ちを表明した。借り入れ保証に関しては、それで四百十人分の仕事が確保できるという事情を話した。その企業はフォード社に製品を卸していて、借入金で二カ月分の在庫を作ることができる。それだけの在庫がなかったら、フォードはその企業との契約を破棄して、取引をやめてしまったかもしれない。それから二週間のうちに、十八の地元労働組合がベッカーに反旗を翻すことで、わたしへの支持を表明した。彼らは、完璧さを善良さの敵にするという、典型的な自由主義の罠《わな》には陥らなかった。二〇〇〇年にラルフ・ネイダーに投票した人々が同じ過ちを犯さなかったら、アル・ゴアが大統領になっていただろう。

予備選挙のクライマックスともいえる劇的な瞬間は、わたしが州外に出かけているあいだにやってきた。デルタ地帯開発委員会の報告書を連邦議会に提出するためにワシントンを訪れているとき、マクレイは州会議事堂で記者会見を開いて、わたしの業績を批判した。アーカンソー州のメディアをすべて味方につけるつもりだったようだが、ヒラリーは別のことを考えていた。記者会見の前夜に電話で話したとき、ヒラリーは会見に顔を出すつもりだと言った。マクレイはボール紙に描いたわたしの似顔絵を隣りに置いて、こんなときに州を離れるのは自分との討論を避けているからにちがいないと攻撃し、わたしへの質問を出しては自分で答えるというやりかたで、わたしの業績を批判し始めた。

そんな自問自答のさなか、ヒラリーが群衆の前に歩み出て、マクレイの茶番に割り込み、マクレイは、わたしがアーカンソーの代表としてデルタ委員会の提案を後押ししてもらうためにワシントンに出向いたことを知っているはずだと問い詰めた。そして、州知事としてのわたしの手腕を賞賛しているロックフェラー財団の数年分の報告書を見せ、アーカンソー州はロックフェラーの評価を誇りに思うべきだと訴えた。「わたしたちはサウスカロライナ州を除くどの州よりも進歩したのです。サウスカロライナにもすぐに追いつくはずです」

候補者の妻が、ましてや現職知事の妻が、こんなふうに対立候補と対決したなどという話は聞いたこともない。そのことでヒラリーを批判する人間もいたが、ほとんどの人は、わたしたちが長い時間をかけてともに取り組んできた仕事を擁護する機会を、ヒラリーが逃さなかっただけだと理解してくれた。そして、この出来事がマクレイの勢いをそいだ。アーカンソー州に戻ると、わたしはわたしに対するマクレイの攻撃を取り上げ、彼の経済政策を追及し、アーカンソー州の周囲に壁を作ろうとしていると叩いた。わたしはマクレイを始めとする対立候補を押しのけ、有効票の五五パーセントを獲得して、予備選挙に勝った。しかしマクレイが少ない予算で効率的な選挙戦を展開したことで、共和党は秋の本選挙への期待を膨らませた。

共和党の予備選挙ではシェフィールド・ネルソンがトミー・ロビンソンを打ち負かし、「増税とむだ遣い」のわたしに勝ってみせると宣言した。しかし、彼の戦略には欠陥があった。共和党の中道派として、教育と経済の分野におけるわたしの仕事ぶりを褒めたたえたうえで、十年も続ければじゅうぶんなのだから、金時計をもらって潔く身を引くべきだ、という方向へ持っていけばよかったのだ。学力向上とそのための増税という政策に対し、ネルソンが支持の立場を翻したおかげで、わたしは在任期間の長さという拘束衣を脱ぎ、前向きの変化をめざす唯一の候補者として疾駆することができた。

ネルソンが教育プログラムと増税に反対したという事実は、わたしが当選した場合、議会に対し、有権者はさらなる進歩の道を選んだのだと主張する裏づけともなる。投票日が近づくと、全米労働総同盟・産業別組合会議はついに、わたしへの支持を表明した。アーカンソー教育協会はわたしを「推薦」することにした。その理由は、わたしが教師の給与を増額したこと、ネルソンが四年間は増税をしないと公約したこと、教育協会のシド・ジョンソン会長が和解と良好な関係の維持を望んだことだった。

しばらくのあいだ、ネルソンはかなり右寄りに動いて、非嫡出子のための福祉給付削減を訴えたり、全米ライフル協会の圧力で州議会を通過した法案に拒否権を行使したことでわたしを攻撃したりした。その法案は、火器や弾薬を規制する条例を地方自治体が制定することを禁じるものだった。州議会議員たちは常に市議会よりも後進的で、銃砲所持を支持する傾向が強いので、全米ライフル協会は巧みにそこを突いたのだ。しかし、わたしは悪い法案だと思った。ギャングの動きが活発化するなかで、もしリトルロック市議会が警官殺しの銃弾を禁止したいと考えるのなら、市議会にはそうする権利があるはずだ。

たとえ選挙期間中であっても、州知事執務室の仕事は止まらない。六月、わたしはアーカンソー州で一九六四年以来初めて死刑執行を許可した。ジョン・スウィンドラーは、アーカンソー州の警官ひとりとサウスカロライナ州のティーンエイジャーふたりを殺害して有罪となった。ロナルド・ジーン・シモンズは、妻と三人の息子と四人の娘と義理の息子と義理の娘と四人の孫、それに恨みを抱いていた人物をふたり殺した。シモンズは死にたがっていた。スウィンドラーは死にたがっていなかった。ふたりとも六月に処刑された。このふたりに対して憐憫《れんびん》の情はなかったが、もっと判断がむずかしい場合もあることはわかっていた。

わたしはまた、終身刑を宣告された数人の殺人犯を減刑し、仮釈放の機会を与えようとした。有権者に説明したように、わたしは最初の任期でつらい経験をしていたので、数年間は減刑をしなかったが、刑務所委員会と恩赦・仮釈放審査委員会が、一部の終身刑囚の減刑を再開するよう嘆願してきた。ほとんどの州は、数年間服役した終身刑囚を恩赦の対象にしている。アーカンソー州では州知事が減刑することになっている。その決定は容易なものでも評判のいいものでもないが、受刑者の一〇パーセントを終身刑囚が占めている刑務所制度において、平和と秩序を維持するためには必要なことだ。

幸いにも多くの終身刑囚が犯罪を繰り返すことなく、周囲の人々に危害を加えずに社会に復帰している。今回わたしたちは、被害者の遺族に接触して、意見を聴くという試みを実行した。意外にも多くの遺族が反対しなかった。そのうえ、減刑された受刑者は大半がすでに高齢になっているか、非常に若いころに罪を犯した者たちだった。

九月半ば、わたしに最初の「セックス疑惑」を突きつけたのは、恨みを抱いていた金融開発局の元職員だった。ラリー・ニコルズは、ニカラグア・コントラの保守的な支持者たちに、職場から百二十回以上も電話をかけていた。コントラは、共和党の国家主義者たちが強力に支援しているニカラグアの反革命組織だ。ニコルズの釈明によると、電話をかけたのは、金融開発局に都合のいい法案を支持するよう、共和党議員に働きかけてもらうためだった。この釈明は認められず、ニコルズは解雇された。そのあと、ニコルズは州会議事堂前の階段で記者会見を開き、わたしが金融開発局の資金を使って五人の女性と肉体関係を持ったと糾弾した。それからまもなく、議事堂前の駐車スペースに車を乗り入れたわたしは、AP通信社のビル・シモンズから話を聞かされて、衝撃を受けた。シモンズは政治記者クラブの上級メンバーであり、有能な記者だ。ニコルズの告発をどう思うかときかれて、わたしは相手の女性たちに電話をしてみるように勧めた。彼は電話をし、女性たちはみな否定して、噂はほぼ消えた。どのテレビ局も新聞も報道しなかった。ネルソン支持者のある保守的なラジオアナウンサーだけが、この話を取り上げ、ひとりの女性を名指しした。名前を出されたジェニファー・フラワーズは、口を閉じなければ告訴するとアナウンサーを脅した。ネルソンは選挙戦で、この噂に火をつけようとしたが、裏づけも証拠も欠いていた。

選挙戦の終盤になって、ネルソンは、視聴者に誤解を抱かせるような、効果的なテレビ広告を流した。アナウンサーがいくつかの問題を提示し、わたしに回答を迫る。それぞれの質問に対し、わたしの声が「上げて、つぎ込む」と答える。わたしが施政方針演説のなかで、アーカンソー州の予算を連邦政府の予算と比べたときに使った言葉を抜き出したのだ。ワシントンは赤字財政が可能だが、わたしたちは財源がなければ「(税金を)上げて(予算項目に)つぎ込むか、あるいはまったく出費しないか」の選択しかない。わたしはお返しの広告を流した。ネルソンの主張をわたしが実際に口にした言葉と比べて、有権者にこう訴えかけたのだ。選挙広告で有権者を間違った方向に導く人物が、州知事として州民を導けるだろうか、と。その二日後、五七パーセント対四三パーセントで、わたしは当選した。

この勝利は多くの点で甘美なものだった。州民はわたしに十四年間州知事を任せる決断をした。過去のどのアーカンソー州知事よりも長い在任期間になる。そして今回初めて、州で最大の、筋金入りの共和党員の郡であるセバスチャン郡を制した。遊説でフォートスミスを訪れたとき、そこで勝利を収めることができたら、ヒラリーとわたしは町のメインストリートであるギャリソン通りを踊りながら歩いてみせると約束した。投票日から二日後の夜、数百人の支持者とともに、わたしたちは約束を実行した。雨がぱらつく寒い夜だったが、わたしたちは踊り続け、その時間を楽しんだ。この場所での本選挙の勝利を、十六年間待ったのだから。

本選挙の期間中に、ひとつだけ、純粋に個人的な、心を痛める出来事があった。八月に、母の右胸にしこりが見つかったのだ。四十八時間後、ディックとロジャーとわたしが病院に付き添って、母はしこりの剔出《てきしゅつ》手術を受けた。手術のあとも、いつもどおり陽気だった母は、休養することなく選挙運動に復帰したが、数カ月間は化学療法を続けた。すでに腕の、二十七カ所のリンパ節に癌細胞が広がっていたが、母はわたしにすら話さなかった。一九九三年になって初めて、わたしたちはどれほど悪化しているかを知らされた。

十二月に入って、わたしは民主党指導者会議の仕事を再開し、オースティンにテキサス支部を創設した。演説のなかで、わたしは、リベラル派の批判とは裏腹に、わたしたちはよき民主党員であると述べた。わたしたちは、すべての国民の胸にアメリカン・ドリームの火をともし続けるのが使命だと信じている。わたしたちは、政府というものの機能を信じているが、現状の政府は信じていない。そして、わたしたちは、政府の出費が過去と現在に――債務の利息、防衛費、旧態依然の医療負担などに――偏りすぎ、未来――教育、環境、研究開発、基盤施設など――が冷遇されていると信じている。指導者会議は、現代の根本的な政治課題を正面から取り上げていく。官僚主導ではない機会の拡大、公立学校や児童保育における選択の自由、貧困層の責任能力と権利の強化、そして、政府機能の改革――工業化時代の上意下達式官僚制から、現代のグローバル経済にふさわしい、むだを省いた、より柔軟な、より革新的なモデルへの移行……。

わたしは全米の民主党員にメッセージを送ろうとし、その努力が、一九九二年の大統領選に参入するのではないかという憶測を生み出した。最後の州知事選挙戦では、当選したあかつきには必ず任期を務めあげると、一度ならず演説していた。それが正直な気持ちだった。州議会の開会が待ちきれないくらいだった。ブレイディ法の廃止や、育児介護休業法への拒否権行使には強く反対するが、ブッシュ大統領には好意を抱いていたし、ホワイトハウスとも良好な関係を維持していた。それに、ブッシュ大統領に選挙で勝つのは不可能だと思えた。サダム・フセインがクウェートに侵攻し、湾岸戦争に向けた宣伝活動を始めたこともあって、二カ月後には大統領の支持率は成層圏まで達しそうな勢いだった。

一九九一年一月十五日の朝、聖書を抱えた十歳のチェルシーとともに、州知事に就任する最後の宣誓を行なった。慣習に従って、満員の本会議場で略式の演説を行ない、正午には、荒れ模様の天候に配慮して議事堂の円形広間で執り行なわれた公開の儀式で、正式に演説した。新しい州議会には女性と黒人が増えた。下院議長のジョン・リプトンと臨時上院議長のジェリー・ブックアウトは、進歩的で強力な、わたしの支持者だ。副知事となったジム・ガイ・タッカーは、この地位にある者としてはかつてないほど有能な人物で、わたしは数年ぶりに、主義主張のぶつからない補佐役を得た。

就任演説は、アーカンソー州からペルシャ湾に赴いた男女に捧げ、マーティン・ルーサー・キングの誕生日に新たな任期を始めるのはふさわしいと強調した。それは「わたしたちはともに未来に向かって前進しなければならない。さもないと達成できることは限られてくる」からだ。それから、教育と医療と道路整備と環境について、今までにない野心的な計画を披露した。

教育の分野でわたしが提案したのは、成人の識字能力を大幅に高めることと、そのための教育プログラム、大学進学を希望しない若者のための徒弟制度、中流階級と低所得層の子どもで、必修科目を履修し、平均B以上の成績を取り、薬物使用歴のない生徒全員に大学の奨学金を与える制度、貧困層の子ども向け修学前プログラム、理数系専門の全寮制高校の新設、経験二年以上の教師の給与の四千ドル増額。その財源は、消費税を〇・五セント、法人所得税を〇・五パーセント増税してまかなうよう議会に諮った。

わたしの一括法案には、まだいくつか改革案があった。妊娠中の女性と子どものための医療保険。州の所得税名簿から、全体の二五パーセントにあたる二十五万人以上を削除する。所得税控除額を引き上げて、売上税の増税分を相殺し、納税者の七五パーセントにとって税負担が増えないようにする。

それから六十八日間というもの、プログラムを通すために働いた。議員たちを執務室に連れてくる、法案について個人的に話し合うため委員会の聴聞会に顔を出す、廊下や夜間の行事や早朝の議事堂内カフェテリアで声をかける、議場の外や議員控え室をいっしょに歩き回る、夜遅く自宅に電話をかける、反対派の議員たちやそのロビイストと徹底的に話し合って合意を引き出す……。税制関連法案は、投票の結果、七六パーセントと一〇〇パーセントの賛成で上下両院を通過した。共和党議員も過半数が賛成に回った。

アーカンソー州で最も明敏な、卓越したコラムニストのひとり、アーネスト・ドゥーマスはこう語った。「教育問題に関しては、歴史的に見ても五本の指に入る、おそらく最高の会期だった」。また過去最大の道路整備プログラムを通過させ、貧困家庭のための医療を大幅に拡大し、固形廃棄物のリサイクルと廃棄量削減と、「州の汚染取締機関に対する汚染企業の影響力を弱化」させるための提案を通過させ、「宗教的狂信者による怪しげな民間療法」を駆逐すべく、貧困地域の学校に診療室を設ける予算を獲得した。

議会が最も紛糾したのは、その学校の診療室をめぐるある論議だった。わたしは、地元の教育委員会が認めれば、診療室がコンドームを配布するのも構わないと思っていた。上院も同じ考えだった。保守色の濃い下院は、コンドームに猛反対した。結局、議会はマーク・プライアー下院議員の提出した妥協案を採用した。プライアーは、二〇〇二年にアーカンソー州選出の連邦上院議員になった人物だ。その妥協案とは、コンドームの購入資金は州の財源からは出さないが、別の資金で購入したものは配布しても構わない、というものだった。《アーカンソー・ガゼット》の機知に富んだコラムニスト、ボブ・ランカスターが「コンドーム議会」のごたごたを、ユーモアたっぷりの記事にした。ホメロスへの謝罪を付して、ランカスターはこの論戦を「トロイ戦争《トロージャンズ・ウォー》（訳注「トロージャンズ」はコンドームの商標名）」と名づけた。

地方自治体に銃砲規制条例の採用を禁ずる、全米ライフル協会の法案も議会を通過した。一九八九年にわたしが拒否権を行使したのと同じ法案だ。南部の州議会で、全米ライフル協会の意向に逆らえるところはひとつもない。もっと進歩的な上院でさえ、二十六対七で法案を可決した。せめてもの対抗策として、わたしはこの法案が夜遅い時間に上院を通過するように仕向け、議員たちが帰宅したあと拒否権を発動して、すぐには拒否権無効の票決ができないよう計らった。その少し前、法案がわたしのもとへ送られてきたあとに、わたしは、ワシントンから圧力をかけにやってきた全米ライフル協会の若いロビイストとの、とんでもない出会いを経験した。とても背が高くて、高価なスーツに身を包み、ニューイングランド訛《なま》りで早口にしゃべる男だった。ある日、わたしが下院から上院へ向かう途中、円形広間を歩いていると、そのロビイストに呼び止められた。「州知事、州知事、あなたの署名なしでこの法案を有効にするわけにはいきませんかね」。これで何度目だろうと思いながら、わたしはその法案を支持しない理由を説明した。すると、ロビイストは突然大声になり、「いいかい、州知事さんよ、この法案を拒否したりしたら、あんたが来年大統領選に出たときに、脳天をテキサスまで吹っ飛ばしてやるぞ」と怒鳴った。わたしが相手を殴りつけなかったのは、歳を取って我慢強くなった証拠だろう。にこりと笑って、わたしはこう言った。「脅しはきかないよ。わたしはこの法案が好きではない。アーカンソー州で銃砲規制が問題になることはない。ワシントンにあるきみの豪華なオフィスには、この法案とすべての州の名前が書かれた表が貼ってあるんだろう。法案の善し悪しなど、きみにはどうでもいい。表の、アーカンソー州のところにチェックを付けたいだけだ。きみはきみの銃を取れ。わたしはわたしの銃を取る。お互い馬の背に乗ったら、テキサスで会おう」。議員たちが帰宅するとすぐに、わたしは拒否権を発動した。まもなく、わたしを攻撃する全米ライフル協会のテレビ広告が流れ始めた。本書のこのくだりを書き始めてから気づいたのだが、ロビイストとのその対決のなかで、わたしは、自分が大統領選に出馬すると思われていることを突然知らされたのだ。当時は、そんな可能性を頭に浮かべもしなかった。ただ脅されるのがいやだっただけだ。

会期が終了すると、ヘンリー・オリヴァーが辞意を表明した。オリヴァーを失うのはつらいことだが、海兵隊、ＦＢＩ、市庁、州政府で数十年間立派な仕事をしてきたのだから、故郷へ帰る権利はある。当面のあいだオリヴァーの仕事は、グロリア・ケイブとキャロル・ラスコーが引き継ぐことになった。

その後の数カ月は、大量に成立した新法や新制度がきちんと実施されるよう目を配りながら、民主党指導者会議のために国内を飛び回った。行く先々で、「この二十年間にわが党を離れた本流の中産階級」の有権者をいかにして呼び戻すかについて論じたものだから、マスコミはわたしが一九九二年に出馬すると憶測し続けた。四月に行なわれたインタビューで、わたしは冗談交じりに答えた。「誰かが名乗りをあげるまでは、誰がリストにのぼってもおかしくないし、それはそれでおもしろいでしょう。わたしの名前が新聞に出ると、母が喜びますから」

出馬の是非どころか、その可能性すら、他人事のようにしか感じられず、その一方で、ブッシュ大統領の支持率は湾岸戦争の名残で七〇パーセント以上を保っていたが、わたしはしだいに、党の伝統的な基盤と浮動票とを結びつける力のある民主党指導者会議のメンバーなら、チャンスはあるかもしれないと思うようになった。今のアメリカは、ワシントンで論じられていない深刻な問題を抱えているからだ。大統領とその取り巻きは、湾岸戦争の翼に乗って、勝利への道を邁進《まいしん》する気でいるようだった。アーカンソーや国内のあちこちでさまざまなものを見てきたわたしには、あと四年間、アメリカという船が順風満帆の航海を続けられるとは思えなかった。一九九一年が明けると、わたしと同じ見解を持つ人々がどんどん増えてきた。

四月、わたしはロサンジェルスに赴き、公教育の向上をめざす民間団体エデュケーション・ファーストの昼食会で講演を行なった。シドニー・ポワチエに紹介されたあと、わが国の将来の明暗を反映した、カリフォルニアでの三つの体験を話した。〝明〟の体験は、一年以上前に、ロサンジェルスのカリフォルニア州立大学で、延べ百二十二カ国に先祖を持つ学生たちと話したことだ。その多様性は、わたしたちが国際社会でほかの国々と競ったり、つながりを持ったりするときに役立つだろう。〝暗〟のほうは、ヒラリーとともに東ロサンジェルスの六年生を訪問したときのこと。彼らは将来に大きな夢を持ち、まともな生活をしたいと強く願う立派な子どもたちだった。彼らがいちばん恐れているのは、登下校の途中で撃たれることだ。走行中の車から銃撃された場合に備えて、机の下に隠れる訓練をしているという。二番目に恐れているのは、十三歳になったとき、非行集団に加わってクラックコカインを吸わなければ、同年齢の仲間からひどい暴行を受けることだ。この子どもたちとの体験は、わたしの心に衝撃を与えた。彼らには、もっと安心して生きる権利がある。

カリフォルニアではもう一カ所、実業家円卓会議のメンバーと教育について議論する機会があった。ある電話会社の重役の話では、同社への就職希望者はほぼ全員が高校を卒業しているにもかかわらず、入社試験で七〇パーセントが不合格となる。わたしは聴衆にこう質問してみた。湾岸戦争に勝利を収めたとはいえ、子どもたちが危険にさらされ、学校制度がじゅうぶんに機能していないこのアメリカが、冷戦後の世界を率いていけるのだろうか、と。

もちろん、この国が問題を抱えていると言い立てるのは簡単だが、連邦政府がそれに対してどうすべきかを提言するのはとてもむずかしい。また、レーガン‐ブッシュ時代の勇ましいかけ声を聞き慣れた人たちにも届くような声で、今の連邦政府は問題を解決するどころか問題を生み出しているのだと伝えるのも、至難の業だ。それを粘り強く訴えていくのが、民主党指導者会議の使命というものだろう。

五月上旬、わたしは指導者会議の大会で議長を務めるため、クリーヴランドに赴いた。一年前のニューオーリンズでは、ワシントンの退屈な仲間内の議論を超え、伝統的なアメリカの価値観に根差した新しい発想で、思いきった、しかしあくまで中道を行く進歩的な活動方針を打ち出した。民主党《デモクラティック》指導者会議《・リーダーシップ・カウンシル》（DLC）はここまで、ニューヨーク州知事マリオ・クオモやジェシー・ジャクソン師（DLCを民主党有閑階級《デモクラティック・レジャー・クラス》の頭文字だと言った）のような党内リベラル派の大物たちから、あまりに保守的すぎると批判されてきたが、今年のこの大会は、気鋭の論客や、改革に燃える州や地方自治体の公務員、経済問題や社会問題に関心を寄せる実業家など、錚々《そうそう》たる面々を引き寄せた。大統領候補と目される数人を含め、全米の卓越した民主党員がおおぜいそこにいた。発言したのは、サム・ナン上院議員、ジョン・グレン、チャック・ロブ、ジョー・リーバーマン、ジョン・ブロウ、ジェイ・ロックフェラー、アル・ゴアなどだ。州知事としては、わたしのほかに、フロリダ州のロートン・チャイルズとヴァージニア州のジェラルド・バリレス。下院議員は、オクラホマ州選出のデイヴ・マカディのように、保守的な選挙区から来た者が多く、ニューヨーク州選出のスティーヴ・ソーラーズのように、国の安全保障や外交政策に関心を持つ者もいた。ポール・ソンガス元上院議員とダグ・ワイルダー元ヴァージニア州知事は、どちらもまもなく大統領選に出馬を予定している。才能ある黒人指導者たちもたくさん参加していた。ワイルダー元知事のほかに、クリーヴランドのマイク・ホワイト市長、シカゴ公共住宅局のヴィンス・レーン局長、ペンシルヴェニア州選出のビル・グレイ下院議員、ミシシッピ州選出のマイク・エスパイ下院議員など。

皮切りの基調演説で、わたしは、アメリカは進路の変更を必要としており、行くべき道を示す力を持つのが、そしてその任を負うのが、民主党指導者会議だということを訴えた。まず、アメリカが抱えている問題と課題、共和党の長年にわたる怠慢を並べ、共和党の失敗にもかかわらず民主党が選挙に勝てなかったのは、「かつてわたしたちに投票してきた有権者たち、今まさに話題にしている当の悩める中産階級の人たちの多くが、国外におけるアメリカの権益の保護、国内社会政策への価値観の反映、収税と規律ある支出など、国政選挙の争点となる諸問題に関して、わたしたちを信頼しなくなった」からだと強調した。

わたしは民主党初の黒人党首で、わたしも支持していたロン・ブラウンの指導力をたたえた。ブラウンは党の基盤を広げようと懸命に努力してきたが、わたしたちに必要なのは、アメリカ国民に向けた具体的な提案を含むメッセージだった。

共和党が背負っているのは、拒絶、言い逃れ、怠慢の記録です。しかし、わたしたちが背負っているのは、古い価値観に根ざした新しい選択肢を人々に与えることです。素朴な選択肢、機会を提供し、責任を求め、国民の発言力を増し、政府の速やかな対応を保証する選択肢、これらすべては、わたしたちがひとつの共同体であることを、わたしたちが認識している証しです。わたしたちはみなこの荷をともに担い、ともに上昇し、あるいは下降しなくてはなりません。

「機会」とは、つまり、自由かつ公正な取引による経済成長のことであり、また新しいテクノロジーと世界に通用する教育と技能へのさらなる投資のことだ。「責任」とは、つまり、国民の側に求められる義務のことだ。若者には、学資を援助するかわりに国家に奉仕してもらう。福祉制度の改革により、子どもたちへの補助を充実させるかわりに、健康な両親には働いてもらう。離婚後の養育費の支払い義務を強化する。子どもたちを学校へ通わせるために、親にもいっそうの努力を求める。政府を「再生」し、官僚機構の減量を図りつつ、保育や公立学校、職業訓練、高齢者介護、居住地域の治安、公営住宅の管理などの選択肢を増やす。「共同体」の理念をかなえるためには、数百万人にのぼる貧困家庭の子どもたちにもっと多くの資金を投入すること、人種の壁をなくすこと、分断や対立を避けて、すべてのアメリカ人の生活を向上させるような政治体制を築くことが必要になってくる。

わたしは、すべての全国的な議論を支配している二者択一の強迫観念を、なんとかして打ち破ろうとした。昔からのワシントンの知恵に従うなら、教育においては優秀さか公平さのどちらか一方を選ばなければならない。医療においては高度の技術か普及の度合か、環境面では汚染防止かさらなる経済成長か、福祉政策では仕事か育児か、職場では労務条件か企業利益か、治安問題では防犯か処罰か、生活面では家族の規範か貧困層への援助か……。ジャーナリストのE・J・ディオンは、その注目すべき著書『アメリカ人はなぜ政治を嫌うのか』のなかで、二者択一論を「偽りの選択肢」と呼んだ。どの場合も、一般のアメリカ人は「どちらか一方」ではなく「両方」を選ぶべきだと考えているというのだ。わたしも同じ意見であり、それを演説ではこう伝えた。「家族の規範は飢えた子どもを食べさせることはできませんが、規範なしではその飢えた子どもを育てることはできません。どちらも必要です」

演説の最後には、二十五年以上前にキャロル・クイグリー教授の西洋文明講座で学んだ教訓を引用した。未来は過去を超えることができる。そうなるためには、わたしたちひとりひとりが個人的、道義的責任を負わなければならない。「それこそが新しい選択であり、そのためにわたしたちはこのクリーヴランドに集まってきたのです。民主党を救うためにではなく、アメリカ合衆国を救うために」

わたしが今まで行なった演説のなかで、これは最も効果的で、最も重要なもののひとつだ。十七年間の政治活動で学んだことと数百万、数千万のアメリカ人が考えていることの真髄をとらえている。その後の選挙運動で伝えようとしたメッセージの下絵となり、ブッシュ大統領の湾岸戦争での勝利から、よりよい未来を築くためにすべきことへと、国民の関心を移行させるきっかけともなった。リベラルであり保守的でもある理念と価値観を採り入れることで、ここ数年、民主党の大統領候補者を支持してこなかった有権者が、わたしたちのメッセージに耳を傾けてくれた。そして、この演説が熱狂的に迎えられたことによって、わたしは、アメリカが進むべき道を示す第一線の代弁者としての地位を約束された。このとき複数の人々から、大統領選に出馬するよう勧められた。クリーヴランドを去るときには、もし出馬したら、民主党の指名を受けられる可能性が大きいこと、参戦を真剣に考えるべき局面を迎えたことを確信していた。

六月、友人のヴァーノン・ジョーダンから、ドイツのバーデンバーデンで開かれる毎年恒例のビルデルベルク会議へ誘われた。この会議では、米国とヨーロッパから経済界と政界の指導者たちが一堂に会し、目下の問題と欧米関係の現状について話し合う。ヴァーノンと過ごすのは楽しいし、ヨーロッパの人々との会話は刺激的だ。出席者のなかには、才気あふれるスコットランド労働党のメンバー、ゴードン・ブラウンもいた。ブラウンはその後、トニー・ブレアが首相に選ばれたとき、大蔵大臣に就任した。ヨーロッパでは、おおかたの人がブッシュ大統領の外交政策を支持していたが、わが国の経済が相変わらず不安定で衰弱しており、ヨーロッパ経済にも影響を及ぼしていることをかなり懸念していた。

ビルデルベルクでは、民主党支持の活動家、エスター・クーパースミスに出会った。カーター大統領の時代には、国連代表団のメンバーでもあった女性だ。エスターは娘のコニーを連れてモスクワへ行く途中だった。そして、ソヴィエト連邦崩壊の直前に繰り広げられている変化を、じかに観察してはどうかとわたしを招待してくれた。ロシア共和国の大統領に近々選ばれるはずのボリス・エリツィンは、ソヴィエト式の経済と政治を、ゴルバチョフよりも露骨に排斥する政策を掲げている。短期間だが興味深い旅となった。

アーカンソーに戻ってきてはっきりわかったのは、外交におけるアメリカの課題の多くは経済と政治の問題にも関わっていて、それらはわたしの理解の範疇《はんちゅう》にあり、立候補して実際に大統領になれば対処できるものだということだった。七月が明けてもなお、わたしにはどうすればいいのかわからなかった。一九九〇年の選挙で、わたしはアーカンソー州の住民に、任期を務めあげると宣言した。一九九一年州議会の成功によって、仕事への新たな熱意が湧き起こった。家族の生活も、これ以上ないくらいうまくいっている。チェルシーは新しい学校で、よい教師と友人に恵まれ、バレエに情熱を傾けていた。ヒラリーの弁護士業は順調で、自分の能力で大きな人気と尊敬を勝ち得ていた。緊張を伴う政治的奮闘が数年間続いたあと、わたしたちはようやく落ち着いて幸福を嚙みしめていた。何より、ブッシュ大統領に勝てるとは思えなかった。六月初めの世論調査では、アーカンソー州でわたしの出馬を望んでいるのはわずか三九パーセントだったし、出馬しても五七パーセント対三二パーセントで自分の州を失いそうだった。それに、民主党の候補者が誰もいないわけではない。数名の立派な民主党員が出馬を予定しているので、指名争いは激しくなるはずだ。歴史的に見ても、わたしは不利だった。過去に現職の州知事で大統領に選出されたのは、一八五二年、ニューハンプシャー州のフランクリン・ピアースしかいなかった。

政治的な立場の違いを超えて、わたしは純粋にブッシュ大統領が好きだったし、教育政策の実施に力を貸してくれたことに対して、心から感謝していた。ブッシュ大統領の経済政策と社会政策には強く反対するが、彼自身は善良な人物だし、たいていのレーガン主義者とは違って、冷酷でも右翼でもない。わたしはまだ心を決められなかった。六月にカリフォルニアを訪問したとき、ショーン・ランダーという若者が空港まで迎えに来てくれた。大統領選にぜひ立候補するように勧めてくれたばかりか、選挙運動用の完璧なテーマ曲まで見つけてくれた。そのときかけた曲が、フリートウッド・マックの『ドント・ストップ』（"Don't Stop Thinkin' About Tomorrow"）だった。ランダーもわたしも、いたく感動した。その歌詞は、まさにわたしが言わんとしていたことだったからだ。

ロサンジェルスにいるあいだ、ヒラリーの友人のミッキー・カンターと、立候補の賛否について徹底的に話し合った。そのころカンターは、親しい友人というだけでなく、わたしの信頼できる助言者になっていた。話を始める前にカンターが、この会話の秘密が守られるように、一ドルで自分を雇ってくれと言った。数日後、わたしは一ドルの小切手といっしょに、こう書いたメモを同封した。いつも依頼料の高額な一流弁護士が欲しいと思っていたので、「払った金額分のものを得られると固く信じて」この小切手を送る、と。その一ドルで、わたしは役に立つアドバイスをたくさんもらったが、それでもまだ決断できなかった。そして一本の電話が、すべてを変えた。

七月のある日、リンダ・ディクソンが、ホワイトハウスのロジャー・ポーターから電話がかかってきたことを告げた。以前も言ったように、ロジャーとは教育目標プログラムでいっしょに仕事をして、大統領に忠実でありながら州知事たちとも仕事ができるその手腕を、わたしは高く評価していた。ロジャーはわたしに、一九九二年の大統領選に出馬するのかと尋ねた。わたしはまだ決めていないと答えた。今は州知事として最も充実しているし、家庭生活も安定しているので、それを台なしにしたくはない。しかし、ホワイトハウスはわが国の経済問題と社会問題に対して消極的すぎるのではないかと、常日ごろ思っている。ブッシュ大統領は、湾岸戦争で手に入れた莫大な政治的資本を、国内の大きな課題を解決するために投入すべきだ、とわたしは言った。五分から十分のあいだ、自分の気持ちを真剣に話していると、ロジャーがわたしの言葉をさえぎり、いきなり要点に入った。彼がメッセージを伝えるために選んだ最初の言葉を、わたしはけっして忘れない。「たわごとはそこまでにしてください、知事」。ロジャーによると、「彼ら」はブッシュ大統領の対立候補となりそうな人物をすべてチェックしているという。なかでもクオモ州知事をいちばん弁の立つ候補者と見なしているが、リベラルすぎるとの印象を有権者に植えつけることが可能だ。上院議員の候補者たちを敗退させるには、その投票記録を攻撃すればいい。しかし、わたしは違う。経済の発展、教育、防犯対策において数々の功績をあげ、民主党指導者会議で力強い演説をした。わたしなら勝てるかもしれない。だからこそ、わたしが出馬したら、彼らは個人的にわたしをつぶしにかかるだろう。「それがワシントンのやりかたです」とロジャーは言った。「メディアは選挙のたびに生け贄《いにえ》を必要とします。わたしたちは今回、あなたを差し出そうと考えています」。メディアはエリート主義者の集団で、アーカンソーの田舎者について聞かされた話はなんでも信じてしまうのだ、とロジャーは続けた。「われわれはあらゆる手を使って、必要な人間を味方につけ、あなたを追い出すために必要なことを言わせるでしょう。それも早い段階で」

なんとか冷静さを保とうとしたが、頭に血がのぼってしまった。わたしはロジャーに、今の話こそ現政権の間違いを証明するものだと言ってやった。彼らはあまりにも長く権力の座に居坐っていたせいで、それを当然の資格と思い込んでしまったらしい。「あなたたちはホワイトハウス西棟側の駐車スペースを自分たちのものだと思っているようだが、本来はアメリカ国民のもので、あなたたちはそこを使う権利を勝ち取らなくてはいけないはずです」。ロジャーの話を聞いたおかげで、出馬への意欲が高まった、とわたしは言った。ロジャーは、それは殊勝な考えだが、自分は友人として忠告しておくべきだと思ったから電話をしたのだ、と応じた。一九九六年まで待てば、わたしは大統領になれるだろう。一九九二年に出馬するなら、彼らはわたしを叩きのめし、わたしの政治生命は終わるだろう。

ロジャーとの話が終わるとすぐに、ヒラリーに電話をかけて会話の内容を伝えた。それからマック・マクラーティにも電話をした。ロジャー・ポーターと次に会ったのは、わたしが大統領になってから開かれた、ホワイトハウス・フェローの歓迎会の席だった。あのときの電話と、それがわたしの決断に与えた影響について、彼は考えたことがあるのだろうか。

わたしは、子どものころから脅迫されることが嫌いだった。脅しに屈しなかったばかりに、空気銃で撃たれたり、自分よりずっと体の大きな少年に殴られたりした。選挙運動期間とその後の八年間、共和党員は脅しを実行に移し、ロジャー・ポーターが予言したとおり、一部の報道機関から多大な助力を得た。子どものころの、脚に命中した空気銃の弾や顎《あご》に当たった強烈なパンチと同じく、彼らの攻撃は痛かった。嘘は痛く、それに時折混じる真実はもっと痛かった。わたしは、目の前の仕事と、自分の仕事が普通の人々に与える影響にだけ心を集中しようとした。それがうまくいっているあいだは、私利私欲のために権力を求める人間たちに立ち向かうことができた。

それから三カ月はあっという間に過ぎていった。七月四日、アーカンソーの北東部へピクニックに出かけたとき、初めて「クリントンを大統領に」という看板を見た。しかし、一九九六年まで待ったほうがいいと言われたり、ふたたび増税したことに怒った人々からは、立候補はするなと言われたりもした。マーティン・ルーサー・キングの殺害現場である〈ロレイン・モーテル〉の跡地に建設された、国立公民権博物館の落成式に出席するため、メンフィスを訪れたときには、複数の市民から立候補を促す声をかけられた。しかしジェシー・ジャクソンは、まだ民主党指導者会議を保守的で党派的な組織だと怒っていた。黒人の若者たちに、学校へ通い、麻薬に手を出さないようにと訴え続けたジェシーのことを敬愛していたので、彼と意見が食い違うのはつらかった。一九七七年には、リトルロック・セントラル高校の人種統合二十周年の式典に、ふたりで出席した。その式典で、ジェシーは生徒たちにこう言ったものだ。「静脈《ヴェイン》に穴をあけずに、固い頭《ブレイン》をあけ放て」

一九九一年当時、麻薬と若者の暴力はまだ大きな問題だった。七月十二日、シカゴの公共住宅プロジェクトを訪れ、子どもたちを守るための活動を視察した。七月下旬には、リトルロック病院へ、黒人の喜劇俳優ディック・グレゴリーを見舞った。彼は、地元の反ドラッグ団体ＤＩＧＮＩＴＹ（『神の名にかけて自分の手ですごいことをやれ』"Doing in God's Name Incredible Things Yourself"の頭字語）のメンバー四人とともに、ドラッグ用品を売っている店の前で坐り込みをして逮捕されたことがある。このグループを率いていたのは黒人聖職者たちと、ブラック・ムスリムの地域指導者で、彼らは社会的問題を解決するのはおとなの責任だと主張していた。それについては、ジャクソンも民主党指導者会議も同じ意見だったし、わたしは世の中を変えていこうとすることが大切だと思っていた。

八月には、選挙運動が具体化し始めた。わたしはあちこちで演説を行ない、ブルース・リンゼイを会計役として準備委員会を作った。委員会のおかげで、わたしは候補者にならなくても、移動その他の経費を支払うための資金を集めることができた。二週間後、かつてデュカキスの資金調達責任者を務めたボストンのボブ・ファーマーが、わたしの資金調達を助けるために、民主党全国委員会の財務担当者の職を辞任した。アラバマ州出身のフランク・グリアーと、世論調査の専門家スタン・グリーンバーグも駆けつけてくれた。グリアーは一九九〇年に、わたしのために知的かつ情緒的なテレビ・コマーシャルをプロデュースした人物であり、グリーンバーグは一九九〇年の選挙運動でフォーカスグループ（訳注　市場調査の事前テストのため標的市場から抽出された人々のグループ）による調査を行なって、いわゆる〝レーガン民主党員〟とその奪還に必要なものを徹底的に調べていた。わたしはグリーンバーグに、わたしの世論調査担当者になってくれるよう頼んだ。ディック・モリスをあきらめるのはつらかったが、彼はそのときすでに共和党の候補者たちや事務局員とかなり親しくなっていたので、実質的に全民主党員の信頼を失っていた。

準備委員会を立ち上げたあと、ヒラリー、チェルシー、そしてわたしの三人で、シアトルで開かれた全米州知事協会の夏期会合へ出かけた。わたしは、《ニューズウィーク》主催の年間最優秀知事に選ばれたばかりで、州知事仲間からも立候補を勧められた。会合が終わると、ヴィクトリアとヴァンクーヴァーで短い休暇を過ごすために、わたしたちは船でシアトルからカナダへ向かった。

地元へ戻るとすぐに州内の遊説を開始した。大統領選に出馬すべきかどうか、出馬するなら任期満了まで州知事職を続けるというわたしの公約変更を受け入れてくれるかどうかを有権者たちに尋ねようと、予告なしで多くの場所を訪れた。ほとんどの人はわたし自身が正しいと考えるのなら出馬すべきだと言ってくれたが、当選するチャンスがあると考える者はほとんどいなかった。バンパーズ上院議員、プライアー上院議員、そして民主党から選出されたレイ・ソーントン下院議員とベリル・アンソニー下院議員は、支持声明を出してくれた。ジム・ガイ・タッカー州副知事、ジョン・リプトン下院議長、ジェリー・ブックアウト上院議長らは、わたしが留守のあいだ、州の面倒を見ると請け合ってくれた。

ヒラリーはわたしが出馬すべきだと考えており、母もその意見に大賛成し、チェルシーでさえ今回は反対しなかった。わたしはチェルシーに、大切な催しがあるときには、きっとそばにいると約束した。クリスマスの『くるみ割り人形』のバレエ公演や、いろいろな学校行事、〝ルネサンス・ウィークエンド〟の旅行や、誕生日パーティー。しかし一方で、失うものがあるだろうということもわたしは知っていた。娘のピアノリサイタルにサックスでデュエット演奏したり、いつもの変わった衣裳を身につけたチェルシーとハロウィンに出歩いたり、寝る前に本を読んでやったり、宿題を手伝ってやったりするような、もろもろの日常を失うだろうということを。チェルシーの父親であることは、わたしにとって至上の仕事だったから、これから始まる長い選挙運動中、父親としての役割をじゅうぶんに果たせるようにと願うしかなかった。わたしが身近にいなければ娘が寂しがるのと同じくらい、わたし自身も寂しかった。しかし電話があったし、ファクスマシンにも同様にお世話になった。わたしたちはずいぶん数学の問題をやり取りした。ヒラリーはわたしよりは家を空けることが少なかったが、ふたりとも出かけるときには、わたしたちの親や、州知事公邸スタッフのキャロリン・ヒューバーと彼女の友人たち、そしてその親たちが、交替でチェルシーの面倒を見てくれた。

八月二十一日、アル・ゴア上院議員が立候補しないことを発表すると、わたしに大きな弾みがついた。ゴアは一九八八年に一度立候補しており、一九九二年にふたたび立候補すれば、三月十日のスーパー・チューズデーに南部各州の票をわたしと奪い合っていただろうから、わたしの勝利はずっとむずかしくなったはずだ。ゴアのひとり息子アルバートが自動車事故で重傷を負ったため、息子が長くつらい治療を受けているあいだは、家族といっしょに過ごそうと決めたらしい。わたしはその決断を理解できたし、すばらしいことだと思った。

九月、わたしはふたたびイリノイ州を訪れ、アイオワ州スーシティでアイオワ州、サウスダコタ州、ネブラスカ州のおもだった民主党員に向けて演説を行ない、ロサンジェルスで開かれた民主党全国委員会でも演説した。予備選挙の日程からすると、イリノイ州は特に重要だった。指名争いはアイオワ州の地区党員集会で始まるのだが、わたしは出席しないことにした。アイオワ州選出のトム・ハーキン上院議員が立候補しており、地元での勝利を確実にしていたからだ。その後、予備選挙は、ニューハンプシャー州、サウスカロライナ州、メリーランド州、ジョージア州、コロラド州で次々と行なわれる。それから南部十一州のスーパー・チューズデーがあり、三月十七日、聖パトリック・デイに、イリノイ州とミシガン州の予備選挙が予定されていた。

四年前のゴア上院議員の選挙運動は、他州での勝利に安心して、南部各州では印象的な登場をしなかったせいで計画が狂っていた。わたしは三つの理由から、自分がイリノイで勝つだろうと考えていた。まずヒラリーがイリノイ州出身であること。わたしがかつてイリノイ州南部でデルタ委員会と働いていたこと。そして、シカゴにいる多くの著名な黒人指導者たちがアーカンソー州と深い結びつきを持っていることだ。シカゴでは、その後わたしの選挙運動に関わることになる、デイヴィッド・ウィルヘルムとデイヴィッド・アクセルロッドという若い政治活動家たちと面会した。シカゴの激しい選挙戦に揉まれてきた理想主義者であるふたりは、わたしの政策に同調してくれた。一方、ケヴィン・オキーフは州全土を走り回って勝利に必要な態勢作りを進めていた。

ミシガン州の投票日はイリノイ州と同じ日だった。ジム・ブランチャード前知事、ウェイン郡の行政官エド・マクナマラ、そして自動車工場で働くためにアーカンソー州からミシガン州へやってきた多くの黒人・白人労働者たちのおかげで、わたしはミシガン州でも勝利を収められるだろうと思った。次に投票が行なわれる大きな州は、ニューヨーク州だ。そこでは、わたしの友人であるハロルド・イッキーズが支持を取りまとめ、ヒュー・ケアリー前州知事の息子ポール・ケアリーが運動資金を集めていた。

九月六日、ビル・ボウエンがわたしの事務局長を引き受けると同意した段階で、選挙運動期間中の州知事執務室の態勢がまとまった。ビルはコマーシャル・ナショナル銀行の総裁を務め、アーカンソー州でも屈指の優れたビジネスリーダーだ。また一九九一年の州議会で教育プログラムを支持した経済界の指導者たち、いわゆる〝高級背広クラブ〟の主宰者でもある。ボウエンを指名したことで、わたしが留守のあいだもアーカンソーの経済は安泰だということが保証された。

正式な出馬表明までの数週間に、大統領選に立候補することと州知事選の選挙運動との違いがわかってきた。まず、〝中絶〟が大きな問題になった。ブッシュ大統領が再選されれば、最高裁判所の欠員を、ロウ対ウェイド判決を破棄できるような構成で埋めることが予想されたからだ。わたしはずっとロウを支持してきたが、貧困女性の中絶費用を公的資金で負担することには反対だったので、どちらの側にとってもわたしの立場は気に入らなかっただろう。貧困女性にとって公平とは言えないが、中絶は殺人だと信じている人々の税金を中絶費用として使うことは、簡単に正当化できるものではなかった。これは本当にむずかしい問題なので、民主党が優勢な議会ですら、中絶費用の財政的支援は何度も見送らなければならなかった。

中絶のほかには、個人的な質問があった。マリファナを吸ったことがあるかときかれたとき、わたしはアメリカの麻薬取締法に違反したことはないと答えた。じつはイギリスで試したことがあるという気まずい事実を、暗黙のうちに告白していたのだ。ほかにも、わたしの個人的な生活についてさまざまな噂が流れた。九月十六日、ミッキー・カンターとフランク・グリアーに押し切られて、ヒラリーとわたしは、ワシントンの記者たちの例会である〝スパーリング朝食会〟に出席し、質問に答えた。わたしにはそうすることが正しいかどうかわからなかったが、ミッキーはどうしても必要だと言い張った。以前わたしが、自分は完璧な人間ではないし、みんなもそれを知っていると発言したことを持ち出して、こう言った。「記者たちの前できちんと話をして、この先の選挙運動中に受けるかもしれない、きびしい攻撃を和らげておいたほうがいい」

ある記者から夫婦問題について質問をされたとき、わたしはこう答えた。多くの夫婦と同様、わたしたちにも問題はあるが、お互いを信頼し合っており、固い絆で結ばれている。ヒラリーも、同じだと答えてくれた。わたしの知る限り、ここまで話した候補者はいなかったはずだ。一部の記者とコラムニストはこれで満足してくれたが、その他の記者にとって、わたしの率直さは彼らの好奇心を刺激したにすぎなかったようだ。

朝食会に出席したこと、あるいは個人的な質問に答えて危険な坂道を歩いたことが正しかったのかどうか、今でもよくわからない。大統領になるには人格も重要だが、フランクリン・D・ローズヴェルトとリチャード・ニクソンの例を比較してみてもわかるように、完璧な結婚生活は必ずしも大統領の人格を測る正しい尺度とは言えないようだ。あえて言うなら、標準ですらない。一九九二年当時は、結婚の誓いを破ったことが原因で離婚し、再婚したとしても、不貞を働いたから不適格者だとは見なされなかったし、それが報道の対象になることすらなかった。その一方で、結婚生活を続けている夫婦が格好の餌食となり、離婚のほうが正直な選択だと思われている節さえあった。人々の生活の複雑さと両親が揃って子どもを育てることの大切さを考えると、あまり望ましくない標準だった。

個人的な質問は別としても、当初は、わたしの発案と政策、州知事としての功績に興味を持った心ある記者たちが、予想以上に好意的な報道をしてくれた。また、わたしは全米に散らばる熱心な支持者たちの中心で、選挙運動を始められることを知っていた。それというのも、ヒラリーとわたしの長年の友人たちや、わたしのために他州へ出かけて宣伝してくれたおおぜいのアーカンソー州民のおかげだ。わたしがアメリカ国民にほとんど知られておらず、世論調査で大きく後れを取っているという事実など、彼らはものともしない。もちろんわたしも同じ気持ちだ。一九八七年とは違って、今回は準備が整っている。

26

十月三日、アーカンソー州は秋晴れのすがすがしい朝を迎えた。わたしの人生を変えることになるその日、わたしはいつものように早朝のジョギングで一日のスタートを切った。知事公邸の裏門を出て、クオポクォーターの古い街並みを抜け、中心街を通って旧議事堂まで走る。一九七七年に州司法長官の宣誓就任をしたとき、初めてレセプションを開いた場所だ。堂々たるその建物は、すでにアメリカの国旗でにぎにぎしく飾られていた。前を走り過ぎ、折り返して帰路に入ってから、新聞の自動販売機に目が留まった。ガラス越しに「クリントン乗り出す」の見出しが読める。帰り道では、すれちがいざまに何人かが健闘を祈ってくれた。知事公邸に戻り、出馬表明の原稿に、最後にもう一度目を通した。前の晩、夜半過ぎまで草稿を練ったスピーチは、自分では気のきいた表現と具体的な政策の提案が盛り込まれていると思ったが、まだ長かったので数行をカットした。

正午、わたしは一九七八年からいっしょに仕事をしている州の出納長ジミー・ルー・フィッシャーに紹介されて、演壇に上がった。出だしがいくぶんぎこちなかったのは、おそらく胸中を駆けめぐっていた相反する感情のせいだろう。わたしは慣れ親しんだ生活を手放したくないと思う反面、新たな挑戦に心を躍らせており、自分の決断に満足してはいても、胸に一抹の不安があった。半時間を超えるスピーチのなかで、わたしは家族、友人、支援者たちがわたしに「自分の愛する生活と仕事の領域から一歩踏み出し、より大きな目的のために」歩き出す力を与えてくれたことを感謝し、今や「アメリカの夢を守り、ないがしろにされてきた中産階級の希望を呼び戻し、子どもたちの将来を取り返す決意を固めた」ことを語った。そして、国民とともに作る「新たな誓約」によって、「誰もがもっと多くの機会を手にし、もっと進んで責任を果たし、もっと高い共通の目的意識を持つ」ことで、「アメリカの夢に新しい命を吹き込むこと」を誓って締めくくった。

スピーチを終えたときは、達成感で気分が高揚してはいたが、何よりほっとしたというのが本音だったろう。とりわけチェルシーに「おみごとでした、知事」と茶化されたあとは、気持ちが楽になった。その日は一日、ヒラリーとふたりで支援者たちの訪問を受け、励ましの言葉をもらった。母もディックもロジャーも、ヒラリーの家族同様、揃ってわたしの出馬を喜んでいるようだった。母は、わたしが当選するのは間違いなしと言わんばかりにふるまった。母のことだけに、心からそう感じているのか、それとも単なるいつもの〝はったり〟なのか、判断がつきかねた。夜は古くからの友人たちがピアノのまわりに集った。ピアノの弾き手はキャロリン・イェルデル・ステイリー。これはわたしたちが十五歳のころから変わらない。声を合わせて『アメイジング・グレース』などの賛美歌や一九六〇年代の曲を歌いまくった。そのなかに、戦いに倒れたわれわれの世代の英雄に捧げられた一曲があった。『エイブラハム、マーティン、そしてジョン』。昔わたしの心に火を灯してくれた英雄たちだ。悲観的なものの見かたや絶望に打ち勝って、わたしたちは、ふたたびその火を灯すことができるはずだ。その晩わたしは、そう信じながら寝床に入った。

マリオ・クオモ知事はかつて、選挙運動は詩的な行為だが行政は単調な散文的活動だと語った。大筋において当たっているが、選挙運動は散文的である部分も少なくない。基本的事柄をまとめ、求められる習慣に従い、報道陣に応える……。キャンペーン二日目は詩よりも散文的要素の濃い一日だった。全国ネットと主要な地方市場でテレビ放映するための一連のインタビューがあり、そこでは何をおいてもまず、なぜわたしは知事の任期をまっとうするという約束にそむいたのか、そして、それはわたしが信用できない人間であることを示すのか、という質問に回答を出さなくてはならなかった。わたしは精いっぱい答え、それから政見に移った。単調な散文的行為以外の何ものでもなかったが、おかげでわたしたちは無事、三日目を迎えることができた。

そのあとは遅いスタートを切ったがゆえの奔走で一年が暮れた。活動を組織化し、資金を集め、選挙区単位で遊説を行ない、ニューハンプシャー州に力を入れた。

最初の選挙事務所は州会議事堂からほど近い七番通りの古い塗料店に設置した。わたしは選挙運動の本拠地をワシントンではなくリトルロックにしようと決めていた。旅の手配が少し煩雑になるが、やはり自分のルーツに近いところにいたかったのと、なるべく家に帰って家族といっしょに過ごしたり、わたしを必要とする公務を処理したりしたかったからだ。しかしアーカンソーにとどまることで、別の大きな利点が生まれた。若いスタッフにとっては、そのほうが当座の仕事に専念し続けることができたのだ。ワシントンの至るところにある噂の製造所に気を散らされることがなかったから、遊説を始めてまもないころの驚くほどわたしに好意的な報道内容に有頂天になりすぎることもなければ、のちに浴びた否定的な報道の連打に意気消沈しすぎることもなくてすんだ。

二、三週間もすると塗料店では手狭になり、近くの高等教育局の事務所に移ったが、民主党の党大会を間近に控えたころにはそこでも狭くなって再度引っ越した。今度の移転先は商業地区にある《アーカンソー・ガゼット》紙のビルで、同紙が《アーカンソー・デモクラット》紙の社主ウォルター・ハスマンに買収されて廃刊になり、数カ月前から空いていたものだ。《ガゼット》ビルは、それからの選挙キャンペーン中ずっとわたしたちの根城となったのだが、それはわたしの立場からすれば、ミシシッピ川以西でアメリカ最古の独立系新聞が消えたことから得られる、ただひとつのよい結果だった。

《アーカンソー・ガゼット》は一九五〇年代、六〇年代の公民権を象徴する存在で、教育、社会福祉、経済の現代化をめざしたデイル・バンパーズ、デイヴィッド・プライアー、そしてわたしの努力に揺るぎない支援を与えてくれた。黄金期には国内でも指折りの優れた新聞に数えられ、国内外の広範にわたるニュースを巧みな記事にまとめてアーカンソー州の隅々に届けていた。一九八〇年代に入ると、それまでは問題にならないほど小さな夕刊紙だったハスマンの《アーカンソー・デモクラット》がこれと競合するようになる。やがて起こった新聞戦争は、ハスマンが《ガゼット》の掲載広告や定期購読者を横取りするのに必要な巨額の営業損失を、自分がほかに所有している収益性の高いメディアで吸収できたことから、当然の結末を迎えた。わたしが大統領選への出馬を表明する少し前、ハスマンは《ガゼット》を買収し、その事業を自分の新聞に統合して紙名を《アーカンソー・デモクラット‐ガゼット》と改称した。年月を重ねるうちに、同紙はアーカンソー州が共和党寄りになるのを後押しした。社説ページはおしなべて保守的で、わたしに対してすこぶる批判的であり、個人攻撃を伴うことも少なくなかった。その点では《アーカンソー・デモクラット‐ガゼット》は社主の見解を忠実に反映していた。《アーカンソー・ガゼット》の衰退を目にするのは悲しかったが、《ガゼット》ビルが使えることをわたしは喜んだ。進歩的だった同紙の過去の幽霊たちにあやかって、わたしたちも未来に向かって戦い抜く力を得たいと思っていたのだろう。

選挙対策本部の顔ぶれは当初、全員がアーカンソーの人間だった。総括部長はブルース・リンゼイ、財務担当部長は、州行政の各局・委員会の人材選びを補佐してくれていたクレイグ・スミス。ロドニー・スレイターとキャロル・ウィリスはすでに全国の政治、宗教、ビジネス界の黒人指導者たちとせっせとコンタクトをとっていた。旧友のイーライ・シーガルは全国規模でのスタッフ組織作りに力を貸すことを約束してくれた。

わたしはすでにひとり、ぜひともチームに参加してほしいと願う人材に出会っていた。民主党下院院内総務のリチャード・ゲッパート下院議員のスタッフだった若く有能な青年、ジョージ・ステファノポロスだ。ギリシャ正教会の司祭の息子でローズ奨学生でもあったステファノポロスは、わたしの友人ティム・ヒーリー神父がニューヨーク公立図書館を運営していたとき、手を貸してくれた。わたしはひと目でステファノポロスが気に入ると同時に、この青年なら全国紙や民主党議員とのあいだの橋渡しが務められること、そして選挙戦の知的参謀として力になってもらえることを確信した。

イーライ・シーガルが面接してわたしの判断を裏づけたあと、ステファノポロスは広報担当の選挙対策本部副部長として参加した。イーライは、やはりわたしがスタッフに加えたいと願ったシカゴの若い政治運動員、デイヴィッド・ウィルヘルムにも会った。選挙対策本部の本部長として働いてもらう話をもちかけると、ふたつ返事で引き受けてくれた。ウィルヘルムはキャンペーン全般を取り仕切ると同時に、イリノイ州では特別な戦力になるので一石二鳥だった。デイヴィッド・ウィルヘルムを本部長に据え、ケヴィン・オキーフに州内のまとめ役を任せられるとあれば、南部諸州を総なめにできそうなスーパー・チューズデーに続いて、イリノイ州でも確かな勝利を見込めることになる。イリノイ組の参加後、すぐにまたひとり、シカゴ出身の若いラーム・エマヌエルを仲間に引き入れた。ラームはウィルヘルムとともにリチャード・デイリー市長とポール・サイモン上院議員のキャンペーンに参加し、当選に貢献していた。バレエを習っていたというほっそりとした体つきの多感な青年で、アメリカ市民だがイスラエル軍での兵役経験があった。実に精力的で、わたしが暢気《のんき》に構えているように見えたほどだった。資金不足の選挙運動は押しの強い人間を必要としたから、財務担当部長はラームに務めてもらうことにした。クレイグ・スミスには、その抜群の政治的手腕をもっと発揮してもらえるようアーカンソー州内のまとめ役を頼んだ。ほどなく、ブルース・リードが民主党指導者会議を離れてわたしたちの政策担当部長となった。イーライはさらに選挙戦で重要な役割を担うことになるふたりの女性を面接した。カリフォルニア州出身のディー・ディー・マイアーズは報道担当官として、のちにとうてい予期しえなかったような砲撃を受けることになった。とても若かったにもかかわらず、マイアーズはその難局に立派に対応した。もうひとりは政策担当部長となったワシントン州出身のステファニー・ソリエンだ。フランク・グリアーの伴侶だったが、べつに縁故で採用したわけではない。いい仕事をしたことはもちろん、何かテンションを高めて物事に取り組まなくてはならないときに必要な、仲間どうしのいい空気をかもし出せる人間だった。選挙戦が進むにつれて、アメリカ全土から若者たちが続々とやってきて、余分な重荷を肩代わりしてくれるようになった。

財政面は当初、アーカンソーの人々から早々に気前よく寄せられた支援金と、マサチューセッツ州でのロバート・ファーマーの骨折り、そしてこの男に頼まれれば黙って応じてくれる常連の民主党支持者たちからの献金に加えて、連邦政府の拠出助成金《マッチングファンド》の受給資格を得られるようにと全国の友人たちが協力してくれた寄付金だけで、なんとかやりくりする状態だった。この連邦政府の助成金を候補者が得るには、ひと口当たり二百五十ドルを超えない献金額で、最低二十州からそれぞれ五千ドルずつ資金を集めなければならない。わたしの知事仲間がその労をとってくれた州もある。テキサス州では昔からの支持者であるトルーマン・アーノルドが三万ドルを集めて切望に応えてくれた。裕福な人によくあるケースとは異なり、トルーマンは豊かになればなるほど、献身的な民主党支持へと傾いていくようだった。

いささか意外だったのは、ワシントンＤＣ地区の人々の多く、とりわけ民主党を支持する弁護士で資金調達者であるヴィクター・レイザーと、〝ルネサンス・ウィークエンド〟の友人トマス・シュナイダーが助力を申し出てくれたことだ。ニューヨークでは早くから、友人のハロルド・イッキーズとスーザン・トマシズからばかりか、初めて民主党の政治に深く関わろうと決めたゴールドマン・サックスの重役ケン・ブロディからも貴重な援助を得た。ケンはそれまで、民主党員はハートはあっても頭が変なところについているからと、共和党を支持してきたのだそうだ。ところが国政を預かる共和党員たちと親しく接してみると、頭はあってもハートがない。ハートを変えるよりは頭を変えるほうが造作ないと考えて、民主党への鞍替えを決め、ありがたいことに、手始めにわたしを応援するのがいちばんいいと判断したのだという。ケンはわたしをディナーに招待し、ニューヨーク財界の実力者たちと引き合わせてくれた。ロバート・ルービンもそのひとりで、新しい経済政策についてのその水も漏らさぬ緻密な論法に、わたしは忘れがたい印象を受けた。政治運動が成功するときには、不思議と必ずケン・ブロディのような人々が現われて、エネルギーとアイデアと転向者をもたらしてくれるものだ。

　資金集めと組織化に加えて、民主党が主流を占める選挙区民との接触も図らなくてはならなかった。十月、わたしはテキサス州のユダヤ人グループを前に、イスラエルは平和とひきかえに土地を手放さなければいけないと話し、シカゴでは黒人とラテン系アメリカ人に、またテネシー、メイン、ニュージャージー、カリフォルニアの各州では民主党員のグループに演説を行なった。今挙げた州はいずれもスウィング・ステート、つまり本選挙でどちらにも転びうる州と見られていた。十一月、ミシシッピ州メンフィスで、目下アメリカで急成長を遂げている黒人宗派〝キリストにおける神の教会《チャーチ・オブ・ゴッド・イン・クライスト》〟の集会に顔を出して話をした。フロリダ、サウスカロライナ、ルイジアナ、ジョージアの南部諸州を次々に回った。フロリダは、十二月十五日に同州の民主党大会で行なわれる非公式世論調査が競争投票の第一弾となるので、重要だった。ブッシュ大統領は、世論調査の結果に陰りが見え始めてきたところに、経済は好調と発言してみずから立場を悪くした。わたしはワシントンDCで、教育協会と、アメリカ・イスラエル公共問題委員会の年次総会でスピーチをした。ふたたび南部に飛んで、ノースカロライナ、テキサス、ジョージアの各州へ。西部はコロラド州とサウスダコタ州に立ち寄り、ワイオミング州ではマイケル・サリヴァン知事の支持を得た。そしてカリフォルニア州の共和党の拠点、オレンジ郡では、電気通信サービス事業の重役ロジャー・ジョンソンをはじめ、ブッシュ大統領の経済政策に幻滅した共和党員たちの支持を取りつけることができた。

こうして遊説を進めていたものの、やはり選挙活動の焦点はニューハンプシャー州に絞られていた。ニューハンプシャーの予備選挙の結果がかんばしくないと、それに続く諸州とスーパー・チューズデーでの成績に響く。十一月半ばの世論調査でわたしの支持率はどん尻だったが、それでもチャンスに期待できた。ニューハンプシャーは小さな州で、面積はアーカンソーの半分にも満たない。しかし予備選挙の投票者たちは非常に博聞で、強い責任感を持って候補者たち、そして自分たちの置かれた立場を慎重に評価する。この予備選挙で優位に立つには、優れた組織力と説得力のある宣伝が不可欠で、いくらあってもじゅうぶんということはない。加えて、数限りなく予定されている小規模なハウスパーティー、タウンミーティング（町民集会）、政治集会、そして予定にない握手の連続においても合格点をとる必要がある。ニューハンプシャー州の市民の多くは、個人的に支持を請われない限り一票を投じようとはしない。アーカンソーでの政治活動で長年鍛えられたわたしにとって、そうしたどぶ板選挙のスタイルは習い性になっていた。

政治的風土よりも、経済の逼迫《ひっぱく》状況と、それによって引き起こされる不安や恐怖心のせいで、わたしはニューハンプシャー州にいると地元に帰ったような気分になった。十年前のアーカンソー州によく似ていたのだ。一九八〇年代の繁栄期が過ぎ去った今、ニューハンプシャーは生活保護と食料品割引切符の支給を受ける州民の急増率でも、破産率の高さでも全米一だった。工場は軒並み閉鎖され、銀行は経営不振に陥っていた。住民の多くは失業し、家や医療保険を失うことを心から恐れていた。この先、子どもを大学に上げてやれるかどうかもおぼつかないし、自分たちが定年を迎えるころ果たして社会保障制度に支払能力があるかどうかも疑わしい。わたしには、そういう人々の思いが手に取るようにわかった。同じような境遇にあった数多くのアーカンソー州民を知っていた。そして、そういう状況を好転させるのに何をすればいいかを心得ていた。

　キャンペーン活動は、ふたりの若い俊才、ミッチェル・シュワルツとウェンディ・スミスがマンチェスターに引っ越してニューハンプシャー州の選挙事務所を開いたところから始まった。ほどなくそこにアイルランド系ボストン人でオーガナイザーとして国際級の腕を持つマイケル・ホーリーと、わたしの四十年来の友人でリトルロックから足を運んでわたしとわたしの業績の説明・弁護役を引き受けてくれたパティ・ハウ・クライナーが加わった。しばらくすると、わたしが民主党指導者会議で知り合ったふたりの弁護士、ジョン・ブロデリックとテリー・シューメイカーを共同議長に、大がかりな運営委員会ができあがった。奇《く》しくもこのふたりの事務所が入っている建物は、一世紀以上前にフランクリン・ピアース知事が法律事務所を構えていたのと同じ建物だった。

　激戦だった。出馬を表明した候補者全員がニューハンプシャー州で肉薄し合っていた。名誉勲章の受章者でネブラスカ州知事も務めたボブ・ケリー上院議員は、財政的には保守、社会的にはリベラルという、政界では独立したスタンスをとっていたことから多くの関心を集めた。ケリー候補のキャンペーンの目玉は、すべてのアメリカ人に保健医療を提供するという大々的な提案で、これは全国的に健康保険料が総合インフレ率の三倍というペースで跳ね上がった十年間を経て、被保険者資格を失う人の数が日増しに上昇していたニューハンプシャー州にとって、大きな関心事だった。ケリー候補はまた自分こそ、その軍歴と、保守の牙城である共和党のネブラスカ州で得ている人気によって、ブッシュ大統領の対抗馬として最も勝算が高い民主党候補であると力説した。

アイオワ州選出の上院議員トム・ハーキン候補は、上院で身体障害者の権利を訴えている主導的存在だ。また人口の増大しているニューハンプシャー州郊外の有権者にとって重要な、科学や技術絡みの問題の権威であると同時に、長年、労働運動を支持していた。十一月の一般投票に勝つために必要なのは、〝本物の〟民主党員の胸に響かない民主党指導者会議のメッセージではなく、真正な民衆主義《ポピュリズム》にのっとったキャンペーンであると論陣を張った。

マサチューセッツ州ローウェル出身の元上院議員ポール・ソンガス候補は、上院で輝かしいキャリアを積んだのち、癌と闘うため若くして引退していた。フィットネス狂に転じた同候補は人前で精力的に泳ぎまくり、もはや病気が治って、大統領の職務に就ける健康体であることを身をもって示していた。ソンガス候補が口をきわめて説いたのは、血気にはやって公徳心を危険にさらした若いころの経験のおかげで自分は型にはまった政治の制約から解き放たれているから、ほかの候補者たちより積極的に、有権者が必ずしも聞きたがらないきびしい現実について語ることができるという点だった。興味深いアイデアをいくつか打ち出し、それらを選挙広報用の小冊子にまとめて広く配布していた。

ダグラス・ワイルダー候補は、ヴァージニア州で初めて誕生したアフリカ系アメリカ人の知事として歴史を作った人物だ。ヴァージニアのような保守的な南部の州で勝利を収められる自分の能力と、教育、犯罪、健全財政であげたその業績が、本選挙での大きな勝算を証明していると主張した。

わたしが参戦してまもなく、カリフォルニア州のジェリー・ブラウン元知事もまた立候補した。ブラウンは百ドルを超える寄付金は受け取らないと宣言し、予備選挙戦で唯一、本物の改革支持者候補であるという位置づけを試みた。そのキャンペーンの焦点は、入り組んだ税法を廃止して、全国民に一律一三パーセントを課税する〝均一〟税制導入の提案だった。一九七六年、若きカリフォルニア州知事だったジェリー・ブラウンは予備選に遅れて出馬し、ジミー・カーター選出を阻もうとする土壇場の奮闘でいくつかの州を獲得した。一九七九年にわたしはブラウンとともに全米州知事協会の役員を務め、その頭の回転の速さと、時事についてしばしば見せた独特の分析を高く評価するようになった。このユニークな政治人間に欠けているただひとつの資質は、ユーモアの感覚だった。わたしはブラウンが好きだったが、何を話しても返ってくるのはひどくまじめな受け答えばかりだった。

わたしの立候補から二カ月以上過ぎたころ、さらに新たな候補者として、ニューヨーク州知事のマリオ・クオモが名乗りをあげるかもしれないという不安がキャンペーンに影を落とした。クオモ知事は政界の超大物で、民主党きっての雄弁家であり、レーガン‐ブッシュ時代に民主党の価値観を熱烈に擁護した。望みさえすれば党の指名はクオモのものだと多くが考えたし、長いあいだ、わたしは当人がそう望むものと思っていた。マリオ・クオモは民主党指導者会議に、わたしに、そして福祉制度改革と兵役についてのわたしのアイデアに、幾度か鋭い批判を浴びせた。人前では寛大にやり過ごしたわたしだったが、仲間うちではいらだちを隠さず、マリオについて、あとから悔やむような言葉を口にした。自分が常に崇拝してきた相手から受けた批判だったがゆえに、過敏に反応した部分があったのだと思う。十二月半ばになってようやく、マリオ・クオモは立候補しないことを発表した。ニューハンプシャー州の予備選挙で、マリオに関するわたしの辛辣なコメントがいくつか公になったとき、わたしは平謝りに謝るしかなかった。ありがたいことに、度量の大きなマリオは謝罪を受け入れてくれた。のちに、マリオ・クオモは相談役として高く評価される存在となり、わたしの強力な擁護者のひとりとなった。マリオには連邦最高裁判所判事を務めてもらいたかったのだが、大統領職のみならず、その役職をも当人は望んでいなかった。ニューヨーク州知事としての日々に愛着がありすぎて手放せなかったのだと思う。もっとも有権者たちにはそうした事実がじゅうぶんに理解されず、一九九四年の四期目の知事選では敗北を喫した。

選挙戦が始まったばかりのころ、わたしはニューハンプシャー州で最も手強い競争相手はハーキンかケリーだろうと踏んでいた。ほどなく、それが見込み違いであることが判明した。討つべき相手はソンガスだった。ソンガスはマサチューセッツの出身といっても生まれた町はニューハンプシャーの州境も同然だったし、またその生い立ちが人の感動を誘わずにはおかないものだった。強靭さと絶対に勝つという決意を前面に押し出し、そして何より、アイデアとメッセージ、具体的で包括的な提案という、基本ともいうべき土俵の上でわたしと戦ったただひとりの候補者だった。

大統領選挙で成功を収めるための要素は三つある。まず、人の目に大統領として映る人物であること。次に、知名度を高めるためのじゅうぶんな資金と支持を獲得していること。それらが揃って初めて、アイデアとメッセージ、問題提起による勝負となる。ソンガスは最初のふたつの基準をクリアし、政見の戦いで勝利をわがものにしようとしていた。そうさせてなるものかと、わたしは心を決めた。〝新たな誓約〟というわたしのテーマに具体的な提案を肉付けすべく、わたしはジョージタウン大学での三回の演説会を予定に組み入れた。いずれも、ヒーリー館にある羽目板張りの古く美しいガストン・ホールで学生、教職員、支援者、おおぜいの報道陣を前にして行なわれた。十月二十三日の演題は責任と地域社会、十一月二十日が経済的機会、十二月十二日は国家安全保障だった。

この三つのスピーチで、わたしが知事として、そして民主党指導者会議の一員として、この十年間に練ってきたアイデアと提案を明確に示すことができた。民主党指導者会議が核とする五つの信念の成文化にわたしは力を貸している。特権を排し、あらゆる人間に機会が与えられるべきだと説いたアンドリュー・ジャクソンの信条。労働と家族、自由と責任、信仰、寛容、包有を善しとするアメリカの基本的価値観。国から受け取る一方でなく国への貢献を市民に求めたジョン・F・ケネディの相互責任という倫理。民主的・人道主義的価値観の世界規模での促進と、国内における繁栄と向上機会の保証。そしてフランクリン・D・ローズヴェルトが全力を注いだ、刷新への、情報時代に向けた政府の近代化への、そして有意義な生活を送るための手段の提供によって国民を勇気づけることへの献身。

民主党の左派のなかに民主党指導者会議を批判し、わたしたちが隠れ共和党員であると非難する者がいることや、政治記者の一部に政治家を「民主党員」「共和党員」とそれぞれしるした小さなふたつの箱に振り分けて平然としている風潮があることに、わたしは驚きを禁じえなかった。わたしたちがそうした定型の民主党箱にすっきり収まらないことがわかったとき、箱の持ち主たちはわたしたちには信念がないのだと解説した。国政選挙に勝とうと意気込んでいるのがその証拠であるという。どうやら民主党員とはそういう行動をとらないものらしい。

わたしは、民主党指導者会議が、民主党の掲げる最善の基本方針と価値観に新しい考えを盛り込むことで、それらをさらに推し進めていることを確信していた。むろん、リベラル派のなかには、福祉制度改革や通商、財政責任、国防などでわたしたちと意見を異にする人たちもいた。しかし、わたしたちと共和党員との差異は歴然としていた。数々の政策でわたしたちは共和党とは対極の立場をとっていた。彼らの不公平な減税と大きな赤字にも、育児介護休業法とブレイディ法（銃砲規制法）に異議を唱える姿勢にも、バウチャー制度（就学保証金証書制度）以外の方法によるじゅうぶんな教育資金の提供や効果の実証された改革の推進を怠っている点にも、人種・ゲイ問題での不和を助長する方策にも、環境保護対策への重い腰にも、妊娠中絶反対の立場にも反対だった。さらに、わたしたちには優れたアイデアがあった。例えば、十万人の地域警察官を街頭に配備したり、収入の低い世帯については、もっと働き甲斐のある仕事と余裕のある生活を手に入れられるよう、勤労所得控除を二倍にしたり、若い人たちが大学進学の補助金を地域社会への奉仕という形で返済できるよう計らったり、というような着想だった。

わたしが提唱する基本方針と提案は、およそ軽めの共和党員《リパブリカン・ライト》ふうであるとか、固い信念に欠けていると指摘されるような内容ではなかった。それどころか、民主党の近代化に力を添え、のちに世界じゅうで復活した中道左派政党によって、〝第三の道〟と呼ばれる政策に採り入れられた。何より重要なのは、これらの新しいアイデアが――実行に移された結果――アメリカにとって有益であることが実証された点だ。一九九一年のジョージタウン大学でのスピーチは、わたしが変化に向けての包括的な行動計画を用意しており、その実践に真剣に取り組む意向であることを表明する、たいへん貴重な機会を与えてくれた。

一方、ニューハンプシャー州に戻ったわたしは、ジョージタウン大学のスピーチで具体化させた提案の概要をまとめ、選挙広報用の小冊子を作った。また、できる限り多くのタウンミーティングをスケジュールに組み込んだ。他に先駆けて行なわれたもののひとつに、ニューハンプシャー州南部の美しい大学町キーンでの集会があった。運動員たちが町じゅうに広報ちらしを貼って歩いてくれたが、わたしたちにはいったいどれくらい聴衆が集まるものか、まるで見当がつかなかった。押さえてあった部屋は二百人ほどが収容できた。会場へ向かう途中、わたしは経験豊富な選挙運動家に、どの程度人が入れば恥ずかしい思いをしなくてすむのかと尋ねた。「五十人」という答え。じゃあ、うまくいったと言えるのは？　「百五十人ですね」。着いてみると、四百人が待ち受けていた。防火責任者の要請で半数を別室に移し、わたしは集会を二度開くはめになった。そのとき初めて、ニューハンプシャー州で善戦できるという手応えを得られた。

普通、わたしはまず十五分ほど話をし、そのあとの質疑応答に一時間以上かけることにしていた。初めは、回答が詳細にわたりすぎて〝政策おたく〟っぽくはないかと不安だったが、ほどなく聴衆が形式よりも実質を求めていることに気づいた。人々は本当に困り果て、自分たちの身に何が降りかかっているのか、どうしたら苦境から抜け出せるのかを理解したがっていた。タウンミーティングや遊説で立ち寄った先々で有権者たちからの質問に耳を傾けるだけで、わたしは多くを学ぶことができた。

初老のエドワード・デイヴィスと妻のアニーは、薬を買うか食料を買うかで頻繁に頭を悩まされると語った。ある女子高校生は、失業を恥じる父親が食卓で家族の顔をまともに見られず、ただうなだれているという。在郷軍人会の会館で会った退役軍人たちは、ヴェトナム戦争に抵抗したわたしの過去よりも、退役軍人局病院での医療の質の低下を気にしていた。ロン・マチョスの話にはとりわけ胸が痛んだ。生まれつき心臓が悪い息子ロニーのため、ロンは多額の医療費を払わなくてはならなかったが、不況で職を失い、いまだに健康保険に加入できる勤め口が見つかっていなかった。ニューハンプシャー州の民主党員たちが候補者全員の話を聞く党員集会を開いたとき、「クリントンを大統領に」と書かれた横断幕を広げた生徒の一団がいて、演壇までわたしを先導してくれた。実は生徒たちの教師がアーカンソー時代のわたしの旧友ジャン・パスカルで、その計らいによる演出だったのだが、なかのひとりが強く印象に残った。マイケル・モリソンだ。車椅子で生活していたが、そのせいで人に後れを取ることはなかった。収入の乏しい母親の手ひとつで育てられているという理由で、わたしを支持してくれた。わたしなら、大学進学と、いい職に就く機会がすべての子どもたちに与えられるよう力を尽くすと思ったのだという。

十二月に入るころには、キャンペーンは勢いに乗っていた。十二月二日、ジェイムズ・カーヴィルとその相棒のポール・ベガラが仲間に入った。ふたりとも強い個性の持ち主で、政治活動に欠かせない存在であり、近いところではペンシルヴェニア州のロバート・ケイシー知事とハリス・ウォフォード上院議員、ジョージア州のゼル・ミラー知事の当選に力を貸していた。ゼルの仲介でわたしはまずカーヴィルと電話で話し、ベガラも含めて三人で会う約束を取りつけた。フランク・グリアーやわたしと同様、このふたりも絶滅の危機に瀕しつつも、ずぶとく生き抜いている政治的動物、つまり南部の白人民主党員だった。カーヴィルはルイジアナ州のケイジャン（訳注　カナダ南東部に入植しその後ルイジアナ州南西部に住み着いたフランス系移民）で元海兵隊員。戦略に長《た》け、革新的な政治に深く傾倒していた。わたしと共通する部分が多く、意志が強くさばけた母親を敬愛している点もそのひとつだった。ベガラはテキサス州シュガーランド出身の才気《さいき》煥発《かんぱつ》かつエネルギーの塊のような男で、カトリック教徒としての社会的良心と革新系の民衆主義をうまく併せ持っていた。このふたりを雇おうとした候補者はわたしだけでなく、実際、カーヴィルとベガラが参加してからは、わたしたちの活動がいっそう活発で焦点の定まった、確実性の高いものとなった。

十二月十日にアメリカ主要ユダヤ人協会会長会議でスピーチを行ない、その二日後、ジョージタウン大学での三回目、最後の演説会で国家安全保障について話した。スピーチ原稿では、年来の友人でカーター政権時代に政策立案担当副部長を務めていたサンディ・バーガーにずいぶん助けてもらった。サンディは、やはりカーター時代のスタッフで政策の専門家を三人――アンソニー・レイク、リチャード・ホルブルック、マデリン・オルブライト――と、聡明なオーストラリア生まれの中東専門家、マーティン・インディクをスカウトした。これらの新しいメンバーはその後、全員が重要な役割を担うようになった。十二月半ばの時点では、外交問題の指南役として、とりあえずわたしが初歩的な理解と手腕を得るのを助けてくれた。

十二月十五日、フロリダ州の民主党大会で実施された非公式の世論調査で、わたしは代表団の五四パーセントという票数を獲得して勝利を収めた。一九八〇年代に三回この大会に出席し、わたしには知っている顔が多かったのと、フロリダ州ではバディ・マッケイ副知事を長とする、文句なく最強の選挙運動組織からの後押しがあった。ヒラリーとわたしもまた代表団に積極的に働きかけ、同様にマイアミに住んでいたヒラリーの弟たち、ヒューとトニー、それにヒューの妻でキューバ系アメリカ人の弁護士マリアも尽力してくれた。

フロリダ州での勝利の二日後、アーカンソー州で行なわれた資金集めの催しから、一回のイベントとしては過去を大きく上回る八十万ドルの純益があがり、選挙資金として供された。十二月十九日、新聞では初めて《ナッシュヴィル・バナー》がわたしを支持した。十二月二十日、クオモ知事が不出馬を声明。その後、サム・ナン上院議員とジョージア州知事ゼル・ミラーがわたしを支持して選挙戦は一気に盛り上がった。ジョージア州の予備選挙は、メリーランド、コロラド両州のそれとともにスーパー・チューズデーの直前に予定されていた。

一方、ブッシュ大統領の陣営は、パトリック・ブキャナンがジョージ・ウォーレス流の一撃を右から加えて共和党予備選挙への出馬意思を表明したために問題山積となった。保守派の共和党員たちは、民主党支配の下院を通過した四千九百二十億ドルの赤字削減一括法案にブッシュ大統領が署名したことに腹を立てた。法案は支出削減に加えて五パーセントのガソリン税値上げが抱き合わせになっていたからだ。一九八八年にブッシュは例の「わたしの唇を読んでください。新税はありません」の名言を吐いて、共和党の党大会で大喝采を浴びたという経緯がある。ブッシュとしては職務上、赤字削減一括法案に署名したわけだが、そうすることで最もわかりやすい自分の選挙公約を破り、共和党右派が基盤に置いている課税反対の方法論にそむいてしまった。

保守派から非難の的にされたのは大統領だけではなかった。わたしもまた、当然とはいえ、ＡＲＩ

ASという団体から非難の矛先を向けられた。ARIASは"Alliance for the Rebirth of an Independent American Spirit（アメリカの独立精神復活のための連合）"の略称で、代表者のひとりはわたしがオックスフォードで知り合い、好ましくも思っていたアーカンソー州出身者クリフ・ジャクソンだった。しかしジャクソンは今では保守派の共和党員となり、わたしに根深い敵意を抱いていた。このジャクソンの団体ARIASがテレビ、ラジオ、新聞でわたしの経歴を中傷する広告を流したとき、わたしたちはすばやく、積極的な反撃に出た。ARIASが行なった非難がわたしたちの選挙運動に与えた影響はマイナス面よりもむしろプラス面のほうが大きかったかもしれない。非難への反論がかえって知事としてのわたしの業績を浮き彫りにしたし、先方の攻撃材料の出どころを怪しむ声がニューハンプシャー州の民主党員のあいだに広がったからだ。クリスマスの二日前に実施されたニューハンプシャー州の世論調査で、わたしはポール・ソンガスに次いで二位につけ、その差をぐんぐん縮めていた。一九九一年は快い余韻を残して幕を閉じた。

一月八日、ダグラス・ワイルダー知事が指名獲得レースからの撤退を表明し、アフリカ系アメリカ人の、ことに南部での得票競争が緩やかになった。ほぼ同じころ、フランク・グリアーがニューハンプシャー州の経済問題とそれに対するわたしの改善計画に焦点を当てた秀逸なテレビ広告を流し、一般世論調査でわたしはソンガスを抜いて首位に立つことができた。一月の第二週には、運動を始めて三カ月足らずで選挙資金が三百三十万ドルに到達。その半分はアーカンソー州で集められたものだった。今日でこそわずかな金額だが、一九九二年の初頭にトップを切って走るにはじゅうぶんな資金だった。

軌道に乗って進んでいるかに見えたキャンペーンが、一月二十三日、リトルロックのマスコミが受け取ったメッセージによって急変した。二月四日付のタブロイド紙《スター》に、ジェニファー・フラワーズが十二年間にわたってわたしと関係を持っていたことを語る記事が掲載されるという予告だった。ジェニファー・フラワーズの名前は、一九九〇年の知事選の折、ラリー・ニコルズが、わたしと関係を持っているとして挙げた五人の女性のなかに含まれていた。当時、ジェニファー・フラワーズはそれを強く否定した。今回の態度の一変をマスコミがどれくらい真剣に扱うか、当初わたしたちには知りようがなかったので、そのまま予定どおりに活動を進めていた。わたしはニューハンプシャー州南西部クレアモントまで、ブラシ工場を見学するため、はるばる車で出かけた。工場の経営者たちが製品をウォルマートに仕入れてもらいたがっていたので、ひと肌脱ぐことができればと思ったのだ。視察中にディー・ディー・マイアーズが工場内の小さな事務所から選挙事務所に電話を入れてみると、フラワーズはわたしと話した十回分の電話内容を録音したテープを持っており、それで自分の申し立てが真実であることを証明できると主張していた。

その一年前、フラワーズの弁護士がリトルロックのラジオ局に一通の手紙を書き送り、名誉毀損《きそん》で訴訟を起こすと脅したことがあった。トーク番組のパーソナリティのひとりがラリー・ニコルズの記者会見資料に述べられていた申し立てを読みあげたことにより、「不当に、かつ事実に反して」フラワーズの不倫行為を非難した、という理由からだった。わたしたちにはフラワーズが所持しているというテープに何が録音されているかはわからなかったが、電話の会話をはっきりと憶えていたわたしは、痛手を受けるような内容はまったくないと考えていた。フラワーズのことは一九七七年から知っており、先ごろ州の仕事に就けるよう力を貸したところだった。わたしに電話をかけてきて、マスコミがしつこくつきまとい、夜、歌っている仕事先まで追いかけてくるので職を失いそうで冷や冷やしていると不満を漏らしたのだ。わたしは話を聞いて同情したが、それが問題になるようなことだとは考えなかった。ディー・ディーがさっそく、《スター》が公にしようとしている記事についてもっと情報をつかむべく仕事に取りかかると、わたしはヒラリーに電話をして事のしだいを伝えた。幸い、ヒラリーは遊説中でジョージア州知事の公邸に宿泊しており、知事夫妻のゼルとシャーリーがとてもよくしてくれた。

フラワーズの爆弾発言はみごとに炸裂《さくれつ》し、マスコミはどこもこぞってこれを取り上げる騒ぎとなったが、なかにはフラワーズの訴えに疑問を投げかける向きもあった。新聞はフラワーズが記事とひきかえに金を受け取っていること、そして一年前には猛烈に関係を否定したことを報じた。マスコミはフラワーズが学歴と職歴を偽っていたことを暴いて面目を施した。しかし、そういう報道も発言の威力にはかなわなかった。ニューハンプシャー州の世論調査でずるずると転落したわたしはヒラリーと相談し、CBSテレビの報道番組《60ミニッツ》からの出演依頼をふたりで受けて、告発とわたしたちの夫婦仲についての質問に答えたほうがいいと判断した。できれば呑みたくない話だった。呑んだのは、スキャンダル報道による危害を未然に防ぎ、わたしたちの名誉を傷つけることなく、また個人攻撃で相手をつぶそうとする策略を煽《あお》り立てることなく、本来、論ずべき争点へ軌道を戻したかったからだ。こうした個人攻撃の風潮は、わたし自身の尻に火がつく前から嘆かわしく思っていた。すでにわたしは自分が完璧な生活を送ってきたわけではないと述べていた。もし完璧さが求められるのなら、大統領には誰かほかの人間が選ばれてもしかたないと思った。

番組の収録は一月二十六日の日曜日の朝、ボストンの〈リッツ‐カールトン〉ホテルで行なわれ、その日の夜、スーパーボウル終了後に放映されることになっていた。番組のレポーター、スティーヴ・クロフトを相手に一時間以上、話をした。クロフトはまずフラワーズの言い分は真実なのかと尋ねた。わたしが真実ではないと答えると、関係はあったのかときいてきた。おそらくわたしもロザリン・カーターが一九七六年に同じような質問を受けたときの鮮やかな切り返しにならって、「あったとしても、あなたには申しあげません」と答えるべきだったのだろう。しかしカーター夫人と違って脛《すね》に傷持つ身だったので、利口そうな口はきかないことにした。それに代わる言葉としてわたしは、結婚生活に苦痛をもたらしたことはすでに自分の口から認めており、またすでにこれまでのいかなる政治家よりもその主題については多くを語っていて、これ以上、話すつもりはないし、アメリカの国民にはわたしの言う意味がわかっている、と話した。

クロフトは、驚いたことに食い下がってきた。このインタビューでただただ具体的な自認の言葉を引き出すこと以外、頭になかったようだ。ジェニファー・フラワーズについて次々に質問したのち、ようやくヒラリーとわたしのことに話題を移し、わたしたちの結婚について〝取り決め〟という言葉を使った。わたしは殴り飛ばしてやりたいと思った。しかし、こう言うにとどめた。「ちょっと待ってください。あなたの目の前にいるのは愛し合っているふたりの人間ですよ。取り決めだとか合意とかいうものではない。これこそが結婚じゃないですか」。するとヒラリーが、インタビューに同席したわけを説明して、「わたしは彼を愛し、尊敬していますし、これまで彼がやってきたことも、ふたりでやってきたことも、立派だったと胸を張って言えます。これでも納得できないとおっしゃるかたは、もう、投票していただかなくて結構ですよ」と言った。冒頭で泥まみれの取っ組み合いをしたあとはクロフトも多少礼儀正しくなり、ヒラリーやわたしの生活についてはなかなかいいやり取りができた。ただし、それらはことごとく編集の時点でカットされ、長いインタビューが結局、十分にまとめられてしまった。スーパーボウルのせいで番組が短縮されたものらしい。

ビデオ撮りのさなか、ヒラリーとわたしが坐っていたソファの真上に吊してあった照明機材のテープがはがれて、強烈にまぶしく、すごい熱をもったスポットライトが、今にも落ちてきそうになった。

ちょうどヒラリーの頭上だったので、直撃を受ければ大やけどをするところだった。幸い、それがふとわたしの視野に入ったので、わたしはあわてて膝の上にヒラリーをぐいと引き寄せた。間一髪でライトはヒラリーのいた場所に大きな音を立てて落下した。無理もないが、ヒラリーは縮み上がった。わたしはその髪を撫でながら、だいじょうぶだからと落ち着かせ、愛しているとささやいた。そういう試練を受けたのち、わたしたちは飛行機で帰り、チェルシーとともに番組を見た。終わったときに感想をきくと、チェルシーは「ふたりがわたしの両親でうれしいわ」と言ってくれた。

次の朝、わたしはミシシッピ州ジャクソンへ飛び、ウィリアム・ウィンター元州知事とマイク・エスピーが計画してくれた朝食会に出席した。ふたりとも早くからわたしを支持してくれている。果たして人が集まってくれるものか、集まってもどういう反応を示してくるものか、わたしには自信がなかった。蓋《ふた》をあけてみると、朝食会は椅子を新たに運び込まなければならないほどの盛況で、みんな心からわたしに会って喜んでいるように見え、わたしは大いに胸を撫で下ろした。わたしは戦線に復帰した。

ところが、まだ続きがあった。ジェニファー・フラワーズがニューヨークの〈ウォルドーフ・アストリア〉ホテルに詰めかけた記者たちを前に会見を開いたのだ。フラワーズは先刻の申し立てを繰り返し、嘘をつくのがもういやになったと説明した。また、秘密を公表するよう「地元の共和党候補者」から働きかけがあったことは認めたものの、その名前を明かすことは拒否した。テープの一部が記者会見の席上で流されたが、わたしと電話で話したこと――わたしも否定していない事実――が証明されただけで、テープ内容は、さんざん大騒ぎした割には期待外れに終わった。

その後もいくつか報道が続きはしたが、フラワーズ絡みの取材合戦は下火となった。それは、やはり、《60ミニッツ》の出演で真相を正しくとらえてみせたのがよかったのだと思う。世間はわたしが完全無欠ではなかったこと、そしてそれをごまかすつもりがないことを納得したのだ。しかし人々はまた、この国が直面している重要な問題がまだまだたくさんあることを知っていた。そして多くの人がマスコミ報道の〝金さえ出せば〟という側面を見せつけられて不快を覚えた。ちょうどそのころ、ラリー・ニコルズが訴訟の取り下げを決め、本人の言葉を引用すれば、わたしを「破滅」させようとしたことに対して、公に謝罪した。「マスコミがこの一件で大騒ぎを引き起こし、今や行き過ぎもいいところだ。《スター》紙に例の記事が出たとき、数人の女性がわたしに電話をかけてきて、ビル・クリントンと関係を持ったことを打ち明けたら、金を払う用意があるかときいてきた。あきれ返った話だ」。フラワーズの記者会見で流されたテープについて疑問が投げかけられた。《スター》は元のテープを公開することを拒否した。ロサンジェルスのあるテレビ局が専門家を雇って調べさせたところ、テープが〝内容を変え〟られたかどうかはわからないが、明らかに〝選択的に編集〟されている、という回答があった。CNNもまた独自に専門家による分析を行ない、その結果にもとづいて批判的な報道を流した。

前に述べたように、わたしが初めてジェニファー・フラワーズに会ったのは州司法長官時代の一九七七年で、フラワーズは地元テレビ局のレポーターをしており、よくわたしのところに取材に来ていた。しばらくして、確かカントリーミュージックのスター、ロイ・クラークのバックボーカルの口を見つけ、芸能界で身を立てるべくアーカンソーを出ていった。その後、ダラスに移った時期もあったが、一九八〇年代の後半には、母親の近くで暮らすためにリトルロックに舞い戻り、歌手業で得る収入の足しになるような州の仕事を世話してくれないかとわたしに電話をかけてきた。わたしはスタッフのジュディ・ガッディにフラワーズの名前を通しておいた。九カ月後、ガッディは州の職員として働きたい人たちをさまざまな機関に紹介する業務の責任者だった。九カ月後、フラワーズは年俸二万ドル足らずという職にようやく就くことができた。

ジェニファー・フラワーズには、逆境を生き抜く非凡なたくましさを感じた。理想にほど遠い子ども時代をも、キャリア面での不遇をも乗り切り、ひたすら前へ進んでいた。のちに、わたしに投票するかもしれないと話したフラワーズの言葉が新聞で報じられた。また別の折には、ポーラ・ジョーンズのセクシャル・ハラスメントの申し立てを信じないという談話も載っていた。運命のいたずらというべきか、一九九二年の一月に《60ミニッツ》に出演してからちょうど六年後、ポーラ・ジョーンズ事件で宣誓証言を行なったわたしは、ジェニファー・フラワーズについての質問を受けた。わたしは一九七〇年代にフラワーズと持つべきでない関係を持ったことを認めた。むろんこの一問は、偽りであるジョーンズのセクシャル・ハラスメントの訴えとはまるで無関係で、潤沢な資金を背景にわたしを個人的、政治的に傷つけ、困らせようとする長期的な試みの一端でしかなかった。しかし、わたしは宣誓をしていたし、もちろん、やましいところがない以上、恥じるいわれはなかった。わたしの批判者たちはこの答えに飛びついた。宣誓証言のほかの部分を虚偽であると言い立てながら、皮肉なことに、この一答だけは真実として受け入れたのだ。本当のところ、十二年に及ぶ関係はない。ジェニファー・フラワーズは今もジェイムズ・カーヴィルとヒラリーに名誉を毀損されたとして訴訟を続けている。フラワーズの不幸を願うわけではないが、わたしはもう大統領ではないのだし、このふたりのことは構わずにおいてほしいと強く望んでいる。

ジェニファー・フラワーズ旋風が巻き起こった数日後、わたしはイーライ・シーガルに電話をかけ、まわりを落ち着かせられるおとなが本部に必要なのでリトルロックに来てほしいと頼んだ。イーライが、どうしたら負け組の大統領選でしか仕事をしたことのない人間に援助を求める気になれるのかときいたので、「破れかぶれだ」と戯《ざ》れ口を叩いた。イーライは笑い、リトルロックにやってきて、選挙対策本部の事務局長として、スタッフと財政、遊説用飛行機の手配を担当してくれた。同じ月の初め、テネシー州のネッド・マクワーター、ケンタッキー州のブレアトン・ジョーンズ、ワシントン州のブース・ガードナーの三知事がわたしを支持してくれた。またサウスカロライナ州のリチャード・ライリー、ワイオミング州のマイク・サリヴァン、ニューメキシコ州のブルース・キング、ノースダコタ州のジョージ・シナー、ジョージア州のゼル・ミラー各知事など、すでに支持を取りつけている人たちからは再確認が得られた。同様にサム・ナン上院議員からは、新たにどんな話が飛び出すか「様子をうかがったうえで」という但し書き付きで、再確認が取れた。

　全国規模の世論調査の結果では、アメリカ国民の七割が、報道機関は公職者の私生活を取材対象とすべきではないと感じていた。別の調査では、民主党員の八割が、フラワーズの訴えが真実だとしても自分の投票が影響を受けることはないと答えた。よさそうな結果に聞こえるが、ここへきていきなり二割を失うのはかなり痛い。もっとも選挙運動は活気を取り戻し、少なくともソンガスに肉薄して二位につけられそうな様相を呈していたので、その形勢を崩さずに南部諸州の予備選挙に持ち込めれば上出来だと思っていた。

　ところが、キャンペーンが勢いを盛り返しつつあったまさにそのとき、徴兵逃れの話が持ち上がり、またまた大きな衝撃に見舞われた。二月六日、《ウォールストリート・ジャーナル》にわたしの徴兵経験と、アーカンソー大学での一九六九年の予備役将校訓練部隊プログラムとわたしとの関わりについての記事が掲載された。予備選挙戦が始まったとき、徴兵についての質問に不用意だったわたしは、誤ってオックスフォード大学留学時代に徴兵猶予はいっさいもらっていないと答えてしまった。実際には、一九六九年八月七日から十月二十日まで徴兵を猶予されていたのだ。さらに悪いことには、当時わたしのプログラム参加を承諾したユージーン・ホームズ大佐が今になって、わたしが徴兵を逃れるために大佐を騙《だま》したと主張しだした。一九七八年に記者団からわたしの徴兵について質問されたとき、大佐は何百件ものケースを処理したので、わたしの場合について何も具体的なことは憶えていないと述べていた。徴兵猶予はなかったというわたし自身の誤った陳述とあいまって、この記事は自分が徴兵されなかった理由をわたしがごまかそうとしたような印象を与えた。事実はそうでなかったのだが、あのとき、わたしはそれを証明することができなかった。憶えていなかったのと、わたしが予備役将校訓練部隊プログラムを抜けて徴兵の対象者に戻ったあとの一九七〇年三月に、ジェフ・ドワイアーがホームズと歓談した模様を伝える録音テープが見つからなかったからだ。ジェフも、地元の徴兵委員会委員長だったビル・アームストロングも他界していた。そして、その時期の徴兵記録はすべて破棄されていた。

ホームズからの非難は、以前に述べたことと矛盾しているだけに、わたしには意外だった。記憶を整理するのに娘のリンダ・バーネットが手を貸したのではないかと言いだす者もいた。バーネットはブッシュ大統領の再選を後押しする共和党の活動家だった。

のちに、本選挙を間近に控えた九月十六日、ホームズはさらに詳細にわたる非難声明を出して、わたしの「愛国心と徳義心」に疑問の目を向け、わたしに欺かれたと再度主張した。声明文はどうやらわたしの昔の対立候補、ジョン・ポール・ハマーシュミット下院議員の事務所から〝指導〟を受けて、ホームズの娘が下書きし、それをブッシュ陣営の当局者たちが手直ししたもののようだった。

《ウォールストリート・ジャーナル》に記事が出た数日後、そしてニューハンプシャー州の予備選のちょうど一週間前、ABCテレビの《ナイトライン》のニュースキャスター、テッド・コッペルからデイヴィッド・ウィルヘルムに電話が入り、わたしがホームズ大佐に宛てた今や有名な徴兵レターをコッペルが手に入れ、ＡＢＣではこれを番組で取り上げる意向だと伝えてきた。その手紙のことはすっかりわたしの頭から抜け落ちていた。ＡＢＣは手紙のコピーを送ることに同意し、きちんとそれを実行してくれた。手紙を読んで、ブッシュ陣営がなぜ、その手紙と予備役将校訓練部隊にまつわる新バージョンのホームズ大佐の説明があればニューハンプシャーでわたしを撃沈できると確信したのかが飲み込めた。

　その晩、ミッキー・カンター、ブルース・リンゼイ、ジェイムズ・カーヴィル、ポール・ベガラ、ジョージ・ステファノポロス、ヒラリー、そしてわたしは、マンチェスターの〈デイズ・イン・モーテル〉に取った部屋のひとつに集まった。わたしたちはマスコミによって葬られつつあった。この騒ぎでわたしの人格に猛攻撃が加えられた。テレビに登場する学識者たちは異口同音に、わたしは間違いなく息の根を止められたと宣言した。ジョージ・ステファノポロスは床の上にへたり込み、うっすらと涙さえ浮かべていた。立候補の取り下げを検討したほうがいいのではないかという。カーヴィルは手紙を振りながら床を行ったり来たりして、「おいおい！　ジョージィちゃん！　ばかを言うなよ。この手紙はおれたちの味方じゃないか。読めば誰だって、人格のあるやつが書いたって思うぜ！」。

　カーヴィルの〝弱音を吐くな《ネバー・セイ・ダイ》〟という心構えはうれしかったが、わたしのほうが落ち着いていた。ステファノポロスの政治的経験はワシントンでのそれに限られており、わたしたちとは違って、大統領にふさわしい人間か否かを決めるのはマスコミなのだと実際に信じている節があった。わたしはステファノポロスにこうきいた。「ジョージ、今でもきみは、わたしがいい大統領になると思うかい？」。「ええ」という返事。「それならさっさと立って仕事に戻れ。有権者がわたしを降ろしたいなら、選挙の日にそうすればいい。わたしは有権者に決めてもらうことにするよ」

　吐いた言葉こそ威勢がよかったが、世論調査の結果は散々で、まるで井戸に落ちた石のようだった。

すでに三位に転落していたが、支持率がひと桁台に落ち込む可能性も出てきた。カーヴィルとミッキー・カンターの助言に従って、わたしたちは手紙の全文を掲載した広告を《マンチェスター・ユニオン・リーダー》紙に出す一方、テレビの三十分枠をふたつ買い取って、有権者が電話で告発やその他の気にかかる事柄について、なんでもわたしに質問できる機会を設けた。アーカンソー州からは百五十人が仕事を中断してニューハンプシャーに駆けつけ、一軒一軒、有権者のドアを叩いて回った。そのひとり、デイヴィッド・マシューズ下院議員はロースクールの教え子で、またアーカンソー州の立法計画や知事選挙では常にわたしの強力な支援者だった。雄弁で説得力のある話し手だったので、すぐにヒラリーに次ぐわたしの主要な代弁者となった。いくつかの集会でわたしの話に先立って応援演説をしてもらったが、わたしは聴衆のなかにマシューズを立候補させたくなった人々がいたことと思う。助っ人はそれだけではなく、六百人のアーカンソー州民が名前と自宅の電話番号を《マンチェスター・ユニオン・リーダー》の全面広告のリストに連ねて、自分たちの州知事の真実について知りたければ電話をかけるよう、ニューハンプシャー州の民主党員に呼びかけた。

アーカンソー州から助けに駆けつけた人々のなかで、幼なじみの親友デイヴィッド・レオプーロス以上に大きな貢献をした者はいない。フラワーズ事件が持ち上がったあと、デイヴィッドは、テレビ解説者がクリントンはもう終わりだとコメントするのを聞いた。動転したデイヴィッドはじっとしていられなくなり、車に乗り込むと三日間走ってニューハンプシャーにやってきた。飛行機のチケット代が払えなかったのだ。選挙事務所に到着すると、わたしの若い広報担当補佐サイモン・ローゼンバーグの手配で、ニューハンプシャーにおおぜいの視聴者を持つボストンのラジオ局のインタビュー番組に出ることになった。デイヴィッドはただわたしとの四十年に及ぶ友情を語ることで大ホームランを飛ばし、わたしが少しはましな人間に見えるようにしてくれた。そのあと州内各地から集まったもの意気消沈していたボランティア運動員たちの会合に出て、話をした。デイヴィッドが話し終えると、運動員たちは目を潤ませ、最後の追い込みに向けて決意を新たにした。デイヴィッドはまる一週間、ニューハンプシャーを回って、ラジオのインタビューに答え、また、わたしが血の通った人間であることを証明するため、子どものころに友人たちといっしょに撮った写真を使った、手作りのちらしを配って歩いた。その行脚が終わりを迎えたとき、わたしはナシュアで開かれた集会でデイヴィッドに会った。まわりにはキャロリン・ステイリーや、わたしの昔のジャズ共演者ランディ・グッドラム、小学校時代の友だちモーリア・アスペルをはじめ、五十人ものアーカンソー州民がいた。おそらく〝ビルの友だち〟が、ニューハンプシャー州でのキャンペーンを救ってくれたのだ。

予備選挙の数日前、わたしは前々から計画されていた資金集めのイベントでニューヨークに赴いた。もう死んだも同然の男を見物するためにしろ、とにかく来てくれる人がいるだろうかと不安だった。〈シェラトン・ホテル〉の調理場を抜けて宴会場に向かう途中、いつもしているようにウェイターや調理場のスタッフと握手をした。ウェイターのひとり、ディミトリオス・テオファニスとはちょっとした立ち話になり、その結果、生涯忘れられない友ができた。「九歳になるわたしの息子は学校で選挙について教わってきて、あなたに投票しろと言います。もしそうしたら、わたしはあなたに息子を自由にしてくれるよう望みます。ギリシャでは、貧しくとも自由でいられました。ここでは危なくて、息子はひとりでは道の向こうの公園で遊ぶことも、付き添いなしで学校へ行くこともできません。自由ではないのです。だから、わたしがあなたに投票したら、息子を自由にしてくれますか?」。わたしは胸に熱いものが込み上げた。目の前に、息子の安全のために、このわたしに何ができるのかを本当に気にかけている男がいる……。わたしは、住人たちを知っていて街区を歩き回る地域警察官がいれば大いに力になってくれるだろうから、そういう警官を十万人配置できるよう、予算の確保に全力をあげると答えた。

すでに気分は上向いてきていたが、宴会場に足を踏み入れたとたん、一気に高揚した。七百人の人々がそこにいて、ジョージタウンの友人デニース・ハイランド・ダングルモンドとその夫のボブの顔もあった。ふたりはわざわざロードアイランド州から足を運んで、心の支えになってくれることを身をもって示したのだ。ニューハンプシャーに帰る道すがら、わたしは、生き延びられるかもしれないと考えていた。

選挙戦の最後の数日、ソンガス候補とわたしは経済政策をめぐって熱い議論を戦わせた。わたしは雇用創出、起業支援、貧困軽減、所得不平等の四項目から成る計画を提案していた。内容は、支出の削減と最富裕層への増税によって四年間で赤字を半減する、教育・訓練・新技術への投入資金を増大する、貿易を拡大する、そして中産階級には小幅で低収入労働者には大幅な減税を行なう、というものだった。それぞれの提案に必要な予算についても、連邦議会予算事務局の数字をもとに、できる限り精確な見積もりを出した。わたしの計画とは対照的にソンガスは、われわれはただ赤字の削減に的を絞るのが妥当であり、連邦政府が中産階級の減税に踏み切る余裕はないが、裕福なアメリカ人が最も得をする資本利得《キャピタル・ゲイン》税の減税には賛成すると論じていた。ソンガスはわたしの減税案を揶揄《やゆ》して、わたしをパンダならぬ迎合屋《パンダー》と呼び、ソンガス自身はウォール街がかつて持てなかったような最高の友人になるだろうと述べた。わたしは即座に、必要なのはウォール街と目抜き通り、財界と勤労者世帯の両方を助ける〝新しい民主党《ニュー・デモクラット》〟の経済計画だと反論した。わたしの減税を実行するには赤字が大きすぎるというソンガスの主張にうなずく者は多かったが、わたしは二十年前からしだいに広がっている所得の格差と、一九八〇年代に増額された中産階級の税負担に対してなんらかの手を打たなければいけないと考えたのだ。

相容れないわたしたちの経済計画を比べて、それぞれのメリットを議論するのはいっこうに構わなかったが、わたしの人格を疑問視する声がまだ残っていることは承知していたし、気にもかかった。選挙戦の閉幕が間近に迫ったころ、わたしはニューハンプシャー州ドーヴァーの聴衆を前に〝人格の問題〟について、本当のところ、わたしがどう思っているかを語った。

みなさんの抱える問題やみなさんの将来、生活についてお話ししてきた結果、わたしは候補者の首位にのぼりました。ところがそのとたんに、なんともうまい具合に持ち上がったのが、いわゆる人格についての問題です。この数週間、まさに渦中でその模様を眺めたことは、わたしにとって実におもしろい体験でした。

なるほど、大統領選挙ともなれば人格は重要な問題で、アメリカ人はもう二百年以上、政治家の人格について判断を下してきました。そういう国民の判断は、おおむね正しいものでした。でなければ、わたしたちはきょう、ここにこうして集まってはいなかったでしょう。人格の問題をわたしがどう考えているかについて、お話ししたいと思います。みなさんのことを本当に気にかけているのは誰でしょう？　大統領に当選したら具体的に何をするのか、本当に伝えようとしているのは誰でしょう？　口で言うだけでなく、実際に行なった実績があるのは誰でしょう？　そして、ただ権力を得ることや保つことではなく、みなさんの生活を変えることを固く心に決めているのは誰でしょう？……

この選挙で論じるべき人格の問題とは、次のようなことだとわたしは考えます。いったい、大統領の権限を持ちながら、選挙で自分の身があやうくなるまでは、それを国民生活の向上のために使わないなどということがまかり通っていいものでしょうか？　それこそが人格の問題です……

みなさんに聞いていただきたいことがあります。この選挙を、わたしはみなさんの手にお返しします。もしみなさんがそれをわたしに渡してくださるなら、わたしはジョージ・ブッシュのようにはなりません。第二のチャンスを与えてくれたかたがたを、わたしはけっして忘れることなく、みなさんとともに歩んでいきます、いつまでもどこまでも。

「いつまでもどこまでも」は、ニューハンプシャー州で迎えた選挙戦の大詰めで、わたしたちの一団が集会で唱和するスローガンとなった。何百人もの有志者が猛然と働いた。ヒラリーとわたしは、視野に入った手を片っ端から握った。世論調査の結果は今ひとつ思わしくなかったが、感触としては持ち直してきていた。

投票日の二月十八日の朝は凍りつくような寒さだった。ジャン・パスカルの教え子で車椅子に乗る若いマイケル・モリソンは、投票所でわたしのために作業をするつもりで目を覚ました。ところが、母親の車のエンジンがどうしてもかからない。マイケルは力抜けしたが、それも一瞬のことだった。電動式の車椅子で冷たい朝の空気のなかへ、つるつるした道の路肩へと出ていくと、寒風の吹きすさぶなか、三キロ強の道のりをひとりで車椅子を駆り、自分の持ち場に到着したのだった。この選挙の争点は徴兵とジェニファー・フラワーズだと考える人たちがいた。わたしはそうは思わなかった。この選挙で重要なのはマイケル・モリソンであり、心臓に穴があいているのに健康保険が使えない小さなロニー・マチョス少年であり、食卓で恥ずかしさにうなだれる失業中の父を持つ少女であり、必要な食料と薬を買う金のないデイヴィス夫妻であり、自宅から通りを隔てた公園で遊ぶことのできないニューヨークのウェイターの息子であると考えていた。どちらが正しいのか、まもなく答えが出ようとしていた。

その夜はポール・ソンガスが三五パーセントの得票率で勝ったが、わたしも二六パーセントと善戦して二位につけ、ケリーの一二パーセント、ハーキンの一〇パーセント、ブラウンの九パーセントに大きく水をあけた。残りの票は候補者リストにない名前への書き込み投票だった。ダフィーのキャンペーン以来わたしの強力な支援者となったニューハンプシャー州のジョー・グランドメイソンの強い勧めで、わたしは早めに記者会見を行なって、ポール・ベガラの提案どおり、ニューハンプシャーのおかげで〝カムバック・キッド〟として返り咲きを果たしたという表現を用いた。マサチューセッツとの州境付近ではソンガスに完敗を喫したが、州境から北へ、ニューハンプシャー州に十五キロほど入ったあたりからは、わたしのほうが勝っていた。わたしは大喜びすると同時に、ありがたさを噛みしめた。有権者は、わたしがキャンペーンを続けるべきだと判断したのだ。

わたしはニューハンプシャーがたまらなく好きになり、その特異性をすばらしいと思い、わたし以外の候補を選んだ人を含めて有権者の真剣さを敬うようになった。この州は、お手並みを拝見とばかりにわたしの能力を試し、候補者としての成長を促した。実にたくさんの人々がヒラリーとわたしの味方になり、わたしたちを押し上げてくれた。そのうちの驚くほど多くがわたしの政権で仕事をし、またほかにも、それからの八年間、ホワイトハウス主催のニューハンプシャー・デーなどを通して、その後もつながりを保った人たちがいた。

ニューハンプシャーが示したのは、アメリカの国民がこの国に変わることを求めている、その切実さだった。一方、共和党側はパトリック・ブキャナンが藪から棒の立候補で三七パーセントの票をさらい、ブッシュ大統領の全国的支持率が湾岸戦争後、初めて五割を割った。依然として世論調査ではブッシュがポール・ソンガスやわたしの支持率を上回っていたが、民主党の指名候補選びは明らかに競う価値の大きいものとなった。

ニューハンプシャー州のあとは予備選挙と党員集会が目白押しに並んでいるため、もはやニューハンプシャーで必要とされたような有権者との接触に重きを置く〝小売り方式〟の政治運動を再現することはできなかった。二月二十三日、メイン州の党員集会でソンガスが三〇パーセント、ブラウンが二九パーセントの得票率で勝者となり、わたしは遠く及ばない三位の一五パーセントに甘んじた。アイオワ州を除き、党員集会の方式をとっている州では、代議員の選出プロセスに関わる人数が予備選挙を行なう場合よりはるかに少ない。したがって党員集会は、熱烈な支持者から成る中核グループを持っている候補者のほうが有利だった。そういう支援団体は、必ずではないが、たいてい民主党の総体よりも左寄りで、本選挙の一般有権者と比べればずっと左派に当たっていた。二月二十五日のサウスダコタ州の予備選挙では、投票者たちが隣りの州から出馬しているボブ・ケリー（ネブラスカ州）、トム・ハーキン（アイオワ州）の両候補を比較的強く支持したが、わたしもただ一度、馬の牧場で開かれた集会に出向いただけにしては立派な成績を収めた。

三月は大事な月だった。月初めからコロラド州、メリーランド州、ジョージア州の予備選挙が相次いで行なわれた。コロラド州は、わたしには友人が多く、またリチャード・ラム元知事がまとめ役を引き受けてくれていたのだが、ブラウン、ソンガス両候補とわたしとで票を三分割するのがやっとで、ブラウンが二九パーセント、わたしが二七パーセント、ソンガスが僅差の二六パーセントという結果に終わった。メリーランド州には当初、わたしの強力な支援組織があったのだが、ニューハンプシャー州の世論調査でわたしが転落したとき、支持者の一部がソンガスに流れてしまい、ここでは勝ちをさらわれた。

ジョージア州の予備選挙は今後の行方を占う試金石だった。わたしはまだ予備選挙をひとつも勝っておらず、ここでは絶対に勝たないと、それも圧倒的な勝利を収めないといけなかった。三月三日に投票が行なわれる州のなかではジョージアが最大で、しかも南部での先陣を切っていた。州知事のゼル・ミラーが、スーパー・チューズデーに投票の行なわれる南部諸州といっしょにならないよう、選挙日を一週間繰り上げたのだ。ジョージアは興味深い州だった。州都アトランタはさまざまなものが入り混じった国際都市で、企業の本社が密集している点ではアメリカでも指折りだった。このアトランタを例外として、ジョージア州を支配しているのは保守的な文化だ。例えば、ゼル・ミラーは人気の高い州知事であるにもかかわらず、過去に州旗から南部連合の十字のデザインを取り除こうと試みて失敗しているし、その後任者になったロイ・バーンズ知事は十字を外した結果、再選を果たせなかった。ジョージア州はまた長年、議会の指導者たちに保護されて、軍事勢力が幅をきかせている。サム・ナンが上院軍事委員会の委員長を務めていたのは偶然ではなかった。徴兵逃れの疑惑が持ち上がったとき、ボブ・ケリー候補は、わたしがジョージア州に到着したら、投票者たちに「ふやけたピーナッツ」みたいにまっぷたつにされると言い放った。ジョージア州は全米一のピーナッツの産地だから、この文句は会心の一打だ。ニューハンプシャー州の投票から二、三日して、わたしはアトランタ空港に降り立った。出迎えてくれたのは旧友のメイナード・ジャクソン市長と、ヴェトナム退役軍人で検事のジム・バトラーだった。バトラー検事はにこりと笑うと、わたしをふやけたピーナッツのようにまっぷたつにしたくない軍人がここにひとりいる、と言った。

わたしたち三人は車で繁華街へ向かい、ショッピングモールでの集会に出席した。わたしを支持する著名な民主党員がおおぜい詰めかけた会場で、わたしはステージに上がった。ほどなく、仮設ステージがわたしたちの重さを支えきれなくなり、みごとに崩れ落ちて、壇上の人間をそこらじゅうにばらまいた。わたしは無傷だったが、共同議長のひとりだったアフリカ系アメリカ人の州議会議員カルヴィン・スマイアは、それほど運がよくなかった。落ちて腰の骨を折ったのだ。あとになってクレイグ・スミスが、わたしの支援者のなかで文字どおり〝粉骨砕身〟したのはカルヴィンひとりだ、と本人に向かって冗談を言った。確かにカルヴィンは身を粉にして働いてくれた。しかし、それはゼル・ミラーや下院議員のジョン・ルイスを始め、ほかの多くのジョージア州民にしても同じことだった。そして〝アーカンソー・トラベラーズ〟という団体を組織してやってきた何人ものアーカンソー州民たちにしても、だ。トラベラーズの一団は、大統領予備選挙の行なわれたほとんどすべての州でキャンペーンを展開した。この一団はいつも目に見える成果をあげたが、ジョージア州ではことさらその活動が功を奏した。政治記者たちの分析によると、わたしはジョージアで最低でも四〇パーセント以上の得票率で決定的勝利を収めなければいけない形勢にあった。友人たちの力とわたしが伝えたメッセージのおかげで、わたしは五七パーセントを獲得した。

次の土曜日、わたしはサウスカロライナ州を制してふたつめの勝利を収めた。得票率は六三パーセント。民主党の幹部たち、リチャード・ライリー元知事、そして〝ルネサンス・ウィークエンド〟の友人たちから少なからぬ後押しを得た結果だ。トム・ハーキンは勢いづいたわたしの調子を狂わそうと死力を尽くした。サウスカロライナ州出身のジェシー・ジャクソンもそのハーキンに同行して州内を遊説し、わたしに批判を浴びせた。そういう攻撃や、それに対してわたしが、ラジオ局の一室で、スイッチが入っていたマイクの前で不用意に発した言葉にもかかわらず、ほかの黒人指導者たちはわたしから離れなかった。ジョージア州でそうだったように、ここでもわたしは黒人票のおおかたを手に入れた。それがほかの候補者には意外に思えたようだ。それぞれの候補が公民権について強い信念を持ち、確かな業績を残してもいたからだが、しかし、南部の出はわたしひとりだったし、わたしもわたしを応援するアーカンソーの黒人たちも、広く南部一帯からその周辺にかけて黒人の政治・教育・ビジネス・宗教分野の指導者たちと何年間にもわたって私的なつながりをはぐくんでいた。

ジョージア州の予備選挙と同様、ここでも白人の投票者から好ましい支持が得られた。一九九二年というと、黒人社会と親密な関係のある候補者を支援したがらない白人は、おおむねすでに共和党員に転向していた。わたしに票を投じた人たちは、人種を隔てる一線を越えてすべての国民が苦しんでいる問題に果敢に取り組む大統領を求めていた。共和党はこの一群をできるだけ少数にとどめようとして、選挙というと決まって文化戦争に発展させ、白人有権者の目に民主党員がことごとく異星人《エイリアン》と映るよう画策した。白人有権者の心のどのボタンを押せば思考を停止させてしまえるか、共和党員たちはよく心得ていて、首尾よくそれをやってのければ勝利をものにすることができた。わたしは予備選挙に勝つ努力と並行して、本選挙でも南部でじゅうぶん張り合えるよう、白人投票者の頭を働かし続ける努力を怠らなかった。

ジョージア州のあと、ボブ・ケリーが指名獲得レースを降りた。サウスカロライナ州のあと、トム・ハーキンもそれにならった。ソンガス、ブラウン、わたしの三候補だけが八つの州の予備選挙と三つの州の党員集会が集中するスーパー・チューズデーに突入した。ソンガスは出身州のマサチューセッツと隣州のロードアイランドの予備選挙でわたしに圧勝し、デラウェア州の党員集会でもわたしを破った。しかし南部と境界諸州が、その日、わたしたちの陣営のために敵を大敗走に追い込んだ。南部――テキサス、フロリダ、ルイジアナ、ミシシッピ、オクラホマ、テネシーの各州――の予備選挙でわたしは過半数を獲得した。テキサス州では一九七二年のマクガヴァンのキャンペーンで知り合った友人たちの助力と、メキシコ系アメリカ人の大多数のおかげで六六パーセントを奪取することができた。予備選挙の州はそのほかでもすべてそれ以上に善戦したが、フロリダ州だけは例外で、接戦の末、クリントンが五一パーセント、ソンガスが三四パーセント、ブラウンが一二パーセントの結果に終わった。ハワイ州ではジョン・ワイへー知事の尽力で、またミズーリ州ではメル・カーナハン副知事が自身の知事選挙運動中にもかかわらずわたしを支持してくれ、両州とも党員集会を手中に収めることができた。カーナハン副知事はどのみち知事選に勝った。

スーパー・チューズデーのあと、わずか一週間で、イリノイ、ミシガンの両州で堂々の首位の座を築くための作戦を練った。ほんのひと月前、わたしはただ落ちるに任せるしかない状態で、マスコミの〝専門家たち〟からこぞって消えていく運命を予言されていた。それが今は首位の走者だ。しかし、ソンガスの鼻息はまだまだ荒かった。スーパー・チューズデーの翌日、ソンガスは皮肉を込めて、南部の予備選挙でわたしが優勢を示したので、わたしを副大統領候補として、いっしょに本選に臨むのもいいかもしれないと述べた。その次の日、ソンガスもまた中西部を遊説し、わたしの人格、知事としての業績、共和党候補に勝つ見込みを疑問視した。ソンガスがわたしの人格で問題にするのは、中産階級の減税についてだった。新たに行なわれた世論調査によると国民の約四割が同様にわたしの誠実さを疑っていたが、税金の問題が頭にあってそういう結果になったとは、わたしには思えなかった。

ここはもうこれまでの手法を変えずに、押しの一手で行くしかなかった。ミシガン州のフリントにほど近いバートンという小さな町を訪れた。そこは住人の大多数が、アーカンソー州から自動車産業の仕事を求めてやってきた者たちだった。三月十二日、デトロイト近郊の典型的な〝レーガン民主党員〟のふるさと、マコーム郡で演説会を開いた。レーガン民主党員とは、レーガンの打ち出した強硬な防衛政策、犯罪に対する厳罰主義、小さな政府というメッセージに誘われて、民主党から共和党に乗り換えた有権者たちだ。実際には、この有権者たちは一九六〇年代から、民主党がもはや自分たちの大事にしてきた労働と家族という価値観を捨てたと感じて、共和党に票を入れ始めていた。社会計画と銘打って、自分たちの税金を黒人や、むだ使いの多い役人の手に渡しているとしか見えない施策に、民主党が力を入れすぎているように思えたのだ。

マコーム郡コミュニティ・カレッジの会場をぎっしりと埋め尽くした聴衆を前に、わたしはあらゆる市民のための機会と、あらゆる市民が担う責任を軸とする経済・社会政策を掲げる新しい民主党を作ることを宣言した。成績の良否にかかわらず巨額の給与を得ている企業重役も、技能を磨こうとしない労働者も、働けるのに生活保護を受けている貧困家庭も、漏れなくその政策の対象となることを伝えた。それからわたしは、成功させるには人々が進んで人種を隔てる一線を越え、価値観を共有するすべての人と力を合わせなければいけないと説いた。人種の境界線に従って投票することはやめなくてはならない。なぜなら「人種が問題ではないからだ。これは経済の、価値観の問題なのだから」と。

翌日、わたしは同じメッセージを、デトロイトのインナーシティ（訳注　スラム化している中心部）にあるオーデル・ジョーンズ牧師のプレズント・グローヴ・バプテスト教会で、数百人の黒人聖職者や活動家たちに伝えた。アーカンソー州にルーツを持つ多くの者を含む黒人の聴衆に向かって、わたしはマコーム郡の白人有権者にはすでに人種の境界線を越えることを課題として突きつけたことを告げ、今度は黒人の有権者もまた同じ課題を受け入れ、わたしの行動計画のうち市民が担う責任に関わる部分、具体的には福祉制度改革、児童支援の強制実施、犯罪防止対策など、労働・家族・地域の安全の価値を高める事柄に責任をもって関わっていかなくてはならないと説明した。この一対のスピーチは少なからぬ注目を集めた。それというのも、マコーム郡の白人に人種問題を、そしてインナーシティの黒人に福祉や犯罪の問題を突きつける政治家はまれだからだ。同じメッセージに対してどちらのグループからも力強い反応が返ってきたとき、わたしはちっとも驚かなかった。心の奥では、たいていのアメリカ人が、最高の社会計画は仕事であり、最強の社会機関は家庭であり、人種で分け隔てをする政治は自滅の道であることを知っている。

イリノイ州ではチーズケーキを作っている小さな工場を訪問した。ここには、高校を卒業していない従業員をすべて高校卒業資格試験プログラムに参加させるという、経営者側の熱心な取り組みを反映して、黒人、ラテン系、東欧系の移民が働いている。ルーマニアから来たばかりという従業員が、初めての一票をわたしに入れると語ってくれた。黒人とラテン系アメリカ人社会での選挙運動には、ふたりの若い活動家、ボビー・ラッシュとルイス・グティエレスが同行してくれた。ふたりとものちに連邦議会の一員に選ばれた。やはり若いラテン系アメリカ人のコミュニティ指導者であるダニー・ソリスとはエネルギー効率を考えて建てられた公営団地を見て回った。ダニーの妹パティは、このキャンペーンを手伝ったのが縁で、以来ずっとヒラリーの仕事をしている。そして、わたしはシカゴで迎えた聖パトリック祭のパレードで、道筋に軒を連ねる酒場がふんだんにふるまうビールで気分の高揚した支持者たち、それも味方と敵の双方から、それぞれ声援と冷やかしを浴びながら道を練り歩いた。

投票日の二日前、わたしはポール・ソンガス、ジェリー・ブラウンのふたりとシカゴでテレビ討論を行なった。これが明暗を分ける決戦の時であることをふたりは承知していて、いきおい、わたしに攻撃をしかけてきた。注目を引いたのはブラウンだ。ヒラリーを激しい口調でやり玉に挙げ、収入が増えるようわたしが糸を引いて州の仕事をローズ法律事務所に回させたと主張し、さらにローズ事務所の依頼人である鶏肉会社が、ヒラリーの存在ゆえに汚染管理エコロジー局から特別な扱いを受けたと批判した。いわれのない非難だったし、ブラウンの辛辣な物言いによけい腹が立った。わたしは一九八六年の知事選でヒラリーの弁護士業がフランク・ホワイトから攻撃の的にされたときと同じように、事実関係を説明した。ローズ法律事務所は一九四八年からアーカンソー州の公債関係の仕事で法廷代理を務めてきたこと。州が公益企業からグランドガルフ原子力発電所の建設費用の支払いを求められた一件でも、州の代理人を務めたこと。ヒラリーは州から事務所に入る弁護料を全額、事務所の収入から差し引いたうえでパートナーとしての自分の報酬分を計算していたので、州の仕事から恩恵を受けることはまったくなかったし、それはごく基本的な調査で明らかになる事実であること。加えて、ローズ法律事務所の依頼人たちが州の機関から特別な優遇措置を得ていたというような証拠はどこにもないこと……。

むきになるべきではなかったと今にして思うが、明らかに根拠のない非難だったのと、心のどこかで、いつもヒラリーをわたしの弁護役に回らせてきたことに、後ろめたさを覚えていたのだろう。そこへ自分に弁護のお鉢が回ってきたので勇み立ったというわけだった。

ヒラリーを知る人間はみんなその几帳面な正直ぶりを承知していたが、誰もがヒラリーを知っているわけではなかったから、この攻撃は痛手だった。テレビ討論の翌朝、わたしたちがシカゴの〈ビジー・ビー・コーヒーショップ〉で人々と握手をしていると、ひとりの記者がブラウンの非難についての感想をヒラリーに求めた。ヒラリーはキャリアと家庭との両立をめざして努力を傾けていることを如才なく答えた。すると記者は、利害の衝突という印象を与えずにすむ方法もあったのではないかときいてきた。もちろん、ヒラリーはまさしくそういう方法をとってきたのだし、そう答えればよかったのだろう。ところが疲れとストレスがたまっていた。かわりにヒラリーはこう言った。「家にいてクッキーを焼いたりお茶をいれたりもできたでしょうけど、わたしは自分が選んだ職業をまっとうすることに決めたんです。夫が公職に就く前からしていた仕事ですしね。それで細心の注意を払わなくてはと慎重に慎重を重ねてきました。それ以外には申しあげようがありません」

マスコミは〝お茶とクッキー〟発言だけを抜き出し、専業主婦を酷評した言葉として大きく扱った。共和党の文化戦争の戦士たちはこのときとばかりに、ヒラリーが〝過激な女性解放論的〟行動計画を推進する〝クリントン‐クリントン政権〟の、イデオロギー指導者となる〝好戦的フェミニスト弁護士〟であるとまくし立てた。ヒラリーを思い、わたしの胸は痛んだ。長年ヒラリーが、女性の選択肢を確保しなければいけないと、その重要性を擁護するのを数限りなく聞いてきた。その選択肢には、家にいて子育てに励むというような、今では未婚既婚を問わず、母親に余裕がなくて選べないものも含まれていたのだ。それに、わたしはヒラリーがクッキーを焼いたり女友だちをお茶に招いたりするのが好きなことを知っていた。とっさに発したたったひと言で、ヒラリーはわたしたちの政敵が最も得意とすること——有権者の気をそらし、分裂させること——に使える武器を相手に手渡してしまった。

翌日、ヒラリーの出身州イリノイで勝利を収めたことで、そういう杞憂《きゆう》も消え去った。わたしは五二パーセントの票を得た。対するソンガスは二五パーセント、ブラウンは一二パーセント。そしてミシガン州では、わたしが四九パーセント、ブラウンが二七パーセント、ソンガスが一八パーセントという結果になった。ブラウンのヒラリー攻撃でなんらかの影響があったとしたら、おそらくイリノイ州でブラウン自身が被害をこうむったことだろう。一方、ブッシュ大統領はこの両州で難なくパトリック・ブキャナンを破り、実質的にとどめを刺した。共和党集団が仲間割れしてくれたほうがこちらとしてはありがたいのだが、ブキャナンが負けたことはうれしかった。中産階級の不安定な心の陰の部分に、ブキャナンは働きかけるところがあったからだ。例えば、ある南部の州では南軍兵士の共同墓地を訪れながら、通りをひとつ渡っただけの黒人兵士の墓地には見向きもしなかった。

シカゴの〈パーマー・ハウス・ホテル〉で、聖パトリック祭に敬意を表し、アイルランドの緑色の紙吹雪を散らして盛大に祝宴を挙げたあと、わたしたちは仕事に戻った。一見、キャンペーンは順風満帆だったが、その実、予断を許さない状況だった。ある新しい世論調査の結果では、わたしはブッシュ大統領と互角の勝負に持ち込んでいたが、別の調査によると、ブッシュ政権の支持率が三九パーセントに転落したにもかかわらず、そのブッシュに大きく後れを取っていた。イリノイ州の投票所での出口調査では、民主党員たちの半数が民主党の大統領候補者たちに不満を抱いていた。ジェリー・ブラウンもまた不満を隠さなかった。わたしが指名候補に選ばれた場合、わたしを支持しないかもしれないと述べたのだ。

三月十九日、ソンガスが財政的問題を理由に選挙戦から脱退した。ただひとりジェリー・ブラウンを対立候補として、わたしたちは三月二十四日のコネティカット州の予備選挙に臨んだ。コネティカットでは民主党指導者のおおかたから支持を取りつけていたし、ロースクール時代の友人も多くいたので、わたしの勝利が予想されていた。精力的に遊説を行なってはいたが、わたしは不安だった。何かしっくりこないのだ。戦線を抜けたソンガスの支援者たちは、追い落としたわたしに怒りをぶつけ、あくまでソンガスに投票するか、もしくはブラウンに乗り換えるのだと息巻いていた。それにひきかえ、わたしの支援者たちは、もう党からの指名が手に入ったも同然と落ち着いてしまい、なかなかムードが盛り上がらない。投票率が低ければ勝利を逃すこともあると、わたしは気を揉んだ。そして、まさしくそのとおりになってしまった。正規に登録している民主党員の二〇パーセントという投票率で、ブラウンが三七パーセントを得票し、三六パーセントのわたしを破った。投票者の二割は、ソンガスを擁して徹底抗戦をするその支援者たちだった。

次に控える大きな試金石は、四月七日のニューヨーク州。コネティカットで苦杯をなめたうえは、ニューヨークで勝たない限り、党の指名獲得はふたたびあやうくなる。非情で貪欲なニュース網が二十四時間態勢で稼働し、さまざまな利益集団が入り乱れて権力を競い合うニューヨークこそ、わたしのキャンペーンを狂わせるには、もってこいの場所に思えた。

27

政治の世界で、ニューヨーク州の選挙に匹敵するものはほかに見当たらない。ニューヨーク州は、地理的にも心理的にもはっきり区別される三つの地域に分かれている——多様な五つの行政区を抱えたニューヨーク市、ロングアイランドなど郊外の郡、そして北部地域だ。また数多くの黒人とヒスパニック系住民、全米一の数を誇るユダヤ系アメリカ人、インド系、パキスタン系、アルバニア系住民の組織立ったグループなど、およそ思いつく限りの民族が暮らしている。黒人やヒスパニック系住民のなかにも多様性がある。ニューヨークのヒスパニック系住民には、プエルトリコやカリブ海諸国からの移民が多く、とりわけドミニカ共和国の出身者は五十万人以上にのぼる。

こうした少数民族コミュニティでの活動を組織してくれたのは、クリス・ハイランドだ。クリスはジョージタウン大学時代の同級生で、全米で最も民族的に多様なロワーマンハッタンに暮らしている。二〇〇一年九月の世界貿易センタービルへのテロ攻撃の際、わたしはヒラリーとともに避難所の小学生たちのもとを訪れたが、そこには八十の異なる国や民族出身の子どもたちがいた。そんな街でクリスは、まず三十種類もの少数民族系の新聞を買い集め、そこに名前の出ている指導者の居所を調べた。予備選が終わると、九百五十人にのぼる諸民族の指導者を招いて資金集めのパーティーを開き、その後リトルロックに移って全米の少数民族グループを組織化した。これは本選挙を勝ち抜くうえで大きな力となったし、これを基盤として、ホワイトハウス入りののちも、少数民族コミュニティとかつてないほど活発な交流を保つことができた。

労働組合、とりわけ公務員労組はきわめて勢力が強く、政治的にも巧妙で抜け目がない。またニューヨーク市では、党の主流派とよりリベラルな改革派がともに活発で反発し合うことも多いため、予備選の政治的駆け引きはいっそう複雑化していた。同性愛者の権利擁護団体は、組織的かつ声高にエイズ対策の強化を要求した。一九九二年の時点で、エイズによる死者の数はアメリカ合衆国が世界一多かったのだ。マスコミは絶えざる喧噪《けんそう》そのもので、《ニューヨーク・タイムズ》紙に代表される従来の新聞、タブロイド紙、活発なローカルテレビ局、それにラジオ局が、最新のニュースを求めて激しい競争を繰り広げていた。

ニューヨークの選挙戦が本格化するのはコネティカット州の予備選が終了してからだが、その何カ月も前から、わたしはハロルド・イッキーズの貴重な助力と専門的な助言を得て、ニューヨークでの地盤作りに精を出していた。ハロルドは、フランクリン・D・ローズヴェルト政権の有名な内務長官の息子で、その名前を受け継いでいる。一九九二年当時、すでにわたしとは二十年来の友人だった。細身でしたたかで才気《さいき》煥発《かんぱつ》、ときに罰あたりな言葉も口にする熱情家で、リベラル派の理想主義と現実的な政治手腕を絶妙に併せ持っていた。若いころ西部でカウボーイの仕事をし、南部で公民権運動に参加してめった打ちにされたこともある。選挙運動では人生を変える政治の力を信奉し、味方にとことん忠誠を尽くして、敵には猛然と立ち向かう。彼はニューヨークの名士やこの街の抱える課題、権力闘争の一切合切を知り尽くしていた。ニューヨーク州の選挙戦に突入するのは地獄に飛び込むようなものだが、少なくともわたしは、生きたままそこから連れ出してくれそうな男を道連れに得たわけだ。

ハロルドはそれまでにマンハッタン、ブルックリン、ブロンクスで大物の支持を取りつけ、一九九九一年十二月にはクイーンズ民主党委員会でわたしが演説するよう取り計らってくれた。しかも、マンハッタンから委員会の会場まで地下鉄に乗ろうと言う。結局、田舎者のわたしが地下鉄に乗ったという記事のほうが演説そのものよりも大きく扱われたが、ともかく党員の前に立ったことが重要だった。その後まもなく、クイーンズの民主党委員長で下院議員のトム・マントンがわたしへの支持を表明し、クイーンズ選出の下院議員で、アレン・アフリカン・メソジスト監督教会の牧師であるフロイド・フレイクも支持してくれた。

一月には、マーティン・ルーサー・キングの生誕記念日を祝うため、アフリカ系アメリカ人の下院議員エド・タウンズ、ブルックリンの民主党委員長クラレンス・ノーマンとともにブルックリンの高校を訪れた。生徒たちは、校内での銃やナイフの問題について口々に訴え、学校生活をもっと安全なものにしてくれる大統領が欲しいと言った。ブロンクスでは討論会に参加した。議長を務めたのは区長のフェルナンド・フェラーで、彼ものちにわたしの支持者になった。フェリーでスタテン島も訪れた。マンハッタンでは区長のルース・メシンジャーが骨を折ってくれ、彼女の若き補佐官マーティ・ラウズは、同性愛者のコミュニティに食い込むための道筋をつけてくれた。ヴィクター・コヴナーとセーラ・コヴナーは、多くのリベラル派から支持を取りつけ、よき友人になってくれた。ドミニカ出身者初のニューヨーク市議会議員のひとりギレルモ・リナレスは、大物のラテン系アメリカ人として初めてわたしを支持してくれた。ロングアイランドと、現在わが家のあるウェストチェスター郡でもキャンペーンを行なった。

ニューヨーク州では、労働組合の力がそれまでのどの予備選に比べても大きかった。なかでも組織が大きく活発なのがアメリカ州・郡・市職員連盟だ。わたしが理事会を訪れたあと、アメリカ州・郡・市職員連盟は大手労働組合として初めて支持を表明してくれた。知事時代、この組合とは緊密な連携を保っていたし、わたし自身下っ端の組合員でもあった。しかし、支持の真の理由は、委員長のジェラルド・マッケンティーがわたしを気に入って、この男なら選挙に勝てると踏んでくれたところにある。マッケンティーは、味方につけると心強い男だ。有能で、熱烈な忠誠心を持ち、激しい戦いも厭《いと》わない。全米運送組合も支持してくれ、三月末までにはアメリカ通信労働組合と国際婦人服労働組合もあとに続いた。教員組合も、正式な支持を打ち出しはしなかったものの力を貸してくれた。また労組に加えて、アラン・パトリコフとスタン・シューマンの取りまとめた財界のグループも強力に支援してくれた。

さまざまな少数民族グループと出会ったなかで、アイルランド人との付き合いは、最も重要で長く続いた。ある夜遅く、わたしはアイルランド問題フォーラムの会合に出席した。これはブロンクス選出の州議会議員ジョン・ディアリーが立ち上げた会で、ハロルド・イッキーズとニューヨーク市の財務局長キャロル・オクレラケンが、わたしの準備を手伝ってくれた。アイルランド生まれの伝説的な政治家で当時八十五歳ぐらいだったポール・オドワイアと息子のブライアンも出席していたし、《アイリッシュ・ヴォイス》紙の記者ニール・オダウド、ジャーナリストのジミー・ブレズリン、クイーンズの会計検査官で共和党員のピーター・キングなど、百人にのぼるアイルランド人の活動家が顔を揃えていた。彼らは、特別代表を指名して北アイルランドにおける暴力の終結を求めるよう、それも少数派のカトリック教徒にとって公正な条件のもとで実現させるよう、約束を迫った。実は同じことをボストン市長のレイ・フリンからも勧められていた。フリンは熱心なアイルランド系カトリック教徒で、わたしの強力な支持者でもある。わたしが最初にアイルランド問題に興味を持ったのは、一九六八年、オックスフォード大学留学中に北アイルランドで公民権運動への弾圧があり、それをきっかけに紛争が激化し始めたころだった。フォーラムの面々とじっくり話し合った末、わたしは納得し、経済でもそれ以外の分野でも、北アイルランドのカトリック教徒に対する差別を終わらせるよう求めていくと言った。それによってイギリスが憤慨し、大西洋対岸の最も大切な同盟関係に緊張が走るのはわかっていたが、アメリカには膨大な数のアイルランド系移民がおり、なかにはＩＲＡ（アイルランド共和国軍）に資金援助している者もいるから、わが国がこの問題に突破口を開けるはずだと確信したのだ。

すぐにわたしは、アイルランド問題に力を注ぐという強い意欲を外交政策顧問のナンシー・ソダバーグに起草してもらい、所信として発表した。ロースクール時代の友人で、前コネティカット州選出下院議員のブルース・モリソンは、〝クリントンを推すアイルランド系アメリカ人〟というグループを立ち上げてくれた。このグループは、大統領選や、その後の仕事のなかで大きな役割を果たすことになった。チェルシーがアイルランドの和平プロセスに関するスタンフォード大学の卒業論文で触れたように、アイルランド問題と関わるきっかけを与えてくれたのはニューヨーク政界だが、自分でも大統領在任中、この問題に多大な情熱を注いだ。

普通の民主党の予備選なら、これだけの支持を得られれば勝ったも同然だ。しかしこれは普通の選挙ではなかった。まずは対抗勢力がある。ジェリー・ブラウンは猛然と運動し、リベラル派党員の力を結集して、この最後で最大のチャンスになんとかわたしを引きずり下ろそうとしていた。先に撤退を表明したポール・ソンガスも、コネティカット州予備選での結果に気をよくして、もう一度支持者に票を投じてもらってもいいと表明した。新連合党の大統領候補で、舌鋒《ぜっぽう》鋭い怒れる女性レノーラ・フラニも、対立候補たちに目いっぱい協力した。わたしがハーレムの病院で医療保険に関する集会を催したところ、フラニはみずからの支持者を連れて乗り込み、激しい野次でわたしの演説を妨害した。

ジェシー・ジャクソンは、事実上ニューヨークに移り住んでブラウンを支援した。とりわけ大きかったのは、ニューヨーク市最大で最も活発な労組であるサービス従業員国際組合一一九九支部の支部長デニス・リヴェラに、わたしではなくブラウンを支持するよう説得したことだった。ブラウンはその返礼として、もし自分が指名を受けたらジャクソンを副大統領候補に選ぶと約束した。この声明で、黒人有権者のあいだではブラウン人気が高まるだろうとわたしは予想したが、同時に多くのユダヤ人票がわたしに流れた。ジャクソンは、ブラックモスレムの指導者で反ユダヤ的発言で知られるルイス・ファラカンに近すぎると考えられていたからだ。それでも、ニューヨーク州でのジャクソンの支持は、ブラウンにとって差し引きプラスとなった。

メディアの攻撃もあった。大新聞は何週間にもわたってアーカンソーに居坐り、わたしの過去の記録や私生活についてなんでもいいからほじくり出そうと躍起だった。口火を切ったのは《ニューヨーク・タイムズ》で、三月初めにホワイトウォーター関連の報道の先駆けとなる記事を掲載した。一九七八年にヒラリーとわたしは、ジム・マクドゥーガルとその妻スーザンとともに銀行から二十万ドルを超える融資を受け、アーカンソー州北西部を流れるホワイトリバー沿いの土地に投資した。ジムは土地開発業者で、わたしたちが出会ったのは、かつて彼がリトルロックでフルブライト上院議員の事務所を切り盛りしていたころのことだ。われわれはこの土地を隠居生活に入ろうとする人たちに分譲して、利益をあげようと考えていた。そういう人たちが、一九六〇年代から七〇年代にかけて、北アーカンソーのオザークに多数移住してきていたのだ。マクドゥーガルは、それまでに行なったすべての不動産投機で成功を収めていた。そのなかには、わたしが二、三千ドルほど投資してそこそこの儲けを出したものも含まれている。ところが不幸にも一九七〇年代末になると金利が急上昇し、経済は後退、土地取引が減少して、われわれの投資は赤字になった。

一九八三年にわたしがふたたび知事に就任するまでに、マクドゥーガルは小さなS&L（貯蓄貸付組合）を買い取って、マディソンギャランティ貯蓄貸付組合と名づけていた。その二、三年後、彼はローズ法律事務所に顧問料を支払い、マディソンギャランティの代理を依頼する。アメリカが〝S&L危機〟に襲われるとマディソンも支払い不能に陥り、新たな資金を注入するため、優先株を売却して証券業務を行なう子会社を設立しようとした。そのためには、わたしが任命した州の証券局長ベヴァリー・バセット・シェーファーの認可を受けなくてはならない。ベヴァリーは一流の弁護士で、わたしの友人ウディ・バセットの姉妹であり、デイル・バンパーズ上院議員の甥アーチー・シェーファーの妻でもある。

《ニューヨーク・タイムズ》に掲載されたのは、一連のホワイトウォーター関連記事のひとつだった。記者は、ヒラリーが州の規制を受ける企業の代理人を務めていたことで、利害の対立があったのではないかと疑問を投げかけていた。ヒラリーは、優先株の提供について説明するシェーファー証券局長宛ての一通のレターに個人名でサインしていたのだ。さらに記事は、マディソンギャランティが、ふたつの〝新奇な〟資金調達案を承認してもらうという特別待遇を州政府から受けていたのではないか、シェーファー証券局長はマディソンギャランティの経営が悪化した際、適切な監督を怠ったのではないかとほのめかしていた。

しかしそうした言いがかり、ほのめかしに、事実の裏づけはなかった。第一に、シェーファー局長が認可した資金調達案は当時としては普通のもので、新奇ではなかった。第二に、一九八七年、独立監査によってマディソンが支払い不能だと判明するとすぐに、シェーファーはマディソンの業務を停止させるよう連邦政府の監督官庁に要請した。マディソン側が業務停止に同意するずっと以前のことだ。第三に、ヒラリーがマディソンに送った弁護士料の請求は、二年間の総計でも二十一時間分だった。そして第四に、われわれは一度もマディソンから借金をしたことはなく、逆にホワイトウォーターへの投資で損失をこうむった。これがホワイトウォーターの基本的な構図だ。《ニューヨーク・タイムズ》記者の取材源は、明らかにシェフィールド・ネルソンを始めとするアーカンソー時代のわたしの政敵だと思われた。徴兵問題とフラワーズ事件以外の分野でも〝人格問題〟を創り出せるなら喜んで協力するような連中だ。この場合、話をでっちあげるためには不都合な事実を無視したり、シェーファーのような献身的な公務員の業績をねじ曲げて伝えたりすることが必要だった。

《ワシントン・ポスト》紙には、わたしが養鶏産業と親密であったために、養鶏、養豚の廃棄物が農地に拡散するのを防げなかったと決めつける記事が掲載された。動物の排泄物は少しならよい肥料になるが、あまり大量にあると土地が吸収しきれず、雨で河川に流れ込んで、釣りや水泳には危険なほど川が汚染されてしまう。一九九〇年に州の汚染管理エコロジー局の調査で、養鶏産業の集中した北西アーカンソーの河川の九割以上が汚染されていることがわかった。われわれは数百万ドルをかけてこの問題に取り組み、二年後には汚染管理局から、五〇パーセント以上の河川がレクリエーション目的の使用基準を満たしたとの報告を受けた。さらにわたしは、養鶏産業に自主努力を求める〝最善管理要項〟を承認させ、残りの河川の浄化に努めた。産業による自主清掃を義務づけなかった点を批判されたが、言うのは簡単でも、それを実践するのはむずかしい。連邦議会で民主党が多数派を占めていたころですら、義務化は果たせなかった。農業団体は影響力が強く、水質汚染防止法採択の際にも完全に法の対象から除外されたのだ。養鶏はアーカンソー州最大の産業にして最大の雇用主であり、州議会でも多大な力を持っている。そんな状況を考えればわれわれは比較的頑張ったほうだと思うが、充実した環境行政のなかでは、確かにそこがいちばんの弱点だった。結局《ワシントン・ポスト》も《ニューヨーク・タイムズ》もこの問題を取り上げ、ポストのほうは、ローズ法律事務所がなんらかの手段で州に働きかけて養鶏産業を大目に見るよう仕向けたのだとほのめかした。

わたしは、物事をなんとか冷静に受け止めようと努めた。マスコミには、大統領になるかもしれない人物の履歴をつぶさに調べる義務がある。ほとんどの記者は、元来アーカンソーのこともわたしのことも何ひとつ知らなかった。なかには貧しい田舎の州とその住民に対して否定的な先入観を持っていた者もいる。おまけにわたしは、一九九二年の〝人格問題を抱えた〟候補者と認定されていた。だからマスコミは、その偏見を裏づけるものならどんなくず情報にでも飛びついてしまう。

頭ではそういうことをすべて理解していたし、予備選の初期の好意的な報道のことはありがたく思っていた。それでも日を追うごとに、調査報道が〝まず撃ってあとで尋ねる〟という姿勢のもとに書かれているとしか思えなくなってきた。そういう記事を読むのは、まるで幽体離脱でもしているような気分だった。マスコミは、わたしを大統領にふさわしいと思う者はひとり残らず愚かだと、意地でも証明しようとしているように見えた。わたしのことを五回知事に選んでくれたアーカンソーの有権者たちも、全国で最も有能な知事に選んでくれた知事仲間も、われわれの改革と進歩を褒めてくれた教育専門家も、そしてわたしのために全米じゅうで選挙運動をしてくれている生涯の友人たちも。アーカンソーでは、正真正銘の政敵でさえ、わたしが骨身を惜しまずに働くこと、何があろうと一セントたりとも不当に受け取らないことを知っている。しかし今やわたしは、六歳のころから周りじゅうの人たちをぺてんにかけてきたような言われようだった。一時期、ニューヨークで事態がひどく悪化したとき、クレイグ・スミスがもう新聞を読むのをやめたと言ったことがあった。「だって、あそこに書かれているのは、ぼくの知らない人の話ですから」と。

三月末、ハーヴァード大学のケネディ行政大学院で少しのあいだ研究員をしていたベッツィ・ライトが救援に駆けつけてくれた。彼女はアーカンソーで長年活躍し、州として革新的な実績を打ち立てるとともに、行政を堅実かつ倫理的に営むため大いに奮闘した。並外れた記憶力を持ち、過去の記録にも精通していて、事実関係をきちんと把握するよう記者に詰め寄ることも厭わない。彼女が危機管理の指揮官として選対本部に入ってくれたことで、ずいぶん気が楽になった。ベツィは事実誤認した記事を数多く差し止めてくれたが、それでも全部防ぎきることはできなかった。

三月二十六日には、わずかに霧が晴れたような気分を味わった。トム・ハーキン上院議員とアメリカ通信労働組合、それに国際婦人服労働組合が支持を表明してくれたのだ。さらに助かったのは、クオモ知事とニューヨーク州選出のパット・モイニハン上院議員が、ジェリー・ブラウンの提案する一三パーセントの一律税制を批判し、ニューヨークにとって痛手だと述べたことだ。選挙戦中の稀有な一日だった。ニュースで誰もが政策論争を交わし、人々の生活に及ぼす影響について話し合っている。

三月二十九日、わたしはみずからの失態でまた泥沼にはまってしまった。ジェリー・ブラウンとわたしがCBSテレビ・ニューヨーク局のテレビ討論会に出席したところ、ある記者がわたしに、オックスフォード大学在学中にマリファナを試したことがあるかと尋ねた。その話題について直接にきかれるのは初めてだった。アーカンソーでは、もっと漠然とマリファナを用いたことがあるかどうかきかれたことがあり、アメリカ合衆国の麻薬取締法を破ったことはないと曖昧な答えをした。しかし、今回はもっとはっきりと答えた。「英国ではマリファナを一度か二度試したことがありますが、好きになれませんでした。吸引しませんでしたし、その後は二度と試しませんでした」

ジェリー・ブラウンまでが記者に、この問題は無関係だからもうやめるよう言った。

マスコミは、この新たな人格問題に飛びついてしまった。「吸引しなかった」というわたしの発言は事実を述べたまでで、べつに自分の行為を矮小化《わいしょう》しようとしたわけではない。そのことをうんざりするほど繰り返し説明した。初めから「吸引できなかった」と言えばよかったのだ。わたしは紙煙草を吸ったことがなく、オックスフォードでたまに吹かしていたパイプ煙草も本格的に吸い込んだことはない。マリファナの煙は吸い込もうとしてむせてしまった。そもそも、なぜ自分からこのことに触れたのかわからない。受けでも狙っていたのか、あるいは触れたくない話題に過剰反応してしまったのか。わたしの発言は、のちにイギリスの大物ジャーナリスト、マーティン・ウォーカーによって裏づけられた。彼は、わたしの大統領ぶりに関するおもしろくも手きびしい本『クリントン——彼らにふさわしい大統領』を出版し、そのなかで、わたしとともにオックスフォードで学んだこと、パーティーの際、わたしが彼の目の前でマリファナを試したがむせてしまったことを公に記した。しかし時すでに遅し。マリファナの失態にまつわるわたしの不幸な答弁は、一九九二年の選挙戦のあいだじゅう識者や共和党員によって取り上げられ、わたしの人格的な問題を示す格好の証拠とされた。またテレビの深夜番組のホストたちにも、何年ものあいだお笑いの材料を提供することになった。

古い冗談めいた歌のタイトルにあるように、わたしは『首をくくろかボウリングに行こか』というほど途方に暮れた心境だった。ニューヨークは、社会的、経済的に大きな問題を抱えて苦しんでいた。ブッシュの政策がその苦しみに拍車をかけた。それでもテレビや新聞の記者たちは、連日わたしに向かって〝人格問題〟ばかりをがなりたてた。ラジオ・パーソナリティのドン・イムスは、わたしを「脳足りんの南部男」呼ばわりした。フィル・ドナヒューのテレビ番組に出演したときには、二十分間、不倫のことばかりきかれた。まともに答えても、また同じことをきいてくる。ぴしゃりとはねつけたら、観客がわっと喝采した。それでも、相手はまだ同じことを尋ね続けた。

人格的問題の有無はともかく、名声の問題は確かに抱えていた。半年ちょっと前、ホワイトハウスからの電話で警告されたとおりだ。大統領は国家の首長で政府の最高責任者だから、ある意味で国民のアメリカ観を体現している。したがって名声は重要だ。さかのぼれば、ジョージ・ワシントンやトマス・ジェファソンといった大統領たちも注意深くみずからの名声を守った。ワシントンは独立戦争の際の必要経費に対する批判から、そしてジェファソンは女好きだという風評から。エイブラハム・リンカーンは大統領になる前、つらい鬱病の発作にたびたびに悩まされた。丸まるひと月家に引きこもったこともある。もし彼が現代のような状況のもとで立候補することになったら、われわれは最も偉大な大統領を失っていたかもしれない。

ジェファソンは、大統領の補佐役たちにはすべてを賭して大統領の名声を守る義務があるとまで書いている。「思いがけぬ巡り合わせで歴史に名を残すことになっても、天はそれに見合うだけの資質をわれわれに恵んでくれはしないのだから、周囲の者には、われわれの人格上の弱さやさらには欠陥を、公衆の目から注意深く覆い隠す責務がある」。わたしの覆いははぎとられ、弱点や欠陥が、本物も作り物もない交ぜになってさらされた。公衆はそれらのことを、わたしの実績や方針やいくらかの美徳よりもずっと詳しく知っていた。名声が地に落ちれば、人々がどれだけわたしの方針に賛同しようと、どれだけわたしの手腕に期待を抱こうと、当選することはできないかもしれない。

人格へのあらゆる攻撃にさらされて、わたしは追い詰められたときのいつもの行動をとった。とにかくあきらめずに進むことだ。投票前の最後の週に、雲間から薄日が差し始めた。四月一日、ホワイトハウスでのブッシュ大統領との会見の席でカーター元大統領が、広く伝えられているように、わたしを支持すると発言した。まさに絶好のタイミングだった。カーターは人格をとやかく言われたことがないし、国内外での立派な仕事のため、大統領職を離れたあとも名声は上がる一方だ。カーターはほんのひと言で、一九八〇年のキューバ難民危機の際わたしに負わせた労苦を十二分に補ってくれた。

四月二日にはジェリー・ブラウンがユダヤ人コミュニティ連絡会議のニューヨーク大会で演説し、ジェシー・ジャクソンを副大統領候補にするとほのめかして反発を呼んだ。一方、ヒラリーとわたしはウォール街の真昼の集会で、大群衆を前に話をした。わたしも、一九八〇年代を〝貪欲の十年間〟

と呼び、キャピタル・ゲイン減税に反対したことで、多少の反発をくらった。演説が終わると、わたしは群衆に歩み寄って支持者と握手を交わし、反対者とはできるだけ話し合おうとした。

一方でわれわれは、選対本部をまるごとニューヨークに集結させた。ハロルド・イッキーズとスーザン・トマシズに加えてミッキー・カンターがホテルの同じスイートに泊まり込み、そこへカーヴィル、ステファノポロス、スタン・グリーンバーグ、フランク・グリアー、そして彼のパートナーのマンディ・グランウォルドが加わった。いつものようにブルース・リンゼイも参加し、その妻のベヴも来て、すべての公式行事がきちんと計画され実行されるよう取り仕切ってくれた。キャロル・ウィリスは、アーカンソー州の黒人数十名をバスでニューヨークに送り込み、わたしが知事として黒人のために、黒人とともに行なったことを彼らに語らせた。アーカンソーの黒人牧師たちはニューヨークの黒人牧師を訪ねて、投票日前の日曜日に説教壇で話をさせてもらった。リトルロック市の理事で民主党全国委員会副委員長のロティ・シャクルフォードも、日曜日に五つの教会を演説して回った。わたしを知る人たちが、ニューヨークの黒人票の大半をブラウン陣営でさらおうとするジャクソン師の動きを食い止めにかかったのだ。

マスコミにも支持者が現われた。あるいは形勢が逆転し始めたのかもしれない。ドン・イムスは、実際に彼のラジオ番組に出演したわたしを温かく迎えてくれた。《ニューズデー》紙のコラムニストで、アイルランド問題に重大な関心を寄せるジミー・ブレズリンは、「何を言ってもかまわないが、彼がやめるとだけは言わないように」と書き、ニューヨークの《デイリーニューズ》のコラムニストで、わたしの好きな作家であるピート・ハミルも、「ビル・クリントンはなかなか見上げたものだ。これだけラウンドを重ねても踏みとどまっているのだから」と述べた。《ニューヨーク・タイムズ》と《デイリーニューズ》もわたしを支持してくれた。驚いたことに、批判の急先鋒だった《ニューヨーク・ポスト》までが支持を表明した。社説にはこうあった。「アメリカ政治史上かつてないほどの個人攻撃をしのいだこと自体、人格の強さを如実に物語っている。……彼は驚くほど粘り強い戦いを続けてきた。……重圧を受けながらも、実に堂々とふるまったのではないか」

四月五日にはプエルトリコから朗報が届いた。有権者の九六パーセントがわたしを支持していると いうのだ。そして四月七日、有権者の出足が鈍く、投票総数およそ百万票というなか、わたしは四一パーセントの得票率で、ニューヨーク州を勝ち取った。二位はソンガスの二九パーセント、ブラウンが僅差の二六パーセントでそれに続いた。アフリカ系アメリカ人の大多数はわたしに票を投じてくれた。その夜わたしは、傷つき、疲れ果てながらも、喜びに満ちあふれていた。この選挙戦をひと言で表わすなら、前にアンソニー・マンガンの教会で聴いた、ゴスペルの一節に集約される。「夜が暗いほど、勝利は甘い」

この自伝を書くための下調べをしていたとき、わたしはジョナサン・ポーティス、チャールズ・F・アレン共著の『ビル・クリントン』(邦訳・講談社)で、ニューヨーク予備選に関する記述を読んだ。著者は、ロックグループ、〝ザ・バンド〟のドラマーでアーカンソーの出身でもあるレヴォン・ヘルムが、すばらしいロック・ドキュメンタリー映画『ラスト・ワルツ』のなかで語ったことを紹介している。南部の少年にとって、大物になる夢を抱いてニューヨークにのぼるのがどんなものか。「はじめに乗り込んだときには、ぼこぼこにされて逃げ帰る。でも、傷が癒えたらまたすぐ戻ってもう一度やってみる。そのうちニューヨークが好きでたまらなくなるんだ」

わたしにはゆっくりと傷を癒す暇がなかったが、ヘルムの気持ちはとてもよくわかる。ニューハンプシャー同様、ニューヨークはわたしを試し、導いてくれた。そしてヘルム同様、わたしもこの街を愛するようになった。出だしは困難をきわめたが、やがてニューヨークは、向こう八年間を通じてわたしの最も強い州のひとつになった。

　四月七日には、カンザス、ミネソタ、ウィスコンシンでも勝利を収めた。四月九日、ポール・ソンガスがふたたび参戦することはないとの声明を発表し、指名争いは事実上終わりを告げた。わたしは指名に必要な二千百四十五の代議員の過半数をすでに獲得していたし、残りの選挙戦の対抗馬はジェリー・ブラウンだけだ。だが自分がどれだけ深手を負ったか、七月の民主党大会前にそれを癒すことがいかに困難かもよくわかっていた。消耗しきってもいた。声がつぶれ、体重は十二、三キロも増えた。体重が増えたのはニューハンプシャーにいるあいだで、それも最後の一カ月のことだ。ウィルス性の風邪にかかって夜中に痰がからみ、一時間ごとに起きては咳き込んだ。昼間、元気を出すためにアドレナリンとダンキンドーナツに頼ったのだが、おかげですっかり腹が出てしまった。破裂寸前の風船みたいに見えないようにと、ハリー・トマソンが何着かスーツを新調してくれた。

　ニューヨークのあと、わたしは一週間リトルロックに戻って喉を休め、体調を整えながら苦境を抜け出すための方策を思案した。里帰りしているあいだにヴァージニア州の党大会で勝利し、AFL-CIO（全米労働総同盟・産業別組合会議）幹部の支持も得た。四月二十四日には全米自動車労働組合が支持を表明し、二十八日にはペンシルヴェニア州予備選に大差で勝った。ペンシルヴェニアでは苦戦する可能性もあった。ロバート・ケイシー知事――三度目の立候補にして当選を果たした不屈の人で、その精神をわたしは尊敬していた――が、わたしにきわめて批判的だったのだ。彼は強硬な妊娠中絶反対派だった。自身も生命をおびやかす難病と闘っていたため、中絶の問題をいっそう重視するようになり、中絶合法化に賛成する候補者を支持することができなかった。州内の多くの中絶反対派も同じ考えだった。それでも、わたしは昔からペンシルヴェニアが好きだった。州の西部がどこかアーカンソー北部に似ている。ピッツバーグや中央部の小さな町の人々とはうまく心が通じたし、フィラデルフィアの街も大好きだ。結局、五七パーセントの票を得てこの州を勝ち取った。さらに重要なのは、出口調査で、投票をすませた民主党員のうち六〇パーセント以上が、わたしが大統領にふさわしい誠実さを備えていると答え、ニューヨーク州の四九パーセントより数字が上昇したことだった。三週間かけて前向きな政策中心の選挙戦に取り組んだからだろう。この州の人々は、政策に耳を傾けることを心から望んでいた。

ペンシルヴェニアでの勝利は喜ばしいものだったが、そこに影を落としたのが、新たに参戦してきそうな強敵、ロス・ペローだった。ペローは、みずからが設立したEDS（エレクトロニック・データ・システムズ社）の急成長によって財をなしたテキサスの大富豪だ。EDSは政府系の仕事を多く受注している会社で、アーカンソー州もいくらか取引があった。ペローが全米にその名をとどろかせたのは、王朝崩壊後のイランで捕虜となったEDSの社員を救うため、私費を投じて救援部隊を組織、派遣したときだった。話しぶりはぶっきらぼうだが人を魅了し、多くのアメリカ人が、彼のようにビジネス的才覚があって、経済的に自立し、果敢な行動を好む男なら、国の経営もブッシュ大統領やわたしよりうまくできるにちがいないと考え始めていた。

四月末までに、いくつかの世論調査でペローは大統領を抑えてトップに立ち、わたしは三位になった。わたしはペローをおもしろい人物だと思ったし、当初の驚異的な人気には感嘆すら覚えた。実際に選挙戦に突入すればブームは沈静化するだろうと思ったが、確信はなかった。だからとりあえずは自分のできることをしようと、地道に〝スーパー代議員〟からの支持を集め続けた。スーパー代議員とは、民主党員のうち、現在あるいは過去に知事や議員などの公職にあった者のことで、党大会のとき自分の好きな候補に投票することができる。わたしを支持してくれた最初のスーパー代議員のひとりは、ウェストヴァージニア州選出のジェイ・ロックフェラー上院議員だった。互いの知事時代に会議で顔を合わせて以来の友人で、ニューハンプシャー州予備選のときから、わたしより詳しい医療保険についてアドバイスを授けてくれていた。

ペンシルヴェニアの投票日の翌日、四月二十九日、ロサンジェルスで暴動が発生した。隣接するヴェントゥーラ郡の裁判所で、ほぼ全員が白人の陪審団が、ロサンジェルス市警の四人の白人警官に対し、黒人男性ロドニー・キング殴打の件で無罪評決を出した直後のことだ。殴打事件は、一九九一年三月に起きたもので、近所の人がビデオ撮影しており、全米のテレビで映像が流された。それによると、キングは車を止められたとき無抵抗だったにもかかわらず、容赦なく袋叩きにされたように見えた。

評決はロサンジェルス黒人社会の怒りに火をつけた。彼らはずっと以前から、ロス市警が人種差別の温床だと感じていたのだ。サウスセントラル地区での暴動は三日間続いて、死者五十名以上、負傷者二千三百名以上、逮捕者数千名を出し、放火と略奪による損害は七億ドル以上にのぼった。

五月三日の日曜日、わたしはロサンジェルスに飛び、第一アフリカン・メソジスト監督教会のセシル・マレー牧師と、人種的、経済的な亀裂を修復する必要性について話し合った。それからサウスセントラル地区選出の女性下院議員マキシン・ウォーターズとともに、被害を受けた地域を見て回った。マキシンは、聡明な気骨ある政治家で、ジェシー・ジャクソンと長年の交友があるにもかかわらず、早くからわたしを支持してくれていた。街はまるで戦闘地帯のようなありさまで、どの建物も黒く焼け焦げ、略奪されていた。ところが歩き回るうちに、ひとつだけ無傷の食料品店に出くわした。マキシンに尋ねると、この店は、ギャングも含めた地元の人たちによって「守られた」のだという。オーナーの白人ビジネスマン、ロン・バークルが、以前からこの地域に尽くしていたからだ。彼は地元の人々を雇い、すべての従業員を労組と健康保険に加入させていた。またこの店で売る食品は、ビヴァリーヒルズの食料品店で売られているものと値段も品質も変わらなかった。当時としては珍しいことだ。スラム地区の住民は交通手段が限られているため、店は粗悪な食品を高い値段で売りつけることがままあったのだ。わたしはちょうどその二、三時間前バークルに初めて会ったところだったので、ぜひもっと近づきになろうと思った。現在彼は、わたしのよき友人にして最も強力な支持者のひとりだ。

マキシンの自宅で開かれた集まりで、わたしはサウスセントラル地区の住民たちが、警察とのいざこざや、韓国系商店主と黒人の客との緊張関係、働き口をもっと増やす必要性などについて口々に訴えるのに耳を傾けた。そして、スラム地区の住民に活力を与えるような計画を支援すると誓った。具体的には産業振興地区を設置し、民間企業や地域開発銀行が、中・低所得者にもっと融資を行なうよう奨励する。このロサンジェルス訪問では数多くのことを学び、またマスコミにも広く報道された。ブッシュ大統領に先駆けて訪問したことで、ロサンジェルスの人々にわたしの関心の高さを伝えることもできた。このときの教訓が身にしみたのだろう。有能なブッシュ家のなかでもおそらく最高の政治家であるジョージ・W・ブッシュ大統領は、二〇〇二年のロス暴動十周年の際、ロサンジェルスを訪問している。

このあと五月の終わりにかけて、さらなる予備選の勝利が続き、代議員獲得数は着実に増えていった。二十六日には地元アーカンソー州で六八パーセントの得票率で勝ったが、これは地元の競争相手のいる予備選での自己最高に並ぶ数値だった。その間、わたしはカリフォルニアで選挙運動を行ない、ジェリー・ブラウンの地元であるこの地で、指名争いに決着をつけたいと考えていた。わたしは学校をより安全な場所にするために国の助成を求め、アメリカをむしばむエイズの潮流を全力で食い止めることを求めた。それから、副大統領候補探しに着手した。絞り込み作業はウォーレン・クリストファーに一任した。彼はロサンジェルスの弁護士で、カーター政権で国務副長官を務めたこともあり、有能で思慮深い人物という正当な評価を得ていた。残念ながら解放はレーガン大統領の就任式当日まで引き延ばされたが、一九八〇年にはイランのアメリカ大使館人質事件で人質解放の交渉にあたった。それはたとえ神権政治の国であっても、指導者というものがすべからく政治的駆け引きを行なうことの証明だ。

一方、ロス・ペローは、正式に出馬を表明しないまま、勢力を伸ばし続けた。自社の会長職を辞し、世論調査の数字を着々と上昇させた。ちょうどわたしが指名を確実にしようとするころ、新聞にはこんな見出しが躍っていた。「クリントン、指名獲得へ　しかし注目の的はペロー」「予備選、まもなく終了　キーマンはペロー」「最新世論調査でペローがトップ　ブッシュとクリントン抑える」。ペローは、ブッシュ大統領のように過去の実績をとやかく言われることもなければ、わたしのように予備選で傷を負うこともなかった。共和党にしてみれば、自分で作り出したフランケンシュタインの怪物のように思えたにちがいない。わたしを攻撃して生まれたすき間に、いきなりビジネスマンが割り込んできたのだ。民主党にとっても悪夢だった。せっかく大統領を破れそうな手応えを得たのに、勝利をつかむのは自分たちの指名する傷だらけの候補者ではないかもしれないのだから。

六月二日、わたしはオハイオ、ニュージャージー、ニューメキシコ、アラバマ、モンタナ、カリフォルニアの各州で勝利を収めた。カリフォルニアでは四十八対四十でブラウンを破り、ついに指名をつかみとった。一九九二年の予備選で投じられたすべての票のうち五二パーセント、すなわち千三十万票を獲得したのだ。ブラウンは二〇パーセントで四百万票近く、ソンガスは一八パーセントで三百六十万票を獲得し、残りは別の候補者への票と、誰を支持するか表明していない代議員への票だった。

しかし、その夜の話題はなんといっても、出口調査で両党の数多くの有権者が、自党の候補者ではなくペローに投票したいと答えたことだった。おかげで、ロサンジェルスの〈ビルトモア・ホテル〉で行なわれる祝賀会は、すっかり気勢をそがれてしまった。スイートルームでヒラリーと開票速報を見ているうちに、生来楽天的なわたしまで意気消沈してきた。それでも勝利宣言のため会場へ降りていくというときに、訪問客があった。チェヴィー・チェイスだ。四年前、ロングアイランドのソフトボール大会で声をかけてくれたときのように、がっくりしているわたしを励ましに来てくれたのだ。今回は、彼が映画で共演した女優のゴルディ・ホーンもいっしょだった。ふたりが、このおかしな状況をねたにさんざん軽口を叩くのを聞いていたら、だいぶ気が晴れてまたやる気が湧いてきた。

またしてもマスコミは、わたしがもうおしまいだと言った。今やペローこそが〝勝利をつかむ男〟だった。ロイター通信の記事が、わたしの置かれた立場を端的に言い表わしていた。「ビル・クリントンは、何カ月ものあいだ私生活が取り沙汰されないよう苦心してきたが、ここに来て政治的にさらなる苦境に立たされた。無視されたのだ」。ニクソン元大統領は、ブッシュが僅差でペローを破り、わたしは遠く引き離されたまま三位で終わるだろうと予測した。

ふたたびはずみをつける必要があった。そこで、ひとつひとつの選挙区と同時に、広く一般の人たちにも直接働きかけることと、あくまでも政策を訴え続けていくことを決めた。わたしは、特に若い視聴者に人気のあるアーセニオ・ホールの深夜番組に出演した。サングラスをかけ、サックスで『ハートブレイクホテル』と『ゴッド・ブレス・ザ・チャイルド』を演奏した。《ラリー・キング・ライヴ》では、視聴者からの質問に答えた。六月十一日と十二日には民主党綱領委員会が、わたしの理念と選挙公約を組み込んで、党を分かつような極端な言い回しを排除した草案を作成してくれた。

六月十三日には、ジェシー・ジャクソン師の主宰する〝虹の連合〟に出席した。当初はジェシーもわたしも、これが互いのずれを埋め、大統領選に向けて共同戦線を固めるいい機会になると考えていた。しかしそうはならなかった。この前夜、黒人の人気ラップ歌手、シスター・ソウルジャーが〝虹の連合〟に向けて話をしていた。彼女は才能ある女性で、若者たちに多大な影響力を持っている。ひと月前、ロス暴動のあとの《ワシントン・ポスト》紙のインタビューでは、ぎょっとするような発言をした。「黒人どうしで毎日殺し合いをするなら、一週間ぐらい白人を殺してみればいいじゃない。……ギャングに入ってどうせ誰かを殺すなら、白人を殺せばいいじゃない」

シスター・ソウルジャーは、黒人の若者たちの怒りと疎外感を表現しながら、殺し合いはよそうと伝えたかっただけなのかもしれない。しかし、実際の言葉は違っていた。わたしのスタッフ、とりわけポール・ベガラは、彼女の発言についてひと言言うべきだと主張した。わたしが最も重視する問題のうちふたつが、若者の暴力と闘うことと、人種間の深い溝を埋めることだ。全米の白人有権者に人種差別をやめるよう迫っておいて、シスター・ソウルジャーの発言を見過ごしにしたら、弱腰、あるいはまやかしだと受け取られかねない。演説の終わり近くで、わたしは彼女の発言に触れた。「〝白人〟と〝黒人〟という言葉を取り出して入れ替えたら、元KKK幹部のデイヴィッド・デュークの発言かと思うでしょう。……われわれには義務があります。誰しもが、偏見を目にするたびに注意を呼びかけなくてはならないのです」

政治記者はわたしの発言を計算ずくだと報じた。民主党の中核をなす層にあえて立ち向かうことで、保守派や穏健派の浮動票を取り込もうとしているというのだ。ジェシー・ジャクソンも同じように受け止めた。わたしが彼の厚意につけ込んで、白人有権者を扇動しようとしたという。シスター・ソウルジャーは地域奉仕活動もしている立派な人だから、謝るべきだと彼は言った。さらに、わたしを見限ってペローを支持するかもしれないとまでほのめかした。実のところわたしは、シスター・ソウルジャーがあの発言をした直後、批判のコメントを出そうかと考えていた。ちょうどロサンジェルスで〝ショー連合〟という芸能グループの催しに出席する機会があったからだ。しかし〝ショー連合〟の催しはチャリティーで、政治色をつけたくなかったので、結局やめておいた。それが〝虹の連合〟ではシスター・ソウルジャーと二日続きで登場する形になったため、やはりひと言言うべきだと思った。

当時、わたしはラップというものをあまり理解していなかった。その後チェルシーが、ラップをやっている若者のなかにはきわめて知的だが深い疎外感を抱いた者が多い、もっとラップを聴いたほうがいい、とたびたび勧めてくれた。そして二〇〇一年、ついにラップとヒップホップのCDを六枚くれ、必ず聴くようにと言った。今でもわたしはジャズやロックのほうが好きだが、もらった曲の多くも気に入った。なるほどチェルシーの言うとおり、知性と疎外感が感じ取れる。ただ、人種にもとづく暴力を提唱するようなシスター・ソウルジャーの発言に異を唱えたこと自体は間違っていなかったと思うし、ほとんどのアフリカ系アメリカ人も賛同してくれたのではないかと思う。それでも、ジェシーの批判を受けてわたしは、自分が邪魔者で置き去りにされていると感じているスラム地区の若者たちに、なおいっそう手を差し伸べようと決意を固めた。

六月十八日、ブッシュ大統領との会談のためワシントンを訪問していたボリス・エリツィンと初めて対面した。一国の首脳が外国を訪れる際には、反対政党の幹部とも会見するのが通例だ。エリツィンは丁重で友好的だったが、少しこちらを見下したようなところがあった。その十カ月前、当時のソ連で起きたクーデター未遂事件の際、彼が戦車の上に立って、敵への抵抗を呼びかけたときから、わたしはエリツィンを大いに尊敬してきた。しかし、エリツィンのほうは明らかにブッシュを気に入り、再選されるものと思っているようだった。会談の最後に彼はわたしに、今回落選しても前途は有望だと言ってくれた。わたしは、エリツィンがソ連崩壊後のロシアを率いるにふさわしい人物だと思ったし、会見の席をあとにする際も、選挙結果に関する彼の予想を覆せれば、必ずやいっしょに仕事ができるはずだと感じていた。

選挙戦には息抜きも必要だ。その週には少々軽口も叩いた。副大統領のダン・クエールが、自分は今度の選挙戦の「闘犬」になる、と言った。それに対する感想を求められたので、わたしは、アメリカじゅうの消火栓がさぞ戦々恐々としているだろうと答えた。

六月二十三日にはまた真顔に戻り、経済政策に多少の修正を加えて再発表した。最新の政府報告で財政赤字が見積もりより大きかったことを受けたものだ。今度の案にはリスクがあった。四年間で財政赤字を半分に減らすという公約を保つため、中流層への減税を切り詰めなくてはならなかったのだ。また、ウォール街の共和党支持者も、今度の案を批判した。最も富裕なアメリカ人と企業に対する所得税引き上げを提案したからだ。富裕層の税金が全税収に占める割合は、レーガン、ブッシュ政権の十二年間で以前よりはるかに小さくなった。経費節減だけでは財政赤字を半分には減らせないから、一九八〇年代に最も恩恵を受けた層が、赤字削減にかかる費用の半分を出すべきだとわたしは考えた。また、共和党が十二年間描き続けてきた〝薔薇色の筋書き〟という落とし穴にもはまらないよう留意した。彼らは絶えず歳入を過大に見積もり、支出を過小に見積もって、むずかしい選択を回避してきた。修正経済政策案は、加入したての経済政策担当者ジーン・スパーリングが中心になってまとめたものだ。スパーリングはニューヨーク州のマリオ・クオモ知事のもとで働いていたが、五月にそちらを辞めて選挙運動に加わった。非常に優秀で、ほとんど眠らず、獅子奮迅の働きを見せた。

六月の終わりごろになると、活発に表舞台に出たことと、政策提案を続けたことの成果が現われ始めた。六月二十日の世論調査では、三候補が三つどもえになっていた。盛り返したのはわたしの手柄ばかりではない。ペローとブッシュ大統領が、きわめて個人的な泥仕合に突入したのだ。ふたりのテキサス人は、徹底的にいがみ合っていた。しかもその論戦はなにやら雲行きが怪しく、ペローが、ブッシュの陰謀で娘の結婚式をめちゃめちゃにされたと、奇怪な苦情を申し立てたりした。

ペローとブッシュが娘のことで喧嘩しているあいだに、わたしは一日休みを取って、ドイツ語キャンプを終えたチェルシーをミネソタまで迎えに行った。チェルシーはまだ五歳のころから「旅に出て冒険したい」と、サマーキャンプに行くことをせがむようになった。ミネソタの湖水地方にある〈コンコルディア外国語キャンプ〉はいくつかの国を模した村があるのが特徴で、それぞれの〝外国村〟でその国の言語が教えられている。入村すると、子どもたちは新しい名前と外国の通貨をもらい、二、三週間のあいだ、その村の言葉を使って過ごす。西欧諸国の言葉を話す村もあれば、スカンジナビア語を話す村もあり、中国語や日本語を話す村もある。チェルシーはドイツ語キャンプを選んで、数年来、夏になるたびに出かけていた。これはすばらしい体験で、彼女の子ども時代の大切な財産だ。

七月の初旬は副大統領候補選びに費やした。徹底的な調査を経てウォーレン・クリストファーがわたしに推薦したのは、ネブラスカ州のボブ・ケリー上院議員、かつてマーティン・ルーサー・キングに仕え、ケネディ政権時代にホワイトハウス入りしたこともあるペンシルヴェニア州のハリス・ウォフォード上院議員、下院外交委員会の議長として尊敬を集めているインディアナ州のリー・ハミルトン下院議員、わたしと知事仲間だったフロリダ州のボブ・グレアム上院議員、そしてテネシー州のアル・ゴア上院議員だ。わたしは全員を気に入った。ケリーとはともに知事として働いたことがあるし、予備選の期間中、彼が口にしたきびしい批判のことは気にしていなかった。彼なら共和党員や無党派の有権者をも惹きつけることができるだろう。ウォフォードは、医療改革と公民権の拡大を唱える真に清廉な人物だ。ペンシルヴェニア州のボブ・ケイシー知事とも関係が良好なので、そこでの勝利を確実なものにしてくれるかもしれない。ハミルトンは外交問題についてすばらしい知識を持ち、インディアナ州南東部という保守的な地盤においても、めざましい強さを発揮した。グレアムは、わたしが十二年以上のあいだに出会った百五十人ほどの知事仲間のうち最も優秀な三人か四人のうちのひとりだし、まず間違いなくフロリダを一九七六年以来久々に民主党の地盤に加えてくれるだろう。

最終的に、わたしはアル・ゴアを選んだ。当初はそうなると思わなかった。彼とはそれまでに何度か顔を合わせたことがあったが、話は合うものの打ち解けた雰囲気にはならなかった。また、副大統領候補は政治的、地理的にバランスの取れる相手を選ぶべきだという従来の考えかたにも反している。われわれは隣り合う州の出身だし、彼はわたしよりさらに若い。おまけに政治的にも、わたしと同じく民主党の〝ニュー・デモクラット〟と呼ばれる陣営に属している。しかしわたしは、従来のバランスを欠いているからこそうまくいくと思った。アメリカの人々に、新世代の指導者が登場したことを印象づけられるし、わたしが本気で国と党を新たな方向に導こうとしているのだと示すことができる。またテネシー州など、浮動票の多い地域を制するためにもいい戦略だ。

そのうえアルは、もっと重要な意味でのバランスを取ってくれる。彼には、わたしの手薄な部分の知識が豊富だ。わたしは経済、農業、犯罪、福祉、教育、医療に詳しく、主要な外交政策についてもよく理解している。一方アルは、国の安全保障、軍備管理、情報テクノロジー、エネルギー問題、環境問題の専門家だ。最初の湾岸戦争では、ブッシュ大統領をいち早く支持した十人の上院議員のひとりだった。リオデジャネイロの地球サミットでは生物多様性に関する会議に出席し、採択された条約を支持しないというブッシュ大統領の決定に強く反対した。そして少し前には、ベストセラー『地球の掟――文明と環境のバランスを求めて』（邦訳・ダイヤモンド社）を上梓し、地球温暖化やオゾン層の破壊、熱帯雨林の減少といった問題に対処するために、われわれの環境への関わりかたを根本的に変えなくてはならないと論じていた。四月にアルがこの本にサインを入れて送ってくれたので、わたしはそれを読んで数多くのことを学び、彼の主張に賛同した。またアルは、当選後に扱う諸問題について熟知しているだけでなく、議会やワシントンの雰囲気をわたしよりはるかによくわかっていた。しかし何よりも大切なのは、アルならわたしの身に何かあったときいい大統領になると思えること、そしてわたしが任期を終えたあと、大統領選に出て勝つチャンスもじゅうぶんにあると思えることだった。

わたしはワシントンのホテルに場所をもうけ、二、三人の候補者と面接した。できるだけマスコミの目を避けるため、アルは夜十一時にやってきた。こちらの都合に合わせてもらったわけだが、彼はきびきびとして快活だった。わたしたちは国のこと、選挙のこと、家族のことを二時間にわたって話し合った。彼は妻のティッパーと四人の子どもたちのことを心から愛し、また誇りに思っていた。ティッパーはおもしろく優秀な女性で、流行歌の暴力的あるいは低俗な歌詞の追放運動で知られ、精神医療の充実にかけてもたいへん造詣が深く、情熱を燃やしていた。会談を終えてわたしはアルが気に入り、アルとティッパーが選挙戦の大きな力になってくれるだろうと確信した。

七月八日にアルに電話をし、副大統領候補になってほしいと要請した。翌日彼は、発表のため家族を伴ってリトルロックに飛んできた。全員が知事公邸のポーチに並んで立っている写真は、国じゅうで大きく取り上げられた。口にした言葉よりもむしろ雄弁に、変革を成し遂げようとする若き指導者たちのエネルギーと熱意を伝えてくれた。次の日、わたしたちはリトルロックをジョギングしてから、彼の故郷であるテネシー州カーセッジに飛んで集会を行ない、その後彼の両親に会った。ふたりとも彼に大きな影響を与えた人たちだ。父、アル・ゴア・シニアは連邦上院議員を三期務め、公民権運動を支持するとともに、ヴェトナム戦争に反対した。そのために一九七〇年の選挙で敗北することにもなったが、アメリカ史のなかでは栄誉ある地位を獲得した。母ポーリーンもすばらしい人物で、当時の女性としては珍しくロースクールを卒業し、短期間ながらアーカンソー州南西部で弁護士として働いていたこともある。

七月十一日、ヒラリーとチェルシーとわたしは、民主党全国大会のためニューヨークに向かった。ブッシュとペローがやり合っているあいだに、こちらは充実した五週間を過ごすことができた。いくつかの世論調査では、初めてわたしがトップに立った。これから四日間にわたってテレビ放映されるこの大会の成否で、われわれの立場が強まるか弱まるかが決まるだろう。一九七二年と八〇年には、民主党はばらばらでやる気のない無秩序な姿をアメリカじゅうにさらしてしまった。そんなことは断じて繰り返したくなかった。民主党全国委員会委員長のロン・ブラウンも同じ考えだった。副委員長でこの大会の最高責任者でもあるアレクシス・ハーマンと、ハロルド・イッキーズが音頭を取り、党の団結と新しい理念と新しい指導者を前面に押し出すことを確認した。共和党による十二年間のホワイトハウス支配を経て、一般の民主党員たちが勝利に飢えているのも追い風だった。それでも党をまとめ、好感度を上げるためには、まだまだすべきことがたくさんある。例えば、われわれの調査によると、ほとんどのアメリカ人はヒラリーとわたしに子どもがいることを知らず、またわたしが裕福なエリート家庭の出だと思っていた。

党大会は、指名獲得者にとっては目くるめく体験だ。この全国大会はとりわけそうだった。何カ月ものあいだ、蛇の腹より下等だと叩かれ続けたのちに、突如、善と真実の鑑のように持ち上げられる。ニューハンプシャーからこのかた、あまりにも人格攻撃が激しいので、わたしは懸命に怒りを抑えるよう、疲れたとき愚痴を言う癖もできるだけ出さないよう努めてきた。今度は自尊心の手綱をしっかり握り、数々の賛美や好意的報道にのぼせ上がらないよう気をつけなくてはならない。

いよいよ党大会が開幕し、党の団結ではなかなかの進展が見られた。トム・ハーキンが早々とわたしへの支持を表明し、ボブ・ケリー、ポール・ソンガス、ダグ・ワイルダーも好意的なコメントをしてくれた。ジェシー・ジャクソンもだ。唯一、ジェリー・ブラウンだけが支持を差し控えた。わたしの気に入りの政治家ハーキンが、ジェリーはわがままだと非難した。委員長のロン・ブラウンが、ペンシルヴェニア州知事のロバート・ケイシーに演説を許可しなかったときにも、少しごたごたした。妊娠中絶反対の演説だからではなく、わたしへの支持を拒んでいるから許可しないという。わたしは許可してもいいのではないかと思った。わたしはケイシーが好きだし、民主党の妊娠中絶反対派の信条を尊重している。彼らにはほかの政策にもとづいて、あるいは、妊娠中絶を「安全に、合法に、数少なく」するというわたしの公約にもとづいて投票してもらえるのではないかとも思っていた。しかし、ロンはがんとして認めない。個々の論点について意見を戦わせるのはかまわない、と彼は言った。だが十一月の勝利をめざさない者にマイクを渡すわけにはいかない、と。ここまで党を建て直してきた彼の規律正しさに敬意を表して、わたしは彼の判断に従った。

大会初日には、七人の女性上院議員候補が登場した。ヒラリーとティッパーも少しだけ姿を見せた。それからビル・ブラッドリー上院議員、バーバラ・ジョーダン下院議員、そしてジョージア州知事ゼル・ミラーの基調演説が行なわれた。ブラッドリーとジョーダンは知名度も高く、立派な演説を行なったが、聴衆の涙をさそったのはミラーだった。彼は次のように話した。

父は教師でしたが、わたしが生後二週間のときに亡くなりました。あとには若い未亡人とふたりの幼子が残されました。しかし、神を信じる母の心と、ラジオから流れるローズヴェルト大統領の声に支えられて、わたしたちはどうにか生きていくことができました。父の死後、母は自分の手で、でこぼこだらけの小さな土地をきれいにならしました。そして来る日も来る日も、近所の山の冷たい小川に入っていっては、何千というすべすべの石を拾ってきて、家を作り始めたのです。わたしが大きくなっていくあいだじゅう、母は手押し車の上でこねたセメントで、拾った石を固めて、こつこつと家を作り上げていきました。セメントには、今もまだ母の手の跡が残っています。そして息子にも母の手の跡が残っています。母は、夢と希望と誇りをわたしの心の奥底に刻みつけてくれました。こんなわたしですから、ダン・クエールが、ふた親が揃っているのが子どもにはいちばんいい、という意味はよくわかります。まさにそのとおりです。ついでにどの子にも信託資金があればいいのですが……。しかし、誰もが金持ちでハンサムで幸運に生まれつくわけではありません。だからこそ、民主党が必要なのです。

それから彼は、フランクリン・D・ローズヴェルトからカーターにいたる民主党大統領を称揚し、政府が教育、人権、公民権、環境を向上させられること、社会的、経済的機会を拡大できることを信じていると述べた。また共和党の政策は、富める者と特別利益団体を優遇していると批判し、経済、教育、医療、犯罪、福祉改革に関するわたしの計画を支持した。ゼル・ミラーが二〇〇〇年に上院議員に選出されたとき、ジョージア州は保守化の度合を強め、ミラー自身もそれに追随した。彼はブッシュ大統領の最も強力な支持者のひとりになり、巨額の減税に賛成票を投じた。減税のため財政赤字は膨れあがり、最富裕層ばかりが恩恵を受けた。予算も切り詰められて、貧しい子どもたちが放課後の学童保育からはじき出され、失業者は職業訓練を受けられなくなり、制服警官は街角から姿を消した。いったいゼルがなぜ、アメリカにとって最良の政策に関する意見を変えてしまったのかはわからない。しかし、彼が一九九二年にわたしと民主党とアメリカのためにしてくれたことは、いつまでも忘れない。

二日目には綱領の発表がなされ、カーター元大統領、トム・ハーキン、ジェシー・ジャクソンがすばらしい演説を行なった。ジェシーは、いったんわたしの側に立つと決めたら全面支持に回り、熱烈なスピーチで大喝采を浴びた。しかし、最も聴衆の心を揺さぶったのは、医療にまつわる話題だった。ウェストヴァージニア州のジェイ・ロックフェラー上院議員は、国民皆保険の必要性を訴えた。彼はニューハンプシャーに住むわたしの友人、ロン・マチョスと妻のロンダの例を引き合いに出した。ふたりは第二子の誕生を控えて、長男ロニーの心臓手術代十万ドルの請求を抱えていた。まるで社会のお荷物になった気分だと言いながらも、わたしに「将来への最大の希望」を託しているという。

招かれた話し手のなかにはふたりのエイズ患者、ボブ・ハットイとエリザベス・グレイザーもいた。あまりにも長いこと政治家たちが無視してきたエイズの現実を、ふたりの手でアメリカの茶の間に届けてほしかった。ボブはわたしのもとで働く同性愛者の男性だ。彼は次のように語った。「ぼくは死にたくありません。でも、自分が大統領から敵視されるようなアメリカで生きていたくもありません。病気のせいで死ぬならしかたがありませんが、政治のせいで死ぬのはいやです」。エリザベス・グレイザーは、美しい知的な女性で、人気テレビドラマ『刑事スタスキー&ハッチ』でスタスキーを演じたポール・マイケル・グレイザーの妻でもあった。彼女は第一子出産の際出血して、輸血によりエイズに感染、長女も母乳を通じてエイズに感染し、第二子である長男は子宮内で感染した。党大会で演説したとき、エリザベスはすでに小児エイズ基金を設立し、研究・治療への助成拡大を求めて懸命なロビー活動を行なっていたが、長女をエイズのために亡くしていた。エイズ対策にもっと真剣に取り組んでくれる大統領が欲しい、と彼女は訴えた。わたしの当選後まもなく、エリザベスもまたエイズとの闘いに敗れた。わたしにとってもヒラリーにとっても、彼女を愛しそのあとに従った多くの人々にとっても、痛恨のきわみだった。ただ、息子のジェイクが健在で、彼の父親とエリザベスの友人たちが遺された仕事を引き継いでいるのが、せめてもの慰めだ。

大会三日目までにわたしは世論調査でトップに立ち、ブッシュ大統領にふた桁の差をつけた。三日目の朝は、セントラルパークのジョギングで始まった。それからなんとも光栄なことに、ヒラリーとチェルシーとわたしの宿泊するスイートルームをネルソン・マンデラが訪ねてくれた。マンデラはニューヨーク市長デイヴィッド・ディンキンズの招きで、党大会にゲストとして参加していた。正式には誰かを支持することはないと言いながらも、民主党が長年にわたってアパルトヘイト反対を打ち出してきたことを評価してくれた。彼は、南アフリカで起きている暴力事件の調査のため、国連が特使を派遣することを望んでおり、わたしはその要求を支持すると答えた。このとき以来、わたしたちは、大いなる友情をはぐくんでいる。マンデラはヒラリーのことをとても気に入り、またチェルシーのことを驚くほど気にかけてくれた。ホワイトハウスにいた八年間というもの、マンデラと話していてチェルシーの話題が出なかったことはない。あるときなど、彼と電話で話している最中に、チェルシーと替わってくれと頼まれたほどだ。彼が、たまたま出会った南アフリカの子どもたちにも、黒人白人を問わず、同じような心遣いをするのを見たことがある。マンデラという人の根っからの偉大さをよく表わす一面だ。

大会の山場である三日目、水曜日の夜は、ボブ・ケリーとエドワード・ケネディの熱烈な演説で幕をあけた。続いて故ロバート・ケネディ上院議員の功績をたたえる感動的な映画の上映があり、息子でマサチューセッツ州選出の下院議員ジョー・ケネディが紹介役を務めた。ジェリー・ブラウンとポール・ソンガスの演説がそれに続く。ジェリーはブッシュ大統領を痛烈に批判した。ソンガスもブッシュ批判をしたが、同時にアル・ゴアとわたしを支持する発言もしてくれた。激しい選挙戦のあとでのそうした姿勢は、潔く、あっぱれなものだった。

そしていよいよ大会は最高潮に達する。マリオ・クオモによる指名演説だ。彼は依然としてわが党随一の雄弁家で、この夜も期待を裏切らなかった。格調高いレトリックと、鋭い舌鋒、そして整然たる論理をもって彼はこう結論づけた。「今こそ、物を知る聡明さと、事をなす強さ、そして人を率いる信頼性を併せ持つ人を迎えようではありませんか。不屈の〝カムバック・キッド〟、新たなアメリカの新たな代表者を」。このあと、やはり指名人である下院議員マキシン・ウォーターズと、オクラホマ州の下院議員デイヴィッド・マカーディが演説を行ない、投票のため各州の点呼が始まった。

アラバマがアーカンソーに一番目を譲ったので、故郷アーカンソーが最初の票を投ずることになった。わが州の民主党委員長で、十六年前の司法長官選挙の際わたしの対立候補だったジョージ・ジャーニガンが、栄誉ある投票役をもうひとりの代議員クリントン夫人に譲った。その代議員、すなわちわたしの母は手短に言った。「アーカンソーは、四十八票をわが州の寵児にしてわが息子であるビル・クリントンに投じます」。母は、胸いっぱいの誇らしさのほかに、何を思い何を感じていただろう。四十六年前わたしに生を授けた二十三歳の未亡人の姿を思い起こしていただろうか。あるいは数々の苦難に笑顔で立ち向かいながら、わたしと弟にできるだけ普通の暮らしをさせようと奮闘してきたことを思い起こしただろうか。わたしは母の姿を見て感激するとともに、母に投票の開始役を任せてくれた人への感謝の気持ちでいっぱいになった。

各州の点呼が続くなか、ヒラリーとチェルシーとわたしはホテルから会場のマディソンスクエアガーデンへ向けて出発し、途中、〈メイシー百貨店〉に立ち寄って、人々とともにテレビで投票の模様を見た。オハイオ州が百四十四票を投じた瞬間、わたしは過半数の二千百四十五票を超え、ついに民主党の指名を獲得した。熱狂の渦のなか、わたしたち三人は会場に到着し、ステージに上がった。候補者が指名受諾演説の日より前に会場に現われるのは、一九六〇年のジョン・F・ケネディ以来だ。わたしは短い挨拶をした。「三十二年前、この国の活力をよみがえらせたいと願う若い候補者が、同じように党大会の会場を訪れ、飾りのない感謝の言葉を述べました」。ケネディの選挙運動の精神にのっとって、指名者や代議員に感謝の気持ちを伝えたかった。「あすの夜、わたしは〝カムバック・キッド〟としてこの壇上に立ちます」

七月十六日の木曜日、大会最終日だ。これまでの三日間は、会場で見てもテレビで見ても大成功だった。名のある指導者ばかりでなく、民主党の新星たちの姿を、また普通の人たちの姿をじゅうぶんに伝えてきた。民主党の新しい考えも前面に打ち出した。しかしそれもこれも、アル・ゴアとわたしが指名受諾演説で人々の心をつかまなければ、すべてむだになってしまう。この日、驚くべきニュースが飛びこんできた。波乱の選挙戦で毎日が驚きの連続ではあったが、今度はなんと、ロス・ペローが撤退を表明したのだ。わたしはペローに電話をしてここまでの奮闘をたたえ、彼の言う根本的な政治改革の必要性に賛同の意を表した。彼はブッシュ大統領もわたしも支持しないと言い、わたしはペローの撤退が自分にとって吉と出るか凶と出るか読み切れないまま、会場へと乗り込んだ。

アル・ゴアは、指名されて拍手喝采を浴びたあと、目の覚めるようなスピーチをした。テネシー州で過ごした少年時代、いつの日かエルヴィスの前座を務めることを夢見ていた、と彼は切り出した。〝エルヴィス〟というのは、選挙運動中にスタッフがわたしにつけたニックネームだ。それからアルはブッシュ政権の落ち度をあげていき、ひとつ述べるごとに「もうブッシュ政権はたくさんだ」と言った。まもなく代議員たちが彼に代わって唱和を始め、場内は熱気に満たされた。次に彼はわたしの業績をたたえ、自分たちの直面する課題をあげ、自分の家族について語ってから、われわれには、もっと強くもっと団結した国を次の世代に手渡す責務があると結んだ。すばらしいスピーチだった。アルはしっかりと務めを果たした。今度はわたしの番だ。

スピーチの草稿はポール・ベガラが起こしてくれた。盛り込みたいことはたくさんあった——生い立ち、選挙用の決めぜりふ、そして政策。メッセージを届けたい相手は、大きく三つの集団に分かれていた。まずは筋金入りの民主党員、次に無党派層や、共和党員でブッシュ大統領に不満を抱き、わたしには不安を抱いている人々、そして誰を選んでも大差ないからと棄権する人たちだ。ポールはいつものように、すばらしい言い回しを随所に盛り込んでくれた。ジョージ・ステファノポロスは予備選の期間中、街頭演説で最も受けがよかったせりふを控えておいてくれたし、ブルース・リードとアル・フロムは、政策部分の論旨を研ぎ澄ます手伝いをしてくれた。そしてわたしを紹介するために、友人のハリー・トマソンと妻のリンダが、みずからの制作した『ホープから来た男』という短い映画を上映してくれた。これで場内は一気に盛り上がり、わたしが登壇するとすさまじい拍手が巻き起こった。

わたしはゆっくりと切り出した。アル・ゴアに礼を言い、マリオ・クオモに謝辞を述べ、予備選の対立候補たちをたたえた。それから本題に入った。「仕事をし、税金を払う人たちのために、子育てをし、決まりに従って生きる人たちのために、働き者で、しかし忘れ去られている中産階級のアメリカ人のために、わたしは胸を張って、アメリカ合衆国大統領候補としての指名を受諾します。わたしもまた中産階級の出身です。わたしが大統領になれば、みなさんはもう忘れ去られることはありません」

わたしは、自分に大きな影響を与えた人たちのことを語った。母が若き未亡人として苦闘しながら赤ん坊を育てたこと、今また乳癌と闘っていること。「いつも、いつも、変わることなく、母は闘い続けることを教えてくれました」。祖父の話もした。「祖父は、見下されている人々を敬うよう教えてくれました」。また、ヒラリーからは「すべての子どもたちに学ぶ力があり、わたしたちひとりひとりにそれを助ける義務があること」を教わったと述べた。わたしが闘志を母から受け継ぎ、人種間の平等を求める心を祖父から、そして子どもたちみんなの将来を思う気持ちを妻から受け取ったのだということを、アメリカの人たちに知ってほしかった。

誰もが、アメリカという家族の一員になれることも伝えたかった。「アメリカじゅうの子どもたち、お父さんやお母さんがいなくても懸命に大きくなろうとしている子どもたちにも話があります。わたしにはみなさんの気持ちがよくわかる。みなさんは、大切な子どもたちです。アメリカに欠かせぬ存在です。だから、『こうなりたい』というみなさんの夢をくじくような声には、けっして耳を貸さないでください」

続いてわたしはブッシュ政権の失政を批判し、それを正すための計画を述べた。「レーガン‐ブッシュ政権のあいだに、わが国の賃金レベルは世界一位から十三位にまで後退しました」「四年前、ブッシュ大統領は、四年後のこの時期までに千五百万人分の新たな雇用を創出するという公約を掲げました。しかし今のところ、目標まで千四百万人分以上不足しています」「景気が回復する前には、必ず多少失業者が増えると大統領は言います。しかし、本当の景気回復を実現させるには、あとひとり失業するだけでいい。そのひとりとは、大統領、あなたです」。わたしは、政府が機会を提供し、国民が責任を果たして、互いに共同体を作りあげる〝新たな契約〟を提案した。それが果たせれば、「速記者や鉄鋼労働者の子どもたちにも、ふたたび大学への扉が開かれるアメリカ」「中間所得層の税金ではなく、所得が上昇するアメリカ」「富裕層が優遇されず、中間層が冷遇されないアメリカ」「現状のような福祉と決別するアメリカ」が実現できる。

最後に、わたしは全国民に団結を呼びかけた。これはこのスピーチの要であり、子どものころから信じてきたことでもあった。

ここにいる誰もが、心の底ではわかっているでしょう。今、この国はばらばらです。今こそ亀裂を修復しなくてはなりません。

だから、すべてのアメリカ人に呼びかけたい。固定観念に目を曇らされず、その奥にあるものを見てほしいと。われわれには、互いが必要です。われわれすべてが、互いを必要としています。むだな人などひとりもいません。なのに、あまりにも長いこと政治家たちは、うまくやっている人たちに向かって、アメリカの病根はほかの者たちにあると言ってきました。あの連中がいけないのだ、と。

あの少数民族の連中。あのリベラルの連中。貧しい連中、ホームレスの連中、障害者の連中。同性愛者の連中。

誰もかも〝連中〟扱いして、自分の居場所すらなくなっている。連中、連中、連中。

しかしここはアメリカです。〝連中〟はいません。いるのは〝われわれ〟だけです。神のもとに建てられた不可分の国家で、すべての人に自由と正義が約束されているのです。

〝忠誠の誓い〟にも謳《うた》われるこの精神は、わたしの言う〝新たな契約〟の要です。

十代のころ、わたしはジョン・F・ケネディの国民への呼びかけを耳にしました。その意味は、ジョージタウン大学で聞いたキャロル・クイグリー教授の言葉で解き明かされました。教授はこう教えてくれました。アメリカは史上最も偉大な国家で、それは、国民がふたつのすばらしい信念を抱いているからだ。ひとつは、あしたがきょうよりもよい一日になるということ、もうひとつは、それを実現するためにおのおのが、個人的、道徳的に責任を負っているということだ、と。

そんな未来を実感したのは、娘のチェルシーが生まれた夜でした。分娩室でわたしは、感動に満たされていました。父が味わうことのできなかった幸せを神が恵んでくださったのです。自分の手でわが子を抱くという幸せを。

今この瞬間にも、アメリカのどこかで子どもが生まれています。その子に幸せな家庭と健康な家族、希望に満ちた将来を与えることをわれわれの主眼としようではありませんか。その子に、神から授かった能力を十二分に発揮する機会を与えることを主眼としようではありませんか。そして、その子にばらばらな国ではなくまとまろうとする国を、限りない夢と希望に満ちた国を、国民を大切にし世界に範を示す国を手渡そうではありませんか。

それを主眼とし、約束とし、〝新たな契約〟としようではありませんか。

国民のみなさん、おしまいに、わたしは自分の出発点をもう一度思い返そうと思います。希望《ホープ》という名の地を大切にするということを……。みなさんに、そしてアメリカに神のご加護がありますように。

スピーチが終わり、拍手が静まると、大会の結びとして、この日のために作詞家アーサー・ハミルトンと、高校時代の旧友でミュージシャンのランディ・グッドラムが作った歌『サークル・オブ・フレンズ』が演奏された。歌ったのはブロードウェイのスター、ジェニファー・ホリデイで、バックコーラスはリトルロックのフィランダー・スミス・カレッジ聖歌隊と、大会初日に『美しきアメリカ』を歌って聴衆をうならせた十歳のレジー・ジャクソン、それにわたしの弟ロジャーだ。まもなく会場全体が「友だちの輪に入ろう。とぎれることないその輪のなかに」と大合唱を始めた。

これまでで最も重要なスピーチの終わりを飾るにふさわしい趣向だった。効果はたちまち現われた。

輪が広がり始めたのだ。三つの世論調査で、わたしのメッセージが有権者の心を強くとらえ、わたしが二十ポイント以上の大差をつけてトップに立ったことが明らかになった。しかし、このリードを保てないことはわかっていた。ひとつには、共和党の支持基盤で、民主党の大統領候補に投票することに強い嫌悪感を持つ白人有権者が、選挙民の四五パーセントを占めていたからだ。それに、共和党はまだ全国党大会を開いていなかった。大会が開かれればブッシュ大統領は必ずや躍進するだろう。それにこの六週間というもの、わたしは好意的な報道ばかりを受け、とりわけ最近一週間はアメリカ国民に直接、前向きに話しかけることができた。おかげでわたしに対する疑念は、すっかり人々の心の片隅に追いやられていた。しかし、わたしもじゅうぶん承知しているように、疑念をすっかり消し去ることはむずかしいのだ。

28

翌七月十七日に、アル、ティッパー、ヒラリーとわたしは車でニュージャージー州へ赴き、数回にわたるアメリカ横断バス遊説ツアーをスタートさせた。最近の大統領選挙はメディア受けする大都市での集会が中心で、誰も小さな町や農村部を訪れることがなかった。この遊説はそういう土地を訪ねて回るのが目的だ。スーザン・トマシズとデイヴィッド・ウィルヘルムが発案したこのバスツアーで、わたしたちはなんとか、党大会の熱気と勢いを持続させたかった。

最初のツアーは、ニュージャージー州を起点にペンシルヴェニア、ウェストヴァージニア、オハイオ、ケンタッキー、イリノイの各州を回る千五百キロの大遊説旅行だった。予定のあるなしにかかわらず、至るところで街頭演説会や握手会が行なわれた。初日にはペンシルヴェニア州東部と中央部を巡り、その日の最終目的地ヨークに着いたのは午前二時だった。それでも何千という人たちが、眠らずにわたしたちの到着を待っていてくれた。アルが午前二時としては最高の街頭演説を行ない、わたしもそれに続いた。その後一時間近く握手をして回ったのち、四人とも倒れ込むようにして二、三時間眠った。翌日はペンシルヴェニア州を横断しながら、集まった人たちとだけでなく、互いの絆をも深め合った。集会や沿道に駆けつけてくれる人たちの熱気に後押しされて、わたしたちは時が経つほどに打ち解け、気持ちをたかぶらせていった。ペンシルヴェニア州カーライルのトラックサービス・エリアでは、アルとふたり、大型トラックの運転台にのぼって、運転手たちと握手をした。ペンシルヴェニア有料高速道路の休憩所では、駐車場でアメフトのボールを投げ合って体をほぐした。飛び入りでパターゴルフもした。三日目にはペンシルヴェニア州西部を抜けてウェストヴァージニア州に入り、ウィアトン製鉄所を見学した。従業員たちが元のオーナーから買い取って操業を続ける大規模な一貫生産の製鉄所だ。その晩わたしたちは、オハイオ州ユーティカにほど近い州民主党委員長ジーン・ブランストゥールの農園を訪ねて、数百人の農民とその家族たちとともに野外料理を楽しみ、その後近くの農場で集会を行なった。すでに一万人の人々が待ち構えていて、わたしはとりわけふたつのことに胸を打たれた。人の多さと、とうもろこしのみごとさだ。あんなに丈高く、青々と茂ったとうもろこしは見たことがない。吉兆だった。次の日は、オハイオの州都コロンバスを訪ねてから、ケンタッキー州に向かった。州境をまたぐとき、一九七六年のジミー・カーターと同じく、オハイオで勝てると確信した。これはとても重要なことだ。南北戦争以降、オハイオを落として選挙に勝った共和党の大統領候補はいない。

最終日の五日目、ルイヴィルでの大規模な集会をすませたあと、わたしたちはインディアナ州南部を抜けてイリノイ州南部へと向かった。どこを走っても、人々が野原や沿道に集まってきて、わたしたちの名を書いたプラカードを振ってくれた。大型のコンバインを星条旗と〝クリントン - ゴア〟のポスターで派手に飾りつけたものもあった。イリノイにはいつものようにかなり遅れて到着した。予定外の場所で何度も立ち止まったせいだ。もうこれ以上停まるのはよそうと思っていたところ、十字路に数名の人たちが固まって、「八分間ください。そうすれば八年間をあげましょう!」と書かれた大きな看板を掲げているのが見えた。わたしたちは、バスを停めた。この夜の最後の集会は、キャンペーン全体を通じて最もすばらしいもののひとつとなった。ヴァンデリーアの町に入っていくと、何千人もの人々が、旧州会議事堂前の広場を埋め尽くしていた。この議事堂はエイブラハム・リンカーンが、州都がスプリングフィールドに移されるまで一期のあいだ、議員を務めた場所だ。集会をすませて、ようやく宿泊地のセントルイスにたどり着いたのは、もう真夜中だった。

バスツアーは大成功だった。わたしたちは、全国のメディアとともに、ふだんあまりにも見過ごされがちな、アメリカの内奥の町々を訪ね歩いた。当選したら市井の人々の声に応えると、わたしたちは約束したが、その市井の人々に向かって、わたしたちは今手を差し伸べ、その光景をアメリカじゅうが目撃しているのだ。これで共和党も、わたしたちに文化的、政治的な急進派というレッテルを貼りづらくなった。そして、アル、ティッパー、ヒラリーとわたしは、バスであれだけの長時間をともに過ごした者にしかできないほど、互いを深く知ることができた。

翌月にもバスツアーを四回、今度は少し短めに、一日か二日の行程で行なった。二回目のツアーではミシシッピ川沿いをはるばると北上した。ミズーリ州セントルイスから、同州にあるマーク・トウエインの生まれ故郷ハンニバルへ、そしてアイオワ州ダヴェンポートへ。さらにウィスコンシン州を抜けて、ミネソタ州ミネアポリスまで。そこではウォルター・モンデールが、一万人の群衆にわたしたちの進行状況を逐次知らせながら、二時間も間をもたせてくれていた。

二回目のバスツアーで最も印象に残っているのは、アイオワ州シーダーラピッズでの出来事だ。バイオテクノロジーに関する会議を終え、クエーカーオーツ社のパッケージ工場を見学してから、駐車場で集会を開いた。聴衆は多く熱気があったが、後ろのほうにやかましい反対派のグループがいて、〝妊娠中絶合法化反対《プロライフ》〟のプラカードを掲げ、野次を飛ばし続けた。スピーチが終わると、わたしは聴衆に近づいていって握手を始めた。見るとひとりの白人女性が、〝妊娠中絶合法化賛成《プロチョイス》〟のバッジをつけて、黒人の赤ちゃんを抱いている。意外に思って誰の子かと尋ねると、彼女はにっこりして言った。「わたしの赤ちゃんです。ジャミーアといいます」。女性は、フロリダでエイズに感染して生まれたその子を、養子として引き取ったのだという。自身も離婚し、女手ひとつでふたりの子を育てている最中だったにもかかわらず……。ジャミーアを抱いて、誇らしげに「わたしの赤ちゃんです」と言ったあの姿は忘れられない。彼女もまた生命を大切にする人《プロライフ》であり、まさにわたしが、アメリカンドリームを実現するチャンスをもっとあげたいと願っていたような人だった。

七月後半にはカリフォルニア州サンウォーキン渓谷を一日かけて走り、テキサスを巡る二日間の旅を一度、さらにオハイオ州とペンシルヴェニア州の未踏の町々を回り、ニューヨーク州西部に達するやはり二日間の旅を一度行なった。九月にはジョージア州南部を訪ね歩いた。十月には二日かけてミシガン州を回り、ノースカロライナ州では、あわただしく一日で十の町を巡った。

バスツアーの巻き起こした熱狂は、一向に衰える気配がなかった。もちろん、小さな町の人たちにとって、大統領候補を間近で見るのが珍しかったせいもあるだろう。ペンシルヴェニア州コーツヴィル、イリノイ州セントラリア、ウィスコンシン州プレーリーデュシーン、カリフォルニア州ウォルナットグローヴ、テキサス州タイラー、ジョージア州ヴァルドスタ、ノースカロライナ州エロンなどの町々がそうだった。しかし、何よりも大きかったのは、このバスツアーで人々と選挙運動のあいだにつながりが生まれたことだ。それは庶民性を、そして前進性を象徴していた。一九九二年には、アメリカ人は不安を感じながらもまだ希望を抱いていた。わたしたちは人々の不安に共感を寄せ、それでも楽観性を持ち続けてしかるべきだと請け合った。アルとわたしは、得意のパターンを生み出した。集会のたびに、アルはアメリカの抱える問題を片っ端から数えあげて、こう言う。「今は、上がるべきものがすべて下がり、下がるべきものはすべて上がっています」。それからアルがわたしを紹介し、わたしは、問題解決のために何をするつもりかを話す。すばらしいバスツアーだった。わたしたちは十六の州を訪ね歩き、十一月の選挙でそのうち十三州を勝ち取った。

最初のバスツアーを終えたとき、ある世論調査で、わたしがブッシュ大統領を二対一でリードしているという結果が出たが、あまり本気にはしなかった。向こうはまだ本格的な戦いを始めていなかったからだ。ようやく動きだしたのは七月最後の週で、手始めにいくつか攻撃を仕掛けてきた。いわく、国防費を削減するというわたしの案は、百万人の失業につながる。わたしの提案する医療保険は、国営の「KGBのように冷血な」制度だ。わたしは「史上最大の」増税を望んでいる。彼自身には、わたしより大統領としてふさわしい「品格がある」……。ブッシュの補佐官メアリ・マタリンは、選挙戦の〝闘犬〟としてダン・クエールより迫力があり、わたしのことを「お涙ちょうだいの偽善者」となじった。選挙戦の後半、ブッシュ陣営が敗色濃厚になってくると、出世第一主義の側近たちは、悪いのは自分ではなくほかの連中だと、マスコミに愚痴をこぼし始めた。大統領の批判をする者すらいた。しかし、マタリンは違った。彼女は最後まで自分のボスに忠誠を尽くした。運命のいたずらか、マタリンはジェイムズ・カーヴィルと婚約しており、まもなく結婚する予定だった。政治的には両極に位置するふたりだが、いずれ劣らぬ果敢な信念の人だった。ふたりの愛情は互いの人生に刺激を与え、政治活動はブッシュとわれわれの両陣営に活力を与えてくれた。

八月の第二週にブッシュ大統領は、ジェイムズ・ベーカーを口説いて国務長官の職を辞させ、ホワイトハウスに戻して選挙戦を統括させることにした。ベーカーは国務長官として立派な仕事をしたが、ボスニアについてだけは、民族浄化にもっと激しく異を唱えるべきだったと思う。しかし彼が有能な政治家であることは間違いないので、ブッシュ陣営の選挙戦はこれから効果を上げてくるものと思われた。

われわれの選挙戦も、もっと効果的にする必要があった。指名を勝ち取るまでは、予備選のスケジュールに従って戦えばよかった。しかし党大会が終わった今、ひとつの戦略センターを設けて、すべての戦力をもっとうまく調整しなくてはならない。ジェイムズ・カーヴィルがその役目を引き受けてくれた。補佐役も必要だ。ポール・ベガラは、妻のダイアンが初産を控えていてリトルロックにとどまることができないため、わたしはやむなく側近のなかからジョージ・ステファノポロスをそちらに回した。ステファノポロスは、二十四時間のニュースの流れを的確に把握しており、悪い報道に立ち向かうことも、よい記事を書かせることも承知している。最高の人選だった。

カーヴィルは選挙戦のすべての要素——政略、広報、調査——を旧《アーカンソー・ガゼット》編集室の広い、間仕切りのない部屋に移した。これでスタッフ間の風通しがよくなり、仲間意識が生まれた。ヒラリーが作戦本部のようだと言ったので、それがこの部屋の通称になった。カーヴィルは作戦本部の壁に、この選挙の争点を書いた紙を貼り出した。

変化か、現状維持か
経済なんだよ、わかったか
医療保険も忘れるな

またカーヴィルは、最大の戦術をスローガンにして、Tシャツにプリントした。〝スピードで、打倒ブッシュ〟。作戦本部では、毎日午前七時と午後七時に会議が開かれ、スタン・グリーンバーグによる前夜の世論調査結果やフランク・グリアーによる最新の広告、それにニュースやブッシュ側からの攻撃を検討し、そういう攻撃や進展中の事柄にどう対処するかを考えた。その間も若いボランティア運動員たちは不眠不休で働いて、衛星放送からあらゆる情報を収集し、パソコンでニュースや相手の動向を追った。これらはみな現在ではごく当たり前のものだが、当時としては斬新だった。「的を絞って迅速に」というカーヴィルの目標を満たすために、わたしたちの陣営ではテクノロジーの使用が欠かせなかった。

言いたいことをまとめてメッセージを発表する際には、マスコミだけでなく、各州の〝即答チーム〟にも伝え、そこから地元の支持者やローカル紙、ローカル放送局に流してもらった。わたしたちは〝即答チーム〟と記したバッジを作り、各地で業務に携わってくれる人たちに配布した。選挙戦が終わるころには、数千名の人たちがそのバッジをつけていた。

わたしは朝、カーヴィルやステファノポロスなど、その日電話に出られる者から概況報告を受けるのだが、その際彼らは、今どこまで進んでいてこれから何が必要かをすっかり説明してくれた。納得がいかなければ論じ合うし、政治上、戦略上の決断が必要なことがあればわたしが決断した。しかしたいていは、ただ感嘆して耳を傾けていた。ときにはスピーチがレトリックばかり多くて中身に乏しいとか、スケジュールがきつすぎるなど、スタッフよりむしろ自分のせいでうまくいかない事柄に八つ当たりすることもあった。アレルギーと疲労のため、朝はやたらと不機嫌だったのだ。幸い、カーヴィルはわたしと波長が一致していたので、わたしが本気で怒っているのか、単にガス抜きしているだけなのかをわかってくれた。ほかの担当者も、だんだんわかるようになってくれたと思う。

八月の第三週に共和党の党大会が開かれた。普通、相手がたの党大会のあいだ、もう一方はおとなしくしている。わたしも慣例どおり目立たないようにするつもりだったが、即答チームだけは臨戦態勢を整えておくことにした。そうせざるをえなかった。共和党にできることは、わたしにありとあらゆる攻撃を仕掛けることだけだったからだ。大幅に出遅れているし、一九六八年のニクソンの選挙以降、ウォーターゲート事件のあと二ポイント差で勝利したカーター大統領を別とすれば、共和党ではめった切りにして焼き払う手法が功を奏してきた。わたしたちは、攻撃されたら、即答チームを使ってすぐさま反撃に出る覚悟だった。

八月十七日に共和党大会が始まったとき、わたしはまだ二十ポイントの差をつけて優位に立っており、さらに追い討ちをかけるように、企業トップ十八人がわたしへの支持を表明してくれた。ありがたい話だったが、共和党はそんなことで作戦を変更しようとはしなかった。彼らはのっけからわたしを「女たらし」「徴兵逃れ」と呼び、ヒラリーがアメリカの家庭を破壊しようとしていると決めつけた。子どもが親のしつけに異を唱えたければいつでも親を訴えていいとけしかけているというのだ。なかでも副大統領の妻マリリン・クエールは、ヒラリーの考えは「家族という価値観」を蹂躙《じゅうりん》するものだと、口をきわめて罵《ののし》った。彼らは、ヒラリーがロースクールで書いた論文をおそろしくゆがめて解釈し、それにもとづいてヒラリーを批判していた。ヒラリーが実際に書いたのは、子どもが虐待やひどい放置などの状況に置かれた場合、子どもは親とは独立した法的権利を有する、ということだ。まともに読めばほとんどすべてのアメリカ人がヒラリーの主張に賛成するだろうが、当然のことながら彼女の論文を目にした人は少ないので、共和党の批判を聞いても、それが嘘かまことか判断できる人はほとんどいなかった。

共和党大会初日の最大の目玉は、パトリック・ブキャナンだった。彼はわたしを痛烈に批判し、代議員たちを熱狂の渦に巻き込んだ。なかでもわたしが気に入ったフレーズは、ブッシュ大統領が東欧諸国の解放に取り組む一方で、わたしの国際経験は「せいぜい〈インターナショナル・ハウス・オブ・パンケーキ〉（訳注　ファミリーレストラン〈アイホップ〉の正式名称）で朝食をとったことぐらいだ」というものだった。こんなのもあった。民主党大会は、「急進派とリベラルが、穏健派や中道派の装いをして集う、アメリカ政治史上最大の異装コンテストだ」。世論調査では、ブキャナンがブッシュを助けたという結果は出なかったが、わたしの見かたは違っていた。彼の役目は、変化を望む保守派層に、クリントンに投票しないよう呼びかけて右派の流出を止めることであり、その目的はじゅうぶんに達せられたのだ。

クリントン叩きは党大会のあいだじゅう続けられ、即答チームがそれを片っ端から論破していった。聖職者で共和党予備選に出馬したこともあるパット・ロバートソン師は、わたしを「口先ウィリー」と呼び、わたしが急進的な政策でアメリカの家庭を破壊しようとしていると決めつけた。しかしわたしは、ロバートソンが神を右派に引き入れようとする以前から福祉改革を唱えていたのだから、その非難は笑止千万だった。即答チームはさっそく反論した。彼らはまたヒラリーの援護にも力を尽くし、「反家族主義」攻撃は、四年前の大統領選で共和党がデュカキスの攻撃にウィリー・ホートン事件（訳注　当時マサチューセッツ州知事だったデュカキスによって仮釈放されたホートンが、直後に、また婦女暴行と殺人を犯した事件）を用いた戦術によく似ていると指摘した。

共和党はただ権力にしがみつきたいばかりにわたしを攻撃し、一方われわれは、アメリカの問題を解決するために権力を望んでいる、とわたしたちは主張した。それを強調するために、アル、ティッパー、ヒラリー、そしてわたしは、八月十八日にカーター元大統領夫妻と晩餐をともにし、その翌日、ティッパーとわたしの誕生日にあたる八月十九日に、全員で〝ハビタット・フォー・ヒューマニティ〟のメンバーとともに、住宅建設の手伝いをした。カーター夫妻は長年にわたってハビタットの活動を支援してきた。ハビタットは、〝ルネサンス・ウィークエンド〟の集まりで会って以来の友人であるミラード・フラーの創設した組織で、ボランティアが貧しい人たちのために、貧しい人たちとともに家を建て、建ててもらった人はその原価を支払うというシステムだ。すでにアメリカ最大の住宅建設業者のひとつとなり、海外へも進出している。わたしたちの行動は、共和党の声高な批判の対極に位置するものだった。

ブッシュ大統領は、わたし同様、指名の夜ふいに会場を訪れ、いかにもアメリカ的に見える家族全員を披露した。翌日、ブッシュは熱のこもったスピーチで自分にとっての神、国家、家族の大切さを訴え、残念ながらわたしにはそういう価値観がないと断じた。また自分がガソリン税引き上げを伴う赤字削減一括法案に署名したのは誤りで、再選されればふたたび減税すると公約した。最も冴えていたのは、わたしの提唱する〝エルヴィス経済〟では、アメリカが『ハートブレイクホテル』になってしまう、というフレーズだった。また自分が第二次大戦に従軍したことと、わたしがヴェトナム戦争に反対したことを対比させ、「わたしは歯を食いしばって戦ったが、彼は戦わずに爪を噛んでいた」とも言った。

大会の期間中、共和党はアメリカじゅうに好きなだけ自分たちの主張を訴えることができた。従来的な見かたからすれば、あまりに否定的で極論の多い大会だったが、世論調査では、わたしのリードに歯止めがかかったことが明らかになった。差が十ポイントまで縮まったとする調査もあれば、五ポイントとする調査もあり、ほぼ妥当な線だろうとわたしは思った。討論会でへまをやらかしたり、ほかの間違いを犯したりしなければ、最終的なリードは五ポイントから十ポイントのあいだのどこかに落ち着くだろう。

ブッシュ大統領は、みずからの選挙戦を一九四八年のトルーマン大統領の奇跡の大逆転になぞらえ、大会の地ヒューストンを意気揚々とあとにした。ブッシュはまた、全国各地を巡って、現職大統領にしかできないことをした。票を得るために国の金を使ったのだ。小麦農家と、フロリダ南部で猛威を振るったハリケーン・アンドリューの被災者に援助金を出すことを約束し、台湾にＦ16ジェット戦闘機を百五十機、サウジアラビアにはＦ15を七十二機売ると提案して、選挙戦の重要地点にある軍需工場の雇用を確保した。

八月に、わたしとブッシュ大統領は、揃って米国在郷軍人会の大会に出席した。ブッシュ大統領は、同じ退役軍人としてわたしより温かく迎えられたが、わたしもヴェトナム戦争反対の件を真っ向から取り上げ、思った以上の手応えを得た。わたしは次のように話した。今でもヴェトナム戦争は誤りだったと思っているが、「もしみなさんが、二十三年前の出来事にもとづいてわたしへの投票を避けるのなら、それはアメリカ国民としての権利ですから尊重したいと思います。しかし、できることなら未来を見据えて投票してくださるようお願いしたい」。また復員軍人省の新しい人事を公約した際にも拍手喝采を浴びた。当時の長官は退役軍人のあいだで評判が悪かった。

大会から戻ると、ふたたび、社会・経済政策においてアメリカの方向転換を図りたいというメッセージを訴えることに専念した。アメリカの富裕層がいっそう豊かになり、貧困層はますます貧しくなっているという新たな調査結果もわたしの後押しをしてくれた。九月初旬、シエラクラブと自然保護有権者同盟というふたつの有力な環境保護団体が、支持を表明してくれた。そのあとわたしは、ブッシュ大統領から二、三日遅れでハリケーン・アンドリューの被害状況を視察しにフロリダへ向かった。知事時代に洪水、干魃《かんばつ》、竜巻など数多くの自然災害に対処してきたが、あれほどひどいものはついぞ目にしたことがない。家々のずぶ濡れの残骸が道路に散乱するなかを歩き回るうちに、市当局の担当者と地元住民の双方から、連邦緊急管理庁の対応についての不満を聞かされて驚いた。昔から連邦緊急管理庁の長官職は、大統領の政治的支持者で、割のいい仕事を望み、非常時については無経験の者に割り振られてきた。わたしは、同じ過ちを犯すまいと肝に銘じた。有権者は、災害への対応力にもとづいて大統領を選ぶわけではないが、いざ災害に見舞われると、それが生活していくうえで最も大切なことになる。

労働者の日《レイバー・デイ》（訳注　九月の第一月曜日）は、昔から本選挙の選挙戦開始日とされている。この日わたしは、ハリー・トルーマンの故郷ミズーリ州インディペンデンスを訪れて集会を開き、働く人々に支持を呼びかけた。トルーマンの娘で率直な物言いのマーガレットは、ジョージ・ブッシュではなくわたしこそが、父トルーマンの遺産の正当なる継承者だと述べ、わたしを後押ししてくれた。

九月十一日には、アメリカで最も有名なカトリック系大学であるノートルダム大学の学生と教職員に講演を行なうため、インディアナ州サウスベンドを訪れた。同じ日にブッシュ大統領は、保守派として知られるキリスト教連合の前でスピーチを行なうため、ヴァージニア州にいた。国じゅうのカトリック教徒たちが、このふたつのイベントを注視しているはずだった。教会の上層部は、妊娠中絶に反対するブッシュに賛意を表していたが、経済と社会正義に関するカトリックの立場には、わたしのほうがはるかに近かった。ノートルダム大学でわたしが講演するのは、一九六〇年にジョン・F・ケネディが南部バプテスト教会の聖職者たちを前に演説したのと、立場こそ逆ながら（訳注　ケネディはカトリック、クリントンはバプテスト）、きわめてよく似ている。敬虔《けいけん》なカトリック教徒であるポール・ベガラが、スピーチの原稿書きを手伝ってくれ、ボストン市長レイ・フリンとハリス・ウォフォード上院議員が激励のため駆けつけてくれた。スピーチが半分近くまで進んだころ、ようやく手応えを感じた。そして「わたしたちはみな、すべての人のなかに映し出された神の似姿を尊重しなくてはなりません。ですから人々の自由を、それも政治的自由だけでなく、家族、哲学、信仰といった事柄に関する良心の自由を大切にしなくてはならないのです」と述べると、聴衆が立ち上がって拍手してくれた。

ノートルダムでの講演を終えると、わたしは西部に向かった。ソルトレイクシティでは州兵の全国大会で所信を述べた。反応は上々だった。アーカンソー州兵を率いていたころの評判がよかったせいもあるし、わたしを紹介してくれたのが、下院軍事委員会の委員長として尊敬を集めるレス・アスピンだったおかげもあるだろう。オレゴン州ポートランドでは、すばらしい集会に参加した。一万人を超える人たちが街の大通りを埋め尽くし、さらにおおぜいの人たちが、オフィスの窓から顔を出して見下ろしていた。演説のあいだじゅう、支持者が何百本という薔薇の花を壇上に向かって投げ上げる。〝薔薇の街〟の異名を取るオレゴンらしい洒脱な応援だった。会の終了後一時間以上、わたしは通りを行ったり来たりして、何千という人たちと握手を交わした。

九月十五日には、西部での遊説に最大の援軍が加わった。これまで共和党支持者が圧倒的だったシリコンヴァレーで、三十人のハイテク産業のリーダーが、わたしを支持してくれたのだ。わたしは前年の十二月から、アップル・コンピュータ副社長デイヴ・バラムの助けを借りて、シリコンヴァレーでの地盤作りに取り組んできた。デイヴをキャンペーン活動に引き入れたのは、わたしのオックスフォード時代の友人、アイラ・マガジナーだ。マガジナーはハイテク企業の幹部と付き合いがあり、バラムが民主党支持者であることも知っていた。バラムの仕事仲間たちは、共和党支持者ながら、バラムと同様ブッシュ政権の経済政策に幻滅していたし、政権がシリコンヴァレーの起業家たちの底知れぬ潜在力を評価しないことにも失望していた。《サンノゼ・マーキュリー・ニューズ》紙によれば、わたしが初めて現地を訪問する数日前、ブッシュ政権の通商代表カーラ・ヒルズが、「米国にとっては、ポテトチップを輸出しようが、シリコンチップを輸出しようが同じこと」という見解を是認したという。ハイテク企業の幹部たちはこれに反発したし、わたしもおかしいと思った。

今回、わたしへの支持を表明してくれた人たちのなかには、著名な共和党員が何人もいた。ヒューレットパッカード社長のジョン・ヤング、アップル・コンピュータ会長のジョン・スカリー、投資銀行家のサンディ・ロバートソンなどだ。当時のシリコンヴァレーでは珍しく民主党支持を公言していたリージス・マッケナも支持を表明してくれた。サンノゼの〈テクノロジーセンター・オブ・シリコンヴァレー〉で開かれた会合で、わたしは、数カ月前からデイヴ・バラムの協力を得て準備してきた国内テクノロジー政策を発表した。そのなかで科学技術の研究開発――シリコンヴァレーにとって重要性の高い具体的プロジェクトも含む――へのさらなる投資を呼びかけるとともに、自分の立場を明示した。政府と業界とのパートナーシップを忌避するブッシュ政権の方針とは正反対の立場だ。当時、経済では日本とドイツがアメリカをしのいでいたが、その理由のひとつは、両国政府が成長の可能性を秘めた分野を重点的に支援していたことだ。対照的にアメリカは、石油業界や農業など、有力な、確立された産業を助成する政策を採っていた。もちろんこれらの産業も重要なのだが、雇用を創出し、新たな起業家を生むという点では、テクノロジー産業のほうがはるかに可能性が大きい。ハイテク産業リーダーたちの支持は、わたしたちにとって実に大きな後押しだった。おかげで、親ビジネスであると同時に親労働者であるというわたしの主張に信頼性が加わり、前向きの変化と成長を最もよく体現する産業とわたしとのあいだに、確かなつながりが生まれた。

わたしが経済再建と健康保険制度改革への支持を広げているころ、共和党はわたしをつぶそうと躍起になっていた。ブッシュ大統領は党大会のスピーチで、わたしがアーカンソーでの知事時代に、百二十八回も喜々として増税を行なったと非難していた。九月上旬にもブッシュ陣営はこの攻撃を執拗に繰り返し、《ニューヨーク・タイムズ》にそれは「虚偽だ」と書かれても、《ワシントン・ポスト》に「ひどい誇張で、ばかげている」となじられても、《ウォールストリート・ジャーナル》にまで「誤解を招く書きかた」だと指摘されても、一向におかまいなしだった。ブッシュの言う〝増税〟のリストには、中古車業者が二万五千ドルの保証金を支払う制度や、美人コンテストのささやかな参加費、既決囚に課せられる一ドルの法廷費までもが含まれていた。保守派のコラムニスト、ジョージ・ウィルも、大統領の基準で勘定すれば、「ブッシュはこの四年間に、クリントンが十年間で行なったよりさらに頻繁に増税したことになる」と指摘した。

九月の残りほとんどを費やして、ブッシュ陣営はわたしの徴兵問題を追及した。ブッシュ大統領はわたしに「とにかく真実を話すべきだ」と再三詰め寄った。ダン・クエールまでもが、自分を棚に上げてわたしを非難した。彼自身、家族のコネで州兵に入隊し、ヴェトナム行きを免れたにもかかわらずだ。クエールがいちばん問題視していたのは、四年前の自分のときほどマスコミがわたしを責め立てていないということのようだった。どうやら彼は、ニューハンプシャーとニューヨーク発のニュースは聞いていなかったらしい。

徴兵問題に反撃するうえで、ありがたい援護も受けた。九月初めには、予備選の対立候補で、ヴェトナム戦争の勲功により名誉勲章を受けたこともあるボブ・ケリーが、徴兵問題を大統領選の争点とすべきでないと発言した。十八日にはアーカンソーの知事公邸の裏庭で、ウィリアム・クロウ元海軍大将が、わたしを支持すると表明してくれた。クロウはレーガン大統領のもとで、そして短期間ながらブッシュ大統領のもとでも統合参謀本部議長を務めた人物だ。わたしはその率直で飾らない人柄に感銘を受けるとともに、知り合いでもない人間をこれと見込んで、面倒も顧みずに支持してくれたことに対し、心の底からありがたく思った。

ブッシュとわたしの動きが政治的にどのような影響を及ぼしているのかは、今ひとつ定かでなかった。ブッシュの勢いは党大会のころより多少衰えてきたものの、世論調査に見るわたしのリードは、九月末になっても九パーセントと二〇パーセントのあいだを行ったり来たりしていた。選挙戦の主な争点は明確になっていた。ブッシュが家庭の大切さと自分の信頼性を訴え、わたしが社会、経済改革を訴える。向こうはわたしを、信頼が置けず家庭をないがしろにしていると批判し、わたしは向こうを、アメリカを分断し進歩を妨げていると批判する。日々、数多くの有権者が、どちらに投票すべきか思い悩んでいた。

九月には、争点ばかりでなく討論会の形式を巡る論議が続いた。両党メンバーで構成する委員会は、異なる形式のものを三回開いてはどうかと打診してきた。わたしはすぐに受諾したが、ブッシュ大統領は、委員会の勧める形式が気に入らないと反対した。わたしは、ブッシュ大統領が反対するのは、自分の実績を言いつくろわねばならない憂鬱さを隠したいからだと指摘した。両者の溝は九月いっぱい埋まらず、結局予定された三回の討論会はすべてお流れになった。しかたなくわたしは、討論会が予定されていた場所をひとつひとつ訪れ、残念がる住民たちに、彼らの街が全国的な注目の的となる機会を逸したのは誰のせいかを説明した。

九月に起きた最悪の出来事は、政治的な事柄ではなく個人的なものだった。アイルランド出身のベテランオーガナイザーで、民主党全国委員長のロン・ブラウンから党と選挙運動との調整役としてリトルロックに派遣されていたポール・タリーが、ホテルの部屋で急死したのだ。まだ四十八歳。昔ながらの政治のプロで、人柄がよく、誰からも慕われ、頼りにされていた。まさにこれから選挙戦の追い込みにかかろうかという矢先に、わたしたちはまたも重要な指導者を失ってしまった。

九月の終わりには、いくつか驚くべき出来事があった。まず、プロ・バスケットボール・チーム、ロサンジェルス・レイカーズの名ポイントガードで、エイズ感染を発表して引退したアーヴィン・〝マジック〟・ジョンソンが、突然、政府エイズ対策委員の職を辞し、わたしを支持すると発表した。エイズ問題に対する政府の無関心と行動力の欠如に嫌気がさしたという。また、ブッシュ大統領が討論会に対する考えを変え、四回行なおうと言ってきた。しかしいちばんの驚きは、ロス・ペローが再出馬の意欲を見せたことだった。ペローは、ブッシュ大統領もわたしも財政赤字削減の本格的な案を示していないと言い、ブッシュ大統領については「増税しない」と公約したことを批判、わたしの姿勢では放漫財政になると批判した。そのうえで両陣営に、今後のことを協議するため代表団を送ってほしいと要請した。

双方とも、ペローが再出馬した場合にどちらがより大きな打撃を受けるか判断できず、また出馬しない場合にはペローの支持を取りつけたいともくろんでいたので、揃って重要人物を派遣した。とはいえ、当初、わたしたちはとまどいを感じた。どっちみちペローは再出馬を決めていて、相談を持ちかけてきたのは、自分の名声を高めるためのポーズにすぎないだろうと思ったからだ。しかし、しまいにはわたしも接触を続けたほうがいいと判断した。こちらからはロイド・ベンツェン上院議員、ミッキー・カンター、ヴァーノン・ジョーダンを派遣した。彼らもブッシュの代表団も丁重なもてなしを受けた。ペローは、双方の代表団から多くのことを学んだと話し、二、三日後の十月一日、ボランティアとして支援してくれている人たちのために「しもべとして」再出馬せざるをえないと発表した。ペローは七月にいったん選挙戦を退いたことで得をした。姿を見せなかった三カ月ばかりのあいだに、春先のブッシュとの泥仕合の記憶は薄れ、一方でブッシュ大統領とわたしは互いの問題点を日々、国民の前で指摘し合っている。今また両陣営があからさまにペローにすり寄ったことで、有権者もマスコミもいっそうペローを重視するようになると思われた。

ペローの再出馬と時を同じくして、わたしたちはようやく候補者討論会についてブッシュ側と合意に達した。討論会は三回で、副大統領候補者の討論会一回も含め、すべて十月十一日から十九日までの九日間のあいだに開催する。一回目と三回目にはマスコミからの質問を受けつける。二回目は市民集会の形をとり、市民が直接質問する。当初、ブッシュ陣営はペローを参加させることに難色を示した。ペローがブッシュを攻撃すると考えたためと、わたしではなくブッシュ大統領側の支持層を切り崩すと予測したためだ。わたしはペローが参加しても構わないと言ったが、それはペローがブッシュ叩きをしてくれると考えたからではなく――そんな確信はまったくなかった――最終的には三人でやらざるをえないと思ったし、臆病だと思われたくなかったからだ。十月四日には、ペローの参加を認めることで両党が合意した。

第一回討論会の前の週に、わたしはついに、論議を呼んでいた北米自由貿易協定（NAFTA）を承認することにした。これはブッシュ政権がカナダ、メキシコと協議を重ねていたもので、わたしはこれに、「メキシコに対して拘束力のある基本的な労働基準、環境基準について交渉する」という条件をつけることにした。労働界にいるわたしの支持者たちは、製造業における低賃金の雇用をメキシコに奪われるとしてわたしの方針に猛反対したが、わたしは政治、経済両方の理由から、ぜひともこの協定を実現すべきだと考えた。元来わたしは自由貿易主義者だし、北米地域の長期的な安定を確保するためには、アメリカがメキシコの経済成長を支援することが必要だ。二日後、ノーベル賞受賞者九人を含む五百五十人以上のエコノミストがわたしの経済政策を支持し、ブッシュ大統領の経済再建策より見込みがあると言ってくれた。

こうして討論会の準備期間中、わたしは懸命に経済政策に取り組んだが、ブッシュ陣営は同じくらい懸命に、わたしの人格と誠実度に攻撃を仕掛けようとしていた。メリーランド州スートランドにある国立公文書館分館に依頼して、わたしが一九六九年から一九七〇年に四十日間かけて北欧、ソ連、チェコスロヴァキアを旅行した際の全パスポート記録を調査させたのだ。どうやらわたしがモスクワに行ったのは反戦活動を行なうため、あるいは別の国の市民権を得て徴兵を忌避するためだったという根も葉もない噂を追いかけていたらしい。十月五日には問題の資料が改竄《かいざん》されたというニュースも流れてきた。パスポート関連の報道は十月いっぱい続いた。ＦＢＩは、書類の改竄は行なわれていないと発表したが、それより調査の経緯そのものがブッシュ陣営のイメージを大きく損ねるほうに働いた。政治任用されたある国務省の高官が、一億件以上もの書類を保管する国立公文書館に対し、わたしの調査を進めるためほかの二千件の調査を後回しにするよう指示したという。それらはわたしの件より先に依頼されたもので、普通は処理するのに数カ月かかる。またロンドンとオスロのアメリカ大使館にも、わたしの徴兵上の身分と市民権に関する徹底的な調査を行なうよう指令が下された。わたしの母のパスポート書類にまで調査が及んだことも、のちに明らかになった。相当な妄想癖のある国粋主義者でも、競馬好きのアーカンソー女が破壊活動分子だなどという突飛なことは、思いつきもしないだろう。

また、もっとあとになって、ブッシュ陣営がメイジャー首相率いるイギリス政府にも、わたしの英国での活動を調べるよう依頼していたことが報じられた。保守党はその依頼に従ったが、彼らの言い分によれば、移民と帰化の書類に関する「包括的」ながら成果のない調査を行なったのは、マスコミから問い合わせがあったからだという。しかしそれ以上の調査が行なわれたことも判明している。わたしのオックスフォード時代の親友デイヴィッド・エドワーズから聞いた話によれば、彼の友人はイギリス政府当局から、デイヴィッドとわたしがその当時何をしていたかを尋ねられたらしい。イギリス保守党からはふたりの選挙戦略担当者がブッシュ陣営を訪れ、半年前に労働党党首ニール・キノックをつぶした要領でわたしを破滅に追い込むにはどうすればいいかを助言した。選挙が終わってからイギリスのマスコミは、イギリスがアメリカ政治に尋常でない関わりかたをしたために、両国の親密な関係が損なわれたと書き立てた。わたしは関係を損なったりするまいと心に決めていたが、保守党にはしばらく後ろめたさを感じていてほしいと思った。

マスコミはこのパスポート話で大騒ぎし、アル・ゴアはこの一件を「マッカーシズム的権力の濫用」と呼んだ。しかし大統領は少しも意に介さず、あくまでもわたしにモスクワ旅行の目的を説明せよと迫り、わたしの愛国心に疑問を呈し続けた。わたしはCNNテレビのラリー・キングとのインタビューで、自分の国を愛しているから、アメリカ国籍を捨てようなどとは考えたこともないと話した。もっとも国民は、このパスポート騒動がさほど気にしていなかったと思うし、わたし自身は、この一件にある種の滑稽さを感じていた。もちろん権力の濫用にはちがいないのだが、イラン・コントラ事件に比べると悲しいくらいみみっちい。ブッシュが政権の座にしがみつくのにどれだけ必死になっていて、国民の将来に提供できるものがどれだけ少ないかを如実に示している。わたしとしては、選挙戦最後のひと月をこんなお門違いの詮索に費やしたいならどうぞご勝手にという気持ちだった。

第一回討論会の前、数日間は準備に懸命だった。要点をまとめた報告書をていねいに読み込み、模擬討論会にも何度か参加した。ブッシュ大統領役を務めたのは、四年前、デュカキスのときにも同じ役をしたワシントンの弁護士ボブ・バーネットだ。ペロー役はオクラホマ州の下院議員マイク・サイナーで、ペローの物言いやテキサス訛りを完全にマスターしていた。模擬討論会を行なうたびに、本番の相手がこのふたりでなくてよかったと心から思った。相手が彼らだったら、選挙は違う結果になっていたかもしれない。

ついに第一回討論会が、十月十一日、ヒラリーとわたしの十七回目の結婚記念日に、ミズーリ州セントルイスのワシントン大学で開催された。わたしは勇気を得て乗り込んだ。その日、《ワシントン・ポスト》の朝刊と《ルイヴィル・クーリエジャーナル》にわたしを支持する記事が載ったからだ。《ワシントン・ポスト》の社説はこう論じていた。「わが国は迷走し、生気を失っている。今こそ活力を注入し、新たな方向性を定めることが必要だ。ビル・クリントンは、それを成し遂げうる唯一の候補者である」。それはまさに、わたしが討論会で訴えようと思っている事柄だった。しかし世論調査でリードを保ち、《ワシントン・ポスト》から支持を受けても、わたしはぴりぴりしていた。失うものがいちばん大きいのが、わたしだからだ。ギャラップの世論調査では、回答者の四四パーセントがわたしが討論会に勝つと思うと答え、三〇パーセントが討論会の結果で投票相手を決めると答えていた。ブッシュ大統領とアドバイザーたちは、その三〇パーセントをものにするには、しょっぱなからわたしの〝人格問題〟を大きく取り上げ、徹底して人々に疑念を植えつけるしかないと判断したらしい。徴兵問題とモスクワ旅行、市民権にまつわる噂に加えて、ブッシュ大統領はわたしがロンドンで反戦デモに参加したことを攻撃してきた。「われわれの子どもたちが地球の裏側で死んでいるというときに、彼はアメリカ合衆国に敵対していたのです」

まずはペローが、三人のジャーナリストのひとりから最初の質問を受けた。三人は《マクニール／レーラー・ニューズアワー》のジム・レーラーの進行に従って、順番に質問をする。ペローには、自分がほかのふたりの候補者と異なるのはどこだと思うかという質問がなされ、二分間が与えられた。ペローは、自分は人々に支援されているのであって、政党や利益団体に後押しされているわけではない、と答えた。ブッシュとわたしには、一分ずつ回答時間が与えられた。わたしは変化の象徴であるところが自分の特質だと述べた。ブッシュ大統領は、自分には経験があると言った。三人でしばらく経験について話し合ったあと、次の質問がブッシュ大統領に飛んだ。「人格という重要な問題で、あなたにはほかのふたりと異なる点がありますか？」。ブッシュは、徴兵問題でわたしを非難した。これに対してペローが、ブッシュは学生時代ではなく、成人してホワイトハウスに入ってから過ちを犯したとやり返した。わたしは次のように述べた。かつてコネティカット州選出の上院議員であったブッシュの父が、マッカーシー上院議員を批判したのは正しかった。マッカーシーは、愛国的なアメリカ人を反米的だと非難したからだ。しかし大統領がわたしの愛国心を糾弾するのは、誤りだ。今アメリカに必要なのは国をまとめられる大統領であって、分断しようとする大統領ではない。

こうして約一時間半にわたり、わたしたちは税金、国防、財政赤字、雇用、経済状況の変化、外交政策、犯罪、ボスニア、家族の定義、マリファナの合法化問題、人種間の対立、エイズ、高齢者医療補償、医療保険制度改革などについて論議を交わした。

三人ともそれなりによく戦った。討論会が終わると各候補者の報道対策アドバイザーがマスコミに接触し、自分たちの候補者が勝利を収めたと思う理由を説いて回る。わたしはマリオ・クオモ、ジェイムズ・カーヴィル、ビル・ブラッドリーの三人から、強力な応援を受けた。一方、ブッシュ大統領のアドバイザーのひとりチャーリー・ブラックは、マスコミ関係者に、わたしの徴兵忌避問題を追及する新しいテレビCMを見せた。ときにはアドバイザーの後押しで討論会についての報道が左右される場合もあるのだが、このときCMを見せられた記者たちはすでに自分の意見を固めていて、心を動かされなかった。

全体として、具体的な政策や個々の論点についてはわたしがいちばんじょうずに答えていたと思う。しかしペローのほうが、庶民的で余裕のある人柄をうまくアピールしていた。ブッシュ大統領がペローは政府で働いた経験がないと指摘すると、ペローはこう答えた。「おっしゃるとおり。わたしには四兆ドルもの赤字を出した経験は一度もありません」。ペローは耳が大きく、それが短いクルーカットの髪型で余計に目立っていた。財政赤字についてペローはこんなことを言った。赤字削減のためには「増税せざるをえない」が、もし誰かがもっといい考えを教えてくれるなら「全身を耳にして聞きますよ」。これに比べるとわたしは少々堅苦しく、準備過剰ぎみに見えたところもあった。

好材料は、ブッシュ大統領が支持を広げられなかったことだ。逆に不安材料は、ペローが信頼性をいた。

取り戻したことだ。選挙戦序盤にペローの支持率が上がっても、それは誰に投票するかを決めかねている有権者か、あるいはブッシュ大統領とわたしとに傾いている人が、それぞれ同じくらい鞍替えした結果だった。しかし、もし今ペローの支持率が一〇パーセントをはるかに超えるようなことがあれば、新たな支持者は、変化を求めながらもわたしに託しきれずにいる人たちということになるだろう。討論会後の世論調査によれば、討論会を見たうちのかなりの人数が、わたしに大統領を務める能力があるとの確信を強めたと答えている。また六〇パーセント以上の人たちが、討論会前よりペローの好感度が上がったと回答している。選挙を三週間後に控えて、ペローが選挙戦の先行きを不透明にしていた。

二日後の十月十三日夜、アトランタで副大統領候補の討論会が行なわれ、アル・ゴアがダン・クエールを圧倒した。ペローの副大統領候補の退役海軍大将ジェイムズ・ストックデールは、好人物だが取るに足らず、そのおぼつかない様子は、ペローがセントルイスの討論会で得た勢いをいくらか削いでしまった。クエールは、自分の言いたいことをうまく強調した。クリントンは増税を望んでいるが、ブッシュは増税しない、クリントンは人格者ではないが、ブッシュは人格者だ。彼は、わたしが公の場でしたうちでも最悪の発言のひとつを引っ張りだしてきた。一九九一年初頭、議会がブッシュ大統領のイラク攻撃を承認したあと、わたしは、もし議会にいたらどちらに投票していたかと尋ねられた。わたしは決議には賛成だったが次のように答えた。「接戦だったら多数派のほうに投票していたでしょう。でも心情的には少数派の主張に賛成です」。当時は一九九二年に大統領選に出馬するとは思ってもいなかった。アーカンソー選出の上院議員はどちらもイラク攻撃に反対票を投じていた。ふたりはわたしの友人で、わたしは公の場で彼らにばつの悪い思いをさせたくなかった。出馬してから振り返ると、この発言は実に優柔不断で曖昧に見える。アルは、クエールの攻撃に手短に反論してから、アメリカをよくするための前向きな政策を語るという戦法をとった。最も切れ味がよかったのは、議会に任期制限を設けるという保守派お得意の主張に対する切り返しだった。「わたしたちにもひとり、任期制限しようと思っている人がいますよ」

その二日後の十月十五日夜、ヴァージニア州リッチモンドで第二回の大統領候補討論会が開かれた。これはわたしの望んでいた市民集会で、地元の、まだ投票相手を決めていない有権者の代表が質問をすることになっていた。

このころわたしにとって大きな不安となっていたのが、喉の状態だった。第一回討論会の際には、直前に悪化したためささやき声でしか話せなかった。予備選の途中で声がつぶれたときニューヨークで専門医に診てもらい、ボイスコーチに、喉を開いて音を副鼻腔から押し出す練習法を教わった。ハミングをしたり、「エ」で始まる母音の組み合わせ、「エ、イ」「エ、オ」「エ、ア」を何度も歌うように唱えたりする。痛めた声帯を通して音を出す感覚をつかむために、決まったフレーズを繰り返す練習もあった。なかでも気に入ったのは、「エイブラハム・リンカーンは偉大な雄弁家」というフレーズだった。口にするたびにわたしは、リンカーンの甲高い、きんと響くような声を想像し、リンカーンは、少なくとも声が出なくなったりしないよう気をつけていたのだろうと考えた。わたしが声をつぶすと、若いスタッフたちはハミングのまねをして気軽にわたしをからかった。そのことは愉快だったが、声が出なくなること自体は少しも愉快ではなかった。声の出ない政治家など、使いものにならない。何度も痛めると、いずれ本当に声が出なくなってしまうのではないかと怖くなる。当初わたしはアレルギーが原因だと思っていたが、そのうち、根本原因は酸の逆流であることがわかった。これは比較的よくある症状で、胃酸が、たいてい就寝中に食道を逆流し、声帯に火傷《やけど》を引き起こすというものだ。薬を飲み、くさび形の枕で頭と両肩を高くして眠るようになってから症状は改善した。しかし二回目の討論会の前夜には、まだ苦しんでいた。

討論会ではＡＢＣニュースのキャロル・シンプソンが司会を務め、聴衆からの質問を受けつけた。最初の質問は貿易における公正さをどのように保証するかというもので、ペローに向けられた。ペローは保護主義的な回答をし、それに対してブッシュ大統領は自由貿易主義的な反論をした。わたしは自由かつ公正な貿易に賛成だと述べ、そのためには三つのことが必要だと言った。第一に、貿易相手国の市場が、わが国の市場と同じくらい開放的であること、第二に、税制を改正し、近代化を図ろうとする国内の工場を優遇して、国外に工場を移転させようとする者を不利にすること、第三に、国外移転を図る会社に低利の融資をしたり、職業訓練のための資金を与えたりするのをやめること――困窮する国内の会社には同様の援助をしていないのだから――というものだった。

それから話題は財政赤字へ、さらに選挙戦の中傷戦術へと移った。ブッシュはまたしても、わたしがイギリスでヴェトナム戦争に対する反戦デモを行なったことを非難した。わたしはこう答えた。「わたしは相手の性格には興味がありません。むしろ大統領という職務の性格を変えたいのです。興味があるのは、これからの四年間、われわれがブッシュ大統領に何を託せるのか、わたしにだったらみなさんは何を託せるのか、ペロー氏にならどうかということなのです」

その後しばらく、わたしたちは都市、幹線道路、銃規制、議員の任期制限、医療保険費などについて話し合った。そんななかで、第二回討論会の流れを変えることになる質問が飛び出した。ひとりの女性が尋ねた。「国の赤字はどのような形でお三方に個人的な影響を与えていますか？　もし影響を受けていないとしたら、一般の人々の経済的な問題にどうやって解決策を見出せるというのでしょうか、人々の苦しみを体験したことがないというのに？」。ペローが最初に答え、財政赤字のせいで彼は「自分の私生活とビジネスをなげうって、この選挙戦に参加することになった」と述べた。子どもや孫たちに債務を負わせたくないとも言った。ブッシュはとまどって、なかなか個人的な影響を挙げることができなかった。質問者が食い下がり、自分には解雇された友人や、住宅ローン、車のローンが払えない友人がいると説明する。するとブッシュはなぜか、自分が黒人の教会に行って、会報で十代の妊娠についての話を読んだことなどを話した。最後に、同じ問題を抱えていないからといって、その問題がわからないと決めつけるのはおかしいとまとめた。わたしは順番が来ると、自分は十二年間にわたって小さな州の知事だったと切り出した。だから、職場を解雇された人や、会社が倒産した人たちの名前を知っている。またこの一年間に全米を歩いて、さらに多くの人たちと出会った。州政府を切り盛りするうちに、連邦政府のサービス削減によって、人々にどういう影響が及ぶかも実際に見てきた、と話した。それからわたしは質問者に、財政赤字は大きな問題だが、経済が成長しないのはそのためだけではなく、「誤った経済理論にがんじがらめにされているからです」と言った。このやり取りの最中にブッシュ大統領は、自分の間の悪さを強調するかのように、そわそわと腕時計に目をやった。これでなおさら大統領は心ここにあらずだという印象が強まってしまった。このあとさらに、社会保障、年金、高齢者医療補償、超大国としてのアメリカの責任、教育、アフリカ系アメリカ人や女性が大統領に選出される可能性などについて話し合ったが、赤字の個人的な影響について答えた時点で、事実上この夜の討論会は決着していた。

ブッシュ大統領の最後のスピーチはさすがに巧みで、この国が大きな危機に直面したとき、誰に大統領でいてほしいかと聴衆に尋ねて締めくくった。ペローは教育、財政赤字、そして自分がこれまで十億ドル以上も税金を支払ってきた事実について語った。「車のトランクに全財産を詰め込んで出発した男としては、まあ悪くないと思いますよ」。わたしはまず、人々の質問に「具体的かつ明確に」答えようと努力したと述べた。それからアーカンソーの教育、雇用政策のことを話し、退役した陸、海軍の将官二十四名や実業界の共和党支持者がわたしを支持してくれている事実を強調した。そして「みなさんは今、変化をもたらすか否かの決断を迫られています」と述べ、〝トリクルダウン経済論（訳注 政府の支出を大企業に振り向ければ、中小企業や公衆にも順に浸透するという説）〟を排して〝投資、成長〟経済を実現できるよう手を貸してほしいと訴えた。

二回目の討論会はすばらしかった。わたしについてどのような疑問を抱いていたにせよ、有権者が最も望んでいるのは、生活を左右する事柄について話をすることなのだ。CBSニュースが有権者千百四十五人を対象に行なった討論会後の世論調査では、五三パーセントがわたしが勝ったと思うと答え、二五パーセントがブッシュ、二一パーセントがペローの勝ちだと答えた。AP通信のインタビューに答えた五人のディベートコーチもわたしが勝ったと判定し、その根拠として話しかたや個々の論点、そしてわたしがこの選挙戦でも、それ以前のアーカンソー時代にも採用してきた、市民集会形式へのなじみぐあいを挙げた。わたしは市民と直接触れ合うのが好きだし、彼らの率直な判断を信頼していた。

三回目の候補者討論会を前に、《CNN／USAトゥデー》の世論調査は、わたしのリードが十五ポイントに戻ったと報じた。支持率はわたしが四七パーセント、ブッシュが三二パーセント、ペローが一五パーセントだった。

ヒラリーとわたしは、スタッフとともに一日早くミシガン州のイプシランティに入った。最後の討論会は、ミシガン州イーストランシングにあるミシガン州立大学のキャンパスで行なわれる。前二回と同じように、ボブ・バーネットとマイク・サイナーが腕だめしに付き合ってくれた。今回がわたしにとっていちばんきびしい戦いになることはわかっていた。ブッシュ大統領は誇り高い不屈の人で、大統領の座を守るためついに全力を投入し始めた。また、遅かれ早かれペローもわたしに矛先を向けてくるだろう。

九千万人以上の人が、十月十九日の討論会をテレビで視聴した。三回のうちで最大の観客だ。今回は、前半にジム・レーラーが質問し、後半はジャーナリストのパネラーが質問するという形式だった。ブッシュ大統領は、この三回目に最高のパフォーマンスを見せた。わたしのことを、増税しては支出する放漫なリベラル派で、ジミー・カーターにそっくりであり、また、何かにつけ言を左右にする二枚舌だと批判した。これに関しては、わたしも痛烈にやり返した。「ブッシュ大統領がわたしを二枚舌だと非難するとは、信じられません。大統領は以前に『トリクルダウン経済学はブードゥーのまじないみたいなものだ』と言いましたが、今や誰よりも熱心にその経済を実践しています」。またアーカンソー州の経済を攻撃されたときには、次のように答えた。アーカンソーは昔から貧しい州だったが、昨年は雇用創出で全国一位、個人所得の伸び率で四位、貧困の低減率で四位を記録し、州税及び地方税の負担は全国で二番目に低かった。「アーカンソーとアメリカ合衆国の違いは、わたしたちの州は正しい方向に進んでいて、この国は誤った方向に進んでいるということです」。そして、大統領はガソリン税引き上げを伴う赤字削減案に署名したことを謝るよりも、まず「わたしの唇を読んでください。新税はありません」という発言がそもそもの間違いだったと認めるべきだと言った。ペローはわたしたちふたりに挑み、自分はアーカンソーにほど近いところで育ったが、あんなに小さい州の知事経験は、大統領としての政策決定能力には「無関係」だと述べ、ブッシュに対しては、サダム・フセインがクウェート北部を侵攻してもアメリカはやり返さないとフセインに言ったことを非難した。ブッシュもわたしも反論した。

後半はジャーナリストのパネラーが質問を行なった。全体的に型にはまっていて、激しいやり取りも少なく、やや一回目の討論会に似ていた。そんななかにもいくつかテレビ向きのシーンはあった。

UPI通信の古株ホワイトハウス番記者ヘレン・トーマスがわたしにきいた。「もし、当時に戻ってやり直せるとしたら、あなたは軍服に袖を通しますか?」。わたしは、やり直せるとしたら、徴兵に関する質問にもっとうまく答えられるかもしれないが、それでもヴェトナム戦争は間違いだったと思うと言った。そして、過去にもフランクリン・D・ローズヴェルト、ウィルソン、リンカーンなど、立派な大統領で軍隊経験のない人たちはいる、リンカーンはメキシコ戦争に反対だったと指摘した。またわたしは、ブッシュ大統領が第一回の討論会で、元国務長官のジェイムズ・ベーカーに経済政策を担当させると言ってニュースになったが、わたしは自分で経済を担当することを発表してニュースになろうと思うと言った。するとブッシュは「それが心配なんだ」と、鋭く切り返した。最後には三人がそれぞれ巧みな締めくくりのコメントをした。わたしは、人々がこの討論会を見て国について考えてくれたことに感謝し、ふたたび、自分は誰かを個人的に攻撃したいとは思わないと述べた。ロス・ペローに対しては、この選挙戦の戦いぶりと財政赤字の重要性を訴えてくれたことに敬意を表した。そしてブッシュ大統領にはこう言った。「わたしは彼が国のために軍務を果たしたことに敬意を表し、大統領としての努力を評価し、今後の幸せを祈っています。しかし、今は変化のときです……わたしたちのほうが、必ずいい働きができると確信しています」

第三回討論会は、誰が勝ったとも言いがたかった。わたしはアーカンソーと知事時代の実績を擁護すること、及び個々の問題を論じることにかけてはよくやったが、回答を少し穏当にしすぎたきらいはあった。討論会の際の公約から軌道修正を余儀なくされた大統領を何人も見てきたので、大風呂敷を広げてそれに束縛されるのがいやだった。追い詰められたブッシュ大統領はすべての面で奮闘したが、アーカンソーでのわたしの実績に対する攻撃だけは勇み足だった。あれは、選挙用に制作したCMでのみ、つまりこちらからの反論がなく有権者が事実を知らされない場合にのみ有効なのだ。しかし、わたしがどのような大統領になるか疑問を呈することにかけては一枚上手だった。民主党が外交政策に弱く増税好きだというイメージを喚起し、前回、民主党の南部の州知事が大統領になったときには、任期中ずっと高金利でインフレがひどかったということをみなに思い出させた。ペローはウィットに富み、落ち着いてありのままの自分を見せていた。あの姿は支持者に安心感を抱かせ、浮動票にもある程度食い込んだだろうとわたしは思った。討論会後の世論調査では、三つの調査がわたしを勝者と判定していたが、《CNN／USAトゥデー》の調査だけはペローが勝ったと報じ、討論会のあと一二パーセントが投票相手を変更して、その半分以上がペローに流れたとしていた。

それでも全体的に見て、討論会はわたしに好結果をもたらしてくれた。わたしに大統領を務める能力があると思う人の割合が増えたし、個々の論点に関するやり取りを通じて、前向きな政策提案を行なうことができた。できるなら残りの二週間、ずっと討論会をしていたかった。しかし選挙戦はいよいよ最後の追い込みだ。死に物狂いでできるだけ多くの州を飛び回らなければならないし、電波にはわたしへの中傷広告が充ち満ちていた。こちらもブッシュに対し、かの有名な「唇を読め」発言を用いた広告で反撃した。フランク・グリアーとマンディ・グランウォルドが広告作りに精を出し、〝即答チーム〟は、相手方の中傷広告に効果的に反論した。それでも全候補者が一堂に会する討論会のようなわけにはいかない。今やわたしは攻撃目標となり、あとは必死に耐えしのぐしかなかった。

十月二十一日、激しい選挙戦にちょっとした息抜きがあった。イギリス随一の家系学の権威である『バーク貴族年鑑』が、ブッシュ大統領とわたしはどちらも十三世紀イギリスの王家の子孫で、少なくとも二十親等隔たった遠い親戚どうしだと発表したのだ。共通の祖先はジョン王だ。ブッシュはジョン王の息子ヘンリー三世の血筋に連なり、エリザベス女王の十三親等の従兄弟でもある。一方、まことにふさわしいことに、わたしの血筋はさほど立派なものではなく、分家で、しかも民主主義者との強い結びつきがあった。わたしのブライズ家がたの親族は、ヘンリー三世の妹エレアノールと、その夫のレスター伯シモン・ド・モンフォールの子孫だという。シモンは、国王ヘンリー三世をいくさで破って、当時としては最も民衆に開かれた議会を開くことを承認させた。ところが一二六五年、王が議会を尊重するという誓いを破ったためイーヴシャムの戦いが起き、あわれシモンは討ち死にを遂げる。『バーク貴族年鑑』のスポークスマンによれば、シモンの遺体は「ばらばらに切り刻まれ、この村には指を、この町には足をといった具合に、国じゅうにばらまかれました。おそらく民主主義者の末路に対する見せしめのつもりだったのでしょう」。というわけで、わたしと大統領の違いのルーツは七百年前にさかのぼるらしい。ブッシュ側の選挙戦が、ご先祖の戦術に忠実であったのも無理はない。『バーク貴族年鑑』はまた、ブライズ家がかつてイギリスのゴサム村に暮らしていたことを突き止めた。この村は、イギリスの伝承によれば、住民がみな揃って愚か者だったと言われている。確かに大統領戦などに立候補するには、多少いかれたところも必要だが、それが遺伝だったとは思いたくなかった。

十月二十三日、わたしたちはまたもハイテク産業からの援軍を得た。今度は、マイクロソフト社のスティーヴ・バルマー上級副社長など、三十人以上のコンピュータソフトウェア会社幹部が支持を表明してくれた。しかし、戦いはまだ終わっていなかった。最後の討論会から一週間後、《CNN／USAトゥデー》の世論調査は、わたしのブッシュ大統領に対するリードが七ポイントまで下がって三九パーセント対三二パーセントになり、ペローが二〇パーセントで追っていると報じた。恐れていたとおり、ペローの広告とブッシュ大統領のわたしへの攻撃とがあいまって、わたしの票がペローに流れ始めていた。十月二十六日、ノースカロライナ州で遊説を行なったアル・ゴアとわたしは、ブッシュ政権を〝イラクゲート〟問題で追及することにより、リードを保とうとした。これは合衆国政府の保証する貸付が、イラクに対して、あるイタリアの国有銀行のアトランタ支店を通じてなされたというものだ。この貸付は表面上農業目的を装っていたが、実はサダム・フセインによって流用され、イラン・イラク戦争後の軍及び軍備の再建計画に用いられた。貸付のうち二十億ドルはついに返済されず、つけはアメリカの納税者に回された。不正を働いたかどで告発されたアトランタ支店の幹部は、連邦検察局と内輪の司法取引を行なった。しかも信じられないことに、連邦検察局を率いるのはブッシュによって政治任用された人物で、任用される直前まではこの貸付騒動でイラク側の代理人を務めていた。もっとも本人は、今回の調査にはあえて加わらないと表明していた。アルとわたしがこの事件に言及したころには、FBIとCIAと司法省がそれぞれ互いを調査し合って、どこがどう事件と関わり合っていたのか、またはいなかったのかを探ろうとしていた。混乱のきわみだったが、あまりに複雑で、選挙戦も終盤に差しかかった今となっては、有権者を動かす要因になりそうもなかった。

鍵を握るのは、相変わらずペローだった。十月二十九日のロイターは、こんな書き出しの記事を配信した。「もし今度の選挙に勝ったら、ブッシュ大統領は、自分に敵意を抱く直言居士のテキサスの億万長者に大いに感謝しなくてはならないだろう」。記事はさらに、討論会でペローはイメージを一新して支持を倍に広げ、その分わたしは支持を切り崩されて、「変化」の旗印も独占できなくなったと論じていた。その日の《CNN/USAトゥデー》の世論調査では、わたしのリードは二ポイントまで縮小したと報じられた。もっともほかの五つの世論調査とスタン・グリーンバーグの調査によれば、わたしたちはまだ七ポイントから十ポイントのリードを保っていた。数字はどうあれ、どう転ぶかわからないことに変わりはなかった。

最後の週には、がむしゃらに追い込みを図った。ブッシュ大統領も同様だ。木曜日にミシガン州郊外の集会で、彼はアル・ゴアとわたしのことを「やつら《ボーゾー》」と呼んだ。テレビの人気者〝道化のボーゾー〟になぞらえたのだろうが、おそらく本家のボーゾーのほうが、引き合いに出されて迷惑だったことだろう。選挙を翌週にひかえた金曜日、イラン・コントラ事件の独立検察官で、オクラホマ州出身の共和党員であるローレンス・ウォルシュが、レーガン政権の国防長官キャスパー・ワインバーガー及びほかの五人を起訴した。起訴状に盛り込まれたメモによれば、ブッシュ大統領は、レーガン政権の承認したイランへの違法な武器売却に関して、以前に彼が述べたよりも詳しく承知し、もっと大きな役割を果たしていたらしい。これがブッシュ大統領にとって痛手になるかどうかはわからなかった。そんなことを考えている余裕がなかった。とはいえ、皮肉なタイミングではあった。ブッシュ政権は血まなこになってわたしのパスポート書類を探し回っていたし、あとになってわかったことだが、このころアーカンソー州の連邦検事――やはりブッシュの任用した人物だ――に圧力をかけて、マディソンギャランティ貯蓄貸付組合の破綻に関する調査にわたしを巻き込もうとしていたのだ。

最後の週末、ブッシュはあらゆる広告手段を使って総攻撃を仕掛けてきた。ペローも、わたしの支持者の三割をまだ土壇場で切り崩せると見て、とうとう本格的に攻撃に加わった。彼は三百万ドルとも言われる額を投入して、テレビで三十分の〝情報広報番組〟を作り、アーカンソーをさんざんにけなした。いわく、もしわたしが大統領に選ばれたら、「わたしたちはみんな、生活のために鶏の羽をむしるようになるでしょう」。さらに番組は、すべての州のうちでアーカンソーが最下位近くにランクされている事柄を二十三あげつらった。どうやらもうアーカンソーのことを「無関係」だとは思っていないようだった。われわれは、反論するかどうかをめぐって激しい論議を交わした。ヒラリーはペローに反撃したいと言った。わたしはせめてアーカンソーを弁護したいと言った。これまですべての攻撃に反論を加えることでうまくやってきたからだ。しかしほかのスタッフはみな、相手がたの攻撃はどれも些末で手遅れだから、こちらは自分たちの戦術を通すべきだと言った。わたしはしぶしぶ承知した。選対本部は、大きな問題に関していつも正しい判断をしてきたし、わたしはあまりにもくたくたで神経が張り詰めていたため、自分の考えのほうが正しいと言い切る自信がなかった。

わたしはその週末を朝の集会で始めた。それは、ジョージア州アトランタ近郊のディケーターという町で、高校のフットボール場に大観衆を集めて行なわれた。ジョージア州のゼル・ミラー知事、サム・ナン上院議員、ジョン・ルイス下院議員を始め、ずっとわたしを支援してくれた民主党員が顔を揃えていた。しかしいちばんの注目はハンク・アーロンだった。一九七四年にベーブ・ルースのホームラン記録を破った大選手だ。アーロンは正真正銘の地元の英雄で、野球での功績ばかりでなく、引退後に続けている貧しい子どもたちのための活動でも尊敬されていた。この日の集会には二万五千人の人たちが集まった。三日後、わたしはジョージア州を一万三千票差で勝ち取る。そのとき以来ハンク・アーロンは、自分が土曜の朝の一撃でジョージアの選挙人団を仕留めたのだと、わたしをからかうようになった。実際そうだったのかもしれない。

ジョージアでの集会を終えるとアイオワ州ダヴェンポートへ飛び、さらにミルウォーキーに飛んで、最後のテレビ市民集会を行なった。また最後のスポットCMを作成して、人々に投票を、変化のための投票を呼びかけた。日曜日の夜には、オハイオ州シンシナティと、ロダム家の故郷であるペンシルヴェニア州スクラントンを巡ったあと、ニュージャージー州へ飛び、〈メドウランズ・スポーツコンプレックス〉での大がかりな集会に参加した。華麗な音楽の祭典で、わたしを支持するロック、ジャズ、カントリーのミュージシャンや、映画スターが総出演してくれた。その後、チェリーヒルの〈ガーデンステートパーク競馬場〉に場所を移し、わたしは一万五千人の人たちの前でサックスを吹いて、ヒラリーと踊った。少し前にこの競馬場で、バッバ・クリントン、すなわち弟のロジャーが幼いころわたしを呼んだ名を冠した馬が、単勝十八倍という不利な予想をひっくり返して勝った。わたしの勝つ見込みは今ではだいぶ上がったが、初めはもっとずっと低かった。四月、わたしのオッズが三十四倍だったころロンドンのブックメーカーでわたしに百ポンドを賭けた人は、五千ドル儲けたという。ニューハンプシャーでめった打ちにされた二月初旬に賭けていたら、いったいどれだけ稼げたのだろうか。

月曜の朝、ヒラリーとわたしはフィラデルフィアで目を覚ました。ここはわが国の民主主義発祥の地であり、最後の遊説の出発地でもある。これから不眠不休で、八つの州、六千キロを巡るのだ。アル・ゴアとティッパーにはほかの激戦地を任せ、ヒラリーとわたし、スタッフ、そして数多くの報道陣は、赤白青の装飾を施した三機のボーイング727型機に乗り込んで二十九時間の旅に出発した。最初に訪れたフィラデルフィアの食堂〈メイフェア・ダイナー〉ではひとりの男性に、当選したらまずいちばんに何をしたいかと尋ねられ、「神に感謝したい」と答えた。次のオハイオ州クリーヴランドでは、またしてもかすれ声になりながら、こう話した。「かつてセオドア・ローズヴェルトは、声は優しくとも、手には棍棒をつかめ、と言いました。あす、わたしは、声はかすれていても、手にはオハイオをつかみます」。ミシガン州では、たいへん力を尽くしてくれた州の議員や労働組合幹部たちとともにデトロイト近郊の空港で集会を開き、声を絞り出して言った。「あす、みなさんがわたしの声になってください。そうすればこれから四年間、わたしはみなさんの声になります」。ミズーリ州セントルイスとケンタッキー州パデューカを訪れたあと、テキサスではふたつの地を巡った。ひとつめはテキサス州最南部、メキシコ国境にほど近い町マッカラン。二十年前わたしがマクガヴァンの副大統領候補サージェント・シュライヴァーとともに飛行機のなかで足止めを食った土地だ。そして深夜零時を回るころ、ふたつめの訪問地フォートワースに着いた。そこでは有名なカントリーロック歌手ジェリー・ジェフ・ウォーカーがおおぜいの聴衆を眠らせずに待っていた。集会をすませて飛行機に戻ってみると、なんとスタッフが、サンアントニオのアラモ砦の向かいにある〈メンジャー・ホテル〉から四百ドル分ものマンゴー・アイスクリームを買ってきてくれていた。一九七二年、マクガヴァンの選挙運動中に出会ったこのアイスクリームをわたしがどれだけ気に入っているか、みなにさんざんに話していたからだろう。マンゴー・アイスは、飛行機三機分の疲れ切った乗客たちがひと晩じゅう食べてもなくならないほどあった。

そのころリトルロックの選対本部では、ジェイムズ・カーヴィルが百人以上にものぼるスタッフを集めて最後の会合を開こうとしていた。ジョージ・ステファノポロスから紹介を受けた彼は、感動的なスピーチをした。愛と労働こそ人間が与えることのできる最も貴重な贈り物だと述べ、そこにいるすべての人たち――ほとんどは非常に若い人たち――に、贈り物をありがとうと感謝を捧げた。

わたしたちはテキサスからニューメキシコ州アルバカーキへ飛び、旧友のブルース・キング知事とともに未明の集会を開いた。それが終わると、四時ごろメキシカンフードの朝食を平らげ、最後の目的地デンヴァーへ向かった。早朝にもかかわらずおおぜいの熱狂的な群衆が集まっていた。デンヴァー市長のウェリントン・ウェブ、ティム・ワース上院議員、そして教育改革におけるわたしの仲間だったロイ・レイマー知事が聴衆を盛り上げると、ヒラリーがスピーチを行ない、わたしもつぶれた声を振り絞って、選挙戦最後の感謝と希望の言葉を述べた。それから故郷、リトルロックへと向かった。

ヒラリーとわたしは空港でチェルシーや、親族、友人、選対本部のスタッフたちの出迎えを受けた。わたしはみなに感謝の言葉を述べてから家族とともに車に乗り、投票所のダンバー・コミュニティセンターへ向かった。この建物は知事公邸から一キロほどのところにあり、付近の住民の大半がアフリカ系アメリカ人だ。わたしたちはコミュニティセンターに集まった人たちと言葉を交わし、選挙管理委員のもとで手続きをすませた。そして、チェルシーが六歳のころからいつもしていたように、いっしょに投票ブースのなかへ入った。わたしがカーテンを閉めると、チェルシーはわたしの名前の横にあるレバーを押し下げ、わたしをぎゅっと抱き締めた。十三カ月に及ぶ血のにじむような努力を終えた今、わたしたちにできることはほかに何もなかった。ヒラリーが投票を終えると、今度は三人で抱き合い、外へ出て二、三のマスコミから質問を受け、何人かと握手を交わしてから家へ帰った。

わたしにとって、投票日は、常に民主主義の大いなる神秘を具現化するものだった。世論調査員や識者がどれだけ解明しようとしても、必ず謎が残る。この日ばかりは、普通の市民が億万長者や大統領と同じだけの力を手にする。それを行使する人もいれば、しない人もいる。行使する人は、ありとあらゆる観点で候補者を選ぶ。理性にもとづいて選ぶ人もあれば、直感で選ぶ人もある。確信を持って選ぶ人もあれば、危ぶみつつ選ぶ人もある。それでもなぜか、人々はたいていその時代にふさわしい指導者を選ぶ。だからこそアメリカは、建国から二百二十八年たった今も健在で、どうにかうまくやっている。

わたしが立候補したのは主に、アメリカ人の暮らしぶりや、仕事、子育て、世界との関わりかたが激変する時代に、自分がふさわしいと思ったからだ。わたしは長い年月をかけて、政治的指導者の決断が人々の暮らしにどう作用するかを学んできた。何をすべきか、どのようにすべきかを理解していると思っていた。しかし同時に、アメリカの人々に大きな賭けを求めていることもわかっていた。まず、人々は民主党の大統領に慣れていなかった。そしてわたしへの疑問があった。わたしは非常に若かったし、おおかたのアメリカ人にはほとんどなじみのない州の知事だった。ヴェトナム戦争に反対して、兵役を避け、人種や女性の権利、同性愛者の権利に対してリベラルな考えを持っていた。また、表面上互いに相容れないように見える大胆な目標について語るとき、ややもすると言を左右にしているように見られがちだったし、完璧からはほど遠い人生を送ってきてもいた。わたしは、自分がリスクを冒すだけの価値のある人間だということをアメリカの人々にわかってもらおうと、全身全霊を尽くして頑張ってきた。しかし世論調査結果が乱高下を続けたこと、いったん退いたペローがふたたび参戦したことは、多くの人々がわたしを信任したいと思いながらも、疑念を捨てきれずにいることを示していた。遊説のなかでアル・ゴアが有権者に、選挙のあとどんな見出しを目にしたいかを尋ねた。「あと四年」か、「新時代の到来」か。その答えは見えているとわたしは思ったが、この十一月の長い一日には、ほかのみなと同じように、ただ答えが出るのを待つしかなかった。

家に帰ると、三人で古いジョン・ウェインの映画を見て、そのまま何時間か仮眠を取った。午後にはチェルシーと街なかをジョギングし、これまで幾度となく繰り返してきたように、マクドナルドに立ち寄って水を一杯もらった。知事公邸に戻ると、そう長く待つ必要はなかった。選挙結果は早めに、六時半ごろから入ってき始めた。ジョギングスーツを着替えもしないうちに、東部のいくつかの州で当選確実の報が出た。それから三時間と少し経ったとき、各局がいっせいに、わたしが全体を制したと報じた。オハイオ州が、投票総数五百万票中の九万票差、率にしてわずか二パーセントの差で、わたしたちのものになったのだ。実に象徴的だった。オハイオは、六月二日に予備選での指名を決定づけてくれた州のひとつだったし、ニューヨークの党大会でも、オハイオ州の投票によってわたしは正式に過半数を獲得したのだ。投票者数はきわめて多く、一九六〇年代初頭以降最高で、一億人を超えた。

一億四百六十万三百六十六票のすべてを数え終えてみると、最終的な一位と二位の差は五・五パーセントだった。わたしはすべての票のうち四三パーセントを獲得し、ブッシュ大統領が三七・四パーセント、ロス・ペローが一九パーセントを取った。ペローの成績は第三党の候補者としては、一九一二年にセオドア・ローズヴェルトが進歩党で二七パーセントを獲得して以来の高い数字だ。わがベビーブーム・コンビは、六十五歳以上の世代と三十歳以下の世代に最も受けがよかった。同世代の人たちのほうが、わたしたちが国を率いてだいじょうぶなのかどうか、自信がないようだった。最後にブッシュとペローがタッグを組んで行なったアーカンソーへの攻撃のせいで、選挙の数日前に記録したわたしたちの最高支持率からは二、三ポイント下がっていた。攻撃は確かにこたえたが、しかし勝敗を左右するほどではなかった。

　獲得した選挙人団の数で見ると、差はもっと開いていた。ブッシュ大統領は十八州、百六十八の選挙人票を獲得した。わたしは三十二の州とワシントンDCでの勝利で、三百七十の選挙人票をものにした。勝ち取った州のなかには、ミシシッピ川沿いの北から南までほとんどの州（唯一、ミシシッピ州は除く）と、すべてのニューイングランド諸州（訳注　コネティカット、マサチューセッツ、ロードアイランド、ヴァーモント、メインの六州）及びすべての中部大西洋岸諸州（訳注　ニューヨーク、ニュージャージー、ペンシルヴェニア、デラウェア、メリーランドの五州）が含まれていた。ジョージア、モンタナ、ネヴァダ、コロラドなど、意外な州でも勝っていた。三パーセント以下の差で雌雄が決した州は十一あった。アリゾナ、フロリダ、ヴァージニア、ノースカロライナはブッシュ大統領が獲得し、オハイオ、ジョージア、モンタナ、ネヴァダ、ニューハンプシャー、ロードアイランド、そしてニュージャージーでは、わたしがきわどい勝利を収めた。アーカンソーでは最高得票率の五三パーセントを獲得し、ほかの十二の州でも一〇パーセント以上の差をつけて勝利した。そのなかにはカリフォルニア、イリノイ、マサチューセッツ、ニューヨークなどの大きな州も含まれる。ペローの参戦のため、本投票で過半数を獲得することはかなわなかったが、獲得選挙人団の差を広げることができたのも、間違いなく彼のおかげだった。

　それにしても、アメリカ人はなぜ初のベビーブーム世代の大統領、史上三番目に若く、小さな州の知事出身者としてはふたりめで、貨物船よりも大きな荷物を背負った大統領を選出するに至ったのか。出口調査の結果を見ると、有権者のずば抜けて大きい関心事は経済で、財政赤字と医療保険制度がそれに続き、人格問題はだいぶ引き離されていたことがわかる。結局わたしは、今選挙最大の争点は何かという議論を制したのだ。大統領選挙ではそのことが、個々の論点で有権者と候補者の意見が一致することよりも重要だ。だがもちろん、経済だけで勝ったわけではない。ジェイムズ・カーヴィルを始めとするすばらしい選挙対策チームのおかげで、わたしを含めた全員が、いかなる逆境でも集中力を保ち、重要な論点を訴え続けることができた。スタン・グリーンバーグの洞察力に富んだ世論調査とフランク・グリアーの効果的な広告戦略にも助けられた。草の根で選挙戦を率いてくれた優秀な人々にも助けられたし、ロン・ブラウン委員長の手腕でまとめあげられ、十二年間の在野のあと勝利への意欲でひとつになった民主党にも、少数民族や女性たちからの高レベルな支持にも力を得た。ちなみに女性たちは議会選挙でも力を発揮し、上院に六人、下院には前回の二十八人から一気に増えて四十七人の当選者を送り込んだ。また共和党内部の当初のごたごたと自信過剰もわたしにとって追い風だったし、本選挙に入ってからの驚くほど好意的なマスコミの論調——予備選でのあら探しとはまったく対照的だった——や、キャンペーン中のアル・ゴアと妻ティッパーの目覚ましい活躍、全員が体現した世代交代、わたしがアーカンソーで民主党指導者会議のメンバーとともにはぐくんだ〝ニュー・デモクラット〟の理念からも力を得た。そして何より、わたしが勝利を収めることができたのは、ヒラリーやわたしの友人たちが試練のときにもずっと支えてくれたからだし、わたし自身、どれだけ叩かれてもあきらめることがなかったからだ。

投票日の夜、まだ早いうちにブッシュ大統領が祝福の電話をくれた。大統領は丁重な物腰で、滞りのない政権移行を誓ってくれ、ダン・クエールも同様の約束をしてくれた。勝利宣言のスピーチにもう一度目を通してから、ヒラリーとわたしは神に感謝を捧げ、これから先の大仕事に対し、神の導きを願った。それからチェルシーを連れて、旧州会議事堂で開かれる大イベントへと向かった。

旧州会議事堂はアーカンソーのなかでもわたしの好きな建物で、州の歴史とわたし自身の歴史がいっぱいに詰まっている。十六年前、州司法長官就任の宣誓式を行ない、人々から祝福を受けたのもこだったし、十三カ月前、大統領選出馬を表明したのもここだった。わたしたちはステージに上がり、アルとティッパー、そして通りを埋め尽くす何千という人々に挨拶をした。喜びと希望に満ちた顔また顔を眺めるうちに、熱いものが込み上げてきた。わたしは感謝の気持ちでいっぱいだった。母のうれし涙を見て喜びに満たされ、父もまた誇らしい気持ちでわたしを見下ろしてくれていることを願った。

この並外れた冒険の旅に乗り出したとき、それがこんなにも苦しく、こんなにもすばらしいものになろうとは思いもしなかった。今目の前にいる人々、そして彼らと同じ何百万、何千万という人々は、すでに自分たちの役割を果たしてくれた。今度はわたしが自分の役割をしっかりと果たすときだ。わたしはこう切りだした。「きょう、大きな希望と大きな勇気を持って、大勢のアメリカ国民が、新たな時代の始まりを選択しました」。わたしは、ブッシュ大統領とペローに投票した人たちに向かって、ともに「再結合したアメリカ《リユナイテッド・ステイツ》」を築こうと呼びかけ、最後にこう締めくくった。

この勝利は、単にひとつの党の勝利ではありません。懸命に働き、決まりを守って生きる人たちの勝利であり、自分が社会ののけ者で置き去りにされていると感じる人たち、もっといい人生を送りたいと願っている人たちの勝利です。……わたしは今夜、人類史上最も偉大な国の指導者となるための責任を引き受けます。万感の思いを込め、喜びをもって引き受けます。しかしわたしはみなさんにもお願いしたい。ふたたびアメリカ人となって、得るだけでなく与えることにも心を砕き、非難するだけでなく責任を引き受けることにも心を用い、自分ばかりでなく周囲の人たちにも心を配るように……そうしてともに、わたしたちの愛するこの国を、最高の状態へと高めていこうではありませんか。

29

投票日の翌日、祝福の電話や電報が殺到するなか、わたしは移行作業というものに着手した。いやはや。祝う暇どころか、休む暇もろくにありはしない。休みを取らなかったのは、おそらく誤りだっただろう。しかし、あと十一週間で、家族の生活の拠点もアーカンソーからワシントンに移行させなくてはならなかった。やるべきことは山のようにあった。閣僚と重要な副閣僚メンバー及びホワイトハウス・スタッフの選任、移行の手順に関するブッシュ政権側との調整、安全保障に関するブリーフィングの開始、外国の要人との会談、議会の与野党幹部との接触、議会に提出する経済政策の詰め、選挙公約の実行案作成。膨大な数の会見希望者をさばいて、選対スタッフや主要な支持者からの、新政権に加われるかという問い合わせにできるだけ早く答える。そして日々進展する事柄にも対処する。就任までのあいだに進展しそうな事柄はたくさんあった。多くは国際問題だ。イラクでは、サダム・フセインが国連制裁を逃れる道を探していた。ソマリアにはブッシュ大統領が人道支援のためアメリカ軍を派遣し、大量飢餓を防ごうとしていた。ロシアでは経済が壊滅状態に陥って、エリツィン大統領が極右勢力と共産党残党の抵抗に直面し、バルト諸国からのロシア軍の撤退が遅れていた。やるべきことのリストは増える一方だった。

数週間前、わたしたちはリトルロックでひそかに政権移行計画チームを立ち上げていた。メンバーは、ヴァーノン・ジョーダン、ウォーレン・クリストファー、ミッキー・カンター、前サンアントニオ市長のヘンリー・シスネロス、ドリス・マツイ、それに前ヴァーモント州知事マデリン・クーニン。事務局長はオクシデンタル石油副社長の職を休んで来てくれたジェラルド・スターンだ。選挙に勝つと決めつけているように思われたくなかったので、チームは水面下で活動し、電話番号も非公開なら、ワーゼン銀行十三階に設けた事務所の入口にも看板ひとつ出さなかった。

正式に移行に着手した水曜日、ヒラリーとわたしは、まず、知事公邸にやってきたジョージ・ステファノポロスに、引き続きホワイトハウスで報道関係の切り盛りをしてほしいと依頼した。できればジェイムズ・カーヴィルにも戦略や声明を練る手伝いをしてほしかったのだが、彼は自分が政権入りに向いていないと思っており、二日前、報道陣に「ぼくが政府に雇われるような国には住みたくない」と冗談混じりに語っていた。

その日の午後、わたしは政権移行チームと会合を持ち、最初の報告書を受け取った。二時半になると知事公邸の裏庭で短い記者会見を開いた。ブッシュ大統領が、またイラク問題でむずかしい局面を迎えていたため、わたしは「アメリカの大統領は、ひとりしかいない。そしてアメリカの外交政策は、ひとえに大統領が掌握している」と強調した。

選挙から二日目には、外国の首脳数人と話をしてから執務室で州の業務をいくつかこなし、わたしがいないあいだ立派に務めを果たしてくれた州知事補佐官たちをねぎらった。その晩、選対チームのスタッフのために慰労会を開いた。わたしは相変わらず声がかれていて「ありがとう」のひと言も満足に言えなかったので、ひたすら握手をしながら歩き回った。シャツには〝ごめんなさい、声が出ません〟〝よくがんばってくれました〟という札を貼りつけておいた。

翌金曜日、政権移行チームの委員長にヴァーノン・ジョーダンを、統括責任者にウォーレン・クリストファーを指名した。この指名は、ワシントンでもリトルロックでも好意的に迎えられた。リトルロックの選対スタッフがふたりを尊敬していたからだ。スタッフの多くは、勝利の喜びが収まるにつれて、やはり当然のことながら、疲労といらだち、そして将来への不安にさいなまれ始めていた。

翌週に入ると、移行作業のペースが上がり始めた。わたしは中東和平についてイスラエルのラビン首相、エジプトのムバラク大統領、サウジアラビアのファハド国王と話をした。一方ヴァーノン・ジョーダンとウォーレン・クリストファーは政権移行チームの上級スタッフをおおかた決定した。民主党副委員長のアレクシス・ハーマンと、アル・ゴアの選挙運動を統括したマーク・ギアランが統括責任者補佐、民主党指導者会議議長のアル・フロムが国内問題担当、サンディ・バーガーと選挙運動中の補佐官だったナンシー・ソダバーグが外交政策担当、そしてジーン・スパーリングとロバート・ライシュが経済政策担当だ。ライシュはわたしのローズ奨学生時代の同級生で、ハーヴァード大学教授を務め、グローバル経済に関する啓発的な著書を何冊も著していた。要職の候補者に関する調査は、ワシントンのやり手弁護士で、長年にわたり民主党内で活躍してきたトマス・ドニロンが統括することになった。ドニロンの役割は重要だ。候補者の経歴に金銭上、私生活上の問題が見つかったり、過去の発言が取りざたされたりして、大統領による指名が覆されることは、ワシントンでは日常茶飯事だった。絞り込み担当者は、やる気のある候補者が、まずはきびしい詮索に耐えうるかどうかを確かめなくてはならない。

数日後、前サウスカロライナ州知事のリチャード・ライリーが移行チームに加わり、副閣僚の人事に取り組んでくれることになった。ライリーの仕事は殺人的に忙しく、多いときには日に三千通以上の履歴書と数百本の電話を受けることもあった。電話の多くは両院議員や知事からのもので、じきじきに返事がほしいという内容だった。勝利に貢献した人たちがあまりにも数多く政権に加わりたがっていたので、加わってしかるべき有能な人が取り残されるのではないかとわたしは心配だったし、実際、何人かはこぼれ落ちてしまった。

三週目は、ワシントンでの足場作りに費やした。まずは下院議長のトマス・フォーリーと民主党下院院内総務のリチャード・ゲッパート、上院院内総務のジョージ・ミッチェルをリトルロックに招いて夕食会を開き、翌朝会談を行なった。民主党の大物議員とは、出だしからいい関係を築くことが大切だ。彼らの協力がなければうまくいかないことはわかっていたし、彼らのほうでも、党利党略による議会運営の行き詰まりを打破することが、わたしたち全員の責任だと見なされることは承知していた。どちらの側も歩み寄る必要はあるものの、会談の結果、いっしょにやっていけるという自信を得た。

水曜日からは二日間の予定でワシントンを訪れ、ブッシュ大統領や、民主党議員、そして共和党の大物議員に面会した。大統領との会談は、一時間の予定だったがその倍近くに及び、心温まる、有益なものとなった。さまざまな問題について話し合ったが、とりわけ外交政策上の難問に関する大統領の概説は、すばらしい見識に富んだものだった。

その後、ホワイトハウスから車で三キロほど離れた北ワシントンへ、貧困と失業、麻薬、そして犯罪の横行する地域へと向かった。ジョージア通りで車を降りると、わたしは一ブロックほど歩きながら人々と握手をし、商店主やほかの市民から悩みを聞いて、わたしにできることを話した。前年には、その場所から半径一・五キロ以内の地域で八人の人たちが殺された。途中立ち寄って買い物をした中華料理のテイクアウトの店では、従業員が防弾ガラスの向こうで働いていた。学齢の子を抱えた親たちは、子どものクラスメートで学校に銃を持ち込む子たちがあまりにも多いので、とても心配だと話してくれた。ワシントンという街は、今もまだ連邦政府がかなりの部分を管轄しているのに、スラム地区の住民は、議会からもホワイトハウスからも忘れられた存在になりがちだ。わたしは住民たちに、彼らの問題を気にかけていること、よき隣人でありたいと願っていることを伝えたかった。

木曜日には朝のジョギングに出かけた。〈ヘイ・アダムズ・ホテル〉の玄関を出て、ラファイエット広場を抜けると、もう目の前がホワイトハウスだ。そこから寝起きのホームレスでいっぱいの道を抜け、ワシントン記念塔、リンカーン記念館を回って、ホテル近くのマクドナルドまで戻る。ひと息入れてコーヒーを飲んでいると、五十九歳の男性が話しかけてきて、不況で仕事も何もすべて失ってしまったと嘆いた。わたしはその人のことを考えながらホテルに戻った。すべての大統領を囲む壁の向こうで、どうすれば彼の話してくれたような問題と直接触れ合うことができるのだろうか。

民主党幹部十四人との朝食を終えると、共和党の上院院内総務ボブ・ドールを訪ね、ふたりきりで会談した。第二次大戦の負傷から雄々しく立ち上がり、低所得者への食料品割引切符支給や障害者の権利などの案件で民主党と協調したドールという人物を、わたしは以前から尊敬してきた。一方で彼は根っからの共和党員でもあり、投票日の夜にさっそく、わたしのことを「過半数も取れなかったのだから、国民から明確に信任されたとは言いがたい」と批判していた。「党をまとめて無党派層やペローの支持者を取り込み、共和党独自の議案を掲げていく」のが自分の責任だとも語っていた。この日も、いい話し合いはできたものの、今後どのような関係を築いていけるか、彼がどのような議案を出してくるのかは定かでなかった。ドール自身も大統領になりたがっていたことを考えれば、無理もない。

さらに、共和党下院院内総務で、イリノイ州出身の昔ながらの保守派議員ロバート・マイケルともなごやかに話し合った。しかし残念ながら、共和党下院院内幹事でジョージア州選出のニュート・ギングリッチは休暇中で不在だった。ギングリッチは、下院共和党右派の知的、政治的な指導者だ。共和党が恒久的に多数派を占めるには、文化面、宗教面での保守派と、大きな政府や増税に反対する有権者を連合させればいいと考えていた。一九九〇年にブッシュ大統領が民主党の提案する赤字削減一括法案に署名した際には、そのなかにガソリン税引き上げ案が含まれていたため、大統領を痛烈に批判した。わたしに対してどのような戦いを挑んでくるかは想像もつかなかった。

ホテルに戻ると今度は、統合参謀本部議長のコリン・パウエル将軍と会談した。レーガン、ブッシュ両大統領の後ろ盾で最高位までのぼりつめたパウエルは、統合参謀本部議長としての最後の九カ月を、これまでとはまるで違った最高司令官のもとで過ごすことになる。彼は、軍隊への同性愛者の入隊を認めるというわたしの提案に反対していた。実際にはパウエルが国民的英雄となった湾岸戦争の際、国防総省《ペンタゴン》はそれと知りながら百人以上の同性愛者の入隊を許可し、戦争が終わって必要がなくなったとたんに免職していた。しかし意見の相違はあっても、パウエル将軍は全力で職務を果たし、率直なアドバイスを行なうと約束してくれた。まさにわたしが望んでいたことだった。

ワシントン滞在の最後に、ヒラリーとわたしはパメラ・ハリマン主宰の晩餐会に出席した。その前夜には、ヴァーノン・ジョーダンと妻のアンが、わたしたちとほかの数名の人たちを食事に招いてくれた。これらのパーティーや、のちに《ワシントン・ポスト》会長のキャサリン・グレアムが開いてくれたパーティーはいずれも、ヒラリーとわたしをワシントンの政界、財界、マスコミの要人に紹介するためのものだった。わたしたちにとっては、誰もが初対面に等しかった。

知事公邸での最後の感謝祭を過ごし、例年どおり、家庭内暴力から逃れた女性や子どもたちのために友人が開いている保護施設への訪問を終えると、ヒラリーとわたしは、チェルシーと彼女の友人エリザベス・フラマンを連れて南カリフォルニアへ飛んだ。友人のトマソン夫妻のもとで羽を休め、さらにレーガン元大統領を表敬訪問するためだ。レーガン元大統領は、二十世紀フォックスの映画制作所跡地にあるたいへん美しい建物に事務所を構えていた。すばらしい語り手で、八年間のホワイトハウス生活のさまざまな逸話をおもしろおかしく話してくれた。帰りがけには、トレードマークのゼリービーンズをひと瓶、赤白青三色入りのものをおみやげにくれた。わたしはそれを八年間、執務室に飾っておいた。

十二月に入っていよいよ本格的に、大統領として人々から託された仕事に取りかかった。決断を下すことだ。〝レーザー光線のごとく〟経済に照準を定めると公約したので、まずはそこから取りかかった。十二月三日、わたしは知事公邸で連邦準備制度理事会のアラン・グリーンスパン議長とふたりきりで会談した。連邦準備制度理事会の議長は、経済に多大な影響力を持っている。それは主に短期金利の設定を通じて発揮され、順に企業貸付や、住宅ローンを含む個人貸付の長期金利に影響を及ぼす。グリーンスパンは経済のすべての側面を熟知しているうえ、ワシントン流の政治的駆け引きにも通じているので、スピーチや議会での証言が大きな重みを持つ。共和党保守派だから、おそらくわたしの当選に失望しているだろうと思ったが、それでも協力関係を築けるという手応えを得た。理由は三つほどあった。ひとつには、わたしが連邦準備制度理事会の独立性を信じていたこと、ふたつめは、グリーンスパンもわたしも赤字削減が最重要課題だと考えていたこと、そして三つめは、グリーンスパンもかつてテナー・サックスを吹いていたが、わたしと同様、生活のために見切りをつけた過去があるということだ。

一週間後、わたしは経済チームの閣僚から発表を始め、まず上院財政委員長のロイド・ベンツェンを財務長官に指名した。ベンツェンは実業界寄りの民主党員だが、普通の人たちのことも心にかけている。長身痩軀《そうく》で貴族的なたたずまいの彼は、南テキサスの裕福な家庭の生まれだ。第二次大戦にはイタリアで爆撃機パイロットとして従軍し、復員後、連邦下院議員に選出された。三期務めたのち、いったん退いてビジネスの道に入り、その後、一九七〇年にジョージ・H・ブッシュ下院議員を破って上院に当選する。わたしはベンツェンが好きで、財務長官にうってつけの人材だと思った。ウォール街で一目置かれているうえ、議会でも力があり、また経済を回復させて貧困を減少させるというわたしの目標を全面的に支持してくれている。財務副長官にはロジャー・アルトマンを指名した。アルトマンは、投資会社ブラックストーン・グループの副会長で生粋の民主党員であり、財政のエキスパートでもある。彼なら経済チームを強化し、ウォール街との連携を強めてくれるはずだ。財務省にはさらにローレンス・サマーズを国際問題担当財務次官として任命した。二十八歳のとき、史上最も若くしてハーヴァード大学の終身在職権を得た人物だ。実際に会ってみると、評判よりさらに優秀だった。

行政管理予算局の長官には、カリフォルニア州選出の下院議員で、下院予算委員会の委員長だったレオン・パネッタを据えた。これは常に大切なポストだが、とりわけわたしにとっては重要だった。財政赤字を減らしながら、教育やテクノロジーなど長期的な繁栄に欠かせない分野での支出を増やすような予算案を、なんとしてでも構築するつもりだったからだ。レオンとは面接時が初対面だったが、その豊富な知識とエネルギー、そして地に足の着いた人柄に感銘を受けた。予算局長のもうひとりの最終候補アリス・リヴリンは副長官に指名した。レオンと同じく彼女も赤字削減の〝タカ派〟で、同時に政府の助けが必要な人々に対しても思いやりを忘れなかった。

ロバート・ルービンには新しい仕事をお願いした。国家経済会議の議長だ。これは国家安全保障会議と同じ形で運営するもので、すべての関連省庁の代表を一堂に集めて政策を立案、実行する。かねてからわたしは、政府の経済政策の策定はもっと組織的、効果的に行なえるはずだと思っていた。財務省と行政管理予算局のつかさどる、税金や予算関係の機能だけでなく、商務省、合衆国通商代表部、経済諮問委員会、輸出入銀行、労働省、中小企業庁の働きもひとつにまとめたかった。すべての所得層、すべての地域に益をもたらす、包括的で緻密な経済政策を実行するには、活用しうる資源をすべて活用する必要がある。ルービンはその任にうってつけだった。彼には不思議と、控えめでありながら押しの強いところがある。ニューヨークの大手投資会社ゴールドマン・サックスの共同会長を務めており、そこですべてのエゴや利害関係の調整を図ることができたのだから、今度の仕事でもきっとうまくやってくれるだろう。国家経済会議は、ここしばらくのあいだで、ホワイトハウスの事業としては最大の変革であり、ルービンが働いてくれればアメリカに益をもたらすことになる。

経済諮問委員会の委員長には、カリフォルニア大学バークレー校の経済学教授ローラ・タイソンを指名した。ローラはテクノロジー、製造業、通商など、国の経済政策を策定するうえで長いこと見過ごしにされてきたミクロ経済の問題にたいへん詳しく、わたしをうならせた。

労働長官はロバート・ライシュだ。労働長官の地位は、レーガン、ブッシュ政権では日陰に追いやられていたが、わたしは経済チームの重要な一部だと思っていた。ライシュは労使協調を進める必要性と、職場での柔軟性及び安全性の大切さについて優れた本を何冊か書いていた。彼ならきっと健康、安全、福利厚生に関する労働者側の利益を守るとともに、新たな経済政策に盛り込む労働支援策を固めてくれるだろう。

商務長官にはロン・ブラウンを推した。長いこと〝格下〟扱いされてきた省の重要性を見直すという選挙公約を実現するものだ。ロンは知性と蛮勇を併せ持ち、民主党全国大会を瀕死《ひんし》の状態からよみがえらせた。リベラル派や労組という支持基盤を、民主党指導者会議の提唱する新たな考えを持った人たちとうまく融合させた。商務省の官僚機構を活性化させて、アメリカ商業の利益を増進するには彼がいちばんの適任だ。ロンは、商務省初のアフリカ系アメリカ人の長官になるが、同時に、同省で最も有能な長官のひとりになると思われた。

ロン・ブラウンの任命を発表した同じ日に、わたしはアーカンソー州知事を辞任した。知事の仕事にはまったく時間を割けなくなってしまったし、有能な副知事のジム・ガイ・タッカーが、引き継ぎの体制をじゅうぶんに整えていた。ただひとつ残念だったのは、十二月に辞任したことで、オーヴァル・フォーバスのアーカンソー州知事最長在位記録に、二十四日間及ばなかったことだ。


主要経済ポストが決まると、十二月十四日と十五日にリトルロックで経済サミットを開催した。これは六週間前から準備してきたもので、指揮はミッキー・カンターと、ヒラリーの友人でカリフォルニアで支援してくれたジョン・エマソン、そしてノースカロライナの有力なビジネスマンであるアースキン・ボウルズが執ってくれた。ボウルズは、わたしが〝ニュー・デモクラット〟であることと、胎児組織の研究に賛同していることを理由に、選挙中から支援してくれた。彼の家系には遺伝性の糖尿病があって、彼は、胎児組織の研究を進めることで、糖尿病など現在の医学では治癒できない病気の謎を解明できると考えていた。

経済サミットの開催要項を発表すると、アメリカじゅうから出席希望者が殺到し、リトルロック・コンベンションセンターに入りきるよう人数を絞るのがひと苦労だった。世界じゅうから集まる大報道陣のための場所も確保しなくてはならない。最終的にカンターたちは代表者の数を三百二十九人にまで絞り込んだ。メンバーは、《フォーチュン五〇〇》に載るような企業のトップからシリコンヴァレーの重役たち、それに商店主までさまざまだった。労働組合の幹部もいれば、学者やアラスカの入植者、さらにはチェロキー・インディアン国の首長でウィルマ・マンキラーという堂々たる名の人物もいた。

会議場には電流のような高揚感が満ちていた。政策立案者たちのロックコンサートとでも言おうか。マスコミはこれを〝政策おたくフェスタ〟と呼んだ。会議では鋭い洞察や新たな考えが示され、わたしの直面する課題が明らかになった。圧倒的な意見の一致を見たのは、赤字削減が最優先事項だということで、そのためには中間層減税を縮小するか、あるいは完全にやめることもいたしかたないと多くが考えていた。わたしたちが「ミッキーの大勉強会」と呼んだこの会議は大成功だった。〝政策おたく〟にとってだけではない。会議のあとの世論調査によれば、アメリカ国民の七七パーセントが、わたしの大統領就任準備を好意的に見てくれていた。

会議の伝えたメッセージは明確だった。わたしが約束したように、アメリカは〝トリクルダウン経済〟を捨てて〝投資・成長経済〟へと進んでゆく。グローバル経済の波に取り残された人たちを見捨てることなく、ふたたび、すべての責任ある市民に機会を提供するアメリカになる。このあと、わたしはミッキー・カンターを合衆国通商代表に、アースキン・ボウルズを中小企業庁長官に、ジョン・エマソンを大統領補佐官に任命することになる。まさに三人がみずからの手でつかんだ職掌だった。

経済会議の直前に、マック・マクラーティを大統領首席補佐官に指名すると発表した。通常とは異なる選択だった。マックは、ブッシュ政権時代にふたつの連邦委員会に参加したことがあるものの、ホワイトハウスの内情に詳しいとは言いがたく、彼自身もその点を心配していたからだ。もっと実業界での経験を生かせるような仕事のほうがいいと言ってきたが、それでもわたしはぜひにと頼み込んだ。マックなら必ずホワイトハウスのスタッフをまとめてスムーズに機能させ、わたしの望むような一体感を作り出してくれるだろうと思ったからだ。彼は、自制心と知性とすばらしい交渉力を持ち、多くのことを同時にこなす能力がある。わたしとは四十年来の親友で、異なる意見や情報を隠し立てすることなく伝えてくれるという信頼感があった。ホワイトハウス入りして最初の何カ月かは、彼もわたしもともにワシントンの政治風土、マスコミ風土になじめず、苦労が多かった。しかしマックのおかげで成し遂げたことも多いし、多くの政権に欠けていた協調の精神も生み出すことができた。

十二月十一日と十八日には、史上最も多様性に富んだ政権を作るという目標に少し近づいた。まずは十一日に、ウィスコンシン州立大学学長のドナ・シャレーラを保健社会福祉省長官に、フロリダ州環境局長のキャロル・ブラウナーを環境保護庁長官に指名した。シャレーラはレバノン系、身長百五十センチのエネルギッシュな女性で、ヒラリーとわたしの昔からの友人だ。ブラウナーとは面接のとき初めて会って、強い印象を受けた。わたしの友人であるフロリダ州のロートン・チャイルズ知事が高く評価し、アル・ゴアも彼女を強く推した。シャレーラもブラウナーも二期八年間にわたって仕事をやり通し、数々の立派な業績を残すことになる。十五日にはアーカンソー州保険局長官のジョイスリン・エルダーズ博士を公衆衛生局長官に推すことが報道された。エルダーズはアーカンソー州立大学医学部を卒業したふたりめの黒人女性で、小児糖尿病の全国的な権威だ。

十七日にはヘンリー・シスネロスを住宅都市開発省長官に指名すると発表した。豊かな政治的才能と温かな心を併せ持つ稀有な人物シスネロスは、アメリカで最も人気のあるヒスパニック系の政治家だ。市長としてサンアントニオ市を活性化するというすばらしい業績もあげており、この仕事に適任だった。また、アフリカ系アメリカ人の元海兵隊員で、ヴェトナム復員軍人であり、アメリカ退役軍人障害者協会の理事をしていたジェシー・ブラウンを復員軍人省の長官に据えた。

十二月二十一日には、ミネソタ州のノーザンステイツ電力会社の重役でアフリカ系アメリカ人のヘイゼル・オリアリーをエネルギー省長官に、元サウスカロライナ州知事のリチャード・ライリーを教育省長官に任命した。オリアリーは天然ガスの専門家で、わたしは石油、石炭よりも空気を汚さず、しかも豊富に埋蔵されている天然ガスの開発を支援したいと考えていた。ライリーとわたしは何年も前からの友人だ。控えめな物腰だが芯は強い。彼は若いころ、長年にわたって、たいへんな苦痛を伴う脊髄の病気に苦しめられたが、それに負けず法律家、政治家として身を立て、幸せな家庭を築いた。教育を重視する知事としても、ライリーはすばらしい実績を残した。選挙運動中、わたしはたびたび、アーカンソーの過去十年間における教育分野での進歩は全国二位だという記事を紹介したが、一位がサウスカロライナだったのだ。

十二月二十二日の火曜日、わたしは国家安全保障チームをまとめて発表した。ウォーレン・クリストファーが国務長官、レス・アスピンが国防長官、マデリン・オルブライトが国連大使、アンソニー・レイクが国家安全保障問題担当補佐官、ジェイムズ・ウルジーがＣＩＡ長官、そして元海軍大将ウィリアム・クロウが、対外情報諮問委員会委員長だ。

クリストファーは、カーター政権の国務副長官で、イランのアメリカ大使館人質事件の際、中心となって人質解放の交渉にあたった。わたしのもとでも、副大統領と閣僚の選任で力になってくれ、またわたしの掲げる外交政策の基本的な目標に賛同している。控えめな性格が国務長官に向かないのではないかといぶかる向きもあったが、わたしは彼ならこの職務をうまくこなせると思った。

レス・アスピンには、サム・ナンに断られてから国防長官就任を要請した。下院軍事委員会の委員長として、アスピンはおそらく下院の誰よりも国防に詳しく、冷戦後の世界における安全保障上の課題をよく理解して、それに見合うようわが国の軍隊を新しくすることを提唱していた。

マデリン・オルブライトはジョージタウン大学の人気教授で、わたしはマイケル・デュカキスの選挙運動を通じて彼女に出会って以来、常に感銘を受けてきた。チェコスロヴァキア生まれで、ヴァーツラフ・ハヴェル大統領とも親しい彼女は、明快かつ熱烈に自由と民主主義を説いてきた。冷戦後の国連においても、理想的なスポークスマンになるだろうと、わたしは思った。安全保障上の問題に関しても相談に乗ってほしかったので、国連大使のポストを閣僚級に引き上げた。

国家安全保障問題担当補佐官の選考はむずかしかった。アンソニー・レイクとサンディ・バーガーのふたりがふたりとも、選挙戦のあいだじゅう、わたしに外交政策に関しての知見を授け、助言をくれていたからだ。歳はレイクのほうが少し上だ。カーター政権時に国務省で、バーガーはレイクの部下として働いたことがある。しかし、わたしはバーガーのほうを昔からよく知っていた。最終的にはバーガーがわたしのもとへ来て、レイクを補佐官に、自分を次席補佐官にしてほしいと言ってきたので、それに従うことにした。

CIA長官は最後に決定した。当初、オクラホマ州選出の下院議員で、下院情報委員会委員長のデイヴ・マッカーディーに要請したのだが、残念なことに断られてしまった。ジェイムズ・ウルジーは長年にわたりワシントンの外交畑で活躍してきた人物だ。わたしが彼と出会ったのは一九九一年後半、サンディ・バーガーの取りまとめた安全保障関係の会議でのことだった。会議にはさまざまな民主党員のグループや無党派の人たち、安全保障や国防について、典型的な民主党員より強気の考えかたをする人たちが多く参加していた。ウルジーはきわめて知的でこの仕事への関心も強かったので、一度の面接で彼に決定した。

安全保障関係の発表を終えると、クリスマスまでに閣僚の指名を終えるというみずからの目標まであとわずかとなった。そして、クリスマスイブの日に締め切りは果たされた。ミッキー・カンターの指名を正式に発表するとともに、ミシシッピ州選出の下院議員マイク・エスピーを農務長官に、前デンヴァー市長フェデリコ・ペーニャを運輸長官に、前アリゾナ州知事のブルース・バビットを内務長官に、そしてエトナ生命の上級副社長兼法務部長だったゾーイ・ベアードを初の女性司法長官に指名したのだ。

エスピーは民主党指導者会議で活躍し、農政のこともよくわかっていた。またニューオーリンズのビル・ジェファソン下院議員、アトランタのジョン・ルイス下院議員とともに、アーカンソー出身者以外で早々とわたしを支持してくれた大物黒人政治家のひとりでもあった。ペーニャのことはあまりよく知らなかったが、彼は市長として立派な仕事をし、デンヴァー新空港の建設にあたって陣頭指揮を執った。航空業界がさまざまな問題を抱えていたので、そのあたりをよく理解している運輸長官が必要だった。ブルース・バビットは知事仲間で、わたしの好きなひとりだった。明晰で、因習にとらわれず、ウィットに富んでおり、旧来共和党の地盤だったアリゾナで知事選に勝って、実行力のある進歩的な知事として活躍した。彼なら環境政策にも効果的に取り組み、カーター政権のように西部諸州での問題《フォールアウト》に悩まされることもないだろう（訳注　カーター大統領は、当時、地上核実験の死の灰の問題に苦しめられた）。

司法長官には、もともとヴァーノン・ジョーダンを指名したいと考えていた。彼は著名な公民権弁護士でありながら、企業社会での受けもいい。しかしジョーダンは、ジェイムズ・カーヴィルと同様、政権には加わらないという意思を固めていた。十二月初めに知事公邸の裏のポーチで話し合ったところ、どうしても固辞するというので、わたしは数名の候補者をリストアップし、最終的にゾーイ・ベアードを選んだ。

ゾーイとは、面接のとき初めて対面した。エトナ生命で法務部長を務める以前には、カーター政権のスタッフとして働いた経験があり、貧しい人たちのための活動も続けていた。まだ四十歳という若さながら、司法長官の役割や課題についてきわめて深く理解しているように見受けられた。

のちに麻薬取締局局長や緊急事態管理庁長官、中小企業局局長などいくつかの職掌を閣僚レベルに上げることになるのだが、とりあえずはクリスマスという締め切り前に閣僚の指名を終えることができた。間違いなく有能で、かつてないほど多様性に富んだ閣僚たちだ。

ニュースでも好意的に扱われたが、この日のトップニュースは別なものだった。ブッシュ大統領がかつての部下数名に、そしてもしかすると自分自身に対しても、大きなクリスマスプレゼントを贈ったのだ。大統領は、イラン‐コントラ事件で独立検察官ローレンス・ウォルシュによって訴追されていたキャスパー・ワインバーガーら五名に恩赦を与えた。ワインバーガーの裁判はまもなく開始される予定で、ブッシュ大統領も証人として呼ばれる可能性が高かった。ウォルシュはこの恩赦を六年間にわたる隠蔽工作の総仕上げだと糾弾し、次のように述べた。「これはすべての者が法の下に平等であるという原則を揺るがすものだ。力ある仲間を持つ権力者なら、高位にあって重い罪を犯し、故意に公衆の信頼を裏切っても、何のおとがめもないという証しである」。これでもう被告人を出廷させて、宣誓供述させることができなくなり、新たな事実があっても明るみに出ることはなくなった。わずか二週間前にウォルシュは、大統領とその弁護士ボイデン・グレイが、再三の資料引き渡し要求にもかかわらず、イラン‐コントラ事件に関するブッシュの日記を一年以上も隠していたことを知ったばかりだった。

わたしは恩赦に反対の声明を出した。もっときびしく非難することもできたが、しなかった。それには三つの理由があった。第一に、大統領の恩赦は憲法に規定された絶対的な措置だということ。第二に、わたしは国をまとめたいのであって、分かちたいのではないということ。たとえその分裂が、自分にとって政治的に有利に働くとしてもだ。そして第三に、ブッシュ大統領は何十年にもわたってわが国に尽くしてきたということ。あとのことは彼と彼の良心に委ねて、穏やかに現役を退かせてあげたかった。

クリスマスの翌日、うれしい出来事があった。《タイム》誌が、わたしを〝マン・オブ・ザ・イヤー〟に選んだと知らせてきたのだ。「何年かに一度訪れるわが国の蒔き直しの時期――アメリカ人がみずからの問題を深く追究し、自分を見つめ直す時代――に統治を任された」者として選んだという。感想をきかれてわたしは、たいへん光栄だが種々の問題を抱えた世界のことが心配だし、することが多くて身動きが取れなくなることも心配で、またワシントンに引っ越すことがチェルシーにとっていいかどうかも気がかりだと答えた。このうちチェルシーのことは取り越し苦労だったが、あとの懸念は当たっていた。

新年の休暇は、サウスカロライナ州のヒルトンヘッド島で過ごした。十年ほど前から新年恒例の行事になっているルネサンス・ウィークエンドの集まりに参加したのだ。旧友たちと顔を合わせ、ビーチで子どもたちとタッチフットボールをし、ヒラリーから贈られた新しいゴルフクラブのセットでゴルフを何ラウンドかして大いに楽しんだ。ディスカッションへの参加も楽しみのひとつだ。科学から政治、果ては恋愛に至るまであらゆることを語り合うので、いつもたいへん勉強になる。とりわけこの年は「お弁当を食べながら大統領に教えてあげよう」と題したディスカッションが楽しかった。

一方、ブッシュ大統領は政権の総仕上げにかかっていた。ソマリア駐留のアメリカ軍を訪ねてそこからわたしに電話をくれ、今からロシアに向かってボリス・エリツィンとの間で第二次戦略兵器削減条約（ＳＴＡＲＴⅡ）に調印すると言った。わたしはこの条約を支持していたので、上院で批准されるよう後押しするつもりだと答えた。ブッシュはまたわたしのために気を遣って、他国の指導者たちに、わたしが「大統領として成功を収めること」を望んでおり、重要な課題に「協力して取り組みやすい人物」だと話してくれていた。

一月五日、ヒラリーとわたしは、チェルシーをシドウェル・フレンズという私立学校に入学させると発表した。アーカンソーではずっと公立学校だったし、ワシントンDCにもよい公立学校はある。しかしチェルシーとも話し合って、プライバシーが確保されるシドウェルに通わせることにした。チェルシーはまもなく十三歳になろうとしており、ヒラリーもわたしも、チェルシーにティーンエイジャーとしてできる限り普通の暮らしをさせてやりたいと望んでいた。もちろん本人もそれを望んでいた。

翌六日、就任式の二週間前、経済チームとの初会合の前日になって、ブッシュ政権の行政管理予算局長リチャード・ダーマンが、新年度の財政赤字は、以前の見積もりよりさらに大きくなる見込みだと発表した（前もって知っていたのに、選挙が終わるまで発表を差し控えていたにちがいないと、わたしのスタッフはみな思った）。いずれにせよ、これで互いに競合する優先課題をうまくさばくのが余計にむずかしくなった。財政赤字を半分に減らしながら、短期的には弱々しい景気回復をさらに弱めずにすませるにはどうしたらいいか、赤字減らしのために経費節減と増税を行なう一方で、長期的経済発展のため欠かせない分野では支出を増やさねばならず、その適正なバランスをどうやって見つけるか、そして中、低所得者層に対する税の公平性を増すためにはどうすればいいのか。

翌日、知事公邸のダイニングテーブルを囲んで経済チームが集まった。みなでこのジレンマについて話し合い、どのような政策を採れば、最大限の成長を生むことができるかを検討した。従来のケインズ経済学では、政府は不況の時期には赤字になってでも支出をし、好況のときには均衡財政かあるいは黒字にするべきだという。その考えかたで行くと、赤字を半分に減らすために断固たる支出削減と増税を行なうのは、今の経済に対する処方箋として間違っているようにも思えた。フランクリン・D・ローズヴェルトも、ケインズ経済学に従ったからこそ、均衡財政の公約を掲げて当選したあと、赤字削減をあきらめて大幅な支出を行ない、人々に働き口を与えるとともに民間部門を刺激する道を選んだのだ。
　しかし、従来の理論を現在の状況に当てはめるのは無理があった。レーガン、ブッシュ政権のもとで大幅な財政赤字が構造化し、好不況にかかわらず続くようになってしまったからだ。レーガン大統領が就任したとき、国の負債総額は一兆ドルだった。それが一九八一年の大減税と支出の増大により、八年間で三倍に膨れあがった。ブッシュ政権になっても負債は増え続け、四年間で三分の一も増加した。現在の負債は四兆ドル。債務に対する利息の支払いが、国家予算のなかで防衛費と社会保障費についで三番目に大きな支出項目となっていた。

　財政赤字は、供給側重視の経済理論《サプライサイド・エコノミクス》では避けられない現象だ。この理論によれば、減税を行なうほど経済は成長し、そのために低い税率でも以前より税収が増えるということになっている。しかし、もちろんそんなにうまくはいかず、一九八〇年代の景気回復のあいだもずっと、赤字は爆発的に増え続けた。サプライサイド・エコノミクスは、算術としても問題のあるでき損ないの経済理論だったが、共和党はそれに固執し続けた。観念的に税金を嫌っているためと、短期的に見れば、その路線が政治上好都合なためだ。「どんどん使って、税金は少なく」と言えば聞こえがいいし、気分もいい。しかし、そのためにわが国は泥沼にはまり、子どもたちの将来にも暗い影が落ちていた。

　大幅な貿易赤字と財政赤字を補塡《ほてん》するために、毎年膨大な額の外国資本を導入することが必要になっていた。そういう資本を引き寄せるとともに、ドルの価値が急激に下落することを防ぐためには、大統領選前の景気後退期に、金利を望ましい水準よりもはるかに高く設定せざるをえなかった。高金利は経済成長の妨げとなり、中間所得層に対する間接税の引き上げにつながった。それでなくても中間所得層は、住宅ローン、車のローンなど、借金を通じて行なうすべての購入で、高金利の分を余計に払わなくてはならない。

会議が始まると、議長のロバート・ルービンが、まずレオン・パネッタを指名した。パネッタは、財政赤字は悪化している、景気低迷で税収が落ち込む一方、より多くの人が政府の扶助を受ける資格を得て、医療保険費の支出が増大しているからだと言った。経済諮問委員長に就任するローラ・タイソンは、今のままなら経済は二・五パーセントから三パーセント程度の成長を続ける見込みで、その程度では、次年度に失業率を下げるにも、景気回復を確実なものにするにもふじゅうぶんだと言った。それからいよいよ本題に入り、われわれはもうひとりの経済諮問委員アラン・ブラインダーに次のように尋ねた。強力な赤字削減計画を実行すれば、政府が現在ほど資金の借り入れで民間部門と競合しなくなるから、その分金利が下がって成長が加速し、雇用が拡大するのではないか。するとブラインダーは、そうなるかもしれないが、二、三年のあいだは、そういう好影響が、政府の歳出削減や増税のもたらす悪影響によって相殺されると言った。ただし、連邦準備制度理事会と債券市場がわれわれの計画に反応して、大幅に金利を下げてくれれば別だという。しかしブラインダーは、この数年赤字削減に関して口から出まかせの公約があまりにも多かったため、債券市場が大きく好意的な反応を示すことは考えにくいと見ていた。するとローレンス・サマーズが反論し、しっかりした計画を打ち出せば債券市場も納得して金利を引き下げるのではないか、景気が回復すればインフレ懸念がなくなるのだから、と言った。その考えを裏づけるために、彼はアジア諸国の例を挙げてみせた。

このときを皮切りに、わたしたちは幾度となく、普通のアメリカ人の暮らしに三十歳そこそこの債券トレーダーたちが及ぼす力について話し合うことになる。わたしが文句を言い散らし、ロバート・ルービンがそれに反論するやり取りは、愉快でもあったが、話の内容自体は至って真剣だった。国の失業率が七パーセント以下に下がらないのだから、とにかくなんとかしなくてはならない。タイソンとブラインダーの主張は、長期的に経済の健全化を図るには、財政赤字を削減しなくてはならないが、それをすると短期的に経済成長が鈍る、というものだった。ベンツェン、アルトマン、サマーズは債券市場が金利を引き下げるという説を支持して、赤字を削減すれば経済成長が加速すると考えていた。ルービンは議長役に徹していたが、ベンツェンたちに賛成しているのがわかった。アル・ゴアも同様だった。

ロバート・ライシュは一回目の会合には出席できなかったが、翌日メモを送ってよこした。それによると、確かに国の債務がGDP（国内総生産）に占める割合は望ましいレベルよりもずっと高いが、教育費、職業訓練費、そして国防以外の研究開発費がGDPに占める割合も、レーガン政権前の水準よりはるかに低い。過小投資も財政赤字と同じくらいに経済を痛めつけているのだ。だから目標は赤字を半分に減らすことではなく、赤字と投資の対GDP比をレーガン・ブッシュ政権以前の水準に戻すことにするべきだと彼は言う。投資をすれば生産性も経済成長も雇用も上向いて、赤字を減らすことができるようになるが、赤字削減のみに集中すると、経済が停滞して歳入もわずかなものとなり、赤字を半分に減らすことも無理だろう。ジーン・スパーリングもかなりこの説に近い考えかたを持っているようだった。

わたしが考え込んでいるうちに、話は、赤字削減の方法へと移っていった。選挙中に掲げた〝国民最優先〟計画では、千四百億ドルの赤字削減を提案していた。しかし赤字の額が当初の見積もりより多いとなると、目標どおり四年間で赤字を半分にするためには、初年度にもっと削減しなくてはならない。そこで、何を切り捨てるかという議論が沸騰した。例えば、社会保障給付の物価調整分を減額すれば、かなりの費用が浮く。しかしヒラリーが指摘したように、六十五歳以上のアメリカ人の半分近くは、社会保障給付のおかげで貧困線を割り込まずに生活できているのだ。物価調整分の減額はその人たちにとって痛手となる。まだ最終決定する必要はなかったし、議会の幹部と話し合わなければどのみち決定できないが、何を削減するにしても、容易でないことは明らかだった。

選挙公約では、歳出の削減とともに、それに匹敵する額の歳入を富裕層と企業から徴収することも提案していた。赤字が予想以上に多いということになると、歳入もさらに増やさなければならない。同時に、幅広い中間層減税を行なうことは、まず間違いなく不可能になった。ただし、年収三万ドル以下の勤労者世帯に対し、勤労所得控除を倍にして減税を図ることは、なんとしても実現させるつもりだった。この層の人たちの所得は二十年以上にもわたって減少しており、補助が必要だった。それに、低収入の仕事を生活保護より魅力あるものにしないと、人々が福祉に頼らずに働くよう誘導することができない。ロイド・ベンツェンは、可能な増税のリストに目を通し、どんな税金にせよ議会を通すのはたいへんで、とにかく勝利を収めることが大切だと言った。議案が通らなければ、政権は危機に直面する。議会にはいくつもの選択肢を示すべきだ。そうすれば、ひとつやふたつ阻止されても、全体として首尾よく運んだと主張することができ、政治的打撃を受けずにすむ、と。

税金の話が終わると、ロジャー・アルトマンとローレンス・サマーズが、赤字削減計画と同時に行なう短期の景気刺激策について述べた。ふたりが提案したのは二百億ドルほどの支出と法人税減税で、うまくいけば景気浮揚効果があるし、最低でもふたたび景気が後退するのを阻止できるという。景気後退に陥る確率は二割ほどあると、彼らは考えていた。続いてジーン・スパーリングが新規投資の選択肢をいくつか紹介した。最も額が大きいのは九百億ドルの投資で、選挙中に公約したものがすべて含まれる。

説明を聞き終えてわたしは、やはり〝赤字削減のタカ派〟たちの言うとおりだと思った。赤字を大幅に削減しないと、高金利が続いて、持続的な力強い景気回復は望めない。アル・ゴアも強く賛成した。しかし、どれくらいの削減が必要かということになると、ローラ・タイソンやアラン・ブラインダーが予言し、ジーン・スパーリングも不安視する短期的景気後退が気にかかる。六時間の話し合いを終えるころには、全員が赤字削減の方向を向いていた。経済政策の策定は、少なくともこの経済環境のなかでは、科学でないことは明らかだ。芸術だとすれば、債券市場の観衆の目に美しく見えるものでなくてはならない。

一週間後、二回目の会合が開かれて、わたしは中間層減税をあきらめ、社会保障費、メディケア（高齢者医療保険）、メディケイド（低所得者・障害者医療扶助）の見直しに同意し、アル・ゴアの提案する新エネルギー税を支持した。この税金はＢＴＵ（英国熱量単位）税と呼ばれ、卸売り段階で熱量に応じて幅広く課税する税金だ。アルはこの税金について、石炭、石油、天然ガスを産出する州では物議をかもすだろうが、すべての産業分野にかかる税金であり、一般消費者の負担は少なくなる、またわたしたちにとって必要な省エネルギーも促進されると述べた。

その後さらに数時間にわたって、どれだけの赤字削減が必要なのかを、まずは五年後の目標から始めて現在にさかのぼるという形で再検討した。ゴアは強硬路線を主張した。最大限の削減を試みれば、勇気があると認められて新たなムードが生まれる。以前には考えられなかったことも可能になり、例えば社会保障受給者で、一定の収入がある者から税金を徴収するというようなこともできるようになるだろう。リヴリンも同意見で、ブラインダーは、連邦準備制度理事会と債権市場が信用してくれれば、うまくいくかもしれないと言った。タイソンとアルトマンは、短期の景気後退を避けられるかどうか懐疑的で、スパーリングと、今回初めて出席したライシュは、あくまでももっと投資を行なうべきだと主張した。

会議に参加していないスタン・グリーンバーグ、マンディ・グランウォルド、ポール・ベガラもライシュたちと同意見で、わたしが選挙中の信念をすべて犠牲にしているのではないか、選挙チームに入っておらず、わたしに投票した人たちのことなど気にもかけない連中に影響されているのではないかと案じていた。スタンは、十一月の末ごろわたしにメモをよこしていた。雇用と所得減少の問題にすばやく取り組まないと、わたしと有権者との蜜月はすぐに終わってしまうという内容だった。世論調査で一九九二年に家計が悪化したと答えた人の六割、有権者全体の三分の一にあたる人たちが、選挙ではわたしに投票してくれた。目下検討中の計画では、その人たちが離れていってしまうと彼は考えていた。会議を傍聴しているジョージ・ステファノポロスが、スタンと仲間たちに、赤字が経済にひどい打撃を与えていること、放置すれば景気回復は望めず、歳入も増えないので、教育費や中流層減税を実施するお金がないことをなんとか説明しようとした。ベンツェンとパネッタは、議会を通過しうる最大限の赤字削減を望んでいた。ゴアやリヴリンが提案するほどではなかったが、それでもかなりの額だ。ルービンは進行役としてこの日も自分の意見を控えていたが、ベンツェンやパネッタに同意していることは見てとれた。みなの話をひととおり聞いて、わたしもそう考えるようになった。

一度ベンツェンにどのくらい財政赤字を削減すれば債券市場が活気づくかと尋ねたところ、彼は五年目に千四百億ドル、五年間の合計で五千億ドルと答えた。わたしは五千億をめざそうと心に決めたが、新たな歳出削減案と歳入増があったとしても、第一期政権の終了時までに赤字を半分に減らすという目標が達成できるかどうかはわからない。すべては経済成長率にかかっていた。

赤字削減によって短期的な景気後退が起きる可能性があるため、成長を促す方策もあれこれ検討した。わたしは三大自動車メーカーのトップ及び全米自動車労組会長のオーエン・ビーバーと会談した。ビーバーは、日本車がアメリカ市場の三割を占めているにもかかわらず、日本の市場はいまだにアメリカ車と自動車部品メーカーに対して相当閉ざされていると言った。わたしはミッキー・カンターに日本市場をもっと開放させる方法を考えてほしいと注文した。急成長を遂げているバイオテクノロジー産業の代表からは、研究開発費の税額控除期間を繰り延べして、あとから還付を受けられるようにしてほしいとの要請を受けた。創設まもない企業は、所得が少ない場合が多く、現行の法制ではじゅうぶんな恩恵が受けられないからだ。また彼らは特許に対する保護を強化して不公正競争を防止することと、食品医薬品局の製品に対する許認可を緩和してスピードアップを図ることも望んでいた。わたしは経済チームにこれらの提案を分析して答申を行なうよう頼んだ。そして最後に、二百億ドル規模の短期経済刺激策を承認した。

中間所得層減税をあきらめるのは悔しかったが、赤字額が当初の見積もりより多いのではしかたがなかった。わたしたちの戦略がうまくいけば、中間層は、減税よりはるかに大きな恩恵をじかに受けることになる。住宅ローンは縮小するし、車のローン、クレジットカードでの買い物、学生の奨学金融資等の金利も低くなる。歳出は、少なくとも当初は、選挙中に提案したほど増やせないことがわかった。しかし、もしも財政赤字削減によって金利が下がり、成長率が上がれば、税収も増えて、四年のうちに投資目標を達成することができるかもしれない。いちばんの問題は、本当に金利が下がるかどうかだ。

問題はもうひとつあった。議会が承認してくれなくては、戦略を実行することができない。ブッシュが大統領選に敗れてからというもの、共和党はこれまで以上に増税反対の立場を強めており、新税導入を含む計画に賛成票を投じてくれそうな人はほとんどいなかった。また民主党員のなかでも保守的な地域の出身者は、税金に賛成票を投ずることに及び腰だし、安定した地盤を持つリベラル派の議員も、自分の支持する予算項目があまり大きく削られれば反発するだろう。

国内の経済問題が中心の選挙戦を戦い抜き、世界じゅうで経済成長が停滞する時代に大統領に就任したわたしは、前例のない経済政策を打ち出そうとしていた。もしも議会を説き伏せて予算案を通過させ、連邦準備制度理事会と債券市場から望ましい反応を引き出すことができれば、たいへんな好結果が生じることだろう。この道を選択すべき明白な理由もあった。それでも、わが政権が国内政策で行なおうとしている最も重要な決断は、今のところ大きなギャンブルだった。

移行期間のほとんどは、閣僚その他の指名と、経済政策の策定に費やしたが、ほかにも数多くのことが同時進行していた。一月六日、わたしはハイチ難民に対するブッシュ大統領の政策を当面受け継ぐことを発表した。これはボートでアメリカに渡ろうとするハイチ人を途中で阻止し、本国に送還するというもので、選挙戦中、わたしはこの政策をきびしく批判していた。選挙で選ばれたハイチの大統領ジャン－ベルトラン・アリスティドが一九九一年、ラウル・セドラ中将とその仲間のクーデターで失脚すると、ハイチの親アリスティド派の人たちが国外脱出を始めた。わたしに比べるとセドラ寄りだったブッシュ政権が、難民を本国に強制送還し始めたところ、人権団体からごうごうたる非難が巻き起こった。わたしはハイチの人々がもっと容易に合衆国に亡命し、政治的保護を求められるようにしたかったのだが、急ごしらえの貧弱なボートで外洋に漕ぎ出せば、多数の人命が失われるのではないかと心配だった。実際、ほんの一週間前にも、四百人近い死者が出たばかりだった。そこで安全保障チームの忠告に従い、わたしは、航海を乗り切ってアメリカに到着したハイチ人を受け入れるのではなく、ハイチに駐在する係官を増員して、当地での亡命要請を迅速に受け入れることにした。同時に、安全上の理由で、ハイチからの難民船を阻止し、乗員を送り返すという措置を続けた。皮肉にも、人権団体がこの声明を非難し、マスコミが選挙公約違反というレッテルを貼る一方で、アリスティド大統領は、わたしの姿勢を支持してくれた。わたしたちのほうがブッシュ政権より多くのハイチ人を米国に受け入れられることを理解し、自国民が海で溺れることを憂慮したからだ。

一月八日には、テキサス州オースティンに飛んだ。二十年以上も前、わたしが住み込みでマクガヴァンの選挙戦のために働いた土地だ。〈ショルツ・ビアガーデン〉で当時の友人たちと旧交を温めたのち、わたしは選挙後初めて外国の要人と顔を合わせた。メキシコ大統領カルロス・サリナス・デ・ゴルタリとの会談だ。サリナスはブッシュ大統領と交渉を続けてきた北米自由貿易協定（NAFTA）を強力に推進しようとしていた。会談の場を提供してくれたのはわたしの旧友アン・リチャーズ知事で、彼女もやはりNAFTAの推進派だ。わたしはなるべく早くサリナスと会って、わたしがメキシコの繁栄と安定を重視していることを話し、条約をより強固なものにするために、労働基準、環境基準に関する付属協定を定めることと、麻薬取引の防止に向けて協力を密にすることの重要性を伝えたかった。

十三日、司法長官に指名したゾーイ・ベアードが、苦境に立たされた。ふたりの不法移民を家政婦として雇い、しかも社会保障税の雇用者負担分を支払ったのが司法長官候補として浮上してからだったということが明るみに出たのだ。不法移民を雇うことは、当時さほど珍しいことではなかったが、ゾーイにとっては問題だった。司法長官は移民帰化局を監督する立場にあるからだ。ゾーイが長官として早期に承認されるのがむずかしい状況になったため、現職の民事担当司法次官補であるスチュアート・ガーソンに司法長官臨時代理を務めてもらうことにした。また司法次官に指名したウェブ・ハベルを司法省に派遣し、事態の収拾に当たらせた。

次の二日間にも、また何人かホワイトハウス事務局のスタッフを任命した。ジョージ・ステファノポロスを首席報道官に、ディー・ディー・マイアーズを女性として初の報道官に指名し、イーライ・シーガルには新たに奉仕活動推進制度の創設に携わってもらうことにした。ラーム・エマヌエルは政治問題担当補佐官、アレクシス・ハーマンは渉外担当補佐官だ。アーカンソーからも数人を呼び寄せた。ブルース・リンゼイを各種委員会メンバーの選任役も含めた人事担当補佐官に、キャロル・ラスコーを国内政策担当補佐官に指名し、知事時代にわたしのスケジュール管理をしてくれたナンシー・ハーンライクには、執務室秘書として執務室の隣りのオフィスで働いてもらうことになった。デイヴィッド・ワトキンズはホワイトハウスの行政機能の担当だ。知事公邸の管理人だったアン・マッコイもホワイトハウスで働くことになり、わたしの幼なじみであるヴィンス・フォスターは、ホワイトハウス法律顧問のオフィスで働いてくれることになった。

選挙チーム以外からは、一九七四年にニクソンの弾劾調査スタッフでヒラリーの同僚だったバーニー・ナスボームをホワイトハウス法律顧問に、わたしのオックスフォード時代の同級生アイラ・マガジナーを医療制度改革担当に、ワシントンの古参ロビイスト、ハワード・パスターを議会対策担当に、ジョー・ダフィーの上院選の際に知り合った旧友ジョン・ポデスタをホワイトハウス秘書官に任命し、アル・ゴアの推すケイティ・マギンティを環境政策担当に、ウォーレン・クリストファーの政権移行期の秘書を務めたベティ・カリーをわたしの個人秘書にそれぞれ登用した。ワシントンＤＣ生まれの若いアンドリュー・フレンドリーには大統領側近としてすべての用事、すべての訪問先に同行してもらい、わたしがきちんとブリーフィング書類に目を通すよう確認するとともに、遠出の際にはホワイトハウスと連絡を絶やさないようにしてもらう。アルも専用のスタッフを持ち、同じテネシー州出身のロイ・ニールを首席補佐官に任命した。ヒラリーも旧友のマギー・ウィリアムズを首席補佐官にした。

また、選挙対策本部長を務めてくれたデイヴィッド・ウィルヘルムの民主党全国委員長就任を支持するコメントも発表した。ロン・ブラウンのあとを受けての就任だ。デイヴィッドは若く、存在感ではロン・ブラウンに及ばなかったが、及ぶ人などほとんどいない。デイヴィッドが得意とするのは草の根の組織作りで、わが党は州レベル、地方レベルでの再活性化を必要としていた。政権を手にした今、アル・ゴアとわたしが資金集めでも意見表明でも先頭に立って頑張らなければならないのは確かだった。

スタッフの任命以外では、ブッシュ大統領が十二月末にイラクで行なった軍事行動を強く支持する声明を出し、また、初めてセルビア大統領のスロボダン・ミロシェヴィッチを戦争犯罪人として裁判にかけるよう求めると発言した。しかしこれが実現するまでには、あまりにも長い時間を要することになる。

このころ、知事公邸に福音派の牧師たちを招いて、昼食会も開いた。わたしの教会のレックス・ホーン牧師が提案したもので、招待客のリストも彼が作ってくれた。非公式の話し合いを通じて、宗教界にも足場ぐらいは作っておいたほうがいいという配慮からだ。十人ほどの人たちが来てくれたが、そのなかにはチャールズ・スウィンドル、エイドリアン・ロジャーズ、マックス・ルケードといった著名人の顔もあった。ヒラリーの通うリトルロックの第一ユナイテッド・メソジスト教会のエド・マシューズ牧師も招待した。すばらしい人物で、たとえ昼食会で侃々諤々《かんかんがくがく》の議論が巻き起こっても、最後までわたしたちの味方をしてくれるような人だ。また、わたしがとりわけ感銘を受けたのは、シカゴ近郊にあるウィロウクリーク・コミュニティ教会の牧師で、若くて弁の立つビル・ハイベルズだった。彼は自分の教会を一から作り、アメリカ最大の会衆を持つ教会のひとつにまで育てあげた。ほかの人たちと同様、妊娠中絶と同性愛者の権利に関してはわたしと意見を異にしていたが、それ以外の話題にも興味を持ち、議会での行き詰まりを打破して党派的いがみ合いを減らすにはどのような指導力が求められるかというような話にも参加してくれた。その後八年間にわたってビル・ハイベルズは定期的に会いに来てくれた。わたしのために祈り、相談に乗り、「魂の健康」を見定めてくれた。わたしたちは言い争いをすることもあったし、ときには意見が一致することすらあった。でも常に、彼はわたしにとって福音であり続けてくれた。

アーカンソーでの最後の週が始まった。知事公邸の私道に引っ越しトラックが乗りつけ、わたしは地元の記者たちに、誇りと名残惜しさの入り混じった複雑な心境を打ち明けた。「うれしくて誇らしく、そしてまた寂しく、時折涙が出そうになることもあります……わたしはここでの暮らしが大好きなのです」。ワシントンへの出発前最後の仕事は、ひそやかなものだった。チェルシーには、学校の理科の観察のためにつかまえたペットの蛙がいた。猫のソックスは連れていくつもりだったが、蛙のほうは放して「普通の暮らし」を送らせてやりたいという。わたしにその役目をしてほしいというので、アーカンソー最後の日に、わたしはアーカンソー川までジョギングしていき、急な土手を下って、蛙を川に放してやった。これで、少なくとも家族のうち一名は、普通の暮らしを送ることになったわけだ。

残りの家族はみな、新たな冒険に心浮き立つとともに、不安を感じてもいた。チェルシーは友だちやなじみ深い世界と別れるのをいやがったが、わたしたちは、友だちにはちょくちょく泊まりに来てもらおうと話して聞かせた。ヒラリーは、有給の仕事を持って自立する生活と別れを告げることに心もとなさを覚えながらも、専業のファーストレディになるべく意欲を燃やしていた。自分の好きな政策策定も、伝統的なファーストレディの役割もきちんとこなそうという考えだ。たいへんな時間を費やして、ホワイトハウスの歴史や、自分が担うことになるさまざまな役割、過去のファーストレディたちの立派な業績について勉強しているのには驚かされた。ヒラリーは、新しい課題を目の前にすると、初めは必ずぴりぴりする。しかし要領を得るにつれて、ゆったりと楽しく仕事をするようになる。

少々殺気立つぐらいのことは責められない。わたしもそうだったのだから。

　移行期間は非常に忙しく、困難も多かった。振り返ってみると、有能で、アメリカの多様性をよく反映した閣僚及び副閣僚を選任するという点ではよくできたと思うが、著名な共和党員を閣僚に指名しなかったのは失敗だった。それをすれば両党の協力体制を築きたいという熱意を明確にできただろう。経済を最優先するという公約は守った。一流のチームを編成し、経済サミットを開き、政策を決定する際には情報をじゅうぶんに提供し合って徹底的に議論した。また、約束どおり、アル・ゴアには完全なパートナーとして、すべての戦略会議と、閣僚やホワイトハウス・スタッフの選任に関わってもらい、同時に表舞台にも立ち続けてもらった。

　移行期間の最中からあとにかけて、わたしは中間層減税、四年間での赤字半減、ハイチ人難民受け入れという公約を捨てたと批判された。最初のふたつについては、赤字額が当初の見積もりより大きかったからやむをえないと答えたのだが、評論家のなかには、選挙中ブッシュ政権が額を低めに発表することは予想するべきで、自分の計画を立てるのに政府の発表する数字を用いてはいけないと言う者もいた。一方、ハイチ難民については、自分が選挙中思いきった発言をしていたことを考えると、批判されてもしかたのない面があった。それでも、わたしはできるだけ多くの亡命者を安全に受け入れるつもりだったし、ゆくゆくはアリスティド大統領を復位させるつもりだった。それがうまくいけば、公約を果たしたことになる。

　わたしはまた、ゾーイ・ベアード指名の件と、すべての懸案事項をきちんと知ろうとするあまり、決断が遅れる癖についても批判を受けた。しかしいずれも、やむをえない部分があった。ゾーイは、けっして家政婦の件を隠そうとしたわけではない。わたしたちが事の重大さを読み誤ったのがいけなかった。わたしの管理スタイルについて言えば、とにかく知らなければならないことが山のようにあったので、移行期間を利用して、大統領という仕事のできるだけ多くの面について、できるだけたくさん知ろうという思いだった。例えば、この期間中に経済に取り組んだ時間のことは、一分一秒たりともむだだったとは思っていない。あの時間のすべてが、それからの八年間に大いに役立った。一方、わたしには常に多くのことを抱え込みすぎる傾向があって、それが肉体的な疲労や、いらだち、さらには遅刻常習犯であるというもっともな評価につながっていた。

移行期間の体験が、大統領という仕事、すべてのことが同時進行するこの仕事の予告編にすぎないことはわかっていた。本番になったらもっと人に仕事を任せて、知事時代よりも整然とした意思決定を行なわなければならないだろう。しかし、この時期に至るまで副閣僚人事の多くが固まらなかったという事態は、むしろ、民主党が十二年間政権から遠ざかっていたことに原因があった。多くの人を交替させなくてはならず、多様性を実現するために広範囲の候補者を考慮に入れたところ、膨大な数の人たちが自分から売り込んできた。そのうえ、要求される絞り込み作業があまりにも複雑で時間を要した。国の調査員がすべての書類を精査し、どんなつまらない噂もとことん追いかけて、政敵やマスコミに叩かれてもだいじょうぶな人物を探さなくてはならなかったからだ。

今振り返ってみて、移行期の失敗は主にふたつあったと思う。ひとつは、閣僚人事に時間を取られすぎて、ホワイトハウスのスタッフ選びに割く時間がほとんどなかったこと、もうひとつは、わたしの考えが足りなくて、世間一般の関心を最優先課題に惹きつけておくことができず、余計な話にばかり目を向けさせてしまったことだ。おかげで、人々が重要な課題に目を向けないばかりか、へたをすると、わたしがそういう課題をないがしろにしているようにも受け取られかねなかった。

スタッフのいちばんの問題は、ほとんどが選対本部かアーカンソーの出身者で、ホワイトハウスで働いた経験も、ここの政治風土に揉まれた経験もないことだった。若いスタッフたちは才能豊かで、実直で、熱意があり、彼らのおかげでわたしは、ホワイトハウスで働いて国に尽くす機会を得たのだと思っていた。しばらくするとみな環境に慣れて実力を発揮するようになるのだが、非常に大切な最初の数カ月間には、スタッフもわたしも仕事をしながら学ぶしかないことが多く、いくつかの教訓はきわめて高くついた。

また、メッセージを発表することにかけても、選挙中に比べるとはるかに払う注意の量が減ってしまった。政府内にいると、たとえ大統領でも自分の望みどおりのメッセージを毎日伝えるのはむずかしい。先ほども述べたように、ありとあらゆることが同時進行するなかで、何かが物議をかもせば、ほかにどんな重要な政策決定があろうと、ニュースはそのこと一色に染められてしまう。ゾーイ・ベアードの件や、軍の同性愛者の件などはまさにそれだった。いずれの件もわたしの費やした時間のごく一部を占めているにすぎないのに、夜のニュースを見た人は、わたしが一日じゅうそのことばかり考えているような印象を受けてもふしぎではない。もう少しよく考えて、この課題に真剣に取り組んでいれば、もっと落ち着いてできたはずだ。

そういう問題はあったものの、移行はまずまずうまくいったのではないかと思う。国民もそう思ってくれたようだ。ワシントンへ発つ前の《NBCニュース／ウォールストリート・ジャーナル》の世論調査では、わたしの好感度は五月のわずか三二パーセントから一気に上がって六〇パーセントになった。ヒラリーはわたし以上に健闘し、六六パーセントの人が彼女を〝アメリカ女性のよい手本〟だと答えた。前回の調査では三九パーセントだった。また、民主、共和両党が協力して行なった意識調査では、八四パーセントの人たちが選挙後のわたしの仕事ぶりを評価してくれていた。ブッシュ大統領の働きを評価する人の割合も二十ポイント近く上がって五九パーセントになった。アメリカ国民は自国に対する希望を取り戻し、わたしに成功の機会を与えてくれていた。

一月十六日、わたしはヒラリー、チェルシーとともに、リトルロック空港に見送りに来てくれた人たちに別れを告げた。エイブラハム・リンカーンが、ホワイトハウスに向けて列車で旅立つ際、スプリングフィールドの人たちに送った感動的な別れの言葉が脳裏をよぎった。「友人のみなさん、このような立場に置かれた人でなければ、旅立ちにあたってのこの寂しさを理解してはいただけないでしょう。すべてはこの土地のおかげ、そしてみなさんの優しさのおかげです……今は、神がわたしとともにあらんことを、みなさんとともにあらんことを、あらゆるところに永久《とわ》にあらんことを信じつつ、自信を持って、すべてがうまくいくことを願いましょう」。リンカーンほどうまくは語れなかったが、わたしも言葉を尽くして同じ思いをアーカンソーの人々に伝えた。彼らの力がなければ、あの飛行機に乗り込むこともなかっただろう。

わたしたちはヴァージニアへ向かっていた。トマス・ジェファソンの邸宅モンティセロで就任のイベントが始まる。機内でわたしは、自分が選ばれたことの歴史的意義と、行く手に待ち受ける容易ならざる課題の数々に思いをはせた。今回の選挙は、第二次大戦を戦った世代から、戦後のベビーブーム世代へという世代交替の象徴だった。ベビーブーム世代は、甘やかされて、自己陶酔が激しいとあざけられることもあれば、理想家で、社会をよくするために命を賭けると賞賛されることもある。リベラル派であれ、保守派であれ、わたしたちの政治姿勢は、ヴェトナムと、公民権運動と、一九六八年の争乱——反戦運動、暴動、キング牧師やロバート・ケネディの暗殺——によって形成された。わたしたちはまた、女性解放運動の大きなうねりを最初に感じた世代でもある。そこから生まれたものを、人々はまもなくホワイトハウスで目の当たりにするだろう。ヒラリーは、職業人として史上最も秀でたファーストレディになる。彼女が弁護士の仕事を辞め、役員会や委員会からも身を引いた今、わたしの収入だけが家族の支えとなるが、これは結婚以来初めてのことだ。彼女はすばらしい才能を存分に発揮し、フルタイムのパートナーとして、わたしたちの仕事に寄与してくれるだろう。そして、エレノア・ローズヴェルト以来最も大きな前向きの影響を与えるファーストレディになる。もちろん積極的に行動すれば、ファーストレディはまつりごとに口を出すべきではないと考える人たちや、政治的に対立する人たちから非難を受けることもあるだろう。しかし、それもまた世代交替のもたらす変化の一部だ。

わたしたちは確かに、〝衛兵交替〟を象徴していた。だが、この激動の時代の与える試練を乗り切ることができるのだろうか？ 経済を立て直し、社会をふたたび軌道に乗せ、政府の正当性を取り戻すことができるのだろうか？ 世界的な宗教、人種、民族対立のうねりを抑えることができるのだろうか？ 《タイム》誌の〝マン・オブ・ザ・イヤー〟の言葉を借りれば、わたしたちはアメリカ人が「みずからの問題を深く追究し、自分を見つめ直す」ように導くことができるのだろうか？ 冷戦の勝利と、世界じゅうでの民主主義の高まりにもかかわらず、国の内外で、強大な力が人々を分断し、地域社会のもろい枠組みを突き崩していた。このような課題に直面して、アメリカの人々はわたしという人間に賭けたのだ。

投票日から三週間ほどしたころ、わたしは、ケネディ、ジョンソン両政権で国防長官を務め、ヴェトナム戦争を推進したロバート・マクナマラからすばらしい手紙を受け取った。わたしとオックスフォード時代のルームメート、フランク・アラーとの友情について書かれた新聞記事に感銘を受けて、ペンを執ったという。アラーは徴兵を拒み、一九七一年にみずからの命を絶った友だ。

わたしにとって――そしておそらくわが国にとっても――ヴェトナム戦争は、あなたが大統領に選ばれた日にやっと終わりを告げました。アメリカの人々は、あなたに票を投ずることでようやく認めたのです。あなたやアラーのような若者たちが、政府のヴェトナム政策の賢明さ、道徳性に疑問を投げかけたのは、軍服を着て戦うのと同じくらい愛国的な行為だったのだと。一九六九年当時、友人たちとヴェトナム戦争について論じ合ったとき、あなたは深い苦悩を感じたでしょうし、選挙戦の最中にその議論が蒸し返されたときには、古傷が口をあけたように感じたことでしょう。しかし、あなたが毅然として敵の攻撃に立ち向かい、あくまでも信念を曲げなかったことで、また若者を戦場に送る決断をする際には、すべての市民にその是非を問う責任があると言い放ったことで、この国は、確かに強くなれたと思います。

わたしはマクナマラの手紙に感激し、またヴェトナム復員兵の人たちから届けられた同様の手紙にも感銘を受けた。投票日の少し前、オハイオ州ヒルズボロ出身の元海兵隊員ボブ・ヒギンズが、自分のもらったヴェトナム勲功章を送ってくれた。わたしがヴェトナム戦争に反対だったことを明言し、「つらい選挙戦を立派に戦い抜いた」からというのが、その理由だった。数カ月前には、ラスヴェガスのロナルド・マーフィーが、自分のパープルハート勲章（訳注　名誉の負傷に対して与えられる勲章）を送ってくれ、アーカンソー州マーマデュークのチャールズ・ハンプトンが、やはりヴェトナムでの勲功によって受けた青銅星章を送ってくれた。全部合わせると一九九二年にヴェトナム復員兵の人たちから送られてきたのは、パープルハート勲章が五つ、勲功章が三つ、戦闘歩兵記章がひとつと、同郷人から送られた青銅星章がひとつだった。わたしはそのほとんどを額に入れ、執務室の外の廊下に飾った。

飛行機が、最初の五人の大統領のうち四人を輩出した美しいヴァージニアの地へと降りていく。わたしは復員兵たちが送ってくれたメダルに思いをはせ、一九六〇年代にアメリカが負った傷が今ようやく癒されることを願った。そして自分が、彼らの払った犠牲に対し、差し出してくれた支援に対し、抱いている夢に対し、ふさわしい大統領になれるようにと祈りを捧げた。

ビル・クリントン略年譜1

西暦	年齢	クリントン関連の主な出来事	世界の主な出来事　〔　〕内は日本関連
1946	0	8月19日、アーカンソー州ホープに生まれる。実父ウィリアム・ジェファソン・ブライズ二世はその三カ月前に自動車事故で死亡。母親のヴァージニア・キャシディ・ブライズは看護師の勉強のためにニューオーリンズに移り住み、ビルはホープの母方の祖父母の家で暮らす。	第一回国際連合総会、安全保障理事会成立。中国で第三次国共内戦始まる。インドシナ戦争始まる。〔第一次吉田茂内閣成立。日本国憲法発布〕
1949	3		北大西洋条約機構（NATO）創設。
1950	4	母親が自動車販売業者ロジャー・クリントンと再婚し、三人でホープで暮らす。	朝鮮戦争勃発。〔警察予備隊発足〕
1951	5		太平洋安全保障条約調印。〔サンフランシスコ講和条約・日米安全保障条約調印〕
1953	7	一家でアーカンソー州ホットスプリングズに移り住む。小学生楽団でサックスを始める。	アイゼンハワー大統領就任（共和党）。ソ連ではフルシチョフが共産党第一書記に選出される。
1956	10	異父弟、ロジャー・キャシディ・クリントン生まれる。	スターリン批判。エジプト、スエズ運河国有化宣言。スエズ動乱。ポーランドとハンガリーで反ソ暴動。〔日ソ国交回復。国際連合に加盟〕
1957	11	祖父ジェイムズ・エルドリッジ・キャシディ死去。	リトルロック・セントラル高校事件。

1960	14	ダラスとリトルロックへ旅する。アーカンソー大学での夏期楽団キャンプに七年間参加。	U－2機撃墜事件。〔新安全保障条約調印。安保闘争。池田勇人内閣成立〕
1961	15		ケネディ大統領就任（民主党）。
1962	16	母、ロジャー・クリントンと離婚。まもなく縒りを戻す。姓をクリントンに正式に変更。高校へ入学。音楽に熱中。	キューバ危機。
1963	17	〝ボーイズ・ステート〟の上院議員に選出される。ホワイトハウスに招かれてケネディ大統領と会う。マーティン・ルーサー・キングの演説に感激。	米英ソ部分的核実験停止条約調印。11月にケネディ大統領暗殺。リンドン・ジョンソン大統領就任（民主党）。
1964	18	ジョージタウン大学に入学。	アメリカ、新公民権法成立。トンキン湾決議採択。中国が核実験。〔佐藤栄作内閣成立〕
1965	19	学生自治会活動に精を出す。	アメリカ、北爆を開始。
1966	20	フランク・ホルトのアーカンソー州知事選挙運動に参加。ウィリアム・フルブライト上院議員の事務所で働く。	中国、文化大革命が始まる。
1967	21	継父ロジャー死去。	第三次中東戦争。ＥＣ発足。
1968	22	祖母エディス死去。ローズ奨学金を得て、イギリスのオックスフォード大学に留学。母、ジェフ・ドワイアーと再婚。	ヴェトナムのテト攻勢。キング牧師、ロバート・ケネディ暗殺。パリで五月革命。チェコスロヴァキア、〝プラハの春〟。核拡散防止条約発効。〔川端康成、ノーベル賞受賞〕
1969	23	徴兵通知を受け取る。北欧、ソ連へ旅行。	ニクソン大統領就任（共和党）。宇宙船アポロ11号、月着陸に成功。

1970	24	ヴェトナム行きを免れる意味もあって、イェール大学ロースクールに入学。	〔大阪で万国博覧会開催。よど号ハイジャック事件発生。日米安保条約自動延長〕
1971	25	ヒラリー・ロダムと出会う。	中国、国連加盟。
1972	26	ジョージ・マクガヴァンの選挙運動に参加。	ヴェトナム戦争激化。ウォーターゲート事件発覚。〔沖縄日本復帰。田中角栄内閣成立。日中国交回復〕
1973	27	ロースクール卒業後、アーカンソー州に戻ってアーカンソー大学で法律を教え始める。	ヴェトナム和平協定調印。第四次中東戦争、アメリカ軍、南ヴェトナムから撤退。オイルショック。〔石油危機による狂乱物価現象〕
1974	28	アーカンソー第三区から下院議員に立候補、僅差で敗れる。ヒラリーも選挙運動を応援するためアーカンソー州に移り、アーカンソー大学で教鞭を執る。	ウォーターゲート事件でニクソン大統領辞任。フォード大統領就任（共和党）。〔三木武夫内閣成立〕
1975	29	10月11日にヒラリーと結婚。	南ヴェトナム、サイゴン陥落、ヴェトナム戦争終結。ランブイエで第一回先進国首脳会議（サミット）開催。
1976	30	アーカンソー州司法長官選挙に出馬して勝利。	毛沢東没す。〔ロッキード疑獄で田中前首相逮捕。福田赳夫内閣成立〕
1977	31		カーター大統領就任（民主党）。
1978	32	アーカンソー州知事選挙に出馬、合衆国最年少の州知事となる。州の教育制度の改善と道路整備に力を注ぐ。	イラン革命。〔日中平和友好条約調印。大平正芳内閣成立〕
1979	33		米中国交正常化。エジプト＝イスラエル平和

1980	34	長女チェルシー・ヴィクトリア誕生。知事二期目をめざすが、共和党候補に敗れる。	条約調印。ソ連、アフガニスタンに侵攻。アメリカとイラン国交断絶。ユーゴスラヴィアのチトー没す。イラン＝イラク戦争勃発。〔鈴木善幸内閣成立〕
1981	35		レーガン大統領就任（共和党）。
1982	36	ふたたびアーカンソー州知事に選出。	フォークランド紛争。〔中曽根康弘内閣成立〕
1986	40	全米州知事協会の会長に就任、全米の州知事をまとめ、福祉制度と教育制度の改革をめざす。	チェルノブイリ原発事故発生。
1987	41		ウォール街株暴落。米ソ中距離核戦力（INF）全廃条約調印。〔竹下登内閣成立〕
1989	43		ブッシュ大統領就任。天安門事件。サンフランシスコ大地震。ベルリンの壁崩壊。米ソ首脳マルタ会談（冷戦の終結）。〔昭和天皇没す。6月宇野宗佑内閣成立。8月海部俊樹内閣成立〕
1990	44		イラク、クウェートに侵攻。東西ドイツ統合。
1991	45	四期目の知事任期中にアメリカ大統領選出馬を宣言。	ソ連消滅。湾岸戦争勃発。クロアチアとスロヴェニアが独立。〔宮澤喜一内閣成立〕
1992	46	長い予備選挙を経て、民主党大統領候補に指名される。テネシー州選出のアル・ゴア上院議員を副大統領候補に選ぶ。11月3日に行なわれた大統領選挙では、四三パーセントの得票率でジョージ・H・W・ブッシュ現職大統領を破って当選。	ロサンジェルスで暴動発生。

1993年以降は下巻に収載。

主要事項・人名索引

＊ゴシック体はこの巻のページ数を示し、明朝体は下巻のページ数を示している

【こ】

【ろ】

【わ】

装幀：緒方修一
編集協力：飯塚治／高須千代／竹信悦夫／
深井彩美子／森川幹人

協力：株式会社テレビ朝日

［写真クレジット］
p. 415　右下：AP/Wide World Photos
p. 405　右上，p. 406　左上，p. 410　右上，p. 415　上：Arkansas Democrat-Gazette
p. 415　左下：Arsenio Hall Shaw, courtesy Paramount Pictures
p. 413　左中，右中，p. 414　右中，下：PF BENTLEY Archive, Center for American History, UT-Austin
p. 413　下：PF BENTLEY/PFPIX.com
p. 409　左中：Donald R. Broyles/Office of Governor Clinton
p. 414　左上，右上，上から２列目左：Clinton Presidential Materials Project
p. 413　上：Tipper Gore
p. 416　下：Harry Hamburg/New York Daily News
p. 407　上：Morning News of Northwest Arkansas
p. 403　右下：Jim Perry, The Hope Star
p. 406　左下：Brook Shearer
p. 415　右上：Joseph Sohm/visionsofamerica.com

＊表記のない写真はすべて著者のコレクションより収録した

〈訳者〉
楡井　浩一（にれい・こういち）
1951年生。北海道大学文学部卒。主な訳書に、ルドルフ・ジュリアーニ『リーダーシップ』（講談社）、リチャード・クラーク『爆弾証言』（徳間書店）、エリック・シュローサー『ファストフードは世界を食い尽くす』（草思社）などがある。

マイライフ　クリントンの回想《かいそう》・上巻

2004年９月25日　第１刷発行

著　者　ビル・クリントン
訳　者　楡井浩一
発行者　柴野次郎
発行所　朝日新聞社

〒104-8011　東京都中央区築地5-3-2
電話　03-3545-0131（代表）
編集・書籍編集部　販売・出版販売部
振替　00190-０-155414

印刷製本　凸版印刷株式会社

ISBN4-02-257940-4
＊定価はカバーに表示してあります